受浙江大学文科高水平学术著作出版基金资助

Thomas Kuhn

托马斯·库恩

我们时代的哲学家

[英] 史蒂夫·福勒 (Steve Fuller) 著   盛晓明 陈永浩 译

A PHILOSOPHICAL HISTORY

FOR OUR TIMES

ZHEJIANG UNIVERSITY PRESS
浙江大学出版社
·杭州·

前言:与托马斯·库恩同行

　　人们常常说,即便更有见识的人也这么认为:历史受到的是来自前方的引领——远见卓识的天才在前面引路,后世则沿着他们开辟的道路前进。当托马斯·库恩把那些做出示范的革命性天才的名字与科学史中的那些伟大的范式转折点一一联系起来的时候,他也就为以上这么一个有关人类集体探索的精英主义神话做了一个举世闻名的注脚。"牛顿""拉瓦锡"以及"爱因斯坦"这些名字在库恩的文本中成了范式的创立者。而"达尔文"以及其他生物学与社会科学的杰出人物随后也被库恩的追随者纳入名单。确实,在当今大量有学识的民众看来,正是库恩革新了我们对科学本质的理解。

　　不过,如果执着于从上述角度来理解库恩的作品,对历史的解读便少了一些高贵的东西,而正是这些东西更准确地把握住了库恩名著《科学革命的结构》的脉络。让我们以折中之道来称呼这一解读:它由一个批判性论点与一个建设性论点所构成。就批判性论点而言,它否认在天才与成就之间存在有任何哪怕是表面上的相关性。相反,在他看来所谓的天才乃是一种神秘的精神特质,当人们在回溯那些已经发生的并且对我们有着重大影响的事件时,他们盲目地使用这一特质来推断过去,以此来解释它们的起因。天才总能在恰当的时候得到赏识,我们通常所持的这种天真的信念起到了两种互补的作用。它确认了我们对现世公正的感知,即善有善报。与此同时,它再次确认了我们下述行为的合理性,即辨别我们的同僚所做的极其多样化的工作的价值差异。由此,当人们对一场科学革命冠以"牛顿的"称号以示纪念时,无论牛顿还是他的追随者都会有无上的荣耀。通过这样的方式,这些人组成了一个特定的彼此相互赞赏的社团——我们称之为研究者共同体。

　　与折中之道相关联的建设性论点是,思想超前于主流,与思想落后于主流乃是一样的糟糕。被人视为第一的、最杰出的人,比起实际上是否如此更为重要。讽刺的是,由于天才的标志最终乃是由集体反应来决定,这就使得尝试去成为最耀眼的第一人的努力变得无甚意义。如果我们把在技术革新中成立的真理放到科学身上,那么其成色丝毫不会有所降低。就新知识的引入而连带产生的风险以及费用支出来说,其中的绝大部分乃是由真正的开拓者所承担的。事实上,这些开拓者被他们的直接后继者当成了活生生的试验品,后者得以从中贪婪地攫取利益。最终,是那些跟进创新性发明的企业家获得了最全面的专利权,并因此拿下新市场的主要份额。在科学领域中,那些相应于上述企业家的个体则被赋予了这样的一种角色,他们在某个库恩范式底下拥有图腾性标志的地位。

　　上述说法其实已经在开始解释库恩《科学革命的结构》一书的成功所在。此书的独到之处绝不在于它包含的观点散发着独特的光芒,而是在于它出现的时机以及它所处的情境是那么幸运而偶然。毫无疑问,正如牛顿那样,库恩把他的成果归功于他站在巨人的肩膀上。也确实如此,他栖居于巨人国中。这时,即使在巨人的肩膀上站个矮子也能比巨人看得更远。与此同时呢,如果我们远远望去,这矮个兴许看起来还真像是那个最高大巨人的头颅。

　　继续讨论也许会得出让读者不悦的结论,在此之前,且让我对自己的出发点作一说明。1992年,约瑟夫·劳斯与布赖恩·费伊邀请我为《历史与理论》杂志撰写一篇有关《科学革命的结构》一书接受史的文章,以此来纪念该书出版30周年。那篇文章的标题取名为《与托马斯·库恩同行:一个后现代寓言》,可以说这个题目表达了摆在读者面前的这本书的核心要点。[1]好吧,为防受过哲学浸淫的诸君对我有所误会,我先声明,这标题说的可不是那样一种把库恩对科学实践的描述与马丁·海德格尔的存在主义现象学结合起来的有趣尝试。[2]毋宁说,它指的是那部由杰西·科辛斯基导演、彼得·塞勒斯主演的广受评论界好评的电影。我们也许可以把《没谁了》(Being There,国内译作《富贵逼人来》)这部电影当成一个"范式"来理解对库恩《科学革命的结构》一书的接受历史,无非是以一种稍带戏谑的方式来重述艾伦·马斯格雷夫的评论:"也许从来就没有存在过什么革命

---

〔1〕　Fuller 1992a.
〔2〕　参见(尤其是)Rouse 1987,第26—40页。

者——果真如此的话就有必要造一个出来。"[1]

在每一个可能的场合，库恩都会撇清自己与所有那些加到他头上的更激动人心且更具革命意味的论点的关系——不论它们是由朋友所加还是由论敌所加。[2]事实上，在库恩接下来的工作中，他甚至试图以身体力行的方式来告诉读者，那些颇为激动人心且颇具革命色彩的调调跟他没多大关系。[3]在荣誉的投怀送抱面前摆出如此决绝而不近人情的姿态，在学界我怀疑是否还能找到第二个。不过确实，卡尔·马克思可以称得上是第二人，他跟库恩一样都意欲和自己的崇拜者断绝关系。库恩在《科学美国人》纪念《科学革命的结构》一书出版 30 周年的报道中坦陈："我说过很多次了，比起崇拜我的人而言，我更喜欢那些批评者。"[4]当然，更让人惊奇的地方是在这里，也就是对学术界如此之多的人而言（包括我），尽管大家都完全地注意到了库恩的那些否定声明，但人们发现，他们又不得不根据库恩的工作来定位自己的立场。面对学术编年史中的这一奇葩事件，我们能从中获得什么呢？首先，还是让我们快速浏览下这部电影都说了些什么……

《没谁了》的主角本名钱斯，剧中的其他人物都称他为 Chance（意为"好运"），是华盛顿一位富人家的园丁。电影以某天主人的去世作为开始。钱斯是一位带着孩童般单纯气息的老实人，在打理已故主人庄园的过程中，他受到了外界的一些误读，并且到了电影最后，这样的误读最终把他推到了美国总统候选人的位置。片子的喜剧之处在于，钱斯从来没有完全搞明白，自己说的话里到底有什么内容能获得那些要人们越来越高的赞赏。对于这样一种新获得的关注，钱斯相当不习

---

[1] 转引自 Gutting 1979，第 51 页。

[2] 参见 Horgan 1991，第 40 页。就库恩所有的那些提及自己的评论而言，这样一种撇清也许是这些评论在修辞层面上最为一致的特征。上述态度最早可以追溯到 Kuhn 1970a；Kuhn 1977a，第 xxi—xxiii 页，第 293 页。这里值得一提的是，1993 年 8 月 23 日我曾到库恩在马萨诸塞州剑桥的家中与他进行过一次访谈。尽管我们都同意不公开谈话的具体细节，但我可以这么说，库恩更喜欢讨论他本人的观点和想法本身，而不是它们之所以产生影响的背景环境。当然，库恩是暗示出他为什么会那么做以及为什么不那么做，同时他也透露了接下来的计划，其中涉及多个问题并且最终目的乃是整合他在这 40 多年来的工作。的确，在我看来，他的谈话与他最后接受的长篇访谈内容上是完全一致的。参见 Kuhn et al. 1997。当我离开的时候，我很确定，库恩认为自己是在从事一项连贯的知识活动，这样的举动在今天我们已经很少能见到了。库恩作为这么一位自力更生而努力追求总体的融贯性和方向性的个人，我觉得他的专一是值得赞赏的，尽管随着本书的展开，大家会看到我最终对库恩持有的是一种矛盾态度。

[3] 可特别参见人们对库恩最后一个持续性的历史研究工作 Kuhn 1978 的反应。那最主要的评论集的标题，《逝去的范式？》可以说是表达了相当多的评论家的失望之情：Klein, Shimony, and Pinch 1979。库恩的这本书看起来仅仅取悦了实证主义者、科学史的内部史研究者，以及那些实践中的物理学家——当然还有 Hacking 1984a，第 114 页。这里感谢斯库里·希尔古德森提醒我注意哈金发表的这篇论文。

[4] Horgan 1991，第 49 页。

惯,故而时不时地抗议说,自己并不是人们所想象的样子。无须赘言,这样的抗议不是被人们忽略就是被继续误读。从观众的角度来看,钱斯想说的其实就是他说的字面意思,也就是关于园艺和电视方面的话题,这些话题正是他人生中所接触的全部,但剧中那些跟他谈话的人却将之视为关于政治生活方方面面的隐喻。不仅如此,由于钱斯的话并不是很多,而且开口后也仅仅用的是朴素的词句,这都在无意间为他的话语增添了十分高深莫测的意味。《没谁了》无疑是一部讽刺美国浅薄政治生态的片子,但它的意义远不限于此。在钱斯的对话者中,有不少人对他那难以追溯的过去以及特别的行为举止抱有挥之不去的怀疑态度,不过这些人通常都选择了服从"既有疑点,利归被告"的原则,从而去充分挖掘情境的有利面。事实上,在电影中我们能够看到,随着钱斯获得的赞誉越来越高,所需要的集体参与也同时变得越发明显,直至钱斯成为那些参与进来的个体的真正聚焦点——要知道这些个体原本是完全不同的。

我认为《科学革命的结构》一书的接受史与钱斯的故事有着相似之处,对该书作者托马斯·库恩来说(库恩同样倾向于用简洁的方式说话,同时也是不爱说话),一个类似的阴差阳错喜剧将会是两者的标志性特征。不过,库恩与钱斯这两个故事在底层因果结构上还是有着显著的差异。库恩在哈佛度过了他的思想酝酿期(1940—1956年),这让他几乎不用劳费自身心力就获得了经济社会学家马克·格兰诺维特所谓的"弱链接的强度"[1]。由此,《科学革命的结构》一书在出现伊始就能让不同的群体赋予它一种宽厚的解读。格兰诺维特的创新性论述所针对的是这样一类朴素的观察,也就是朋友间的交情越好,他们的交际网也就越有可能重合。于是,对于个人来说,关系相对疏远的朋友比起他的密友来更有可能帮助他找到工作。因为前者的圈子跟当事人很可能是风马牛不相及的,这也就使得他能提供当事人自己难以接触到的工作机遇信息。

就库恩的情形而言,他那扩散的朋友网络所具有的强度乃是来自这些人所共有的一种文化,它以哈佛校长詹姆斯·布赖恩特·科南特的视野与行动作为自己的核心内容。如果用格兰诺维特的术语来描述的话,那么库恩与科南特之间有着

---

[1] Granovetter 1973. 此处如果我不提格兰诺维特对这一概念的开发正是他在哈佛读博时期成果的一部分的话,会不会不够公平?无论如何,就格兰诺维特从他的学位论文中提炼出的这么一个重要的社会学理论见解来说,它直到今天仍有待充分发掘:"个体的个人经历是与社会结构中的那些规模更大的方面紧密联系在一起的,它远远超出了特定个人的视野或者控制。"(第1377页)就人们赋予库恩工作的那种重要性来说,无疑符合上述情形。这一点也许最先由罗伯特·默顿这位自封的库恩论敌所认识到。参见 Merton 1977,第71—108页。

一种非凡的强链接，然后科南特与美国社会中的意见领袖之间则有着许多弱链接。的确，库恩对科南特网络的依靠并没有改变哈佛通识教育委员会拒绝授予他终身教授席位的决定。[1]在这一意义上，如果读者认为钱斯的步步高升是对美国民主本能的一种讽喻式说明——正是这样的民主本能使得钱斯无论说了什么，其重要性都要高过钱斯那可疑的过去——相应地，当库恩被奉为伟人时，它反过来提醒读者的是，这个国家存在着那样一种精英主义的学术基础结构，能够起到文化压舱石的作用，也就是说，如果同样的话是由别的人在别的场合说出，也许掀不起任何波澜。

先不管库恩是怎么理解《没谁了》，我肯定有我自己的理解。众所周知，1965年伊姆雷·拉卡托斯在伦敦贝德福德学院组织了一次著名的会议，这次会议针对《科学革命的结构》一书做出了一系列的回应，我正是因为它们而被吸引到科学论（science studies）的核心科目——科学史、科学哲学、科学社会学——中来的。这些回应被收录在《批判与知识的增长》一书中，一直是我个人图书馆中旁注最多的书。[2]我是在1977年读本科的时候买的这本书，然后将它跟阿多诺的《德国社会学中的实证主义之争》以及刚翻译成英文的法国第一波后结构主义作品一起阅读。当时，"批评"（critique）、"批判"（criticism），以及"批判理论"这些词极受推崇。正如思想家们试图用这样一种方式来相互较劲，即表明自己在面对任意数量的被人们视为是理所当然的信念时，到底能"批判"到怎样的程度，并由此而开启通往存在（being）及其思考的其他可能方式的大门。如果有异类的话，那这个人就是库恩。他不仅拒绝给予批判特权地位，相反他走得更远，以至于论证我们应该不惜一切代价来避免批判，除非某一个研究脉络，它所背负的那些无法解决的经验问题包袱已经重到人们不得不对整个事业的知识论基础提出批判性的质疑。

20年后，库恩的"非批判"（acritical）思维已经占领了整个学术界。他的那些

---

[1] 鉴于哈佛本身并没有建立科学史系，因此库恩申请终身教席的前景本来就比较灰暗。与他的同代人杰拉尔德·霍尔顿所不同的是，自1950年后，库恩就不再发表或者讲授物理学这一他获得博士学位的学科的相关内容。尽管委员会面前摆有库恩的第一部著作《哥白尼革命》的底稿供他们评审，但委员会认为这是一部科普性著作，而不是什么原创性研究。（对该书意义的一次重新评估，参见 Westman 1994。韦斯特曼认为这本书是二战以来科学通史类著作中最具影响力的一本。）很明显，委员会中的很多成员认为，库恩之所以能够在哈佛待这么久乃是由于旁人的庇护而不是他自己所取得的成就，具体说来便是他得益于詹姆斯·布赖恩特·科南特的照顾。不过对库恩来说不幸的是，科南特提前两年离开了哈佛校长职位而转任美国驻德国高级事务专员。库恩的情形无疑是棘手的，这反映在他的终身教职申请成了通识教育委员会处理同类申请时耗时最多的一个上。参见 Minutes，1955年11月8日刊。

[2] Lakatos and Musgrave 1970。

哲学上的尖锐批评者的后辈们现在预设的是,库恩对科学的描述基本是真实的。围绕解构的激进怀疑论已经向后现代多元主义低头,而后者仅仅用这样一种方式来打破常规,也就是为太多的视角敞开了大门——这都是托了库恩的福。不过最能说明问题的也许是这一情况:对于我自己从事的科学论研究领域而言,批判思维已经疏离到了如此地步,以至于布鲁诺·拉图尔认为,这个领域乃是人类学——而且人们怀疑同时亦是动物标本剥制学——研究的一个合适对象。[1]所有这些带来的是一种如此沉重的沮丧感,以至于如果我在开始自己学术生涯时就知道事情会朝这一方向发展,那我很可能会听从我妈的建议,去研究法律。不过再怎么说,我并没有失去希望。作为一位坚定的社会建构论者,我相信,即便是失望,我们依然可以策略性地来运用它,从而指出我们当初并没有选择去走的那些更好的路径,它们(在经过一些修正后)也许能够在将来得到采纳。无疑,警惕的读者对包含在本书接下来的篇幅中的这些未来可能的前景将会非常敏感。

库恩本人认为,历史研究针对的只能是这样一类阶段或者事件,在对它们的界定中所产生的种种争论在此刻已经终结——因为争论的条款或者已经得到确定或者已经被废弃。在上述情况下,过去获得了一种清晰的边界,正是它长期以来让这样一个隐喻——时间有如空间一样是可分割的——使得相对主义者们如此难以自拔。然而,争论的终结并不仅仅是发生在别人身上的事,以至于历史学家能够站在足够远的距离外进行观察。相反,每一个历史研究者都参与到了导致他所书写的那些时刻的终结——或者开启——的活动之中。如果否认这一表述的字面真实性,就等于是背离了建构主义的一个基本信条。就摆在读者面前的这本书而言,我希望能用它来终结某些趋势,这些趋势都能追溯到《科学革命的结构》一书,而且它们在对科学的当代理解中依然占据非常强势的位置。与此同时,我还希望以此来重振其他趋势的时运——它们中的大多数在当下被视为"纯历史的"旨趣。由此,我这本书的一个基本前提便是,《科学革命的结构》一书所造成的绝大部分影响,尽管并非全部,乃是把事情引至更糟糕的方向。

推进这样的项目常常意味着把生者作为逝者对待。过去的五年来,我发现自己在参与学术会议时始终会有一种自然的反应模式,去诊断支配说话人论证与思想的范式存在着什么样的局限。激起我最强烈反应的是近来这样的一批范式信

---

〔1〕 Latour 1997。

徒，他们以最显眼的形式来展现历史的健忘以及政治上的惰性（political inertia），这两者在库恩眼中乃是有益于"常规科学"的。此外，我已经不再相信库恩主义者给出的灵丹妙药，即一个研究纲领如果拥有坚实的经验业绩，就可以心安理得地忽略自身存在的严重的概念问题。这样的原则仅能在以下两种情形下说得通：要么是在向清闲的研究人员摊派任务；要么更恶劣，作为一种奖励人们在认知上保持顺从的仪式。最终，在研究并且思考那些写入本书的内容时，我开始意识到，为了避免沉湎于陈年旧账而替换对当下的感觉，从一个我们拥有朦胧记忆的过去以及一个我们能够生动设想的将来同时发起一次钳形攻势，这或许是学者们可资利用的一种最妥善的方式了。

写作这篇前言时，正是我离开以社会学教授的身份待了五年的杜伦大学的当口。这里拥有我能够想象到的最怡人而包容的学术氛围——至少对于一个美国人来说是如此。不过，就我对主题的定位来说，有相当一部分内容是我在弗吉尼亚理工的时候发展得来的。弗吉尼亚理工是全美科学论研究方向最大的研究生培养项目的所在地，而我正好于项目开始的时候就在那里担任教职。我的同事斯基普·弗曼建议我关注下艾尔文·古德纳的工作——而且最好深入一些——我想读者应该能够从本书中体会到相关的成果。斯蒂芬·特纳为我深入发掘库恩所具有的影响的源头——詹姆斯·布赖恩特·科南特其人——提供了最有价值的线索。在这条道路的行进过程中，我得到了许多我以前的学生的鼓励，他们是史蒂夫·唐、吉姆·科利尔、柯克·容克、琼安·里奇、比尔·林奇、戈文丹·帕拉伊尔，以及蒂姆·罗杰斯。这里我还要特别感谢斯库里·希尔古德森。在1996年科学的社会研究学会会议上，他针对本书的初稿极为精彩地给出了一个内容丰富的批评。本书的其他草案曾经被用作哥德堡大学及特拉维夫大学研究生课程的讲义基础，从那里我收获了许多有价值的评论，由此得以在最终版的写作中改进相关的内容。我同样要感谢哈佛学院秘书，哈佛大学档案管理员，以及西奥多·科南特——正是他们允许我翻阅本书所引用的那些档案资料。这里还要声明一下，本书表达的所有观点都不代表上文提到的这些个人或者委员会的立场。

苏珊·艾布拉姆斯作为本书的责任编辑，她的工作可以说做得极为出色。正是因着她的付出，本书现在展示给读者的面貌比原先要好得多。我特别感谢她为我提供了库恩生前接受的最后一次公开发表的长篇访谈，读者可以在本书中找到对这篇访谈的引用。[1]同时,读者也可以在脚注中找到我对其他相关人员的致谢。在这里我希望大家关注电子邮单(electronic listservs)服务,特别是 HOPOS-L 与 SCI-TECH-STUDIES 发挥的作用,凭借它们,我能够提交并且深化自己的论述——尽管这些东西时常让各式各样的订阅人感到恼火,甚至惊愕。从我私人的角度而言,斯蒂芬妮·劳勒一直是我主要的情感来源,是她支持着我完成这本书。最后,我想把此书献给苏嘉达·拉曼,正是她指引我走在现在的道路上。相信读者可以在本书中体会到她思想的精华所在。

史蒂夫·福勒

---

〔1〕 Kuhn et al. 1997。

目　录

第六章　尚未全然迷失的世界——库恩之后的哲学........*270*

第七章　库恩化——仪式化了的政治无能........*330*

第八章　结　论........*392*

参考文献........*439*

导　言

1. 库恩的影响

由托马斯·库恩(1922—1996)所著的《科学革命的结构》一书也许是 20 世纪后半叶出版的学术著作中名气最大的一本。[1] 35 年来,此书已经售出约一百万本,并且已经被翻译为 20 种语言。它一直是人文科学和社会科学中被引用最频繁的著作之一,同时也肯定是这些领域的诸多重大工作中难得受到自然科学家认可的寥寥几部之一。而且这样的状况可以说是持续了相当一阵子。当我在 1976 年进入哥伦比亚大学读本科的时候,《科学革命的结构》一书便是一年级必修课"当代文明经典"(Classics of Contemporary Civilization)的必读书目。在所有作者仍健在的著作中,只有两本书有着如此的待遇。[2] 不仅如此,库恩的影响力还远远超出了象牙塔的局限:

> 想知道阿尔·戈尔(Al Gore)最喜欢哪一本书吗?根据最近杂志上刊登的一篇戈尔传略的描述,那本书便是由托马斯·库恩所著的《科学革命的结构》。对戈尔来说,在某种意义上也许他也别无选择。毕竟所有跟他年龄相似、学历相仿,也同样都信奉改良主义的人——这里面无疑包括比尔·克林顿(Bill Clinton)——都对这本书有所知晓。该书提出了一个经典模型来表明

---

[1] Kuhn 1970b。

[2] 另外一本书乃是 Foucault 1967。

1

那些占统治地位的流行观念是如何改变的。它的基本观点是:通常,人们年复一年地相信着同一种事物……尽管在这个过程中,表明事实恰恰相反的证据越来越多,以至于直到某天人们突然意识到了这些与他们原有信念相冲突的证据,于是在改变他们观念的同时觉得好奇,为什么他们以前居然想的是另外的样子。[1]

以上便是《大西洋月刊》编辑詹姆士·法洛斯(James Fallows)近来的一篇文章的开头。他接着说,克林顿总统的经济方案就可以看作库恩式的"范式转换"。事实上,这个短语在华盛顿是如此惯常,以至于它被堂堂正正地收入威廉·赛菲尔(William Safire)所编的《美国政治词典》中。现在的问题是,库恩到底说了什么以至于得到了如此之盛的名气和影响?

科学,就是科学家们所从事的工作,不多也不少。这是库恩的出发点。在他看来,自然科学家——尤其对比他们的社会科学同行——最让人惊讶的地方是,不论他们在别的事物上有多大的分歧,一旦涉及如何评价一项具体的研究项目,时常能保持一致看法——也就是把该项目与跟它相类似的已有项目范例进行对比。从这一洞见中,库恩提炼出了"范式"这一含义颇丰的术语。他认为这一概念对于"常规科学"的进行是必要的。即范式的获取构成了科学训练的本质。这使得它得以在科学家的头脑中根深蒂固,即便摆在他们面前的是越来越多原范式所无法包容的"反常",研究者们也不会轻易改变原来的研究方向。但范式的转换——在库恩眼里,这在性质上类似于宗教上的改宗或者世界观的转变——总是无法避免的。这样的转换的总的后果就是为科学带来了一场"革命"。而范式与范式之间,有着难以通达的特性——范式的"不可通约性"。为了强调这一点,库恩论证道,革命通常是那些年纪轻轻或者处于边缘地带的科学工作者推动的,因为他们往往没有在旧范式中浸淫太久。同时,由于革命发生的频率是如此之低,以至于随着科学的进步,学界总体上还能保有一种一般的共识。从表面上看,库恩的这套说法有点类似在艺术或者文化史中常常见到的循环论或者轮回说。不过他指出,科学有其独特之处,也就是随着时间的推移,科学家们对他们探索的事业越来越有控制力和主动性——而且更为重要的是,这种控制的增长还反映在探

---

[1] Fallows,1993。

索成果面向公众的呈现上。

以上便是对《科学革命的结构》一书中所包含观点的简单总结。不过这还根本算不上开始解释该书巨大影响力的由来，特别是当这种影响力已经远远超出了书中主要涉及的自然科学范畴的时候。人们一般是这样来描述库恩这本书带来的反响的：它把学界从实证主义或客观主义关于科学的概念中解放出来，也就是在大学中，所谓的"硬"科学（hard science）比起其他科目来，不再具有原先被赋予的那种优越的特权地位。与此同时人们还认为，库恩的工作表明了即便是那些最严密的自然学科，它们也是由共同体和传统所构建的，因此也就会周期性地呈现出思维形式上的对立和冲突。尽管库恩本人从未夸张到明确地表达上述言论，但就事实而言，不论是逻辑实证主义还是其后续的分析哲学，它们所费心构筑的"科学推理的逻辑"最终都是些抽象的修辞形式——这一逻辑试图赋予科学文献内在结构和脉络，但最后还是无法预测或者解释科学家们在研究领域所实际获得的成果。让我们转到人文科学和社会科学上来。上述种种现象的揭示倒让这些学科的从业人员集体松了口气，毕竟他们为争取自身学科的合法地位就已经度过一番漫长而艰辛的时光，更不用说在学科内部达成方法上的共识了。于是，他们很快就攀上库恩的观点，以此来宣告他们也是在范式底下劳作的体面的知识生产者。[1]这还不算，就算是那些跟科学搭不上多少边的人——比如说通灵学者和创化论者，他们也深受库恩的鼓舞，认为，如果一个新范式能够解决那些跟他们有竞争关系的成名对手所无法解释的反常，那么这样的新范式就应该上位。[2]令人啧啧称奇的是，库恩看起来是以这样一种方式提出上述种种论调的，即自然科学家们发现，如果去掉那些稀松平常的话，这里其实没有什么好争议的地方。

从故事发展到现在的情况来看，可以说库恩这本书的总体影响是良性的。《科学革命的结构》一书不仅帮助人们抹平学科之间的等级差异，同时也颠覆了原先不妥当的方法论标准，因此也就在西方大多数高等教育机构中促成了一种多元主义（pluralism）气候，并（至少在一段时间内）保持良好的发展势头。不仅如此，部分科学史家和科学社会学家还把《科学革命的结构》一书当成他们进一步研究所倚赖的范式。而这也就催生了这样的研究学科——"科学知识社会学"（SSK）以及跨学科和学科交叉的"科学技术论"（STS），或者也可以简称为"科学论"（science

〔1〕　关于这些回应的最好遴选仍然是 Gutting 1979。
〔2〕　Hess 1993，特别参见 pp. 70-81。

studies)。这些科系现在已然在欧洲、北美、澳大利亚等地扎根繁衍,并无疑在接下来的时间里将向全球扩散。在人们看来,库恩已然为上述这些学者设立好了榜样,即我们应该越过逻辑实证主义的条条框框——也就是越过科学家们对他们活动的辩护,而把注意力聚焦于科学家们在他们的工作场所中究竟做什么的事实之上。这样,这些后库恩事业的特征鲜明的方法论最后也就演化成对科学研究环境的历史和民族志研究,以及对学科话语的解构。[1]

不过也正如我之前所说,库恩明确否认了上述种种对他的工作所做的发挥。在方法论偏好上,库恩也的确跟他那些最为耀眼的门徒的工作保持着距离。尤其是在对历史的看法上:库恩认为,为当代世界谱写历史——好比你现在所看到的这本书一样——是不可行的。[2] 历史学家只能为自己未曾参与的历史进程谱写历史——也就是当发生于其中的与历史个体(historical agents)休戚相关的事件(在历史学家所处时代)已经不再有类似的相关性的时候。因此,历史学家只能在事件结束后才开始工作。正是在这一意义上我们可以说,库恩接受了这样一个为人所熟知的悖论,也就是历史学家无法用被研究个体自己的语言来描述个体,除非他将自己与这些个体的生活关系一刀两断。尽管范式间的不可通约对关于科学理性的普遍理论的前景造成了巨大冲击,但与此同时这也开辟了历史学家得以展开工作的空间。不过,对于当代范式来说,历史学家的角色几乎只能限于档案管理员的范围,也就是确保关于当今科学家的记录能完善保存,以便将来站在安全距离以外的历史学家能对之加以分析研究。库恩将这样的历史编纂方法谨记于心而身体力行。他的物理学史在写到1912年就戛然而止(差不多正好是经典量子力学的尾声),而对于在这之后成名的玻尔、海森堡及其他伟大的量子物理学家,库恩的工作则主要集中在组织对他们的访谈,以及收集相关的研究论文上。[3]

与库恩不同的是,STS通常走的是相反的路子。也就是要求调查者应该尽可能地在研究场所与那些作为其研究对象的科学家们进行互动。事实上确有部分人宣称,只有将当代科学作为调查对象的研究在结果上才是可信的。究其原因,一方面乃是这时候科学家们还没来得及完成对反对者的嗓声,另一方面也来不及

---

[1] 关于这方面的经典专著是 Barnes 1975,Bloor 1976,Latour and Woolgar 1979,Knorr Cetina 1981,Collins 1985,以及 Shapin and Schaffer 1985。Pickering 1992 是最近一部收录科学论(science studies)研究论文的集子。这一领域目前并没有太多优秀的教科书。Hess 1997 算是其中最好的一本。

[2] Kuhn 1977b, pp.3-20,特别是 p.16。

[3] Kuhn 1978。如果想找库恩所作的关于 20 世纪量子物理学家的详尽的档案工作,可参阅 Kuhn et al. 1967。这一工作乃是在美国物理学会的协力下一道完成的,并受到国家科学基金的资助。

来对他们成果的叙述进行加工和润色——一旦这些加工完成，那么它们就成了笼罩在真相之上的谜团，使得人们再也无法探知当时究竟发生了什么。[1] 尽管有着以上的差异，但需要强调的是，STS 研究者与库恩对他们所寻求的目标在认识上是一致的，也就是最终要获得一种对科学知识的"客观"的理解。而这也就使得双方在以各自的方式进行探索的时候，多多少少都不幸而不约而同地走上了"相对主义"道路，特别是本章在接下来要讨论到的方法论相对主义。

虽说天下几乎没有不抱怨自己作品被误读的作者，但《科学革命的结构》一书所引发的误读也实在太大、太庞杂了，以至于人们需要给出更进一步的说法。就那本仅有的把库恩的工作视为一个系统化理论的著作来说，它主要以理性重建的方式展开论述，而这倒也不算出人意料。该书通过对散布于库恩著作各处的原话的组织来支持它所重建了的理论的各个片段，不仅如此，相应位置还附上了长长的脚注，在里头一一列出了那些参与到"惊人的误读"之中的库恩的解读者们。[2] 我们要问的问题是，既然那些读者读出了库恩所无意表达的东西，那么这些东西到底来自何方？或者换个一般的问法：在那个年代写的像《科学革命的结构》这样的一本书，到底是如何获得了它现在所拥有的那种影响力的？实际上，不论是在《科学革命的结构》一书写作之前还是写作之时，各种类库恩的观点就已经在各处

---

[1] Harry Collins 是把这一观点以最具说服力的方式论述清楚的人，这在他的书中主要作为"命题六"来讲述，参见 Collins 1985:76,129,170。对于 Collins 来说，他在采访科学家时所呈现的典型社会关系乃是一种正式的交换关系（formal exchange）。究其原因，乃是他试图在科学家和历史学家的旨趣之间保持一种清晰的界限，以此来保证双方各自的自治性。这样，历史学家就需要创造出足够的动机以使得与其对话的科学家能为他提供一篇长度和深度都符合要求的访谈。在 1994 年 9 月瑞典哥德堡举办的当代科学历史的国际工作坊上，Collins 建议历史学家可以用这样的方式获得交流对象的信任，即向对方提供他采访过的其他科学家的相关信息。Workshop 的论文收录在 Soederqvist 1997 中。

[2] Hoyningen-Huene 1993。这本系统而审慎的著作最初于 1989 年在德国出版，时值 Hoyningen-Huene 与库恩在麻省理工学院（MIT）共事一年之后。出于显而易见的原因，该书得到了库恩明确的认可。尽管如此，人们还是会怀疑书中包含的理性重建进路（rational reconstructionist）在事实上是否能满足库恩自己的历史学的顾虑——库恩的目标是用历史个体（agents）"自己的语言"来描述他们。另外，如果 Hoyningen-Huene 是正确的话，那么这差不多意味着其他所有独立评论家对库恩著作的评论都是错误的。作为结论，也就是在一般的情形下，这意味着 Hoyningen-Huene 违背了关于解释的"宽容原则"。根据宽容原则，如果其他所有的解释都被解读成错误的话，那么很可能是解释者本人出错了——也许因为解释者以这样的方式解读个体，即看他们做了什么而不是他们想做什么。换句话说就是，库恩看起来如此频繁地被"误读"乃是因为他的读者并没有真的试图去理解他本人的观点，而是把他的文本视为关于某些正在进行着的争论的标识（token）。这也就能够解释为什么在对库恩的系统化方面，Hoyningen-Huene 能够一骑绝尘，无人与之匹敌。鉴于库恩的工作令人赞叹地表现出对以上多种策略的亲和与包容，我在本书接下来的内容中会进一步解释原因。不论如何，也许我们无法以"同情"的方式在把握作者思想的同时，对于作者所在的共同体的集体性思维一种公正不偏倚的态度。一方总是作为通达另一方的目的的手段出现，但在最后被判断为它本身就是目的。这样的个人与集体之间的"并协性"——借用量子力学的隐喻——也许能够用来证明，在历史解读上存在一种相当强烈的不可通约意味。

散播了，这一事实不禁为上述疑问平添一丝神秘。不仅如此，神奇的地方还在于，在19世纪60年代早期，有不少思想家已经提出了类似的关于科学的观点，而就这一思想家群体而言，库恩可以说是其中最不起眼的那个。这里姑且根据知名度为他们做一排名：这些人包括迈克尔·波兰尼（Michael Polanyi，1891—1976），史蒂芬·图尔明（Stephen Toulmin，1922—2009），诺伍德·罗素·汉森（Norwood Russell Hanson，1924—1967），以及保罗·费耶阿本德（Paul Feyerabend，1924—1994）。为了认清库恩工作的独特之处，以及弄清围绕该书接受与反响的变迁兴衰，也许《科学革命的结构》这本书应该被更多地作为征兆（symptom）而不是肇因来加以阅读。

作为征兆研究的第一阶段，我希望诸位能把《科学革命的结构》这本书当作冷战时期的文献典范来读。[1] 在当时的背景下，库恩可以说得上是一位冷战政治范式之下的"常规科学家"。而这一范式正是由将库恩引向科学史研究并得以获取人生中第一个教职的哈佛校长詹姆斯·布莱恩特·科南特（James Bryant Conant，1893—1978，1933—1953在任）所构建起来的——科南特还担任过二战期间（管理并监督第一颗原子弹制造的）美国国防研究委员会主席，以及为应对20世纪50年代的红色危机而成立的反共产主义委员会主席。在二战结束后不久，科南特为科学课程设计了一套通识教育（General Education）课目，也正是在执教中，《科学革命的结构》一书的内容得以酝酿和深化。作为对科南特礼遇的回报，库恩邀请他为自己的第一本著作（《哥白尼革命》）写序，同时将他的第二本著作——也就是《科学革命的结构》——献给科南特。库恩第一次遇见科南特是在哈佛研究员学会上，当时他还只是一位初级研究员。而此时，这个学会不那么低调的使命中包括有这样一条，即想方设法让前景光明的年轻学者免疫共产主义的塞壬之歌（siren song）——有关这一点我将会在第三章第5节中进一步发掘。总之，似乎在库恩看来，科南特是他所认识的人中"最为闪耀的那一个"。[2]

也许得出这样一个结论很有诱惑性，即《科学革命的结构》这本书在某种意义上已经超越了它的源头，并成功把握到了与科学本质有关的一些要素。尽管两人在智力上没有什么高下之分，但在论及科学时，无疑《科学革命的结构》一书比起

---

[1] Doel 1997是一本不错的关于冷战科学政策的调查报告。这个调查报告强调了历史学家们表现出长时间的抗拒情绪，而不愿将科学视为大国间力量平衡所必需的东西。

[2] Kuhn et al. 1997，146。

科南特的任何著作在论述上都要显得更为简洁而系统。除了以上的美学意蕴之外,更重要的是这本书的说服力已经在相当多的学术领域中得到了认可。确实,巩固库恩一书的经典地位对于今天不少人文科学研究者来说有着既得利益,但我希望在解读该书的时候,能够再少一些恭维,而多一分对科南特及库恩两人思想中对"常规科学"的聚焦的关注。这便意味着将《科学革命的结构》一书中的简洁性和系统性视为库恩对科南特科学政见(politics of science)的认同——或者毋宁说可以视为一种理所当然的世界观。因而,与其说《科学革命的结构》是对冷战精神气质的一种超脱,不如说是将之以一种更抽象因此也就更加便捷的方式加以表达。(有关这一点将在本书的第三章和第四章中进一步发掘。)在科南特的粗糙讲演为他引来一大片常常怀有敌意的听众的时候,库恩则在象牙塔的庇护下贯彻了科南特的范式,而无须受到反对者或者当时的历史事件的干扰。那些在政治语境下被视为具有争议性的论证一旦进入去政治化的学术语境,马上就获得了一种事实的地位。究其原因,乃是在政治语境下,个体将自己视为潜在影响事件进程的,而一旦切换到学术语境下,他们便失去了撬动改变的杠杆。换句话说,也许我们面临的是这样一种状况,即抽象意味着对思想的实质条件的反思更加表面化,而不是更深刻。

2."一部我们时代的哲学史"

像《科学革命的结构》这样一本深受赞誉而被广为引用的著作,居然被我在这里大加鞭笞一番,我想读者肯定会好奇我的动机所在。这倒不是因为库恩对我没产生影响。正相反,我发掘并利用了库恩的思想中一些被人——不论是库恩本人还是他的追随者——刻意淡化的内容。在我的第一本著作,也就是《社会认识论》中我曾提及,正是库恩的工作让我开始严肃地思考,在一个范式底下的科学实践中的"默会维度"(tacit dimension)与范式间看似存在的"不可通约性"这两者之间的联系。正因为常规科学的参与者不会在涉及共同基础的地方彼此互相质疑地开展研究活动,这便使下述情况成为可能:不同的研究共同体一方面在表面上乃是基于同样的范式开展各自的工作,另一方面尽管它们的目标看起来是一致的,但是随着工作的开展还是发展出了对目标相互迥异的理解。不过,只有在这些共同体因为某些悬而未决的难题而被迫卷入到关于他们所在领域的原则和方法上的"哲学"争论中去的时候——也就是库恩所谓的"危机"——人们才发现,他们的分歧原来是如此之大,往往达到不可弥合的地步。这样,科学概念上的极端差异便可以用(共同体之间)已经成为惯常的制度化交流的崩塌来加以说明。与此同时,这种崩塌以婉转的方式让人误以为这就是"独立自治的研究共同体"本来的样子。[1] 上述结论在我接下来的工作中将继续扮演活跃角色,同时我还希望能发展出一套关于科学探索的规范性定位构想——在里面我们无须预设研究者必然是基于同样的思考框架进行活动。尽管于尔根·哈贝马斯(Jürgen Habermas)、保罗·格莱斯(Paul Grice)等人试图通过先验论证的方式来表明,交往中存在着不容置疑的基础,但在我看来,库恩的工作表明对类似基础的探求就是一种空想。因此,我把我的注意力越发集中到修辞学上,希望能从中找出,在没有先在(prior)的对行为的认同基础的情况下,语言是如何能够促成集体行动的洞见的。[2]

得承认,在学术上我从库恩那儿受益匪浅,但我必须指出的是,库恩这本书就其总的影响来说,起到了钝化学术界批判意识的作用。如果我们从事后诸葛亮的角度作一简略的社会学速记,那么《科学革命的结构》便是在不经意间达成了丹尼尔·贝尔(Daniel Bell)在《意识形态的终结》这本与《科学革命的结构》同时代的书里所试图做到的大部分事情。贝尔试图告诉那些徘徊于主流边缘的学者,以及处于守势的政策制定者们,可以通过处理各自领域内部的原生(homegrown)谜题来获益,从而消解早先的焦虑。好的范式成就好的邻居(译者注,应该是转用了 Good fences make good neighbors 之意)。不过在这幅图景中,我们失去了这样一个公共的学术空间——在里面人们原本能对"科学"("知识生产""探寻"等)的一般目的和手段进行充分而富有意义的辨析——正如在专门学科及研究项目中对涉及的相应的特定目的和手段的待遇一样。因而,社会认识论的使命就是要致力于在学界恢复这样的一个失落空间,同时促进科学在公共领域内的民主化。[3]本书的大部分工作乃是试图对那个更为庞大的社会历史背景作一充实——正是它最后使

---

[1] 参见 Fuller 1988,85-89,97-98,111-119,142-169,219-224。因着他的贡献,已经有一位科学历史学家开始发掘库恩的这一仍然被大多数哲学家视为禁区的方面。具体参见 Biagioli 1990,1996。值得一提的是,人们在介绍不可通约主张时,尽管都是通过库恩论述他如何解决亚里士多德、伽利略以及牛顿(参见第四章第 4 节)之间的表面上的不一致进行引介的,不过库恩最早诉诸这一说法的场合主要还是关于同时代交流的崩塌,而不是意指对过往意义获取的失败。参见库恩,"Energy Conservation as an Example of Simultaneous Discovery"(1959),见 Kuhn 1977a,特别是第 72 页。

[2] 此观点在 Fuller 1993b 中得到最详尽的展开。

[3] 我个人对科学民主化问题的观点主要体现在 Fuller 1997b 中。这篇文章被一位我以前的学生收入到他编著的书里。该书试图在那些一般为美国科学以及工程技术专业本科生准备的人文课程中加入一种批判性的视角,由此来审视科学的目标。

得上述空间的封闭成为可能。而这意味着我们将把目光从冷战一直回溯到西方文明的原始神话中去。不过,在我们对西方集体无意识开展深度探索之前,让我们先把目光转向《科学革命的结构》写作时期的教学背景(pedagogical context)上,这对理解活跃在《科学革命的结构》一书中的精神气质很有助益。

　　尽管《科学革命的结构》一书前言部分的一些简短的自传性内容有过暗示,库恩的教学经历对他自身关于科学史的理解有着重要的意义,但书中的其余部分则完全没有认真对待教育在关于科学知识论断在远离专家圈子的那些区域的传播、发展、合理化甚至协商(没错)中所扮演的角色。[1] 对于鉴别力不高的普通读者而言,可以体谅他们对"范式转换"做出的如下认识:当相关科学领域的主要研究者决定采用新的范式,这就意味着"范式转换"已经完全实现,而这样的新范式被那些专业教师、其他领域的科学家、科普作家以及公众主流接受,则可以看成是多多少少带有瞬间意味的涓滴效应(trickle-down effect)。在这一点上,库恩自己只是简单重复了流行的科学编史学的论点,也就是将它们视为在研究前沿对那些先驱

---

〔1〕 尽管库恩的教学定位主要对应于他在哈佛通识教育课程上的授课经历,但他同样受到了 Ludwig Wittgenstein(1889—1951)、Karl Popper(1902—1994)的影响,他们两人都出生于维也纳,在移民英国之后成为 20 世纪英美哲学最有影响力的思想家。

　　库恩通常将美国最具创造力的美学家 Stanley Cavell(b. 1926)作为将后期维特根斯坦工作引介给自己的人,以至于后者成了他借鉴格式塔转化来讨论范式转换模型的源头,比如,从相同数据得到的相互间不可通约的多种解释。参见库恩等 1997,第 177 页。Cavell 在 Morton White(b. 1917)底下学习。而后者的天主教哲学旨趣使得他本人将注意力集中到一个教区制度相互竞争的时代中去,从而使他在他自己的领域中被边缘化了。如果读者想了解后期维特根斯坦与立足于哈佛的抱有猜忌性审慎态度的美国实用主义传统相结合的一个早期尝试,请参阅 White 1956,特别是书中第 ix 页,怀特发现,一些迹象表明维特根斯坦对那些带有实证主义倾向的逻辑学家——Nelson Goodman、W. V. Quine 是其典型的代表——在其工作趋向上的影响,比如说在谈到语词的"角色""功能"以及"工作"(job)的时候。注意,White 本人曾力图将两者的这一交汇与他们所处的各自迥异的社会根源保持距离,而这就使得两个案例同时散发出一种令人不快的规范性蕴涵(normative implications):实证主义者对冷战考虑的合理性认同以及对"日常语言"(ordinary language)通过高雅和礼节得以强化的认可。我认为,White 拒绝允许知识社会学来介入英美思想间关系重建,这无疑是他最为严重的一个思想缺憾——若非如此,那将成为一种抹平两者间哲学差异的一个独一无二的尝试。关于波普尔对库恩的影响,可以参阅 Jarvie 1988 这本极具洞见的著作——特别是书中 314 页以降。尽管库恩旁听了波普尔在哈佛的 William James 讲座,但他或许仅仅学到了波普尔的负面批评,也就是科学牢固的制度化偏见会削弱科学的批判使命。当波普尔把这一倾向视为科学家个人所表现出的性格上的弱点时,库恩则试图给出一种更加乐观的解释——对于一个一般的理论来说,要是它只有少量支持,它就不可能成功——如果它在其早期阶段没能规避对它的无情批判。(不幸的是,伴随那些不可避免的反常的逐渐累积,库恩没法表明,哪一步才算是"早期"阶段结束。)在这里,我很愿意让读者自行判断,波普尔也好,库恩也罢,他们是否对人性探求实在的能力持一种更为怀疑或者更加愤世嫉俗的态度。这里要感谢 Francis Remedios,正是因为他,我才能够接触到 Jarvie 的文章。正如事实所表明的,维特根斯坦与波普尔两人都有着出色的中学教师经历(波普尔实际上是在 Karl Buehler 门下拿到的教育心理学博士学位)。他们生活的上述经历一直对他们将来的哲学实践保持着影响。关于这方面的有力分析,可以参阅 Bartley 1974。

们的继承——取代英雄般的个人的无非是那些带有自我存继性质的狂热者而已。[1]他将教育视为一种同化的媒介，一种他在对科学的描述中唯一进行过充分发掘的社会过程。作为结果，教育被仅仅当成一种手段，通过它，范式能够随着那些尽职的研究者们一代代相传而不断地被再生产出来。[2]

相比之下，库恩的导师科南特则完全认识到科学的这一特征——它对专家以外的人群担负有教育使命。科南特确信美国式的民主正处在危险之中。具体而言，他认为在将来与科学相关的政策提案的数量会越来越多，因此他希望能够通过教育使得美国将来的领导者能够在涉及的好科学与坏科学之间作出分辨。人们将要在这样的时代背景下作出决定，即波尔的原子图景为将来开启了雅努斯(Janus)式的一体两面的前景——人类的最终毁灭或者真正救赎同时向人们敞开了自己的大门。在科南特底下最初的那批教职员中，包括了类似库恩这样的初出茅庐的博士，这些人随后成了美国科学史专业的奠基人。[3]这些人中的大多数都是在科学而不是历史专业上获得他们的最后学位。不过他们的科研方向乃是集中在那些"桌面上"的实验，这对当时来说乃是主流，而不像今天，我们在谈到科学时将它视为被军事、工业等部门整合、转化为一项庞大事业的一部分。因此一点也不奇怪，科南特课程中所涉及的最后实验乃是巴斯德的实验。专业的不对口加上情绪上的反感使得库恩在"大科学"时代放弃了科研工作，而把科学史

---

[1] 这样，库恩的第一本书(Kuhn 1957)是以牛顿对哥白尼的肯定作为结尾——此时距牛顿的去世已有150年之久。正如Robert Westman所敏锐观察的，这一结论的适时性特征是18世纪那些牛顿的狂热分子们所不曾有过的——参见Westman 1994，第113页。尽管如此，要到牛顿的《自然哲学的数学原理》出现之后再过了大约半个到一个世纪，哥白尼的学说才在学校中被广为传授。这里所突出的历史学问题——也就是说将一系列前沿性事件作为对整个知识事业的定义——可以说，这样的科学技术开始在工业发展和财富创造中扮演(重要)角色，并在此背景下得到前所未有的发展。关于这一点，历史学家已经表明，聚焦于创新会把人们误导到对经济增长或者衰退给出正确的描述，从而将他们的注意力转到它的传播机制中去。参见Edgerton 1996。

[2] 这一点在库恩回应批评时表现得最为明确。参见Kuhn 1977b。

[3] 说到这里的时候，我们很容易会想到萨顿(George Sarton，1884—1956)这一比利时人文学者。第一次世界大战结束后不久，他来到哈佛成为最重要的科学史杂志*Isis*的编辑。尚未在哈佛取得终身教职的萨顿成功地在学校的Widener图书馆里争取到办公地点，以便存放他的文献和编辑资料，这多少要归功于卡内基学会董事Andrew Dickson White的帮助。后者是推动美国将科学视为长期的反宗教启蒙运动的主要历史学家。参见Thackray与Merton 1975。在成为哈佛校长之后，科南特继续对萨顿采取"放羊"态度，他甚至还设想，萨顿的工作对经历核战争后保存人文文明的集体记忆有着非常重要的作用。尽管如此，即便在萨顿的请愿下，科南特也从未将科学史视为一个具有独立价值的领域，从而使其获得相应的学科自治以及学位结构(degree structure)。相反，也许我们需要进一步明确科南特的教学旨趣，他认为在一定意义上，科学的历史轨迹乃是应该通过整个课程来引介的，而这也就使得这一领域无须成为一个专业化的主题。在观察到科学与两次世界大战引发的社会动乱之间的密切联系后，萨顿感到是时候来好好记录并保存与那场奋战联系在一起的光辉和荣耀了，毕竟这样的奋战在将来也许永不再现。参见Sarton 1948，168-186。关于萨顿与科南特之间涉及这些主题的有关通信，可参阅Hershberg 1993，407-409。凑巧的是，我对科南特关于科学史的制度化视角持同情的看法，尽管基于完全相反的意识形态上的理由。参见Fuller 1993b，220-224。

当作自己的庇护所。[1]

从这一点来看,《科学革命的结构》这本书是一个关于理念实现的操演,正如它在给出关于科学演化的一般模型时,几乎全部建立在第一次世界大战前近 300 年的欧洲物理学史的案例上。[2]不仅如此,尽管它顶着将科学社会学推向学术前沿的名头,但是对于第一次世界大战以来通过注入庞大的劳力、资本以及技术使得科学道路产生切换,该书未留下任何只言片语。在库恩看来,科学演化进程中所涉及的核心认知过程以及社会过程并没有改变——至少 300 年以来都是如此,以至于我们能通过对这一历史过程的研究揭示出当前科学实践的特质。诚然,这也是科南特力图在他的通识教育课程中所阐明的观点。也就是说,在学生越是能从每个波尔或者爱因斯坦身上看到法拉第或者麦克斯韦的影子的时候,他们就越不会被大众媒体口径中支持或反对所谓的"原子时代"降临这些夸张而不着调的说法忽悠。[3]上述这些论调主要聚焦于科学的这类"应用"上——特效药、外太空旅行以及无穷尽的核电储备——而不是在实验室或者黑板上完成的科学。而在科南特与他的同道看来,一个自治的科学才是好的科学形态——它既能够免于来自民主的干涉,同时也不会介入民主过程。

库恩写作背景的上述特性可用以解释他在公开陈述中所带有的一个突出特征,即库恩对其自身的历史性表现出令人惊讶的迟钝——对于这里的历史性,涉及这样一个基本的解释学观点,即一个人对古人的理解有赖于作为今人的他所处的年代和地点。[4]也就是说,这样的迟钝意味着库恩于 1962 年在美国出版

---

[1] 此外,库恩与他的哈佛同道并没有穷尽那些随着冷战的进行逐渐转向一种更具批判性和历史性眼界的受过专业训练的物理学家的全部:费耶阿本德以及图尔明也应该算作他们的一员。普赖斯(她是将定量方法引入研究科学改变的先驱)以及齐曼(强调科学知识的共识特性)也应该与他们归为一道,尽管两人的科学见解在批判色彩上不那么鲜明。

[2] 库恩的案例集中于物理与化学反映了科南特在涉及"自然科学 4"时对实验的强调。这些例子的大部分在 Conant 1947 中得到了更为深入的处理,并在 Conant 1961 中得到扩展(在库恩公认的帮助下)。

[3] Conant 1952a,xiii-xv。

[4] 在这里我必须将伯恩斯坦归到库恩头上的那个过头的解释学见解视为例外——参见 Bernstein 1983,特别是第 20—34 页。尽管库恩时而使用"解释学方法"这样的提法,但很明显,他对这个概念的理解主要还是取自 19 世纪的文本分析方法,而不是 20 世纪欧洲大陆哲学的那种带有反思性质的考量。因此,对于库恩来说,为了能够以同情的方式来理解他的历史中的行动者,历史学家必须搁置作为今人的偏见,而不是暴露并批判作为探索过程的构成部分的偏见。从实践来说,这样的观点表明,库恩力图将科学家的工作视为是"内在一致的",即便是以将研究对象与其文化背景相割裂作为代价,而依据文化背景,我们本可以在间接的意义上产生一种带有反思性质的考量(比如历史学家与科学家所处背景的不同)。当这一点被应用到活着的科学家身上时——正如库恩对量子力学所做的口述史工作(参见第 4 页脚注 3),那么对内在一致的执拗追求无疑会走向歧途——比如说,人们会根据自己头脑中预设的模板来对科学家进行访谈。关于这点的更多细节请参阅本书第四章第 2 节。对库恩"伪"解释学的一般考察,可以参阅 Hacking 1979b,特别是第 226 页。

《科学革命的结构》一书——要注意此书既没有在 1862 年于德国出版,也不是 1762 年在法国出版,或者 1662 年在英国出版——这一事实在库恩看来跟他怎样理解科学的走向没有半点关系。[1]在通识教育课程中先前就已经传播开了一种论点:科学进程在总体上是一致的,它所发生的时间和地点都不会对这种一致性产生影响。尽管库恩本人肯定不是第一位忽略自身历史性的历史学家,不过他的观点的传染性却是他人所难以企及的。更为重要的是,接下来的历史表明,库恩的历史感尽管为许多历史学家和带有历史性思维的思想家提供了灵感来源,但是他自己却表现得与同时代的辉格派历史学家以及理性重建主义者(rational reconstructionists)一样顽固,而后两者通常被视为库恩主义的死敌。随着时间的推移,库恩的工作为人们反转长达 150 年的哲学史传统做出了决定性的贡献。

上述提及的历史阶段往前可以追溯至黑格尔、孔德,往后则止于波普尔与费耶阿本德。同时,以下思想家都可以算作是这一传统中著名而带点折中意味的成员,他们是:威廉·惠威尔(William Whewell)、赫伯特·斯宾塞(Herbert Spencer)、查尔斯·桑德斯·皮尔士(Charles Sanders Peirce)、恩斯特·马赫(Ernst Mach)、马克斯·韦伯(Max Weber)、恩斯特·卡西尔(Ernst Cassirer)、皮埃尔·迪昂(Pierre Duhem)、埃米尔·梅耶松(Emile Meyerson)、加斯东·巴什拉(Gaston Bachelard)、阿尔弗雷德·诺尔司·怀特海(Alfred North Whitehead)、约翰·杜威(John Dewey)、伯特兰·罗素(Bertrand Russell)以及约翰·戴斯蒙德·贝尔纳(John Desmond Bernal)。[2] 每个思想家都根据自身所处时代的科技发展趋势设想出人类命运的走向,随后再对之加以肯定或者否定,有时甚至还会给出具体的政策建议。这些思想家们围绕着历史叙事——“西方文明”那些可辨识的标志性事件穿插于其中——编织自己的论证,以此使得相对庞大的知识分子(或者至少是跨学科)群体能够找到交流或者辩论的共同话题并畅所欲言。

---

[1] 这四个日期和地点暗指 Ben-David 1984 中列出的关于科学的制度史的几个仿效黑格尔(faux-Hegelian)的“瞬间”(moments)提法。

[2] 在这里,我想如果不提一下这两位学识渊博(虽然从现在眼光看多少带点不合时宜的悲观色彩)的科学哲学史的散播者——为人正派的 Pitirim Sorokin(1889—1968)以及富有启示性的 Oswald Spengler(1880—1936)——的话,那么多少就显得有点不尽心。尤其是后者,作为畅销书《西方的没落》(1918—1922)的作者,Spengler 的热情读者里头不仅有 Adolf Hitler,而且囊括了 19 世纪 20 年代的德国量子物理学家,甚至还包括有近来的科学知识社会学研究者。参见 Restivo 1985。

这样一种精神气质依旧存在于今天的政治哲学史中,比如说保罗·肯尼迪(Paul Kennedy)所著的《大国的兴衰》以及那本相对更好的弗朗西斯·福山(Francis Fukuyama)的《历史的终结与最后的人》。它其实是这样一个视角,即赋予"时间的在后性"(being later)以认识论上的在先地位,同时并不需要假定后来发生的事件比之前发生的事件要好(如果我们做了这样的假设,那么历史就变成了"辉格式的")。在一定程度上,它推动观众将一个有用的过去整合进一个切实可行的将来筹划之中。这一类书中所包含的编年史方法的证据,与其说存在于它与过去的素材混杂而成的成分中,毋宁说存在于用以充当未来政策的成品大补丁中。以至于人们问:它这样做是(为了)激励人们行动起来吗? 历史是不是有其自身的意义呢?[1]

3. 关于哲学史的一份验尸报告

问题来了,《科学革命的结构》这本书究竟是怎样扼杀了历史主义冲动的?[2]首先,该书将科学视为经历了一个发展的序列——该序列不朝向任何一个特定的方向,而是作为一个同心圆环的更为强化的版本而呈现。换句话说,它是一个始自某处,而非通达某处的进程。在库恩对科学的叙述中,对该过程最可信的历史衡量手段便是愈发深刻的学科研究事项的专门化。不客气地说,这在我看来就是这样一幅图景:那些无法相互兼容的术语黑话像癌细胞一般疯狂增殖扩散,

〔1〕 Graham 1996 是最近刚刚出版的当前迫切需要的关于哲学史的导论。我们时代相互独立的对哲学史讨论的案例中,最好的一本乃是 Toulmin 1990。Toulmin 的论点可以说是对这本书包含的部分观点的补充。比如在本书的第一章,我强调了"柏拉图化"(Platonization)是如何降低了那些容易改变的信念在认识论上的价值的。与之相互补的是,Toulmin 强调,柏拉图的遗产使得对那些与自己的信念相冲突的信念的宽容态度也失去了相应的认识论价值地位。同时,在 Toulmin 看来,1570—1640 年这一历史阶段对于以上柏拉图遗产的复活起了关键性的作用。在该时段,文艺复兴的成功以及大航海时代的来临给人们带来了经济不确定性以及大萧条——虽然最后背黑锅的乃是一系列宗教战争。而蒙田和笛卡儿则成了在容忍问题上的两极,作为容忍典范的前者与排他的后者相对应。我们将这个例子作为一个很好的基准点,即比起伽利略来,哥白尼更为他所处的时代所容忍——尽管前者对哥白尼的观点提供了更有力的论证。在笛卡儿看来,稳定社会的唯一方式是提供不可置疑的基础——它们将得到所有"理性"个体的认同,除非它们的理性状态乃是出自伪装。这一对于持潜在异见人士而言相对复杂精细的威胁很快在 Thomas Hobbes 的社会契约论中以赤裸裸的形式表达出来。在最近出版的那些以唤起专门学科从业人员的注意为写作目的的科学哲学史著作中,有一本书显得特别令人瞩目:Mirowski 1989。Mirowski 不仅表明了新古典经济学理论的稳步衰落——并且这种衰弱带有那取自己经消失了的那些物理学的隐喻意味,同时他指出,通过对取自制度主义传统的资源加以重新配置,我们可以建立一个具有经济学价值的新的社会理论。

〔2〕 那些怀疑哲学史已经死亡的读者可以参阅这本享有公认名望的著作:White 1973。这本书对种种哲学史做出了一个逻辑封闭的分类。对此,即便 White 在涉及他的分析与我们自身所处时代的相关性的时候表现出了审慎的沉默,而怀疑论者依然轻易地将它看成是一种标本剥制的练习。

以致妨碍人们以一种更加整体化——如果不是"统一化"的话——的角度来探索对实在的理解。换句话说，对 episteme（希腊文的科学）、scientia（拉丁文的科学）、Wissenschaft（德文的科学）以及 science 这几个概念的理解贯穿于西方传统的绝大多数时刻，但那个承载上述概念之精神的探索计划却受到重重阻挠。[1] 无论如何，尽管部分科学哲学家仍然宣称自己没有受到库恩的影响，但毋庸置疑的是，过去二十五年来这一领域已经被打上了库恩影响的烙印。简言之，科学哲学不论在结构还是在内容方面，都已经被"库恩化"了。

从结构角度来说，科学哲学本身已经慢慢剥落为一个个"某某哲学"——这里的"某某"指代一种专门科学的名称，而哲学家则在这样的具体名目之下劳作（这一点我将在第六章中重新提及）。[2] 在结果上，这表现为：一方面，它有助于遏制哲学家的过激倾向——他们会整个地废黜那些无法满足某一特定研究领域（通常是物理学）标准的其他种种研究领域（包括生物学的分支）的合法性地位；另一方面，正如上文所提及的，它抹去了一切人们得以在其中对科学的总体目标进行讨

---

[1] 我接下来所提及的探究的碎片化，通常看来乃是我们自身的"后现代状况"下的独特产物，但就西方文明史的绝大多数时刻而言，这样的碎片化实际上是贯穿于其中的行为常态。对西方文明而言，它所面临的是这样的挑战：如何在追寻一个对知识的统一视野的同时又不陷落到宗教的独断主义泥淖中去。对此，中世纪具有合法自治地位的大学的创立对于这一发展来说乃是至关重要的。想要从跨文化比较的角度来了解这一科学史观点的含义，请参阅 Fuller 1997d，Huff 1993。

[2] 一般认为，这一倾向可追溯到库恩之前的逻辑实证主义者那里。在后者看来，哲学被等同于科学的逻辑。实证主义者时而会建议哲学家应该处理那些专门科学中的基础问题（这也是统一科学的国际百科全书的本质，库恩的《科学革命的结构》算是此书的最后一卷）。但对于自己的建议，实证主义者自己几乎从不亲为之，而更多地把注意力放在制定规范性科学的原则上，以便能够根据这些原则来判断相关对象是否能被冠以科学的名号。出于对经典量子力学及相对论量子力学乃是最为成熟的科学的深信，那些受过物理学专业深度训练的实证主义者——特别是 Rudolf Carnap 及 Hans Reichenbach——仔细研究了上述学科中的推理结构。故而在实证主义者的体系下，这两个学科也就成为其他学科将来理应达到的标杆。这样一种物理学与科学的互换性你甚至能在卡尔纳普最后发表的著作中找到。Carnap 1966，作为卡尔纳普在芝加哥大学关于物理哲学的讲座集，便是一个很好的例子。（值得一提的是，卡尔纳普的编辑 Martin Gardner 曾听过卡尔纳普 1946 年的讲课。随后，他成为《科学美国人》的记者，并因他挑起的大规模地反对"伪科学"的战役而为人所熟知。）在实证主义者推行的物理帝国主义之下，也许"演绎的—法则的"[deductive-nomological]（或曰"覆盖率"）解释模型是其中最具影响的案例。这一模型——尽管明显地取自牛顿关于行星运动的力学解释——最初由 Carl Hempel 出于解释历史事件的需要而提出。参见 Hempel 1942。不过，近年来已经有研究 20 世纪物理学的历史学家开始挑战实证主义者（也许可以再加上波普尔主义者）所依赖的物理学作为基础科学的理由：哲学判断似乎并不是基于物理学的实际发展轨迹，而更多的是来自 Albert Einstein 相对论的令人瞩目的成功。而后者恰恰是这样一个典型案例：理论视野要大大领先于相应的经验检验许多年。换句话说，哲学家对科学的理解远远无法代表物理学家主体在推理过程中所表现出来的特征。参见 Sigurdsson 1992。

论的公共空间。[1] 从内容上来说,后库恩式的对科学进步的哲学辩护已经与科学当前所追求的任何实质性目的相脱离。而这也就使得人们有可能以下述方式做出论断,即我们可以直接讨论科学进步的特征,而既不用对当代科学家的活动作出评判,同时又不需要(为了构建某个关于科学进步的首选理论)对科学所应该遵循的发展轨迹给出富有启示性的见解。[2]

以上乃是对科学所做的"应当如此"的描述:它一方面拒绝对科学家的实际活动做出评判,另一方面也确实不包含科学家应当从事这项或那项特定活动的要求。质疑这一描述是否有其价值,可以说是出自一种哲学式的天真。但此种天真,多少是有可谅解之处的。毕竟就算我们认可大卫·休谟的论点,也就是"从应然无法得到实然",我们也至少应该祈祷康德"应该蕴含能够"依然有效。若非如此,当我们能够从历史学或社会学的视角来研究科学,以至于一方面既能够因着这些视角的性质而自然而然地回避规范性问题,另一方面还能对科学家的活动提供一个在经验上更为充分的描述的时候,从事认识论或者科学哲学研究的意义究竟何在?[3]

让我们不妨通过审视库恩《科学革命的结构》一书所带来的在科学家、历史学家以及科学哲学家之间的劳动分工的变化,来认清我们跟科学哲学史的世界到底

---

[1]　近年来,说到哲学对专门科学的否定,最有名的例子当属 Karl Popper 对进化论的批判。波普尔将进化视为非科学的,理由是它不包含可证伪的理论预测。参见 Popper 1963,第 340 页。不仅如此,即便是相对温和的实证主义者 Carl Hempel——虽然他的这一观点常为人所忽视——也论证说进化论乃是被错误地冠上了科学的名字。在 Hempel 看来,"理论"是一个对自然史的系统化描述,而不是对历史为何如此的一个充分的解释性陈述。参见 Hempel 1965,第 370—371 页。在这一意义上,Hempel 与创造论者在关于进化论的批判上达成了一致意见。关于库恩在鼓励科学哲学扮演"有效劳作"(译者注:原文为 underlaboring,大意是在某学科下的研究成果总的来说是有效的和可靠的)的角色中所发挥的作用,请参阅 Callebaut 1993,特别是第 41—45 页。关于 Callebaut 一书在文化上的含义,以及一组对著名科学哲学家的访谈,请参阅 Fuller 1994h。

[2]　在认识论领域情况显得更为糟糕。大家都注意到,围绕如何定义知识所据信应有的规范性特征展开了复杂冗长的争论,但无论如何,没人能够表明这样一种规范性概念对实际研究能有所助益。其实出现这样的状况也并不足为奇:本来认识论争论中涉及的那些假想案例及思想实验与科学家以及其他一线知识生产者所关注的证据和推理问题就毫无相似之处。如果想了解对于这系列事件为何有如此的发展的解释,请参阅 Fuller 1992b。

[3]　这一问题的犀利性常常被人以一种巧取的方式给掩盖,也就是声称,科学哲学家是在"描述科学的规范性结构"。这一玩意现在被越来越多地称为科学的"认知结构"。这其实就是在说——用柏拉图式的描述的话——科学规范能够充分地独立于科学家的行为之上,以至于哲学家从不会被迫陷入一种政治上的尴尬处境:哲学家需要对科学现状所处的规范性地位进行表态,也就是回应这样的问题,即现在的科学乃是如它所应是吗?在本书的第一章第 5 节,我们将会看到费耶阿本德在阅读完《科学革命的结构》一书的初稿后发出的抱怨与此完全一致。如果确实有玩意可以被称作"库恩之灾"的话,那玩意一定是对这样一种在描述性和规范性事件中间的取巧态度的容忍。这里得提及法国科学哲学家 Georges Canguilhem(Gaston Bachelard 的学生,Louis Althusser 以及 Michel Foucault 的老师)。尽管他对概念革命的结构主义论述与库恩的相关描述很相似,但仍然能毫不费力地在《科学革命的结构》一书中找出以上问题。参见 Bowker and Latour 1987,第 725 页。

有着怎样的距离:[1]

　　《科学革命的结构》之前:哲学家研究过去的科学并对其中的孰是孰非加以判断,以此来作为展现某个历史时期涌现出的科学理性概念的手段。这一手段有时还带着这样的目标:用形式逻辑语言将其中的科学理性明晰化。而历史学家则调查当代科学并通过研究当前居主导地位的研究项目与其先辈及同行竞争者的关系,来评判它现在这样的地位是否名副其实。因此,哲学家和历史学家们从事的工作在相互重叠的同时又互相充实。而科学家则也许会参与其中的一项或者干脆两项全参与,并将此二者视为开展他们在一线的研究工作所必需的。

　　《科学革命的结构》之后:哲学家忽略过去而仅仅着眼于当代科学,以便能够理出藏于这些科学的方法和理论之下的逻辑。历史学家则无视当前而把注意力全部集中在过去的科学之上,以用(过去的科学)自己的语言来进行理解。哲学家与史学家因此从事的是相互排斥而独立自治的工作。同时,科学家们则拒斥——或者确切地讲,乃是忽略——大多数从历史或者哲学角度出发的对科学的专业化描述。相反,对于这些话题,他们更愿意以大众读物的方式推出自己的版本,并乐见他们的作品比起上述专业著作来有着更为广泛的传播。

　　在库恩看来,取得进步的前提是这样的,即仅当某一研究群体能够完全控制

[1]　鉴于《科学革命的结构》一书的行文横跨科学哲学以及科学史各自的学科写作传统,并且库恩出名的时候正值他在普林斯顿大学科学史与科学哲学系供职时期,人们常常默认库恩实际上会乐见以上两个领域整合到单个的"科学史与科学哲学"(HPS)中去。不过,与其他跟他一起被划归为科学哲学的"历史主义"者——包括 Toulmin, Hanson, Shapere, Laudan, Popper, Feyerabend, 以及 Lakatos——所不同的是,库恩明确反对这样一种学科间的融合,尤见 Kuhn 1977a,第 4 页。为认清这样一种在 1961 年——也就是《科学革命的结构》出版前年——就已存在的分歧,我们可以看到 Hanson 1962 里他为对美国科学促进会 L 部门的副主席发言时的论述:"完全地割裂[科学史、科学哲学以及科学实践]这三者间的联系将最终导向这些学科的灭亡。"同时,Hanson 对自己的观点作出如下总结:"使用自己的头脑并达到最大化产出的效果需要学习如何有效地使用自己的头脑。"这样的一种"学习",其实便是过去的科学论争的主要结构,也是科学史以及科学哲学的主题。Hanson 是位丰富多彩而活力十足的人物,在他短暂的生命里,他获得了著名同行如 Stephen Toulmin 以及 Hilary Putnam 的盛赞,同时,他为剑桥大学、印第安纳大学以及耶鲁大学设立科学哲学以及科学史方向作出了相当的贡献。不仅如此,在 20 世纪 50 年代后半期及 20 世纪 60 年代早期,你甚至都能在美国杂货店兜售的期刊上(特别是《国家》杂志)看到他的名字。他在学术上最重要的著作,Hanson 1958,也被节选刊登在了《星期六评论》杂志(译者注,这是一家美国主流媒体,除刊登文学评论外,还刊登关于国际事件、艺术、电视、电影、教育、科学和旅游等方面的文章)上。有意思的是,Hanson 突然停止了对一个与库恩相对的论点的支持,也就是科学家需要学习科学史与科学哲学。这一碰巧我也同意的观点公认可以追溯到 Ernst Mach。在第二章中,我们将回到这个问题上。

他们的研究议题,同时不再需要顾及研究相关人员以外的人的兴趣或者经验。实际上,它描绘的是这样的世界:自然科学与对应的历史学家肩并肩地同行,他们相互平等但却又互相分离——科学家不依赖历史学家,历史学家也不依赖科学家。这是一种在柏拉图的天堂里才会有的和平共存。[1] 这种观点到了今天几乎已然失落了,因为我们几乎不再去设想这样的情景,即当历史学家从科学中抽身而组建他们自己唤作"科学史"的领域时,也许自然科学的自主性反而会因此被强化。[2]

将以上情形与我们在人文科学与社会科学中看到的情景相对比,不难看出在后者那里,历史课程至今仍常常作为学位必修课而存在,同时教授这些课程的人将自己视为这些学科的主要从业者。因此,这些领域的学生也就要惯常地面对那些作为过去的活化石的教授——对于后者来说,他们会被当代大多数研究者赶超。让我们考虑这样的情形。比如说,所有的心理学行为主义者以及经济学制度主义者选择教授"历史与系统"课程的方式作为他们的庇护所,并且在那里他们向学生展现认知主义以及新古典主义是怎样通过内部争斗、欺骗,外加直截了当的无视态度来维系它们在各自学科中的地位。在这样的情景下,过去从未被遗忘过,相反以一种与当今延续不断地相竞争的方式存在。其生动性好比在人文著作中出现的脚注和文献目录一样——在里面柏拉图与德里达为了争夺谁能印证最新的发展成果的地位而争斗着。

从库恩的工作中派生出两种从事科学史的路子:一种大体涉及的是历史学家该如何行事,另一种则与哲学家有关。以上两者均来自库恩在科南特所设立的课

---

[1]　它同时也预设了——尽管多少有点不切实际——"科学家"以及"历史学家"乃是自我遴选成员的群体,而与如下观点相对立,即"历史学家"不过是与科学家相对应的名号——这些人拥有的兴趣被排除在自身学科的构成传统之外。有一种从科学现状出发,以粉饰原先令人不快的过去(到现在)的"优雅"转变的好办法,即可以(以巧妙的方式)指出,一旦某个研究传统能够解决它为自身所设定的足够数量的经验问题,那么"开启哲学式"的批判便变得无足轻重了。到那时,对于科学的真正事业来说,原先被视为基础性的批判就成了纯粹的"外部性"。近来,人们通常会把它与 Larry Laudan 的工作明确地联系起来,不过,正如我们将在本书第二章所看到的,这一观点往前可以追溯到 Max Planck。

[2]　读者可以参阅 Forman 1991 来了解对此倾向的犀利批判。不仅如此,历史学家的研究议题并不简单地与作为研究对象的科学家的研究议题相分离,两者间同时还具有一种平行关系。因此,历史学家惯常地从科学的学科特征出发来确定自己的研究步伐,并且得以确立他们在大学中所扮演的角色标准——尽管在大多数案例中,这样的学术谱系还不到 100 年的历史。举例来说,Holmes(1997)满怀希望地写道,一如科学当前的学术布置也许会带来更深的不安,但如果科学在趋向上走向私有化,或者至少是去学术化,那么科学研究将会得到更多的关注。我们并不奇怪,今天的历史学家发现自己难以理解那些围绕在非大学机构的知识生产及知识分发的规范。毕竟,在科学在政府部门以及企业机构中得到大力支持的同时,科学家的主要目标已经不在于发展学科理论以及学科实践。那么在这个时候,人们不禁会问,科学在上述机构中究竟扮演了什么样的角色呢?

程中获得的经历。第一个路子让人回想起那个初出茅庐的新人库恩所做的努力——一如那个现在被人广为复述的故事中所描绘的——当库恩需要教授亚里士多德甚至是牛顿的学说时,他自己所受的物理学训练是如何使摆在面前的这些文本变得难以理解起来。[1] 这一有着"相对主义"特征的路线将过去概念化为被时间(好比现实中的空间一样)隔开的异邦,因此需要我们去适应那样一种跟我们自身所迥异的土著风俗。关于这一取向我们将稍后加以详述(并且在第四章第 4 节中也可找到相应内容)。不过,在库恩开始精熟于他的教学工作之后,第二种进路就上升到主导地位。这一路子与皮亚杰以及其他发展心理学家有着更为紧密的联系。就后者而言,他们将学生的注意力集中到科学发展的一系列事件中那些突出惹眼的方面,也就是与辨别或解决那些带有范式色彩的紧张场面有关的内容。[2] 通过以上视角,那些参与课程的学生得以获得科南特所设想的那种对科学的"理解"。尽管这一视角几乎未被职业历史学家采纳,但它还是很好地体现在了那些对科学史采取"认知主义"进路的哲学家以及心理学家身上(当然更不用说那些介绍库恩观点的科普作家了)。[3] 在这一视角下,在科学的思维形式从一个范式转向另一个范式的时候,这样的转变乃是沿着固定的序列不断重复:解谜、反常、危机、革命、新范式等。

---

[1] 参见库恩 1977a, xi—xiii。

[2] 库恩受皮亚杰的影响最直接的表现就是后者的特有词汇在《科学革命的结构》这本书里反复出现。具体地说,也就是对"同化"[assimilation]这个词的频繁使用。在皮亚杰意义上,该词指称儿童将新的经验整合到他们的概念体系中去的过程。有意思的是,库恩几乎没有提到"顺化"[accommodation]这个皮亚杰用以描述相反过程的概念,也就是指称儿童调整自身的概念框架来适应新经验的现象。原因大概是库恩将此一概视为一种最后的补救办法,同时也是概念革命的起因。参见库恩 1970b, vi。库恩与皮亚杰第一次相遇是在 Merton 的博士论文《17 世纪英国的科学、技术与社会》(Merton 1970)中的某个脚注中。参见库恩 1976, viii。库恩暗中为皮亚杰的儿童如何走向下一个认知发展阶段与学生重新经历了科学史中的格式塔转换(即 Ernst Haeckel 所谓的"个体发育重演系统发育"[ontogeny recapitulates phylogeny])这两者间所建立的联系在他为自己知识上的导师 Alexandre Koyre 所写的纪念文章中体现得最为明显。参见库恩 1977a,第 240—265 页。库恩似乎认为皮亚杰以及科瓦雷两人在认知发展问题上的观点是互补的,而这也就进一步明确了库恩对以下观点的承诺:有一种"自然"轨迹"内在于"科学之中。库恩"对科瓦雷说,正是皮亚杰对儿童的描绘让他学会了如何理解亚里士多德的物理学。而对方的回答——正是亚里士多德的物理学教会了自己如何理解皮亚杰对儿童的描绘——反而使我确信我所学到东西的重要性"(参见库恩 1977a,第 21—22 页)。事实证明,布鲁纳与库恩之间的相互赞赏并没有阻止布鲁纳提议终结在科学培养计划中开设科南特的通识教育课程。参见本书第四章第 7 节。

[3] De Mey 1982 是那些从库恩精神出发,以"认知主义"视角来理解科学的种种尝试中最为全面的一个。这一脉络下最好的历史专著当数 Margolis 1987。今天,"科学的认知历史"涵盖了范围广阔的种种进路。其中的大多数乃是非库恩式的,也就是说它们更多地取自人工智能而不是发展心理学。关于这一概念的范围,Giere 1992 提供了一个很好的界定。

4. 相对主义留给史学的怪胎

有意思的是,在历史学家与哲学家双方都意欲强调库恩所带来的恶劣影响的时候,他们集中于一种带有规范性判断意味的相对主义版本。[1]相对主义原本可以是一种以异质文化本身的语汇来理解该文化的方法论原则。但一旦把它上升为关于文化差异意义的无条件的标准,也就是说,该文化仅凭它自身就能获得其价值,而不管它带来的结果、影响为何,那么这样的相对主义就有问题了。鉴于库恩自己在采纳方法论相对主义的同时,并没有有理有据地对该主张的强版本加以拒斥,人们因此认为他乃是接受了这种作为无条件评价标准的相对主义——或曰"评判相对主义"(judgmental relativism),也就是皮兰德娄式的"你认为怎样,就是怎样"的哲学。[2]表面看起来,这一学说宽容而开放,但事实上它最终会以一种高人一等的姿态凌驾于那些研究对象之上,也就是拒绝那些对象可以通过我们现在一般认可的重要原则来理解。

这里其实有个很少被明确表达的背景预设,也就是人与人之间观念上的差异如果能持续足够长的时间,那么这样的差异就应该被视为深刻而内在的。因此并不奇怪,我们可以从在 18 世纪至 19 世纪的"种族主义者"对人类历史的描述中找

---

[1] Scheffler 1967 是第一个同时也是现今最系统的来自哲学家对库恩的指控。欲了解该指控的后续版本,请参阅 Scheffler 的学生 Harvey Siegel 的各种著作,特别是 Siegel 1991,第 91—115 页。Cao 1993 则是从历史学家角度批判库恩相对主义的很好的案例。这里特别感谢 Skuli Sigurdsson 将这篇争议性的文章提供给我。刚出版的 Appleby,Hunt 及 Jacob 1995 则是批判的一个流行版本——特别参阅该书第 160—197 页。值得一提的是,这些反对相对主义的库恩的反对者将自己视为认同启蒙的一般目标的左翼自由主义知识分子。

[2] 这里我指的是一本著作的名字,它的作者——1934 年诺贝尔文学奖获得者,意大利剧作家 Luigi Pirandello (1867—1936)——乃是 STS 相对主义所经常采用的方法的主要来源之一。Pirandello 的名字在历史上常常跟两次世界大战期间欧洲的表现主义及荒诞主义戏剧联系起来。在今天,称他为"原型的后现代主义者"(proto-postmodernist)可以说毫无违和感。我们可以通过 Pirandello 最为闻名的戏剧——《六个寻找剧作家的角色》(1921)来窥探他对 STS 所产生的影响,尽管这样的影响经常需要以他的阿根廷钦慕者 Jorge Luis Borges 作为中介。Pirandello 注意到传统戏剧技术对角色发展所施加的种种限制,并且这样的限制进一步还表现在对戏剧行为加以呈现的种种视角上。对此,他的标志性的处理方式是对同一场景叠加多重镜头以及让角色无视剧本而穿插反省性评论来突破原先的角色框架。STS 对皮兰德娄技巧的应用可以从 STS 自封的所谓"新文学形式"(new literary forms)中找到。这一方法的主要目的,乃是通过案例的方式显示,在人们将关于科学事实的社会建构本质认真加以对待的时候,会带来怎样的结果。因此,事实与虚构之间的界限开始变得不清,正如舞台上行为与舞台下行为的界限在皮兰德娄手上开始变得模糊一样。Woolgar 1988 是了解以上皮兰德娄社会学的一个可靠材料。而 Pollner 1987 则从民族志方法学家的角度给出了这一社会学风尚与皮兰德娄之间的直接联系——参见该书第 58 页。Bentley 1946 则是关于皮兰德娄戏剧的权威著作——即便在今天亦未过时。皮兰德娄与他在社会学上的追随者之间有着一个重要的共通点,即以明确的怀疑主义眼光对待人们尝试解决多重视角问题以及复原破碎框架的努力——一方面它是否可行,另一方面,如此又是否值当。

到相对主义的最早表达——特别是在 19 世纪早期的"拉马克主义"。[1] 在这一学说看来,人种的生物组分有着足够的可塑性以至于生物在后天环境取得的特性能够遗传下去。不过,它的另外一个预设——当某一文化与外界相接触时,除非通过强制的手段,否则它自身不太可能(或不大能够)发生转变——表明了这些

---

[1] 20 世纪初,在孟德尔实验的再发现使得拉马克主义作为遗传理论失去经验支撑的时候,相对主义也由此分为两支:一支是持环境无法改造(人)的"强"种族主义;另一支乃是持环境决定论——或者用地理决定论更为确切些。前者一般跟断言"雅利安科学"与"犹太科学"的区分有关——这些断言倒不仅仅来自纳粹;后者则与移居他处的德国新康德主义者 Franz Boas(1858—1942)以及他的美国学生 Edward Sapir, Alfred Kroeber, Ruth Benedict 以及 Margaret Mead 所倡导的民族志(ethnoscience)方向有关。关于这一生物学思想与社会学思想在这一时期的交互,尤其是"进步"意识形态在这里扮演的特别的支持角色,请参阅 Smith 1991 及 Stocking 1968 这两部著作。

以上相对主义的双重谱系可以用来解释知识社会学的一个重要特征。它在该学科最著名的学者 Karl Mannheim(1893—1947)手底下得到刻画。二战之前,曼海姆始终不大愿将他的知识社会学——尽管有思想乃是社会环境相对应的产物这一原则作担保——的应用范围拓展到数学以及自然科学上去。在他看来,后两者都是基于人种的科学,因此他不高兴让自己的知识社会学与它们扯上关系。曼海姆的忧虑是有道理的,正如"知识社会学"在德国人 Wilhelm Jerusalem 手中所表示的那样。Wilhelm Jerusalem 是法国哲学人类学家 Lucien Levy-Bruhl(1857—1939)的支持者,而后者在今天最为人所知的是他所描绘的"原始思维"——也就是与孩童幻想相联系的"前逻辑"的推理形式。曼海姆反对将知识社会学以如此的方式规划,在他看来,这里面欠缺一种历史真实性。也就是说,它强烈带有这样的暗示,即思维形式乃是天生的(innate)——或者至少是不会变异的。(值得一提的是,曼海姆的批判能等同地用在以上界定的两个相对主义分支身上。因此,文化保护这一后 Boasian 人类学的目标,就等于用类似生物学近亲遗传的方式促成了文化上的人种式的特征。)可参见 Mannheim 1936,310。

Ludwik Fleck 医生,作为库恩所承认的社会学的前辈,对 Levy-Bruhl 持有一种更为同情的态度。他在《科学事实的缘起与发展》一书中涉及了当时所有主要社会学家,但唯独没有曼海姆——尽管该书是在《意识形态与乌托邦》出版的五年后才现世。像今天的科学知识社会学家一样,Fleck 并不太受"精神气质"这一概念所可能带有的种族主义暗示所干扰,而更关切它所包含的隐含结论,即"土著"能够通过采取"开化后的"思维推理形式来提升自己的状况,而不论这种思维形式跟他们自己在生活世界中的需要是否真的相关。参见 Fleck 1979,第 174 页。缘何 Fleck 比起曼海姆来更愿从精神气质的角度对待知识社会学? 一个重要的原因是,正如 Levy-Bruhl 及他的追随者一般,Fleck 将"思维的社会条件"主要以共同体成员在当地环境下面对面的互动来进行理解——不论这样的共同体是一个原始村落或者是什么实验室研究小组。

相反,在曼海姆脑海中,那些成员在地理上分散的群体——比如说政治党派,它们跟世界是这样联系的:因着它们共享同一个意识形态,它们得以用一种共同的姿态来面对世界。同时,以上的意识形态又建立在同时代个体对历史的共同理解之上。(不仅如此,倒不是曼海姆一个人将知识社会学建立在共时性[cotemporality]上,而不是共享空间上。与他同时代的新自由主义者 Friedrich von Hayek[1899—1992]就将自己关于民主代表的规范理论建立在"自然选区"这一相近的概念上。参见哈耶克 1978,第 95—96 页,第 105—110 页。)曼海姆根据魏玛共和国来建立自己的无限回归模型(ur-model),在其中形形色色的各政党需要对同一事件(特别是德国在第一次世界大战中的败北这一最为重大的事件)进行解读。尽管各政党的成员可以说散落在德国各地,但是党派间仍然有着截然不同的意识形态假设,而这就使得双方根本无法进行协商。参见 Frisby 1992,第 19—21 页。

因此,与 Fleck 及近来的科学知识社会学家的认识所不同的是,曼海姆意义上的相对主义倒并不带有那种强烈的"地方知识"意味。(我想,如果能够考察一下那些"大众媒介"——比如说全国性报纸或者广播——对曼海姆那样的与 Fleck 截然相反的思想所产生的可能影响,这会是件很有意思的工作。)尽管库恩对科学的公有性以及行业性的强调表明,在曼海姆与 Fleck 之间,他跟后者站得更近,但在《科学革命的结构》中却包含了一个重要的曼海姆式要素,即所谓的"普朗克效应"。也就是说,开放的科学家与封闭的科学家之间的差异取决于他们的年龄,因而也就取决于他们已经为发展旧有范式而作的投入。读者可以在第 233 页脚注 1 中找到对这一表述的相关解释。

人的冥顽态度，以至于我们这些自视为自由而开明的人士从原则上必须加以反对。[1]

　　当然，正如我在这里诉诸对称性（symmetry）所暗示的，我们今天之所以会轻易接受这样一种评判相对主义，其深层原因在于它在实践上甩掉了我们需要证明自己是否开放和包容的论证负担。因为相对主义只向我们索取单纯的宽容而无须其他——正如它在应用中不会涉及来自其他文化的任何东西。[2] 如果我们没有权力来改变那些土著，那么同样地，土著人也必须尊重我们自身实践的完整性和正当性，而不论这些活动在他们看来是如何邪恶（也许因为他们是我们文化影响的第三方接受者，诸如工业污染或者商业电视节目）。正如我们将要在第三章第 6 节所见到的，在库恩所处的冷战背景下，以上相对主义与这样一种预设所有国家都是一般黑的乌鸦的"现实主义"政治敏锐性一拍即合，于是在对策上指向了一种防御性态势，以便应对最糟糕的可能情形。因此，相对主义通过诉诸一种"文化"——所有国家，在抽象意义上都平等地参与其中，而不论在现实中它们相互间一方对于另一方来说有着多少实力上的差异——从而使得它成了能够确保遏制强国与弱国之间冲突的一种理想立场。[3]

　　写到此处，似乎从评判相对主义中获益的只是那些强大的政治力量。事实当然并非如此，这一立场对那些致力于从原初环境来理解过去科学家的学者而言亦有所助力。有时，以上工作的成果会被描述为是那些作为研究对象的科学家们的胜利，因为这样一种相对主义解读比起当今科学家的视角来，能够以更为同情的

---

〔1〕 可以说 19 世纪晚期的人类学及语言学将地理上相隔离的部落或已灭绝的语言视为"文化"的范例并非偶然。这两者都不会受到外部干预的影响。参见 Fuller 1995a、1996d。有意思的是，Paul Feyerabend 这位一般被划为相对主义标杆的哲学家在生涯的最后似乎意识到了这一点。参见 Feyerabend 1991，第 151—152 页。同样，Ernest Gellner 在反驳 Peter Winch 那具有影响力的、从维特根斯坦的角度对社会科学中相对主义所做的辩护时，也使用了类似论证。参见 Gellner 1968。这里感谢 John Preston 为我指出以上两处的引文出处。

〔2〕 在民族志方法论及现象学社会学中有这么一条"替代"〔alternation〕原则，即研究者能够从他所研究的原始文化中返回到他自身所处的文化，而不需经过任何实质上的认识论转换。这一原则——类似于库恩所引入的解释方法（参见第 11 页脚注 4），为 Harry Collins 及科学知识社会学中那些哲学上持保守态度的人士所持有。近来，它受到了不少挑战——尽管更多的是从哲学出发，而不是明晰的政治立场。参见 Fuller 1996f。从政治学角度，一个比较有意思的对相对主义的挑战来自那些第三世界学者。他们将西方世界对"多元文化主义"〔multiculturalism〕及"后殖民主义"的尊重视为一种法利赛式的伪善怜悯，以至于不论是理解还是发展，对发展中世界来说都没有助益（尽管对于发达世界而言它也许会带来强烈的文化混响）。如果想要了解关于该立场最为清晰而有见解的论述，请参阅 Ahmad 1992。作者在书中论道，原先马克思那种为人所共知的背离了"政治正确"的对印度及"东方"的理解也许并没有完全偏失方向。这里要感谢已故的 Michael Sprinker，正是因为他的勇敢推荐，这本书才得以出版，并且提点我这本书的意义所在。

〔3〕 Sujatha Raman 是第一个用这样的方式来反驳 Smocovitis 1995 的陈述报告中对"情境主义"〔contextualism〕——也就是此处描述的相对主义版本——所作辩护的人。

眼光来对待这些故人的言语和事迹。不过，这里有一点时常为人所忽略，即今天的学者在对待故人时，往往持有一种对象在彼时彼刻都未曾享受过的宽容姿态。换句话说，"情境敏感性"（contextual sensitivity）——这一过去的相对主义解读所认同的概念，反映的更是当代史学界行会式的精神气质，而不是关于社会知识的一个跨文化有效的原则。

当然，自欧洲文艺复兴以来，就有这么一群学者致力于对原始资料的发掘和恢复。抛开这些人一丝不苟的工作作风不谈，在动机上他们倒是更多地出自为了辩护他们自己的知识论断——一般来说，这些论断被用来支持他们政治金主的合法地位——而不是关于那些论断原先所指向的那个对象。[1] 毕竟，"作为实际发生过的历史"，仅仅对于那些有能力接触相关证据的人而言才是一个具有诱惑性的方法论原则。一般来说，只有通过那类证据，"现实"才得以建立起来，诸如那些详细记录了确切日期、发生地点以及目击证人的官方文档。对于那些无法接触此类证据（或者不能目睹证据建构过程）的人而言，"必然"与"可能"这样的模态词就成了他们的香饽饽。通过它们，这些人得以削弱那仅仅聚焦到底发生了什么的经验主义方法论的表面优势。因此，一个持"必然论"（necessitarian）立场的历史学家能够论证，现有的证据掩盖了历史的深层过程；而"可能论"者则宣称，证据压制了那些没有得到官方记录的事件。

毋庸置疑的是，以上疑虑所立足的证据已经为历史文献所充分证明。19 世纪德国的史学清楚地表明了对过去基于档案资料的描述与当今政治意图两者之间所具有的兼容性。举例来说，亨利希·冯·济贝尔（Heinrich von Sybel）于 1853 年所出版的《革命时代史》（*History of the Revolutionary Period*）一书在相当长的时间内可称得上是对 1789 年法国大革命所造成影响的最为翔实的文献记录。但与此同时，该书的用意也很直截了当，就是表明政治激进主义（political radicalism）所带来的恶果。同样，由德国哲学家在 18 世纪晚期以来开展的，对已灭绝的印欧语言的有价值的语法重建，在今天则被视为雅利安种族意识形态在学术上的表现。[2]

若将这类学术活动放在当前所聚焦的问题上，我们可以说，19 世纪的档案资

〔1〕 我个人对档案历史中的策略的敏锐性多年来一直得益于《观念史》（*Journal of the History of Ideas*）杂志的前任编辑 Donald Kelley 的工作。尤见 Kelley 1970，1984。

〔2〕 参见 Bernal 1987。

料在大部头学术著作中的累积促成了一种合法性预设,或曰一种"前冲力",它等同于在 20 世纪中见到的在大科学项目中投入的庞大的公共资金。当我们在今天看到,与特定的研究历程相捆绑的是那种规模的物质资源投入,以至于天然地认为,当这样的过程变得不可逆时,那么同样的,在 19 世纪欧洲的国家大学系统中就职的教授学者间,正是类似心理促成了他们热情地奋笔疾书。在以上两者间,唯一显著的区别是,虽然从预期结果角度看,其政治意味很明确(比较典型的是对国界的维持以及拓展),但在 19 世纪里被动员起来的物质资源都是些难以体现在日常会计账本上的东西(比如说学者所花费的时间与精力)。相反,在今天,当投入的物质资源甚至能够超过某些国家庞大的预算项目时,其预期结果却显得抽象起来——如果不至于是形而上的话(比如说在建立更大的粒子加速器时,人们着眼于"物质和能量的最基本单位"这样的目标)。这一近现代以来的科学在手段和目的上发生的奇特反转可以说是科学知识社会学需要探明的一大谜题之一。

5. 辉格史及其不满者:托利史和普利格史

以上段落综合地来说,就是现在被讥讽为辉格史(Whig history)的东西,即为了对当今做出辩护和支持,而修改对过往的表述。它实际上也是隐匿于基于档案材料的历史学的首次繁荣背后的东西。同时,这样的地位直到相当长时间之后,在实践中才被有语境主义取向的职业历史学家所带来的相对主义取代。那么,这一学术感觉是如何从德国波及欧洲各地,特别是大不列颠的呢? 种种叙述中,最为出彩的当数创造"辉格史"这一骇人名词,并(与亚历山大·科瓦雷[Alexandre Koyre]一道)在接下来将 17 世纪"科学革命"的意义提升到能与基督教的创立相提并论的人物——赫伯特·巴特菲尔德(Herbert Butterfield)——的工作。[1] 而巴特菲尔德本人,则反过来将功劳归之于约翰·阿克顿勋爵(Lord John Acton,1834—1902)。在他看来,后者作为剑桥近代史的创始教授(这一教席后来由巴特菲尔德继任),是第一个意识到(历史学实践)将朝着基于文献材料的辉格式方向作出

---

〔1〕　参见 Butterfield 1931。欲知晓与 Butterfield 所创的"科学革命"这一表述有关的评论,请参阅 I. B. Cohen 1985,第 398—399 页。值得一提的是,宗教革命这一 Butterfield 将科学革命与之相类比的对象,更多发生在思维层面上,而不是在制度层面上,正如在"基督教世界"[Christendom]出现以前,基督教走过的漫长而痛苦的发展历史所表明的那样。这一点在人们惊诧地发现自然科学直到 19 世纪后半叶才成为大学中的正式科目时被人遗忘。基督教最终的成功在于它夺取了制定评价标准的控制权。这对于处于库恩意义上的常规科学阶段的自然科学来说亦是如此。

重大转变的人。

在今天,阿克顿可以说并没有给人们留下太多印象,除了那句名言"权力导致腐败,绝对的权力导致绝对的腐败"。不过他对国民形成问题的敏锐洞察可以追溯到他的学生时代。在 1860 年意大利革命期间,他就已经确认了档案资料在其中扮演的特殊角色,即早年失势的家族通过翻出旧有的档案资料来表明他们具有合法的统治权。阿克顿相信,一旦历史学家被允许接触部分国家层面的政治记录,那么很快人们就会发现有必要给予他接触完整记录的权力。"因为比起其他国家的文献,在己方文献中政府行为得以用更佳的面貌示人。故而,若把历史学家拦在档案之外也就是等于将历史拱手让给自己的敌人。"[1]因此,国家认同的问题也就成了历史学的问题。以上便是巴特菲尔德在 1929 年首次讨论的辉格史学的源头所在。众所周知,尽管巴特菲尔德起初将辉格主义视为一种方法论谬误,但在二战之后,他的典型做法却是根据各类辉格主义对当时政治情境所施加的不同影响来区分对待。因此,为了勉励英国在面对外部极权主义威胁之时所表现出来的不列颠精神气质,他把关于英国历史的辉格史学刻画成"自由史";同时,他对德国式的辉格史学则横加批判,认为它助长了一种无可挽回的扩张主义,并最终导致了第二次世界大战的爆发。[2]

当然,对于今天的"语境主义"学者来说,过去在政治上的多变丝毫没有减弱这一基于档案文献的学问的有用性。可惜的是,从结果而言这是一种无意义的跨历史偏好。好比说,当今天的历史学家表彰皮埃尔·伽桑狄(Pierre Gassendi)于 17 世纪复活了希腊罗马时期的原子主义学说,以及皮埃尔·迪昂于 20 世纪初出版中世纪关于力学原理的著作的时候,两位若泉下有知,在得知实情后定会十分失望:因为以上钦慕乃是来自这样的历史学家,他们的目标仅为工作本身,至于当代科学(比如说,20 世纪末)的方向之争,则早已为历史学家所遗弃。如此,伽桑狄与迪昂也许会合理地得出这样的结论,在他们死后,科学已然得了一种历史健忘症,在结果上表现为历史研究与科学政策事务这两者间的疏离。正如我们马上将要见到的,他们只需要转向《科学革命的结构》一书,就能为以上假设找到支持。

因此,接下来的主要任务是区分出两种与以上简要勾勒的辉格史所不同的史

---

〔1〕 转引自 Butterfield 1955,第 79 页。
〔2〕 参见 Butterfield 1955,第 27 页。Jurgen Habermas 是以类似方式来认识辉格史价值的当代思想家——尤其可参见他对关于纳粹德国史的修正主义倾向的批判。参见 Habermas 1989。

学形式。我们称伽桑狄与迪昂所偏爱的那种能够证明自己优于对手的史学为托利史（Tory history）。它正好是辉格史学家所倡导的史学观的对立面。托利史学家认为，作为研究对象的历史人物乃是真正正确的（或者至少比起他们历史上的对手更为正确），因此在今天，如果我们忽视他们的经验，则后果堪虞。在本书的第二章，我会把这一观点归诸恩斯特·马赫。我对此观点持一种相当同情的态度，尽管它的源头带有政治保守色彩。无论如何，我们最好这么理解今天绝大多数的语境主义史学家，即他们所做的论断无非是对辉格史学家相应看法的否定。换句话说，这些人更愿意将自己的观点捂起来，而仅满足于在经验层面上驳斥那些辉格史学家视为事实的东西。这些历史学家将捍卫自己行会的价值，并视之为自身行为的目的，并且这样的目的乃是凌驾于其他依据他们的洞见所支持的事业之上的。从我的角度而言，以上这样一种姿态便是《科学革命的结构》一书所引发的普遍思绪，如果需要给它取个合适的名字的话，不妨称之为普利格史（Prig history）。[1]

　　本质上讲，普利格史观是托利史观失落了自身历史源头之后的产物。因此，如果我们将隐匿在多数当代科学史中的相对主义视角仅仅当作是从失败者的角度重新描述过去，这样的理解是不正确的。相反，作为普利格史的信徒，绝大多数相对主义者把历史人物仅仅当作支撑自己权威地位的垫脚石。也确实，严格地说，普利格史学家拒绝给予历史个体一次翻盘的机会——而这恰恰是这些人所想要的。之所以普利格史学家选择了剥夺这些人的意愿，乃是因为这伴随着一种道德心理，也就是说它乖张地预设了理性形成的分歧最终是不可解的。这一姿态在面对理智争论时采取一种禅的态度，因此在结果上就表现为，历史学家的工作就是表明争论各方的论证仅仅在它们自身的语言范围内有效，而之所以会形成这样的争论，仅仅是因为各自都不愿意接受对方的语言。

　　当然，对西方科学史中像笛卡儿、莱布尼茨那样实质上的输家（他们在近代物理学范式的竞争中输给了牛顿）而言，倒可以通过以上的形式很好地得到平反。不过，如果将他们自己在对待历史时所表现出来的并不宽容的态度视为一种知识

---

[1] 我关于与"辉格史"相对照的"托利史"及"普利格史"的这两种表达取自 Brush 1995，第 219 页，尽管该处并没有像这里一样给出三者间的区分。在以上辉格、托利以及普利格三分史各自区分的问题上，我需要感谢 Daniel Garber、Brian Baigrie、George Gale、Roger Ariew 以及另外的一些人。我们于 1994 年 2 月在 HOPOS－L，也就是科学哲学史的电子邮件网络中开展了一场讨论，以上诸位帮助我厘清了对这几种史观各自的历史感的理解。

形式,恐怕最不欢迎这种平反的当属笛卡儿和莱布尼茨本人。从历史学家的角度来看,对于这些昔日哲学巨头的平反不过是对历史失衡的一种矫正,是维特根斯坦"让苍蝇得以逃出捕蝇瓶"的史学版本。也就是说,表明笛卡儿及莱布尼茨的思想所引发的那类值得进行的"形而上学式"争论最终是无意义的。即便普利格史学家不能总是达致对禅的精熟,他们至少能够表明,在这样的理智争论中,干脆利落的胜利是不可能的。这样一种情绪可以通过反讽式的写作方式戏剧化地表达出来,从而削弱胜利一方的成就感。因此,胜利者的胜出也许仅仅得益于对手(历史学家正式支持的一方)的失误,或者他们的胜利乃是一场皮洛士式的惨胜——他们被迫付出长期的代价,或者胜利者表现了某些明显但令人不悦的特质,从而为他们的胜利抹上一层阴影。[1]

在实践上,要在普利格史观和托利史观之间划出界线并不容易。毕竟以上两者均宣称自己继了修昔底德的精神传统,也就是他们对历史书写的动力来自一种失败或者失落的情绪。[2] 具体地说,反辉格式的精神特质体现了那些学科史编写者的道德心理——当他们在该学科攻读学位或者求职时产生了对该学科的幻灭情绪之时。不过,尽管普利格史学家也许会相信他们学科的历史走错了方向,但与此同时他们认为,对这样的结果现在已是无能为力了。拿物理学作为例子。一般认为,以上错误的走向在物理学上的表现就是科学牵涉进了军工复合体中,而这样一种牵涉,从不同角度而言,可以分别追溯至普法战争、第一次世界大战以及第二次世界大战。(随着本书的展开,读者可以明了为何以上战争可以被视为相关阈界。)与普利格式相对照的乃是托利式的精神特质。它始终对正义的到来以及科学回归自己的原初任务持一种乐观的态度。在第一章里,我会把这一精神气质与哲学上的柏拉图传统联系起来。用精神分析的术语来表达的话,这就相当于一种被压抑的信念的回归。不过,将库恩及其模仿者归于普利格派而不是纯正

---

〔1〕 对禅式史学视角的一种更为宽容的解读与 Herbert Butterfield 的基督教的感觉有关。在后者看来,因为原罪带来的人的易错性特质,我们将在长期的世俗历史中失落自身。如果我们想要通过奋斗得到那种不是转瞬即逝意义上的成功,那么就必须诉诸上帝。参见 Berlin 1969,第 82—85 页。在本书第七章的结论部分,我把一种更加讥诮的禅式态度归咎于当代 STS 研究者。事实上正是这些人从围绕科学的政治与理智争论的不确定性中受益。

〔2〕 修昔底德(公元前 460—前 408 年),作为公认的学术史的始祖,最初是雅典军队的将领,因着一次战斗的耻辱性失败,被革去了军中的职位。正是在这之后,他写下了举世闻名的《伯罗奔尼撒战争史》一书。当时他被放逐出自己的故乡,这使得他有机会接触到自己的敌人,也是战争最后的赢家——斯巴达人。Herman 1997 是一部连接普利格与托利史观情感纽带的出色的通史。该书的一个刺激点是,它将生态主义[ecologism]以及多元文化主义[multiculturalism]称作"没落主义"[declinist]编史感觉的最新的后继者。

托利派的原因是,他们自身在从事历史研究的时候对情势的"压抑"(忽略?记忆缺失?)。关于这一点我将在第八章中详加阐述。至于现在,且先让我们关注下托利史学与普利格史学所分享的共同基础。

6. 托利式世界观及库恩在其中的位置

托利史学的一个特别极端的版本便是所谓的"解构主义"进路,它是对科学哲学家传统上所青睐的"理性建构主义"路线——多少也可以算是辉格史学阵营的一种——的逆转。解构主义者希望表明,科学与哲学中绝大多数的重要争论都是可以避免的,如果当初的参与者能够更用心地了解论战对象的行为以及言语的背景。这意思就是说,如果这些人表现得更像后来的历史学家,那么也就不存在以上争论了。因此,要是笛卡儿用17世纪历史学家按照今日标准所带有的顾虑来理解他的学术先辈,就不会放大他们之间在观点上的分歧,因此也就不会诉诸辩论的方式而使得17世纪出现今日所见之一系列系统化的扭曲观点。也正是以上一系列观点构成了当代哲学与科学中所谓的"现代主义"视角,特别是将人类心灵与它周围的物质实在以截然分明的方式区分开来。[1] 自然,人们可以将这一论点挪到西方哲学传统的开端处,并断言苏格拉底之前的思想被误解到了这样的程度,以至于我们失落了哲学最初的冲动。[2]

一个在解释上显得多少仁慈一点——当然同样是托利式的——的案例是列奥·斯特劳斯(Leo Strauss,1899—1973)以及在他之后延续了柏拉图香火的后继者所做的工作。[3] 这些人相信过去乃是被系统化地误解了的,并且这样的误解并不是因为哲学家那可怜的沟通能力,而是因为哲学家需要将自己的洞见伪装起来,以至于不会打破当权者所需要的那种虔敬心——毕竟当权者需要那些大众市场兜售的神话来安抚底下的民众。这一视角对于把握库恩所持的编史学上的隔离主义(historiographical segregationism)的动因来说极为重要。在后者看来,科学史有着两个相互排斥却又同等有效的进路:科学家的科学史以及史学家的科学

---

〔1〕 我将在第四章第4节讨论Koyre与库恩对伽利略的解读时重新回到这一论证的某个版本上。

〔2〕 确实,如果把它当作对Martin Heidegger一生工作所作的概观的话,也不算不公正。而且如果我们将最初的沉沦前移几个世纪,移到古典雅典时期,我们就能触碰到Alasdair MacIntyre对伦理学史的敏锐性所在。参见Heidegger 1996及MacIntyre 1984。

〔3〕 参见Strauss 1952。Drury 1988对此问题做出了出色介绍。

史。因此，在结果上，它就带来了一种双重真理论，各自对应于精英以及普通民众。[1] 库恩对这一学说史的修正之处在于，在库恩那里，"普通民众"对应的是科学共同体（同时也包括大多数对他们的工作有好感的哲学家），而"精英"则对应于历史学家。我们可以这么说：在库恩之前，深奥真理的持有者抱团躲开公众视线，以免被烦扰；而库恩之后，当他们面对科学权威的公共展示时，则相互间讲些圈内人才懂的笑话。诸君不妨找个著名科学家的公共演讲观察观察。在讲座后排坐着的历史学家、社会学家（当然还包括一些有见识的哲学家）笑得可欢了，乐呵呵地解构掉那个科学家给出的任何权威性的历史引证。可以说，真理之光从未以如此欢乐的方式藏拙！[2]

以下引自库恩的原话表明，他几近承认了自己的隔离主义倾向，同时也构成了我个人对库恩意义理解的源头所在：

在科学共同体抛弃了一个过去的范式的时候，它同时也宣告了，如果用专业视角加以详查，在该范式之下写就的绝大部分著作及论文已不再合乎时宜了。科学教育的方式与艺术博物馆或者古典文库使用的那一套并不相同，因此在结果上有时会使科学家对自身学科的过去存在极其严重的认识偏差。与其他创造性领域的工作者所不同的是，科学家将该学科的过去视为一条通往当前优势地位的线性路径。简言之，就是把它视为一种进步。只要他依然置身于该领域内，对此，他就不会有别的看法。

以上评论不可避免地让人联想到奥威尔《1984》中的那些典型角色。成熟的科学共同体成员正如那些角色般成了被当权者重写的历史的牺牲品。这样的联想并非完全不恰当。对于一场科学革命而言，有所失亦有所得，而科学家则特别趋向于对前者视而不见。[3]

在描绘科学家为自己在教科书中学到的历史所束缚时，库恩借用了奥威尔《1984》的比方，而这意味着他放弃了柏拉图式的敏锐性。当《科学革命的结构》以这样的方式开篇，即宣称科学史有潜力能彻头彻尾转变"我们"对科学的理解的时

---

[1] 欲了解这一双重真理学说的历史意义，请参阅 Fuller 1997d，第 20 页以及第 114—121 页。Pine 1973 则是一部对该学说影响力达到最强时期——13 世纪至 17 世纪的西方哲学——的极其出色的考察。

[2] 想了解这一隐喻的意蕴，请参见第 40 页，脚注 1。

[3] Kuhn 1970b，第 167 页。

候,那么及至尾声,这里的"我们"也就变得清晰起来,指的是那些必须学会如何跟
一种社会实践——也就是科学——传统[legacy]打交道的历史学家,并且这样一
种传统,从本性上说乃是充满矛盾的,它的进步得自对过去的系统性遗忘。在库
恩看来,科学家们需要讲述如此这般的集体进步的故事,以此来激励这样的一群
科学工作者——他们从自身角度看来显得微不足道,或者如果不是那么微不足道
的话,那也决计不可能得到他们所追寻的结果。而就专业历史学家而言,他们对
科学家所讲述故事背后的细节知根知底,因此也就习惯于描述里面所包含的数不
胜数的意外及失败,从而打击新人科学家的士气。[1]这样,每一次科学革命之后都
伴随着对学科史的辉格式重写,革命中胜利的一方被包装成为该学科自然的继承
人,以此来激发该学科研究人员及其学生投入这一专门化的工作中去。值得赞扬
的是,库恩承认这里有权力政治(power politics)参涉其中。在上述引文后面的文
字中,库恩承认,强权(might)确实在科学中也意味着真理——无非那些具有强权
地位的人士被视为科学共同体的成员。简言之,科学的进步并不来自科学家所做
工作的性质,而是来自科学家所获得的如何描述其集体历史的控制权。

　　论及如何评价托利式视角,首先要肯定的一点是,它有着极强的——如果不
是无可辩驳的话——经验基础。我们所知道的关于自然语言的语义漂移、认知偏
差、个体的脆弱性以及制度化记忆流水线带有的意识形态色彩等诸多事实,无不
让人开始怀疑像意向、观念、命题或者消息这样的东西是否真的能历经漫长的历
史或者广阔的空间而完整无损地得以传递。[2]于是,唯一能够阻止这一疑虑对哲
学以及科学的事业产生更大影响的方法便是,类似于几乎所有关于进步及理性的
理论所采取的措施,即预先设定与该疑虑相反的论点为真。

　　为遏制托利主义的倾向,存在一种令人赞叹的修辞学策略(rhetorical
strategy),即所谓的先验论证。它由伊曼努尔·康德(Immanuel Kant)于 200 年之
前提出并因此获得了声誉。先验论证试图扭转我们那种贫乏的想象力——具体
地说,要是进步与理性实际上沦为一种彻彻底底的奇迹,我们就完全无法描述世

---

[1]　这便是 Brush 1975 中通俗化后的库恩论点,里头还带着这么一个挑衅性的问题:"科学史是不是该列进 X 限制
　　级中去?"鉴于 Brush 将科学家视为自己的目标受众,那么对于这个问题的答案便是肯定的了。
[2]　欲了解分析哲学对这一问题的处理方法,请参阅 Fuller 1993a,特别是第 xv—xvi 页。在其中我采纳了"熵的形
　　而上学"[metaphysics of entropy],而不是"惰性的形而上学"[metaphysics of inertia]。不幸的是对于上述"两
　　种文化"的分歧存在一种意识形态上的版本,它妨碍托利派历史学家与那些研究人类易错性的社会科学专业
　　学生意识到,他们之间其实存在着能够相互强化对方立场的论证。对于上述两个阵营之间存在的类似性,政
　　治理论家 Jon Elster 意识到了这一点。请特别参阅 Elster 1979,1983。

界之所是——于是这便反过来确认了我们关于上述奇迹的信念是恰当的。简言之,就是:"某某必然是真的,如果不是,那么没什么东西是有意义的。"(显然,无意义在此并非一个可接受的选项!)需要承认的是,那些直面我们最珍视的认识论原则的神秘哲学家——弗里德里希·尼采(Friedrich Nietzsche)及雅克·德里达(Jacques Derrida)是我们最先想到的名字——需要面对一种矛盾的命运,不过,对他们的俏皮的反驳亦会陷入如此遭遇:对他们所宣称的总体性误解,我们对之的理解能力会削弱其论断的真实性。(但如果人们真的理解了这些断言的内容,对之,能否诉诸他们在作出宣称时所牵涉的上述语用学悖论来加以反驳呢?不大现实。毋宁说,这种"反驳"之所以受欢迎,表明根本性误解的论题并未充分地得到理解,这反过来证明了托利史观的正确性!)

不过,一旦我们认可托利视角的经验基础,我们就要面对如何评价其意义这一问题。有三种可能的回答摆在我们面前。第一种回答首先承认,这样的误解乃是不可避免的,尽管如此,我们依然能够通过对语言进行更强的系统性组织,或者采取某些心理卫生学的措施来加以纠正。逻辑实证主义采纳的就是这一观点,或者至少普遍语义学运动在宣传它们时是如此刻画的。好比那本阿尔弗雷德·柯日布斯基(Alfred Korzybski)于 1933 年出版的,由维也纳学派的美国成员威拉德·冯·奥曼·奎因(Willard van Orman Quine)引介的大部头著作《科学与明智》(*Science and Sanity*)。[1] 不过,对于实证主义者来说,有一点是明确的,也就是他们将具有累积性质的知识增长的出现视为人类历史上一个重大的事件。这样的知识增长需要某些特别机构与之相对应,而对于这些机构而言,它们向人们所索取的供养并不应被视为无条件且理所当然的,相反人们必须永远对其保持一种警惕。[2] 第二种可能的回答比较简单,也就是直接低头,认可这样一种误解的必然性——不管这样的认可是否出自一种策略。在这样的视角下,实证主义者的举止就显得崇高但又徒劳(如果不是天真的话)。在这里,托利派与辉格派两者对历史解释的差异得到了最为明晰的呈现。它使得托利派能够引入一种古代智慧(prisca sapientia),也就是在遥远过去拥有圣典解释学的原初时刻,我们了解了诸

---

[1] Hayakawa 1939 也许是逻辑实证主义人民阵线[popular front positivism]中最畅销的一本著作。值得一提的是,在这种带有类哲学[para-philosophical]文学风格的断断续续的贡献者名单中,有罗斯福新政拥护者 Stuart Chase 以及修辞学理论家 I. A. Richards 这样的人物。奎因在他的自传中讨论了他对普通语义学运动所抱有的复杂心态;参见 Quine 1984,第 139 页以降。

[2] 关于实证主义的这一特质的讨论,请参阅 Fuller 1996e。

神的奥秘,然而此后我们却堕落了。因此,对于施特劳斯主义者来说,逻辑实证主义不过是对老祖宗柏拉图的一种拙劣模仿——尽管是无心的。

第三种回答,同时也是我所支持的回答是,当"理解"这一概念被托利派、辉格派以及实证主义者三方所共同设定为带有强烈认知意味时,实际上,它对于解释人们日常的兴趣及关切来说并不是必要的。换句话说,我对他人的"理解"并不取决于我是否把握了他们正在考虑的一系列命题。把握命题——为了评估对方说话的内容而去理解他说话的本意——是一种范围相对狭隘的活动,即便对科学也是如此。在科学活动中,那种表明某组命题比另一组命题更好的要求,仅仅发生在某个科学家公开发表,支持某个知识论断的场合——专业杂志便是这样一种典型的场合。这也是科学表现得最像游戏的时候,此时,它被人为地与作为人类存在一般特征的认知之流割裂开来。只有哲学家仍然常规地从事这类活动。并且也正如时常发生的那样,当人们——这里指的是哲学家——在书写历史的时候,他们带有的行会德性被错误地提升到了范畴性的层次,并指引我们轻易地接受了这样的观点,即理解他人就等同于理解他们所说的话。[1]

7.《科学革命的结构》:仆人叙事的巅峰之作?

如果我们认定《科学革命的结构》意在提供一种——至少是一种简要的勾勒——托利式的科学"隐秘史",而与科学教科书中的辉格史相对照,那么我们不应奇怪,库恩的论述是否应成为一种公开的秘密,以至于比今日教科书中的历史更为流行呢?与此相关的最可靠的解释是,实际上库恩本人完全缺乏一种历史的自我意识。之前"奥威尔式"的引文中暴露出库恩的一个致命的盲点,也就是他没能将科南特的教育策略看成是《1984》中那些掌握重写历史大权的当权者在科学上的对应物。要是库恩能够回想起在写作《科学革命的结构》一书的十年前,他讲授的科学史课程所担负的那个重大的意识形态任务,他也许就会意识到,自己的论述能催生一种新的奥威尔式的历史。这样的历史非常适合于那些最初在科南

---

[1] 就修正主义[revisionist]视野下的哲学史而言(在很短的篇幅内显然没法把它介绍清楚),它将人们对语言"命题内容"的不停追求描绘成对他人言说所作的复杂而精妙的理性化,因为对于那些内容来说,我们永远也无法确切知晓其所以然。但是因为人们言说的内容本身可能并不是那么重要,因此我们会将它切割开来,以便能被某个理想王国接纳。在该处,它与日常实在[mundane reality]的接触是如此的偶然,以至于在定义它的本质面前显得无足重轻。

特的科学培养计划中接受通识教育的听众,也就是人文科学以及社会科学的学生们。果真如此的话,库恩就不会为自己在上述领域受到的热情赞颂而感到诧异,尤其是当他看到人文学者及社会科学家倾向于囫囵地接受他对科学的论述,没能对其中内容加以仔细分析或展开的时候。

对那些试图从任何缭绕迷雾中都要找出一丝希望之光的人,我想对他们说的最后一句评论是,《科学革命的结构》一书可谓是后现代主义的扛鼎之作,也就是说它那跨学科的感染力得因于这样的事实,即它能让读者不得不认同,同时又不至于反过来向读者索取太多立场上的承诺。这不是一种主人叙事(master narrative),而是一种仆人叙事(servant narrative),也就是说,它能无限地顺应使用者的期望。尽管人们通常把宏大叙事(对"哲学史"而言这是个很形象的名字)的消亡和相对主义的崛起与让-弗朗索瓦·利奥塔(Jean-Francois Lyotard,1924—1998)及其同道的法国思想家联系在一起,但库恩在文风上的成就不仅在人文学者以及社会科学家的头脑中小心地植入了后现代思维形式,更重要的是,就连对实验科学家、分析哲学家以及其他本质上带有反法国哲学思想的人也是如此(经常是不由自主的)。[1] 当然,就《科学革命的结构》这本书而言,它并不鼓励对自己做深度的解读。库恩对《科学革命的结构》一书的写作准备是在教室,而不是在档案馆里完成的。这体现在该书那平和的散文风格,以及相对较少地运用专业术语上——而且,特别是就后者而言,该书也很少在脚注中提及其他作者,不论他们对库恩有着多大的影响。[2]《科学革命的结构》并没有选择用术语来掩盖自身的不完美性,它希望以此来鼓励读者,协助矫正自身所包含的错误,并进一步完善自身的论证。不过这样一种鼓励,就反应来看,更多地集中在对书中文字的应用,而不是对书中文字的阐释上。即便就那些阐释活动而言,它们对相关对象的处置更像是泼洒的墨迹,而不是什么多重意义的事物。

因此,在对《科学革命的结构》一书的种种评论中,正式或者非正式地贯穿着

---

〔1〕 参见 Lyotard 1983,第 26 页、第 43 页以及第 61 页(与库恩相关的引文)。Rorty(1979,第 320 页以及以后;1995)很欣赏库恩那种用简单的方法来表达"深刻"的反理论[antitheoretical]论点的能力。在 Rorty 后期的工作中,他特别反驳了福山的观点。在罗蒂看来,如果苏联的解体(也叫作"历史的终结")意味着理论家无所事事,那这情况也许并非那么糟糕。不过,罗蒂并没有意识到库恩的东西如此受读者喜爱,它同样能用以支持福山的论点。相关讨论请参见本书第五章第 5 节。我在 Fuller 1993b,第 347—376 页反驳了罗蒂式的对后现代世界理论的贬损(主要体现在 Stanley Fish 身上)。

〔2〕 这也确实,对于哈佛通识教育课程——也就是库恩酝酿书中观点的场所——的那些主要任课教员而言,他们明确认为情况就是如此——目的是教育,而不是进行原创研究。参见 Minutes,1947 年 10 月 30 日 Clyde Kluckhohn 对建立通识教育课程的评价。

一种共通的思路。也就是说,《科学革命的结构》一书的内容,对于评论者所在学科本身的问题而言是非常单薄的。但与此同时,如果把视野扩展到该学科外的其他领域,那么它带来的启发性又是真真切切的,尤其是对那些人们原本就有着相当的兴趣,却尚未在学科间找到一个合适的交叉点来切入的问题。[1]你可以说《科学革命的结构》一书表达了一种哲学家意义上的社会学,或者是历史学家意义上的哲学,又或者是社会学家意义上的历史学,等等。这样一种带有全息性质的文本,毫无疑问会深受读者欢迎,只要不同领域的那些实践者交谈对象只是行内的同事,而不是库恩所恰如其分地代言的其他领域的行家。就此而言,库恩的成功预示了某个更为宏大的问题,具体地说就是困扰当今学术界的多学科间沟通屏障问题。这样一种沟通屏障有助于解释,为何库恩会获得那么多充满感激的读者,而鲜见忠诚的追随者。在接下来的篇幅中,我将这一事态的出现归因于库恩成功地散播了一种史学的双重真理论。这种散播所带来的最终结果是,它不仅使得大众群体内部的精英与其他人隔绝开来,同时就精英群体而言,也造成了其内部各团体间的相互隔阂——假如今天我们还能将各学术领域的实践者归入精英群体的话。

　　在内容上,本书由一系列相重叠的论述所构成,这些论述大致可以分为两块。本书的前四章主要关注的是《科学革命的结构》一书的写作背景,也就是以柏拉图开创双重真理策略为开端,历经19世纪及20世纪人文学术实践对该策略的具体化,最终体现在科南特的科学培养计划中通识教育课程的样式中。本书的后四章则涵盖了《科学革命的结构》一书对社会科学、科学哲学以及科学社会学的影响。同时,就我个人角度而言,这本书所带来的影响总体上是保守的,因此这里也附带了一种克服上述影响的策略。对于那些有志于参与这一迂回路线的读者来说,如果需要对以上路线有一个更具体、更丰富的描述,可以直接翻阅本书第八章第1节。总的来说,本书在接下来要讲述的是这么一个传奇故事,也就是西方世界是如何发展的,以至于为《科学革命的结构》开辟了道路并使之成为理解20世纪晚期主要知识生产实践的最"自然而然"的方式。

---

[1] 欲了解某位历史学家抱怨库恩的细节,也就是有关他如何影响了旁人对史学的看法,请参阅 Reingold 1991,第389—409页。

8. 本书内容概要

本书通过审视《科学革命的结构》一书所涉及的与之亲和或者排斥的种种史学传统,来展开论述该书的奇特起源及其带来的更奇特的反响。在上文中,关于库恩对辉格史的反动已经作了相当篇幅的讨论,但有关他与托利史以及普利格史的密切关系却鲜有提及。就后两者而言,它们的工作基于如下共同假设,即科学在表现上乃是愈发勉强或者直接无法满足人们所一般赋予它的那种进步程度。与托利史相联系的是这样一种失望情绪,即台面上的首选结果并不是由历史本身所实现的。与普利格史相关的则是某类历史学家的职业做派,即他们拒绝在任何过去的争论中站队。如果以上两者只能择其一的话,那我肯定坚定地站在托利党的一边(尽管它带有某种不妥当的政治色彩)。然而,就对库恩的解读而言,普利格式的解读占据了主流地位,也因此促成了我口中所谓的"哲学史"的消亡。也就是说,这样一种对历史进程给出一个明晰而具有规范性意味的宣示活动已经走向了它的黄昏。

接下来,我把库恩对规范性问题的缄默归诸双重真理学说,这一学说的源头可以追溯到柏拉图,他在雅典衰亡后对批判理性的公共展示持保留态度。在第一章中,我创造了"遮蔽"(embushelment)的说法,希望以此来把握对那些与公众相冲突的意见的恐惧——因为它们会潜在地破坏社会稳定。作为对上述恐惧的标志性的应对,人们设想,所有重要的文化人工物(cultural artifact)都是被双重编码的。也就是说,一方面,通过强化大众原有的偏见来安抚他们;另一方面,则对那些在思想上做好充分接纳准备的精英人士开放其所包含的反直觉的真理。及至近代,随着图像学(iconography)以艺术史最主要科系的面貌登场,这一关于人工物的双重编码思想最终演化为一门学术科目。进一步地,图像学的视角也渗透到了科学史之中,而这主要归功于库恩的历史导师亚历山大·科瓦雷的工作。

不过,库恩那一段跟科南特有关的个人经历使得他对以上传统做出了修正。也就是说,不论大科学与科学本身的规范理想有着多大的偏离,但就我们多变的世界而言,即便是通过老掉牙的形式继续支持科学还是能带来更多好处的。我们依然要将它视为一种合法化的原则并行事,不要因为存在某些未知的替代物就将它拒之门外。本书的第三章将会详细考察库恩对这一传统的修正。该修正作为冷战政治现实主义中号称"脏手"(dirty hands)的思考特征之一,可以明确追溯到科南特(或者更抽象一些,哈佛)为建立并维护科学的自主性所做的努力。这些努力作为一种文化上的防御策略,被用来应对当时面临的各种威胁——特别是那些来自罗斯福新政的支持者及马克思主义者的威胁。哈佛的帕累托学派可以说是这一关切的象征,而这个圈子也很可能是库恩对科学中的革命概念持修正主义态度的由来。

第一章的余下部分探讨了对"科学家"这一概念的历史建构,也就是,作为一个独特的社会角色,它需要获得保护并确立"自主性"(autonomization)以免遭社会其余部分的侵扰。这里我将给出促成威廉·惠威尔于 19 世纪 30 年代创立"科学家"一词的相关背景前提,正是这些前提筑了后来历史学家、哲学家以及科学社会学家的研究目标。同时,与以上冠名相伴随的乃是一种现在称之为"发现"情境与"辩护"情境之间的区分。而这两者之间的转换标志着从对科学史的理性重构转化为训导式的进步神话。尽管一般认为库恩打破了上述区分,但进一步的考察显示,其实库恩的真实意图乃是表明,科学发展中的所有关键进程——包括杂乱的发现部分——都能够用科学的自组织原则来加以解释。而那些坚持情境间区分的人则通常认为,不论是科学的灵感还是原初的想法,有相当多的部分来自科学以外。这正是库恩要否认的观点。

我将会在第四章重新回到前面的问题,也就是讨论库恩在科南特课堂中的教学任务是如何转变为从事科学史的一般研究策略的。届时,我将表明在以下这些情境,比如说那些提供给学生的课程资料、对杰出科学家开展的访谈,以及对科学史家恰当的编史态度等的培育中,那所谓的科学史的内部史与外部史之分是如何被制造出来的。在同一章里,我还会勾勒一种在"黑格尔式的"科学自我理解历程中事情的转化过程。我们可以看到,到了过程的末尾,库恩关于范式以及革命的理论会自然而然地为人们所接受。这一叙述的核心在于,科学的诸多竞争对手及干扰因素——具体地说就是宗教、技术以及历史——被成功地排除在了科学研究范围之外。

我希望通过第二章提醒读者,在科学哲学史对于科学政策之争具有重要意义的时候——一如科学家就自身领域的未来走向争论不休之时——情况会变得如何。我会把焦点集中在距离第一次世界大战爆发十年之前发生于马克斯·普朗克(Max Planck)与恩斯特·马赫之间的那场争论上。彼时,实验物理学已经表明了自身在学术、军事以及工业上的重大影响,但关于它的长期制度化的走向仍待确定。普朗克主张科学应该作为一种自主性学科而存在,这一早于库恩的观点包含了后者在讨论范式时涉及的许多方面。而马赫则认为,科学应该走更加小型化以及用户友好的路线,以至于能够适应人们的需要。他们的争论涉及了许多重要的认识论问题以及政治学问题。在这场争论中,持续时间最久的也许当数科学哲学中的实在论与工具论之争。

马赫在科学史的一种"极端"进路中寻找到了用以抵制当时科学正统的资源。这一做法非常类似本书所采取的方式,而与库恩影响下所形成的史学气质截然不同。不论如何,普朗克在与马赫的争论中取得了公认的胜利,为实验科学家接受柏拉图式的视角奠定了基础。也就是说,他们接受了那种与库恩的范式相关联的、受主体承诺所引导的真理。迈克尔·波兰尼是这一转变的主要见证者。通过目睹他所在学科在第一次世界大战中扮演的角色,波兰尼亲身体会到了科学走一种纯粹的工具主义路线所带来的可怕后果。不过,波兰尼的一个有意思的地方在于,他时常诉诸关于原住民的人类学研究,用以建构关于科学事业的自足的整体性模型。而这种策略却最终在科学以及技术研究的从业人员手里产生了一种具有讽刺意味的后果。

第五章的开篇与第二章类似,也就是描述在《科学革命的结构》一书形成影响之前的世界情景。随后,我讨论了一种指向自然科学的社会科学姿态,也就是在阿尔文·古德纳(Alvin Gouldner)、C. 赖特·米尔斯(C. Wright Mills)甚至晚期卡尔·曼海姆(Karl Mannheim)的工作中体现出的非常浓厚的批判色彩。不过,《科学革命的结构》一书在无意间消解了以上因着科学愈发牵涉进军事—工业复合体而引发的批判情绪。我之所以用"无意间",乃是由于一方面,库恩的描述使得他(同时特别包括科南特)能够让科学的本质与其最具破坏性的表现形式保持距离。换句话说,就是能够剔除掉科学的技术以及经济侧面。但另一方面,正是同样的叙述给社会科学家们以勇气,使他们能以"真正的科学家"这一新形象出现在人们面前。

库恩理论对客观事实的考虑,在其图式中是通过特定阶段科学标识的开发而得到强化的。及至 1970 年,社会学家以及政治学家就如何将自身提升到范式的地位而给出了相互冲突的解释。不过,仔细审视一下《科学革命的结构》一书中那些正当地运用的案例就清楚了,它们都带来了保守性的效果。比方说,针对 20 世纪 60 年代后期深受跨学科研究问题困扰的高校,丹尼尔·贝尔引用库恩的理论来突出独立学科在其中的重要性。而近来的一个例子则是弗朗西斯·福山。他通过引入库恩来论证如下观点,科学的自主发展使得它能够成为全球财富生产的原动力。即便是那些据认为是极端地发挥了库恩思想的人,诸如德国的目的化运动(finalizationist movement)成员,以及美国的反文化运动理论家西奥多·罗萨克(Theodore Roszak),如果凑近细瞧的话,就能发现他们不是扼杀就是转移了任何带有"革命"性质的冲动。

　　科学哲学以及科学社会学在后库恩时代的命运分别是本书第六章和第七章的主题。就哲学家而言,他们坦然地拥抱科学的"有效劳作"地位,而抛弃了对科学进行规范、立法以及批判视角上的审视。换言之,也就是抛弃了已经延续到 20世纪的哲学与自然科学间的传统联系。今天的哲学家满足于关注他们所研究的特定科学中所隐含的规范,同时认为这样的方式在规范意义上是正确的。与哲学的这种方向性的转变相伴随的是对该领域自身历史的重写,这在库恩化的世界中是理所当然的。事实上,第六章的标题就是暗指理查德·罗蒂(Richard Rorty)现今闻名的尝试,将库恩的科学哲学向主流的分析哲学靠拢。在其中,两者间的距离被拉得如此之近,以至于不论对于库恩抑或分析哲学家而言,这在十年前是无法想象的。[1]

　　以上这样一种关于"有效劳作"的精神气质时常作为一种正经的哲学立场表现出来,这就是所谓的"自然主义"。不过,通过探寻古典自然主义与库恩化了的自然主义之间"未经察觉的联系",我们可以发现,哈佛实用主义者 C. I. 刘易斯(C. I. Lewis)在库恩之前就已经持有了那些与世界观不可通约性有关的最激进陈述的大多数内容。尽管如此,前者却并没有放弃哲学家在历史上对特殊科学所持有的那种强规范性的立场。不过,即便是在刘易斯那里,就已经对与"理由"[reason]以及"合理性"[rationality]相关的概念做了实质性的修正。之后随着卡尔·波普尔(Karl Popper)、伊姆雷·拉卡托斯(Imre Lakatos)、保罗·费耶阿本德对上述概念所作的边缘化处理,尤其到了史蒂芬·图尔明那里见证了《科学革命的结构》对哲学议题的重新定义,可以说,那些有关科学探索中的论辩以及修辞学方面的问题如今却被遮盖了起来。在这一图景中,最令人诧异的地方在于,从哲学出发的对

---

〔1〕　参见 Rorty 1972。

科学的激进批判开始与非理性联系到了一起。

后库恩时代的科学社会学，尤其是作为 STS 跨学科研究领域的核心，也许是所有被库恩化后的领域中最具自我意识的学科。第七章的开头部分描绘了在 20 世纪 60 年代后期爱丁堡大学科学知识社会学中的"强纲领"，及其创始人在解读《科学革命的结构》一书时所依赖的背景条件。如果说科南特的课程的设计目标乃是促成科学家以外的旁人去接受科学，那么爱丁堡的课程则意图达到一种反向效果，即通过增强科学家对自身工作所嵌入其中的社会及文化环境的敏感度，而使得他们更为注重和容纳旁人对他们工作的关切。第七章开头的内容是我为解决 C. P. 斯诺(C. P. Snow)所谓的"两种文化"难题所作的综合尝试的一部分。这个难题的首次出现是在 20 世纪 50 年代。彼时"技术官僚"开始取代剑桥牛津的人文学者来掌管行政事务，因此对英国知识分子造成了诸多困扰。

然而，在爱丁堡的科学论研究小组(Science Studies Unit)将自己的责任范围从对科学家的本科教育转向对 STS 专家的研究生教育的时候，它也就愈发获得了库恩式范式所带来的种种随附的特质。这些特质产生了一些长期效应，简单概括起来就是理智上的狭隘以及去政治化的后果。这体现在 STS 对其自身历史的描述、STS 人员所采用的写作风格，以及该领域研究者在专业或者公共领域面对互相间的政治分歧时所遭遇的困境诸方面。读者可以从此处最为清晰地观察到普利格史观中的禅式特质是如何转化为当代的研究装置的。就今天 STS 研究中的主流学派而言，可以说，它所极度自我吹嘘的政策关联性乃是得自它对法国社会中竞争性的利益集团及机构的成功"寄生"。在第七章结尾部分我将给出对该学派的一种诊断性的解释。

第八章作为总结，我将在开篇部分对本书的主要论点做一扼要重述。其中的焦点是，库恩本人是否意识到了那些形塑了《科学革命的结构》一书中所表达的科学观的社会历史因素，同时他是否充分回应了学术圈以及政策圈对这本书的反响。面对那些对他工作的挑战，库恩选择了退缩，这与过去圣人的姿态颇为类似——也就是以一种消极被动的方式弃绝自己的过去。不过，比起简单地给库恩盖棺论定，我更希望能够克服《科学革命的结构》一书对读者所造成的影响。这意味着将库恩书中在提及知识生产的组织方式时所提倡的价值取向做一反转。具体地说，我认为范式不应该被视为科学探索的理想形式。毋宁说，它是一种受制约的社会运动形式，在其中知识的自然传播被某个共同体掌控。其他共同体如果要满足它们各自的需要,就必须依赖于那个独特共同体的专业知识,从而也就造就了后者对前者的相对优势。我所建议的这样一种重新评估,应该被视为西方世俗化历史性工程的最新阶段。就这一工程而言,大学长期扮演了重要角色,尤其是作为新观念的批判性学习场所,为尽可能多的团体减轻了消化(新观念的)负担。朝着以上目标,我将会重新解释哲学家口中"辩护情境"这一表述,并将它视为与上述工程相关的公众传播实践。在性质上,它等同于将历史偶然性重新引入科学家所要学习的科学史之中。

第一章　从柏拉图到北约的朝圣之旅

1. 遮蔽：西方思想的封闭

"将灯藏于篓底"是耶稣对他的使徒们所讲述的最为生动的隐喻之一。毫无疑问，这一行动带来的结果，就是减弱了灯所发出的光亮。通过这一隐喻，耶稣意在打消基督教皈依者在传播福音时所抱有的犹豫，也就是害怕因为他们的行为会不可避免地扰乱社会秩序，而遭到迫害。作为西方文化的创始神话中的一个标志性事件，我在这里特意生造了"遮蔽"（embushelment）一词来唤起对它的记忆。[1]该事件的典范价值在于，它揭示了西方的理性概念的双轨性（dual-tracked）。第一轨是这样一条发展线路：从苏格拉底在雅典广场上的追问开始，历经启蒙运动最后到恩斯特·马赫及卡尔·波普尔身上。它是一种批判的、自由的也是冒险的思想，并且也正是耶稣本人所提倡的思维方式。第二轨则是这样一条发展线路：从位于隐匿处所的柏拉图学院开始，历经实证主义传统[它很可能在该传统的所有具体形式中都有体现，但毋庸置疑的是，在奥古斯特·孔德（Auguste Comte）那里

---

[1] 该隐喻原初版本来自马可福音 4:21—25。有意思的是，在耶稣看来，这一隐喻与付出所获回报间有一种对应协调关系：射出的光线越多，那么光线在反射时返回给自身的也就越多。不过在新约的其他地方，我们可以找到与施加给这一隐喻的思想所相反的思想，也就是努力的价值完全依赖于神的应许：上帝加给人的恩惠越多，将来必还要多加于他。以上就是罗伯特·默顿"积累优势原则"的圣经源头。因着这一隐喻原出自马太福音 13:12，Merton 有时称这一原则为"马太效应"。在上述意义上，我自己的关于知识的规范社会学（或曰"社会认识论"）与 Merton 学说的差异就表现在福音书的不同段落上：我选择马可福音作为出发点，而默顿则选择了马太福音。在第八章第 1 节，我试图论证对马太效应做一种"挑剔的"（aristocratic）理解，这对解释库恩《科学革命的结构》一书的成功来说有着很大的帮助。

该思维得到了明确的表达〕〔1〕,最后传到马克斯·普朗克以及托马斯·库恩身上。它是一种带有基础主义及权威主义色彩(authoritarian)的具有规避风险性质的思维方式。同时,这种思维方式也正是体制性的基督教——特别是罗马天主教——在其历史演进中表现出的特征。以上是对相关立场间互相对立之处的简要勾勒,它有助于理解渗透在接下来的篇幅中的那种敏感性。〔2〕

也许有人会想当然地说,以上双轨性是"互补的"。实际上,这样的说法过于轻飘,因为双方都将对方视为自己最可怕的梦魇。在这个意义上,我们可以说,西方的理性概念具有精神分裂的特质。从第一轨道的视角来看,对手的行为无异于在探索之路上设置重重路障,因而理性的任务就是把它们给统统清除。然而,如果从第二轨道的视角加以考察,那么对方的存在使得我们无法以一种清晰明确的方式进行探索,因此理性的任务就是要找出并确保这一道路的畅通。从内容而言,本书是从第一轨道的视角出发来对第二轨道进行阐述。它基于这样的假定,即原先人类的探索是开放的也就是有着多种可选路线,但最后这些路线都被特意关闭了。因此,本书将聚焦于那些与探索领域的封闭有关的种种工程上。这些相关工程主要由下列几项组成(根据它们的抽象性由低到高排列):职业化(professionalization)、学科化(disciplinization)、内在化(internalization)、标准化(normalization)以及最简洁的遏制(containment)。这都是些第二轨道的拥趸所青睐的概念,但对我这样的站在第一轨道上的人而言,往最好里说那也是持一种矛盾态度。

以上文字应该已经在读者的头脑中建立了一个正确的框架来理解本章接下来的内容。在这里我将雅典在伯罗奔尼撒战争中的战败视为对西方心智造成严重创伤的原初性时刻。也就是说在结果上雅典出现了一系列集体防御机制,这些机制对人的理性王国形成制约,以至于变革的种种可能方式在任何现实变革出现之前就已经被定义下来。关于理性的这一方面有着多种称呼,根据它的不同载体——心灵、逻辑或者研究者构成的共同体,在哲学上我们可以相应地简称它为内在的(innate)、先验的(priori)或者范式的(paradigmatic)。与此同时,新颖性

〔1〕　欲了解那些或者称自己为"实证主义者"或者被别人贴上了这样的标签的思想家,你只需要参阅 Kolakowski 1972 这一本书就足够了。
〔2〕　在这一点上,具有文学爱好的读者也许会把目光投向陀思妥耶夫斯基《卡拉马佐夫兄弟》里的"宗教大法官"。而社会学家则希望能够重新拾起马克斯·韦伯(Max Weber)在讨论宗教合理性时所区分的先知模式和牧师模式(prophetic and priestly modes)。

(novelty)被认为是对以上这类预先确立的秩序的威胁,因此它在表现上也就被看作是非理性的,除非理性的原有承载物内部已经出现分裂以至于开始否定其自身。这样一种否定状态,在柏拉图那里被称为困惑(aporia),及至库恩,它成了所谓的危机。[1] 于是乎,我们要做的第一项工作就是对连接柏拉图与库恩各自称谓间的那一种藏拙谱系作一抽样调查。

也许人们有着这样一种美好想象,如果今天我们能有幸碰到那些西方文明的标志物奇迹般地降临在头上,那么这些东西依旧会获得我们的崇高敬意。不过,鉴于这些具有重大影响的观念都是在人们的真实生活状况(real-life situations)下提出的,因此摆在人们面前的残酷现实是,就算这些东西砸到今人的头上,它们的受尊敬程度也要取决于今天人们关于真实生活状况的知识,以至于在程度上表现得天差地别,达到互相颠倒的地步。就柏拉图传统而言,特别是对于那些将《理想国》视为奠基著作的柏拉图主义者来说,它有着这样一个突出特性,也就是不仅积极地尝试将柏拉图的思想延续到当今世界,而且还试图把与该思想有关的原初语境一道搬过来。在这一意义上,保护围绕在民主雅典——也就是青年柏拉图时期的那个雅典——的衰亡周围的那些态度,与保护今天我们耳熟能详的浓缩了柏拉图成熟思想的那个纯粹理念至少有着同样的重要性。[2] 如果柏拉图对其在雅典的个人经历所做的归纳是正确的,也就是民主来自人们对违背自己高贵教养的统治者的报复,那么在这些报复之下,人们往往倾向于不分精华糟粕地把婴儿连同洗澡水一同倒掉——也就是对真正的高贵与其赝品不加区分。于是,问题就来了,谁来拯救那个婴儿?柏拉图的上述问题在过去两千年来,收到了种种来自一系列自封是西方文明的守护者——或者不妨说,哲学王的继承者——的答复。因此,我们很容易想象已故的阿兰·布鲁姆(Allan Bloom),作为列奥·斯特劳斯成果最为卓著的学生、柏拉图《理想国》的美国译者以及《美国精神的封闭》(The Closing of the American Mind)的作者,他给人留下的深刻印象不会亚于柏拉图本人——如果后者能够穿越过来拜访的话。[3]

---

[1] Ross 1989 是一部极其出色的著作,在其中,作者将西方传统中的主要系统哲学视以"异端"(heretics)方式表达了一种柏拉图式的困惑。

[2] 参见 Fuller 1998b。也许在情境保护的基础上建立集体记忆的种种尝试中,犹太人活生生的受迫害史是其中最为生动的一个。

[3] 参见 Bloom 1987。根据《纽约时报》的说法,该书是 1987 年非小说类文学作品中最畅销的一本。如果想要把握布鲁姆的知识谱系,包括他所受到的法国黑格尔主义者(科耶夫及科瓦雷,关于这两位将在第 4 节中进一步提及)的影响,可以从他的文集、专题学术论文以及书评中获得,参见 Bloom 1990。

通过自己的教书生涯,布鲁姆观察到了弥漫在当代青年中的道德相对主义思想,这体现在 20 世纪 60 年代中的反叛情绪以及到了 20 世纪 80 年代时的自满情绪上。他认为,那些具有政治倾向(比如说左翼倾向)的大学教师该为这样一种状况负责。同时,布鲁姆指责学术界在引介马克思、弗洛伊德以及尼采的激进思想之前,并没有用柏拉图、亚里士多德以及其他西方文明的典范来为以上激进思想的引介做好准备和铺垫。不过,在他看来,说以上这些个主掌大局的政客不负责任,倒不是因为他们在发表诸如"上帝死了!""道德就是场彻头彻尾的骗局!"这类宣言的时候是在胡扯,而是他们一方面清楚地知道,这些通常被视为隐秘知识的东西公开给那些未受哲学训练的外行人后,很可能产生怎样的后果(但另一方面却仍然选择说出这些话)。如果说,有着这样一群亲身投入探索那些关于人类奥秘的高贵之人,那么像布鲁姆这样的西方文明守护者则是居于某种虚拟的,甚至超文本的现实之中——这样的现实乃是被用来讲述或者拓展上述高贵之人的思想的。然而,正如柏拉图所认识到的,这一类秘密几乎无法被用来安抚或者讨好大众,实际上它们反而有可能让人们重重地跌入烦恼之中。于是乎,这些守护者就需要隐没自己,以便能够保存秘密,直到那些做好思想准备的人来接受它们。而这,就是一种完全变样的启蒙:先知小心翼翼地把守着他藏在篓底的智慧之光,而文学界则选择使用私人话语以及双关语作为自己的交谈模式。

在斯特劳斯看来,以上这一看待柏拉图遗产的视角当归咎于阿拉伯哲学家阿尔法拉比(Alfarabi,878—950)。[1] 这里有必要回顾一下该视角在形式上的特征,因为正是阿尔法拉比对柏拉图的解读体现出了与双重真理有关的思维方式,即在叙事上需要承载一种双重真理。两百年后,阿维洛伊(Averroes,1126—1198)以及迈蒙尼德(Moses Maimonides,1135—1204)分别详尽地阐明了这一思维方式。当时,此二人试图为基于宗教的社会秩序的(前者对应于伊斯兰教,后者对应于犹太教)批判性哲学探索及其应有的受保护地位进行辩护。[2]

从双重真理的视角来看,柏拉图将自己激进的精英主义政治学以及严格意义上的社会分层思想隐藏在了他的形而上学之中——其大意是,世界是由纯粹理念领域所统领的多层次的实在所构成的。这一形而上学——通常被称为"柏拉图的

---

[1] Parens 1995 是新近发表的关于施特劳斯式的通过早先那些阿拉伯注释者来理解柏拉图的最为清晰而详尽的阐述。

[2] 欲了解阿维洛伊及迈蒙尼德发展其双重真理学说时所处的类似社会背景(科尔多瓦,西班牙),请参阅 Collins 1998,第 437—446 页。

理念论"——实际上一种在两个层次上同时运作的辞令（rhetoric）。从表面上看，柏拉图的文字可以被理解为在字面上是描述哲学家（苏格拉底）在神的启示下所获得的对实在结构的认识。但是即便在此处柏拉图还是暗留了一道玄机，也就是他从不给出一个足够充分并且具有连贯性的神学理论来揭示神与他（她）的造物之间的具体关系。柏拉图的这一关乎形而上学与神学两者之间本质区别的省略，在阿尔法拉比以及他的追随者看来，乃是有意为之。因为很明显，只有这样大众才能够被引导着认可柏拉图式的世界秩序的合法地位——也就是说，这样的秩序基于事物自身的本质——与此同时又不会失去对自己行为所具有的那种个人责任意识。毕竟，一旦人们相信自己所欲求的事物乃是为神所预先决定的话，这无疑会带来一场政治梦魇。不仅如此，就柏拉图的高明读者（这些人将柏拉图视为圆滑的无神论者）而言，对神学的任何明确指向都会被视为对柏拉图本人的侮辱，以至于潜在地威胁到他在这些关键读者心目中的可信性。既然柏拉图将他的工作以形而上学而不是神学的面貌加以呈现，因此那些进行深度阅读的读者就能更容易地将其理解为理想架构的一种象征，与此同时，它还为如何说服大众将这样的架构视为是正当提供了一种模型。

阿尔法拉比第一个认识到，表现在柏拉图著作中的双层思考模式也正是西方主要宗教——犹太教、基督教以及伊斯兰教——的特质。因着这样的特质，这些宗教得以成为不同文化人群的合法性的共同基础。阿尔法拉比进一步论述道，柏拉图对修辞的使用可视为是诉诸人的某种敏感性，这种敏感性介于原始的感官知觉以及纯粹的理性理解之间。在阿拉伯知识传统的长期受益者——13世纪基督教学者那里，这一敏感性变成了信仰，这也就意味着形而上学中人的根基已被忘却。这样，人只要简单地通过某个感觉就能获得（关于知识的）承诺，即便这样的感觉只是基于一种对文字对象（比如说《圣经》段落）的不完全理解，而不是建立在关于知识的通常认可的模式之上——具体地说，就是对自然物不完整的知觉（比如得自归纳的信念）或者对文字对象的完全理解（比如具有演绎有效性的证据）。及至18世纪的启蒙运动，哲学对神学的反动在结果上造成了人们对感觉（sense）与理性两端之外任何中间道路的拒斥。[1] 其典型表现就是大卫·休谟的名言：与

---

[1] 那些"批判的历史的"神学家，也就是从斯宾诺莎到大卫·弗雷德里希·斯特劳斯（关于此人本书将在第二章进一步提及）所给出的建议多少算得上是以上建议的局部表现。这一建议的内容是，人们可以拥有关于《圣经》的"符号知识"（symbolic knowledge），使得信徒能将重要的宗教意义投射到稀松平常的事件之上。于是，人的这种符号能力就为信仰提供了认知基础。参见 Harrisville and Sundberg 1995。

经验或者数学无关的书本都应该扔到火里烧掉。而这样一种拒斥的态度到了 20 世纪逻辑实证主义的关键时期又重新复活了。[1]

不过,为了把握库恩所表达的诉求的最终源头,我们需要重新拾起以上为休谟所匆匆抛弃的第三种道路。库恩对柏拉图的狂热来自两个源头。从制度上说,它来自詹姆斯·布莱恩特·科南特,从认知角度来说,它来自亚历山大·科瓦雷。正如柏拉图一样,此二人深受那可能吞噬西方文明成就的全面战争的幽灵的困扰,同时这样的困扰自然而然地引出了下一个问题,也就是面对即将到来的黑暗世纪(Dark Age),人们如何保护以上成果。[2] 在这里,科南特与科瓦雷两人之间的关键性区别在于,科南特更看重柏拉图在《理想国》中提出的这一策略的重要性,即为了更为高贵的真理而散播"高贵的谎言"。因此他在科学培养计划中设立了通识教育课程,而这也正是库恩获得第一份工作的地方。至于科瓦雷,他关注于将"更高贵的真理"传授给那些在思想上做好接纳准备的精英们。很大程度上,这些精英最终构成了美国第一批专业的科学史家。

为把握那个将科南特与科瓦雷扭合在一起的动因,我们首先需要考察,冲突是如何让西方思维对矛盾性和多变性——就其作为信念的属性时——抱有偏见的。这一偏见自柏拉图时代开始便不断强化,与它相伴随的是物质(包括人力)资源与探索事业之间愈发紧密的联系。作为结果,它提升了思想上任何基础性的改变所对应的风险程度。这一文化保护主义通过美术史中的所谓图像学进路获得了自我意识,并在第一次世界大战间具体成型,此时正值科南特的科学,具体来说是化学,达到了作为一门毁灭性的科学的顶峰。随后,在图像学上的关注点从手工艺自我维持的传统转向了话语自我维持的传统。在这一背景下,科瓦雷成了中心人物,特别到了二战末期,他受当时移民美国的顶尖图像学家欧文·潘诺夫斯基(Erwin Panofsky)的邀请移居美国之后。科瓦雷关于知识历史的描述深受库恩

---

〔1〕 欲进一步了解这一断言的起源以及西方思想中关于焚书的修辞学意蕴,请参阅 Fuller and Gorman 1987。值得一提的是,休谟的这一大胆立场在英国并不为人所待见,这一情况一直延续到 19 世纪 70 年代才有所改观。当时 T. H. 赫胥黎以及 T. H. 格林几乎同时借用了休谟的工作来支持两人各自持有的相互补充的怀疑主义形式:针对宗教的怀疑主义(从经验主义的立场出发)以及针对经验主义的怀疑主义(从宗教的立场出发)。直到那时,人们才一致同意,因着我们拥有的一系列"常识",以至于休谟对知识的第三种类型的拒斥——尽管它在逻辑上表现了极强的严密性——被我们在心理上屏蔽了。在这里,不难猜测该(常识)视角在哲学上的提倡者——由托马斯·里德(Thomas Reid,1710—1796)牵头——都出身自神学。参见 Passmore 1966,第 40 页,第 57—58 页;Collins 1998,第 617 页,第 667 页。逻辑实证主义的主要阶段也许可以以 Ayer 1936 作为标志。当时,刚从牛津大学毕业的艾耶尔深深地被维也纳学派关于休谟是自己哲学上的先驱的论断吸引。

〔2〕 Oakley 1992 是一部在教育问题上关于柏拉图式的文化保护主义视角与更具有公德(civic-minded)意味的修辞学传统的出色的比较研究,它既包含了翔实的史料,同时具有当下的应用性。

赞誉,它强调了物理学与哲学宇宙论之间的连续性,同时设法从物理学中剥离掉与现代对世界的工具性控制之间的联系——特别是与原子弹有关的种种联系。通过以上描述,可以说库恩和科南特分别代表了对柏拉图式使命的一种无意识以及有意识的贯彻。最后,我将考察这一作为柏拉图使命的最重要的表征在科学哲学中的演变,这主要体现在这样的区分中,也就是发现情境和辩护情境的区分之中。

2. 理性是如何被软禁起来的?

在今天,几乎没有人意识到古希腊人在讨论战争时所涉及的相当多词语同时也被用来描述口头交流(verbal exchange)。事实上这样的言语交流不仅是古希腊城邦作为"西方民主摇篮"的原初特征,同时也是之后人类第一个以集体化组织形式进行探索发现的柏拉图学园的原初特征。对于"辩证法"所可能含有的那种不可知意蕴,我们可以将它视为无非是一个死掉了的隐喻——正如我们自己的表述"口水仗"(verbal jousting)般轻易地消解掉。不过,有关它的如下说法倒不能算是离题太远,也就是直到18世纪晚期,战争还依然被认为具有相当多的与辩证活动有关的形式属性——同时就希腊人而言,他们是认真地认为战争是辩证法以其他方式的延续。[1] 因此,接下来我将要讨论一些18世纪之前的战争的规范理论所共同具备的特征,我认为这些内容值得读者一阅。[2]

首先,当战争的进行符合规范的时候,那么在性质上它就很像是一场游戏:里边所采取的行动以自身为目的,并且受制于它们自身的规则,同时也有可能遭到来自实际战争过程的"外部"考量的侵蚀。战争的首要目的,是让对手承认己方的

---

[1] 当然还有别的视角来审视探索发现与战争之间的密切联系。人们不难发现,科学中对修辞的使用往往倾向于借用军事上的隐喻,并且这样的倾向还愈发流行。因此,就有了比如说尼克松总统于1971年所作的"向癌症宣战"的布告,同时也有了那始自19世纪的根除无知以及消灭疾病(特别是那些由细菌引起的疾病)的战斗。读者可以参阅 Montgomery 1995,第135~195页来了解关于后者的讨论。另一个特别具有启发性的联系是,当某个非西方国家需要更新自己的军事力量以应对来自西方的威胁时,总是不得不同时将技术以及科学的训练引入到教育系统之中。具体来说,不论在俄国、奥斯曼土耳其帝国、埃及、中国还是日本,(西方的)军事威胁至少阻碍了西方人所认知的科学的制度化进程。参见 Ralston 1990。

[2] Keegan 1993是一部与以下内容相关的通俗化著作,它强调了战争在传统意义上的有限性以及竞争性特征——当然,这也是游戏具有的特质。类似的,也许有人会论证说,实验自然科学在起初(17世纪)是一种"绅士游戏",但为了维持自身的活动而慢慢地异变为现在要吞噬整个世界的样子。从这一角度来说,与互联网有关的"信息基础设施"标志这一军事与科技的共生发展到了顶点。毕竟这两者乃是美国国防部和国家科学基金会共同参与的结果,其目的是确保科学家在核战争期间的通信畅通。

优势地位。因此人们经常会说,在战争中双方赌上的是自己的"荣誉"。不论如何,为了获得对方的认可,人们不能简单地诉诸消灭——或者甚至羞辱——对手。其中的一个理由是,这样的策略太不讲究了。战争是一门技艺(art),而不是别的什么。对于技艺来说,它讲求使用有效手段来达到目的——而不是过度杀戮。更不用说,一个被彻底征服的对手并不会尊敬击败他的人,相反,一旦机会许可,他们在报复时很可能会选择更甚的暴力。这种严重威胁战争中人员生命以及财产安全的方式无疑会破坏战争所讲究的奇思妙想式的特征。古典作家——从修昔底德到马基雅维利——在论及战争的时候,讲述的基本都是些具有引申意味的道德故事,即违反战争的规范性约束时会发生什么。

在雅典的案例中,辩证法与古代关于战争的概念之间的关系被前所未有地带到了聚光灯下。这是因为,对雅典人来说,这个人前脚刚在集会广场滔滔论辩,后脚就很可能迈上征战之途。雅典人热衷于卖弄自己的辩证技巧,尤其是对那些过路的外国人。他们应下旁人的撺掇,然后用数量最少同时也是最为巧妙的步骤论证惊世骇俗的观点,以此炫耀自己。对他们而言,赌上自己的名誉简直就是家常便饭。这种对大胆论证的偏好随后便转化成了越发多变的外交政策,以及军事决策,并最终导向了修昔底德在《伯罗奔尼撒战争史》中所描绘的雅典的衰亡。[1] 在观察了这一系列不幸的事件之后,柏拉图得出的结论是,智者,就是整个事件的罪魁祸首。所谓的智者是这样一帮人,他们主要由外国人构成,靠教会雅典人如何完善自己的辩证技巧——尤其是"怎么让那些弱弱的论证看起来更有力些"——来讨生活。不仅如此,鲜为人知的是,他们同时还传授某些格斗技巧,比如说,如何找准时机通过速度来弥补体型上的劣势。总之,不管这样的技巧是跟嘴有关还是跟打斗有关,学生从中学到了如何通过攻击或者防御来守护自己的"立场"。柏拉图深信是智者纵容了雅典人,让他们在最坏的道路上渐行渐远,也就是说,通过放任辩证法的滥用以至于形成一种疯狂的好斗之风,因此也就造成了不可弥补的损失。其中最让人心碎的莫过于(在柏拉图看来)对他的老师苏格拉底的审判以及最后的死刑判决。为了遏制当时的相对主义习气,也就是将人们的承诺或者认同对象还原为在舌战中得到辩护的东西,苏格拉底试图利用智者自身的论证来反

---

[1] 参见 Gouldner 1965。就雅典的衰亡带给人们的教训而言,该书可以说是所有讨论中最具敏锐性的著作。

对他们，最后却没能成功。[1]

　　正如在《理想国》中所详述的，柏拉图的解决方案是把学生隔离起来，让他们在学院的幽静环境下学习辩证法，直到他们的心智足够成熟，在对待其他思考方式时不至于产生靠现实手段来打压它们的冲动。到那时，这些年龄在五十岁左右的人也就适合成为"哲学王"了。不过，在很大程度上，柏拉图的处方只能算作密涅瓦的猫头鹰在黄昏时选择的首飞线路之一。就柏拉图本人登场的时期而言，除了升华自己对权力的渴望，当时的环境对于一位充满抱负的哲学王来说其实已经没有太多事情可做了。随着雅典败于斯巴达之手，以及接下来这两个城邦又先后被亚历山大以及罗马征服，希腊民主至此寿终正寝。论辩技巧，作为广场上公共集会活动所迫切需要的技能，并不适用于皇家宫廷里的密室政治，因此在结果上，智者最频繁强调的那种修辞学家的特质——凯洛斯（kairos，"时宜"），在含义上慢慢地由"取巧"（opportunistic）转变为"得体"（decorous），也就是从原先的创造时机以便行动转变为对已发生行动的适应。就这样，修辞学家首次根据人的"性格"来选拔学生，即要求候选人对这一新确立的关于得体的意蕴表现出顺从。[2]

　　当然，就当时的情形而言，柏拉图对那些渴望谋求统治的辩证法家[dialecticians]的耐心的劝导在实践上并非没有可取之处。柏拉图培养耐心的主要方式是让学生在开口说话前将他们的思想写下来。这样一种训练与智者或者说甚至是苏格拉底所推行的实践在形式上可谓是反其道而行之。在柏拉图时代，书写一般用在近东地区的皇家敕令以及镌刻有法典的石碑上。人们通过对语言的这样一种非交流式的运用，以达到维护权威或者彰显权力的目的。而对于以广场公共集会为标志的政治环境而言，如果说话人事先将内容写下来，那么就会被认作是不自然的、缺少智慧的，甚至是不诚实的。即便如此，在柏拉图看来，如果某个地方的人对自由演讲是如此热衷以至于产生了灾难性后果，那么在他们的思

---

[1]　就如何理解希腊人与辩证法之间这样一种爱恨交织关系的长期文化意义来说，Elkana 1980 是一个非常有意思的尝试。Elkana 区分了两种理性，外国侨民式的（metic）以及认识论式的（epistemic）。前者指的是智者式的狡黠推理，目标是从最小的投入产生最大的作用。而后者指的是柏拉图的论证性推理，它的目标是最后获得的结果与其投入相称。这一区分之后的科学方法历史中被形式化为归纳［或者用"溯因推理"（abduction）更为确切些］以及演绎，或者发现的逻辑和辩护的逻辑。以上情形实际上包括了下述两种相对照的推理形式，即承诺了能够增加知识的可错性的推理形式与仅承诺能够保持当前知识正确性的绝对可靠的推理形式。

[2]　Kinneavy 1986。亚里士多德——特别是在他那个时代——以及伊索克拉底是推动这一转变的最有影响力的两个人物。参见 Conley 1990，特别是第 13—26 页。

想和语言之间拉开点距离也许并不是件坏事。

及至斯多亚学派成为亚历山大帝国以及罗马帝国的主流哲学的时候,书写已经成了反思个体所必备的决定性技能。许多斯多亚学者发现,在自己所工作的帝国行政机构中行事圆滑得体已成风尚。因此为了保持自身的理智,这些学者在从容完成自己工作的同时将综合而复杂的观察一页页地记叙下来。与尤利乌斯·凯撒(Julius Caesar)以及其他伟大将领所写的战斗手册所不同的是,以上这些观察的写作与其说是为将来的行动提供指导,毋宁说是一种宣泄。也就是当作者看到现实中的果敢行动不大可能带来有益结果时,排遣一下自己的行动欲望。于是乎,那种看上去源远流长的"理论"和"实践"的区分便在西方人的心理上扎下了根。也就是说,实践活动在性质上强制人们对事物进行深思熟虑,以至于最后的思考结果复杂到无法为行动提供一个清晰而明确的基础。[1] 在这里,"强制"(forced)这个词是用来提醒读者,书写所担负的使命一开始仅限于跟奴隶以及手艺人有关的技艺手册。当然,在某些时候,这种强制是在私人的场合下实施的,比如说马可·奥勒留(Marcus Aurelius),作为罗马皇帝,他不需要对任何人负责。尽管如此,奥勒留依然认为他需要对自己的灵魂负责,因此他在札记簿上写下了自己的心路历程。但是在绝大多数情况下,我们看到的情况是这样的:平民们口授着那些技艺手册所包含的内容,学者们根据统治者的命令完成日常的记录,至于统治者,鉴于他们完全自由的状态,他们只需把自己的活动局限在与战争技艺有关的内容上。

不论如何,书面技艺(literary arts)的这样一种从属姿态表现出了它在政治上的好处,特别是当经济的衰退使得统治者难以维持他们的统治的时候。公元 12 世纪,就那些合法的手工艺门类而言,官方通常会给予相关自治群体特许状,使它们在相应手工艺的应用以及传播上具有实质性的垄断地位。这些行业公会(universitas)——也就是上述群体的称呼——的典型便是那些专注于某一特定手工艺的城镇行会。其中,如果新人想要获得从事以上手工艺的许可,就必须经历数年的学徒期。在历经一番论战之后,中世纪的经院学者(Scholastics)终于说服

---

[1] 以上简单地说就是解释学(hermeneutic)在稳固以及分叉文化承诺时所扮演的角色,它特别体现在对法律层面立法者与法官的区分以及宗教层面先知与牧师的区分的制度化上。在以上两个案例中,前者负责"创作"那些权威性文本,而后者则负责对这些文本进行"解释"。Tompkins 1980 是一部简明但又提纲挈领的关于文本创造和解释之间越来越远距离的历史的著作。Siebers 1993 则是此话题的时新著作,着重讨论了当代"文化批判"中所体现的道德上的模棱两可,以及绝对的去政治化特征。欲了解本话题对科学知识社会学中"解释学"转向的影响,请参阅 Fuller 1994c。

人们,他们所具有的写作技能应该获得类似的制度化的自治地位,而这也就使得"大学"(university)这个词开始拥有了现在的用法。[1]

但是,这样一个大学特许状究竟保护了什么呢?是写作的技艺吗?这些正当问题变得越发难以回答了。究其原因,乃是写作与其他大多数手工技艺不同,随着读写能力的普及,写作失去了其行会的神秘性。最终,情况发展到了一大部分人口能够自行书写而不需通过经院学者的指导。与此同时,学院职员也不会被临时抽调去打理那些大字不识的富翁们的财产。事实上,18世纪启蒙运动关于"公共领域"的理想反映出了一个新的矛盾,也就是那个专业阶层——作为经院学者行会在近代的遗留——按说应该为公众发声,但是后者却逐渐开始掌握足够的技能来表达自身。[2] 这种情形直到19世纪早期才开始改观。当时大学体系在德国获得重生,与之相伴随的是一种独特的写作模式的登场。这种写作模式,也就是学术研究[scholarship],凭借自己的特性获得了国家的特别保护,并从中派生出相应的行会权利。这些权利以学术自由的名义广为人们所知。[3]

不过在跃进到对现代的讨论之前,让我们先回顾下雅典民主的凋亡对西方思想所造成的深远影响:借用社会心理学家的说法,这一事件造成的精神创伤引发了一种"适应性偏好构型",也就是说,它将台面上的缺点转化为潜藏的美德。[4] 对于那些未经哲学训练的人来说,他们会诧异,那些认识论学家以及伦理学家这样肆意地将文墨浪费在诸如人们是否"真的相信了"他们应该相信的东西这一类话题上。为什么人们以符合正确的或者善的标准去行事还是远远不够?为什么哲学家会执迷于"意向性"以及"意识"这类玩意?当然,从历史角度来说,这些关切揭示了犹太—基督教神学与现代世俗心理学之间的连续性。但是,正如我们所看到的,这一传统可以追溯到斯多亚学派甚至柏拉图本人,也就是说,写作创造了这么一个领域,与之相关的回应以及满足才陆续到来。并且,该领域自此也就成了所谓的"精神生活",在其中,意识以及意向能够无约束地自由驰骋。

柏拉图主义对于处于政治连续体(political continuum)两端的人而言一直有着

---

[1] 有关该论点的详细描述,请参阅 Fuller 1994d。
[2] 关于这一张力的具有历史敏感性的叙述是 Broman 1998。
[3] 想要了解关于现代德国"洪堡式"大学的兴起与美式学术自由原则间的连续性的历史,请参阅 Hofstadter 与 Metzger 1955。
[4] 参见 Festinger 1957。欲了解这一论点在政治理论上的精彩应用,请参阅 Elster 1983。

吸引力：一端是认为能让世界屈服于自己意志的人；另一端则是认为必须让自己的意志屈从于世界的人。前者包括了那些极权主义统治者，他们将自己设想为柏拉图哲学王的传人。后者包括了斯多亚学派及其后人——不论是在学术上还是在政府机构中。对于他们来说，写作被当作首要策略来回答列奥·斯特劳斯所谓的"最典型的政治性问题"，也就是"当秩序并非压制的且自由亦非万能许可的时候，如何协调这两者之间的关系"。[1] 就这样，通过强制所有派系——不论是说话者还是听众——尽可能地在演讲中小心自己的措辞，写作就踏在了施特劳斯式的中间立场之上。作为政治理论家，施特劳斯的一个伟大之处便是，他一直认识到，对中间路线的寻找建立在以下两者的基础上，即它不仅仅来自理想社会中未来的公民所应具备的正义感，而且还来自具备自己设想的乌托邦理论家所应有的谨慎。

要理解为什么精神生活应该被如此近似地等同于对真理以及善的追求，我们必须回想起，当柏拉图看到人们以民主态度对待信念时最为困扰的问题，即信念具有的易变性。不仅如此，这样的一种易变性还很可能是雅典社会的发现。至少，雅典人已经想出了种种办法，让人们的信念永久保持待价而沽的地位。官员由抽签选出，而政策之争则由嗓门大小来决定。[2] 雅典人很为自己有着迅速改变流程走向的能力而自豪，同时他们将此视为在与像斯巴达以及波斯这样庞大而迟缓的敌人对抗时所具有的优势。不过今天的民主理论家往往选择抑制这一令人尴尬的传统，因为它暗示，民主只能在这样的条件下成立，即底下的民众乃是极易受影响的，以至于可以随着公共辩论而摇摆不定。但说回来，如若古代雅典人听从今天主要的民主理论家于尔根·哈贝马斯（1929 年生）的建议——也就是在进入公共集会之前事先决定好自己的"真正利益"所在，恐怕雅典人将会执着于确定并且保护那些利益，甚至也不会包容在集体行动的名义下就分歧展开的谈判。而这就意味着，在原初雅典人的境遇与其在当代的更新之间，有着重要的概念上的差异。[3]

雅典人继续承受着柏拉图所断言的那种放纵、易变，以及过度商业化的影响，直到 18 世纪辉格式意识形态在英国的兴起。总结起来，其中的关键是

---

〔1〕　参见 Strauss 1952，特别是第 37 页。

〔2〕　参见 Ober，1989。

〔3〕　Holub 1991 是一部关于 20 世纪 60 年代至 80 年代形塑了哈贝马斯公共领域概念及其社会政治背景的出色的著作。

"speculation"这个词在意义上所具有的双重源头，也就是知识图景及资本主义投机。辉格派在商业文化与公民共和主义之间重新建立起了联系，而这要部分地归功于一种新奇的道德心理学，也就是将商业活动中对风险和功利的算计视为对激情的规训，并且这一规训会为个人以及社会同时带来好处。不过，这一由激情到"利益"的转化所产生的负面影响是，"公共利益"这个概念在传统上所具有的公民共和主义政体的含义变得模糊而难解起来，以至于被人们逐渐抛弃。

在辉格派看来，雅典之所以能够承受公共集会里面的无穷尽的变化无常，乃是因为雅典公民们在财产上有着同样的牢固保障，以至于他们不用担心因为错误或者不受欢迎的言论而在经济上受到打击。不仅如此，他们还一直受到相同的外部敌人——比如斯巴达与波斯——的威胁，这使得城邦安全在公共利益的辩论中成为挥之不去的主题。但是等到了18世纪的英国，作为一个资本愈发具有流动性的国家，情况就不一样了。也就是说，政治上的错判很可能带来重大的财产损失。因此，人们不由得怀疑，事实究竟是否真的像波普尔化用歌德名言时所描述的那样：我们的思想替我们付出了代价。对旧贵族的财产剥夺并没有给其他人带来太多经济上的安全感，即便对那些买下土地并兴建工厂的人来说也是如此。于是，对于这么一个新兴世界而言，人们需要在任何公共论坛上留意自己的个人利益，同时希冀通过某些过程——也就是今天所谓的"看不见的手"——把公共利益作为一种积极的副产品零碎地呈现在人们面前。通过以上方式，在19世纪早期共和主义就已经被我们更熟悉的自由主义形态取代。[1]

辉格派重拾雅典的做法深受法国以及美国启蒙运动思想家欢迎。究其原因无疑是可能性（probability）这个概念在现代所具有的意义，也就是它表征了信念与实在间的关系。这一层含义直到17世纪才开始出现，在这之前，"probability"一词指的是"可信性"（credibility），意指获得权威认可的程度。其中权威在功能上更多地表现为一种确立信念的机构，而不是真理的贮藏所。而这就再一次地反映出

---

〔1〕 读者可以从 Pocock 1985，特别是第6章，Polanyi 1944 以及 Hirschmann 1977 中寻找到关于共和主义在18世纪的短暂复活以及最终衰弱的敏锐的记述。Pettit 1997 是将公民共和主义重新塑造为我们时代的政治理论的最新尝试。该书的一些观点为斯金纳极具吸引力的系列讲座提供了某些历史的支撑。这里我必须感谢布莱恩·拜格里（Brian Baigrie）所起到的作用。正是他首先辨识出了我的公民共和主义特征（在他对我的社会认识论的评论中）；参见 Baigrie 1995。在这之后，我在 Fuller 1999b，特别是第一章中进一步展开了带有共和主义色彩的科学理论。

人们并不情愿在不确定性面前让具体个体承担起自己的认识论风险。[1]与那些欣然接受雅典的启蒙思想家不同,让-雅克·卢梭,作为斯巴达美德的热诚信徒,他指责雅典人将自己的"民主"建立在奴隶制经济之下,此乃一种伪善。卢梭的这些顾虑固然打动不了柏拉图,但它们的确阻碍了人们对雅典全盘接受,从而将其视为模范社会的想法。因此,就法国大革命这一被设想为结束一切革命的革命而言,希腊城邦的这种带有永续革命的性质在前者的民主图景中也就起不到任何作用。直到普鲁士人需要为自己找一个寓言上的代言,以便将自己与拿破仑的帝王形象相提并论的时候,雅典才最终像罗马一样成为"古典文明"的标志。[2]但是即便在那时,新兴的大学系统——普鲁士人在制度上对拿破仑训练"市民工程师"的理工学院所作的回应——也是让人回想起了幽僻在丛林中的学院,而不是苏格拉底以及与他对话的智者们常常光顾的公共广场。至少在表面上看起来,特别是从那些由学院发起的拔高理性的种种尝试——具体地说就是在费希特、谢林,当然必须算上黑格尔他们将理性彻底地上升为唯心论世界系统——的遭遇来看,可以说,是普鲁士让柏拉图笑到了最后。[3]

　　鉴于对变革的热衷给他的城市带来了一系列灾难,柏拉图认定,那些过于频繁的变革的信念不大可能是真的或者是善的。相反,他指出,真和善很有可能在那些作为承诺的基础信念中找到。写作便是创造上述承诺的手段,在其中,思想受一系列文本限制并集中起来。这一思想的体现形式与以记忆为载体的思想形式有着显著的区别。就记忆而言,往往带有一种很容易遗忘的特征,而正是因为这样的特征,那些演讲才能够造成如此直接的影响。因此,当柏拉图式的探索者在面对自己的信念遭遇挑战时,他们的反应并非简单地在"战斗或者逃跑"之间作出选择。相反,他们会进一步深化并精炼自己的承诺,为了能说明自身,有必要"将它写下来"——即便这将带来更严峻的挑战。柏拉图关于承诺的必要性的假设,至今没有人能在经验上证明它是对的。不过,如果没有这一假设,学者对人生

---

〔1〕　参见 Hacking 1975,特别是第三章;以及 Daston 1987。
〔2〕　关于普鲁士人对自身的塑造,请参阅 Montgomery 1994,第 284 页。
〔3〕　关于这一时期与知识以及制度有关的种种主张,请参阅 Beiser 1987,1992。

的追求——不论与宗教的修道会还是库恩式的范式相类比——都将变得没有意义。[1]

3. 实践中的柏拉图主义：作为技艺的科学

雅典以及罗马的衣钵分别为普鲁士与法国所继承，而19世纪初爆发于两者间的那场拿破仑战争预示着在接下来的近一百五十年里，西方文明的"命运"成了欧洲列强们开战的通用借口。[2] 这些战争在造成生灵涂炭的同时，还频繁地对西方文明的成就产生威胁甚至是直接的破坏——尽管它们在名义上都是出于对以上成就的维护。第一次世界大战战祸之后，一大批人文主义者自发地承担起了为那些成就建立一种制度化记忆的任务，以免整个欧洲在将来被全面战争吞噬。如果法国大革命标志的是人性对人的胜利，那么这些人文主义者所热诚投入的工作便是将人性从它原先的代理人手中拯救出来。

因此，人文主义者往往对保护普通人的事迹漠不关心，而把眼光放在了那些

---

[1] 关于承诺在宗教以及科学认识论中的中心地位（这种地位经常是隐含的），Bartley 1984 给出了一个坚定而热情洋溢的攻击。那些对我在这里的论证持疑虑态度的人也许应该考虑下绝大多数专业学者在对待"思想市场"这一隐喻的字面意思的时候所表现出的迟疑态度。自亚当·斯密的时代起，许多经济学家就指出市场是一个高效的知识机制，而且它的成功不需要学术上的精心构想来作为中介。作为对交易所现行汇率变化的反应，交易人需要根据里面的汇率牌来调整货品的价格，这与他自己的利益可谓是休戚相关。但是这一机制的成功却预设了人们需要拥有以下能力：能够对（汇率的）显著变化快速地做出反应，并且有意愿在交易中能就几乎任何条件进行谈判。但即便交易人满意市场带给他的结果，这也并不意味着该机制将自己置于一系列不变的交易规则——也就是斯多亚派最早用术语"criteria"所形容的对象——之下。因此现在是这样形成"公平价格"不意味着在下一次交易中也是如此。从柏拉图的学生亚里士多德的时代开始，学者们就已经基于以上理由发出对市场的抱怨。等到了近代，这些批判发展成对"剥削"的控诉以及对"社会正义"的呼唤，以便矫正过去种种交易活动所造成的损害。

以上这些指控无疑有着很好的基础，但是我们现在的"后现代状况"有着这样一个不同寻常的特点，也就是它拒绝委身于柏拉图式的冲动来矫正上述不公，不论是放慢交易流程，还是对它们进行更加细致的审察，抑或将它们置于"普适标准"(universal standards)的限制之下。不过，金融家乔治·索罗斯(George Soros)可以说是这里的一位很有意思的见证人。作为波普尔在伦敦经济学院的学生，索罗斯认识到不论是在学术领域还是经济领域，如果我们要为大胆猜想构筑一种可持续环境，那么这样的可持续环境就需要在国际层面(international level)上加以实质性的公共约束。参见 Soros 1998。接下来让我们考察下自然科学。在自然科学中，"承诺"的建立来对某些特定研究路线投入了如此之多的时间、精力以及金钱，以至于想要反转这些路线几近是不可能的（与之相应的是在马基雅维利的意思上，政治是一门关于可能的艺术）。确实，这样一种不可逆转也许是犬儒主义者的对"进步"的日常定义。参见 Fuller 1997d，第 50—52 页。不过，这些深化的承诺不一定会降低世界的危险等级，正如那些接受相当投资的领域比如粒子物理学以及分子生物学所表明的，后两者分别以核武器以及基因工程的形式展现出了自己对公众的威胁性。在这一意义上，后现代主义者论证说，不公并不是来自市场过于自由以及开放，而是因为它不够自由和开放，以至于某些与科学交易相关的条款看上去是不可协商的。

[2] Lambropoulos 1993，第 79—80 页。

与人性的标志性人工物的生产有关的人物身上,这也难怪读者对他们持有疑虑了。我们的故事从阿比·瓦尔堡(Aby Warburg,1866—1929)开始。身为家族同辈中的长兄,瓦尔堡却是他那一辈中唯一不参与管理自己家族的世界金融帝国的人。作为一位艺术收藏家兼业余学者,瓦尔堡引入了一种新的理解西方文明史的方法——图像学方法,这使得人文主义者能够满怀对柏拉图主义的迷信而投入进来。[1]

当阿比宣布他将离开金融界而转到艺术领域的时候,他的几个弟弟允诺为哥哥建立个人图书馆给予资助。这个后来规模极其庞大的图书馆在纳粹控制德国之后由汉堡搬到了伦敦,并成为瓦尔堡艺术研究院的核心部分。在反思图像学历史的时候,研究院最杰出的主任恩斯特·贡布里希(Ernst Gombrich,1909—2001)指出,西方艺术所独有的"进步"元素体现在它具有的这样一种愈发增强的能力上,即以模拟的方式来展现艺术媒介本身所无法直接表达的内容,从而超越后者的限制。[2] 也就是说,当作品呈现在观众面前的时候,观众会从自身出发参与到对该作品所表现形象的构建中来。于是上述能力就主要体现在创作时对观众的参与方式先行做好预期和铺垫。因此,透视(perspective)在油画以及造型艺术中的运用就类似于修辞在语言中所扮演的角色,一旦这样的技法被高水准地实现,

---

[1] "迷信"(cult)这个词在这里倒不是我用来随便地描述阿比·瓦尔堡在图书分类上所表现出的敏感性。事实上在他的图书馆中,哲学书籍的目录正是紧挨在占星术与魔法书的旁边。这一排列事后证明对纳粹上台之前居于汉堡的哲学教授恩斯特·卡西尔(Ernst Cassirer,1874—1945)来说很有启发性,并且表现在了后者的工作Cassirer 1963中。参见 Ferretti 1989。相应地,库恩公开承认他在方法论上深受作为哲学家和科学史家的卡西尔的影响。参见 Kuhn 1977a,第108页。

[2] 贡布里希在一次采访中表达了上述这些洞见。参见 Miller 1984,第212—231页。

那么呈现在我们面前的就是一个全息领域或者是一台虚拟现实的机器。[1]

在黑格尔意义上,我们可以将以上提及的艺术的总体走向视为精神从物质世界中逐渐释放的过程。基于这一思路,戈特霍尔德·莱辛(Gotthold Lessing)以及其他启蒙文艺评论家判定文学艺术比起美术来具有更强的表达能力。[2]换个角度就是说,正是写作所拥有的灵活多变的表达能力,使得它能够在将意义传递给一般观众的同时还编入了只有鉴赏家——图像学家——才能阅读的信息。因此我们也就不奇怪贡布里希用下述真切的柏拉图方式来定义审美体验,即它置于无聊和困惑之间的语义空间之中。无聊产生于精英群体与传递给大众的内容相接触的时候,而困惑则产生于大众与传递给精英的信息相遭遇的时候。[3]对上述观点稍作修正,也就是我们将"精英"重新对应于科学史家,同时将"大众"对应于从事实际工作的科学家,那么我们便可用它来定义库恩那具有双重真理意蕴的科学史

---

〔1〕 美国修辞学家肯尼斯·伯克(Kenneth Burke,1897—1993)也许是最为肯定修辞与透视之间具有上述关系的人。特别是他提出的"不协调的透视"(perspective by incongruity)这一概念,意指我们这样的理解事物的方式,也就是通过观察该事物的反面事物所缺少的要素来理解前者。参见 Burke 1969。

　　非常奇怪的是,似乎没人意识到艺术史与"透视"相关的一系列概念对库恩意义上的范式概念的影响。在哲学上,试图克服库恩关于世界观的不可通约主张的最直接尝试体现在唐纳德·戴维森(Donald Davidson)于1973年所作的美国哲学协会主席就职发言中;参见 Davidson 1982。且先不论戴维森的工作,艺术史家很早就认识到了透视——也就是线性透视——在希腊的起源,并且这一技法在16世纪从原来的造型艺术延伸到了欧洲的绘画领域中。就那一类与库恩相关的相对主义——人的视角决定了他对世界的看法——而言,它的成立需要如下条件:世界从单一而静止的眼睛中投射出来,同时观察者的视线作为平行线最后在视平线上交汇并拢。此时,人们就可以将那些清晰呈现在观察者面前的那一组事物给详细描述出来,从而满足相对主义所必需的最低条件。

　　不过,古代埃及、中国以及印度的艺术倒并不具备上述意义的透视视角——文艺复兴前的欧洲在绘画艺术上亦是如此。相反,它们预设了这样的观察者,也就是在他看来,平行线条在远处乃是发散的,而不是汇聚的。这就意味着对艺术家在作品中所投射出的那个世界来说,观察者找不到与它对应的外部边界。这样一种边界的丢失使得人们无法将事物归派给某个独特的世界,因此就也违背了相对主义得以成立的必要条件。于是,当这些艺术形式呈现给当代观察者的时候,后者不仅仅会体验到那种光学扭曲,同时还会觉察出吉尔伯特·赖尔(Gilbert Ryle)所谓的"范畴错误",也就是某一领域的相关事物在同一位面上似乎跟属于其他位面的事物进行交互。(与此相关的最突出的例子便是人与那些神圣实体比如说天使甚至上帝间的互动。)

　　如果艺术史能够被视为对认识论有效性的一种检验——也就是说,如果与视角下知悉(perspectival knowing)有关的视觉隐喻能够从字面来理解的话——那么当以上范畴混乱的景象在我们的直觉上引起反感的时候,我们也许会怀疑这样的反感无非是我们自身所具有的地方主义(provincialism)的表现。不论如何,当库恩为视角主义重新注入生气的时候,这样一种精巧的欧洲中心主义形式也就盛行开来。必须承认,我也害怕见到这样一番范畴错误的景象,因此我推崇这样一种"社会学清解主义"(sociological eliminativism),也就是说,将所有被认为是非社会性的范畴还原为社会范畴,以此在哲学上提供足够的根基,使得我们能够将那些对象视为在同一个位面上进行交互。我在 Fuller 1993a 中从实用主义而不是形而上的角度对这一立场进行了辩护:如若我们将事物置于共同视域之下,那么将使得它们更有助于观察目标的实现。就科学哲学而言,到现在也许只有 Heelan 1983 是唯一认真对待与视角相关的文化敏感性的工作。我在 Fuller 1988,第122—127页中讨论了这本书的意义所在。

〔2〕 有关这一观点的最知名的章节为 Gotthold Ephraim Lessing, Laokoon(1766),特别是第十六章.

〔3〕 Gombrich 1979,第9页。

概念所覆盖的科学经验空间。不过,在把目光转向库恩工作中隐现的图像学气息之前,让我们先详细讨论下它的源头,也就是图像学在瓦尔堡及其后继者身上的表现。

在瓦尔堡看来,政治上的需要扭曲了人们对西方不朽作品的理解。因此他要求学者必须对它加以克服,并将注意力集中到上述作品对西方标志性主题——也就是瓦尔堡所谓的"编码化的偏好"(coded passion)——进行表现、保存以及复兴时所采用的方式上。正是这些带有密码编制以及密码使用意味的实践使得那些伟大的艺术家们最终能够跨越时空的界限而相互间自由交流。在艺术家以及他们的艺术传统之间,唯一值得注意的障碍物就是那些由杰出先辈的作品所设立的艺术范例,这也正是艺术家所要努力突破的东西。[1] 因此在瓦尔堡的手里,柏拉图的理性(努斯,nous)能力就化作一种历史理解形式,它使得艺术家能够对前人的遗产加以精炼并将它整合到作为新一个高峰的作品中去。于是,后者所具有的"经典"性就带有双重意味:其一,它本身具有不朽的价值;其二,它同时复兴了西方文化史中的那些永恒主题。举例来说,就那些关于自然的绘画来说,它们更依赖于其他画作,而不是自然本身。[2]

就瓦尔堡式的鉴赏方式而言,其中最有意思的特征也许是,它将一种基于自

---

[1] 美学家斯坦利·卡维尔(Stanley Cavell)觉察到了,古典艺术作品所具有的上述功能与库恩科学概念下的范式之间的类似性。卡维尔是当时哈佛所培养的又一位杰出人物,并且在 1957 年至 1961 年间,他曾与库恩一起在伯克利共事。可以说,卡维尔是那些对库恩视角下的科学转变与艺术转变所具有的相似性抱有始终一贯的敏感性的人之一。尽管就库恩本人而言,正如在下文中我们将要见到的,他不太情愿承认两者间的上述联系。卡维尔强调的是这样的事实,即"科学宗师"并不会将真正的革命性理论视为对既有传统的威胁,相反这毋宁说是对传统的一种转换。因此,这一革命理论也就有资格成为下一个具有统治地位的范式。参见 Cavell 1979,第 121 页。库恩在 Kuhn 1970b,第 xi 页中将卡维尔的角色比作"共鸣板"。

[2] 贡布里希认为这一洞见的出处可以在亚历山大·蒲柏(Alexander Pope)的《批评论》(1711),第 130 行及以下找到。而对它的传播则要归功于贡布里希的老师亨利希·沃尔夫林(Heinrich Woelfflin)。关于后者在下文将进一步提及。

然主义的"拉开距离"方法转变为一种有格调的新贵族品位时所采取的方式。[1]
从19世纪下半叶直到第一次世界大战结束,围绕"科学的"知识与"大众的"知识
这一区分的修辞表现出了如下典型性,也就是将"科学的"等同于一种知识上的先
导,它产自中产阶层以及传统上拥有较少特权的社会成员。与此同时,宗教权威
以及贵族偏见则被带有贬义地划归到"大众的"这一名目之下。然而,化学在第一
次世界大战期间发挥的突出作用表明,一旦科学以赤裸裸的人工物形式呈现出
来,没有受到那些传统上与贵族及农民联系在一起的自然美德的节制,带来的后
果将是灾难性的。以上事实重重地打击了20世纪20年代科学内部的集体忠诚
度。因此在结果上,那些自称为"科学的"理解模式也就愈发诉诸僧侣式的世界观
来寻求保护,尽管后者在战前被视为是贵族式的。不过,当科学态度在经历过这
样一种翻新之后,它却并不主张要用新型的人工物来取代旧有的东西,相反要保
留后者。这体现在具体的方式上,就是将作品与它们的鉴赏者区分开来,而这也
就意味着,通过图像学这一媒介,人们对创作者与鉴赏家这两个群体有了重新的
认识。[2]

当时出现了一系列的讨论,从结果上看,科学最终又短暂地回归到了19世纪
关于它的人文主义模式中去。其中 欧文·潘诺夫斯基(Erwin Panofsky,1892—

---

[1] 瓦尔堡对柏拉图视野的历史化理解深受达尔文后期作品《人类和动物情感的表达》(1872)的影响。后者认为,
我们在解释人类以及动物的行为时不能够通过被观察对象与观察者本人的情感状态之间表面上的类似性来
说明,相反我们应该将对象的行为视为它对环境的反应,并且这样的环境乃是由对象自己的感知域(perceptual
horizons)所定义的。如果将以上"行为学"策略应用到艺术理解领域的话,那么这样的策略也就重新定义了人
的审美能力的核心要素。也就是说,它把将艺术作品放置于观察者生活世界之中并从中获得情感以及目的能
力,变更为,将作品放置由艺术家原初的审美视域所界定的观念世界之中的能力。因此,对天才的判断不再
是基于其作品是否给人留下了难忘的印象,相反,乃是基于艺术家从自己的需要出发重塑长期以来的传统所
展示的奇思妙想。欲了解达尔文对瓦尔堡影响,请参阅 Ginzburg 1989,第20—30页。

瓦尔堡以上来自达尔文的灵感不免为他的主张抹上一层"自然主义"色彩,但实际上它与19世纪后半叶
法国文学以及美术评论中所表现出的那些更为流行的自然主义形式有着显著的区别。这些形式之中,这里值
得一提的有两个,因为它们与随后科学知识社会学的发展有着奇特的类似性。第一个版本与夏尔-奥古斯丁·
圣伯夫(Charles Augustin Sainte-Beuve,1804—1869)联系在一块。圣伯夫根据他个人(民族志的?)与艺术家
在相关处所的遭遇辨别出艺术家持有的政见及其品格,并以此作为衡量其作品价值的标准。

第二个版本与依波利特·泰纳(Hippolyte Taine,1828—1893)联系在一起。此人在与艺术文化保持距离
的同时主张艺术作品应该被放置于国家的以及文化的(这些因素现在仍然归于"种族"的名义之下)语境之下
观察,而不是"传统的"能够引起图像学进路的语境。有关圣伯夫以及泰纳两人相应的代表性的论述,读者可
以很便利地从 Adams 1971,第555—562页,第601—614页找到。对于当代这些将艺术政治化的主张,瓦尔堡
的主要反驳倒不是指出它们扭曲了艺术作品及其原初的理想语境,毋宁说它们的问题在于将艺术家设想为仅
在政治层面上进行操作——这也是一般的观察者或者平庸的批评家所强调的——而没有想过,艺术家可以为
"艺术本身"(art proper)而创作。这样的错误就类似于生物学家认为自己可以蹲在荷叶之上观察飞过的昆虫,
便能把握青蛙看待世界的方式。

[2] Herf 1984 讨论了那些自然科学家与社会科学家为了维护自身的合法地位,而对自己的"大众"形象所作的种
种经营。

1968)与卡尔·曼海姆两人在 20 世纪 20 年代的通信便是一场有关这一话题的典型讨论。此时,两人正分别为"图像学"以及"知识社会学"做着奠基性工作。[1] 就上述两者的工作来说,以下这类艺术史家有着重要的影响:这些人在第一次世界大战之前将图像学纳入到学问(wissenschaft)的范畴之中,也就是将它视为基于一套技术方法以及理论的封闭性知识集合体这一意义上的"科学"。阿洛伊斯·李格尔（Alois Riegl, 1858—1905）以及亨利希·沃尔夫林（Heinrich Woelfflin, 1864—1945）主张艺术拥有"Kunst-wollen"(也就是"艺术意志"),它类似于个人灵魂所具有的精神倾向,而对后者的照看在过去属于牧师的职责范围。这些艺术意志所包含的精神倾向定义了某一时代对应的艺术所可能表达的范围,而那些实际作品也正是从那里生发出来。以上方法在修辞上迈出的关键一步在于,它以康德的方式将"现实性"(actuality)领域划归给无经验的艺术观察者(同时也包括艺术家对他们自身工作的认识),与此同时,为那些具有历史思想的批评家(正是他们详细描述了艺术中的无意识)开拓出有关"可能性"的领域。沃尔夫林通过对艺术史的"内史"与"外史"的区分将以上修辞所表达的内容加以具体化,而这样一种区分到现在依然为科学哲学以及科学历史中的相关区分提供灵感来源。[2]

语文学(philology)上的新语法学派进路在更普遍的意义上为人们提供了一条纽带,将翻新的科学态度与艺术以及文化联系起来。并且它也是人们重新定义图像学的领域——从现实经验转向可能经验——所依据的先例。这一学派兴起于 18 世纪末期,自此之后便成为一个最具持续性的案例,表明历史探索是如何成为

---

〔1〕 Hart 1993 对潘诺夫斯基与曼海姆之间的通信进行了分析。两个人都试图在艺术与艺术家以及艺术鉴赏家之间开拓出一个专门领域。就两者的努力而言,其中包含着一个共同的关键词,也就是文化。后者在潘诺夫斯基与曼海姆那里是一个去心理化概念,指的是对人文的集体继承(collective inheritance of humanity)。在论述时,两个思想家采取了同一种策略,即假定,在这一传统周围有着一个足够清晰的界限,以至于一方面通过它能够构筑出科学探索的适切对象,另一方面又不需要为该对象赋予一个固定的能够从种族主义视角来理解的本质。关于上述在彻底达尔文化了的世界中力图保留本质上是拉马克式的关于文化的概念所做的努力,读者可以从本书第 20 页脚注 1 中找到更多描述。的确,隐藏在潘诺夫斯基所创造的"图像学"这一名词底下的思想是这样的,即艺术史中的根本性转变乃是从之前的发展过程中涌现出来的结果,与此同时,这种涌现并不是以目的论的方式被预先决定好了的,以至于它看起来蕴含于图像学创始人(关于他们将在下文中进一步提及)所追求的"艺术意志"(Kunst-wollen)的观念中。参见 Ginzburg 1989,第 30 页。潘诺夫斯基先于库恩关于科学转变的开放性描述表达了如下思想,一个过程明确地始自某一处并不意味着它将明确地通往某一处(a progress from that is not a progress to)。

〔2〕 Woelfflin 1932,第 226 页。库恩在 Kuhn 1989 中最为明确地将范式(或者学科模版)等同于可能经验的范围。可以说 Ian Hacking 是唯一一个认识到库恩对可能经验的关注与"思维方式"(style of thought)之间的联系的科学哲学家。不过,哈金直接的灵感倒并不是来自艺术史,而是来自阿拉斯代尔·克龙比(Alastair Crombie)。后者将西方科学历史还原为六个连续的但在时间上又有所重叠的思维方式。参见 Hacking 1982,1992。

一门学问的。[1] 颇有意义的是,新语法学派研究的是那些死语言,并在处理方式上将它们当作已经灭绝了的物种来对待。也就是说,它们具有各自的活动、机体结构以及生理机能,这些因素分别可以从语音学、句法学以及语义学的角度加以把握。因此,那些用来重建以上各个不同语言层次的文本在性质上也就类似于化石所起的作用。[2] 对语文学家而言,以上语言的完整语法能够投射出一个独特而封闭的世界,并且他们至少能在一定程度上对之加以重新体验。这一“世界”能够从康德的角度得到最自然的刻画,也就是它是在语言中所有能够被说出的东西——不论这些东西是否在实际上被说出过。不仅如此,那些新语言学派最为关注的是死文字——梵语、希伯来语、希腊语以及拉丁语——都被视为西方文化的源头出处,并且随后在不同的土壤中生根发芽,直到衍生出了现代各民族的语言。[3]

尽管新语法学派的进路蕴含了一种关于语言史的进化观,不过这样的进化概念更贴近于拉马克而不是达尔文。具体来说,就是语言形式(linguistic forms)直接表现出了语言使用的印记。举例来说,被频繁使用的词汇在获得某种不规则而且被缩短了的句法形式的同时,还逐渐获得了那些只能通过把握使用时所处的确切语境才能辨明的意义。外部世界并不直接决定用法的恰当性;相反,它只是简单地提供一种场合,以便语言重新定向或者重新组织自己的内部趋向。因此,当说话人认为,他所使用的语言随着时间的推移对实在的表征能力也愈发增强的时候,在语文学家眼里,其实是说话者所使用的语言开始对自身的表达能力具有了自我意识。

上述语文学根基中包含着一个重要但难以觉察的传统,它体现在库恩的以下坚持之中,即个人持有的范式的界限也就是个人的世界的界限。[4] 这里便是他与哈佛逻辑学家威拉德·冯·奥曼·奎因之间分歧最明显的地方——有关后者本

---

〔1〕 有关新语法学派在语言学史中的地位,请参阅 Dinneen 1967,第 176—191 页。如果想了解他们在表征实践史中发挥的更普遍作用,请参阅 Foucault 1970,第 280—294 页。

〔2〕 为了防止读者把新语法学派在概念上将各语言视为不同生物物种的做法仅仅视为一种隐喻,在这里有必要提下历史学家约翰·冯·德罗伊森(Johann von Droysen)。当他在 19 世纪中期推崇有关“理解的科学”与“说明的科学”(interpretive and explanatory)这一区分(精神科学与自然科学,Geistes-versus Naturwissenschaften)的时候,生物学被划归到了理解的科学这一门类中。其理由便来自语文学上的证明,也就是任何能够被视为有机体的东西都能够仅通过对大体上已经被预先决定的发育阶段的描述来理解。参见 Apel 1984,特别是第 1—4 页;Cassirer 1960。

〔3〕 同样的技术也曾被应用到活语言,也就是阿拉伯语中。在“东方学者”眼中,阿拉伯语因为自愿将自己与西方隔离,因此它的发展已经陷入停滞。关于对这一敏感性的解构,请参阅 Said 1978。

〔4〕 这里当然影射的是 Wittgenstein 1922,命题 5.6。

章后面将进一步提及。尽管两人相互认可双方在许多问题上有着类似观点,但库恩顽固地拒绝奎因的如下假定,也就是任何事物都能够在任何语言中得到表达(尽管在某些时候需要付出相当的心血和技巧)。在奎因看来,只要我们预设所有人居于同一个世界之中,那么在翻译中存在的任何萦绕不去的问题都能够通过观察语言在使用时所处的具体语境来加以解决。[1] 相比之下,库恩认为我们之所以能够相互理解——就目前来说也确实如此——仅仅是因为我们至少部分地掌握了双方各自的语言。[2]

　　就各自所包含的规范意蕴而言,以上有关可译性(translatability)的两种态度之间的差异可谓是突出到无以复加的地步。就奎因而言,在原则上他能够根据各门语言在表征同一个实在时所表现出的难易程度的不同而将它们划分等级(很显然在这里拥有透明逻辑的语言也拥有优越地位)。对此,库恩则认为,每种语言有着自己的表达能力,并且这样的能力仅仅能够用该语言自己的语汇来加以评判——一旦这样的评判使用了其他的语汇,那么这就会引入一种外在的异质标准,以至于对说话人试图言说的内容做出错误的表达。因此,就那些古代科学中的系统论述而言,可能在奎因看来它们带有蒙昧主义(obscurantist)的性质,但是在库恩看来,联系到当时人们所持有的沟通目标以及沟通手段,那么这些论述是非常适切的。我之所以在这里突出以上有关语言的两种态度的分歧,是因为这一分歧已经预示了职业(比如贵族)艺术史家与大众(比如资产阶级)艺术批评家所坚持的自然主义倾向之间的决裂。就后者而言,它预设了所有艺术家试图把握同样的实在。[3]

　　随着时代的步伐朝着第二次世界大战迈进,欧洲社会的非理性也愈发地表现

---

〔1〕　这一点可以被视为 Quine 1960 中所表达的主要观点。

〔2〕　Kuhn 1989,第 11 页。

〔3〕　我在第 58 页脚注 1 中对几种自然主义评论进行了讨论。对自然主义者而言——不论是泰纳的追随者还是奎因的追随者——他们的共同说明策略是这样的,个人是否有能力把握艺术家有意赋予实在的内容,取决于此人所处的背景所具有的性质,同时,对此他几乎不能控制或者不能直接加以控制。与之相对照的是,沃尔夫林以一种带有库恩式思路原型的方式论证道,每一种艺术风格都有着自己对应的"模仿"(imitation)以及"装饰"(decoration)形式。就模仿而言,是"有关实在的观念",因而具有客观导向性;装饰乃是"有关美的观念",因而具有主观导向性。因此,当自然主义者将某个艺术风格的一个特定阶段视为颓废阶段(decadent period)的时候——也就是所谓的"白银时代",沃尔夫林以及他的追随者则将之重新解释为对艺术风格所拥有的内在倾向的一种反思性运用,也就是该艺术风格所具有的内在(implicit)美学理想最终获得了自我意识。这一现象在库恩关于科学转变的描述中的相应表现就是,技术在更高层面上的完备标志着范式发展进入了成熟阶段,就如同它解决了那些无法用简单方法加以处理的问题。毫无疑问,在这里沃尔夫林与库恩共享了黑格尔关于历史的视野。对该视角的清晰而极具说服力的辩护,请参阅 Schapiro 1953。

在了可观察的层面上。对此，图像学家进一步拓展了艺术意志这一概念，以至于将艺术冲动变形为一种文化无意识，从而抵抗专制主义——不论它来自中世纪教会还是新近的纳粹主义——试图将自己对秩序的理解强加给人们。举例来说，恩斯特·罗伯特·库尔提乌斯(Ernst Robert Curtius)所著的《欧洲文学及拉丁中世纪》中就记述了一部壮丽的历史，它的英译本入选了为推进卡尔·荣格(Carl Jung)分析心理学有关集体记忆研究的书系。在库尔提乌斯的案例中，与记忆相关的关键要素是那些古典神话以及圣经象征中出现的传统主题，这些主题反复出现在中世纪文学中，并在"黑暗时代"为人们的学习提供了闪亮的永不熄灭的烛光。库尔提乌斯引入了一种柏拉图式的参与方法，认为它适合于那些自视为生活在黑暗时代的人。也就是说，学者成为过去的活生生的见证者和提醒者，以对抗那些有抱负的极权主义者所拥有的历史短见。[1]

不过，库尔提乌斯描述的黑暗时代并没有随着纳粹的倒台——也就是他在写作时所处的深受约束的时期——而结束。在英文版《欧洲文学及拉丁中世纪》的评论家看来，该书所提倡的学术姿态同样也适合于接下来的冷战时代。[2] 库尔提乌斯这种关于柏拉图式的参与方法的极致形式支持了如下观点：具有永恒美学价值的艺术家总是被彻底地误读为一个革新者；这种误读的彻底性来自该艺术家的倾慕者自身在文化上的健忘，他们没能认识到艺术家所拥有的全部才能。但丁便是库尔提乌斯案例的典型，而莎士比亚在弗朗西斯·耶茨(Frances Yates)那里也有类似的待遇。作为贡布里希为主任的瓦尔堡研究院的学者，耶茨的名声主要来自他把视艺术意志为被压抑的文化无意识这一观念引入了科学史中。[3]

19世纪60年代，耶茨出版了一系列引人注目的著作，表明17世纪发生在英格兰的科学革命其宗教渊源可以追溯到清教之前，包括那些在很大程度上基于魔法实践的弥赛亚教、基督教异端甚至是古代异教。[4]耶茨的上述说法将自己置于科学哲学家以及科学史家的对立面上。因为她主张"炼金术"(hermeticism)——这是她本人对上述另类宗教的称呼——凭其自身构成了一个有关科学思考的独

---

〔1〕 实际上，库尔提乌斯的记录倒并不是那么典型，他有足够的意愿来遵从纳粹，也就是将社会学宣布为"犹太科学"，同时特别地将卡尔·曼海姆视为一个"充满恶意"的理论家。参见 Woldring 1986，第36页以及第148页。

〔2〕 有关库尔提乌斯是如何由原先的纳粹抵抗者转变成冷战的坚定支持者的讨论，请参阅 Cantor 1991，第189—197页。

〔3〕 Yates 1975。

〔4〕 Yates 1964,1966。

立完整的传统,这与学生们在生涯早期学习到的,并且与所谓的内史,即专业科学史家与科学哲学家致力描述的科学史截然不同。[1]

当来自黑格尔的渊源使得艺术哲学家以及艺术史家能够相互间接受具有辩证平衡关系(dialectically counterposed)的诸多共存的传统时,科学哲学家以及科学史家依然预设了一个简单的模型,也就是将所有居于科学内在传统之外的因素都被视为"外在的",因此它们对内在主义者所描述的科学发展的一般过程的影响仅仅是偶然的。就库恩本人来说,尽管他很赏识耶茨的工作,但最终还是拒斥了科学具有多重内部史的主张,而采纳更为传统的观点,也就是历史中与科学相关的部分最终汇聚成一股总体的历史洪流。因此,对库恩而言,那些炼金术成了汇聚成现代科学实验传统的种种来源中的不纯粹的一个。[2] 在本章的第 7 节中,我们将对以上模型所包含的如下图景进行批判,即科学史如一湾春水,而各种不同的传统作为支流最终汇入其中。

库恩与图像学之间最为清晰的一条联系纽带是他关于范式作为自我维持的科学思维方式这一思想的出处。路德维克·弗莱克(Ludwik Fleck)的"思想类型"(Denkstil)的概念来自 20 世纪早期艺术史关于手工艺在工匠代际传递时的单元为何的争论。[3] 显然,这一视角最初并不意指那些作为库恩论述中心的自然科学,即物理学与化学。也确实,就弗莱克本人而言,他之所以发现"Denkstil"是一个具

---

[1] 有关对耶茨论断的正面以及负面的评价,请分别参阅 Hesse 1970b 以及 Rosen 1970。值得一提的是,海森调查的应答者阿诺德·萨克雷(Arnold Thackray)对于内在于科学的其他传统并不持有下述看法,即这样的传统并不是单纯的"外在主义"历史学通常所研究的对象。

[2] Kuhn 1977a,第 54—55 页。

[3] Fleck 1979。这本书可以说是颇具神秘气息。该书据信对库恩思想的形成有着深远的影响,尽管库恩本人试图用自己的方式将这样的影响加以最小化:在该书(参见 Fleck,1979 第 vii—xii 页)的序言中,库恩表明他只是在偶然的场合下发现了这本书(于汉斯·赖兴巴赫《经验与预测》一书的脚注中),并且此时他已经具有了对相关问题的基本想法。与此有关的另一个因素是,库恩在后来承认他很难跟得上弗莱克那带有波兰味的德语。参见 Kuhn et al.1997,第 165 页。不论如何,当谈及它揭示了有关科学的秘密的时候,这本书在现在经常被人赋予一种类似失落已久的哲人之石的地位——如果不是藏在神灯中的精灵的话。有关弗莱克的生涯以及他的书所造成的反响的讨论可以在 Fleck 1979 第 149 页及以后找到。二战期间,弗莱克曾被纳粹关押在集中营中,及至二战结束,他移居到了新建立的以色列国。上述这段集中营的经历进一步增添了围绕在这本书周围的神秘色彩。不论如何,与学界的反应相对照的是,Fleck 1979 这本书在 1935 年首次出版的时候并没有为大众忽略。事实上,它以科普著作的身份慢慢获得了各种赞誉。因此我们可以这样简单解释为什么直到库恩对它重新发现之前该书一直被科学史学家、科学哲学家以及科学社会学家所忽略,也就是这本书的预期读者并不是以上科学学专家。而且,虽然这本书在许多主题上与后来库恩所发展出的观点有着共鸣——特别是那些有关群体心理学以及艺术史的内容,但这些主题——尽管被置于不同的语境中——乃是纳粹兴起之前德国魏玛文化的常见题材。即便是"Denkstil"这样的概念,早在十年前卡尔·曼海姆在他具有开创性意义的论文《知识社会学的问题》(1925)中就已经先于弗莱克使用了。同时,在这一时期曼海姆正与欧文·潘诺夫斯基有着书信往来,相关内容我曾在第 59 页脚注 1 中讨论过。不过,在书里弗莱克并没有列出之前曼海姆对"Denkstil"这一概念的使用。参见 Fleck 1979,第 XV 页。

有吸引力的观念,是他在讨论医学的时候,这一学科直到当时才从原来的手艺性质转到基于实验的发展路线上。[1] "Denkstil"这一概念对自然科学的适切性慢慢为人们所察觉,科学作为理论中立的工具最后成了实证主义者的核心观点,这使得科学家可以推进自己的知识欲望直至带来毁灭性的结局。正如我们在下一章中看到的,在第一次世界大战前夕,马克斯·普朗克担忧,一旦科学被仅仅当成一种手段而不具备自身的目的,它将——不论是对它自己还是对社会——产生潜在的负面作用。就图像学中所应用的柏拉图主义与库恩对科学史所持的明确的内部化态度而言,以下三人为两者之间建立起纽带发挥了重要作用。他们分别是:亚历山大·科瓦雷(Alexandre Koyre,1892—1964),詹姆斯·布莱恩特·科南特,以及威廉·惠威尔。

4. 科瓦雷在科学史中的图像学转向

亚历山大·科瓦雷的一生都为全面战争的阴影所笼罩。1917 年的俄国革命促使他移居到了法国,后来又因为二战的关系而迁居美国。到了美国之后,受移居该国的杰出图像学家欧文·潘诺夫斯基的邀请,科瓦雷与普林斯顿的高等研究所建立了最为紧密的关系。科瓦雷与潘诺夫斯基之间的相似性直接体现在他们工作所涉及的历史阶段上。总的来说,此二人都是他们时代的典型人物,不过也有一些比较有意思的例外,比如说两人从未对 17 世纪以后的科学或者艺术发表过任何实质性的论述。[2] 对这一现象,我们可以通过图像学方法的基本前提来加以解释——或者至少部分地做出解释。该前提是这样的:对于那些古典主题,杰出作品乃是通过新的架构以人们多少能够会意的方式进行传播。因此,一旦外在于上述主题的种种因素成为理解作品意义的必要条件——比如说该作品所具有的工具性价值或者起到的意识形态作用——那么这一作品也就丧失了作为图像学研究的终极对象的超验性(transcendent),从而也就为所处时代又增添一个平凡的产物。当然,过去 150 年来,人们在科学以及艺术上取得的进展对上述具有强

---

[1] 弗莱克的早期社会学评论者提出了这一问题,并且论证说,这样一种基于艺术史的分析不大可能被一般化从而应用到那些硬科学中。参见 Fleck 1979,第 164 页。关于 19、20 世纪医学史中的"科学对技艺"的论战,请参阅 Matthews 1995。

[2] 正如接下来将要讨论的,科瓦雷写了数篇关于黑格尔的时间概念以及 19 世纪发生在俄罗斯的泛斯拉夫运动(Slavophile movement)的论文。潘诺夫斯基则基于他在 20 世纪 40 年代所作的关于无声电影图像学的工作,差不多完成了对美国电影学的构建。参见 Cantor 1991,第 176 页。

柏拉图主义色彩的观点提出了严峻的挑战。不过,这一挑战经常集中在艺术领域:先锋派运动的兴起明确表达了与传统创作形式以及欣赏习惯的决裂。作为结果,博物馆这一机构的地位也就愈发重要起来,因为它为这些革命性艺术形式提供必需的平台,以培养大众对它们的接受能力。[1]

正如我们在本节以及下一节中将要见到的,库恩工作带来的一个显著后果是,它阻止了上述接受方式向科学领域的推广——尽管自 17 世纪以来,摆在人们面前的已然是科学愈发牵涉到政治以及经济活动,从而产生了一种紧张——的同时,高调地将那些与自律联系在一块的种种美德据为己有。[2] 确实,在一场著名的论战中,当那些艺术史家们从《科学革命的结构》一书出发来论证艺术史与科学史有着同样的发展形式的时候,库恩坚持两者间存在着一个巨大的不可类比因素,也就是科学缺少先锋派式的那种冲动,即认为革命的动因必须来自领域外部。[3] 在这一意义上,库恩似乎想说,在当今世界,图像学更适合科学而不是艺术。科瓦雷无疑会认可这样的看法。

在 20 世纪 30 年代,也就是在加入夏尔·戴高乐(Charles de Gaulle)领导的纳粹抵抗运动的十年前,科瓦雷和移居法国的同伴亚历山大·科耶夫(Alexandre Kojeve,1902—1968)一起开展了一系列活动,这些活动到最后发展成"法国式"的黑格尔学说的解释运动。具体来说,他们将这位德国哲学家的下述主张视为真言:人类将逐渐迎来"历史的终结"。这,是人文精神的胜利,是黑格尔将法国大革命(或者应该更确切地说,是拿破仑在耶拿击败普鲁士时将这一革命性精神传播到德国的时候)与之联系在一块的那种人文精神的胜利。自此之后,剩下的历史无非是世界的其余部分对这一"普遍而同质的国家"(universal and homogeneous state)的效仿。在黑格尔以上预言宣告后的一个世纪,他的理论在科耶夫及科瓦雷的讨论小组中重新流行起来。这一小组设在巴黎高等研究实验学院,其成员包括了意识形态上有着严重分歧的战后法国知识分子,如莫里斯·梅洛-庞蒂

---

[1] 关于这个现象有着一个很有意思的讨论,里面还包含了一种强硬的拒绝,不认为博物馆在科学中也扮演了类似的角色。参见库恩"对科学与艺术关系的评论"(载于 Kuhn 1977a,第 340—351 页,特别是第 345—356 页)。库恩的论点是,科学博物馆并不会推动科学转变,相反它的作用是帮助大众及时了解在科学上已经发生的转变。如果是这样的话,那么我们该如何理解史密森学会 1995 年的展出——"美国生活中的科学"——所带来的具有两极分化性质的强烈反响?毕竟这样的反响类似于以下类型的作品在相应年代于美术馆展出后的人们的反应:19 世纪 60 年代的印象主义作品,20 世纪 20 年代的超现实主义作品,以及 20 世纪 60 年代的流行乐艺术。

[2] 关于这一发展历史的最好叙述是 Proctor 1991。

[3] Kuhn 1977a,第 350 页。

(Maurice Merleau-Ponty)、乔治・巴塔耶（Georges Bataille）、雅克・拉康（Jacques Lacan），以及雷蒙德・阿隆（Raymond Aron）等（列奥・斯特劳斯虽然报了名，不过实际上没有参加）。尽管黑格尔的预言在字面上是错的，但是这并不妨碍小组的一部分人（比如科耶夫）相信，在他们那个时代这一预言的某个版本能够实现。至于其他成员，比如科瓦雷，他们则认为任何迈往历史终点的脚步都可以被随时收回。

不论这些法国知识分子各自是如何解读黑格尔的，有一点他们是几乎一致的，也就是认为，任何强推某个理性体系的尝试都会遭受来自"被压抑因素的反弹"（return of the repressed），而这也就有可能使理性转为暴力的工具，于是也就成了非理性。以上带有显著"辩证"色彩的思维证明了黑格尔在解释极权主义国家——特别是纳粹德国这个取得了西方历史上从未有过的政治意志的统一以及技术科学（technoscientific）进步的国家——给世界带来的可怕威胁时继续发挥着作用。区别在于，最后得到的结果并不是文明，而是野蛮。20世纪头30年来处于新康德主义桎梏下的法国哲学界在典型的认识论问题与伦理学问题（或者说是形而上学以及政治学问题）之间做了精巧的划分，但是这种划分却无法把握上述巨大的悖论。毋庸置疑，尽管20世纪30年代法国知识分子已经开始抵制上述新康德主义的划分，但是就英美分析哲学而言，它继续陷于后者的图圈之中。[1]

简单对比一下科耶夫与科瓦雷两人对历史终结话题的看法将有助于接下来的讨论。科耶夫在不停地转变自己的立场上是出了名的。[2] 一开始，他将斯大林比作当代拿破仑，同时相应地将苏联看成是企盼已久的历史终点。及至20世纪50年代，随着美国冷战政策展示出效率以及国家经济上的飞速发展，科耶夫相信，苏联因美国而遭遇辩证运动中的低谷。在这一意义上，他把视线聚焦到新兴的欧盟上（科耶夫本人亦通过他在法国经济部的工作参与了欧盟的建立），试图通过上述两者之间的合题来找到可行的出路。到了60年代，科耶夫又看好日本。因此，在他的脑海里，柏拉图那难以捉摸的天堂在政治形态上经历了从共产主义到社团主义（corporatism），再到礼治（ceremonialism）（例如科耶夫对当代日本残留的武士

---

〔1〕 欲了解法国哲学由新康德主义的感性到黑格尔主义感性的转变［以及1968年之后，海德格尔式感性的上位——这种感性解释了雅克・德里达、吉尔・德勒兹（Gilles Deleuze）以及当前英语世界的其他流行思想家兴起的原因］，请参阅 Descombes 1980，特别是第9—54页。

〔2〕 Drury 1994 对科耶夫那着重关注"历史的终结"的思想做出了出色的分析。

文化的理解)的转变。科耶夫相信,黑格尔的《精神现象学》(1807)已经抓住了人类得救的关键,剩下的问题仅在于如何识别出真正的救世主。相反,科瓦雷则立足于更宽泛的黑格尔著作,他得到的结论是,人类的自由在本质上是与历史的终结不相容的。[1] 我们无法预见历史的终结,与此同时倒退到野蛮则是自由的特性——这一观点早在柏拉图那里就已经得到简要的阐述。"de nobis fabula narratur"("我们已经讲完了自己的故事"),科瓦雷是如此评论柏拉图关于雅典民主衰亡的论述的。此时正值 1945 年。[2]

　　科瓦雷追随柏拉图的步伐将科学视为一种"理论"(theoria)。后者对于希腊人来说不光是对世界的一种抽象而系统化的理解,同时它还意味着与诸神的一种神秘的沟通。科瓦雷的创见在于将自然科学家带入柏拉图式的狂热中。也确实,他甚至还主张,真正伟大的科学家其实已经把自己视为这一虚拟共同体的一员了。在他极具影响力的伽利略研究中,科瓦雷论证正是柏拉图式的冲动,相比较于社会的其余部分而言,科学应具有一种自治地位。因此,在亚里士多德主义那里,尽管数世纪以来它一直居于统治地位,但是作为一种思想体系,它却没能取得进步,其中的原因就在于亚里士多德主义一直重视日常经验的现象。而伽利略的智慧则恰恰就在于他越过了日常大众的知觉认识(sensation),进而尝试与古人进行交流——具体地说就是将自己的开创性洞见置于柏拉图式的形而上学的背景之下。若真如此,毕竟伽利略在人们面前做了许多著名实验,究竟如何来看待它们呢?在科瓦雷看来,这些实验从未在真正意义上发生过,毋宁说它们是为了满足大众消费而拼凑出来的,也就是照顾那些不具备足够能力从基本原理出发思考空间、时间、物质以及运动根本奥秘的人。科瓦雷对伽利略的诊断不可谓不新颖,但这样的思维方式却与 17 世纪的自然哲学家(笛卡儿、霍布斯、莱布尼茨)极为相似。

---

[1]　欲了解科耶夫与科瓦雷这两位黑格尔的解读者之间的对比,请参阅 Anderson 1992,第 314—316 页。"历史终结"论点最近的推崇者当属弗朗西斯·福山。我将在第五章第 5 节讨论他对库恩思想所作的发挥。科耶夫很重视尼采对历史终结论的反驳,也就是说,历史的终结意味着人不再有斗争的需要——这正是我们人之为人的标志——从而使得人性与人相剥离。于是,成为那样一个"最后的人"远远不是什么人类命运的完满,而毋宁说是堕入了可怕的深渊。科耶夫对这一反驳的回应是,尼采哲学中的斗争意蕴最终将作为"无端否定"(gratuitous negativity)而升华掉:人本性中无序暴力的一面只能对普世而同质的国家的总体秩序带来威胁。[读者可通过安东尼·伯吉斯(Anthony Burgess)的小说《发条橙》(1962)以及由此改编的电影来一窥科耶夫式的"理想"观点。]以冷战结束作为写作背景,福山提供了一个更为大众化但依然扎根于黑格尔原初视野的解决方案:处于终极状态下的人依然需要获得同伴的尊敬和认可,这是由变幻莫测的市场力量所决定的。

[2]　Koyré 1945,第 110 页。

对后者来说,更倾向于今天的我们将他们归为"哲学家"而不是"科学家。"[1]

比起科瓦雷对伽利略以及"科学革命"(这里取的是科瓦雷自己的用法)中的其他杰出人物所做的开创性研究来,他有关柏拉图的评论倒不是那么出名。但这些评论却揭示出了这样一种敏感性——因着它,希腊哲学家们才能在后世获得如此之多的门徒。与上文中的施特劳斯派相类似,科瓦雷对那些在雅典广场上卖弄辩证法技巧的智者抱有某种特别的敌意。对理性的批判性使用原本是消除大众偏见的必要手段,但是智者对它的滥用使得上述手段最后成为目的本身。这在结果上,从手段到目的的转变只会颠覆所有评价标准,并且同时也取消了这些标准为民粹统治所施加的限制。在科瓦雷看来,这里的原罪来自将理性的施展与社会生活中的物质条件捆绑在一起。智者当然就是这么一帮人,他们将自己的服务明码标价,只要你肯出钱就能获得他们的服务。而在这之后,亚里士多德主义则与维系基督教世界的意识形态深深地牵扯到了一块儿。在更一般的意义上,科瓦雷反复强调,科学就其存在而言并不需要特定的社会条件——除开那些用以维持个人闲暇所必要的财富,毕竟个体在决定投入对理性生活的追求之后,他需要这样的闲暇来确保这一事业的进行。这一观点也就让科瓦雷获得了顶级"内在主义"科学史家的名号。[2]

理性生活是否应该首先产生于基于奴隶经济的小型民主文化中?这不是一个可以预测的问题。因为上述文化能够成为任意休闲活动的物质条件,并且都足以让雅典最优秀的头脑参与其中。在主张科学是一项缺失社会学动机的活动(sociologically undermotivated)时,科瓦雷一定程度上采用了一种宗教哲学家称之为"本体论论证"的思路——在这里,他论证的无非是科学而不是上帝的存在。这种本体论论证首先由圣坎特伯雷的安瑟伦(他也正是科瓦雷早期工作的研究对象)于 11 世纪提出。根据这一论证,鉴于我们无法想象无与伦比的事物只能存在于想象而不存在于实际之中,因此上帝的存在也就得到了确证。于是乎,我们也

---

[1] Koyré 1978。科瓦雷关于伽利略的看法对现象学以及精神分析学产生了重要影响。埃德蒙德·胡塞尔 (Edmund Husserl)在论述理想化科学时指出了科瓦雷在其中所起的作用(Husserl 1970,xix 以及第九节)。雅克·拉康根据科瓦雷叙述伽利略的实践构建出模型,用以表明精神分析学作为科学所具有的颠覆性特质。参见 Brennan 1993,第 68—69 页。保罗·费耶阿本德同样将那些实验视为伽利略的拼凑产物并对之加以辩护。参见 Feyerabend 1975。在这里科瓦雷对人性走向所抱有的怀疑态度也许能够与他所作的上述辩护形成很好的对比。我将在第六章第 7 节回到这一问题上来。具有讽刺意味的是——至少对于以否定出名的人而言是如此——费耶阿本德强调伽利略那超越其所处时代的最优方法而洞悉真理的能力来自有效但不太光彩的狡黠,而不是一种上帝般透过表象把握本质的能力。

[2] 与此相关的最具揭示性的材料是 Koyré 1963。同时亦可参阅 Elkana 1987。

就没有必要借助"外部"理由——比如说,通过世间万物的存在表明它们需要造物主——来证明上帝的存在。在科瓦雷的案例中,科学(作为对纯粹理性的追求)这一概念不可能产生于任何一种特定的文化。如果它确实产生于某一文化,那么此时它一定是个纯粹的物件,而不是对财富、名誉或者权力追逐的杂合体。这一特性有助于解释,科瓦雷为何倾向于模糊对科学所做的"一阶"思考(从事科学活动)与"二阶"反思(对科学活动所做的思考)两者间的区分——尽管这一区分早在 17 世纪就已被罗伯特·波义耳(Robert Boyle)这样的实验主义者公开提出了。如果有人已经拥有关于如何从事科学活动的观念,那么最可能的情况是他已经在从事科学了。

不过,我们最好不要把科瓦雷的上述观点仅仅理解为描述科学在起源上的偶然性。实际上更微妙同时也更重要的是,他是在评论科学在存续中表现出的不确定性。综合对古代亚洲文明的深入分析、欧洲帝国主义扩张的崩溃,外加美国与日本的稳步兴起,绝大多数历史学家在 20 世纪初断定,科学并不是欧洲独有的成就——至少欧洲无法确保在科学上继续保持其领导地位。[1] 然而,科瓦雷将会完全改变上述观察所具有的意义。也就是说,当科学与生活的物质条件——不论是作为大规模生产的手段还是大规模破坏的工具——密切相连的时候,它能像当初神奇地出现般神奇地消失。[2] 这样,科瓦雷从理智主义出发藐视实验的实践,这同时也拒斥了任何技术性的命令,在 20 世纪有相当多科学的拥趸将这样一种命令视为推进型研究的本质特征。[3] 这些拥趸——尤其是约翰·杜威(John

---

[1] Pyenson 1993。一旦科学史无法被顺利归入欧洲文化史之下,紧接着也就出现了以下两种多少相互排斥的取向。一方面,它为探索科学来自欧洲以外的源头敞开了大门;另一方面,它强化了这样一幅图景,即科学史所走过的是一条自治性的轨迹,这一轨迹使得科学共同体永远对它的过去拥有管辖权。不仅如此,后一种倾向不会必然地威胁到本书所提倡的那种哲学史——对更传统的档案历史亦是如此。其中的关键在于,科学家们在写作他们的"内部"史时带有对将来的冀望,这就使得他们有自由(以及勇气)选择性地对过去的某些内容加以强调。具体说来,这些被强调的内容就是他们希望在将来得以延续下去的东西。尽管这一实践使得人们几乎难以达成关于如何讲述科学史的共识,但它本身依然构成了一个强有力的案例来表明,历史与当代科学政策之间有着某种相关性。有关这一点我将在第二章作进一步的阐述。

[2] 我在 Fuller 1997d,第七章中继续讨论了有关科学可能消失的主题,不过更多的是出于经济因素而不是军事因素。

[3] 有证据表明,库恩分享了科瓦雷对技术命令所抱有的鄙夷态度:他宣称一旦科学无法生发新的研究问题,就会沦落为"工程所用的工具"。参见库恩 1970b,第 79 页。这里感谢赛特·伦纳特(Set Lonnert)向我指出这一段落。就《科学革命的结构》全书而言,技术是科学的"他者":它或者是那些已经不再具有进步性的科学的应用,或者是让某些研究形式脱离了解谜的动因,而对于库恩来说,这才是"真正"科学所必须遵循的轨迹。有意思的是,意识形态在以上背景下却从未发挥过类似技术的作用,尽管它很容易做到这一点。正如我们将在第二章所见到的,以上立场预示着库恩在普朗克与马赫关于科学未来的争论中站到了前者的一边。尽管如此,对于技术史家来说,为了顺应大众对库恩模型的滥用,他们也一直试图论证技术革新是遵循库恩式的动力学的。请特别参阅 Constant 1973。

Dewey)以及美国的实用主义者们，大多来自远离第一次世界大战灾祸的地方。不过科瓦雷在这里秉承了真正的柏拉图范儿，他自己从未公开地跟上述思想家有什么牵扯。相反，他将牛顿力学占据主流地位作为时间节点，直接地拒绝了对这之后科学的命运发表评论。如果说有的话，也仅限于对真正的科学家就如何区分科学活动的理论层面和实践层面发表了一些看法，尽管此时官僚主义要求科学工作带来"收益"（payoff）的愿望愈发强烈了。[1]

我们当然可以把科瓦雷的沉默视为他对近 250 年来的科学活动没有兴趣，但对此更为合理的假设是，之所以如此是因为"科学革命"在科瓦雷眼里是失败的，也就是在它底下最终产生的研究形式更适合于军事或者工业目的，而不是真正的认识论目的。在这一情形下，科学史家就要担负起将认识论意义上的纯粹科学的火炬传递下去的使命。[2] 下一节，在讨论库恩的科学转变理论并没有吸收 20 世纪 20 年代之后的科学案例的时候，我还将回到以上科瓦雷对两种理解的问题上来。

科瓦雷似乎深受《近现代物理科学的形而上基础》（*The Metaphysical Foundations of Modern Physical Science*）这部埃德温·伯特（Edwin Burtt）写于 20 世纪 20 年代的奇特著作的影响。[3] 在其中伯特描绘了一个跟今天我们称之

[1] Koyré 1963，特别是第 852—856 页。谈到科瓦雷在这里的不以为然，不妨看看他在批判当时用科学项目的实际收益来检验该项目的正当性的倾向之后紧接着的发言："不过，即便在今天，至少对我来说，它并不是在实践上所取得的突破。是应用来自发现，而不是它激发了发现。无线电报并不是麦克斯韦追寻的目标，尽管他的工作产生了前者。同样，原子弹的制造与爱因斯坦以及波尔的研究间的关系亦是如此。科学家所追寻的目标是理解，而不是实践上的应用。"（第 856 页）是的——也就是说，到爱因斯坦写信建议富兰克林·罗斯福总统启动美国的原子弹项目的时候，这一建议的理由是，制造原子弹所需的基本物理法则已为人们掌握，同时那些纳粹（在海森堡的带领下）分子也有可能意识到上述法则所具有的前景。科瓦雷之所以能轻易忽略原子物理的创始人对第一颗原子弹建造的直接参与，乃是因为在他看来，后者并不是激发那些物理学家研究的原初动因，而这一观点也许能归结为科瓦雷的个人性格，也就是喜欢随意讨论他专业领域之外的东西。不论如何，正是这些情景——当人对他自己只是略有所知的领域持有很强看法的时候——最为赤裸裸地反映了学者的偏好，而这些偏好一般情况下是在脚注以及审慎的措辞中得到精炼。

[2] Crowther 1968 是对科瓦雷带有争议性的分析。在其中，它强调科瓦雷引导他的追随者不去审视当代科学是经过深思熟虑的。参见第 286—287 页。在克罗泽看来，鉴于科瓦雷早期的历史研究聚焦的是德国以及俄国的神秘主义——尤其是持有上帝有着善恶两面这样的异端思想的雅各布·伯姆（Jakob Böhme，1575—1624）的追随者，于是科瓦雷自然而然地将科学史看成一种虔诚的活动。科瓦雷对科学的把握是不是下述问题——在让-保罗·萨特（Jean-Paul Sartre）之后被称为"脏手问题"——的一种世俗化的形式？在第三章中，我将以科南特的政治现实主义为背景回到这一问题上来。

[3] Koyré 1965，第 24—25 页；Burtt 1954。在伯特那里，有关科学转变所具有的异步性特征的最为生动的例子是，关于心灵的理论的基本框架依然停留在 17 世纪的水平，尽管此时已是经历了物理学革命的 20 世纪。也正是因此，伯特对于像阿尔弗雷德·诺尔司·怀特海这样的现代形而上学家持有相当的同情。也就是说，就后者而言，他试图发展一系列范畴来理解实在，从而与科学所取得的进展重新同步。欲了解伯特对科瓦雷的影响，请参阅 Cohen 1994。

为"库恩遗失"的现象密切相关的场景。所谓"库恩遗失",具体来说就是对新范式而言,它不必保留前任范式下的所有现象。因为各研究领域的发展速度是不平衡的,所以为了在某一领域取得实质性突破,也许我们需要忽略传统上与该领域相联系的其他领域。[1] 因此,即便牛顿力学解决的只是亚里士多德运动概念中的部分问题——也就是有关位置变化的那块,这并不妨碍它成为一个新范式的基本准则。并且也正是在这之后,人们才开始尝试将之前被忽略的那些有关运动的内容——包括生物现象以及心理现象——容纳进牛顿力学模型中。其中最显著的做法便是消解精神生活中的伦理特征。不过,除了那些被牛顿范式边缘化的人以外,其他人并没有认识到牛顿最初的成功所具有的上述局部性的特征。[2] 也就是说,在后者看来,或者将这一现象的出现归因于将牛顿的基本法则过早地推广到了那些明显还不能直接应用的领域中去;或者他们直接走向了对机械论解释的全盘否定。从前者产生了泛工具主义,也就是将牛顿在数学上表现出的完备性上升为具有偶像地位的衡量预测以及控制效力的手段(这正是对"实证主义"的一般理解)。而后者则引发了神秘的整体主义,也就是把数学看作将人类从自然中异化出来的源头——这也正是被法国人称为"柏格森主义"的核心论点。[3]

　　在我们将目光转到库恩本人之前,有必要审视下当代分析哲学家(即便是那些对历史主义怀有宽厚同情心的人也一样)对柏拉图式的历史敏感性的误解程度。这一分析将有助于我们巩固本书至此为止的思想脉络。在一项探讨广义上的"柏拉图主义者"有关科学革命的论述中,格雷·哈特费尔德(Gary Hatfield)考察了本章讨论到的几个人物,其中包括伯特、卡西尔,特别是科瓦雷。[4]哈特费尔德批评这些哲学家在研究历史人物时将焦点集中到了他们的思想预设上,而不去

〔1〕 关于"库恩遗失"的讨论,可参见 Fuller 1988,第 223 页以降。这一表达的出处一般认为是 Post 1971。库恩在 Kuhn 1970b,第 104 页中描述了这一现象。关于库恩遗失在哲学上存在着这么一种享有声望的合理化策略,也就是将旧有范式所具有的本体论上的统一性视为它本身语义模糊的产物。因此,当牛顿用纯粹的物理学方式来描述运动的时候,他不仅仅是深化亚里士多德理论中关于运动的部分。毋宁说,牛顿的描述表明这一领域已经被人们错误地概念化了。参见 Fuller 1988,第 163—174 页。

〔2〕 Denis Diderot(1713—1784),作为《百科全书》这一对西方文化作最伟大贡献的策划者,他对牛顿的批判使得他被放逐到了科学史的边缘位置。Prigogine and Stengers 1984 是后人重拾狄德罗的一次尝试,具体请参阅该书第 79—85 页。正如恩斯特·马赫的论述所表明的(参见本书第二章第 5 节至第 6 节),约翰·沃尔夫冈·冯·歌德 (Johann Wolfgang von Goethe,1749—1832)也许是被边缘化的反牛顿分子的典型。

〔3〕 库恩似乎与斯坦利·卡维尔探讨了机械论世界观所具有的宏大的文化蕴涵。特别是在"人工语言"与自然语言的关系上,他表达出了实证主义倾向,认为前者对于后者有着规范性的效力。参见 Cavell 1976,第 42 页,脚注 38。关于柏格森主义,请参阅 Descombes 1980,第 9—12 页。值得一提的是,亨利·柏格森 (Henri Bergson,1859—1941)原本乃是数学家出身。

〔4〕 Hatfield 1990a。

关注这些人的论证本身。以下是哈特费尔德的原话:

> 将过去的文本视为存放种种思想预设的仓库,从结果上看能够转移我们对文本论证结构的完善性的关注。它引诱人们转向考察不同作者的个人心理:也就是去问,对于诸如柏拉图主义这种特定的形而上学立场来说——这一立场当然体现在上述作者书斋中的那些已知存在或者理应存在的种种著作中,它有没有可能更主要地体现在作者们的脑海之中,同时在作者的著作中只是被间接或者隐晦地提及? 这一研究方法鼓励人们寻找隐藏在文本背后的影响要素,而与此相关的最为常见的考察方式便是研究作者的生平。与以上研究方法相对照的方法便是历史上人们对文本的处理方式,也就是将文本视为论证来进行考察:作者怀揣着自信将文本置于读者面前,以期获得人们对它的认可。就这一研究进路来说,列出影响文本的那些要素并不能满足它的要求;它需要考察文本是如何联系在一块并且产生出论证效力的。因此,如果我们把视野扩大到形而上学的文本之外,这一方法便要求研究者对哲学家以及科学家所使用的不同论证风格具有敏感性——不论它们在性质上是不是形而上的。[1]

在哈特费尔德看来,科瓦雷本可以这样来完善作为柏拉图主义者的伽利略的案例,也就是,着重关注伽利略实际说了什么,而不是他说的话里头据信包含了什么。因此,我们也就不太意外,哈特费尔德意义上的伽利略看起来更像是一位分析的科学哲学家而不是科瓦雷所描绘的秘密的形而上学复辟分子。这尤其体现在哈特费尔德意义上的伽利略在回应其直接对话对象时采取的似乎都是基于当时科学传统依次展开的行事方式。他诉诸的是广义上的柏拉图主义,也就是依赖人足够的精神才智超越感知觉而通达实体领域(a realm of entities),并且在那里

---

[1] Hatfield 1990a,第 147—148 页。

完成对信念的去情境化。[1] 哈特费尔德承认,这里存在的风险和忽略的问题倒恰恰是他所研究的其中一个对象,也就是牛津考古学家以及唯心论历史哲学家罗宾·柯林伍德(Robin Collingwood,1889—1943)在其方法论著作中所明确强调的东西。[2]

柯林伍德观察到文本所带有的预设可能由这样的一系列前提所构成,即一方面它们在逻辑上相互独立,但另一方面它们仍然被历史地交织在一块。于是,文本就能被视为对预设的拓展或者反动。我们在今天讨论柯林伍德的时候也许应该简单抛开与"预设"这个词联系在一块的具有逻辑误导性的包袱,也就是说,实际上他指的是赋予文本以意义的语境。通过在上述意义上引入的语境,我们可以解释,为什么一个论证在一些地方显得烦琐冗余,而在另一些地方则又变得十分简略——具体来说就是,根据作者是否认为读者已经掌握相关信念来解释。[3] 不

---

〔1〕 即便在忽略哈特费尔德本人关于预设(presupposition)与论证(argument)之间的明确区分所带有的不合时宜特征之后,这里还是有一些特定的史学问题值得一提。第一,同时也是最具一般性的问题是,聚焦于"文本的效力"并视之为作者论证的关键,如同聚焦战斗人员所使用武器的有效载荷并用以解释该人员在战斗中的命运一样不是那么有效力。虽然作者没必要对显见的东西再烦琐冗余地论述一番,但值得一提的是,论证是社会互动的形式,它发生于某一语境之下,并且这样的语境对于历史学家来说不是直接透明的——鉴于部分与之相关的内容并没有明确提及。不仅如此,在这样一种只是被部分地揭示给历史学家的语境中,辩论人并没有把论证性文字本身视为目的,相反他视它们为阐释特定论点以及推动特定议程的种种手段,也就是起着象征性的作用。

　　诚然,像哈特费尔德这样的学者一旦进入相关研究领域,他本人的兴趣以及专业技能使得他会倾向于以文本性为主的研究或者直接是纯粹文本性的,但这不应该与原初的那些论证者所具有的姿态相混淆。(伽利略真的会把哈特费尔德的理解视为他本人的吗?)进一步来说,科瓦雷是以一种真正黑格尔式的方式投入柏拉图主义的事业之中,也就是将它视为一种历史性的自我意识现象(historically self-conscious phenomenon)。换句话说就是,科瓦雷意识到柏拉图主义的哲学敏感性并不是来自柏拉图的天堂,相反它是对雅典的衰亡所作的回应,而这一衰亡在柏拉图看来乃是以一种民主的方式对理性进行颠覆的结果(主要通过智者的修辞学)。鉴于上述历史源头所包含的意义和教训,加上希冀将来不再重演此类悲剧,这就对柏拉图主义的传承带来了如下重大要求,也就是它总是要包含有关上述内容的提示物。类似的精神气质可以在犹太学者反思他们自身民族的创伤史中找到。(因此也就不奇怪,大多数犹太人——包括科瓦雷本人——乃是著名的柏拉图主义者。)以上也就定义了科瓦雷在何种意义上将伽略略视为柏拉图主义的代表。作为分析的科学哲学家,哈特费尔德习惯于在思考有关知识与存在的问题时将它们与有关价值和目的的问题区分开。然而就科瓦雷而言(也许柏拉图本人亦是如此),他总是将两者联系起来,并且正是基于这一理由,他从不公开采纳那种多少已经扭曲了的柏拉图主义形式。后者自牛顿之后主宰了西方科学思想,它强调的是将数学推理的工具性一面置于一切——包括人类生活的神圣性——之上。

〔2〕 Collingwood 1972,第一部分。

〔3〕 我曾称这一现象为"沉默的不可思议"(the inscrutability of silence):参见 Fuller 1988,第六章。我们应该将柯林伍德对语境的依赖理解为他对自己作为研究罗马时期不列颠的考古学家所受训练的概括:在考古场所中,摆在研究者面前的人工制品集合是不完全的,研究者必须重建这些人工制品作为其产物的物质文化。该文化下所可能的思想以及行为范围取决于人们对这类工具不在场性的解释,也就是说(如果该文化不可能具有某类思想或者行为,那么)这些工具的在场与否是可以被预期的。我之所以提出这一问题,乃是因为,围绕柯林伍德关于历史思想再现方法的怀疑态度中,多数来自将它与柯林伍德本人的"唯心论"(idealist)哲学错误地联系在一起。就后者来说,也许它最好被视为这样的承诺,它允诺能够产生这样的解释,一方面该理解与绝大部分证据相融贯,另一方面它能够为历史记录中已经在场的内容与不在场的内容附加潜在意义上同等的重要性。

论如何,从最低限度来讲这至少表明了文本无法自足地建立起它自身的意义,它还需要加上读者对作者所处的修辞情境的理解。[1] 我将在本书第六章第7节讨论库恩的主要对手同时也是柯林伍德批判性的钦慕者史蒂芬·图尔明时回到这一话题上来。[2]

5. 图像学视野的国家化:库恩与科南特

库恩将科瓦雷视为自己在历史学研究上的标杆,虽然科南特对实验方法在科学中所扮演角色的强调最终使得库恩淡化了科瓦雷那不切实际的理智主义。[3] 此外,库恩认为存在着多次科学革命,而不只是科瓦雷所描绘的那一次——始自库萨的尼古拉,在伽利略那里达到高潮,最后以牛顿作为结束。[4]但不论如何,库恩保留了柏拉图主义式的冲动,也就是他认识到,为了保护那更为高贵但不受欢迎的真理,有必要去宣扬一种高贵的谎言。作为揭开该谎言的第一步,让我们考虑下科学的社会性一面在《科学革命的结构》一书中所扮演的奇特角色。看起来,库恩是成功地"发现"了科学是在自治的共同体中繁盛起来,而这一发现正值那些美国政治家以及政治评论家出于自己的民主直觉要求科学家应该承担起更大的公共责任的时候。[5]

正如其他众多案例所表明的,某种意义上的"共同体"是原先互异的个体在面对共同敌人的时候诞生的。[6]如果把这一点推到极致的话,我们会看到,将科学建构为具有社会性的事物与早先将科学家建构为个体有着相类似的效果——无非现在反映出了科学家所面临的可能是更为广泛的来自社会的反对。两个案例都

---

[1] 近些年来,思想史中的这一转向与昆廷·斯金纳(Quentin Skinner,1940 年生)的联系最为密切。欲了解对斯金纳工作的批判性评论,请参阅 Tully 1988。

[2] Toulmin 1986 一书的新导言揭示了柯林伍德对图尔明的影响。后者对绝对预设(absolute presupposition)的修正出现在 Toulmin 1972,第 118 页以降。

[3] 欲了解库恩从科瓦雷处受到的影响,请参阅 Kuhn 1970b,第 vi 页。有关库恩对科瓦雷作为历史学家的局限的认识,请参阅 Kuhn 1977a,第 150 页。

[4] 有关这一轨迹的描绘主要体现在 Koyré 1957。

[5] Hollinger 1990。

[6] 我在 Fuller 1993b,第 139—185 页中将发生于 20 世纪 50 年代后期的心理学中所谓的认知革命视为另一个不同个体团结起来击败共同对手(行为主义者)的案例。这一发生于新英格兰地区(哈佛大学、麻省理工学院以及达特茅斯学院)的革命事实上也正发生于库恩的眼皮子底下。欲了解一部优秀的由认识革命的最突出受益人撰写的相关论述,请参阅 Gardner 1987。

强调科学具有独特性，因此人们需要对它加以特别对待。[1]不过，库恩没能意识到，科学共同体内部很容易出现种种利益间的相互冲突，而且它们各自都潜在地代表了科学可能具有的不同的前进方向。到了最后，库恩是如此竭力地最小化范式内的分歧或者各式争论的在场，以至于可以说，他危险到了几近得出这样的一幅关于科学家的图景——在社会学家丹尼斯·朗（Dennis Wrong）之后被称为"过度社会化"的东西。[2]而讲述以上内容也正是库恩在《科学革命的结构》一书的后记中为社会学研究所设定的任务。他是这样总结整个议程的：

> 是什么被这一团体集体地视为它的目标；个人或者集体表现出的何种偏差能为它所容忍；以及当出现的偏离是不被允许的时候，它如何加以控制？当然，要更全面地理解科学同时也依赖于对其他类型问题的回答，不过就后者来说，没有一个与这里的问题相比更需要我们如此迫切地加以对待。科学知识正如语言一样，是某个团体本质上的共同特征，除此之外它什么都不是。因此，为了理解它我们需要知晓那些创造并使用它的群体所具有的特征。[3]

库恩在建议科学研究作为一项独特而自主的事业时表现出了一种迫切性，这使得保罗·费耶阿本德不禁怀疑，库恩是不是真的没有在他自己的描述中暗中塞

---

[1]　就当时而言，对波兰尼-库恩关于科学家构成天然共同体的主张最为明确的反对者也许当数史蒂芬·图尔明。在他看来，科学家个人利益当然可能在相当多的政策问题上表现出一致，但即便如此，鉴于这些科学家扮演着形形色色各不相同的社会角色，这就使得他们不可能构成一个利益统一的团体。参见 Toulmin 1964，第 350 页以降。

[2]　过度社会化视角完全用个体的群体特征来定义个体，正如库恩式的倾向下所有于特定范式底下工作的科学家被视为分享同一个思维倾向。在这一进路底下，人们能够简单地通过研究共同体其中一个成员而考察整个共同体。这也就在实质上取消了关于社会实在的"微观"层面与"宏观"层面的划分。参见 Wrong 1961。持过度社会化观点的学者倾向于将涵化（acculturation）——也就是在某个共同体中获得成员权利——视为最重要的社会过程。及至个体被集体接纳后，这意味着社会学的结束并与此同时表明个人自由行事权（individual discretion）的开始——至少当我们引入库恩与波兰尼以及科学共同体之间的那些纽带的时候，故事会如此这般地发展。后现代主义，因着它在立场上对断裂的同一性以及联系的偶然性的偏爱，大大地弱化了库恩范式所具有的上述整体论意味（totalizing sense）。不过在最近钟摆又摆了回来——一些社会学家主张存在着某种共同条件（common terms）——或者叫"系统或意义"（schemes or meaning）——通过它们，共同体得以将那些原本互异的活动联系起来。因此，在这一背景下，"世界观"意义上的范式又重新变得时髦起来。参见 Arditi 1994。Fuller 1988，第 207—232 页对当人们宣称科学家共享同一个范式时其中公共性的可能源头进行了广泛的讨论。

[3]　Kuhn 1970b，第 209—210 页。

入下述规范性方案：库恩应该被理解为意指科学应当维持它现有的状态吗？[1]库恩对此的回应多少显得有点闪烁其词。在他看来，通过描述隐藏于科学底下的规范结构，我们便能更好地理解，如何才能最有效地来管理科学。参考库恩的下述文字：

> 我的论证结构很简单，而且在我眼里也是无懈可击的：科学按着如此这般的方式运作；它的运作模式有着如此这般的必不可少的本质功能；当没有其他的可选模式能够承担起同样功能的时候，那么如果科学家现在的关注点是增进科学知识的话，他们就应该将之视为他们的本职工作。[2]

根据以上，我们当然会自然地认为库恩是不屑于实然与应然这一区分的。不过，它也可能是这样一种情况，像解构主义哲学运动所表现的那样，纸上看起来大胆威武，但是实际上却是一种真正的维特根斯坦做派，也就是"顺其自然"。如果从这一角度来审视的话，那么库恩也许就会简单地肯定费耶阿本德的疑虑——库恩理解科学的目的是把握如何才能让科学维持现状。在库恩召唤一种关于科学的社会学研究时，以上也许是对这一召唤的直接意义给出的最好解释。不过我同时认为，对此还有一种更深入以及更激进的理解，也就是主张库恩所需要的关于科学的社会学是这样的：它所给出的具有经验充分性的描述针对的是在规范意义上一种理想的模式中运作的科学。而这也就搁置了现在的科学是否按此模式运作的问题。

尽管《科学革命的结构》一书的标题带有某种普遍性的预设，也就是它宣称种种科学革命有着同样的结构，但兴许我们还是可以视该书为：它仅仅适用于那些书中用作例子的学科以及时间段。毕竟，要使科学具有规范性的理想地位，并不意味着必须将它所走过的历史轨迹刻画为连续而不间断的。换句话说，科学史也

---

[1] Feyerabend 1970。1994 年费耶阿本德去世之后，保罗·霍伊宁根-休恩（Paul Hoyningen-Huene）在他的个人遗物中翻出了两封写给库恩的信件，日期在 1960—1961 年之间，此时正值他收到库恩《科学革命的结构》一书的终稿之后。在信中费耶阿本德对该书进行了细致的批评，这些批评用他自己的话总结起来就是《科学革命的结构》一书乃是"披着历史外衣的意识形态"。费耶阿本德尤为关注库恩关于实然与应然之间区分的模糊是如何打消科学家推翻居统治地位范式的意图的。鉴于反常在库恩这里乃是常规科学研究的非预期结果，它在事实上也就使得科学家抱有一种"如果东西没坏，就别修它"的心态。因此，库恩在费耶阿本德看来持有一种（右派）黑格尔主义立场，也就鼓励存在即合理这样的主张。参见 Hoyningen-Huene 1995。
[2] Kuhn 1970a，第 237 页。

许与民主史更为类似。就后者来说，它的主题乃是一种永远存在的政治可能性，与此同时这样一种可能性的实现条件随着文化以及时代的不同而有所差异。[1]在这一意义上，库恩的历史社会学在写作时便带着一种其他柏拉图主义著作所具有的气质，即它包含了这样一种默会的理解，历史是在相关主题受束缚的时期中写就的。

如果还有谁对库恩暗中承诺的柏拉图主义表示怀疑，他就需要解释库恩在选择历史案例时体现出的倾斜——特别是当我们把这些案例设想为促成了构建科学的规范社会学的时候。这些案例几乎都取自 1620—1920 年欧洲物理史——并且来自化学的案例止于 19 世纪中叶。鉴于《科学革命的结构》一书缺乏来自其他学科史以及其他历史时间段的案例——尤其是 20 世纪的剩余部分，那么人们得出下述结论多少也就可以理解了：库恩并不认为，那些迄今被当作"科学"的东西符合他所发现的隐含于早先历史中的规范，这同样也是其科学的理论转换的经验基础。

支持上述结论的理由也许可以从这里找到，也就是十分坚持，常规科学乃是受"解难题的逻辑"，而不是别的逻辑所支配的——比如基于现有实验室设备以及人力条件对投入产出比最大化的需要。在一些偶尔的场合，库恩将工具以及技术划归为"内在于"关于过去科学的社会学，这一事实并没有排除下列情形，也就是当工具以及技术以资本密集型的样貌出现的时候，它们现在变得"外在"起来，并因此扭曲了科学具有的规范性特征。这一"更深"的解读勾勒出了一位对现状极具颠覆性的库恩，这也正是杰罗姆·拉维茨(Jerome Ravetz，1929 年生)孑然一人在发展他自己关于"后常规"(或者"工业")科学的概念中所主张的观点。[2]也确实，如果拉维茨对库恩的激进解读能够与那些我们现在所熟知的温和解读有着同样的影响力，它便能轻易地成为一种修辞意义上的跳板，促使人们抛弃绝大多数现在被视为科学的东西，特别是所谓的大科学。拉维茨以及他在英国科学的社会

〔1〕 这里当然还存在着这么个问题，就那些追随让-雅克·卢梭(Jean-Jacques Rousseau)的民主理论家而言，他们确实给出了下述论证，民主仅仅能存在于一些特定的空间——小的同质性的共同体中，而这些共同体现在已经全部烟消云散了。我在 Fuller 1994f 中考察了这一原理是否对科学也适用。

〔2〕 请特别参阅 Ravetz 1971。在这一点上，对库恩那种具有宽容色彩的激进解读，请参阅 Ravetz 1991。拉维茨作为一位美国侨民在英国生活了 30 多年。在 20 世纪 60 年代，他和史蒂芬·图尔明一道在利兹大学研究科学史与科学哲学，与此同时，他对科学政策产生了兴趣。就后者来说，正如我们在上文看到的，主要是为了回应迈克尔·波兰尼有关科学共同体的现实性论点。在利兹任教了二十多年后，拉维茨选择成为一位科学政策分析师，尤为关注风险评估中体现的不确定性以及被忽略了的内容。他新近关于科学政策的论文收录于 Ravetz 1990a 中。

责任协会的同事尝试过运用这样的辞令,但没能成功。究其原因,在于他们没法将对科学的去工业化(deindustrialization of science)要求与技术工作者的利益协调起来。就后者而言,他们希望重铸工业体制中发展磨炼出来的技能服务于社会生产的目的。[1]

在库恩的案例中,全盘否定科学的风险是如此之高,以至于库恩实在无法接受——即便面对费耶阿本德严厉的质证——他所知晓的科学确实已然终结。[2]不仅如此,当《科学革命的结构》一书在 20 世纪 60 年代一炮走红的时候,这样的风险无疑是太大了。于是乎,在库恩的脑海中便可能浮现出这样一种浮士德式的交易:科学虽失去了它在规范意义上所具有的理想性,但这换来了稳定的军事—工业基础结构。与此同时,在愈发碎片化以及善变的民众面前,它事实上成为唯一的合法性权威的来源。从以上交易筹码的角度,库恩这边便可能产生了一种具有策略味道的暧昧,从而许可对该书做温和的误读——这有助于应对那些要求取缔科学的激进呼声。就后者来说,这也是到了 20 世纪 70 年代末期费耶阿本德那更为直白的辞令中所包含的特征。[3]

因此,每当人们将他与赫伯特·马尔库塞(Herbert Marcuse)一道归为世界性学生革命运动的精神导师的时候,库恩都会一一指正道(而且还很正确),他关于科学的观点是非常保守的,基本上只是对下述话题的一种扩展:革新如何能从一个高度纪律化,甚至具有专制意味的社会系统中产生。(对此,人们在讨论库恩关

---

[1] 有关这一问题的诚实的评估,请参阅 Ravetz 1990b,第 905 页。Osiris,第二系列,第七卷(1992)是一部关于大科学在科学以及更大范围的社会中所扮演的变革型角色的出色的论文集。有关激进的科学知识分子与 20 世纪 60 年代晚期到 70 年代早期工人运动之间的冲突,其源头也许可以在拉维茨及其同僚所谓的"批判科学"中找到。这一"批判科学"在推崇"小的即是美的"的美国生态学家巴里·康芒纳(Barry Commoner)的领导下有着强烈的环境保护主义色彩。参见 Ravetz 1971,第 424 页。Wainwright 以及 Elliott 1982 中描述了一个由工人领导的反抗军事工业联合体的著名案例,其中并没有要求人们去抵制高新技术(high technology)。尽管温莱特与艾略特勇敢地作出种种努力,试图在左翼知识分子与卢卡斯航空公司工人的军转民方案间建立纽带,但实际上这些持激进立场的科学家以及学者在回应人们首度对他们的积极召唤时显得迟缓,没能及时提供帮助。一位工人领导痛苦地观察到,在 180 人中只有 4 个(包括艾略特)响应了最初的号召:Cooley 1980,第 66 页。在此感谢苏嘉莎·拉曼为我带来这一有力案例。

[2] 该论点构成了 Fuller 1999b 的关键性主题。

[3] 费耶阿本德关于以上方面的论述多数收录在 Feyerabend 1979。值得注意的是,作为费耶阿本德的老师以及库恩的死对头,卡尔·波普尔尽管有着体制内哲学家(establishmentarian philosopher)的形象,但是在涉及新兴的军事—工业联合体对科学的完整性所带来的恶劣后果时,他与他的学生有着同样的坦率。在题为"科学家的道德责任"这一 1968 年首次发表的演讲中,波普尔号召科学家为自己设计一套相应的希波克拉底誓言,也就是说,正如医生应该对病人具有至高的忠诚一样,科学家对于人性也应该有着如此的忠诚度——而不仅限于对他们的同伴以及直接上司。在这里,波普尔明确地将科学中道德责任具有的普适地位的失落与库恩式的解决问题的逻辑联系起来,后者的兴起阻碍了科学专业的学生们探寻自身研究可能具有的更深远的影响。参见 Popper 1994,第 6 章。我将在第四章第 3 节重新回到这一话题上来。

于科学与艺术之间存在明确区分的观点时做过最为持久的分析——正如我们在上一节中看到的,其中包括了前者缺乏某种先锋派的色彩。)[1]而且,库恩同时还拒绝认可拉维茨以及激进学生们从《科学革命的结构》一书中引申出的观点,也就是具有自我决定的——即便是专制性的——研究形式的科学已然终结,现在它已为军事—工业需要的逻辑所驱使。库恩有一段时间曾参与到与激进分子的持续对话中,这些对话表现出了鲜明的特点,也就是库恩一方面聚焦于矫正那些对他学说的字面内容的误读,另一方面当涉及当代科学情景时,库恩又对读者关于他的学说所具有的精神和意义的理解保持了沉默。[2]如果说库恩的著作及其思想回避或者压抑了前述浮士德式的交易,那么这一交易清晰地出现在了其哈佛导师的演讲和行动之中。

尽管詹姆斯·布莱恩特·科南特是科学自治的坚定拥护者,但他不得不承认,科学在一战以及二战中扮演了极为不同的角色。就前者来说,科学在工业上的应用生产出了具有前所未有的破坏性的工具,与此同时并没有带来新发现或者测试新理论;就后者来说,科学在军事以及工业上的应用尽管带来了更为巨大的破坏力,但是这种应用同时为科学家提供了相应的实验室以及可供科学研究的相关现象。鉴于科南特在这一转变中扮演了重要的管理角色,因此这里值得回顾下他本人关于这一转变的描述:

> 化学战、雷达、近炸引信、水下战、喷气机、新型地雷以及导弹——以上所有成果依赖于对那些公开的已知事实以及物理、化学法则在特定方向的应用;同时,人们从这些军事成果中获取的新的科学知识对于推动科学进步来说没有革命性的价值。然而,就原子弹制造来说,情况是如此的彻底不同!在大规模制造工程启动之前,没人能确定被称为"临界质量"的现象是一个实验性的事实。在1940年,物理学家用微量放射性材料如期获得了预想的实验结果;与此同时,他们也获得了关于原子物理以及原子化学等新领域强有力的理论概念。通过基于已有数据的复杂计算,科学家预测了有关原子反应

---

[1] 库恩的顾虑同样可以延伸到对那些希冀控制科学的行进路线——也就是当苏联发射了第一颗人造卫星"斯普特尼克号"(Sputnik,也称"伴侣号")之后,为了提升美国在冷战中的地位而在科学上采取的后斯普特尼克路线(post-Sputnik-style)——的人的打击。这一打击以对科学教育的提高能使学生更具创新性持怀疑态度的讲演的形式出现。Kuhn 1977a,第225—239页。本书将在第三章第5节对这一话题作一个更全面的讨论。

[2] 库恩等1997,第185—186页。

堆运作以及原子弹爆炸的条件。然而,大多数预测并不能在实验室条件下通过大规模实验来验证,甚至设立小型试验场也不行。科学的这一崭新领域的繁盛依赖于大笔纳税人资金的投入;就20世纪40年代而言,这一投入之所以能得到辩护,仅是因为它制造出了那场严酷的全球性战争所需要的大杀伤性武器。[1]

在19世纪,尽管学院科学家几乎很少涉足于农业以及工业发明的原初创造,但是他们所取得的理论结论却一般来自对这些发明的分析。热力学的发展便是一个经典案例,它得自人们为了提高蒸汽机在大规模配置时的热效率而对蒸汽机的运作加以理解的种种尝试。然而,当我们说一门科学成熟的时候,其标志之一便是发明——不论它们对更广的文化有着怎样的重要性——并不会从根本上改变科学研究的发展轨迹。后者完全是由科学共同体确立的。因此,如果用库恩式的术语来表述的话就是,我们能够判断物理学的大多数分支是基于范式的,而大多数生物学的分支则并不如此。[2]

来自化学这一科南特老本行的案例为上述图景抹上了一层尴尬色彩,鉴于它的发展历史预示了物理学在战后的浮士德式的交易:在19世纪,化学的研究轨迹慢慢为政府以及商业需求所主导,直到这样的地步——它的研究活动所需要的设施只能由庞大的法人行动者(corporate actor)提供。至此,化学也似乎从范式性状态倒退到一种前范式性状态。这一现象严重违背了库恩式的那样一种科学转变模型的精神。就后者来说,它假定了如若其他条件不变,那么科学将随着时间的推移越发能够掌控自己的研究议程,从而也就越发自主化。因此,科学倒退到那样一种对其自身之外事物的依赖状态是不可想象的。如果说与科学有关的所有潜在的畸变方式都仅仅是意识形态层面上的——它们是由外部信念对科学的过

---

[1] Conant 1952b,第12—13页。

[2] 将生物学排除在范式性地位之外也许看上去不太寻常,考虑到库恩在辩解自己没能把该学科带进讨论的时候所基于的乃是纯粹的学力所限造成的无知,而不是什么原则化的立场;参见 Kuhn 1970b,xi。说回来,如果达尔文真能被视为具有跟牛顿类似的作为常规科学研究的典范地位的话,那么一个严谨的库恩主义者会把那样一种范式驱使之下的生物学的起源定在20世纪30年代,而不会再往前。此时也正是所谓新达尔文主义综合进化论兴起的时代。在这之前,作为达尔文成就最直接产物的两门学科——遗传学以及古生物学,它们不论在方法上还是理论上都是相互对立的。(简单来说就是遗传学试图将生物学往物理学靠拢,而古生物学则希望把生物学拉向历史学。)欲了解对一些铸就新达尔文主义综合进化论的关键文本的分析,请参阅 Ceccarelli 1995 以及 Journet 1995。值得一提的是,库恩拒绝给予医学任何范式性地位,因为在他看来,这一学科总是为外部的社会需求所驱使。

度影响(unduly influencing)造成的,那么这一假设多少还能说得通。同时,与此相关的对应解药便是今天科学社会学家与"边界构建"(boundary construction)以及"边界维持"(boundary maintenance)这几个概念联系在一起的那一类活动,即术语的增殖、资格的认证以及所有其他形式的门槛障碍,从而在他们与公众之间划出分界地带。然而,当"常规"研究的运作本身需要庞大的人力以及物质资源投入的时候,事情就起了变化。在那样一种情况下,人们很难看出,科学怎么能够获得独立于社会其他部分的自主性。

对于物理学来说,说它永远失去了传统意义上自主性的最重要的标志,也许是基础研究与来自军方的大规模支持之间的相互依赖关系。这一关系即便到了战后也一直存在并且与科南特早先的判断相反,以至于他不得不接受这样一种关系。同时,这样一种关系在冷战时期得到了迅速升级。[1] 鉴于原子弹对二战的结束起了关键性的作用,与政府首脑或者学界领袖相比,军方高层对科学的学术成就持有更积极的印象,因此也就相对较少掺和科学家的日常活动。这样一种干涉恰恰是美国国会的种种"监督"小组在社会科学家的协力下威胁要做的。[2]

事实证明,二战期间发展出的军事应用对基础研究的议程的反哺横跨了自然科学以及社会科学。它开拓了新的工作模式以及工作理念,这不仅仅体现在物理学上,还体现在实验心理学、计算机科学以及与"控制论"相关的学科簇上。[3] 上述发展揭示出了隐藏在科学史中的两种颇为不同的自主含义:一种是完全自主,它意味着科学家以他们自己的方式追求他们自己的目标;另一种是部分自主,它意味着科学家以他们自己的方式来追求其他人赋予的目标。[4] 这一区分在科学家以及哲学家的脑海中已经被模糊了,究其原因,乃是在于即便科学仅拥有部分的自主,其研究仍时常能在无意间产生与科学家有关而不是与他们的委托人有关的研究结果。在第三章讨论 20 世纪两次大战期间科学家(不论是左翼还是右翼)为制度化某些得当意义上的自主性所做的种种努力的时候,我将会回到这一点上来。不过就现在来说,先让我们返回到科学第一次被建构为具有自主程度的时候——也就是它需要科学家这样一种职业认证的时候。

---

〔1〕　有关科南特在涉及军方对科学支持这一问题上的思想转变,请参阅 Hershberg 1993。
〔2〕　参见 Reingold 1991,第 284—333 页。
〔3〕　欲了解军事对美国社会科学在二战后的发展所起的推动作用,请参阅 Heims 1991。
〔4〕　这一完全自主与部分自主的区分分别对应于古希腊实践(praxis)与技艺(techne)之间的区分。在本书第 138 页注 1 中,为了表明"实践"在当代科学社会学中具有类似"自治"在当代科学哲学中的模糊性,我将对上述论点详加阐释。

6. 很久以前:当科学第一次需要科学家的时候

在一个为贵族而设立的世界中,拥有好的背景出身是拥有一个好形象的关键。在自然科学的案例中,它的实验谱系在过去产生了粗鄙的工匠以及旁门左道的魔法师这类行当,这为那些自然科学学科提供了一层合适而又具有启发意义的历史外衣。它的价值不仅仅是单纯地表明,对科学的从事在历史的长河中若隐若现——事实上也没人否认这一点。而且,它还表明,所有这些科学工作者肯定从事的是这样一种活动,这类活动累积起来后获得了某种超验意蕴,以至于人们能够把它从周围的社会过程中分离出来。以上也就反过来表明,存在着这样一类对一系列历史事件的评价方式,即根据它们对总体的发展过程所做的贡献来加以评价。以上讲述的便是科学史的内在主义倾向的基本洞见所在。就这一倾向来说,它不仅为科学家作为自主的研究者这一观点提供了辩护,同时它还暗示,科学家是以作为一个有着共同问题集以及技术集的虚拟(virtual)共同体(也就是弗朗西斯·培根所谓的“无形学院”)成员的方式来获得自主的。到了这里,我们只需一小步就能支撑起如下观点,以上虚拟共同体应该被视为真实的,并且此时其成员的自主性被转变为一种需要正式许可状的行会权利。一言以蔽之,随着自然科学慢慢地在大学课程中获得了自己的位置,一幅有关科学在西方文化位置的特定理想化图景——也许用“神话”一词更为合适——在 19 世纪被制度化了。同时,与那段简单的岁月相称的是,当时有一个人同时扮演了库恩的两个导师——科南特以及科瓦雷——的角色:此人便是剑桥大学三一学院院长威廉·惠威尔(William Whewell,1794—1866)。[1]

即便晚到 19 世纪第三个 25 年,自然科学仍然没有形成如今所设想的那种对自然的终极真理一心一意的追求。在当时,这类追求还主要是那些主管大学的神学家的事。而就科学学科来说,毋宁说它们是人们在改进发明以及控制部分环境时所需要的有益建议的一个来源。确实,牛顿描绘物理宇宙所具有的数学美感被当作上帝创设世界的证据,成了礼拜日布道时上好的谈资。不过就当

---

〔1〕 就近来回潮的有关惠威尔的历史热而言,Fisch 1991 是其中一部较好的起点性著作。Fisch and Schaffer 1991 为惠威尔的职业生涯以及历史意义提供了一个庞杂的视角。而 Hodge 1991,第 255 页则以明确的方式先期揭示了我在这里归派给惠威尔的,作为原始库恩主义者的双重角色。具体来说,霍奇将惠威尔与科南特、卡西尔的组合体相比较,而就卡西尔来说,他跟科瓦雷这一为了我自己的论证需要而出现的人物相当接近。

时大多数科学的实际情况而言，这样的美感完全算不上是那些零落粗糙学科的典型特征。与库恩那幅著名的图景相反的是，物理学家以及化学家在当时并没有把主要精力投入解决那些通过牛顿范式得以界定的难题中。而且，要严格说的话，其实当时并不存在什么"物理学家"或者"化学家"——如果这些名字指称的是相应领域的职业化工作者的话。毋宁说，科学是在人们从事其他事务时捎带着做的——不论它最初的目的是休闲还是牟利。你能看到这样的场景：在某个临时作坊里，学者模样的怪叔叔孤身一人在那优哉游哉。诚然，"科学"（science）这个词已经使用了很长时间（不过主要指称的是传统的博雅教育科目），但直到惠威尔在1833 年引介后，名词"科学家"在英语中才有了自然科学的全职工作者这一层含义。[1]

当时，对科学的追求所表现出的以上随意性和散漫性并不是什么肆意夸大的结果。它迄今还困扰着历史学家，他们试图在工业革命这一最早的"研究与开发"（R&D）分水岭中把握信息是如何流动的。关于这一问题，兴许我们能够通过将一两百年前科学的社会特征与今天在新兴的个人计算机文化中发现的特征相类比来获得一些思路：今天我们看到的是一股由种种活动构成的滔滔洪流，其中只有极小一部分从学术界的门禁机制下流出。用大白话讲就是，电脑文化中绝大多数有趣的成就来自计算机科学系之外。然而，在外面活跃着如此之多的"黑客"，他们是在如此多样的背景下工作，以至于一方面确然是他们促成了上述成就，但另一方面我们又很难确切地作出判断——比如说一个新的应用程序源自哪里，它是如何传播的，甚至它是否很可靠，等等。至于那些削尖脑袋想着发布重要"现象"的大众计算机杂志，在那里登载的神话、错误与杂志所包含的可靠的计算机知识一样多。不论如何，个人计算机文化所具有的反复试错、去中心化，以及需要亲力亲为，这些特性都没有妨碍黑客们的活动；相反，这反而激励新人为了可能的乐子或者票子而偏离原来的电子空间。如此，当我们说这些电脑文化的爱好者是在集体从事一项有着严格规则的研究，目的是解决有关虚拟现实的重大难题的时候，这说法就有着严重的误导性了。

如果200 年前的自然科学看上去与今天的计算机文化颇为类似的话，很容易想象，在把自然科学转为正式的大学学科前人们经历了一番何等激烈的公共关系

---

[1]　有关18 世纪到19 世纪发生于不列颠的那些我们现在称之为"科学的"活动的全景可以在 Inkster 1991 第80—86 页找到。

战。质疑像潮水般涌来。就科学家来说,许多人都自视为笃信宗教的自由思想者,他们接受启蒙观点,将大学视为过时教条的最后壁垒。而教士们在回敬这番恭维时,把实验工房比作邋遢的工厂车间,对此嗤之以鼻。此时此刻,有一人挺身站了出来,其人便是威廉·惠威尔。身为一位圣公会牧师,此人同时拥有矿物学的教席。作为一位混出头的兰开郡小伙,当他在精英圈子里游弋的时候,口音又暴露了他卑微的出身。而作为法拉第、密尔以及达尔文的重要通信对象,此人在跨学科到处都掺一脚方面又可谓是无冕之王。更为重要的是,惠威尔依着基督教救赎故事的图景和形象来绘制科技史。不过,就他对近代科学敏感性所产生的影响来说,惠威尔最为世人所知的是他的辩护者身份,为科学与神学相互具有兼容性这一观点做过辩护。与我们时代的许多信奉神创论的科学家(这些人往往是化学家与工程师——有关"设计"的专家——而不是生物学家)一样,惠威尔主张自然科学是对上帝创制的机械宇宙所实施的逆向工程。不过,就他的兼容性主张所起的作用而言,比起宗教来,它对科学产生的影响更大些:当神学失去对终极问题的垄断时,科学研究就沐浴在了虔诚而纯洁的光芒之下。[1]

在一系列出版于1830—1840年的小册子及评论中,惠威尔明确指出,那些以神学为根基的"老牌大学"(牛津与剑桥)若不能把科学纳入博雅教育课程的话,这些学校的学生便没法为在将来越发工业化的社会中执牛耳做好准备。也确实,当时一些富有的工业家已经发起了都市大学计划,到19世纪末,正是这一计划为英国建立起了数个规模庞大的"红砖大学"。而在工业家的设想中,科学能为人类带来贡献也就成了这些新型大学的核心理念。于是它们的课程也就围绕与制造相关的技艺来设置,而不是那些由理论驱动的学科。[2] 通过倡导一幅特定的科学进

---

〔1〕 所谓"科学"与"宗教"经历漫长的制度化冲突,这一说法其实是19世纪晚期历史想象的产物。事实上直到自然科学开始承担宗教原有的位置——也就是作为西方社会的权威性知识的时候,人们才开始构筑一种早先的历史,即科学是如何处心积虑地剥夺了宗教的原先角色的。同样,这里有这样一个案例,随着新近公布的材料——梵蒂冈公开了伽利略从1850年起的论文,审判伽利略的制度意义被放大了。参见Laudan 1993,第15—16页。与上述历史想象有关的关键性文本包括约翰·德雷珀(John Drape)的《科学与宗教的冲突史》(1875)以及安德鲁·迪克森·怀特(Andrew Dickson White)的《科学与神学在基督教世界的战争史》(1895)。与以上观点相对的是,让我们考虑下述事实,诸如伽利略这样的异端分子从来没有放弃过自己的信仰,他们反而宣称,如果时机合适,教会神父将会用他们的异端观点来颠覆当前的正统观念。而就启蒙运动来说,它对科学的支持典型地表现在将科学视为"理性"的样板,从而把宗教中更具迷信色彩的部分去神秘化,同时又没有把科学当作一种能在制度上替代宗教的方案。Brooke 1991是一部有关上述种种问题的出色的历史导论。

〔2〕 有关非传统高等教育机构在不列颠的发展的最出色的简述仍然是Cardwell 1972。而Simon 1987则是一部从教育所扮演的新兴角色——作为社会分层原则——的视角出发对上述发展的出色的概括。在20世纪晚期,当大学再一次在人们看来无法适应变换的政治以及经济气候的时候,职业学校、社区大学特别是理工专科学校,开始取代在第一次挑战中红砖大学所扮演的角色。

步图景,惠威尔扭转了上述倾向,也正是这幅图景,对后来的科学史家以及科学哲学家产生了深远的影响。[1]

也确实,该图景几近上升为科学的第二天性,以至于值得我们一窥,它是如何满足惠威尔的老牌大学一方的直接需求的。其中最关键的一步就是,让科学具有理论驱动的性质。所谓"理论",是指从现实环境——这也是当时科学的一般研究对象——中抽象出来的系统性知识。这样一来,比起技工以及其他原始形态的科学家,科学一下子就与哲学家以及神学家走得更近了(请注意 theos 的希腊语词根为"理论"[theory]与"神学"[theology]这两个词所共有)。在今天,顺着库恩的节奏,我们往往会顺口哼起什么常规科学是在某个"范式"的指引下展开研究的,而范式呢,则是一种综合性的理论,起到了指导进一步研究的蓝图的作用,等等。不过,如果我们真接受这幅图景的话,这也就意味着默认惠威尔的观点,即在获得从事科学的资格之前,真正的科学家必须在一种相对传统的学术框架内受到训练。[2]

鉴于科学一直以来都是在多样化的背景下活动,而且大多数是在大学庙堂之外,因此惠威尔需要鼓捣个说法来表明,范式是何以出现的。于是在这时,百川齐聚、终成东流春水,这幅极具修辞效力的画面就被拼凑出来了。[3]惠威尔从礼拜日布道中捡起了牛顿式的机械宇宙观,同时他向人们表明,那些由哥白尼、伽利略、开普勒等人发现的法则是如何契合于它的,以至于该宇宙观能为物理学史中后续出现的进展提供一个聚焦的基础。在惠威尔看来,既然科学开始分裂为诸多各不相同的专业门类,那么大学也就面临着前所未有的迫切使命,也就是牵头将这些

---

[1] 有关惠威尔对科学的"印象管理"(欧文·戈夫曼[Erving Goffman]也许会使用这样的提法)的最具综合性的论述可参见 Yeo 1993。

[2] Cardwell 1972,第 242 页观察到,在这一背景中诞生了所谓"纯粹"科学与"应用"科学的区分,同时他认为,"纯粹"一方在 19 世纪慢慢获得的优越地位,也许得自德国双层教育体制,也就是大学与理工专科学校的划分。因为就英国人传统上对经验主义以及功利主义的强调,人们很难使这两者能够必然让"纯粹"科学高于"应用"科学。说到利用哲学意识形态来为以上区分进行合理化,惠威尔可谓是英国第一代认真对待康德的科学家中的一员。而康德的工作第一次在英语世界中获得普及乃是归功于诗人以及评论家塞缪尔·泰勒·柯勒律治(Samuel Taylor Coleridge,1772—1834)。

[3] 尽管现在因着吉尔·德勒兹的关系冒出了所谓"根茎式"倾向的说法,以下来自亚历山大·科瓦雷的段落倒是明确重申了惠威尔式的有关科学总体趋向的信念:

不,真理之路(译者注,原文为拉丁文:itinerarium mentis in veritatem)不是笔直的。它蜿蜒曲折,偶尔还有重重障碍,以至于掉头回去。它甚至都不是一条路,而是许多条路。数学家的路就不是化学家的路,当然它也不是生物学家的路,甚至跟物理学家也不是同一条。因此,也就被迫逐这以上所有道路,我们发现在历史长河中,这些道路或分或合,我们顺着它们撰写着种种关于科学各门各科的历史。并且正如这些科目最终如众支流汇聚成滔滔干流,我们也就开始书写关于那一个科学的历史。(Koyré 1963,第857 页)

不同的科学活动的洪流引导到有益的方向上。对大学来说,这不仅仅意味着要为训练科学家提供相应的完整课程,而且面对事关发现的种种主张——能否从更广的共同科学知识库中推导出来——还需要就其有效性做出仲裁。到了这里,也就出现了我们所熟悉的有关发现的情境与辩护的情境两者之间的哲学区分。

在惠威尔那里,一个发现只有当它从公认的学术权威那里获得辩护,才具有真正意义上的科学性。这用惠威尔的另一幅图景来表达就是,发现在获得辩护的同时,也就被学术权威纳入了"知识地图"之中。[1]这一思维方式很快渗透到了文职机构之中,并促成了专利局的产生。后者作为大英博物馆下设的一个部门,其作用是为新的发明提供登记,以及为有关涉及知识产权的主张提供仲裁。到了最后,这一发现/辩护的区分成了科学哲学中"共识"——据信是被库恩推翻的逻辑实证主义以及波普尔主义两派的公共基础——的基石。[2]

7. 在 20 世纪科学哲学中重建对科学家的需求

在惠威尔与对发现/辩护首度区分到现代诠释之间隔了大概有一个世纪。在此期间,有关区分以上两个范围的理由也被人们进一步深化。[3]到了 20 世纪 30年代,一种新的视角取代了惠威尔所关切的知识主张所具有的制度性特征,而且,这一视角也最终取代了惠威尔所关注的这些知识主张者的阶级身份。也就是说,在这一视角看来,科学发现也许能用"心理学的"或者"社会学的"语汇来得到完全的解释。因此,它最后就演变为一种文雅方式来宣告,那些科学发现也许只是与之对应的独一无二的天才,或是无法从后天习得的人种特性的产物。因此,在这一视角底下,辩护也就不再为那些像大学这样的精英机构,或是像国家专利局这样的公共机构所垄断,毋宁说,获得辩护的知识主张的范围可以潜在地对任何拥有如此这般能力的个体开放,只是要求他能够理解并遵循一系列演绎推理,并且将得到的结论与经验观察结果对应起来。

就这样,围绕该区分的政治气候也就发生了根本性的改变:它由一种原先为

---

[1] 有关对惠威尔表现出的以地图绘制式思维将实在划分成种种探索领域的旨趣的讨论,请参见 Schaffer 1991。

[2] 有关对上述"共识"以及它所带来的影响的最为全面的讨论依然是 Suppe 1977,第 1—243 页。

[3] 就英语世界绝大多数对上述区分的讨论来说,这些讨论所立足的现代起点是 Reichenbach 1938,特别是第 5—8页以及第 381—384 页(尽管在 3 年前波普尔在其《科学发现的逻辑》中就已经划出了类似的区分,但是该书最初是以德文出版的,并且直到 1959 年才被翻译成英文)。

了压制工业资本家的上升而出现的旧贵族复辟主义策略，转变成为遏制带有极权色彩的浪漫主义的极端化（这以纳粹为顶峰）而出现的带有自由主义色彩的启蒙式回应。[1]在以上转变过程中，有一环不能被遗漏，它就是以"发生学谬误"（genetic fallacy）——根据某一主张的来源来推断该主张的真假（这样的推断当然不具有任何演绎效力）——这一形式出现的对发现/辩护这一区分所做的通俗化处理。在今天，尽管这一谬误已经与亚里士多德在《辩谬篇》里辩明的其他形式的推理错误一并纳入逻辑学入门课本，但实际上不仅亚里士多德自己没能意识到发生学谬误的错误性质（事实上他还时常沉迷于使用这一谬误），而且"发生学谬误"这一表述直到 1934 年才第一次出现在英语中。[2]

　　不论发生学谬误在初级逻辑教师的脑海中是多么清晰明了，这并没有妨碍专业的认识论学者以及科学哲学家这批人强化对它的使用。有关这一问题的典型案例就是科学哲学中所谓的历史主义转向。一般认为这一转向乃是在 20 世纪 60 年代初由库恩（与汉森、图尔明、费耶阿本德一道）起头，同时以 20 世纪 70 年代中期伊姆雷·拉卡托斯以及拉里·劳丹（Larry Laudan）所做的工作作为该转向的顶峰。

　　对于历史主义者来说，它们的共同目标便是拉卡托斯嘲讽地称之为"速食理性"（instant reason）的东西。这玩意的大意是，两个研究项目能够以这样简单的方式加以比较，即先把它们形式化为理论逻辑，然后再找出一个"判决性试验"（这可以是将来要做的，也可以是过去做过的）。这样的试验具有如下性质，也就是两个待比较的理论对试验结果有着相反的预测。逻辑实证主义者，也就是与以上"速食派理性主义者"这一带着讽刺色彩的漫画形象最贴适的人群。据说他们有着这样的信条，从某理论的历史中抽离出来的东西如果是有价值的话，那么它就能够以命题的形式在该理论最新的逻辑重建中占有自己的位置。与之相反的是，历史主义者则强调比较必须基于两个待比较项目所取得的实际成就。不过，严格来

---

[1]　罗纳德·吉尔（Ronald Giere）是最接近认识到这一联系的人。1994 年在他的美国科学哲学协会主席发言中，吉尔主张也许正是这些考虑促成了赖兴巴赫对发现/辩护这一区分所做的现代阐述。参见 Giere 1994，第 4—5 页。从这个角度来说，也许我们就不奇怪，在赖兴巴赫的构想中，当发现的范围是一个心理学问题时，它也是一个知识社会学问题。两者权重相当，如果不至于更偏重后者的话。

[2]　至少就牛津英语词典以及 Hamblin 1970，第 45 页来说，是如此。
　　　发生学谬误最初出现在 Cohen and Nagel 1934 中。在评判发生学谬误时，科恩与内格尔挑战了他们的老师约翰·杜威的权威论断。就继续追随黑格尔的杜威来说，他预先认定，思想的历史进程与其评价结果是相关的。也就是说，一个思想的过去往往限制它在将来应用的范围。有关这一策略在后来的发展——在科学方法论上与当代演绎主义者以及归纳主义者大不相同，请参阅 Will 1988。

说，以这样的方式来摒弃速食理性其实是一种对发生学谬误的暗送秋波，如果还算不上直截了当的表白的话。也确实，它看起来是在建议研究传统对它底下的知识主张享有知识产权。因此，打个比方，如果一个在牛顿范式底下研究的科学家某天碰巧取得了一项重大发现，那么这一发现就被算作继续推进该传统的理由。而且很快，它给人造成了这样的印象（特别是在教科书里），也就是仅当人们在那个传统下开展研究时，才能取得这样的发现。简言之，时间在先性迅速成为必然性的理由。

不仅如此，对历史主义者来说，他们在纵身投入发生学谬误时还表现出了一种特别的双重做派。打个比方，如果因为牛顿传统解决了某些经验问题就对它大加褒美一番，那么当它忽略了内部的重大概念问题——也确实，正是这些问题到了爱因斯坦手里最终促成了牛顿学说的衰亡——的时候，它是不是应该同样需要受到责难呢？正如我们将在第二章见到的，这正是恩斯特·马赫在 20 世纪开端反复质问马克斯·普朗克以及其他牛顿正统的卫道士的问题。马赫敏锐地意识到，研究项目能够通过蓄积足够的具有冲击力的经验成果来抹去有关它的深层概念问题的记忆。当马赫用这一点来批判物理学共同体的集体记忆时，劳丹却跟随库恩以及拉卡托斯不自觉地走上了普朗克的道路。与此同时，他还将这一明显的包袱转化成了极具影响力的有关判断研究传统先进性的标准。[1]

那么为何几乎没有逻辑学家站出来控诉科学哲学中的历史主义者犯下了如此精巧复杂的发生学谬误呢？这问题的根本答案可以在教科书有关该谬误的典型例子里找到。也就是说，它被描绘为仅仅根据科学家的文化或者种族出身——比如说所谓的"雅利安科学"或者"犹太科学"——这几项来作出（肯定或者否定）判断。有意思的是，科学家所具有的其他社会历史特性，比方说他们的研究传统，倒没有被算作落在该谬误的成立范围内。从这个角度来说，纳粹留下的政治创伤依然笼罩在当代哲学之上，而且它还无法在严格的逻辑层面上得到辩护。[2] 毕竟，如果科学家所在的人种或者民族与他取得的发现无关的话，那么有关他的发现的其他偶然要素——比如说他是在某个特定的研究传统（这样的传

---

〔1〕 参见 Laudan 1977，特别是第三章。

〔2〕 有这么一个突出案例：它，是一篇获得的赞美远超批评的文章；它，是现代科学社会学的奠基之作；但与此同时，它又明确地认定，知识主张的来源会影响其在辩护中的地位。这篇文章便是 Merton 1942。在这里，有这么两条纽带被明确地建立了起来，一方面，在民主政治国家与好科学之间存在联系，另一方面，在极权体制国家与坏科学之间也存在着联系。我们将会继续顺着这一线索讨论下去，特别是在第三章讨论库恩与科南特所共享的哈佛背景的时候——当然，到时自然也会涉及默顿。

统本身可能带有"民族风格"式的特征)下受到训练并从事科学实践——为什么就不能被视为同样无关呢?[1]

也许我们可以这样来避免上述用双重标准来评判不同的发生学谬误的情形:也就是不把每一个科学发现用来褒贬某个特定传统的砝码,而是将它视为一种具有跨传统效力的营养素,它能够被多种传统吸收,以至于这些传统都能在衡量这一发现的辩护过程中起作用。[2]而这里也正是那个受到过分吹捧的论据在检验理论时具有不完全决定性这一论点得以插足的地方。这一论点与奎因的联系最为紧密,在他看来,任何经验性的断言原则上都能从理论性断言的集合中推导出来。满足这一条件的集合不仅数量巨大,而且可以相互间不兼容。换个稍微直白点的说法,那就是,即便一项发现是由某个在特定的假设集合下开展研究的人所做出的,这并不意味着该发现不能由其他人根据完全不同的假设集合所得出——或者比得出更为重要的,它不能得到相应理解、运用或者拓展。因此,从奎因所谓的"逻辑的角度"看,某个研究传统赶在它的竞争对手之前成功地取得了某个重大经验发现,这一事实也许只不过是历史的偶然。[3]

对哲学的外行来说,以上这些也许是再明显不过了。不过鉴于奎因的观点在过去的半个多世纪获得了一种耀眼的地位,它反映出了——至少是部分地——科学哲学家是多么期望科学方法的形式化能让科学研究的路径进一步收敛,而且更加有效率,这也正是惠威尔所追求的目标(尽管这些方法跟惠威尔的方法完全搭

---

[1]　我们可以在许多(如果不是绝大多数的话)历史主义的科学哲学著作中找到诉诸"民族风格"这样的方式来为知识主张作辩护,这尤其体现在 Duhem 1954,第四章。尽管历史主义自 20 世纪 80 年代以来开始逐步衰落,但是发生学谬误之类的错误依然在"自然化认识论"的历史中飞速蔓延。在菲利普·基切尔(Philip Kitcher)看来,某些群体对宗教的承诺——比如说信众对神创万物的坚信——使得这些群体出于心理层面的原因无法从事科学活动。由此,他们所作的科学断言都需要打上大大的问号。参见 Kitcher 1993,第 195—196 页。

　　　具有讽刺意味的是,以上思想乃是出自反驳社会生物学最雄辩的哲学著作的作者。而就社会生物学这一被反驳对象来说,正是那样一个具有猜想性质的学科,它研究起源对生物族群具备或者不具备各式社会特性所起的限定作用。参见 Kitcher 1985。紧随 G. E. 摩尔(G. E. Moore,1873—1958)在《伦理学原理》中对伦理自然主义的批判,逻辑学家们将相关错误取名为"自然主义谬误"——比如说,人们倾向于从人们想做的事推得人们应当想做的事(这样的推断从演绎角度来看自然是无效的)。在这里,如果有人犯下这样的发生学谬误,也就是从具体的历史事实中推导出规范性结论,那么自然主义谬误也就可以视为发生学谬误这个种底下的属。

[2]　这一建议听起来有点耳熟,因为就社会科学的"进步"来说,这一建议包含了它们能够得到最普遍认同的主要特征。因此,"阶级"或者"官僚制"这两个概念就其概念进步的价值而言并不取决于它们所对应的马克思传统或者韦伯传统的命运。(我将在第八章第 5 节回到这一重要的问题上来,届时我会尝试重新复苏有关发现/辩护的区分。)欲了解有关这一建议的更多信息,请参阅 Deutsch 等,1986。这一建议建立在深受库恩影响的哈佛政治学家卡尔·多伊奇(Karl Deutsch)发表在《科学》上的一篇论文之上(Deutsch,Platt 以及 Senghaas 1971)。故而,他所强调的内容是,进步具有持续性——也就是说,它对于知识具有永久的贡献——而不是指它们在一般的研究或实践情形下有用。

[3]　Quine 1953。就对不完全决定这一学说所作的澄清而言,Roth 1987 是一部不错的文献资料。

不上边，也根本不是他原来的理由）。举例来说，在过去的150年里，许多哲学家试图用概率论来实现惠威尔的一种直觉，即如果某个理论能做到以下几点的话，它就具有了认识论意义上的重要性（特别是当其他的竞争理论都无法做到这一点的时候）：也就是说，该理论要能解释特定的一类现象，这些现象并不构成用以建构该理论的证据基础的一部分。[1] 对于上述思路而言，不完全决定性论点能够起到这样的效果，也就是将它降格为一种纯粹的迷信。原因很简单，既然理论的证据基础是否包含某个特定现象取决于人们具体选择了哪一种建构形式，那么这就反过来取决于谁在何时以及何地来建构该理论。直白地讲就是，根据惠威尔的后辈发展出来的历史主义标准，如果一个潜在的好理论在决断时没找到足够聪明的辩护人，那么它就在劫难逃了。

当然我不否认，科学家在许多场合都需要在两种或者更多的理论之间做出大体上落子无悔的抉择。在那些场合中，其他理论能否同样得以发现，这是一种带有反事实性质的思辨，它常常被贴上"事后诸葛亮"的标签也是情理中的事。不过，为了论证的平衡，我不会赋予这些"落子无悔"的抉择太多形而上学的意蕴。就那些具体的决定时刻而言，是科学事业的外部因素，而不是科学方法的要求主导了决定的作出。也就是说，那些外部因素迫使科学家更重视一致性而不是多样性，于是在结果上便表现为，他们沿着一个共同的研究轨迹展开活动。当然，既然事情已经发生，一旦用奥威尔式的历史编纂方式来着手历史撰写，那么事情很容易被包装成这样，做决定的时刻乃是由特定的方法论决定的，并且正是通过该方法论证明了选择当前研究路径是具有合法性的。事实上，在这里发生冲突的是两种不同的时间概念，我分别称之为米索斯（mythos）与凯洛斯（kairos）：通过米索斯可以表明，一个抉择是如何顺着之前一系列的脉络做出的；而凯洛斯则表明，一个抉择为何不早不晚偏偏就是在那个时候做出。我将在本章最后一节思考这一区分之于编撰科学史的意义所在。

随着奥威尔式转折时刻的来临，我们也就真正地踏入了库恩的地盘。也许，

---

[1] Laudan 1981，第 163—180 页。近些年来对该思想路线的最为复杂精致的辩护当属 Leplin 1997。莱普林极富勇气地作出了以下认定，如果一个后来的理论能够预测到先前的理论所能预测到的所有内容（并且更多），那么先前的理论也就失去了其认识论上独特的合理性。我与莱普林的最大分歧在于，我认为他预设了替代理论一定是早先被替代理论的真正后继，而不是作为后者的同辈凭借对自身的改造以至于能够预测其竞争者所能预测的所有内容。就后一种情形而言，新理论赋予了它的信徒实践上的优势，并且也正是借此废除了先前理论所获得的所有知识产权，而且还无须自己去接手。这一观点的价值将会在第八章第 5 节中凸显出来，届时我将重建发现的情境与辩护的情境之间的区分。

顺着不完全决定性论点下来的解释脉络,其最突出的特征就是那种明显带有保守性质的偏见,而且这样的偏见无疑还是奎因本人所力荐的。[1] 乍看起来,这样的保守是很奇怪的。因为既然一个候选理论所具有的保守性质已经被暴露出来,人们应该假设,追求在经验上等效的(empirically equivalent)其他理论也是顺理成章的,在前景上,后者也许能推动研究大胆地往新方向前进。但是,在奎因及其哈佛同事尼尔森·古德曼(Nelson Goodman)看来,在具有经验等效的不同理论中,如果没有一种方法能靠谱地决定应该选择哪一种,那么人们就应该继续坚持那个迄今都在发挥作用的理论,而不是冒险选择尚无机会崭露头角的理论。以上便是古德曼所谓的"牢靠性"以及奎因"保守主义"的内容。[2] 它涉及两个预设。

第一个预设的内容是,在任何给定的时间段内,人们都只会沿着一个理论走下去。因此,如若理论之间是经验等效的,那么上述两条合在一起就意味着,抉择通常产生于这样的时刻,也就是当科学共同体资源匮乏或者受到集体性的威胁,需要其成员作出一致的回应。不然,如果没有以上两种外部压力,难道人们就真的不能简单地容忍研究在同一时间沿着许多方向进行?[3] 话说回来,该预设与库恩的一个基础性直觉倒很合拍,也就是说,在任何给定的时间段内,仅有一个范式在科学中起作用,同时,有关科学改变的动力学主要来自这样的需要,即在所有场合——最极端的情形除外——下保持一致的要求。正如我将在下文表明的,在20世纪,这样的直觉能够追溯到政府机构表现出的一种关切上,也就是关注它们对科学的公共投入所对应的成本和效益。简言之,一旦科学家自己都表现得不能把他们自己的屋子打理齐整,那么总有人来替他们打理。

有关不完全决定性论点的保守理解所具有的第二个预设是这样的,在抉择时

---

〔1〕 值得一提的是,即便是以反哲学的激进主义出名的科学社会学家也还是诉诸不完全决定性论点,而且还是以一种保守主义的姿态。该论点对他们的价值在于能够表明,仅当人们认定一般的方法论原则无法决定他们应该做出何种决定的时候,那些地方性发生的社会因素才得以进入科学思考之中。换句话说,接受该论点也就意味着预设了社会学围绕中心倾向所从事的活动,这也是统计方法论中的"解释方差"(explaining the variance)。这与哲学家在传统上给社会学家的角色贴上的"非理性假设"(arationality assumption)标签大体相当。欲了解对此话题的进一步讨论,请参阅 Fuller 1990。就那一类采纳了不完全决定性论点并且最终得出类似于迈克尔·波兰尼式的保守结论的社会学家来说,哈里·柯林斯是其中的典型。我将在本书第147页注2中对他们加以讨论。

〔2〕 Goodman 1954,特别是第三章第4节。有人(他们的哈佛同事)对二人所共享的保守主义作了一番透彻的讨论。参见 Scheffler 1963,第三部分,特别是第1—2节,以及第7—10节。

　　一些评论者用大量事实表明,古德曼在论述时意指的乃是牢靠的谓词(例如那些在科学理论中指称实体属性的词汇),而奎因在关注保守主义时,则是将它视为在完整的理论间做出决定时所具有的特征。如果读者对以上微妙区别感兴趣的话,可以参阅 Stalker 1994。

〔3〕 以上便是保罗·费耶阿本德的立场,关于此人我将在第六章第5—7节进一步提及。

刻，如果不是那个更好的理论被选中的话，就会带来相当大的损失。而规避以上风险的敏感性如果成立的话，仅限于下述情形，也就是无可挽回的损失来自基于错误信息而作出的有关科学的决策。相对地，要是那些决定是可以撤销的话，那么冒险行为就应该受到鼓励。不过，在诸多理论启迪下，有关科学未来的决定不仅涉及在诸多研究路线中如何做出选择的问题——这样的选择还会带来重大的实质性的后果——于是，出现过度审慎也就可以理解了。[1]

简单来说，奎因、古德曼以及库恩他们确实从未直接提及有关科学研究的经济学或者政治学。不过，如果不进一步假设科学乃是存在于有着以下三大特征的政治经济环境之中，我们就很难理解，为何他们会共同持有那种种预设：

(1)对科学的评价大体集中在一个机构的手上，比如说，政府拨款部门；

(2)科学被视为这样一种活动：它能够产生实质性的重大影响，这样的影响不仅体现在其自己身上，并且还体现在了周边环境之上（具体来说，就是那些一定会对科学加以支持和容忍的公众）；

(3)科学在赋予社会秩序的合法性上扮演了至关重要的角色，以至于只有当人们能够明确预见到轨迹的改变时，改变才会发生。

毋庸置疑，以上三个条件捕捉到了 20 世纪下半叶科学在那些经济最发达国家中所处的状态。不仅如此，它们也表明，当时与科学有关的政治经济状况比起惠威尔的时代来已经有了极大的转变。不过这种转变因着这样一种倾向——比起库恩来，这更体现在奎因以及古德曼身上——而被轻巧地掩盖起来，也就是，将纯粹的相似性视为有效性的第一眼特征（prima facie mark of validity），好似从长远来看真理一定会在探索过程中留下最为持久的印记一样。不过，正如卡尔·波普尔所

---

[1] 在这里我想提一下一种用来支持风险回避敏感性的修辞策略，也就是滥用"我们"这样一个简单概念，从而将其作为科学信念的承载者，就同在这句话里所表现的："我们今天信奉相对论的方式正是 19 世纪物理学家信奉牛顿力学的方式。"这样的修辞也许在理查德·罗蒂以及希拉里·普特南（Hilary Putnam）身上表现得最为明显，从而成为两人行文时反复出现的风格。它假定了如下的情形，至少就科学事务来说，有这么一个由研究人员组成的普遍的共同体，并且这些共同体成员（读者被假定为其中一员，或者更确切一点，应该为其中一员）所持有的关于"历史成就"的常识使得他们在任何时候都能就一个理论具有可靠性（entrenched）问题取得一致意见。然而，鉴于知识主张通常都是在通过欧美各实验机构的测试之后才获得了"普遍性"地位，其实，这样的普遍性充其量就是一种"名义上的"。确实，那些特别具有怀疑精神的人也许会论证说，西方学界在确证科学知识有效性主张时强调其他人也是这么认为的，其实这种偏好乃是一种策略，是为防止文化间的差异对验证的背景造成影响。参见 Fuller 1993b，第 108—110 页。

清晰地把握到的,如果知识探索的目标仅仅是对信念的生命力的最大化,那么科学在一开始就不可能取得进展。因为,如果目标是生存的话,那么满足它的最好方式便是,一方面强调那些能够表明信念具效力的应用案例,另一方面回避任何有关信念界限的试验。[1] 用认知心理学的术语来描述的话,奎因跟古德曼其实是在鼓励一种"证实偏好"(confirmation bias),而这样一种鼓励从长远看将会妨碍知识的增长。[2]

尽管库恩否定了波普尔主义者的一个关键性前提,即科学家积极地探测自身信念的界限,但鉴于库恩把常规科学的解谜领域定义为,为推动范式的前沿阵地至少在自身许可的范围内尽可能前移,这就造成了一个结果,科学发现自己偶然地——尽管并非本意——置身于波普尔所希望的那种认知状态之中。就实际效果来说,库恩是把古德曼和奎因在时间延展意义上的认识论可靠性给压缩了,他得到的是一种在空间上延展的共同体,这样的共同体在某个给定的时间点上团结在一个研究范式的周围:打个比方,X 为人所信奉不再是因为他的前辈信奉它,而是因为他的邻里都信奉它。[3]

惠威尔在发现情境与辩护情境之间打入楔子,其目的是确保发明人如果没有受过训练的科学家作为中介便无法阐明自身的创造。而库恩试图模糊这两种情境的区分,这反映出他的一种旨趣,也就是库恩想表明,科学发现并不发生于社会因素的真空之中,毋宁说这些发现处于一个范式的背景之下,并且正是在这一范式内才能——至少在原则上——得到辩护。[4] 在今天,库恩的观点在科学社会学中已经被一般化为这样的论点,也就是发现的情境与辩护的情境两者乃是一种"联动"关系。具体地说,就是一项科学发现直到其相关联的科学得到认可的历史时刻,才能够作为科学发现而被人接受。与此相关的一个经典案例便是格雷戈尔·孟德尔(Gregor Mendel,1822—1884)的例子。这位摩拉维亚僧侣所做的豌豆培植实验被人忽略了 40 年,并且在这以后,人们才回头将他奉为"现代遗传学之父"[5]。尽管联动这一概念刻画了库恩在早期论文中讨论所谓同步科学发现的案例中呈现出的对发现及辩护的认识,但它并没有捕捉到库恩在《科学革命的结构》

---

〔1〕 这一点请特别参阅 Popper 1972。

〔2〕 有关证实偏好对科学哲学的意义,请参阅 Fuller 1993a,第 108 页以降。

〔3〕 有关库恩关于科学理论转变的观点与古德曼以及奎因的联系问题,有这么一个更有意思的见解,它便是 Hacking 1993,特别是第 305 页。

〔4〕 参见 Kuhn 1970b,第 8—9 页;Kuhn 1977a,第 325—330 页。这一观点在 Nickles 1980a 里得到最为透彻的阐释。

〔5〕 参见 Brannigan 1981。

一书中所表达的主旨:

> 个体在共享价值时所表现出的多样性对科学来说也许起到了至关重要的作用。那些必须应用价值的地方始终都是必须冒险的地方。大多数反常都是通过常规手段解决的;大多数对新理论的诉求都被证明是错误的。如果一个共同体的所有成员在回应每一个反常时都视之为危机的源头或者拥抱同僚所提出的新理论的理由,那么科学便将凋零。反过来,如果没人对反常有所响应或者冒着高风险诉诸全新的理论,那么科学几乎将见不到革命,或者干脆就没有革命。在这类事件中,诉诸价值而不是约束个体选择的共同准则,这也许是共同体为了分摊风险,以及为了确保自身的事业获得长远的成功而采取的方式。[1]

在这里,库恩似乎绷着一张严肃得不能再严肃的脸,从进化生物学那里搬来了自然选择的隐喻。个体在科学共同体中起了创新发生器的作用,它的机制类似于基于种群数量的物种概念中的机制。类似一个有机生命个体通过完成对自身的繁衍提高了该物种的总体适应力,在一项创新被当作纯粹的发现而被人接受的时候,它就巩固了共同体,并且正是在这一意义上它作为发现得到了辩护。反过来,如果共同体没能吸纳该创新,那么倒霉的只有那个弄出该创新的个体。[2] 于是对库恩来说,科学发现就是这么一个过程,它一般发生在科学共同体内部,其目的是拓展并强化共同体的边界,甚至不惜以牺牲它的成员为代价。我们最好不要低估上述一般思路所具有的意义。如若库恩未曾基于上述范式对科学发现进行重新定义的话,我们便无法理解,为何近来围绕科学实在论的争论愈演愈烈。[3] 进一步地,在本书第三章第5—6节中,我们会把这一方式视为科南特持有的"政治实在论"而加以重新探讨。无非在那里,是公民在国家政策制定者的策略设计中扮

---

〔1〕 库恩 1970b,第 186 页。库恩关于发现与辩护的联动视角也许最突出地表现在库恩 1977a 里。
〔2〕 我将这类反面案例——也就是一项创新没能作为真正的发现而被接受——刻画为负效用主义(disutilitarianism),其大意是每个人都能从某个具体个体的不幸中获益。参见 Fuller 1993b,第 333—334 页。
〔3〕 "科学实在论"在这里意指将现行的科学理论视为对终极实在的表征。当代科学哲学家有关科学实在论的两种主流态度可视为对库恩下述观点的两种互不相容的回应,即库恩所理解的科学发现就是对范式的边界维持过程。一方面,哲学对实在论的抵触来自这样一种担忧,也就是现行理论的无限拓展并不会必然地导向真理,相反它只是一种自我强化的死胡同。另一方面,哲学对实在论的热情基于这样的直觉,也就是现行理论所具有的成功地位是它们将来在新的领域下获得成功的标志。巴斯·范弗拉森(Bas van Fraassen)与达德利·夏皮尔(Dudley Shapere)在 Suppe 1977,第 598—599 页中复现了以上各个立场。

演了试验对象以及马前卒的角色。

有这么一种与库恩相迥异的观点，在它看来，科学发现本质上是对共同体体制的挑战，这也就预示着，科学与非科学的边界是一个不断建构的过程。我将在第六章中对这一观点连同波普尔多少带有反直觉意味的测试导向的辩护概念一道加以详细阐述。就我们这里的讨论而言，值得一提的是，波普尔运用了惠威尔的方法来达到反惠威尔的目的。正如我们在本章第 6 节中见到的，惠威尔诉诸发现情境与辩护情境间的鲜明区分，其用意是为科学共同体设置一种准入机制，也就是只对那些表明自己的知识主张能够在学界认可的知识形式下获得辩护的人开放。鉴于库恩的写作时期与惠威尔隔了一个多世纪，并且大多数自然科学获得了各自的学科地位已然将近一个世纪，对库恩来说，他也就没有必要如此刻意地来刻画科学的边界。或者，毋宁说，边界维持的需要发生在别的地方，具体来说便是当有人能够改变科学进程的时候——而科南特也正是从这个角度更新了惠威尔的角色，并使之适应 20 世纪。

因此，对库恩来说，在科学史的这一阶段，划分发现的情境和辩护的情境是如此的明确以至于引来对科学边界的人工特性过分的关注，于是将范式视作理所当然的这样一种态度就发生逆转，科学家们为了继续在常规科学中专注于解谜事业，就要对自身研究的范式有所了解。[1] 不过，对波普尔来说，人们之所以重视这种关注，正是因为我们时代的科学具有制度化这样一种牢靠的性格。对于他来说，一个稳固的科学共同体是有价值的，仅当它能够使得个人意见的分歧得到表达，然后使得共同体能对可能的将来全面开放，正如上文第 2 节中讨论的公民共和主义的理想那样。也确实，这就是波普尔"开放社会"概念的核心内容。[2]

---

[1] 对科学边界具有的人为特性的揭示所带来的另一个潜在问题是，它能够助长社会群体为了获得科学所具有的某些社会权威而把自己伪装成科学模样的风气。这也便是实证主义者与波普尔主义者在尝试刻画"划界标准"时无意间带来的后果，也就是说，他们将科学还原为一种修辞上的方案，以至于任何人事实上都能模仿。对库恩来说，他至少回避了这一问题，因为在他那里，只有其他科学家才能决定被判断的对象是否在从事科学。简单地遵循科学方法并不能成为从事科学的充分条件。参见 Fuller 1998f。当然，正如我们将在本书第五章中所见到的，库恩的模型也碰到了自身的问题——吸纳太多不必要的科学推销人员，具体说来是，库恩将科学的制度门槛设得过低，以至于社会科学家以及人文学者都能满足这样的标准。

[2] 在波普尔关于开放社会的概念中，个人被赋予高于社会的优先性，这样一种思路要归功于 Bergson 1935，特别是第 230—231 页。参见 Popper 1945, 1: 202-203。值得一提的是，在柏格森原来的设想中，开放社会的标志是具有下述特征的冲动的周期性的实现，也就是作为对其自身所处的制度性束缚的回应，从而使宗教往人性方向回归。在讨论这一倾向时，柏格森并没有使用一些关于开放性概念的预先决定好的目标来加以解释，而是描绘了一种具有革命性的个体，他们凭借自身的直觉获悉了宗教共同体改革的需要。这一点与本书在第八章中所讨论的内容有着特别的相关性，届时将建议由运动（movement）来取代范式，作为组织化研究所默认的社会载体。

表1描绘了对惠威尔有关科学中辩护情境与发现情境这一区分,库恩与波普尔两人有着截然不同的使用方式。

表1　关于惠威尔遗产的分歧

分歧	如何对待发现—辩护这一区分?	
	规范性理由	经验性理由
使用惠威尔的手段以达到非惠威尔的目标:强化该区分(波普尔)	该区分表明,科学自身对外界是开放的。	它表明,科学有必要时常构建自己的边界,使得某个发现究竟是错误还是革命的问题成为一个开放性的未决的问题。
使用反惠威尔的手段来达到惠威尔的目标:消除该区分(库恩)	该区分否认科学活动具有自组织的特征。	撤除这种念头,仿佛潜在的发现者已然调整好了自己以便对知识的主张做出科学的辩护。

8. 柏拉图传统:从双重真理到历史的双重修辞结构

最后,在科学传统中到底有什么东西具有如此的潜在颠覆性,从而能够解释为什么科学家及其哲学上的拥趸在行动上是如此的虔诚?对此一般的解答来自柏拉图式的对民主文化下精英所处特定位置的关切。当精英们公开地为自己的活动辩护时,他们的辞令必须是跟他们自我设定的使命毫无关系的,有时甚至还要与之相反。举个例子,民主国家之所以对科学家慷慨投入,乃是因为科学被令人信服地刻画为人类集体所取得的最高成就。但是,对科学家们来说,他们在接受天职的召唤时怀有一种为探索未知奥秘而献身的觉悟,而这种奥秘就其本质而言,必须与普通大众的关切保持相当的距离。科学的延续性是这样得到维持的:一方面,通过普罗大众对科学表现出的技术魔力的尊敬(如果不是敬畏的话);另一方面,通过科学家们细心地对各自活动进行相互的监督,使得相应传统在传承过程中不会堕落。可是,堕落的危险是无时不在的,因为科学家迷恋于自己在公众中的形象,这让他们变得自傲,并最终走向悲惨的不归之路。在第一次世界大战中,德国的科学共同体便错误地相信,知识上的先进能转化为战斗中的天然优势。而德国公众呢,他们一开始实在是太沉迷于这样的幻觉,以至于德国一旦输掉了战争,他们又认为,科学共同体为此担责实在是再理所当然不过了。我们已经见到了人文主义者以图像学的形式来回应这场悲剧。下一章将转到,在第一次世界大战来临之前的岁月里，德国人围绕科学所进行的争论，它事关科学是具有本质性的目的还是仅具有工具性的目的。

柏拉图主义对双重真理学说的承诺蕴含在了对时间所作的双重修辞中，这一点我们已经在图像学传统的实践中见过，并且在接下来（特别是在第四章以及第七章）尝试构建科学的"内部"史时还要见到。一般来说，柏拉图并不是一位擅长历史方法的理论家，其中的一个原因是，柏拉图也许会认为，大多数史学家在建构各自的神话时过于表面化——停留在非反思性的层次上——以至于他们在安抚潜在的不安分子的同时忘记了自己原来的身份。这样，史学家们便倾向于强调一种叙事的时间，以至于几近排除了真实的时间——这样一种现象很有可能会被古典修辞学家称为米索斯-凯洛斯比。换句话说，当事件在历史叙事中被重述时，事件与事件之间所具有的内部逻辑被置于优先地位（mythos），而不是为什么这些事件以这样的速度到来，并历经如此长的真实时间（kairos）。[1]

之所以没能在米索斯与凯洛斯之间做出明确区分，是由于这样一种根本的含糊性，也就是有关在历史解释中该如何概念化"社会的"这一概念。所谓科学的社会史大多数实际上是科学种种传统的历史，它们不论在意图上还是在实施手法上都与图像学相类似。因此，那些在具体科学的历史中出现的种种事件以及人工物，也就被解释为带有情境色彩的，对同一学科史前阶段的事件以及人工物的再生产以及改造：也就是说，它是对确立已久的各种主题所作的新的编织与组合。[2]建立在与上述米索斯进路相反的科学的社会史则强调，科学家的工作具有紧迫性的特征，也就是说，他们需要对那些绝大部分并非由自己构建的情境做出适时的回应。于是，科学传统便不再表现为有关文化传播的连续媒介，毋宁说，它是各式

----

[1] Frye 1957 是人们在讨论有关叙事的神话逻辑时最频繁引用的文献。将它应用到历史编纂学上（通过"情节化"[emplotment]这一概念）则要归功于 White 1973。值得一提的是米索斯渗透到了自称为"情境主义"（contextualist）的历史之中。这些历史充满了"深描"（thick description）。这种深描倾向于将时间性还原为相互重叠的文化倾向，在其中，即便是事件的实际顺序也不再受到重视。参见 Bender and Wellbery 1991。也许对米索斯/凯洛斯这一区分最丰富的具体化当属费尔南·布罗代尔（Fernand Braudel）关于历史的概念，也就是把历史视为一组重叠的时间区间（duration），它的范围从凯洛斯式事件（*kairotic evenement*，那些贯穿于政治历史的具有明确日期的事件）到神话般的长远事件（longue durée）（作为生态学历史特征的那些长期的环境因素，而经济学史对生态学历史而言则表现为一系列的局部适应）。一般来说，对任何一个史学家而言，他都能够在米索斯-凯洛斯的连续光谱中找到自己的位置，通过考察他在多大程度上将反事实式的历史化（counterfactual historicizing）（即"要是……又怎样"模式下的思想实验）视为具有合法性的历史方法。在这一问题上，凯洛斯式历史学家被证明为对该方法最为热情。

[2] 彼得·加里森便是这样表明了，高能物理学中的"实验传统"有着独立于理论家及其他人的传统的"自主性"。参见 Galison 1987，特别是第 6—12 页。

可争论资源的囤积。在这里，科学被描述为使用知识手段来解决社会问题。[1] 科学家们总是需要修补其实践的完整性，方法是，将外部压力重新刻画为能在领域内合法地加以处理的问题。

就那些对凯洛斯持有敏锐性的极少数科学历史而言，保罗·福曼（Paul Forman）就是其中的一个，他描述了魏玛德国时期的物理学家是如何采纳测不准论点来解释量子现象的。就 20 世纪科学史而言，这也许是最具影响力的文献。[2] 不过，福曼的研究方式截然不同于科学史家以及科学哲学家在传统上刻画理论选择难题时所采取的方式。当然，科学的社会历史学家已经表明，正是这个"理论选择难题"具有人为性的特征，也就是说，它假定了两个或者两个以上能够清晰可辨的科学家群体，它们各自站队支持一种得到完全表述的研究方案。而就历史而言，它没那么理想化。但是，抛开这一问题不讲，我们确实能够觉察到，在科学史中存在着许多长期性的理论争论。同时，就这些争论来说，除了在讨论特定现象时何为正确的方式以外，其他的利害关系往往不十分明确。因此，这些争论也就能够悠然地持续很长一段时间，而且几乎不会对实验操作以及数据收集有所干扰。这也许会诱导旁人得出这样的结论，也就是理论争论的相对自主性表明，它们对科学研究路线没有那么大影响力。[3]

不过，争论的高潮时刻最终还是出现了。彼时，范式处于危机之中，一场革命随之产生，并且争论最后走向终结。就传统而言，历史学家以及哲学家们假定，争论的终结时刻总是恰如其分的，而这里面唯一有意思的问题就是，到底是什么样的决定性论证以及证据支持了争论中的各方。相反，像福曼这样的历史学家开始询问，为什么"决定时刻"发生在这个而不是别的时间点上？毕竟，要是该时刻稍

---

〔1〕 在这里我意指的是 Shapin and Schaffer 1985 中表达的那个明晰的论点。

〔2〕 Forman 1971。福曼的观点容易遭人误读，不过这也许并不奇怪。他经常被人误解为是单纯地论证了量子现象的测不准学说乃是魏玛文化所具有的非理性倾向在科学上的"反映"。作为回应，也许人们可以轻易地论证说，有关物理世界的测不准思想早在魏玛文化之前就已经出现了，因此也就表明了，这些思想就其特定的社会因素而言具有相对的超然性。不过事实上，福曼一开始就承认了文化的先在性，也就是说，物自体的测不准性在 19 世纪以及 20 世纪绝大多数康德的追随者那里凸显了出来。尤其是恩斯特·马赫的实证哲学，它比物理学家在量子力学中接纳测不准理解早了半个世纪。不过比起事件底下的原因，他更关注那些被引发的事件：没错，就那些关键性的思想已经无谓地争论了至少五十年，那么为什么物理学家在 1927 年突然紧密团结在测不准思想周围了呢？福曼试图表明，那时候并没有新的论证或者实验发现能够为争论的快速终结提供辩护。相反人们应该觉察到，在文化中所表现出的对决定论以及唯物论愈发增长的敌意（这两者都与德国在第一次世界大战中的失败有关），而这即将威胁到对物理学研究的资金支持。即便那些物理学家实际上并没有像福曼所描述的那样精于算计，但是鉴于福曼提出了这一带有敏锐修辞性的历史问题，这仍算得上是大功一件。参见 Fuller 1988，第 233—250 页。

〔3〕 该思想正是具有影响力的 Hacking 1983 的依据。

微早点或者晚点,争论各方所处的相对地位——更不用说它们的实际构成——也许会产生相当大的变化。就逻辑论证领域来说,任何两个竞争性理论都能够重新消化新的论证或者新的证据,它们只需稍稍调整自身受该论证或者证据所挑战的背景条件。(这正是所谓杜恒-奎因论点的要点所在。这一论点与上一节中涉及的数据对理论的不完全决定性具有相关性。)一旦在背景中出现了上述细微的改变,那么原来较弱的论证也许确实能得到强化。简言之,当有东西能够控制何时做出决定,那么也就能控制所做的是何种决定。[1]

---

〔1〕 有关这一主张在社会心理学上的证据可以在 Levine 1989 中找到。

第二章 科学家为科学之魂作最后的拼搏

1. 想象一下当科学家还在乎哲学的时候……

在导论中我曾主张,近来的科学哲学已经把库恩关于科学变革的一般图景视为理所当然。其中的一个表现就是对进步做出的种种哲学辩护似乎从来都不涉及科学应该具体走哪一条路线。每当看到那些不曾涉足哲学的人挣扎着去理解实在论与工具主义这两大当代科学哲学主流之间有什么区别时,这一点就表现得很明显了。我们似乎可以很自然地设想,科学那日益增强的对现象的预测和控制的能力("工具主义")意味着,它对自然有了更为全面的理解("实在论")。倘若真是如此,工具主义是不是直接地以实在论作为其先决条件呢——甚至,反过来说也一样?

在本章所分析的那些论战出现之前,以上这样把两个主义归并起来的思维是很常见的,这即便对那些见解深刻的哲学家以及科学家来说亦是如此。无论如何,仅当某个科学研究纲领被允许以足够自主的方式发展足够长的时间,才会诞生出那样的两个主义谁都不需要去包含另一个的意识。彼时,大概也就几十年前,人们开始察觉到,在探求真理("实在论")与追求效用("工具主义")之间可能会牵涉到种种的权衡,以至于两者不能一起达到最优的结果。这样一来,关于科学本质的哲学论争就成了科学政策的一个真正的关注点。如此也就使得实在论者马克斯·普朗克(1858—1947)与工具主义者恩斯特·马赫(1838—1916)之间出现了一道分界线。两人论战的结果逐渐地被科学哲学家视为理所当然的东西,它最后以一种奥威尔式的敏感性而达到顶峰。正如库恩所强调的，如此这般敏感性与科学对其自身历史的意识是密不可分的。

如今，实在论与工具主义之争常常被视为科学哲学中的核心争论。不过，越来越多的哲学家开始追随亚瑟·法因（Arthur Fine）开辟的路子去追问这一争论的意义究竟何在。[1]从法因那几乎没有受到质疑的对两派争论的刻画中，我们可以很容易地理解为何会有这样的发问。在法因看来，实在论者与工具主义者都试图为科学史中的一连串进步性事件给出说明。关于这些事件具体有哪些，以及它们能否算作进步，据信双方并没有什么分歧。但另一方面，每当实在论者为以上某个事件给出一个实在论版本的故事时，工具主义者都能拿出一个与之旗鼓相当的工具主义版故事——反过来也是如此。法因认为，此类故事仅仅是在尝试从科学家的历史劳动中榨取哲学性的剩余价值，它只会给科学家当初的成就加上一层具有误导性的必然色彩。相对地，如果人们着手考察那些暗中支配科学家实际工作的规范，那么就可以更简洁、更充分地把握以上科学家的历史劳动。这样的方法如果非要给它贴一个哲学标签，可以称之为自然的本体论态度（natural ontological attitude）。诚然，如此这般的态度就其内容而言会随着时间、地点的不同而发生变化，但这也就意味着，所谓科学史将会为人们提供科学探索的首要逻辑，这样一种哲学假设打一开始就错了。

那些在科学论研究中欣然接受"历史主义""情境主义"以及近来的"实践"转向的哲学家追随着法因，对争论两派以辉格式的利用历史记录的做法发起批判。但具有讽刺意味的是，法因针对这场争论提出的"剩余价值"说之所以令人印象深刻，正是因为我们假定，两派论战在今天所处的背景与一个多世纪前各版本的实在论立场与工具主义立场首次得到阐述时的背景是一致的。顺着这样的假设，人们就会料想，这场论战在最初也是由职业哲学家在专业期刊上引领的。当然，事实并非如此。相反，以上各式立场的原型可以从当时顶尖科学家的通俗作品以及讲座中找到，而且往往举例更有力、表达上更吸引人。至于职业哲学家，就算他们对事态有所关注，那也只是在旁边出些花点子，而不是作为主要选手上阵对垒。[2]毫不奇怪，如果说参与论战的科学家看上去没能发觉论战中的那些微妙之处，那

---

[1]　Fine 1984。在这一点上，约瑟夫·劳斯也许是最明确地继续沿着法因开辟的道路前进的哲学家。参见 Rouse 1987,1996。

[2]　此处的一个典型的例子是 Cassirer 1923。

么哲学家能够适得其所地觉察到它们。这是因为,哲学家已经把实在论与工具主义之争从彼时的种种语用语境中抽象了出来——在那些语境下,推进一项共同议程远比单纯在知识层面上做出甄别要重要得多。由此,一旦逻辑实证主义者成功地将两派争论转化为主要集中在"形而上"层面上的分歧,科学家们也就开始被人们刻画成粗心大意的推理者,随着论战的热度而摇摆。此处,相应的矫正方法可以从一种受哲学启发的语言疗法中找到。[1]以上转变由莫里茨·石里克(1882—1936)起头,此人是一位身份独特的哲学家,这要归功于他是在普朗克门下拿到物理学博士学位,并且继承了马赫在维也纳大学归纳科学史的教授席位。借助这些条件带来的便利,石里克得以集合起人马,成立了维也纳学派,逻辑实证主义也正是由此而诞生。

在实在论与工具主义之争为何对科学家具有重要性这一问题上,历史学家领悟要比哲学家快得多。[2]举例来说,当玻尔兹曼与奥斯特瓦尔德两人,或者普朗克与马赫两人围绕原子的存在展开辩论的时候,他们并不只是试图预测经验研究最终会带来什么结果;毋宁说,这些人乃是试图左右人们应当在这些问题上采取何种研究路线,以及采用何种方式来评估这样的路线。与法官的做法相类似,辩论的参与者们选择诉诸历史,为互不相容的科学政策选项找出相应的先例。于是乎,"实在论"与"工具主义"在这里就相当于法律解释的不同学派。两者准确地刻画出了有关如何把物理科学的方法、发现以及世界观拓展到新领域中去的互斥性策略选项。这里的新领域不仅包括诸如生物学以及社会科学那样的新兴学科,同时还包括了我们马上就要见到的在大学和二级大学层面上的教育实践。在本书第六章第5至第7节,特别是讨论到自库恩的构想取得胜利后的那些"未选择的道路"时,我们将会回到以上这样一种将各式科学哲学类比成互斥性法律传统的做法上来。

面临着公共预算的紧缩以及人们要求建立研究问责制的呼声,当今的科学家竟然少之又少地就科学的目标进行相互攻讦,这可真的令人啧啧称奇。[3]究其原

---

[1] 尤其参见 Carnap 1967,第 305—345 页中的"哲学中的伪问题"。

[2] 尤其参见 Laudan 1993。

[3] 科学家对这一问题表现出的谨慎的沉默更加让人叹为观止,尤其是考虑到他们在自己的通俗性作品中往往倾向于成为学科帝国主义者。物理学家无疑是其中最为恶劣的扩张分子,正如他们自信地宣称,地球上的生态问题在未来能够通过外太空移民的方式来解决(弗里曼·戴森的《宇宙波澜》),而我们的健康问题则能借由化学家以及机器人专家之手而得到解决(J.D.贝尔纳年轻时期的作品《世界、肉体与魔鬼》)。在传统理解中,这看上去并没有生物学太多事。有关对上述自大的一个犀利批判,参见 Midgley 1992,特别是第 165—182 页。不过,就 20 世纪的首尾两端来说,生物学家是把物理学家抛在了后面——在生物学家看来,上述问题的相当部分能够通过选择育种(20 世纪头十年里的看法)或者基因工程(20 世纪最后十年里的看法)来处理。

因,与其说是各个科学的目标有着某种公认的交汇,倒不如说是本·富兰克林的忠告得到了科学家们的共同认可——"如果不想挨个成为吊死鬼,那就让我们团结起来"。上述交际成果来自科学的这么一种策略,也就是靠同行共识来形成统一战线,由此来对付政府派来的盯梢,以及粗鄙蒙昧的大众。就近来的事件来说,与当初围绕实在论与工具主义的公共论战关系最为紧密的案例当数史蒂文·温伯格这样的诺贝尔奖获得者为超导超级对撞机应当获得持续性的支持做出的辩护。温伯格从实在论立场出发,指出超导超级对撞机将有助于物理学实现解释性统一,后者反过来有利于人们弄清其他科学领域的基本问题。[1]此番论证在哲学家看来既简单又自私,因此他们倾向于直接不予理会,于是也就不认为有必要到公共论坛去反驳它。不过,哲学的这一傲慢姿态却在无意间起到了这样的作用,它降低了公共科学政策辩论的水准,正如人们开始用极端的方式来看待科普——或者把它视为关于科学如何运作的权威描述;或者认为它的内容都是些诡辩性的可疑案例,片面地拿有利自己的东西说事。

　　圆通得体是今天学科间关系的标志性特征。然而,它实际上是 20 世纪的独特产物。在 20 世纪开头的十年里,约翰·梅尔茨这位工程师兼业余历史学家能够从几种相互竞争的世界观出发来刻画 19 世纪的科学:每个世界观在一开始都宣称自己拥有对一切现象的解释权,由此产生了长达数十年的激烈争论,然而争论最后的结果却是,这些世界观慢慢地后撤到那些相对清晰的知识阵地和制度阵地的背后——这些阵地的典型就是各个学术科目,而且它们随着国家的不同而有所不同。[2]如果要为梅尔茨笔下的发展历程寻找一个形象的比喻的话,它便是康德与拉普拉斯在解释宇宙起源时所给出的星云假说——原初的、处在旋转状态的种种灼热气体最后冷凝下来,形成各个星系以及太阳系。这样一来,当旋转气体最后剩下的那一小团也开始凝结的时候,它对应的便是物理学与化学之间的基础性争论。普朗克对马赫的胜利不仅意味着实在论哲学击败了工具主义,而且还标志着物理学共同体成功地把它关于科学的构想强加给了其他所有学科,尤其是化学——考虑到后者在服务于国家和产业时所取得的业绩,它正是物理学最大的挑

---

〔1〕　Weinberg 1992。关于超级对撞机那命运多舛的历史,参见 Kevles 1995 一书 1995 年版的前言。我之所以推荐凯弗里斯的这一代表作,乃是因为该书对作为本章关键内容的那种张力有着敏感性,只不过凯弗里斯将它应用在了美国情境之中:一方面,科学共同体越发变得小圈子化和精英主义化;另一方面,从科学共同体得到的经济资源和政治资源角度来说,它又越发地蒙恩于公众。

〔2〕　Merz 1965。

战对手。不过说起马赫本人，他的物理学出身并没有妨碍化学家们成为他最大的支持者，其中缘由在接下来将会一一揭晓。

2. 回归受压制者：被遮蔽了的化学建构主义历史

在今天，化学几乎不为哲学所重视，究其原因是在哲学眼里，化学是一门"应用物理学"，而物理学才是关于物质的终极科学。就化学家们持有的哲学（其中包括了自然哲学）基调而言，他们主张自己的学科乃是一门关于"第二性"的科学，也就是说，化学的对象是事物被人类感官知觉到的那种模样。化学的这种明确的次要地位常常被人们追溯到 1905 年爱因斯坦在布朗运动问题上取得的发现。一般认为，该发现从经验上解决了关于原子是否存在的争论，后者正是马赫与普朗克之争中被用作托词的科学问题。不论如何，从整体角度来看，与物理学史相比，化学这一与寻常事物的属性联系最为紧密的科学，其历史揭示出的是颇为不同的形而上学预设与政治敏锐性。

来看看双方是怎么看待物质本身（material itself）这一概念的。在物理学家看来，物质的原子属性意味着自然为人类的建构活动设下了一道终极壁垒——某种意义上也可以说，自然拥有"自己的心灵"。这样一来，它使得人们以一种根本性的沉思姿态来对待自然——哪怕是在那些必须开展实验室实验的时候也是如此。相比之下，对化学家来说，物质乃是一种原料，一种亚里士多德意义上的潜能（dynamos）。它能根据人类的设计而被赋予数不胜数的形态样貌。如果说就物质的可建构性而言它还是存在着某些局限的话，那么这些局限会随着建构活动的进行而显现出来。一如当某种材料被用在某项工程中时，它接下来就没法被用到其他的工程之中。物理学家把实验室实验视为一种场合，它能够把自然的隐藏结构显露出来（如果结果与人们从某一理论出发做出的预期相一致，这样就更好了）；化学家则把实验视为一种机会，它使人们得以将自然的潜能有形化，使之具有某种称人心意的样式。对于在马赫与普朗克之争中站在马赫一边的皮埃尔·杜恒（1861—1916）、威廉·奥斯特瓦尔德（1853—1932）以及其他反对主流物理学世界观的人士来说，上述建构主义视角下的物质概念常常被冠以能量的名字。[1]

　　"建构主义"或者"能量论"视角是失败的,至少就它努力成为科学学科的形而上基础这一点来说是如此。上述失败的其中一个迹象是,化学在今天乃是一门在哲学上被低估的科学,而且化学的历史轮廓依然不为人们所周知——尽管历史学家们已经做了大量的工作来描绘它。化学的历史有着四个主要阶段,这四个阶段揭示了人们对物质阻力(material resistance)这一概念所做的连续性重建,并且这些重建活动并没有预设它们乃是构成了一场对终极的、"原子性"的物质单元的探寻。

　　第一个阶段对应的是炼金术时期,它由这样的一类活动所组成:人们试图(当然,大多数都是不成功的)把一种物质转变成另一种有着颇为不同物理性质的物

---

[1] 1905 年,在担任柏林大学物理化学教授的就职讲演中,奥斯特瓦尔德的学生瓦尔特·能斯特将物理学与化学两者的历史改称为"建构性的科学",这样的表述与当时流行于美国的实用主义哲学产生共鸣。参见 Buchwald 1995。及至 1914 年,也就是 Duhem 1954 一书最初出版的日子,我们可以看到建构主义借"证据对理论的非充分决定性"论题而从自然领域延伸到了人文领域。在本书第一章第 7 节中,我们曾将这一论点归诸奎因,而就奎因本人来说,他又将这一论点归诸杜恒。

尽管杜恒本人是位活跃着的物理学家(在热力学、流体力学以及电磁学方面),不过他是在波尔多取得的教席,因此也就游离于法国物理学界的主流之外。这样一种边缘位置让杜恒能够用一种化学家的视角来看待物理学史,也就是把物理学中的进展归功于程度越来越高的人工性。具体来说就是,物理学家不断地在实验室实验中模拟理论上的理想条件,以至于人工情境在事实上已经取代了自然情境而成为物理实在的裁决者——这一情形颇为类似于在化学研究以及化工中,合成材料越发地取代了自然材料的位置。由此,只有物理学家的目标——尤其是他对被调查理论的信奉——能够决定如何来恰当地处理从以上人工实验条件下获得的数据。就自然而言,它本身是无法为研究提供任何直接的帮助的,它的作用仅仅是提醒物理学家,在解决理论与数据的问题时要照顾到整体的一致性。但很显然,某些解决方案比其他方案要多花不少工夫,于是"节省能量"的需要也就为人们提供了一种对物理学家的探索方向的直观理解。

随着建构主义更加彻底地进入人文科学领域,物理学著述以及它的那些实验应用所具有的人工性被人们认为普遍存在于社会生活的所有方面。如此一来,当世界被造成是社会地建构起来的时候,我们正在使用的日常语言便是如此这般世界的典型案例——日常语言乃是一种原材料,它在诸多方面为其使用者提供便利,同时也给定了限制。由此,如果任何语言都能表达出任何思想,这可以称得上是一个不折不扣的语法事实的话,那么接下来的内容也是如此:对于任意一个具体的思想来说,某些语言所拥有的言说传统和书写传统使得这些语言能相对容易地把该思想表达出来。打个比方,让我们想象一下分别用英语与拉丁语来谈论汽车,两者之间有什么区别。毫无疑问,关于汽车的谈论能够在以上两种语言间互译,但是考虑到拉丁语表达的复杂性和笨拙性,汽车也就不太可能由那些只用拉丁语思考的人来发明。当然,这不是说这样的发明不可能发生,而是说这会是个极其艰巨的任务。在奎因那里,"节省能量"这一出自能量论立场的命令更确切地说是集中在逻辑方面,也就是通过考察谁对背景信念的改动最小来决定谁是最匹配数据的那个理论。Quine and Ullian 1978 是围绕上述思想的一个导论性的哲学文本。

建构主义—能量论式的思考由物质领域向语言领域转移,其中的一个关键时刻乃是路德维希·维特根斯坦的《逻辑哲学论》德文初版的出版,此书当时收录在由奥斯特瓦尔德主编的期刊《自然哲学活动年报》(1921)最后一卷中。参见 Hakfoort 1992,第 532 页。考虑到存在着这么一种倾向,也就是将自然科学带给人文科学的影响视为几近是完全负面的,此处就有必要详细讨论一下,为何人文科学中的某些最具"反自然主义"色彩的学说能够从自然科学中找到其最初的源头。Wise 1983 这篇文章把上述问题讲得特别透彻,它考察了历史主义者与自然主义者之间的争论是以怎样的方式对自然科学与人文科学两者产生了影响。对于将来的探讨建构主义与能量论之间关系的哲学-历史研究来说,它们需要聚焦于两大思潮所共享的一个术语:工作(work)。此处 Rabinbach 1990 起了一个很好的头。

质——其典型方法乃是通过诉诸某些能够超越上述差异的力量。第二个阶段对应的是发生于18世纪晚期与19世纪早期的化学革命。这一革命带来的技术能够让人们制备出在近代化学理论中被界定为"元素"的物质的"纯净"样品。不论是提纯剂,还是提纯得到的产物,人们很快发现这两者都有着商业价值。第三个阶段的标志是19世纪中期到20世纪早期工业对化学的支配。这个阶段的化学聚焦于通过对自然界存在的物质分子进行重新排列,以此来合成新的材料。这些"合成材料"的设计意图是强化某些对人类来说具有重要意义的特性——比如说对气候变化的适应力(以合成纤维为例)。第四个阶段涵盖了20世纪的剩下时段。在这一阶段的演化中,合成材料慢慢地取代了自然材料的位置,但这样的取代更主要着眼于满足商业上的要求(比如消费者需求、企业获利需求等等;当然,在优先顺序上可能会有所不同),而不是对自然物质的物理属性的仿制。确实,在我们这样一个自然资源走向枯竭的时代,可以认为化学所扮演的角色将它置于这么一个位置之上,也就是在取代自然的过程中根除自然。[1]

化学作为一门科学有着如此令人印象深刻的历史轨迹:它不仅能够成功地干预原先在常识中被认定是"自然实在"的东西,而且甚至还能取代这些东西的其中一部分。有鉴于此,并不奇怪,物理学一直要到20世纪才无可争辩地成为科学学科的基础——其他科学学科的对象被认为是基于物理学领域的对象而构建起来的。正如本书接下来将要详细表明的,普朗克关于物理学拥有基础性地位的论证——今天的那些论证也一样——基于该领域据信拥有某种独特的能力,也就是物理学能够界定人类理解以及操控的限度。一方面,物理学因其统一的世界观而能够绘制出人类才智的覆盖域;另一方面,它能够确定物质是在怎样一个终极层面上抗拒人类的意志。

不过,当物理学的上述宏伟主张第一次提出时,那些与普朗克相比没那么深地置身于主流物理学界的科学家对此做了一番奚落。科学哲学家很是熟悉杜恒的下列批判:物理学家关注的仅是"如何",而不是作为那些伟大神学世界观以及形而上学世界观特征的"为何"。[2] 相较之下,马赫的同道奥斯特瓦尔德的论证则没有那么知名,不过它更贴近此处的议题:奥斯特瓦尔德主张,人类在合成材料方面所取得的进展表明,以永恒不变的原子为目标的探索事业已经过时了——因为

---

〔1〕 以上对化学史的简要概述提炼自 Bernal 1971 与 Knight 1994。
〔2〕 Duhem 1954,第 320—335 页。

不管自然做出何种抗拒,通过化学家的介入,这样的抗拒或者可以被克服,或者可以被绕过。在奥斯特瓦尔德看来,所谓研究活动有着一个终极"目的",这样的观念乃是前朝遗物——彼时的古人盼望着有朝一日会触及自然中某种不可逾越的屏障。[1]奥斯特瓦尔德这样的化学家把科学刻画成普罗米修斯般的形象,它在第一次世界大战期间德国人的修辞中占据着瞩目的位置。不幸的是,德国耻辱地战败了,这带来了一场经典的柏拉图意义上的祛魅大戏——贵族背弃了自己与生俱来的权利。在这出戏里,扮演堕落贵族角色的便是那些在第一次世界大战中公开支持德国军事化的化学家。如果说,因狂妄而傲睨神明,最终招致报应的古希腊式悲剧真的有现代版的话,那它就是现在说的这一个了。"皇帝的化学家"这一名头让人明白地感受到,德国在科学上的优势地位必然能为其带来军事胜利。然而,一旦此处必然的胜利烟消云散而化为向对手屈服,那么正如柏拉图所预示的,德国公众的反应便是倒向另一个极端,对自然科学在魏玛共和国所取得的文化成就极尽妖魔化之能事。[2]

3. 站在十字路口的马赫与普朗克

当马赫与普朗克针对科学的未来提出各自的大胆而又互为水火的构想时,此时也正是科学的未来看上去乃是有待人们投标竞夺的时代。当时,各门自然科学刚在上一代人手中被纳入到大学体系之中,而且就那些与以上科学领域联系在一起的产业式研究模式与文凭主义教育模式来说,当时的学者们对这两个模式往好说也是持摇摆不定的态度——尽管他们中的大多数已经把上述方向上涌现的新趋势作为事实接受了下来。化学这门马赫所偏爱的学科的骤起骤落表明,如果某个科学不具有自身固有的或者说是"内在化的"目的,那么该学科在发展过程中就有着被外部环境奴役的危险——此情形颇为类似于生物对环境的"过度适应"。普朗克一以贯之地主张,在科学能够服务于社会需要之前,科学自身的目标首先必须被满足,如若不然,这两个目标哪一个都无法实现。正是在这一意义上,科学实在论在社会学层面上站稳了脚跟。

不过,如果就这样简单地得出结论说,科学维护自身健全性的方式是通过成

---

〔1〕　Ostwald 1910。第13—15页。
〔2〕　参见 Forman 1971;同时可见 Herf 1984。

功地把自己的需求加诸社会,那这话最多说对了一半。毕竟,社会的其他主要方面是不会自动地遵从科学的意愿的。于是,科学同时还需避免使社会方面的需求盖过其自身的需求。及至此处,我们也就迎来了普朗克及其后继者所敲定的浮士德式的交易,它使得科学巧妙地占据了这么一个位置,也就是能够对社会的重大活动(societal functions)进行管控,而不是仅仅为其提供便利。正如我们接下来将要看到的,这样一种交易留给现今最为鲜活的遗产便是学术界对文凭的控制——人们需要拿它来获得职位,哪怕此处的职位与文凭所对应的学术内容几乎没有牵扯,或者压根就是没有牵扯。现在有很多人相信,我们生活在"知识社会"中。在逐一列举它的种种诱人之处之前,让我们先回到故事的最开始去考察一番……

假设站我们左手边的是这样的一位物理学家,他在自己职业生涯的大部分时间里是主流科学界的精英人士。尽管此人将"科学的目标"等同于职业科学家的种种关注点,但他同时还需要不停地表明,这种晦涩而且烧钱的研究是如何跟普罗大众扯上关系的——就后者来说,他们对典型科学家形象的认知还停留在伽利略以及牛顿上。现在再假设在我们右手边也站着一位物理学家,他把自己事业的相当一部分时间投入议会中而成为倡导民主教育的急先锋。在他看来,"科学的目标"不过是那些能够改善人类境遇的技术的总和——而且,就人类境遇的种种负担来说,也许科学共同体本身最后也会演变为其中之一。在现实中,以上两种典型科学政策的相应代表便是马克斯·普朗克与恩斯特·马赫。

普朗克与马赫之争发生在这么一个历史节点上,也就是研究上的需求与教育上的需求要同步得到满足。在普法战争结束(1871)到第一次世界大战爆发(1914)这一段时间里,科学共同体在研究的发展以及研究的专门化方面开启了一段前所未有的历程;与此同时,欧洲列强一方面扩大了对市民的教育,另一方面则是使之现代化,由此而使得当需要来临时民众能够更容易地被动员起来为经济以及军事目的服务。[1]

政治经济学家弗雷德里希·李斯特(1789—1846)是第一位关注上述动员问题的理论家。在19世纪的第二个25年,他就已经建议德国当局以美国作为样板

---

[1] Albisetti 1983。在本书第一章中,我们讨论了阿比·瓦尔堡在柏拉图双重真相信条被拓展到人文领域并最终进入库恩的编史学中所起的重要作用。有鉴于此,这里值得一提的是,正是瓦尔堡家族规划了法国在普法战争后需要偿付给德国的战争赔款。一如雅各布·布尔克哈特这位研究文艺复兴的历史学家在当时所观察到的,瓦尔堡家族也许发明了最为"文明"的方式来从战争中获益——与美国人约翰·皮尔庞特·摩根这样的具有"战争贩子"倾向的银行家相比无疑更文明得多。摩根此人甚至会把武器弹药卖给那些与自己祖国有着利益冲突的国家。参见 Rosenbaum and Sherman 1979,特别是第 70—72 页。

来进行仿效——后者作为一个由各个原殖民地组成的联邦,已经迅速地统合成为一个具有统一思想的共和国。(当奴隶制即将撕裂美国的时候,李斯特碰巧在这个当口离开了。)李斯特论述道,自由贸易只会给第一个进入市场的国家(此处无疑是指英国)带来好处,因为它乃是处在这样的位置之上,也就是能够把自己相对廉价的货物倾销给那些相对不发达的贸易伙伴,于是也就反过来遏制了后者本土产业的发展。由此,对于统一了的德国来说,适合于它的贸易保护主义政策便是把亚当·斯密有关劳动分工的构想从原来的以工厂为着眼点拓展到以整体的国家为着眼点。[1]上述"国家整体"将由那样一种描绘一元化德国文化(Kultur)的神话来界定,一如浪漫主义历史哲学家约翰·哥特弗雷德·冯·赫尔德(1744—1803)正是在这一意义上创造了 Kultur 这一术语。赫尔德诉诸"鲜血与领土"这一通俗说辞,并以此来挫败这样一类受经济学启发而来的论证。这些论证——经常是以"世界主义"为名号——把文化价值的差异还原为效用程度上的差异,并且主张这样的差异是可以跨越的。就整个 19 世纪来说,文化差异经由一系列民族主义措施而得到了积极的强化,这些措施主要有,把种种地区性方言统一为一门"本民族母语",以及把"民族史"制度化为市民义务教育的核心内容。[2]这样的教育,用李斯特的话来说,将使得国家能够在提升传统意义上的"资本"(有关工厂以及原材料)的同时提升自己的"精神资本"(我们现在称其为"人力资本")。

---

[1] List 1904. 有关李斯特对过去以及当下的科学政策的重大意义,参见 Freeman 1992,第 62—68 页。李斯特带来的长期影响体现在了两个方面。一处体现在了那些探讨第三世界国家的经济依赖以及经济发展的理论之中(尽管这一点仍然不常为人所知)。参见 Senghass 1991。另一处体现在了基础社会学的主干内容之中,具体来说便是埃米尔·涂尔干的现代社会从"有机"的劳动分工中获益这一主张。在涂尔干成为第一位社会学教授之前,他承担了这么一项由法国政府所委托的任务,也就是去研究德国作为一个新近获得统一的国家是如何能在普法战争中如此迅速而决定性地击败法国的。此处,李斯特对民族国家形象的描绘——一个能够自我维持的有机体——似乎发挥了重要的推动作用。这也就让涂尔干得以证明引入社会学课程的正当性——它是增强法国人民族认同的手段。参见 Jones 1994。涂尔干同时也没有遗落这样一个事实,即德国鼓励更广泛的人口参与到科学训练以及技术训练之中;涂尔干论证道,法国应该摒弃英国模式,即在文学经典的课堂中培养国家未来领导人。参见 Paul 1985,第 40 页。

[2] 表现在欧洲国家身上的这样一种把"文化"建构为民族国家的投影的做法,有关它的一个更为详细的哲学反思,参见 Fuller 1999e。鉴于在此处我为那些缔造了德意志民族身份认同的人士赋予了建构主义冲动,读者们也许会认定我是把一种后现代敏锐性搬到了 19 世纪,从而认为我犯下了时代误植的错误。如果可以这么算的话,那么恐怕阿诺德·汤因比也要受到同样的责难。就人们最早对"后现代"这个词的使用来说,其中一次(1956)便是出现在了汤因比的下列主张中:鉴于德国是对欧美的各式现代化政策予以选择性拓展,并且由此而成为第一个把自己构建为民族国家的国家,于是我们便可以说,普法战争标志了后现代纪元的开端。当德国向世界证明相比起某个被模仿者,它作为模仿者有着军事上的优越性时,德国的这样一种会让·鲍德里亚称为"模仿"(simulation)以及"超真实"(hyperrealization)的实践很快为日本所采纳。参见 Anderson 1998,第 5—6 页。

普法战争之后,尤其是19世纪80年代帝国主义列强"瓜分非洲"之后,国与国政策间的不相容性成了对国际关系进行"现实主义"评估的大前提。随着各国军事、工业力的膨胀,再加上不可化解的种种利益分歧,这就使得对于外交事务来说,它的首要议题乃是如何去无限期地推迟那场"不可避免"的世界大战。正是在这一背景之下,赫尔穆特·冯·毛奇男爵(1800—1891),这位在普法战争中为德国带来胜利的决策者得出了以下的结论,也就是一个健康的国家必须时刻为"全面战争"做好准备。此处的"全面战争",与其说指的是那样一种具有看得见的明确目标的战略作战(这样的目标类型也正是古典意义上的战争目标),毋宁说它指的是彻底根除事关本国生存大计的直接威胁。换句话说,国家需要处于一种永久紧急状态之中——这一构想到后来被证明有着超越国别的非凡吸引力,并且深深地植根于冷战思维里。毛奇第一个认识到了,一旦技术发展水平成为战争结果的决定性因素,那么在和平年代就应当展开相应的技术研发,以生产出那样的能够威慑潜在敌人的武器装备。这样的做法将是永远符合国家利益的。毕竟,如果一个国家坐等别人用先进装备来攻击自己,那么这时候再想要临时组织起有效的反击可能为时已晚。[1]

毛奇的构想被人们以惊人的力度确立下来。最终,即使在那样的很难确切定位威胁来自何处的时候,政客以及各式意识形态的拥护者了也都把自己描绘成生活在"动员起来的"、由"战备式"经济所推动的社会之中。[2]对很多国家而言,20世纪30年代的世界性经济危机使得这样的观念得以形成,也就是把经济问题视为"动员"问题。毫不奇怪,上述思维的首脑人物约翰·梅纳德·凯恩斯(1883—1946)本人就曾在第一次世界大战期间供职于英国财政部,并在管理中扮演了重要的角色。对于美国来说,当它的工业基础在罗斯福新政时期(该政策已经把大批人口动员起来加入道路、公用事业以及公共建筑的建设中)经由政府干预而得到强化之后,美国的基础设施就已经准备就位,使得美国成为二战欧洲战场以及太平洋战场上的一支强有力的军事力量。美国基础设施的这样一种状态在后来被纳入了人们对战备的理解之中,正是这样的理解主导了冷战时期的研究政策

---

〔1〕 Drucker 1993,第127页。德鲁克主张,威慑思维最初影响的是德国海军,而且正是该部门触发了当时的军备竞赛。
〔2〕 关于以上对当代社会的理解,丹尼尔·贝尔也许是它的最为积极的推动者。参见 Nobel 1991,尤其是第18页。

以及教育政策,并一直延续到了今天所谓的"后工业"社会或者"知识"社会之中。[1]

　　然而,就推进基础研究与"安全化国家"(security state)这一新兴图景之间的紧密关系来说,它实际上还要更为深刻。随着 20 世纪大众消费社会的来临,像科南特这样的科学界领袖人物逐渐认识到,企业只会在有限的范围内为研究提供支持,也就是那些研究要能为它们带来更大的市场份额。如果产品太过超前,那么此类产品与那些落后于消费者需求的过时产品一样无利可图。由此,产业界几乎无法成为研究中的那些革命性重大突破的直接动因。相比之下,安全化国家筹划着武器装备不断地朝"更为智能化"的方向发展,从而形成克制乃至超越共产主义阵营的军力。鉴于这些武器有着"确保同归于尽"的能力,人们也就认为,它们足以无限期地推迟战争的到来。

　　这样一种以所谓的"军事极致化"(the military sublime)为目标的探索恰恰是商业中的那种讲究合群的市场思维的对立面。不过,它倒是与"终极性"这个词所具有的意蕴很是相称,也正是后者一直以来为人们在基础研究方面的思维模式提供了活力。不仅如此,鉴于学院科学家在二战期间的实际表现,大多数西方大国的国防部门也就乐见科学家如此地工作下去,对科学家的监督也只是维持在最低程度。就这样,军方成了冷战时期科学基础研究最主要的外部支持者——及至 20 世纪 70 年代,在科学家中大约有 20% 的人从事着国防相关的研究(对美国和英国

---

〔1〕　这正是 Hooks 1991 的主要观点。感谢苏嘉达·拉曼让我注意到了这一重要文本。乍看起来情况有点荒诞,也就是罗斯福新政竟然能够成为缔造军工复合体的熔炉。毕竟,新政成功的很大一部分要归功于"孤立主义"政客的支持,这些人并非来自支持罗斯福新政的美国东北部地区,他们只是受新政关于国家自给自足的总体构想所吸引。不论如何,就"福利"国家与"军事"国家这两个概念间存在着的上述联系来说,德国以其自身向世界提供了对应的历史先例。同时,早在帝国主义时代的早期,赫伯特·斯宾塞在写作《社会学原理》第一卷时就已经先见性地将这一联系点了出来,并且对它作了一般化的处理。书中,斯宾塞区分了两种社会,分别称为"军事"社会和"工业"社会。他将后者视为更高级的形态,因为在它底下有着自主的个体以及自由主义的经济。然而,俾斯麦的德国所代表的则是第一种社会类型,这种类型的社会让国民感到,他们需要依靠国家来获得自身的福利。具体地说,国家保障了国民的社会安全,这样做一方面使得国民要背负起在战时保卫国家的义务,另一方面国家也要保障这些义务兵足够健康,以便高效地作战。

　　"福利—战争国家"这一表述形容的便是上文中的德国情形,其出处是 Gouldner 1970b,第 500 页。在上述历史阶段中,人类在降低疾病造成的威胁以及改善人员的营养水平方面取得了一系列伟大的医学进步,而这些进步的相当多数(尤其是罗伯特·科赫的工作)乃是来自这样一种关切,也就是如何来保持战场上士兵的身体健康。随后,这些成果被推广到和平时期的一般大众身上(他们被视为未来战争的后备军)。在本书第一章,我们已经有机会注意到,在过去的一百年里所出现的那样一种与医学联系在一起的军事性形象的描述。Leslie 1993 是有关美国军方为了确保获得稳定、连续的国防研究力量而投资职业化科学教育的一个论述。这一话题同时也可参见 Noble 1991,特别是第 11—68 页。

来说,这一比例为 30%)。[1]因此,当前存在的研究人员过剩现象并不是人类知识探索过程的"自然"结果,它乃是大学随着一系列事件而扩大规模后的历史遗留。这些事件不仅包括冷战,它实际上包括的是自普法战争以来的那些与军力增长有关的每一个时间段。

毛奇把西方推入了上述发展轨迹之中,这是出于他对李斯特的深刻认同——资本主义竞争永远取代不了国家对战争的需要,更确切地说这两者将会采用同样的手段。为此,毛奇设想的是这么一种在技术上做好准备的市民体系,该体系将使得国家的基础设施能够随时在工业用途与军事用途之间切换。上述可切换性的最直观的例子便是工厂与火车转型的便捷性——前者转去生产武器弹药,后者转为向前线运输军队以及补给。与英法相比,德国在把科学进步有效地整合进国家基础设施这一方面占有优势。尽管人们依然可以说就形式化的科学知识与新技术的相关性而言,它更多地表现为前者为后者提供解释与正当性辩护,而不是前者实际创造出后者。但是就德国的化学工业来说,它已然为基于科学的技术创新树立了成功的范例。

因此我们也就并不奇怪——而且这一点还与今天的一些科学政策分析家身上的历史正相反——及至 19 世纪尾声,德国就已经设立了由国家、产业以及大学联合资助的混合型研究机构:威廉皇帝学会(今天马克斯·普朗克研究

---

〔1〕 Proctor 1991,第 254 页。此处值得一提的是,当范内瓦·布什及其盟友们对研究重新归类的时候(把那些带有浓厚国防性质的研究重新归类到"基础"研究之中),这样的做法在弱化科学的公共责任方面表现得更为成功,而不是在增加研究经费方面。就后者而言,它是从 1957 年苏联发射第一颗人造卫星后才开始的。参见 Reingold 1994,第 367—368 页。

所的前身）。[1]相比之下，英法的情况则大为不同。一方面对法国来说，由于国家委派的项目实在过多，遏制了独立发明家的发展空间；另一方面对英国来说，尽管它的去中心化路线使得发明创新呈现多样化的源头，但同时它又不具备足够的手段来发展并利用这些发明创新。由此，在整个 19 世纪里，那些胸怀抱负的德国科学家往往走这样一条路子：他们先是在英国的那些单干型的天才人物那里出师，而后回到德国建立起像样的实验室，有时候甚至会创设一门学科。[2]

　　倘若德国人并没有意识到永久紧急状态乃是对其处境的一个有着如此压倒性说服力的描述，那么"技性科学"（technoscience）这样一头不仅囊括了方方面面，而且整个社会都要迎合于它的比蒙巨兽能不能出现还真是个问题。我们很难忽略，把科学教育和技术教育引入大众层面与征召成年男子入伍的强制兵役制之间的历史巧合性。就李斯特所谓的"精神资本"或者毛奇所谓的"智力基建"（intellectual infrastructure）而言，它的发展所要面临的实际问题是，应当如何把自然科学的课程引入课程总规划中，以及在哪一个层面上去实施。马赫与普朗克两人同时意识到，以上这么一个悬而未决的问题不仅关系到德国的存亡，而且还关

---

〔1〕　Harwood 1994 是有关上述现象以及它在英国、美国以及法国的平行发展的一个精彩分析。有关德国的化学工业对开辟这样一种混合型研究模式——它使得基于科学的技术创新成为可能——所起到的重要作用，最优秀的英文文献当数 Johnson 1990。约翰逊令人赞赏的地方在于，他强调了国际压力乃是造成上述发展的重大条件。关于科学家们所受到的种种压力——迫使他们要"配合行事"，目的只是确保国家在追逐全球主导地位的竞赛中不至于落后——相关讨论参见 Schroeder-Gudehus 1990。

　　　　具有讽刺意味的是，在当代欧洲的那些科学政策分析师那里，上述有关历史的意识在相当程度上消失不见了。这些分析师宣布，在知识生产模式上出现了这样一种转换，也就是从大体上基于大学的、由范式所驱动的"模式 1"转换为大规模的、涉及国家—产业—大学三者相合作的"模式 2"。参见 Gibbons et al. 1994。我将此类历史观称为"立体视镜式的"（stereoscopic），是由于它为两个大体上同时发生的状况赋予了历时性（diachronic）深度的假象。参见 Fuller 1999b，第五章。在模式论者看来，模式 1 可以追溯到 17 世纪的科学革命，而模式 2 则是可以追溯到二战或者冷战的结束。然而，正如我们所看到的，就两种模式以制度化的形式出现来说，这样的制度化实际上只是相互地发生在对方的某个发展阶段的内部。从时间上来看，它们相应发生于 19 世纪第三个 25 年与第四个 25 年中。此时，实验室科学与学术规范所表现出的兼容性为大学与产业间更为深入的协作敞开了大门，而且对于过去的实验室来说，它们通常也都在以上两个场所中设立。也确实，威廉皇帝学会要比今天的"三螺旋"研究机构早了整整一个世纪。Etzkowitz, Webster and Healey 1998 是近来关于大学—国家—产业三合一研究模式的一部独具特色的论文集。

　　　　模式论者以立体视镜式的方式来观察历史，因此也就遮蔽掉了一个重要的关键点：历史上自然科学一直是产业与商业方面的关切渗透进学院文化的主要媒介，而此类渗透总的来说是针对当时把大学界定为文科机构的一种反动——彼时，大学对于那些超出自然哲学传统范围的科学探索并没有特别的兴趣。此外，模式论者的立体视镜式历史视野还有着一个更为微妙但又同样重要的理由，也就是这些人一直将理论物理学视为科学史一直以来的先驱性学科。由此，牛顿在剑桥的数学教授席位（模式 1）与原子弹的建造（模式 2）这两者中间的巨大的时间鸿沟就被模式论者看作是所有科学的典型特征。然则，如果他们是根据化学来把握科学史的话，那么这样的鸿沟便不会如此显眼。在这一意义上，一方面模式论者普遍地赞同，研究方式应转为模式 2 这种在定位上不太侧重于理论的模式，另一方面这些人的编史学偏见表明，他们一直对自己的理论见解保持一种自命不凡的态度。

〔2〕　Inkster 1991，第 133—138 页。

系到科学本身的存亡。一般而言，教育改革是在两个呈垂直关系的层面上进行的：一方面，它将教育机会延伸到了大众身上；与此同时，在另一方面，它引入了教育类文凭，以此对职业作出分化和分层。[1]在今天，发生在上述两个层面上的动向被视为现代化社会的本质特征。也确实，在诸如德国社会学家尼克拉斯·卢曼这样的系统理论家的著作里，"功能性分化带来增长"享有不证自明的地位，它从一个有力的有机体类比（再加上一点点经验论证）中获得了支撑。然而就19世纪末来说，教育的扩张与教育的专门化之间的关系要来得更加紧张。

当相对只有少数人能获得正式的学校教育的时候，教育同时成了社会的"纵向"流动与"横向"流动的载体。一方面，社会下层能够提升他们的社会地位；另一方面，社会上层则可以更为容易地转换自己的职业。（当然，这样的概括仅对男性适用，对女性不成立。）[2]毫不奇怪，对于民主理论家来说，他们呼吁实行全民性的正规教育，以此作为把工作机会彻底平等化的一个手段。不过，有相当多的教育改革人士担心会出现这样的问题，也就是如果不加约束，那些刚接受完教育的人群所具有的流动性可能会引发社会失序。由此，教育改革者希望能在这一"自由化了的"教育系统的内部，对某些在历史上控制受教育机会的区分机制进行新的改造。在实际操作中，这就意味着把劳动雇佣建立在文凭的基础之上，而获得这样的文凭要求学生经历一个课程学习阶段，其所要学习的内容由相关的学术专家所控制。就德国来说，大多数关于上述事务的公共辩论乃是聚焦于当德国中学的

---

〔1〕 Mueller，Ringer，and Simon 1987。

〔2〕 这一点之所以值得强调乃是因为，不管当时德国的科学家们在政治立场上有什么分歧，他们在这一关于女性的问题上有着惊人的一致，即认为女人至少不适合从事科学工作中那些最为细致严密（同时也是最有名望）的工作。就普朗克与马赫两人来说，普朗克关于上述问题的保守观点相对而言不那么令人意外。普朗克的思想与现代拉马克主义者十分相似，他一方面认为就偶尔的个别情况来说，女人有资格接受物理学训练，但另一方面，如果大量的女人涌入会扰乱自然平衡，以至于造成物种的消亡。马赫在这一问题上的正式看法比较难以捉摸透，不过也就稍微那么一点点的乐观。马赫的同道，威廉·奥斯特瓦尔德，在这个问题上表现得足够开明：除了那些需要实验室经历的科目，他允许女性参与所有其他科目的训练。类似于普朗克以及其他同代人，奥斯特瓦尔德认为女性缺乏足以支撑高强度研究活动的意志力。不过，多少带点反直觉意味但又与马赫在科学专门化问题上持有的去神秘化态度相一致的是，奥斯特瓦尔德认为，女性所表现的无法胜任实际上是她们拥有某种道德力量的标志——比起科学探索来，女性能够从母亲身份中获得更纯粹的满足感。普朗克与奥斯特瓦尔德关于女性的观点来自1896年由神学家亚瑟·基尔霍夫所主持的关于女性可教育性的调查。对该调查的讨论可以在 Proctor 1991，第112页以降中找到。

马赫私底下对女性的态度倒可以从他的一些妙句中得以一窥。这些句子被她的妹妹玛丽记录在了自己的回忆录中。下面就是典型的马赫式句子："唯一适合女性的严肃职业就是远离聚光灯。"引自 Blackmore 1992，第16页。这里我必须对苏嘉达·拉曼表示感谢。正是她要求我关注20世纪德国科学思想的这一面，从结果来看，这多少也算是它的一个阴暗面。就基尔霍夫的研究而言，被调查的学者们在划分适合与不适合女性研究的门类时，把边界划在了不同的位置上。这里很有意思而且值得考察的地方在于，这些位置在多大程度上与被调查人对人文科学与自然科学［Geisteswissenschaft-Naturwissenschaft］分类的理解相吻合。

总体课程规划在整个 19 世纪一直保持着不变的人文主义色彩时,此刻引入自然科学课程将会带来怎样的后果。[1]绝大多数论战参与方都同意至少要在一部分中学里,某些形式的(自然)科学教育应当能够为学生们所接触到——问题在于采取怎样的形式以及出于怎样的目的。关于以上问题的种种回答开启了对下列话题的讨论,也就是,自然科学所带来的独特的认识论贡献是什么,这种贡献与"现代的"德国市民有着何种关联——后者也许未曾以科学研究来开启自己的职业生涯,但是科学要想继续保持现在的步调就需要得到他们的持续支持。

在上述背景下,马赫与普朗克围绕"科学的目标"展开了一场旷日持久并且高度个人化的论战。自 1908 年开始,这场论战便吸引了相当多的公众注意力,并且一直持续到 1913 年。[2]一般说来,马赫所持有的工具论立场使得他把赋权大众(mass empowerment)与科学文凭主义(scientific credentialism)两者视为教育的两个互不相容的目标。普朗克则对文凭主义持支持的态度,从其实在论的立场看,文凭主义是正在快速扩张的教育系统的一个必要补充。在通过学校系统来"传播科学"这一问题上,马赫的构想和普朗克真可谓大相径庭。在马赫的设想中,国民将越发具有流动性,而普朗克则将之设想为越发具有可动员性。就马赫的核算方案来说,它的视角乃是科学节约了劳动,而到了普朗克那里,视角变成了科学增加了价值。马赫与普朗克的个案特别具有启发性。马赫在奥地利议会中为成人教育奔走呼号,同时他针对各种非科学专业主编了一系列高中以及大学的科学教科书。[3]通过这些文字,20 世纪的重要科学思想家中有许多人——包括爱因斯坦、海森堡、卡尔纳普、波普尔以及维特根斯坦——得以正式地了解马赫的工具论。[4]而在另一方面,普朗克管理着诸多机构,在第一次世界大战前以及第一次世界大战后,这些机构把持着德国科学共同体的职业身份认同以及公共发声。这些机构包括德国物理学学会、柏林大学、威廉皇帝学会,同时还加上一些国际性的科学联合会。[5]表 2 勾勒出了马赫与普朗克之争的各个层面。

---

[1]　关于此番争论的一般特征,参见 Mueller 1987 与 Albisetti 1987。关于此次争论所涉及的科学事务,参见 Blackmore 1973,第 135—137 页。

[2]　Blackmore 1992,第 127—150 页提供了主要论战回合涉及的文本。

[3]　Blackmore 1973,第 235 页。

[4]　Blackmore 1973,第 141 页。

[5]　Heilbron 1986,第 47—86 页。

表 2　马赫与普朗克之争的"剧目单"(1908—1913)

剧目	马赫	普朗克
科学哲学	工具论者	实在论者
"自主的科学"	病状(手段成为目的)	纯正(目的本身)
科学的价值	节约劳动	增加价值
科学统一性的源泉	将科学翻译为日常经验(精神物理学)	将日常经验还原为终极的物理学要素
所偏好的基础科学	现象化学	原子物理学
通识教育中的科学	技术	解难题的思维模式
历史是否包括在科学教育中?	是(对过去的回溯将打开通往未来的大门)	否(对过去的回溯会对将来造成困扰)
科学政治学	自由民主的	国家社群主义
"市民科学家"	获得赋权的	可动员的
科学中的英雄人物	伽利略(打破传统)	牛顿(传统的开创者)

4. 我们应期待将来多些科学,还是少些科学?

马赫以这样一种著名的方式对科学的价值做出了定位,科学的价值就在于它具有节约思维的能力:就那些被认为在本质上有着根本性差异的现象来说,人们原本需要耗费极大的精力和体力才能处理它们,但现在这些现象可以被概括为单个数学方程或者数学方程组。用最一般的话来说就是,科学是一种抽象的省力的方法,它能使人类需要的满足变得更容易,因此也就把人的时间解放出来而投入其他事务中。马赫并不认为学院科学的实践就其本身来说足以成为一项特别有趣或者特别高贵的事务。他甚至会奚落实践科学家表现出的那种对古怪状况以及异常状况的兴趣——这类兴趣常常在课堂中被贴上"好奇"的标签而具有高贵的格调。毫不奇怪,在马赫看来,中学教育就足以使人恰如其分地把握科学,而无须接受过度专门化的科学教育。事实上,马赫认为如果科学教育的内容不只是告诉人们科学有着那么一种追求省力的历史趋势,那么它甚至可能会弄巧成拙。马赫最不希望见到的情形是,原来学生们浪费时间去掌握人文领域的艰深知识,而到了现在这些时间被挪过来用以掌握科学领域的艰深知识。实际上,马赫希望能够总体地减少学生花在学校里的时间。[1]

要注意的是,马赫关于思维的经济学截然不同于他关于自然的经济学。后者的内容是,所有自然界的东西都是出于某种理由而被放在那里,只要我们能读懂上帝的思想,就能马上理解为何这些事物会被安排成它们所是的样子。如果说关于自然的经济学乃是(通过理性化的方式)使人类的预期适应于自然的复杂性,那么关于思维的经济学走的是完全相反的路子,它乃是人类策略性地集中自己有限的精力,以此来化解上述复杂性的手段。[2]马赫主张,我们应当从人类生存这一目标出发来衡量各种智力活动(其中包括了自然科学)的经济价值。可以说,马赫在19世纪晚期的物理学家中是独一无二的,因为在他看来,进化论生物学——而不是物理学的某些终极分支——是所有研究活动的背景约束。不仅如此,马赫对心理主义以及自由主义这两者的一并认可使得他有别于同时期的一些进化论者:马赫相信"人类生存"包含的内容并非由超出人类认识或者掌控的自然外力所决定,而是由人类在把它们描绘出来时、那些具体时刻的集体利益所决定的。(事实上,对马赫来说,生存这一概念全然不是那种"野蛮的"东西,它更贴近于现代的福利概念。)即便我们的生物学本性以及环境条件决定了我们做描述和决定的特定时刻,但马赫依然认为,它们并不能左右我们做出的描述和决定的内容为何。[3]

在与马赫的公共论战中,普朗克聚焦的是"思维经济学"是否应当被纳入科学的目标之中。当马赫用过去来为经济化思维举例的时候,后者表现出的这样一种兆头引起了普朗克的不安,比如说,马赫在谈论乘法表与斯涅尔折射定律时,将两者予以等量齐观。它们都能为人们提供如何对大量信息进行有效存储、有效传递以及有效检索的方法,从而节约了人力劳动。[4]于是,人们可以不用如此费力地重复过去完成过的工作,也不用去相互重复旁人做过的事情,由此而把精力投入更能实现个人满足以及社会福祉的事务中。就人类历史中的上述趋势而言,马赫评论道,与其说它与科学思想的实际发展有关,不如说是与书写的这样一种功能——其作为记忆的假肢——得到推行有关。事实上,科学只是这样一类社会实践中的一种,它们的发展乃是随着书写以及书写的技术性后继形式——印刷以及

---

[1]　Blackmore 1973,第133—136页。

[2]　Blackmore 1973,第174页。

[3]　Blackmore,第137—138页。

[4]　参见 Georgescu-Roegen 1971,第27页,脚注14。

(马赫如能穿越到现在的话)计算机化——的传播而得到推动。[1]

让我们继续顺着马赫的思路往下捋:如果有人认为科学理论所表现出的统一性、稳定性以及闭合性具有某种非凡的认识论意义,那他是被那些相当平凡的社会控制形式与技术控制形式在科学实践中发挥的作用给唬到了。诚然,科学是有可能看上去有着非凡之处,如果你把注意力仅仅放在这样的事实上,也就是不同实验室的科学家在不同的范式下工作,最后能够确实地产生同样的实验结果。正因为如此,社会学家已经意识到,去深入研究职业教育底下所隐藏着的统一性是非常重要的。这里的职业教育不光指的是上述科学家所受到的教育,同时还包括那些身居幕后的把关者所受到的教育——这些把关者形塑了科学家对自己实验室环境中的状况能够做出何种反应,并且也正是他们把这些反应协调起来。[2]最终,人们只有在划分界线时做到最细致最精微,这样才能区分出理性共识与由群体思维(groupthink)而来的共识。对于这一点,哲学家与科学家——尽管不是普朗克——两者已经不止一次地意识到了。[3]

不论如何,就马赫式批判的本意来说,它针对的仅仅是这样一种对稳定性和闭合性的推崇——把两者升格为值得在研究者共同体中推广的认识论德性。稳定性与闭合性这两者显然有着别样的、更具产业导向的德性。对许多实验结果来

---

[1] 就今天由计算机带来的绝大多数脑力节约举措而言(比如说存储能力以及检索速度),相信马赫接受起来并无问题。不过他很可能跟不上这样的一种观念,计算机能够成为义肢式的人类身体的延展——比如说电子人(cyborg)的概念。与先前的莱布尼茨一样,马赫认为,思维经济学的终极形态应该是表意文字,正如中国以及日本所使用的文字,人们通过单个文字的字面就能阅读出某种观念。这表明,即便就最先进而且是最具风格化的思维经济学形式而言,认知过程依然是基于人类日常的知觉形式,而且这样的根基关系是不可被还原的;归根结底,观念便是抽象的图案。因此,计算机语言作为数学符号的机械版,一方面无疑确实在许多场合发挥着作用,但另一方面从它们的设计层面来说,计算机语言总会显现出"武断性"(arbitrary),因此也就无法完全地纳入人类思想的自然模式之中。至少,在我的想象中,马赫是会如此这般地考虑问题的。不论如何,我们可以看到,这一思路与马赫的追随者在如何建构一门通用的思想语言这一问题上得出的另类见解有着一定的相关性。举例来说,正如我们将在下文中看到的,纽拉特在他的国际通用图形符号系统(Isotype)中更愿意把马赫的思想按照字面接受下来,这比波普尔与卡尔纳普愿意接受的程度要高得多。关于马赫本人的正式观点,请参阅 Mach 1960,第 577—578 页。马赫很可能受到了这一事实——日本在 19 世纪最后 25 年里在科学界快速崛起——的影响。日本崛起的一个重要原因乃是欧洲的科学课本被翻译成了表意文字,这就使得日本学生比起欧洲学生来更容易把握科学的概念,毕竟后者需要把概念从它们隐晦的希腊—拉丁名中剥离出来。参见Fuller 1997d,第 121—134 页。

[2] 格雷姆·古迪研究了维多利亚时期的杰出科学家(其中包括 T. H. 赫胥黎)所表达出的这样一种关切,也就是程式化的实验室训练告诉人们相同的手段必须导向相同的结果,由此也就遏制了任何的创新冲动。参见Gooday 1990。就这样一种在解释科学共识时把上文提到的马赫主义考量作为依据的做法,Fuller 1996c 为这类哲学模型作了简要的勾勒。

[3] 当然,以上正是波普尔在面对常规科学被库恩赋予了价值稳定(valorization,译者注,在马克思主义中,价值稳定指的是通过某种创造价值的劳动最后增加了资本的价值)特性时,所主要担忧的问题。有关群体思维这样一种心理——集体成员调整他们的信念以符合某个强势成员的看法——请参见 Janis 1982。

说,它们是在机器可以达到的机械精度下生成的,这就意味着靠机器就能产生这些结果,如此一来也就容许实验室里的科学家把他们的时间用在其他事务之上。同样的情况甚至也能出现在所谓的闭合理论身上。比如说,牛顿力学的核心内容就是一种闭合理论。它能够被黑箱化,由此而实际地成为各式计算装置。正如体力劳动一样,一旦脑力劳动能够通过上述方式实现自动化,那么此刻去鼓励人们在"认识论德性"的大旗下继续按照老样子来费力劳作,这除了获得某些模糊意义上的审美满足外,究竟还能获得别的什么就不那么明确了。反过来,当人们无法把基于科学的技术与科学共同体脱钩的时候,这不仅意味着科学家将长久保持群体思维,而且还在认识论意义上把科学家以外的人置于一种长久的从属位置。此处不妨举一个基于马赫视角的形象例子:想象一下开汽车将会是一种怎样的精英式活动,如果它意味着一个人在获得驾照之前需要掌握汽车机械师所需要掌握的知识。[1]

从根本上看,马赫所设想的科学事业乃是自我牺牲式的,而不是自我延续式的:今天某个科学家付出的劳动将能够使得下一代人花更少力气就能实现同样的目标。从这一标准出发往下,也就有了科学史中对那些最突出的进步所做的修正主义解读,后者把诸如建立理论来说明不可观察实体这样的具有典型"专业性"的活动推到了边缘地带。正如我们已经看到的,对马赫来说,某个科学理论仅仅是某种信息技术的雏形。事实上,马赫把科学实践的稳固性与科学共同体的专门知识相剥离的欲望颇具当代气息。在今天,这样一种可剥离性无疑是许多目前流行的多元文化主张的中心内容——在后者看来,其他文化与西方文化有着相同的认识论地位。以印加人为例,他们在马丘比丘设计的农场是颇为先进的,西方农学

---

〔1〕 马赫把技术的下列作用视为一种德性,也就是技术使得人们能以非反思的方式(因此是轻松的方式)完成过去需要付出大量思考(因此是十分费力的)才能完成的任务。这一点遭到了当时哲学家(其中最著名的当数埃德蒙德·胡塞尔)的痛批。在胡塞尔以及 20 世纪诸多的追随者那里——范围从马丁·海德格尔的存在主义现象学到法兰克福学派针对工具理性的批判——马赫被刻画成了批判性反思的大敌。同时,列宁的《唯物主义和经验批判主义》(1909)表明,马赫的形象在马克思主义者的眼里也好不了多少。然而,就这种种控诉来说,如果从相应的意识形态斗争角度出发,考虑到马赫主义在这些斗争中扮演的重要角色,那么这些控诉多少还是能理解的。但是,如果针对的是马赫本人,那么对他的指控就不是那么公允了,正如他本人对普朗克的科学实在论的系统性拒斥已经表明了这一点。在马赫看来,当他的反对者提出批判性思维乃是大规模社会变革所需的预备性要素时,他们预设此时人们在一定程度上已经获得了经济上的安全感,于是便有了闲暇去深入地思考自己的未来。由此,技术所具有的省力特性对于促进这样的目标来说是必不可少的。有关马赫对胡塞尔的回应,参见 Mach 1960,第 594—595 页。Gorz 1988 是近来的一份看起来秉承了马赫精神的方案(虽然标题看不出来)。

家要到 19 世纪才能做到类似的程度。[1]如此这般的比较性断言是不可理解的,除非人们接受印加人并不需要仰仗某个受过专业训练的科学家阶层来稳固自己的农业知识。科学知识包含的"普适性"内容恰好体现在了上述方面,也就是说,这样的内容对所有文化背景而言都有着一种自然而然的可获取性,对它的吸收并不需要任何先在的"教化"过程。[2]在某种意义上,这是对思维经济学原理的另一种应用,特别是对那些学生来说,如果他们想要用最少的精力学到最多的知识,那么就需要对已经掌握的知识进行发掘利用。

马赫为多元文化科学(multicultural science)的发展所做的贡献体现在了他的历史学识以及政治行动主义这两个方面。在有关古代的问题上,马赫对"蛮人"智慧的评价比起他对古典希腊哲学家——尤其是亚里士多德——的评价来要高得多。马赫把自己的老本行也就是力学的起源追溯到了原始手工艺,他论证道,"蛮人"对标枪、弹弓以及弓、箭的精通表明,他们已经潜在地掌握了惯性原理。然而,当希腊人把体力劳动甩给奴隶的时候,这就意味着剩下的自由民丧失了与惯性原理亲密接触的机会。马赫正是以此来解释为何亚里士多德关于物体运动的描述会如此糟糕,以及这套东西为何能够反过来阻碍西方科学的进步达数百年之久——不论"蛮人"对运动的默会理解如何正确,书写技术使得希腊人能够高效地散播自己的错误观念,这是那些大字不识的"蛮人"所做不到的。对于上述针对希腊人的刺耳评价,马赫是这么来辩护的:如果科学的本质是技术,那么既然希腊人不仅没做什么贡献,而且还就技术如何运作的机制作了误导性的描述,这样一来有什么是值得表扬的呢?[3]从政治行动主义的角度来看,马赫对多元文化主义的同情体现在了他与威廉·奥斯特瓦尔德一道为锡兰(如今的斯里兰卡)的佛教徒提供道义以及资金的支持上——彼时,当地的原有教育实践随着英帝国的统治而面临彻底改造,这引起了佛教徒的反抗。此处,马赫非常乐意放任奥斯特瓦尔德的"能量主义"形而上学信条——"永远都要节约能量!"——以此作为锡兰人不必更换自己传统的认知实践的理由。[4]

---

[1] Weatherford 1993。

[2] 刘易斯·佩尔森做了大量的工作来强调帝国主义时期精确科学(exact sciences)向被殖民地人民传播时所具有的"教化使命",尽管大多数被教授的科学仅仅起到了点缀性的作用,而没有对被教育者的福祉带来显著的提升。Pyenson 1990 是了解佩尔森所做海量工作的一个很好的切入点。

[3] Mach 1960,第 3 页,第 62 页。要注意的是,马赫在编史学上表现出的敏感性很有意思,你不能为它贴上"辉格""普利格"或者甚至"托利"三者中的任何一个标签。

[4] Blackmore 1992,第 185 页。

回顾 20 世纪初的科学论战,我们可能会得到这样的印象,也就是诸如"经济性""简明性"以及"统一性"之类的词语在使用时是可互换的,它们对于论战各方来说有着同样的意义。然而,仔细观察就会发现,事实远非如此。举例来说,普朗克反复强调科学的使命乃是获得关于物理实体的统一理论,与此同时他拒绝把上述目标理解为马赫意义上的"经济性"。在马赫看来,科学是帮助忙碌于生活的人们节省劳动的手段之一——也许是迄今为止最出色的一种。对普朗克来说,科学的目标就是科学本身,这样的目标独立于科学所具有的改善人类境遇的能力。如果人类的目标与科学的目标存在着某种趋同,那么普朗克会将此视为一种幸运的巧合。[1]

从马赫本人对"科学目标"的解释来看,他主张我们不应想当然地认为科学在思维经济中扮演的历史角色能无限地延续到未来。当代社会没有义务去完成某些仍在进行着的、(普朗克坚持认为)由牛顿的《自然哲学的数学原理》所开启的科学项目。换句话说,在决定明天的科学政策方向时,我们必须把自然科学过去的历史记录视为一种"沉没成本"。正如我们在上文中看到的,马赫特别担忧这样一种未来前景,也就是越发专门化的科学研究将会带来越见萎缩的投资回报。与此相关的主要迹象有:反常现象的积累与持续、研究活动诉诸艰深晦涩的数学以及不可观察实体。如果科学研究是在上述条件下展开,这无疑也就意味它需要更昂贵以及更为定制化的实验设备。直到当时,科学研究获得大笔投资的案例主要集中于国家—企业对化学的资助。对该领域来说,它带来的实际红利是显而易见的。然而,如果要把以上政策推广到所有自然科学上,这会有充分的根据吗? 尤其是当这样做不大可能带来公共利益的时候。

普朗克同样意识到了这一问题,不过他把目光牢牢地集中在物理学共同体的未来上。不论马赫的科学教育主张能够让学生对科学成就怀有多高的敬意,这些主张的本意并不是要鼓励学生投入科学事业,它们甚至都不鼓励学生采用科学的思维模式——至少是那种打上物理学共同体烙印的思维模式。普朗克本人的策略是,他希望通过科学教育能让所有公民都加入成熟科学的使命中。普朗克主张,科学揭示的是一幅愈加融贯的世界图景(weltbild),它包含的那些约束性内容不仅能够使人们更深入地理解几乎所有领域的实践,同时还能把后者予以形式

---

〔1〕 Blackmore 1992,第 142—143 页。

化。举例来说,如果某个工程师掌握了物理学的某些问题集,那么他就能成为一位更优秀的工程师。通过学习科学家是如何把问题建构得具有良好结构以及如何来解决这样的问题,学生也就能够习得库恩称之为"范例"或者"学科基质"的东西,并以此来形塑他们自己的实践。这里涉及的不仅仅是学生按照自己的意愿来使用理论中立的方程式,它同时还要求学生对那样一种能够将万物全部容纳进来的物理实体模型——比如说原子论——作足够的投入,去仔细推敲该模型对某些可以通过实验进行验证的案例具有何种意义。[1]由此,接下来的情形大概会是这样:学生们相信,如果不把科学家的某些专业方向内化到自己身上,那么自己也就无法完全掌握相关的公式以及技术。如果说这样一种策略并没有实际地鼓动学生走入科学的生涯,那么当学生付出努力来掌握科学理论的部分内容时,这将使得他们对前沿科学家将来付出的劳动抱有同情——即便这些科学家并没有生产出对当下有任何实际价值的东西。

随着普朗克的基本理由在这里被逐渐揭开,实在论对工具主义的一个标准反驳正变得栩栩如生起来:当现象已经可以被经济地利用和处理的时候,此时如果没有一个理论性框架来告诉我们这样的现象后面有着支撑它们的客体,那么还会有什么东西可以来促成我们继续从事科学呢?从现实的角度来说,如果不把那些与职业科学家研究方向有关的内容加入通识科学教育中,凭什么期望能够招募到下一代科学家来接班,又凭什么期望前沿科学研究能继续得到公众的支持呢?对马赫来说,只要科学能被学生毫不费力地纳入他们的日常生活,那它作为通识教育的内容来说就是合适的。而对普朗克而言,他希望学生能熟悉科学中的那些掌握起来难度较高的专业内容,因为正是后者促成了科学在现代文化中享有的显著地位。此外,与马赫所推崇的科学的省力形象正相反,普朗克相信随着物理学走向大一统,此时知识的任何额外增长都将需要人们付出比原来更多的劳动,与此同时这样的劳动在结果上还不一定会带来任何直接的现实效益。由此,如果公众习惯于将科学视为一种省力的工具,那么他们在面对科学的上述前景时很可能变得沮丧。

普朗克论证道,物理学在认识论上的独特之处在于它具有以下的能力——面对数量越来越多的观察者所观察到的更为庞杂的观察结果,物理学能够将它们形

------

〔1〕 Heilbron 1986,第 42 页,第 55 页。

成一个闭环,把它们如数纳入某个大一统的理论之中。就这样的理论而言,一方面它对那些未曾受过专门训练的人来说可能是无法理解的,但另一方面该理论的合法性并不是通过这类具有人类中心主义色彩的手段得到验证的。毋宁说,理论的合法性乃是来自它的这样一种能力,也就是能在任何地方为任何研究者带来同样的结果,即便在火星上也不例外。[1]在这一意义上,任何分析性评论如果没有照顾到这一基本的指向,它也就没有资格被贴上"科学"的标签。普朗克诉诸终极实体的"独立性"与"恒定性"特征的做法我们是非常熟悉的,不过他的论证暗中认可了马赫的正确性:既然所有事物都朝着上述终极实体收敛,这就意味着某个统一的研究方向会被强制实施,于是也就使得创新过程中所有可能的个性都被抹杀得一干二净。[2]这是一次生动形象的坦陈,它明确地告诉我们,在科学实在论与观察的理论负载之间存在着一种吊诡的依存关系。

就普朗克意欲获得的大一统理论而言,它的"简单"之处在于能用最少数量的公理来解释最为多样化的现象。普朗克援引了玻尔兹曼在热力学与力学之间取得的统计学统一来论证,对于物理学来说,实现上述意义上的统一性已是近在咫尺的事。[3]然而,如果从马赫的经济学视角来看,这样的大一统理论就不再是"简单"的了,因为它要求人们用物理学理论那高深莫测的语言来重新解释关于实在的经验。那些从日常角度来看乃是有着质的不同的两种经验,比如说热与磁,现在能够作为不可观察实体(也就是原子)在统计学意义上运动的产物而得到讨论。普朗克是这样来描绘科学的统一性的,某类现象能通过另一类"更深层"的现象得到完全的解释——就后一类现象而言,只有前沿物理学家才拥有相应的认识通道。马赫对统一性的理解是与他对简单性的理解相一致的,心理物理学领域的费希纳定律正是其原型。此处,数学公式是与经验(物理刺激与感官反应)的集合相关联的,两者有着平等的本体论地位。[4]如果说普朗克的统一原则乃是还原,那么马赫的统一原则便是翻译。于是,我们也就不会奇怪,一方面马赫能从各科学学科中找到大量的盟友,但另一方面,这些盟友几乎都是在物理学圈子之外。

---

[1] Blackmore 1992,第128—129页。

[2] Blackmore 1992,第130—131页。

[3] Blackmore 1973,第213—220页。

[4] Blackmore 1973,第29—30页。

5. 有关常识与历史在科学教育中所扮演角色的争论

从教育的角度来看,普朗克的观点意味着普通人要么去学习如何用新的物理学理论来重新阐述自己的经验,要么干脆直接让物理学家代表自己发言。对马赫来说,以上两个选项都令人不快:前者增加了学生在学校所需花费的精力,而后者则使得人的这样一种做自己想做之事的力量被打了折扣。此处,全面充分地把握马赫对科学研究与科学教育两者关系的理解是非常重要的,因为他一直以来受到诸如鲁道夫·卡尔纳普(1891—1970)这样的自称马赫主义者的逻辑实证主义者的颇多误读。[1]

在马赫的理解中,教育的首要目标乃是让学生摆脱种种固定观念的影响——它们会妨碍学生对自身的经验做出理智的判断。[2]诸如此类的固定观念不仅包括了当代物理学的那些深奥范畴,而且还包括了常识所隐含的本体论。就后者来说,马赫相信,它与其说来自现象层面上的可信性,不如说来自中世纪的经院哲学。由此,在美国的实用主义者那里,他们的现象论很容易就滑向了经验的种种常识样式。马赫则坚持,教师要让学生意识到,即便是"加热使物体摸上去发烫"这样的陈述也承载了形而上学的负荷。在这一意义上,马赫提倡在课堂中实施语言疗法。[3]不过,与卡尔纳普在《世界的逻辑结构》中的做法不同,马赫认为在实施上述疗法之后,并不需要再用感官要素的形式化语言对世界进行公理化重构。事实上,马赫明确地指出,欧几里得的几何学方式——卡尔纳普的工作正是以此为模型——是科学家与普罗大众不那么愿意接纳他们自己的亲身经验的根本原因:它迫使人们借助由人为选择而来的基本原理的含义进行推理。[4]

马赫对欧几里得的方法并不认同,他指出这样的方法把本质上是为思考提供便利的工具转变为思考本身的一种模式。就牛顿定律以及牛顿定律在特定边界条件下的推论而言,它们的形式描述使得人们能更加精确地搜索出有问题的命

---

〔1〕 对卡尔纳普哲学发展过程的一个充满见识且富有同情的论述出自这么一位人物之手,他是参加维也纳学派聚会的那个年纪可能最小的学生:参见 Naess 1965,第3—66页。
〔2〕 读者可以在 Matthews 1994,第95—100页中找到对马赫教学思想的一个富有同情的论述,它强调了马赫的教学思想与当代科学教育的相关性。马修斯主要关注的是马赫对"思想实验"的使用,也就是"思想实验"作为一种"经济的"心灵运用,它被用来模拟实验室中早已经被打上人工烙印的种种条件。
〔3〕 Blackmore 1973,第137—138页。
〔4〕 Blackmore 1973,第303—304页。

题。但与此同时,有关我们在何种认知环境下能够去搜索以及我们在何种认知环境下应当去搜索,这些形式描述却不置一词。上述批判的一个更为一般化的版本体现在了马赫对机械论解释的厌恶上:推广使用能节约劳动力的机器,这跟主张实在就是机械式的,或者我们本身就如同机器般地思考完全不是一回事。[1]事实上,从马赫的立场来看,一方面我们尽可能让机器遍布世界各个角落,但另一方面我们也能并行不悖地发展自身非机械性的方面。在卡尔纳普的那些维也纳学派同人中,奥图・纽拉特(1882—1945)更加趋近于马赫关于科学研究以及教育问题的观点。纽拉特追随马赫的脚步对成人教育持支持态度,而且他还把这一点拓展到了"社会博物馆"的设想中——工人能够通过访问这样的博物馆来了解自身的社会经济状况以及政治机遇。[2]纽拉特一直专注于开发一门理论中性的经验语言,这种语言将能使工人们直接理解自己的处境。不过关于"理解",有一个地方值得警惕,也就是鉴于纽拉特频繁地提及大众广告,这就意味着我们不能以过度理智化的方式看待此处的"理解"。比起创造出一个共同的思维方式来,纽拉特的兴趣更多集中在开启集体行动上。与马赫一样,纽拉特对物理学家新创的那些理论名词持怀疑态度,他想要避免对新的文字(verbal)语言的依赖。如此这般的依赖将使得理解偏向于先期接触到词典的人,因为相应语词正是从这样的词典里选出的。(由此,即便谈论的是逻辑句法,它也会偏向于代数领域的专家。)换句话说,一门普遍语言必须是以普遍相同的方式通达所有人,尤其是当该语言所传递的信息很可能会扰乱人们的前概念并聚焦行动的时候。[3]

不过,马赫对普朗克教育策略的反对并不局限于上文提到的两个方面:扶持

---

[1] Blackmore 1973,第192—193页。

[2] Dvorak 1991。

[3] 基于上述精神,纽拉特开发了一种名为"国际通用图形符号系统"(Isotype)的视觉图像语言,该语言在维也纳社会博物馆中得到了使用。国际通用图形符号系统受到了以下三种传统绘画手法的影响:(a)对历史战争的美术再现手法。该传统通过对阵双方军队的面积大小来体现两者实力的相对强弱。(b)埃及美术。该传统通过衣着以及身体形象的区分来标识人物的社会地位。(c)儿童美术。该传统倾向于只抽取重要信息而忽略其余内容。参见Sassower 1985,第115—119页。有关纽拉特在发展出他自己的方案时所身处的马克思主义背景,也就是所谓的"红色维也纳",参见Cartwright et al. 1996,第56—82页,第85—86页。来自儿童美术的影响起到了特别重要的作用,纽拉特试图以此来把马赫对经验形式的两种区分——"表象的"(presentational)与"表征的"(representational)。马赫希望上述区分能够进入到教学实践之中,以使学生学会如何把他们的实际经验跟那些以无意识的方式与实际经验连接在一起的推论内容区别开来。卡尔・比勒作为当时纽拉特所在的维也纳大学杰出的学院派心理学家,他认为儿童美术构成了一种"前表征"(prerepresentational)的经验形式:把焦点完全集中在了任何能够吸引儿童注意力的东西上。由此,比勒的工作便是考察儿童是如何习得用那样的在成年人看来是"表征式"的方式来作画的。不过,在比勒手下拿到博士学位的卡尔・波普尔却对纽拉特的国际通用图形符号系统是否真的符合马赫以及比勒的精神提出质疑;参见Bartley 1974,第332页以降。

那些不经济的研究活动而产生的成本效益问题，强制学生去学习种种人为的思维方式。他的疑虑同时还延伸到了对自然科学知识本身所具有的意识形态内容的关注，考虑到这样的知识乃是崇高的社会声望与尖锐的理论冲突的结合。马赫在这一问题上的担忧标志着学术自由的历史迎来了一个崭新的篇章。在普法战争后，当科学在高中教育中的地位之争首次爆发时——唱对台戏的主角分别是恩斯特·海克尔（Ernst Haeckel）与鲁道夫·魏尔啸（Rudolf Virchow）——议题乃是关于那些支持进化论的社会主义者是否会威胁到自然科学作为大学的诸般科目在近年来取得的进展。[1]到了马赫的时代，形势似乎出现了反转。问题变成了，如果没有那些与自然科学联系在一起并主导着高中课堂的种种意识形态，自然科学研究还能不能继续蓬勃发展。普朗克深信，这个问题的答案是否定的。

　　马赫对科学权威过度扩张的警告正是后来主导英美科学哲学的那种奥地利—德国式"实证主义"所具有的特征。它的政治暗示更多的是来自密尔而不是孔德。我们可以在马赫的下一代人身上找到上述忧虑的一个更熟悉的表述，它便是马克斯·韦伯所呼吁的"价值无涉"的科学。韦伯的呼吁常常被人误解，以为他仅仅是在为纯研究进行辩护。然而，此处还有着一个至少是同等重要的内容，也就是我们有必要去劝诫教育者不要抢先将自己的思想和偏见置于具有经验真理的地位，以此来阻碍学生的价值选择。事实上，德国人所理解的学术自由概念有着两方面的内容：研究本人想研究的内容这么一种（教职员）的自由，以及学习本人想学习的内容这么一种（学生）的自由。[2]就上述有关学术自由的敏感性而言，我们也许可以在费耶阿本德那里找到它的当代后继者——费氏坚持主张，神创论应当与进化论一同在学校讲授，这样才不会剥夺学生相信自己愿意相信的内容的权利，尤其是当真相（就目前我们正在讨论的案例来说，其真相便是生命的起源问题）还尚未明朗的时候。[3]也的确，费耶阿本德明确地将马赫奉为以上敏感性的开

---

〔1〕　Baker 1961。

〔2〕　韦伯关于价值中立的经典论述出现在 1918 年给慕尼黑大学社会学专业毕业生所作的演讲里：参见 Weber 1958。然而，韦伯时不时地对那些似乎在课堂中违背了上述自我约束准则的同事表示失望。就本章所讨论的问题而言，值得一提的是，针对那些从"能量主义文化理论"角度试图把"能量"上升为道德原则与世界观的著作，韦伯撰写了一个批判性的综合评论。相关的讨论可以参见 Rabinbach 1990，第 194 页以降。有关学术自由信条与德国社会学的专门化之间的关系，参见 Proctor 1991，第 134—154 页。该书中重强调了与学术自由信条联系在一起的种种自我管理实践。关于学术自由历史的经典著作（写于麦卡锡时期的美国）仍然是 Hofstadter and Metzger 1955，其中作者对这个概念的德国背景进行了广泛的讨论。

〔3〕　Feyerabend 1979，第 73 页以降。

山始祖。[1]不过此处值得一提的是,当费耶阿本德主张"自由"来自允许各式各样的理论在课堂中百花齐放的时候,马赫则站在了费耶阿本德的反面。马赫主张,理论浓度稀薄的空间才是自由所需要的那种呼吸空间。

反过来说,以上意识形态层面上的自我克制同时还能使科学家在下列问题上达致"价值无涉",即他们将更加倾向于不把经验证实与公众支持这两者给混淆起来。毕竟,对科学教育工作者来说,他们会把那些在公众层面上享有崇高声望的理论看作事实,但理论最终是否正确仍需科学共同体来决定。由此,教育工作者的实践就会给科学家带来无形的压力,使得他们去修改自己的研究纲领以迎合最时兴的风尚。以上担心在魏玛共和国时期成了现实——量子物理学家试图为微观物理实在寻求非决定论的解释,以此来迎合当时已然存在于通识教育中的种种非理性主义情绪。

最后,马赫的教育政策能对这样一类学生的想象力起到规训作用:他们深受原子说或者达尔文主义这样的科学理论在隐喻上的感染力所吸引,并且在接下来当他们进入社会生活时,他们也许想利用上述理论来为自己的政治主张增添几分额外的修辞分量。浮现在马赫脑海里的是德国沙文主义政客的这么一种倾向,这些人以牛顿定律——事先用德国唯心论的哲学棱镜恰如其分地将它折射一番——来证明国际冲突以及实力政治(realpolitik)的不可避免性。由此,物理学中相互碰撞的惯性质量体就很容易地转化为具有相反意志的自我(egos)。[2]马赫对这一问题的看法非常直截了当,也就是如果某个理论比如说原子说是真的,那么人们将可以从它的前提中导出各种有着明确具体应用的方程式,而这就反过来使得原子说本身对于课堂教学来说是多余的。在理论为我们带来上述结果之前,它在地位上乃是研究所用到的探索手段,但这样的地位一旦出了研究领域就会失去其根基。此处,我们也就得到了萌芽形态的语言治疗思想,它在后来成了早期维特根斯坦及其逻辑实证主义的追随者一直关注的问题。

到目前为止,似乎马赫对科学进步持完全否定的态度。那么,他的进路真的是"批判的""工具论的",还是仅仅是怀疑主义——正如普朗克本人所相信的? 让我们在这里引用一下马赫在1883年出版的名著《力学》的副标题,实际上马赫的进路乃是"批判—历史的"。"批判—历史的"这一表述出自启蒙神学中的一支,马

---

〔1〕　Feyerabend 1979,第195—205页。
〔2〕　Blackmore 1973,第234—235页。

克思在《德意志意识形态》中把 19 世纪上述神学分支的倡导者称为"青年黑格尔主义者"。该传统一直贯彻着这么一个主旨,也就是基督教因为教会试图隐瞒耶稣的历史性而被神秘化了。如果对耶稣进行恰如其分的历史化,那么其他暂且不说,它将能表明:耶稣是不完美的(但也正是这一点使得耶稣对人来说乃是可达到的);耶稣的教诲应当被视为可推之普世的(于是这些教诲便不再是某个特定宗教的所有物);出于维护教会权威的需要,历史记录已经被不断地折中处理过了。就马赫而言,他的创新之处便在于以上述对基督教历史的构想为基础来为科学史建立模型。[1]

尽管从长远的角度看,马赫与普朗克之争起到的作用乃是把历史排除在了科学批判领域之外,但就当时而言,两人的争论被理解为与批判—历史神学中常见的争论是同构的:人是如何来把握基督的启示的,是通过观察基督教的独特之处,还是通过观察基督教与世界其他宗教的共同点?类似地,人是如何来把握科学探索的目标呢,是通过考察现代自然科学的独特之处,还是通过考察现代自然科学与世界其他知识生产实践的共同点?马赫相信科学带着这么一条"普遍启示",而它一直以来总是面临着制度层面上的抵制:科学仅当它对人类的那些突出需求给出经济性的回答时才是进步的。

由此,当马赫公开支持这样一种主流的伽利略形象时——伽利略的成功乃是来自不让神学遮蔽自己直面自然的能力——他也就参与到了 19 世纪末的一系列"科学对宗教"的战争之中。伽利略对天空的研究意在改善人类的境遇,即便这会动摇罗马天主教会的权威。不过,马赫的争议之处在于,他把上述论证思路拓展

---

[1] 大卫·弗里德里希·施特劳斯的《耶稣的一生》(1838)是批判—历史神学著作中最知名的一部,它深受黑格尔青年时期的著作《基督教的积极性》(1795)的影响。有关该书的响亮名头所带来的哲学以及政治学上的负面影响,Massey 1983 做出了出色的论述。就 F. H. 布拉德利(1846—1924)这位牛津的唯心论哲学家来说,他对批判—历史进路给出了一个认识论批判,并把它作为自己职业生涯的开始。布拉德利将批判—历史进路与当时涌现出来的那些与威尔·狄尔泰联系在一起的人文科学连接了起来,从而为通往众所周知的"历史哲学"开拓出了一条英式的通道——罗宾·柯林伍德正是其中最为著名的实践者。参见 Bradley 1968。有关批判—历史神学与世纪之交的那些科学批判之间的联系,参见 Gregory 1992。

在阅读布拉德利时,有一点是特别清晰的,也就是批判—历史神学构成了"科学方法"第一次以组织化的方式应用到大学的学术研究之中。事实上,在德国的情境里,神学院对自然科学被吸收进学院文化起到了重要作用。(这里值得一提的是,1898 年是德国报考自然科学专业的学生在数量上超过报考神学专业学生的第一年。参见 Inkster 1991,第 97 页。)而且,威廉皇帝学会正是在德国研究大臣阿道夫·冯·哈纳克这位自由主义神学家的支持下于 1890 年成立的。哈纳克将"大科学"视为与大政府以及大产业有着天然的关联,就这三者而言,工作都是以一人(负责人)带头、多人实施这样的方式展开的。参见 Johnson 1990,第 43 页。以上这样一种由著名神学家来充当自然科学制度化的助产士的情况并非德国独有,正如我们在第一章第 6 节里讨论威廉·惠威尔生涯时所看到的,"科学家"这个词语正是由这位英国圣公会牧师发明的。

到了他自己所在的当下。马赫据此而主张,物理学本身——尤其是它坚持研究要沿着统一的理论方向展开——所具有的制度结构妨碍了科学的进步。作为证据,马赫强调就那些针对牛顿力学的根本性反驳来说,它们在今日的说服力绝不亚于两个世纪前人们首次提出它们的时候,但这样的反驳在物理学家所接受的专业训练过程中被隐去了。在这些反驳中,最著名的一个反驳涉及了有关绝对空间、绝对时间、以太、原子甚至质量本身的存在。事实上,爱因斯坦赞赏了马赫的贡献,觉得正是他使得上述反驳保持了足够久的生命力,从而让人们意识到对接下来出现的相对论的需要。

不过,令普朗克尤为恼火的是,马赫做的事情并不仅限于在自己的历史著作中为科学异议人士发声。他同时还鼓励人们(常常在他的学生中)重拾那些已经消亡了的、试图根据普通人经验中的规律性来发展科学原理的研究项目。有时候,这就涉及以实验的方式来考察捷克与奥地利的那些"未受正统教育的"工匠——他们掌握的民间知识(folk knowledge)正是基于其高度发达的感知能力。[1]在某种意义上,这些涉及比如说现象光学、现象声学以及现象化学的工作能够被理解为复活19世纪早期所谓自然哲学的一系列尝试。作为牛顿力学的一个来自德国的竞争对手,自然哲学常常与诗人歌德联系在一起,后来随着物理学的其他部分拥有了比肩经典力学的数学完备性以及实验完备性,自然哲学也就走向了消亡。不过,从更广泛的角度来说,以上这些受马赫激发的项目的目标乃是去建构一种"常识科学",后者能够成为认识论权威的替代性新来源,由此而使得中学教学体系下那规模更大的学生群体能够拾回某些特定的认知视域:这些认知视域正急速地——尽管是不显明地——被新涌现出来的科学专家阶层吞噬。

6. 编史学上的意义

马赫与普朗克之争往往被视为科学哲学的一个奠基性论战,但人们在这么说的时候把它局限在了非常小的一个范围里。就呈现在本书中的内容来说,上述提法的牵涉范围实际上要来得大得多。通常,人们把关注点集中在了双方论证的主旨内容上,这些内容主要有关的是原子说作为物理学研究纲领的命运变迁,以及

---

〔1〕 Blackmore 1973,第59页,第89页,第206—207页,第222页。

更为重要的,还原主义作为一种元科学的研究纲领的成功——鉴于原子说的成功意味着化学原理可以被还原成物理学原理。此外,马赫与普朗克各自所持的总体立场确实类似于"工具论者"与"实在论者"在今天的科学哲学中的那样。然而,如果纯粹从技术性的以及哲学性的角度来理解,那么我们会很难把握人们是出于什么动机来持有这两种立场,这一点尤其体现在了工具论的情形中。譬如,哲学家们经常论证说,科学的伟大飞跃有赖于一种超越传统认知方式的实在论视角,反观工具论,鉴于它强调的是对现有知识的应用以及它的形而上学立场是不可知论的,因此工具论实际上妨碍了科学进步。[1]以上无疑是关于两个立场的刻板形象,普朗克正是利用它们来界定争论中的条款,以此来使自己处于有利地位。不仅如此,上述两种形象还有着各种间接证据的支持:有许多著名的工具论者——特别是马赫与杜恒——他们在一些后来被证明是科学史的革命性节点上站到了反动阵营的一边。

不论如何,我们需要牢记的是,马赫和其他的工具论者之所以显得是反动的,当且仅当我们的考察是以这样一种科学史构想为背景,也就是人们在洞见上取得的革命性突破构成了划分科学的节点——这正是马赫方面所竭力反对的实在论构想。所以,当普朗克他们认为工具论倾向于阻碍某个具体的科学进步形式时,马赫他们则会坚持,那些迹象乃是标志着工具正推动着更为一般意义上的人类进步——相反,倒是普朗克的科学实在论阻碍了这样的进步。如果争论的条款是由马赫一方来界定的,那么我们现在就会把实在论与工具论视为就下列问题给出肯定或者否定的回答:科学能否独立于一般意义上的人类进步过程而进步? 此时,实在论者将背上一个论证负担,他们需要证明,当科学家宣称自己掌握着独一无二的进步方式时,这里除了科学家的自我考虑外还有别的内容。

《利维坦与空气泵》一书是那些深受科学知识社会学影响的历史著作中最重要的一部,我相信马赫与普朗克之间的争论与呈现在该书中的霍布斯与波义耳之间的争论至少是同等重要的。[2]"霍布斯与波义耳之争"标志着科学史中出现了这样一个转折点,也就是社会问题的解决与认识论问题的解决是同步进行的。当对阵双方展开论战的时候,他们各自所选择的路径在可行性上看起来是相同的。17 世纪中叶,人们针对这类获取知识的可能性——单纯依靠文字推理就能获取知

---

〔1〕 对上述广为人们接受的观点的批判,参见 Kragh 1987,第 40 页。
〔2〕 Shapin and Schaffer 1985。

识（霍布斯的路线）——提出了一系列严肃的质疑，但反观知识生产的经验模式（波义耳的路线），它并没证明自己能够适用于各种不同的情境。选哪条路走呢？同样的，"马赫与普朗克之争"也标志着一个转折性时刻，鉴于今天出现的越发高涨的马赫式呼吁——缩减大科学的规模，把科学研究与普通民众的教育需求直接关联起来——可以说此处的转折时刻有着更为重大的当代意义。现在的问题是，从普朗克再回到马赫的转向是可能的吗——或者甚至，这样的一种折回真的是我们所需要的吗？

就科学哲学界近来围绕历史的作用展开的讨论来说，马赫的批判—历史进路处在被封杀的状态，这是普朗克的科学观对马赫的科学观取得长期性胜利的又一个标志。每当我们显得非得要在"科学教科书"的历史（纯粹从过去是如何为当下的到来做好准备的角度来刻画过去）与"职业历史学家"的历史（纯粹以过去自己的方式来刻画过去，完全不提及当下）之间做出选择的时候，普朗克对历史的姿态就又被重新树立了一次。上述以辉格主义与相对主义为两端的伪两难困境在库恩那里正式得到了肯定，他论述道：一方面，如果科学家对其自身的历史没有一种奥威尔式的理解的话，常规科学便无法进行下去；另一方面，如果历史学家本人与事件被揭示出来的样子是有所牵涉的话，那么过去便无法得到恰当的理解。

就上述对科学工作与历史工作所做的省事划分来说，它丢失了这么一个思想，也就是当人们把某些事件纳入"过去"的范畴时，这样的做法可能暴露了当代科学思考样式所隐含的局限性。马赫无疑是意识到了这一点：当普朗克把贝克莱与莱布尼茨针对牛顿的绝对空间和绝对时间假设的批判当作"只不过是历史"来处理时，其实牛顿的两个假设本身也是历史的遗留物——在过去，人们正是用这两个物理维度来说明神与其创造物之间的互动。事实表明，马赫复活了这些有着长达两个世纪历史的批判，这对爱因斯坦的物理学革命起到了重要的作用。换句话说，第三条路存焉（tertium datur）：历史的作用不仅限于为当下提供合法性支撑以及重新找回过去，它甚至还可以通过这样的方式来改变未来——将那些在过去被压制的声音重新引入当下的关切之中。上述道路不仅仅意味着在讲述科学家的故事时要"不论好坏全盘交代"，更重要的是试图去重新磋商"科学史"与"科学本身"（science proper）之间的学科边界。我在导言中曾经说过，类似的批判—历史工作经常出现在社会科学之中。因此毫不奇怪，人们通常会把这些社科领域的重要史家视为该学科的实际工作者。相比之下，很少有人会说某个物理史家对物理学做出了某项直接的贡献。普朗克与库恩肯定希望的是后一种情况,因为正是这样一种劳动分工使得常规科学的开展成为可能。

从形而上学的角度来说,马赫与普朗克之间的分歧——尤其是他们对历史的迥异态度——可以化约为一个关于时间定位的问题。两人无疑都是身处"当下",但这个当下与那些能够称为"过去"或者"将来"的东西是连续的还是不连续的呢?沿着查尔斯·桑德斯·皮尔士、伯特兰·罗素以及汉斯·赖兴巴赫的道路,分析哲学家们思考了当人们用语词来标识身处时空中的自己时,这些语词所具有的逻辑。[1] 这些语词中包括有诸如"这儿"(here)、"现在"(now)、"那儿"(there)、"那时"(then)等等这样的具有"殊型反身性"(token-reflexive)的索引表达。以上这类研究文献有着一个共同的思想脉络,也就是某个索引表达所指涉的范围可能会随着语境的不同而出现巨大的差异。譬如,"现在"(now)这个词,根据不同的语境能够分别意指"此时此刻""20 世纪""现代"这些意思。由此,在特定的语境下,"过去"与"当下"或者"当下"与"将来"之间就可能形成明显的重叠。鉴于对时间的归派具有"殊型反身性",因此仅当人们预先设定好讨论所指的历史阶段是排除在"当下"所涉及的范围外,那么"时代误植"这类指控才是犀利而到位的。而且,如果是这样的话,那么此处的到位是双向的:不仅当下不能被用来评判过去,而且过去也不能被用来评判当下。如此一来,我们现在能够看到当库恩与普朗克各自在编史学层面上给出禁令时,两者具有一种互补的关系。[2]

普朗克在"那时"与"现在"所指涉的范围之间划出了一道鲜明的边界,同时他把当下与将来连在了同一条线上。在普朗克看来,两个世纪前提出的那些反驳对于如今人们所关注的问题来说乃是无关宗旨的。过去已经作古,我们最好把它留给历史学家;反过来,就这些历史学家来说,他们应当与执业科学家经受的教育保持距离。有意思的是,一方面库恩选择站在了普朗克的一边,但另一方面当普朗克在保护当代科学家的关注点不受科学史家的影响时,在库恩这里保护关系被反了过来。不过,最后的结果倒是一致的:不论是库恩还是普朗克,两人都断绝了历

〔1〕 Gale 1967 是关于上述话题的一个精彩的概述。

〔2〕 在写作普朗克对经典量子力学的系统阐述时,库恩向大家展示了他本人所持有的普朗克式的历史观察视角,这可以说是一种非典型性的反身一致性案例。库恩的这一专著在处理普朗克当初的假设和论证时并没有引入相应领域后来所取得的革命性成果;参见 Kuhn 1978。尽管该著作让那些《科学革命的结构》一书的崇拜者很是失望,但职业史学家肯定了此书在库恩本人的思想逻辑中所具有的重要地位。在这一意义上,人们对这本关于普朗克的著作的接受程度反映出,库恩是在怎样的程度上被人误读了。参见 Buchwald and Smith 1997,特别是第 370 页。

史对当代科学进行批判性干预的可能。再者,对普朗克来说,当下乃是一个以未来为导向的概念,这就使他能够去质疑人类在科学历史中付出的种种机会成本是否还能挽回。也就是说,即便马赫的看法是对的,歌德的科学在一百年前受到了不公正的对待,但就现在而言要弥补伤害已经为时已晚。牛顿范式自歌德时代以来进一步展现出了它的力量,与此同时科学文化也按其自身的形象对社会作了改造。由此,在普朗克看来,过去的种种机遇所开启的行动可能并非永久敞开的。

比起普朗克与库恩,马赫将过去视为既跟当下相连续,同时也向着未来敞开。马赫的批判—历史敏感性是"哲学性"的,这样一种"哲学性"体现在了他的下列姿态所具有的深层含义之上,也就是马赫拒绝根据某个研究传统所取得的经验上的成功,来淡化该传统所面临的非经验性的(比如说概念的、方法论的、形而上学的)难题的重要性。[1]换言之,马赫认为就那些出现在人类整个历史长河中的各式反驳来说,只要人们没有充分地回应它们,那么它们将普遍而永恒地具有重大意义——不论它们与当下有着多么遥远的距离。这样一来,当现代物理学家不去回应那些有着两百年历史的针对牛顿力学的反驳时,马赫得以把这一状况解读为在一个进行中的对话里封杀不同的声音。而且,马赫因此也能够诉诸人们在压制那些相较而言更加基于现象的科学进路时所失去的机会成本,把它们用来赋权大众。既然过去与当下是相连的,那么马赫就能向人们传递这么一个印象,也就是如果有足够多的科学家效仿马赫学生的做法并且因此而认识到实验进路能够如何被用来发展自然哲学以及手工知识中的那些洞见,那么,上述机会成本依然是可以挽回的。与此同时,马赫那种面向过去的当下概念与未来是非连续的,这就解释了马赫为什么能够自如地把牛顿力学的成功历史视为一种隐没成本——它不该来影响我们关于下列问题的判断,也就是在明天的世界中,哪一种科学应当获得支持。在这里,直接规则归纳(straight rule induction)并不能成为现成的指导准则。

不论如何,是马赫输掉了论战。确认这一点的一个有效办法,就是去关注人们所普遍接受的库恩那个反复重申的主张:职业科学家在对待自己学科的历史时怀有一种自我考虑,它在内容上截然不同于职业历史学家的表现。尽管库恩留给人们的印象是,以上职业科学家与职业历史学家之间的敏感性差异乃是科学研究

---

〔1〕 此处我对 Laudan 1977 提出的科学进步标准进行了一番含蓄的批判性引用。

过程所固有的——至少自 17 世纪晚期物理学进入"解难题"阶段后是这样;然而就事实来说,那些在历史上针对现代科学理论的反驳一直以来都形影不离地伴随在物理学左右,直到马赫败于普朗克之手为止,这才一个世纪不到。而且,就生物科学来说,上述反驳通过这些学科最顶尖的从业者——通常是自然主义者,诸如恩斯特·迈尔——而继续萦绕在学科周围。换句话说,科学家不仅对这些基于历史的论证无动于衷,他们似乎还没有意识到,这样一种忽视本身乃是近来才出现的现象;甚至,与库恩的观点正相反,该现象并非科学事业中的流行现象。如果我们去考察这样一类科学家的实践——一方面清楚地了解历史,另一方面却断然将它抛到一边——上述论断就会变得更加令人印象深刻。诺贝尔物理学奖获得者史蒂文·温伯格近来关于维尔纳·海森堡的评论便是一个典型的案例。温伯格指出,海森堡作为"20 世纪伟大物理学家之一",在物理测量的主观因素与客观因素的不可分性这一问题上却持有某种带有原始后现代意味的观点,这最终反映出,"海森堡不该被视为一个一直以来都慎重思考的人"。[1]当温伯格如此自信地去芜存菁——一方面甩掉那些令人不快的内容,另一方面又满足了自我考虑——标志着普朗克与库恩所特许的那种历史庸俗主义正被今天的科学家以公开而直率的方式践行着。

7. 科学政治学的再柏拉图化:在教育以及研究上的后果

正如今天的实在论与工具论之争所表现出来的样子,两派的争论乃是分享了一个共同的假设,也就是在某些重大层面上,科学拥有脱离社会其他部门的自主性。最起码我们在解释科学的成功时无须提及支持科学的社会各界。然而,一旦实在论与工具论之争在教育政策领域展开,上述自主性就变得很难维持:科学如何为自己的自主性进行辩护呢,既然它同时还要证明,就社会再生产的那些关键过程而言,哪怕科学自己无法成为其中具有特权地位的一员,那至少也配得上成为其中的一分子。从马赫与普朗克的争论中,我们可以区分出对上述问题的两种答案,而 20 世纪的进程已经证明,一方面这两种答案都有着影响力,另一方面它

---

[1] Weinberg 1996,第 12 页。温伯格在接下来还评论了海森堡在二战期间领导德国原子弹工程时所犯下的技术性错误。在 1996 年 10 月 3 日发行的《纽约书评》中,温伯格的言论受到了多位在历史方面见闻广博的通信作者的责难。

们又并不尽如人意。实在论者诉诸的是这样的一个科学形象,也就是科学乃是一幅非凡的理性世界图景,采纳它将能把规范有序的思维带入任何行业之中。工具主义者则把科学描绘为一种经济性的工具,它不仅能为每一个人在追求自己的目标时提供协助,同时还不会将其自身所具有的价值取向强加给人们。实际上,以上关于"自主性"的两种互不相容的构想形成了这么一个两难困境:利用,要不然就被利用。

当两个立场是以辩证的方式发展起来的时候,通常双方都会小心避免对方的缺陷出现在自己身上,但在同时又会不知不觉地忽略自身的缺点。对马赫来说,普朗克的实在论教育政策所带来的最大威胁无疑是思想灌输。这样的担忧使得马赫在对自然科学的文化含义进行概念化时,使用了与关于"学术自由"的自由主义信条有着广泛一致性的方式,也就是要同时适用于研究人员与学生。不幸的是,对于以上这么一种"学术自由"信条而言,人们在最初构思它时考虑的是人文学科作为教育系统的中心内容。而到了 20 世纪的头十年,自然科学知识比起人文知识来,它的应用范围要比后者来得更大,同时具有更潜在的危险。由此,否认科学本身具有价值取向,也就意味着间接地许可人们把科学知识挪用到服务任何目的之上,即便是破坏性的目的也是如此——正如第一次世界大战最终所展现的那样。如果说,每当有这样的一个马赫站出来,坚定不移地拒绝让自己的科学事业与战争牵扯上关系,这时候就会有一大群如此这般的马赫主义者现身——尤其来自化学家群体(其中就包括"和平主义者"威廉·奥斯特瓦尔德)——他们乃是"心甘情愿地"为德国皇帝的目标服务。[1]

与马赫所不同的是,普朗克并不相信把科学与价值观截然分开就能解决科学自主性的难题。如果这样做了,只能使科学被那些有能力将自己的价值观强加到它之上的人所控制。科学必须被社会认可为具有自身的价值取向,而且这样的价值取向与国家、宗教以及产业之间是一种非竞争性的共存关系。在其职业生涯的绝大部分时间里,普朗克一直都持有精英官员的身份,他注意到了马赫的民主自由主义未曾把握到的现代单一民族国家中存在的种种社群主义倾向。由此,普朗克以如此这般的方式来组织科学家们:使他们能对自己工作的方向以及应用进行集体控制。这样的策略同时还包括了把自然科学的独特视角逐渐渗透到教育系

---

〔1〕　Johnson 1990,第 180—183 页。

统的每一个角落。然而,正如马赫与普朗克之争中双方的严谨修辞所揭示的,实在论策略将科学,尤其是像物理学这样的先进科学抛到了一个尴尬的政治处境之中。因为,倘若科学的目的不仅与其他的社会目的之间存在着显著的差异,而且差异还会越来越大,那么要把学生吸引到科学事业中来,或者至少使他们对科学事业抱有同情的态度,人们就需要让学生早早地接触到科学的世界图景。由此,要想对研究议程进行持续的控制,似乎就有必要加强对学生课业的控制。

正如之前所表明的,马赫在普朗克面前遭遇到的是一场长期性的失利。这场失利的一个关键因素乃是马赫本人严格地,甚至可能是时代误植地遵循了苏格拉底那古老的辩证式探究理念——无可否认,后者也正是威廉·冯·洪堡于 19 世纪初在柏林重塑德国的大学制度时,以“启蒙”的名义所推崇的东西。该理念与大学所承载的古典人文使命(市民教育)有着最为紧密的联系,它乃是一幅坚定地以古希腊式实践(praxis)为导向的图景:科学的目标常常是由教授与学生一起在课堂中实现的。借用今天社会心理学家让·莱夫的话,所有的学生都是知识生产过程中“合法的边缘性参与者”,他们就其本身来说乃是主动的研究者,而不是知识的被动接受者。[1]马赫为上述构想赋予了一种具有他个人印记的独特风貌。在他看来,科学在经验的常见模式面前是温顺的,这种温顺性使得不论科学应当在多大程度上对经验的常见模式进行修正与规训,经验的日常模式都可以在近乎同等

---

[1] 有关学习作为合法的边缘性参与,参见 Lave and Wenger 1991。为了避免读者把马赫的形象理解为是彻底返古的,这里必须指出的是洪堡式优美图景的陨落乃是仅当到了马赫与普朗克他们的上一代人那里才开始变得显而易见。即便是在 19 世纪晚期,学生仍然被视为研究人员——人们鼓励他们尝试种种试验性的可能,以此来确定什么是行得通的。在这一意义上,并不存在两个相互独立的所谓“训练”阶段与“研究”阶段。参见 Olesko 1993,特别是第 22 页。关于洪堡理念在德国大学体系中的衰亡,相应的一个简要历史回顾可以参阅 Schnaedelbach 1984,第 12—32 页。

对那些经历了洪堡理念衰亡过程最后阶段的德国学者——比如社会学家马克斯·韦伯——来说,弗里德里希·尼采(1844—1900)象征着的便是所谓的“科学人”:这些人在洪堡理念消亡后丧失了自己的信仰。尼采是一位早成的文学家,他的第一本书被人们从“学术”的角度进行了激烈的批判,此后尼采陷入了长期抑郁的状态。(接下来的故事大家都知道了。)在《悲剧从音乐精神中诞生》(1872)一书中,尼采要求读者利用理查德·瓦格纳的现代音乐以在读者自己的时代里再现那样一种使得两千多年前的希腊悲剧得以繁荣起来的情境。尼采的命运可以说是两种敏感性之间的这样一种深刻差异的缩影,也就是对学院中“教学的”团体文化与“研究的”团体文化来说,它们希望把什么样的内容作为它们团体的集体记忆而保存下来。尼采代表的是教师一派,它强调的是复原过去的情境,这些情境将能持续地为当下赋予生气;反过来对于新涌现的趋势来说,它强调的则是复原过去的内容,即便这意味着要强调希腊的概念宇宙相对于我们自己的概念宇宙来说所具有的“他性”(otherness)。上述新涌现的趋势——它在今天已经成为主流——蕴含着这样一个观点,也就是过去在很大程度上乃是一个“异邦”,我们最好把它留作专家的专有领域。就本书在导言第 4 至第 5 节中所讨论的当代相对主义所具有的普利格特性而言,它应该被视为出自这一视角,而不是尼采所代表的那样一种能够抹去过去与当下之间任何明确界线的视角。从更为一般化的意义上来讨论作为翻译目标的情境和内容间的平衡,参见 Fuller 1988,第六章;Fuller 1998b。

的程度上对科学的发展做出相应的约束。马赫关于科学统一的原理乃是一种翻译,而非还原。因此,在他的脑海中,大学的研究职能与教育职能永远无法明确地区分开来。而且,马赫设想自然科学在被大学(以及高中)吸收后,将有助于上述机构摆脱自身中残留的精英主义成分。

　　然而,目标是必须跟制度捆绑在一起的,在这一意义上目标的可取性最后也就受制于制度的现实可行性。这便是马赫构想的短板所在。学生与教授一起参与到积极的研究活动中,这一图景尽管就其源头来说乃是出自洪堡,但它由于历史学科中出现的研讨班(seminar)制度(对研讨班来说,教学被划归为研究的子项)而迅速地改变了样式,从而使得教室被改造成用以招募下一批学科从业人员的市场。当基于实验的科学被引入大学后,以上思路也就转移到了实验室之中。此处心理学为我们提供了一个特别富有启发性的案例。早期的心理学实验室大多都归属于哲学系这一核心的人文学科。[1] 慢慢地,替代性的新构想涌现了出来。它设想的是由这样的一群科学研究者所组成的共同体——他们真正工作的环境与学生集体地面对教师的讲堂是截然分开的。不论普朗克的构想保留了多少古老的基于古希腊式实践(praxis)理念的内容,正如我们在接下来所要看到的,这些内容乃是留存在了科学对社会秩序的再生产所发挥的作用之中,而不是留存在科学本身的运行过程中。科学就其自身而言已经越发地不具备任何意义上的可实现

---

〔1〕　Danziger 1990,第17—67页。

目标了。[1]

---

[1] 在当下流行的观点看来,那些在现代科学实验室中完成的工作乃是"实践"(practice)的一部分。这里值得强调的是,雅典城邦的公民可能不会认为这种用法与他们对实践(praxis)的理解相吻合。Turner 1994 对人们在社会科学中诉诸实践的做法给出了一个全面彻底的批判。《人类研究》(*Human Studies*)1997 年 7 月号登载的会议文集里收录了这篇论文,同时还附上了当代科学社会学两位主要的理论家——安德鲁·皮克林与迈克尔·林奇——的回应。就接下来的内容而言,我部分地借鉴了法国马克思主义人类学家古德利尔的观点(Godelier 1986,第 130—137 页)。

对雅典人来说,实践指的是一种特定意义上的"为其自身"而完成的活动。这样的活动需要具备一个自然的发展轨迹以及目标,并且相应地为参与该实践的人所认识到。此外,作为实践,它能为那些不具备自我定义能力的活动规定出相应的轨迹与目标。举例来说,在奴隶制被引入之前,农业便是实践的一个典型案例:粮食的栽培与收获并不是一桩无休无止的公共事务,人们之所以从事它仅仅是因为需要以此来维持家庭。这里的重点并不是要改造自然,毋宁说这是在参与一项由许多人同时参加的活动。随着每个家庭各自以使他人能够维持生活的方式来耕作土地,关于文化的意识便是以此类实践为主要途径,在人们的心目中慢慢树立起来。然而,当由奴隶来接下农活的时候,实践就被限制了自由言论的范围中了,具体来说就是讲出他自己的思想(而且仅仅是思想)。

这里我们需要引入两个相互联系的概念:技艺(techne)与制作(poiesis)。前者指称的是各种面向客户需求同时又需要专门化(通常是行内秘传的)训练才能获得的手艺,而后者指称的乃是运用上述手艺完成的独特作品。对客户来说,他参与实践的方式是指引工匠制作出符合他指定的那种具体规格的物件。同时,工匠的工作则是以他的手艺作为媒介来实现客户的想法。客户有可能会对工匠的工作进行监督,以便确保一切按计划进行。如果,最终的作品风评良好,那么要注意是那个客户而不是工匠因着作品的成功而受到赞美。(当然,工匠凭借自己付出的劳动也会得到相应的报酬。)如果这样一种绩效制度从现代的标准来看可能略显古怪,那么你不妨看看今天的案例:老师通常会因着自己的学生在考试中发挥出色而受到表彰。就上述古代版案例与现代版案例来说,功劳更多是要归于对可实现的具体规格的设计,而不是归于在工作中实现上述规格时所展现出的纯粹能力。如果技艺使得工匠能够赋予物料以形式,那么实践就能使得客户为工匠定好方向。

当然,可以在上述故事中加进一堆复杂问题。比如说,要是有那么几个雄心勃勃的人把讲演本身转变为一种技艺,这会怎么样?经历相关的训练会加强还是削弱讲演所具有的实践地位?正是上述问题带来的忧虑推动了柏拉图以及亚里士多德在哲学上对智者作出回应。不论如何,我们的雅典先人会同意今天的"科学实践"所具有的那些关键特征将使它被剥夺作为实践的资格。首先,我们可以考察下人们就科学探索的本质所做的种种论断,也就是科学探索是开放的,甚至是永无止境的,同时我们还可以考察一下人们对重大科学成就所具有的那种根本上的非预期性("偶然发现的")特征的强调。不过,更具说服力的可能是这么一幅画面,也就是科学研究文献的体量越来越庞大,但它把握研究对象的能力却越来越弱。人们写的东西越来越多,但所谈的内容却越来越少。简言之,当希腊人永远不会赞成资本主义所具有的无疆界市场思维时,他们通常给出的理由也可以用来表明,为何自己会拒绝授予当代科学实践的称号:那些无休止地发奋赚钱的人,从技艺掌握的角度来说也许是能力过硬的,但是他们的活动缺乏目标性的终点,而这就使得上述行为被打上一层病态的标记。

写到这里,阿拉斯戴尔·麦金太尔针对上述界定实践的方式所做的反驳值得我们加以正视。在麦金太尔列出的实践清单中,科学研究与音乐演出一道名列其中。参见 MacIntyre 1984,第 187 页以降。然而,科学研究与音乐演出这两个案例间有着非常重要的差异。音乐演出之所以能够被恰如其分地视为一种实践,乃是因为就一场优秀的音乐演出而言,它的每一个片段都被视为有助于完成总体目标——完成一首乐曲的演出——在此期间不论是表演者还是客户(听众)都有着愉快的体验。即便即兴演出是这里的一个明显例外,但通常来说一个人音乐才能的高低取决于他是否有能力将具体的曲子顺利演奏下去,直至乐谱的结尾。然而,对科学实践来说,技艺熟练度与成功之间不存在这样明确的联系。鉴于实验室科学经常出现付出长期努力却得不到产出的情景,科学家们被灌输进了这样一种想法,也就是不要把他们的付出与成功的可能性紧密地联系在一起。更确切地,他们被告知,应该将自己视为某种传奇故事的潜在的参与者,这样的故事最终会为人们带来一幅完整的世界图景;参见 Kuhn 1970b,第 38 页。举例来说,马克斯·普朗克就曾明确地表示,对绝大多数科学家来说,他们从自己的科学活动中所收获的喜悦乃是一种通过对他人经验的感同身受而得来的喜悦。如果普朗克是对的,那么成熟科学所具有的一个标志便是:为了获得与旁人相当的结果,人们需要愈发地付出努力。这就使得我们所看到的东西与其说是一种实践,不如说是一种上瘾:借助那些具有致幻性的学科原理,使自己站到了这么一个虚拟位置之上——他可以想象就那幅由自身所在的范式所描绘的科学进步绘卷来说,当某个具体的科学家在这幅进步绘卷中占据某个具体位置时,现在他自己也站在了那一个位置之上!

普朗克的构想何以走向胜利,对此做详细的解释超出了本章的范围。不过我们可以考察一下这种种的胜利迹象,它们标记起来会相对容易一些。首先,古典人文大学里研究与教学的那样一种统一状态出现了微妙的变化——我们已然可以从人们对马克斯·韦伯在 1918 年发表的著名演讲《学术作为一种志业》的反应中觉察出这一点。[1]几乎没有学者会再去谈论,当学生参与到教授本人的学术方向中时,这同时也是学生们在智力上发育成熟的过程。或者毋宁这么说,借由学术规训这一过程,当前正经历自我转型的实际上乃是教授本人。韦伯对上述过程所做的独特刻画——它要求个体将自我投入永无止境的,而且很大程度上是由他人所间接实现的征程中去——明显地借助了普朗克与物理学共同体所推崇的自然科学研究形象,因而受到了旁人的严厉批判。由此,就那些熟悉古希腊实践的古老谱系的人文学者——比如说恩斯特·罗伯特·库尔提乌斯——来说,他们发现在韦伯的视角中隐藏着一种对研究目标的可怕扭曲。[2]但是,限于问题所处的环境,库尔提乌斯所能做的也只能是求诸两个方面:一方面,学者将以独自参与的形式来践行古人的思想;另一方面,从直觉上来说这样一种践行将能够为研究带来私人性的终点。然而即便是这样一种提案,它距洪堡式课堂中教授与学生的辩证式合作还是有着十万八千里之遥。对所有人来说有一点已经是非常明确的了,也就是大学教师无须负责把学生领向智力上的成熟,更不用说去促成学生的个人赋权了。[3]

简言之,普朗克并没有舍弃柏拉图,他其实是把柏拉图的哲学形象由苏格拉底切换成了哲学王。普朗克明确地区分了大学的研究功能与教育功能。这表现在实践上,就是国家与科学共同体达成了一桩交易。国家对前沿研究予以大力支持,以此为"筹码"来谋求学校课程发挥这样的作用——它将是下一代人获取文凭来从事工作的必要条件,由此便可以确保社会系统的平稳运行。[4] 作为回报,科

---

〔1〕　参见 Weber 1958。

〔2〕　库尔提乌斯(1989)捕捉到了韦伯对那样一种以物理学为主导的研究模型的暗中依赖。不过,他忽视了韦伯所表现出的这么一种明确倾向,也就是韦伯认可现代学术中的常见思维类型与企业文化中的常见思维类型是可以相互转换的:企业家精神要求能鼓舞人心,一个被有效组织起来的科学事业与管理一家成功的公司所遵循的乃是同样的法则。有意思的是,在韦伯看来,这样一种可以互相转换的状况不仅是无法避免的,而且它的出处被归到了美国头上(不过实际情况乃是美国人把从德国人那里取来的经给重新改造了一遍)。在本书的第四章第 3 节,我们将会看到上述历史走上前台的场面。当时,主要是科南特负责把第一次世界大战后德国自然科学的学术研究模式引入美国。反过来,这样一种研究模式也正是以国家与产业的高度介入为背景而得到塑造的。此处特别感谢奈杰尔·普莱曾茨为我厘清其中所涉及的种种联系。

〔3〕　Ringer 1979,第 19 页。

〔4〕　Stinchcombe 1990,第 312—313 页。

学共同体将为国家提供这样的服务,也就是为社会分层设计新的规则。这些规则不再基于"地位"或者"阶级",而是基于"一般智力水平"以及"解决问题的能力"。后两者虽然被认为与所有种类的工作都有着联系,但最终人们根据的是个体解决经典力学课本里的"题目"的能力来为它们建立模型。就以上这样的把科学嵌入社会再生产机制与社会控制机制的新型方式来说,它的一个征兆便是格式塔心理学家沃尔夫冈·柯勒面对智力测验在学校中大规模使用时所持有的态度。

柯勒不仅当初在柏林追随普朗克学习过物理,而且他还把心灵具有力求完形的倾向这项发现——该发现到后来成了格式塔主义实验发现的典型特征——归功于普朗克,尤其是普朗克在他与马赫论战期间所作的一次演讲。[1]普朗克是这么来形容物理学问题的解决方案的,也就是它乃是人们在把某个先在的统一体或者说"域"完整地刻画出来时,这项工程的一个组成部分。由此,当格式塔主义者在个体与感觉通道之间概括出一个过程时,这样的过程已经被物理学家用更为抽象同时更具自我意识的方式实施了——它的具体表现是,物理学家构建出了具有唯一解集的方程。此处,柯勒认为物理学家本能够比心理学家抢先获得这一洞见。他给出的解释是,心理学领域与物理学领域乃是一种电磁学意义上的"类质同象"关系。[2]就马赫来说,他希望通识教育从物理学引入的内容是精确观察以及批判性判断这样的基本能力。显然,以上所有这些跟马赫的设想相比可谓相去甚远。

就这样一种以物理学为中心的思维观和智力观来说,它的影响力贯穿了整个格式塔心理学。在其教科书中,格式塔主义者费尽心力地否定流行于马赫主义者中的一个观点,也就是鉴于物理学专注于人工环境下的不可观察实体,因此它不适合成为研究普通心理过程的模型。[3]就那些最早的以格式塔为方向的、研究解难题过程的实验来说,它们乃是基于普通人对本杰明·富兰克林与迈克尔·法拉第的电学发现所做的叙述。[4]这些由奥托·塞尔茨组织的实验凸显出实验对象所

---

〔1〕 Koehler 1971,第 112—113 页。有关格式塔主义者所处的纷争不止的社会历史状况,参见 Ash 1991。就柯勒从普朗克处得来的下列观点来说——物理推理是具有自我意识的日常推理——它是在 19 世纪后期由柏林的赫尔曼·冯·亥姆霍兹的推动而广为人知。参见 Hatfield 1990b,第五章。

〔2〕 Koehler 1971,第 237—251 页。

〔3〕 Koffka 1935,第 57 页。

〔4〕 参见 Humphrey 1951,第 142—143 页。我之所以使用"以格式塔为方向"(Gestalt-oriented)这样的表述,乃是因为塞尔茨是心理学维尔茨堡学派的一员。他坚持认为,在思想的特征与知觉的特征之间有着明确的断裂,也就是前者乃是"无意象的"(imageless)。经典格式塔主义心理学家一般对心灵持有一种一元论的视角。关于上述区别对认识论的重要意义,请参阅 Berkson and Wettersten 1984,第 8—10 页,第 106 页以降。

具有的这样一种能力,也就是对他们的环境进行变换——从根本上说把他们自己转变成思想实验室——从而排除在解难题过程中遇到的障碍。此外,尽管实验对象一般来说无法把自己的思维模式描绘成一系列连贯的意象,但他们依然能够感受到某种无意识的"决定趋势",这使他们一直充满动力,直到获得某个解决方案为止。上述经验报告表明,即便对普通人来说,物理学研究同样在一定程度上具有普朗克所刻画的那种积极投入且略带神秘色彩的特征。至少,以上是 20 世纪 50 年代后期"第二次认知革命"的发起者的判断。[1]

即便如此,像卡尔·波普尔(1902—1994)这样的马赫主义科学批判进路的年轻追随者依然是有疑虑的。作为自己博士学位论文的一部分,波普尔致力于表明,早期认知心理学实验并没有明确地区分出思考与真正的科学突破。就前者来说,它只是单纯趋向于将事实适配进预先存在的模式中,这也正是"心理定式"这一概念所常常包含的内容。而就后者来说,它指的是使用某种将会对预先存在的模式带来重大改变的方式来处理事实。这样一来,我们也就得到了波普尔著名的可证伪性标准赖以成立的心理学根基。[2]对照上述历史谱系,我们不会奇怪在库恩那里,他发现自己有关物理学中如何获取范式的研究将他推向了更为一般化的关于儿童如何习得概念的思考。[3]就相关的那些建立在早期格式塔心理学工作基础之上的发展心理学实验来说,它们的预设是,不管儿童还有哪些别的特征,他们首先都是一个个稚嫩的物理学家。

在智力测验这一具体话题上,我们可以最为清晰地观察到柯勒身上所带有的普朗克式的敏感性。[4]他明确地把智力测验的管理作用与这些测验本身的科学价值区别开来。事实上,柯勒主张,智力测验的首要功能是当教师在教育系统中根据能力将学生分组时,降低方法上的不可靠性。鉴于它们带来了一种官僚制式的高效,因此不论这些智力测验所包含的粗暴测量手段可能会给公众造成何种理解

---

〔1〕　收录在 Barrs 1986 中的一系列访谈可以说是关于上述认知革命(以及对此持鄙夷态度的学者)的出色的历史文献——尤其是第 365—366 页对赫伯特·西蒙的访谈,内容涉及奥托·塞尔茨以及早期格式塔主义者对西蒙本人的工作所带来的影响。就心理学与物理学之间的那种持续的密切关系来说,它的一个迹象可以在早期认知革命者杰罗姆·布鲁纳所讲述的故事中找到。这个故事涉及 J. 罗伯特·奥本海默这位富有争议的原子物理学家。晚年时任普林斯顿高等研究院院长的奥本海默是这么来询问布鲁纳本人的新格式塔主义实验的:"归根结底地说,你们心理学家所研究的那种知觉与物理学里的观察相比不会有什么区别,是这样的吧?"转引自 Bruner 1983,第 95—96 页。

〔2〕　Berkson and Wettersten 1984 是一部讨论波普尔与心理学史的共鸣的优秀文献。

〔3〕　Kuhn 1977a,第 308—319 页。

〔4〕　Koehler 1971,第 187—188 页。

上的困惑——比如说，这将会鼓励关于"智力"的这样一种看法，也就是智力是一个单一成分的概念，人与人之间的区别仅体现在量上——这都是值得的。当然，心理学研究人员还不至于会那么蠢。因为（柯勒就是这么认为的）智力测验显然是种种文化底下人为的产物，它是由文化建构出来的，而不是通往认知能力的坦途。在对待智力测验的教育价值与研究价值时，柯勒能够心安理得地把以上这些大相径庭的姿态尽数接受，把它们一起纳入考虑之中，这不仅让人联想起柏拉图对那些有助于稳定社会秩序的"高贵谎言"所持的宽容态度。尽管普朗克与马赫会对这样的相似性具有何种意义各执一词，但他们都会同意，只有那些从自然科学处获得授权的实践才拥有这样的位置，即能在 20 世纪创造出如此这般的神话。

随着《普通认识论》在 1925 年出版，普朗克的观点在实质上得到了"自然化"。该书的作者是继承了马赫在维也纳大学的教授席位的莫里茨·石里克。石里克先是对马赫与普朗克长达十年的论战作了一番清楚的回忆，随后再度迈向对"知识价值"的源头的追寻。[1]乍一看，石里克给出的似乎是马赫主义的回答，也就是在进化论自然主义者的框架内处理问题。然而在仔细考察之后，一切变得清晰起来——实际上石里克是在消解马赫对普朗克观点的反驳。在开始的时候，石里克承认人们最初追求知识的目的乃是在最大化快乐的同时最小化痛苦。然而，在某个时刻之后，人们意识到了知识追求本身就能带来快乐，因此也就开始在知识追求时以知识本身作为目的。确实，对知识的探索到后来成了一项如此精致高雅的事业，以至于生活的其他需要都要从属于它。而这，就是文明的标志。

上述解释性叙事在早些时候曾为心理学家威廉·冯特使用过。冯特的目的是要表明，目的论伦理学与义务论伦理学分别对应的是人类道德发展的早期阶段与晚期阶段。现在，石里克则是想表明，人们对经济这一概念的理解也存在着一个演化过程：马赫"付出的最小化"代表的是早期阶段；普朗克"原则的最少化"代表的是晚期阶段——追求这样一种"原则的最少化"实际上会涉及大量的（能给人们带来愉悦的）努力。在石里克的论述中存在着一处关键性的模糊，而且这一点延续到了当代科学哲学与科学政策中：石里克是在谈论个体研究者的发展，还是在谈论由研究者所组成的共同体的发展？上述模糊对于我们理解这一观念——其他生活需要开始服从于科学需要——可谓非常重要：石里克究竟是在讨论自我

---

〔1〕 参见 Schlick 1974，第 94—101 页。

牺牲的科学家,还是在讨论社会正越发地调整自己的其他功能以适应科学机构的需要?很明显,上述两种理解如果被合并到了一起,那么它起到的作用便是在社会中推广普朗克的科学构想。

自普法战争后,这样一种所谓的绩优制度——把中等教育与高等教育的受教育机会建立在入学考试与结业考试制度上——开始在欧洲流行起来。社会历史学家弗里茨·林格考察了它所带来的长期效应。林格注意到,该制度减少了旧的阶层与地位群体的一般成员之间的社会优势差异,但由此而产生的代价是上述群体内部的差距被越发拉大了,因为群体成员在各项学业成绩上的表现大体上来说呈一种正态分布。[1]换句话说,学业成绩的衡量标准逐渐颠覆了传统上的对人做出分类的方式,从而一跃而成为当前唯一的社会分层基础。这样一种把学业成绩建立在考试基础上的方式,与其说是一种民主化的载体,倒不如说它以百分制的形式把人与人的区别给量化了,从而在精确性上超越了以往任何体系。它甚至可能带来这样的情形,也就是不论大众教育——就其作为一种增进社会流动的机制而言——在起初有着怎样的吸引力,由于其他社会上升通道收窄,因此而抵消掉了原来的积极效果。由此,当低级管理职位都需要文凭的时候,从看管仓库做起并一路上升的机遇也就消失不见了。

在过去的一个世纪里,当面向高校文凭持有者的工作机会越发增多的时候,这些工作机会同时也表现出了一种独特的模式——丹尼尔·贝尔最初正是以此来表征"后工业社会的到来"。[2]这是一种关于中介的模式,具体来说就是社会对下列人士的需求正日益增长:这些人作为高校文凭的持有者,他们所从事的工作是对其他的高校文凭持有者所做工作的研究、消化以及翻译,以此来为又一批高校文凭持有者服务。在近来一些热门的著作中,这样的劳动过程被描绘为"符号分析"与"知识中介"。[3]对科学政策分析师来说,中介乃是认知的复杂性在制度层面上的关联物;对批判的政治理论家来说,中介标志着社群主义所能达到的民主冲动的巅峰。[4]对于以上人士之外的其他人来说,比如说德国系统理论家尼古拉斯·卢曼,上述两类人代表了对同一个良性发展的两种讨论方式。具体来说,这

---

[1]　Ringer 1979,第 27—29 页。

[2]　Bell 1973。

[3]　特别参见 Reich 1990。凭借他的分析所展现出来的说服力,赖克在 1993 年成为克林顿政府的首任劳工部部长。

[4]　相关讨论可以参阅 Pavitt 1991 与 Held 1987,特别是第 143—220 页。

样的良性发展指的是,不确定性在各式各样的"中间人"之间持续地再分配,由此使得社会进一步得到整合。[1]

与上述诊断相比,中介同样可以被视为科学知识的内容与功能间的悬殊差异仍在不断扩大的征兆。对这样一种悬殊差异的容忍,我们已经在普朗克尤其是他的学生柯勒与石里克那里见识到了。如果,科学的目标不仅与其他的社会性的目标有着明显区别,而且这样的区别还在越发扩大,那么人们就需要付出更大的努力来兼容这两者。如果最终的世界图景(Weltbild)看起来是要退回到那样一种不确定的将来中去,人们单纯从"生产力"的角度来衡量科学家所取得的进步,尤其是当大科学的生产力所遵循的是类似大企业里的产品寿命周期的轨迹的时候,上述问题还将会进一步恶化。在后的研究因着在先的研究的迅速过时而成为可能。事实上,根据标准的科学指标,那些越"硬"的科学同时也越"脆弱",正如当我们用研究被取代的速率来作为衡量标准的时候。[2]

不论如何,当短时风潮以及行业黑话乃是与如此这般的变幻无常联系在一起,并且以此为模样泛滥开来的时候,这怎么看都不像是科学——就其作为社会再生产的首要机制而言——正继续发挥的那样一种促进稳定的作用。事实上,正如我们在接下来的两章中将要见到的詹姆斯·布莱恩特·科南特的论证,人们越来越有理由让科学共同体的某个部分去专门关注如何来稳定科学共同体所在的社会环境,以使得不管研究议程出现了什么样的变化,这些变化最终都是科学的某些特定关注点的产物。把科学与社会两者相互发散的目标协调起来,就需要越来越多"中间人"的参与,他们能将目标间的不同点进行理性化的重构,以相互迎合对方。但即便如此,也没有人能够从头至尾地把内容与功能连接在一起,从而来表明,比如说,继续实施能力测验这样的做法是与关于人类认知如何发展的最优秀理论保持一致的。鉴于存在着这样一种明显的差异,有人可能会怀疑,也许科学与社会两者一并失去了各自的目标。[3]

---

〔1〕 Luhmann 1983。学术中介是国家所承担的福利和安全职能的智力性延伸部分,它保护公民不受资本主义进程的影响。关于对学术中介的需要是如何产生的,参见 O'Connor 1973。Fuller 1999b 第五章对学术中介给出了一个严厉的批判。

〔2〕 De Mey 1982,第 111—131 页。

〔3〕 就科学的内容与功能之间的悬殊差异来说,对它的一个最为著名的表达便是所谓的反思性现代性。该论点与社会学家乌尔里希·贝克以及安东尼·吉登斯联系在一起。参见 Beck 1992;Giddens 1990。尽管从通常角度来说,反思性现代性乃是全球化环境危机的出现所带来的后果,但也许它同时还是我们越发地依赖专家的产物:这些专家的观点如此频繁地变化(可能是因为他们对证据比较敏感),以至于比起任何"客观"的风险来源,实际上当这样的变化着的观点被公共传播时,它反而成了人们对风险的普遍认知的主要源头。

总而言之,我们依然与两种互相怀疑的姿态生活在一起,正是它们使得马赫与普朗克当初的种种交锋带有如此这般令人难忘的相互仇视。那到底哪一个更可怕一些呢:是科学被封闭起来,并且被简化为放在货架上给钱就卖的现成技术(这是普朗克担忧马赫的方针会带来的结果);还是科学理论完成了对大众的灌输,从而使得科学带有它本身不应该拥有的科学以外的价值(这是马赫担忧普朗克的方针会带来的结果)? 是技术层面上的威胁更可怕,还是意识形态层面上的威胁更可怕,以上两极的对立反映出了科学作为客观知识所具有的内在不稳定性。重要的是,这样一种不稳定性更多的是来自课堂而不是实验室。关于科学史,库恩持有一个与普朗克相类似的观点,也就是科学史乃是一种发生在精英研究者身上的循环,它以前沿创新者对抗守旧传统派为具体的形式。相比之下,马赫与普朗克的争论在这里把我们重新定位到了教育共同体内部遇到的难题上,也就是如何来刻画科学所具有的那些值得在社会中加以再生产的特性。

一方面,如果按照马赫的设想而把科学刻画成这样一种探索,也就是寻找最可靠的手段来改造物质世界从而使之适合人类的需要,那么衡量科学成功的方法便是,在不依赖科学家在场的情况下,人们自己使用这些手段时有着怎样的便利度。另一方面,如果科学像普朗克所设想的那样,是探求关于实在的最为全面的图景,那么,在科学当下的发展轨迹面前,当一些人的视角被降格(或者从某种角度来说是被边缘化)的时候,他们会把上述情况理解成"霸权主义"这样一种认知相对主义的专横形态,也就是把某个特定利益集团关于世界的看法强加到所有人头上。在马赫这里,科学家显得无足轻重;而在普朗克这里,科学家乃是重中之重。由此,当我们在同一时刻说科学既是"普遍"知识同时又是"专家"知识的时候,就出现了与上述说法紧密联系在一起的张力。如果科学知识是普遍的,那么按理来说它就能被编码化——也许甚至还能自动化——这就意味着精英科学共同体的日子屈指可数了。但是,如果科学知识乃是一种专家知识,那么它不仅很可能是深奥的,而且从内在关联度来说它跟普通人的关系极其有限——除非科学标准与某种统治模式联系在了一起。[1]

---

[1] 就知识的普遍样式和专家样式之间的权衡问题,Fuller 1991 作了一番探索。在这之后它收到了一系列评论,并且福勒对这些评论也做了一次回应。我们同样可以如此来思考普朗克与马赫之间选择谁的问题,也就是根据这么一个对两人论战起促进作用的科学教育政策争议:下列情况中哪一种最能说明学生在他们的算数知识方面取得了进展,是学生因为他们能接触到计算器从而不再需要记忆乘法表(一个马赫主义的标准),还是他们掌握了数论中解释乘法如何运作的相关内容(一个普朗克主义的标准)?

8. 堕落后的生活状态:波兰尼神圣化科学的逃避主义策略

在紧跟着马赫与普朗克论战成长起来的那一代人中,如果有人在自己身上浓缩并改造了惠威尔关于机械师的构想,由此而成为激进的人文主义者,那么此人便是迈克尔·波兰尼,一位在 20 世纪以最雄辩的方式为科学自主性奔走呼号之士。波兰尼在化学这一马赫所偏爱的领域受到训练,时值第一次世界大战爆发前德国帝国主义扩张的巅峰时刻。即便有着如此的出身,波兰尼也毫不怀疑普朗克在结束德国科学内部的激烈争吵、提升德国科学的道德水准方面起到了关键性作用。[1]波兰尼在弗里茨·哈伯(1868—1934)领导下的威廉物理化学研究所获得教授席位,直到他结束自己在德国的职业生涯。弗里茨·哈伯此人作为 1918 年诺贝尔奖获得者(因着氨气合成方面的贡献),他一方面在第一次世界大战期间开发了毒气战法,但另一方面他又竭力将自己的机构所承担的军方项目与那些有关"纯粹研究"的项目保持距离。[2]然而,1933 年希特勒的上台迫使哈伯与波兰尼两人移居他国。后者选择在英国定居下来,并成为曼彻斯特大学的物理化学教授。作为波兰尼在高分子化学领域取得的开创性成果的一个象征,他在曼彻斯特的实验室乃是位于一家纺织厂的附近,而该纺织厂专门从事合成纤维的生产。自 20 世纪 30 年代到 60 年代,波兰尼可谓是英国科学政策争论中的常客,他在这段时间里付出了许多努力来试图在公众的脑海里留下这样的印象,也就是存在着一个致力于发展有着如此这般性质的"实践"的"科学共同体"——这类实践具有一个"默会维度"以至于除非个人能够"亲身投入"追求"思想的生活"中,不然他就无法完全理解该维度。以上用引号标出的短语突出了波兰尼在修辞方面留给当代科学政策争论的遗产,这尤其体现在了库恩本人的表达方式中。然而,波兰尼的科学政策构想一直要到 1962 年芝加哥大学社会学家爱德华·希尔斯(1910—1995)邀请他为《密涅瓦》杂志创刊号写作文章的时候才得到了具体化。[3]

面对眼前缺少文化的官僚以及四处蔓延的社会主义者,波兰尼用 19 世纪人

---

〔1〕 波兰尼的观点记录在了 Shils 1997,第 253—254 页。其中除了普朗克,波兰尼只提到了爱因斯坦的名字。

〔2〕 Johnson 1990,第 195—198 页。波兰尼第一次遇到哈伯的时候还是个学生,而哈伯则是卡尔斯鲁厄理工学院的讲师。这里值得一提的是,波兰尼身上的人文主义倾向的一个可能来源是他当初在自己的祖国匈牙利接受了医生方面的训练。

〔3〕 Polanyi 1962。在以后的五年里,它收到了发表在同一本杂志中的一系列回应。其中一篇乃是史蒂芬·图尔明写的,而且这一回应本身也引发了重大反响(参见本书第六章第 8 节)。

文主义的修辞将自己包裹起来，以此为科学文化做出了一个热情洋溢的辩护。但是，因着波兰尼本人参与了科学在公共领域中的日常论战，故而他没法用弥漫在《科学革命的结构》一书大部分篇幅里的那样一种超然的"科学的"修辞来表现自己——这正是波兰尼的许多原创洞见到后来被归属到库恩头上的一个不可忽视的原因。不论如何，我们不难看出，比起脚注中对波兰尼的巨著《个人的知识》的感谢，库恩从波兰尼那里受到的影响实际上要深刻得多。考虑一下库恩的这一段文字：

> 如果仅仅依赖权威，尤其是那些非专业性的权威作为范式之争的仲裁者，那么争论的结果可能仍然是革命性的，但它不会是科学革命。就科学存在本身来说，它有赖于我们将选择范式的权力交给一个特殊共同体底下的成员。至于那个共同体要特殊到什么程度才能让科学生存、发展下去，我们也许能从人类对科学事业的把握是多么贫乏这一事实中找到线索。[1]

当库恩在接下来继续讨论科学共同体的特殊之处时，很明显地，他利用了波兰尼式的比喻所营造的那种概念上的转换，即认知层面上的美德被转换成了道德层面上的美德，理解方面的品质被转换成了信任方面的品质。由此，库恩得到了这么一个科学家形象，也就是科学家在直觉判断的基础上，向某种关于实在的构想献出自己的忠诚。它取代了基于可证伪的证据来持有信念的科学家形象。在库恩—波兰尼的词典里，哲学家在自己铺子里吆喝的那样一类激进批判乃是一种疏失，因为它没有考虑到自己的社会位置与其他研究者的社会位置之间的差异。这类批判提出的挑战是，当专家就相关判断标准出现分歧时，此时信任专家判断的可靠性。[2] 当然，波兰尼并不相信每一个专家的判断都是应当尊敬的。尤其是，他相信不能放任社会科学家去使用自己的方法，因为他们带有这样一种倾向，

---

[1]　Kuhn 1970b，第 167 页；Polanyi 1958，基于的是他在 1951—1952 年吉福德系列讲座中发表的内容。库恩对波兰尼的致谢参见 Kuhn 1970b，第 44 页脚注 1。

[2]　作为科学知识社会学的主要实践者，哈里·柯林斯采用了与波兰尼相同的视角，如此做法暴露了科学研究的那种日常开放状态可能给人们带来怎样的保守结论："即便就那些专家自己而言——这些专家已经被训练到要比公众的一般理解高出许多层次——他们中间依然持有截然不同的见解。由此，如果我们妄想当技术专家们自己都不能达成一致时，公民却能够在那些相互竞争的专家观点间做出判断，那么这显然是一种带有危险性的误导。"参见 Collins 1987，第 691 页。于是，讽刺的地方在于，当哲学家不能在他们中间决定哪一种方法论能够最好地解释某个特定历史时期里的科学理论选择时，社会学家倒是挺身站了出来。但由于他们缺乏科学专门知识，社会学家无法对当代科学家内部为了解决自身理论选择问题而进行的争论加以干预！于是，对于 SSK 实践者来说，证据对理论选择的非充分决定性并不意味着可以引入特定的社会学变量，而毋宁说是把问题交由地方性专家去自由裁量。

也就是将哲学对科学实践的某种怪诞模仿——一种"方法论"——拓展到日常生活的方方面面。如此这般的方法论在以上日常生活方面完全不能发挥任何建设性的作用,更有甚者,它可能会变得具有非常大的破坏性——当它被用来挑战已经确立的科学判断,并且这些判断的依据还不太容易向公众解释清楚的时候。[1]

　　波兰尼对社会科学诉诸方法论的不满,反映出了一个重要但又为人所忽视的问题,即波兰尼是在怎样的条件下提倡"自主的"科学事业的。波兰尼从来就不是实证主义者。实际上,他对社会科学的差评可以追溯到后者受实证主义的启发而形成的"价值无涉科学"的信条。这一信条实质上确立了社会学家与政策制定者之间的劳动分工:政策制定者确立他所希望的追求目标,社会学家则设计最有效的手段来达到它们。波兰尼把以上观点与马克斯·韦伯联系在了一起,它将使得社会学家能够以一体两面的方式示人:社会学家既是政策工具,同时又是纯粹的研究者。[2]对那些韦伯式的社会学家来说,他们拒绝参与决定自身的专门知识被用于何种外部目标,因为他们的志业本身就已经为自己指定了目标。由此,社会学家看上去就成了卡珊德拉与独眼巨人的不洁的混血儿,他们在作为先知的同时又被专门地训练出了一种视而不见的姿态。上述立场至今依然萦绕在社会学周围,尤其在科学社会学里(正如我们将要在第七章第5至第6节中所见到的)。波兰尼会认为,此种立场的源头正是他本人所在的学科,具体而言就是他的那些化学家同僚在第一次世界大战即将来临的前几年所采取的姿态。可以说,正是上述姿态要为化学家大规模投身德国皇帝的征服事业负责,同时后者的最终失败则导致了魏玛共和国所特有的那样一种公众对科学的强烈反动。正如马赫与普朗克之争所表明的,(普朗克所捍卫的)物理学家世界观对(马赫所捍卫的)化学家世界观取得了胜利,这对于人们理解20世纪接下来时间里的科学哲学(包括库恩的独特立场)的特征来说是至关重要的。此处值得我们回顾,究竟化学家世界观的哪些特征启发了价值无涉立场——考虑到在波兰尼这里,他的哲学正是建立在对这些特征的回应之上。

---

〔1〕 抛开原子弹不提,当科学共同体的领导者尚未对伊曼纽尔·维利科夫斯基的畅销书《冲突的世界》(1950)里的内容加以检验,就试图强行压制它的时候,自然科学的公众形象也就因此而受到玷污。通过对某些文化中的创世神话进行心理分析,维利科夫斯基对那些被一致认可的物理学智慧以及化学智慧发出挑战。最后,当人们发现维利科夫斯基的某些天文学预测是正确的时候,一些社会学家就借此跳了出来厉声训斥科学家,指责后者没有遵守自己公开承诺的准则。正是此次事件让波兰尼对自己的立场——真正的科学专门知识具有某种必然的含糊性——做了内容上的删减。参见 Polanyi 1967。

〔2〕 Polanyi 1974。

在 19 世纪初,化学家们通常声称自己从事的是"基础研究"——它表现为研究与现实目标保持着紧密的联系。在今天人们的耳朵里,这听起来是自相矛盾的。不过如果我们考察埃米尔·菲舍尔与威廉·奥斯特瓦尔德这样的德国化学共同体领袖(二人分别是 1902 年与 1909 年诺贝尔化学奖得主),那么可以看到当他们在谈论把科学作为"目标本身"来追求时,此处的目标乃是包含了通过人类智慧来突破那些传统认识中的"自然屏障",尤其是德国人感受到的土地与原材料的稀缺——在德国人看来,正是这些原因使得美国人与俄国人在全球支配的竞赛中握有优势。[1]鉴于 19 世纪中叶高分子化学的问世,德国化学共同体的一个重要研究战略便是用人造材料来取代自然材料。具体的方法是这样的:首先,将那些存在于自然界中的材料分解成构成这些材料的基本成分;然后加入催化剂,对分子进行重新排列;最后,得到的新材料将对应地具有耐久性、弹性以及其他的满足人类需求的特性。现在的塑料以及合成材料正是上述策略所带来的不朽成果的一部分。[2]对奥斯特瓦尔德来说,当南非因为德国在 1899—1902 年布尔战争中支持荷兰而对其实行硝酸盐化肥出口管制时,他便尽人皆知地转向了上述意识形态。[3]

绝大多数化学家拥护的是一种"能量论"哲学,它在许多方面与亚里士多德主义有着类似之处。尤其是,"能量论"不仅否认物质是由终极意义上的原子那样的成分所构成,同时它还相应地持有这么一个"自然"形象,即"自然"是一个纯粹潜能的领域,只有通过人类智慧的应用,自然才能获得某个特定的样式。于是,从化学家的立场来看,与物理学共同体的沉思姿态联系在一起的那种自然观——自然具有某种固有的特征,科学理论的目标便是去描述该特征——将在"人类的"与"自然的"之间画出一道人为的界线。追随马克斯·普朗克的脚步,物理学家通过分享一个共同的世界图景来指导自己的研究方向,而且正是基于这样的图景,这些独特的研究工作才具有意义,不论它们与现实事务有着多么遥远的距离。上述内容是物理学世界观的最后维度,正如它体现在了库恩后来通过其最为出名的"范式"概念所做的工作中,波兰尼同样也把该内容拿过来发挥一番,以此来防范科学在公共领域中的声誉遭受进一步的损害。

然而,当波兰尼把强调的重点放在科学家要对自己的研究对象抱有"热情"与

---

〔1〕　Johnson 1990,特别是第 1 页,第 9 页脚注 26,第 73 页,第 202 页。

〔2〕　Bernal 1971,第 825—827 页。

〔3〕　Johnson 1990,第 39 页。

"忠诚"时,考虑到他自己是在化学领域从事科学工作,我们必须从一个特别的视角来理解他在此处的强调。这就意味着,近来的一些尝试把波兰尼理解为隐性的女权主义者(如果还不至于是更为一般意义上的后现代主义者)的做法是有问题的。今天,人们时常觉得波兰尼是在主张,科学家需要用一种同情的态度来对待自己所研究的内容。这是在说,科学家要尽最大可能地采用对象的立场——某种程度上讲就是"从其内部出发来认识它"。[1]不过,就作为化学家的波兰尼来说,他无疑不会去相信,对象乃是在本质上被如此这般明确地定义下来,以至于拥有一系列能与某个独特的"立场"或者"主体性"联系在一起的内在特征。毋宁说,我们最好这样来理解波兰尼把科学研究比作"个人知识"的做法,也就是当科学家开始意识到自己的工作包含有普罗米修斯般的伟力时,他们主动承担起责任来界定自己的工作是在何种条件下开展的——在这一意义上,科学研究的对象其实是通过科学家的工作而被物质性地建构出来的,因此这些工作的使用条件就被界定为,它们对于这样的物质对象的构建起到了怎样的作用。由此,当人们很容易把某些征兆理解为科学家乃是乐意倾听自然时,实际情况却正好相反,它们其实体现出了科学家的一种只能通过某种道德责任感才能施以约束的权力意志。同时,这种责任感反过来又需要通过共同体来巩固。

简言之,波兰尼在自然的属人的一面与非人的一面之间,而不是人与如此这般的自然之间画了一道明确的本体论边界。[2]那帮"皇帝的化学家"的问题就出在他们的这样一个信念上,也就是他们相信,自己作为科学家的责任最终体现在展示出来的技术熟练度以及有用的成果上。因此,不论受到多么严格的训练,他们都无法确切地组成一个道德共同体。这一缺陷之所以显得格外刺眼,正是因为研究对象本身并不能够对它们所能应用的目的施加足够的限制。在这一意义上,尽

---

〔1〕 关于诺贝尔奖获得者、遗传学家芭芭拉·麦克林托克的那部著名的带有女权主义色彩的传记,可以说是这里的一个主要案例。麦克林托克在谈及她如何理解玉米染色体时,所用到的方法便是把自己想象为它们中的一员。对于传记作者伊夫林·福克斯·凯勒来说,麦克林托克的表达方式指向了一种典型的女性与世界之间的整体主义联系方式,它来自女性早先的养育经验。参见 Fox Keller 1983。

〔2〕 上述区分可以从介于康德与黑格尔之间的德国唯心主义历史的角度来进行理解。约翰·戈特利布·费希特(1762—1814)与弗里德里希·威廉·谢林(1775—1854)这两位现代德国大学里的意识形态狂热者,他们各自代表了上文中的两个对照。谢林主张,"自然"有其自身的意志,它可以与人的意志相冲突,也可以与之和谐相处。谢林的这一观点构成了生态学敏感性的一部分,但跟波兰尼的敏感性没有什么关系,尽管谢林的观点已经预设在了社会科学(Geisteswissenschaft)与自然科学(Naturwissenschaft)的鲜明区分中,而后者自 19 世纪中叶开始就主导了德国学界。波兰尼与费希特一样,强调人类意志的首要性,他将自然的特征做了大体上消极的描述,也就是自然抗拒着人类意志所做的努力,而且它本身不具有任何积极的特性:与自然完完全全的被动性相对应的是意志完完全全的主动性。关于这一时期的德国唯心主义历史,参见 Beiser 1987,1992。

管波兰尼对科学政治学持有柏拉图主义的敏感性,但他——如同他之前的奥斯特瓦尔德——在形而上学问题上与亚里士多德主义走得更近,也就是积极地把"人为"(artifice)视为完成的标志,也就是说,自然原本处于无定型的状态,人类立足于智能设计对自然施加了影响,从而赋予了自然一种完成状态。

与此同时,在波兰尼关于科学的论述底下涌动着精英主义的暗流,这是明确无疑的。它尤其体现在了波兰尼所频繁使用的一个讨人厌的类比中:一边是中世纪自我管理的行会与契约佣工,另一边则是基础性的研究人员与应用性的研究人员。(他似乎认为,所有社会科学家都能被归入应用性研究人员之中,这也许是因为他是从韦伯主义的视角来理解社会科学家的活动。)以上这一点常常为那些试图促进公众理解科学的科学技术论实践者所忽略。当波兰尼把科学指为一门技能(craft)时,他乃是将科学设想为一种相当于体育运动或者游戏的贵族式闲暇活动——两者的类似之处表现为,这些活动的价值乃是在于对它的追求本身,而不是在于某些特定的结果。如果说有什么是波兰尼最不想表达的东西,那就是将科学归属于贴近无产者所从事的劳动形式,比如汽车维修之类。[1]

不论如何,波兰尼免不了将他的种种比喻混在一起,即使这种混合构成了对经济史的歪曲。波兰尼把基础研究者的相互适应能力比作一个市场,在其中,知识生产者相互间把对方视为他们各自产品的主要消费者,因此也就产生了一种"个体创造性的自发协作"。不幸的是,要是中世纪的行会都以这样一种面向限定人群开放的方式来定位自己,这恐怕就意味着,人们将无法积累足够的财富来完成社会向资本主义的转变。[2]不仅如此,波兰尼相信科学家的发表记录在功能上

---

〔1〕 上述情况正如在 Shapin 1992b,1992c 中描述的那样。该视角在 STS 第一部明确面向大众市场的著作中得到了拓展:Collins and Pinch 1993。此书收录了一些知名的 STS 案例研究,且不论它们在哲学层面上带有的争议性内容,这些案例研究是以这样一种姿态呈现给读者的,也就是试图敞开实验室的大门,让读者为他们自己所看到的内容做出判断。柯林斯与宾茨提议,下述做法将更符合科学家自身的利益,也就是一方面减少关于"理性""客观性"以及"真理"的华而不实讨论,另一方面倡导一个关于科学更日常的形象——将科学描绘成上述案例研究中的"技能"(craft)。通过以上方式,公众对科学的预期将变得更加理性,同时,科学家也没有必要去承诺他们所无法实现的事情。从作者的意图来看,尽管他们想为科学家提供友善的建议,但是技能(craft)在修辞上所暗含的产业工人的气息带来了严重的反作用。就后果来看,该书的作用仅仅是在为本书第七章第 5 节所讨论的那场进行中的"科学战争"火上浇油。

〔2〕 Polanyi 1962。就波兰尼的这样一种用伪经济学的方式来论述科学的做法,对它的一个全面批判来自米罗斯基的《论在科学哲学中打经济牌:为什么迈克尔·波兰尼这招不起作用》(该文提交到了 1996 年科学哲学协会两年一度的会议上)。在米罗斯基看来,波兰尼的策略没能起作用的主要原因是,他所设想的科学"自由"探索事业有赖于强迫社会的其余部分生产足够的盈余,从而使得科学家能够潜心探索那些无用的研究方向而无须承担任何风险。换句话说,社会需要让自己迎合科学的轨迹。一个类似的诊断,参见 Fuller 1993b,第 283 页以降。我们在后面将会看到,库恩关于科学变革的论述有助于把以上这一社会需要迎合科学的态度确切地灌输到政策制定者的大脑中,正是后者将我们的社会定义为"知识社会"。

可以类比为价格之于市场，特别是当科学文献表明自己的作者是站在哪个研究者肩膀上的时候。然而，此处波兰尼似乎没有区分出现货价格与期货价格，因此也就没能解释这样一个事实：对投机商人来说，那些未经检验的产品相较于已经检验的产品更具吸引力——而且，进一步说，上述投机考量有着足够高的正确率，以至于能驱使投资者追求投机性的大回报，而不是选择有保障的有限回报。这类现象充分体现在了发达资本主义体系下世界股票交易所具有的循环往复的大起大落中，而且这也正是约翰·梅纳德·凯恩斯写作《就业、利息和货币通论》，以及此后政府在凯恩斯的名义下引入金融安全网的理由。如此状况似乎能为下述科学政策做出辩护，也就是在有保障的风险性探求与强制性的风险规避之间选择前者。[1]

就波兰尼的科学经济学中存在的比喻失当而言，对此的一个行得通的解释是，波兰尼的讨论框架从终极意义上来看既不是中世纪行会，也不是现代市场，毋宁说它是无文字社会之间的信托交换，尤其是英国殖民后期非洲的努尔人与赞德人这两个苏丹部落间的信托交换，正如牛津的社会人类学教授爱德华·埃文思-普里查德(1902—1973)所描述的那样。[2]如果说，波兰尼的那套关于科学的政治经济学要顺利运转的话需要信息与洞见在交换时具有自发而来的平等互惠性，那么后者最终可以归结为科学家对上述交换过程的整体健全性持有非凡的信任。简言之，这是一种对整个体系的绝对信任，它不仅能使人们在具体案例中甄别出那些不一致的信念，而且常常能够使得人们去容忍它们。就上述非同凡响的举止

---

〔1〕 就波兰尼的那套关于科学的规范政治经济学来说，它与发达资本主义体系之间的不可类比性其实要来得更为深刻。在波兰尼看来，我们宁可允许愚蠢的错误玷污科学知识的本体也要抑制那些新奇结果，而且这也许还能用作口实来警示普通大众。然而，资本密集型的科学带给当代社会的经历正好与上述图景相反。也就是说，当那些新奇并且未经检验的科学结果在某个重大研究机构中产生出来时，这些结果不仅常常被公开出去，而且还被用作政策制定的基础，以至于即刻就能证明自己的价值。可以说，要不是公众对科学的功效的信心很大程度上基于科学在上述案例中表现出的在政策事务中的即时应用性，我们可以预期波兰尼恐怕会对这样的发展作出非难。

有意思的是，与此相反的一个情形设定——研究应该限制在那些能自由交流的范围内——在牛津形而上学家迈克尔·达米特(1981)那里得到了有力的论证。与波兰尼不同的是，达米特相信，即便研究带来意外的不良后果，但这些后果还是能为人们所时常预测到，因此它们的发生就能够得到避免。以上观点也是由卡尔·波普尔在论述科学家的社会责任时做出的，在他看来，随着科学不断提升对自身活动带来的意外结果的预测能力，他们所肩负的社会责任也愈加重大。(此时正值1968年，相应的背景乃是学院科学家参与到了军事研究项目之中。)参见Popper 1994，第107—110页。至于为什么波兰尼没有认可这一点，其中的一个理由是它会对物理学史带来消极结果。用达米特本人的话说，"如果具备足够的力量，那么有哪个神智正常的人，当他在1900年被奇迹般地赋予了预料原子弹能被制造出来的能力后，会不去选择禁止物理学中的所有未来研究呢？"(第291页)感谢大卫·戈尔曼提醒我这篇达米特多年前的文章。

〔2〕 Polanyi 1958，第287—294页，明确地借鉴了埃文思-普里查德的观点。对后者工作的一个富有同情的引介可以参考Douglas 1980这部由普里查德的学生撰写的著作。

而言,它的先例也许能在无文字社会中找到。无文字社会通常缺乏对他们历史的客观化记录方式。这样一种缺乏远不止仅仅缺少书写记录,而是延伸到缺乏任何制度来保存以及解释那些作为部落过去遗迹的人工物。[1]因此,个体责任也就以个体展现出这样的品质作为基础——当怀疑的时刻来临之际,部落人需要展现出如此品质,以此来彰显他们对部落价值的坚定认同。

上述体系的可行性显然取决于对部落成员的初始涵化环节施加相当大程度的控制,以此来淡化任何萦绕不去的疑虑,以便于部落成员能顺利地在自身的行为举止中模仿出那些必需的品质。同样的,就发表物而言,当它在科学知识的结构中占据了相当大比重的时候,科学家并不是以一种历史学家或者律师的方式来对待它——把发表物视为某种证据,它将会对自己表面上的声明内容给出支持或者潜在的反驳。科学家对待发表物的方式不如说是如史蒂文·夏平的术语所刻画的——把它视为"虚拟见证",也就是仿佛读者面对面地遇上了作者。正是这样一种认识论的透明性——而不是有效性或者精确性——应该被视为波兰尼在科学发表与价格机制间进行类比的关键之所在。科学交换与部落交换所具有的复杂性对行内人士以外的其他人而言也许是深不可测的,但对某些人,至少对行内人来说一定是能看透的。在以上两种情形中,与行内人持有的知识绑定在一起的那种确信,就成了衡量该群体集体把握外部事物的确信尺度。

就那样的具有跨文化有效性的推理原则来说,它们是否可能存在呢?关于这一点,人们有着种种的直观认识。半个世纪以来,波兰尼是唯一一个以哲学思想家的身份转到使用爱德华·埃文思-普里查德民族志领域的田野工作,以此来对这类认识进行检验的人。[2]到了今天,普里查德的这一带有晚期帝国主义色彩的传统,它所遗留的为数不多的痕迹便是这样一些谜题:努尔人声称他们是鸟类的后代;赞德人即使面对大量的与神谕相抵触的证据依然会选择相信神谕。在20

---

〔1〕　参见 Douglas 1980,第88—89页。该书将以上对过去的定位明确地类比为库恩的这么一个观点,也就是科学对博物馆以及其他历史贮藏所没有一丁点儿的兴趣。Douglas 1986,第69—80页再一次地借鉴了库恩构想中的科学家对历史的理解,随后从社会的"结构性健忘"角度对这一点做了拓展。对科学来说,它的沟通实践乃是建立在写作的基础上,因此人们只有通过刻意的方式方能遗忘科学。反过来,对无文字社会来说,遗忘实际上是它的第二天性。

〔2〕　就上述争论来说,其中更为出名的参与者包括了恩斯特·盖尔纳、彼得·温奇、阿拉斯戴尔·麦金太尔、查尔斯·泰勒、史蒂文·卢克斯、马丁·霍利斯,以及伊恩·贾维。参见 Wilson 1970 以及作为该书续作的那部著作。后者把科学知识社会学纳入一种对埃文思-普里查德立场的更为精细的拓展中:参见 Hollis and Lukes 1982。尽管在宣传中,此番争论时常被冠以"理性主义对相对主义"或者"社会科学中的基础性争论"之类的总体性称号,但是就参与方而言,这些人大多数都限于英国或者英国的势力圈内,这一点正好契合了上述关切所具有的那些带有晚期帝国主义色彩的起源。

世纪 30 年代至 40 年代,上述谜题的研究工作是在南苏丹地区展开的,它们乃是英国殖民地服务局任务的一部分。当时的历史背景是,英国人担心非洲可能在第二次世界大战中站在德国人一边,因此他们希望至少能确保土著人不会变得躁动不安,于是也就不必在抵御德国军队的同时还要抽出战略资源来对付这些土著。不仅如此,英国人还希望,如果运气好的话,万一战火蔓延到非洲,苏丹部落还有可能为抵抗德国人做点贡献。于是乎,英国人就需要用一种不仰仗武力同时又不带有高人一等姿态的殖民统治方式,以此来维系部落对他们的忠心。[1]

这就意味着,人们需要在部落持有的宇宙观框架内进行操作。如果仅仅像埃文思-普里查德的老师布罗尼斯拉夫·马林诺夫斯基(1884—1942)所做的那样,从达尔文主义或者弗洛伊德主义的角度揭示出土著人的信念和活动所具有的社会功能特征,那是不够的。如此做法所得来的合理性乃是悬置在土著人头上的(或者也可以说是处在"下方"的,如果人们是从弗洛伊德的角度来切入的话)。与上述方法不同的是,埃文思-普里查德尽可能地依赖土著人自己对为何如此这般相信和行动所作的说明。除了能够促进文化相对主义的哲学外,这一策略使得英国人能够向土著人表明我们是能够按照你们的方式来打交道的,由此而维持土著人对自己的信任。事实上,就他的同代人来说,埃文思-普里查德独一无二的地方在于,他坚持人类学家应避免使用翻译,要自己去掌握土著语言。[2]

从知识社会学的历史角度来说,当马克斯·韦伯的观点——合理化是复杂社会中进步的标志——已经大体上为人们所接受的时候,波兰尼这样一种利用埃文思-普里查德的工作来融合科学中的道德秩序与认知秩序的做法也就标志着埃米尔·涂尔干对韦伯的复仇。对韦伯来说,合理化会导致前所未有的程度的潜在审查和责任。因为人们对那些与自己生活有关的事物越来越缺失第一手知识,于是诸如考试、审计——更不用说试验记录以及实验记录——这样的官僚制程序就愈发重要。此处,书面记录发挥了判定性作用,它预设了个人观察、记忆以及证词是易变的,因此也就不值得信任。相比之下,波兰尼的涂尔干式视角引入了一种经济学家称之为时间折扣的模式的奇特变种,从而将上述认知缺陷上升为一种道德品质。[3]

---

〔1〕 有关埃文思-普里查德与英国在战争中动员土著人之间的密切关系,参见 Goody 1995,第 63—66 页。

〔2〕 有关人类学家掌握土著语言及其习俗的必要性,参见 Evans-Pritchard 1964,第 79—80 页。

〔3〕 有关从经济学以及心理学立场出发对时间折扣的审视,请阅 Price 1993;Ainslie 1992。我在 Fuller 1997d,第 95—101 页中把上述观点应用在了科学编史学上。

通常来说,时间折扣被描绘为理性所面临的一个难题。人们往往偏爱短期收益,即便这意味着放弃更为丰厚的长期收益。在这一意义上,人们选择不重视将来而偏爱当下。也许,韦伯所描述的合理化过程也能纳入该范畴,也就是说,对记录的审慎保管只能确保短期的可解释性——因为从长期来看,存储记录在数量上的增多降低了将来人们在解释活动中查阅这些记录的便利度。[1]基于以上视角,那么涂尔干主义者的折扣做法正好相反,也就是比起短期优势来更偏好长期目标。不论是部落成员还是科学共同体成员,从长远来看,群体内部成员必须能够相互共处,因为他们的集体事业有着无限期的持续时间。于是,人们也就尤其重视这样的社会机制,它的设计目的是防止把冲突引入群体成员之间的互动中,除非存在着明确的群体利益。此时,举证责任也就出现了转变,即人们默认给予信任,除非有理由来怀疑。在那些个人竞争更为激烈的社会中,上述必需的"理由"不仅与集体收益相关,对个人收益来说也同样具有重要性。不过,就上述两种情形而言,对现状的挑战要想获得成功,仅当它对集体有用时才有可能:换言之,去质疑某个同事的观点,不仅我本人不一定能获利,对其他人来说同样也是如此。所以顺理成章地,在科学的情境中,怀疑的时期很可能带给集体事业更强的忠诚。这一姿态不仅在库恩关于科学变革的论述中得到验证,同时,科学杂志编辑的日常实践也表明了这一点。对后者来说,他们拒绝发表那些否定性的结论或者理论性的批判,除非这些否定所展现的前景与被批判事物所具有的前景一样明晰。[2]

---

〔1〕　就算这些记录能被转化成计算机文件,这样的转化地会产生费用。而且事实上计算机化使用的是一种特定的格式,这种格式也许在计算机科技经历代更新之后阻碍人们对信息的获取。

〔2〕　以上立场应当被用来与法国人类学家丹·斯珀波那具有争议性的进路加以对照。斯珀波提出,我们应该用"准信念"(quasi-beliefs)这一概念来把握土著人的认识论状态。涂尔干和埃文思-普里查德(当然也包括波兰尼与库恩)假定,土著人的知识断言意味着一种深刻的、几乎是宗教性的信奉——信奉与该知识断言联系在一起的命题。斯珀波则论证道,如果异域文化与我们的文化一样包含了隐喻与反讽,那么就人们得到的那些文化间存在根本差异的认知来说,它们也许只是简单地反映了存在于我们身上的一种不合时宜的直译主义(literalism)——这些认知实际是一种解释失败,原因是使用了无效的方法论。换句话说,相对主义本身也许就是一种西方人类学家所共享的准信念,土著人意识到了这一点,并以此为基础来述说人类学家们想听的话语,或者在面对西方人真诚的问询时开出土著人群体内部才懂的玩笑。(这里进入我们脑海的是玛格丽特·米德在萨摩亚岛对性活跃阶段青年的研究案例。)参见 Sperber 1982。

第三章　科南特时代围绕科学形象的政治角力

1. 小科学既有的公众形象

詹姆斯·布莱恩特·科南特把他 1970 年出版的自传取名为《一个社会创新者的回忆录》,以此来意指自 20 世纪 20 年代到 20 世纪 60 年代以来他所把握的种种机遇——为当时突出的社会问题制定制度化的解决方案。上述社会问题涉及的范围从核武器、兵役制度直到大学研究与市内公立学校的未来。诚然,科南特并不是唯一的"行动的知识分子"。著名记者西奥多·怀特用这个词的时候是一并指称科南特以及其他的科学家出身的行政官员——正是这批人形塑了美国的冷战视野。[1]也确实,在成就时代的那一系列戏剧性事件中,有时候科南特扮演的只是配角。举例来说,在建立美国国家科学基金会这一专门致力于支持基础科学研究的联邦机构这件事上,麻省理工学院副校长范内瓦·布什(1890—1974)的名字就要比科南特耀眼得多。[2]不过,科南特的兴趣比起布什来要广泛得多,而且就他表现出的那些共通的思维模式来说——尤其考虑到他对库恩的提携——科南

---

〔1〕　White 1992,第 411—413 页。

〔2〕　有这么一个有意思的尝试,设法在政治层面上复原科南特与布什——具体来说就是把两人描绘成一直都对二战后美国科学政策的走向感到失望——可参见 Reingold 1991,第 284—333 页。莱因戈尔德分析的要点是,科南特与布什是在反对新经济政策下那些以科学为对象的社会分析人士所预设的"大政府对大产业"这一摩尼教式的政治宇宙观,并且两人希望能够回归一种对企业的更为个人化(洋基[纽约棒球队]共和主义?[Yankee Republican])的理解。这样一种理解正是两人在辩护(举例来说)受联邦资助的科学创新的专利申请时所立足的隐性根基。不幸的是,以上这么一个宽容解读忽视了这一问题,科南特与布什同时还是某些大型企业的董事会成员。有关美国国家科学基金会成立时期,科学精英与大型美国企业间利益交错关系的一个富有洞察的叙述,参见 Kleinman 1995。对布什此人的一个更为一般化的讨论,参见 Owens 1990。

特成为惠威尔式使命(将自然科学在社会中的位置予以正常化)在美国的正统继承人。[1]

如果你在1945年以前询问普通的美国人,所谓的"科学家"在他心目中是何种形象,那他的回答可能只有两种,要么是像托马斯·爱迪生那样的独立发明家,要么是那种在工业实验室里工作的白领化学家。他不会把在大学里工作的某个人当作答案。[2]可以说,直到二战爆发前,那些政府高级官员们持有的也是同样的印象。科南特回想起在第一次世界大战期间,伍德罗·威尔逊总统将没有受过任何正规科学训练的爱迪生任命为海军下属的科学顾问委员会负责人。相应地,爱迪生仅招了一位物理学家进入委员会:"说不定我们以后得计算点什么东西,以防万一。"[3]然而,原子弹计划获得的惊人成功把学院科学家——特别是物理学家——置于科学家公众形象的最前沿,由此便制造了一个前所未有的公共关系问题。取决于观察者所持有的对科学的潜在立场,那个一头乱发的阿尔伯特·爱因斯坦头上或许顶着一圈圣人光环,又或许顶着的乃是一圈可怕的电场。

科南特是这样来兜售"基础研究"(即逐渐为人所知的学院科学)的公共价值的,在原子弹计划的成功与李森科主义、优生学相应地在苏联以及纳粹德国的失败之间给出了一组对照性的解释。原子弹之所以能够被制造出来,乃是因为有关的原子物理学方面的知识在这之前就已经为人们所掌握。上述知识是物理学研究议程所产生的自然结果,而不是来自由某些政府规划部门制定的议程。[4]事实上,范内瓦·布什在这一问题上走得更远,以至于他用自主性特征来对基础研究进行界定:"基础研究乃是一个长期过程——如果期待对它的短期支持能带来立竿见影的结果的话,那么它就不再是基础的了。"[5]与此相对照的是,苏联人与德

---

〔1〕 在美国,至少还有另外一位明确的惠威尔继承人,而且他所代表的是没有被采纳的路线。罗伯特·梅纳德·哈钦斯,这位大体上与科南特任哈佛校长同期担任哥伦比亚大学校长的学者,是一位带有阿奎那主义倾向的法哲学家,同时也是莫蒂默·阿德勒的伟大名著项目的恩主。哈钦斯尝试以一种真正的亚里士多德方式将生物学纳为博雅教育课程的核心科目,其理由乃是生物学的多重根基所涉及的种种争议对于人文学者与职业科学家来说乃是共通的。有意思的是,在哈佛方面,类似的校长动议遭到了职业科学家的强烈抵制。后者的兴趣——即便是在20世纪40年代——更多的是面向同侪的工作而不是更广泛的研究共同体。参见Buck and Rosenkrantz 1981,特别是第377—381页。这里感谢哈利·马克斯与斯库里·希尔古德森把我的注意力引向上述包含丰富信息的段落。

〔2〕 LaFollette 1990,第45—65页。

〔3〕 Conant 1952b,第8—9页。

〔4〕 Conant 1961,第296—299页。

〔5〕 出自1945年布什的国会证词,转引自Greenberg 1967,第147页。基于这一理由,我们可以很正当地主张关于研究的"基础/应用"这一区分更多的是依赖于问责制框架,而不是科学本身的内容。参见Fuller 1993b,第237—251页。

国人则要求科学能随时适应于他们在意识形态层面上的目标。这在结果上就不仅带来了政治上的失败,而且还使科学产生了扭曲。[1] 由此,到了现在,科学家承担了原来对哲学家的角色要求,也就是在被赋予权力之前,必须经过相当一段时间纪律严明的培养。在《科学革命的结构》一书中,库恩为科南特的论述增添上了一道真实的色彩。库恩描绘道,科学家扮演的是研究者角色,他们从不希冀自己的拥有社会意义上的有用性——只不过是尽自己最大努力来尝试解决范式下的谜题——但是其总体结果使得科学的功用对于整体社会而言是显而易见的。[2]大概地说,功用这东西跟高尚一样,一旦呈现在公众面前就能为人们所意识到。因此,靠科学的产物就能把科学拥有的力量推销出去,而不需要科学家本人亲自站出来吆喝哪怕一声。至少,库恩对科学功用的来源保持沉默就是这个道理。

在科南特及其同僚登场之前,即便是在最好的大学里,研究人员依然要担负起过分繁重的教学任务,美国工业企业及其相关联的基金会则借此成功地引诱那些有前途的研究员出走。[3] 对于许多研究型科学家来说,亨利·罗兰在 1883 年美国科学促进会年度会议上所作的对"纯粹科学"的号召听起来就像是一个含蓄

---

[1] 以上这一我们所熟知的关于科学知识与民主政治间具有选择性亲和的论证遗漏了一些对它造成麻烦的事实,后者涉及 20 世纪 30 年代围绕优生学的论战。当人们通常把苏联粮食生产灾难归结到李森科(斯大林的农业部部长)偏爱某个基因理论(拉马克主义)而轻视关于作物繁育的事实的时候——因为前者比后者更符合马克思主义理论——却很少有人提及这一现实,也就是纳粹的优生学正是运作在一个带有浓烈达尔文-孟德尔主义色彩的视角之上。如果说,遗传特性无法通过改变有机体与环境的互动而改变的话,那么当人们还无法在基因层面上直接干预的时候,要达到消除某些遗传特性的目标恐怕就只剩下消灭那些携带上述特性的个体——或者至少不让他们繁衍后代。此外,孟德尔主义得到了那些精密的实验室实验(这些实验主要基于昆虫的繁殖)的支持,而这些实验所得到的结果只是刚刚开始表现出与自然历史数据有着系统化的关联。反过来,就绝大多数农业研究领域外的生物学家而言,他们依然会去偏爱自然历史数据。(实验数据与自然历史数据结合的产物便是 20 世纪 30 年代在狄奥多西·杜布赞斯基与乔治·盖洛德·辛普森这些人的带领下产生的"新达尔文主义"。)因此,像约翰·戴斯蒙德·贝尔纳这样的英国李森科主义者说出这样的话也不见得是件荒唐的事:苏联权威为生物科学带来了一个更为疏离化(less alienated)、更为整体主义的前景。

最后,值得我们牢记的一个重要问题是,不论是李森科的支持者还是他的反对者,双方都倾向于使用错误的因果推理方式。一方面,对于反对者来说,他们在反驳李森科主义的有效性时常常拿苏联对孟德尔主义科学家的迫害作为证据,而显然在这一问题上,人们可以把科学因素与政治因素区分开来,也就是我们可以在反对迫害孟德尔主义的同时继续支持李森科主义的立场。(这里值得称赞的是,迈克尔·波兰尼在批判李森科主义时并没有拿斯大林的迫害说事。)另一方面,李森科的支持者会频繁主张苏联农业早在李森科任内就取得的作物产量上的增长乃是因为李森科的拉马克主义在生物学上的牢靠性,而就这一问题来说,上述增长完全可以被归为集体农作在经济上的牢靠性。参见 Jones 1988,第 16—37 页;Werskey 1988,第 205—210 页,第 293—313 页;Levins and Lewontin 1985,第 163—196 页。

[2] Kuhn 1970b,第 38 页。

[3] 有关私营企业通过为学科交叉创新提供基础从而扮演了"进步性"角色这一问题,可能罗伯特·科勒做了最多的工作。我在"进步性"上面打上引号是有考虑的,也就是说,我把企业、相关的基金会与大学的种种僵化倾向视为辩证对立的两极,前者的"进步性"更多地体现在对后者的反动上,而不是出于前者自身的缘故。参见 Kohler 1982,1991。

的建议,希望科学家向一种新的学术精英形象看齐——这就意味着他们与历史中
人文学科里的类似精英先辈们一样,是非生产性的。由此,洛克菲勒以及卡内基
基金会的专员们也就没什么难度地把有雄心的青年科学家劝导过来,告诉他们,
他们所待的学科机构只不过是大学系所门上挂着的令人尊敬的门牌而已——官
僚机构乔装成了本体论。通过"腐蚀"科学的纯粹性,企业赞助人得以提供生物医
学以及生物化学发展所需要的那种更少形式化、更大学科交叉的空间,而且这些
企业赞助人也正是推动医学教育往更"科学"的方向进行改革的幕后力量。需要
承认的是,企业对受过数学以及物理学训练的科学人才的需求符合企业自己的商
品导向以及控制导向的基本方针,而这最终将美国大学变成一个庞大的文凭制造
作坊。尽管如此,以上这样一种需求同时又建立起了一套科学活动的新标准,它
远远超越了大学原来那么一种单薄的任务——训练贵族的子弟。[1]

2. 科南特的使命:为科学设计一个新的有别于罗斯福新政的未来

随着二战的结束,企业领袖与政府领袖都曾表白过一个梦想,如果把那些基
于大学的科学研究调动起来转向经济利益,这将会带来多大的效益啊。对科南
特、布什以及其他战争期间的科学行政人员而言,他们一方面要利用以上这样一
种支持科学的心态,另一方面又不能让科学的方向反过来交由非科学家把持,因
此他们便以这样一种策略来为建立国家科学基金而游说,也就是论证科学事实上
真的能够带来种种效益,但同时这些效益仅当它们作为科学自主研究的副产品时
才会出现。基于种种政治原因——这些原因(其中就包括了 1946 年选举后形成

---

[1]　由此,我们可以在高等教育史的上述时刻发现,其中铭刻了这么一个具有马克思主义意味的权衡,它涉及的两
　　　个选项分别是:大学课堂中的非生产性的但是(潜在地)具有人文素养的食利者群体,以及工业实验室中的生
　　　产性的但是(潜在地)不具备人文素养的资产阶级。这一类比具有一个特别有意思的地方,以上两个阶级被视
　　　为经济生产与高等教育各自对应的总体目标。在经济领域中,食利者们的经济活动保留了古老的亚里士多德
　　　oikonomikos(经济)这一目标,也就是说他们从事生产乃是用以获得足够的物资来满足他们以及他们底下那些
　　　人的需要,这样的生产不是一种纯粹为了生产的生产。对于资产阶级来说,他们当然不认为在生产目标这一
　　　问题上有什么既定原则。对他们来说,唯一的问题乃是生产时的效率,或者说是"生产力"。Polanyi 1944 是对
　　　以上这么一个敏感性层面上的区别的经典讨论,它同时还讨论了后者相比前者在政治上所具有的优势地位。
　　　至于高等教育方面,学者群体预设的是一种亚里士多德式的目标,也就是对人格的"完满"或者"实现"——所
　　　用到的手段是向学生提供登上社会权威位置所需要的知识。尽管这一视角一方面通常预设了上述有资格
　　　获得高等教育的人在数量上是有限的,但另一方面这里所涉及的人格乃是对整体人格的培养,而不是仅仅培
　　　养学生人格的某一方面。而这么一个关于高等教育的定位——它为的是特定技术与技能的最大化——则依
　　　赖大学要适应于产业需要。参见 Dennis 1987。

的共和党占多数的国会)跟上述论证自身的价值关系不大——科南特与他的盟友们得以一偿心愿:联邦政府分散权力,通过同行评议的方式来支持科学研究。这一情形一直保持到今天,尽管正越来越受到挑战。[1]

在区分发现的情境与辩护的情境时,惠威尔试图为大学(拓展开去的话可以延伸到专利局这样的文职部门)安排这样一种定位,它涉及知识的认证以及传播,而不一定涉及知识的生产。确实,就那些惠威尔的著名对话者——法拉第、达尔文以及密尔——来说,没人会把大学称作自己的根据地。与此相对照的是,科南特的工作就是要表明,大学乃是构成知识生产必不可少的一部分。这就回归到之前的情形了,你几乎找不出什么证据来表明,大学在过去就已经是那样了。牛顿与麦克斯韦倒是两个例外,他们在取得突破性的科学成果的同时又占据了教授的席位。[2]但是,就上述二人的情形来说,科学是低技术性的,事实上主要是数学的——在技术上的应用乃是留给后辈们在大学以外的地方去发现(或者发明,视具体情形而定)。即便是科南特所钟爱的那些科学家——化学家波义耳和拉瓦锡——他们一方面是有闲暇的绅士,同时另一方面又是荣耀的公务员。因此,国会里那些反对科南特的民主党人的姿态多少也就可以理解了——他们相信学院科学家需要一些来自联邦的善意引导,从而帮助科学家们适应自己作为前沿知识生产者的新角色。鉴于科南特、布什以及其他具有类似头脑的科学家在美国相当多顶级规模企业的董事会中任职,那么你还能责怪著名的科学平民主义者,来自西弗吉尼亚的民主党参议员哈利·基戈尔有以下想法吗:当科学精英要求获得更大的"自主性"的时候,难道他们不是简单地把自己交给资本主义"看不见的手"来操控?

确实,设计原子弹的人正是那些在原子物理学中发展出相关背景理论的人,但是这些科学家必须以政客为中介才能成功地斩获庞大的公共空间与资金用以建造原子弹。因此,原子弹的成功应该归功于科学的"内部"因素还是"外部"因素这一问题便成了一个纯粹的开放性问题。就基戈尔这样的外部主义视角的支持者而言,科学的突然发力被视为战争期间人们对它的集中投资带来的结果,而不是隐藏在爱因斯坦、海森堡以及波尔的物理方程中的魔法力量的释放。因此,在基戈尔这里,问题在于学院科学应该从属于国家还是从属于大产业,而不存在什

---

[1] Kevles 1977。

[2] 对于这一主张——传统地来说,研究成果来自大学外部——一个重要的制度例外乃是生理学,该学科在历史上乃是从中世纪医学机构中发展而来。参见约瑟夫·本-戴维,《19 世纪医学底下的科学生产力及其学术组织》(1960),重印本 Ben-David 1991,第 103—124 页。

么"自主"这样的第三条道路。基戈尔支持公共财政向科学研究提供资金——而且,事实上也是他创造了"国家科学基金"这一词语——以此作为富兰克林·德拉诺·罗斯福新政的延续。这意味着在培养完善的、健全的民主选民的名义下,科学政策将会成为财富再分配的又一种手段。

举例来说,宝丽来相机自显影胶片的发明者埃德温·兰德敦促基戈尔考虑,为那些科学专业的学生设立奖学金,以此作为种子基金来促进那些具有潜在丰厚回报的发明。[1] 不仅如此,有些人甚至建议为美国那些传统上落后的地区(尤其是南部和西部)设立一个"积极行动"项目,从而使得以上地区比起其他已经从私人捐助中获益的地区来能分配到更高比例的资金支持。"国家服务"计划则是从以上思路出发的另一种提案,该计划旨在为那些来自贫困家庭的优秀学生提供相应的奖学金资助,前提是这些学生以后——如果不是马上的话——将投身于国家经济不发达地区的技术训练以及研究机构。[2] 有意思的是,这些计划带来了这么一种普遍主义情绪,也就是科学思想方法是对所有人都开放的,因此科学表现上的任何差异都能被归于人们所受到的训练以及研究机构层次上的差异。同时,这些计划预设,二战期间特有的那些进展神速的、前沿性的研究乃是基于对正常轨道的一种偏离,因此到了和平年代就需要通过科学政策来加以矫正,这些政策充分考虑到了科学创新将以何种速率被整体社会吸收。[3]

在今天看来,这种刻意放慢科学变革节奏的政策可能有些荒谬,不过,至少在1929年经济大萧条到来时,人们可是严肃地把它当回事的。[4] 在一系列来自科学、宗教、政治以及工业各界的人士看来,导致长期性失业问题的根源在于企业对新型自动化技术的开发,期望能把生产成本降到比竞争对手更低的水平。因此,如果能限制企业引入车间中的创新数量和类型,高失业率就能得到遏制。事实上,还有人甚至提出这样的建议——仿照当时人们付钱让农民不要种地的做法——我们付科学家钱,叫他们别搞研究了![5] 就罗斯福新政中那些民主化科学

---

〔1〕　Kevles 1977,第 19 页。

〔2〕　Mills 1948。

〔3〕　事实上,联邦科学基金一直受动员与转型的周期性循环所支配。正如 Reingold 1994,第 367 页中所记录的,这一循环的初始阶段起自 1917 年,也就是美国参加第一次世界大战的时候。

〔4〕　关于上述"对科学的反抗"的一个优秀的调查报告参见 Kevles 1995,第 236—251 页。

〔5〕　Proctor 1991,第 238 页。要衡量科学政策在近五十年来与原来的新经济政策敏感性相比究竟偏离了多远,我们可以观察这一情形,也就是每当国会议员提议将科学资金以一种更加公平的方式分配到各地区时,他们马上会被指责为"猪肉桶政治"(pork barreling,意指政治分肥)。另一方面,要是获胜的是新经济政策支持者,那么我们也许会把精英科学家们要求得到更大更好的研究设施的请愿视为"夸克政治"(quark barreling)。

的倡导者而言,其中最有远见的当属耶鲁大学的法学教授瑟曼·阿诺德。作为罗斯福智囊团里位居前列的人物之一,阿诺德相信,美国的技术潜力需要通过正确的法规以及刺激方案得到"组织",使得人们不再需要在为自己工作还是为政府工作之间做艰难的选择。[1] 不幸的是,阿诺德关于人类本性的可塑性构想撞上了紧随二战同盟国胜利而来的冷战,正是冷战迫使人们迅速地把那些业已显示出才干的人员部署起来。

新政的支持者相信,科学与大产业相互勾结将使得它化身为一头受到规约的怪兽,它朝着两个方向迈进,并且这两个方向同样都让人无法接受。一方面,科学家通过自己的新发明所具有的前景,助长了企业的投机行为。虽然这些发明常常达不到在天花乱坠的广告中宣称的效果,但依然还是会引爆变化无常的金融市场——正如那些引发大萧条的种种金融市场的地雷。[2]另一方面,人们会抱有这样的担忧,当某家公司能够垄断某种特殊类型的、极为有用的知识的生产时,就可以借此来掌控社会的其余部分。为了防止这种可能性,作为罗斯福最重要的反垄断检察官,阿诺德主张私人领域内的科学资助必须受到监控,以便观察它们是否可能潜在地违反《反托拉斯法》。[3]另一个相关的担忧则反映出了国家科学基金听证会中新政支持者与科学精英间的分歧,也就是该不该禁止那些受联邦资助的科学家对其研究成果享有独家专利权。[4]范内瓦·布什的盟友们成功地拦下了那些要求实施禁令的动议,他们所依据的不是别的,正是美国宪法,其中讲明了独家专

---

〔1〕 尤其参见 Arnold 1966。关于"组织"(organize)这个词,我们应该注意到它所具有的两种不同用法,一种作为反身动词,另一种则是及物动词。前者有着一段悠久的历史,而后者乃是现阶段出现的新词。管理学大师彼得·德鲁克在推动以上语义转换中起了重要的作用;该词现在意指这样一种现象,也就是本质上互异的实体能够借由智力的设计方案而被纳入同一个有机体之中。对德鲁克来说,这一情状乃是"知识社会"得以成立的标志之一。参见 Drucker 1993,第 49 页以降。在今天,作为及物动词的"组织"在我们中间获得了主导性地位,以至于对那些在社会思想以及生物学中自称创新者的人来说,他们不得不诉诸烦冗的表达——"自组织"(self-organization)(同时也被称为"自创生"[autopoiesis])——来命名他们的理论。

〔2〕 在他最后出版的访谈中,库恩提到自己的父亲在加入罗斯福新政底下的国家复兴管理局之前,所从事的工作就是作为企业策划,为一家银行提供类似的投资建议。参见 Kuhn et al.,1997,第 146 页。

〔3〕 Kevles 1997,第 6—7 页。

〔4〕 阿诺德的反垄断直觉极其接近于这么一个观点,该观点如果在那些围绕国家科学基金创立的辩论中缺席的话将会是很奇怪的:大学一旦参与了那些能够带来商业价值的产品的研究——这正是大学需要得到独家专利权的首要原因——如果这意味着大学整个地失去免税的资格,至少也应该为上述商品缴纳税费。要承认的是,当时的人还没听到"知识产权"这一提法,不过即便如此,当大学宣称功用乃是其最终价值之一时,就已经有人在怀疑,大学是否已经开始危及免税精神——但毕竟关于这一精神的典型案例乃是教堂。大学如何能在经济层面上使得其所在的社区受益,对此的一个精致的辩护(来自一名专业律师)可以参见 Bok 1982,第 217 页以降。不过,当作为哈佛校长的博克在写作时,正值知识产权局进驻美国大学校园前不久。

利权可以激发出那些本来可能不会存在的发明创新。[1]

3. 反对大科学的理论厚度

新政主义者并不乐意把那种新近扩大了规模的科学状态带入和平时期。这样一种不情愿在国际上是有诸多先例的，其中有人预言，科学的上述状态会一并危害到科学与社会。有关战争经济对和平时期科学发展所产生的负面影响，这一问题的最突出的理论家当数亚瑟·庇古（Arthur Pigou，1877—1959）。对于剑桥大学由阿尔弗雷德·马歇尔发展到约翰·梅纳德·凯恩斯的福利经济学来说，此人乃是不可或缺的一环。第一次世界大战向欧洲的列强（同时再加上美国）揭露了德国（相关的还有日本）已经掌握了有近半个世纪之久的东西，具体来说就是经济政策与工业政策的联合会产生相得益彰的结果。然而，庇古的卓越之处就在于，他论证了上述联姻就相当于一种浮士德式的交易，如果无限期持续下去的话，将会阻碍科学创新。如果说军事——工业联合体在战争期间是创新性的，原因就在于科学天才被专注地投入了与敌对国家以同样的方式组织起来的人员的竞赛之中。但是，等到了战争结束，并且竞争对手也不复存在时，以上这种天才的专注实际上就成了一种阻碍进一步创新的国内市场的垄断。因此，第一次世界大战结束之后，庇古便呼吁人们把军事利益与工业利益进行拆分，同时他还要求解散作为战争机器一部分而被组织起来的大型研究小组。在庇古看来，英国能够通过上述方式重新获得原来的市场环境，而正是这种环境使得科学创新在相对和平的 19

---

[1] 有关布什在国会中的证词，参见美国国会，参议院有关军事事务的小组委员会，关于科学立法的听证会，第七十九届国会第一次会议（1945 年 11 月），第 225—227 页。美国宪法将专利权视为对发明的一种激励，出现在宪法第一条第八款第八句中。事实上专利局乃是美国第一批成立的文职部门之一（1836 年），要比英国早近 20 年。有意思的是，这里的重点不是美国制宪会议成员为了鼓励发明而拟下了特定条款，重点在于专利权被选作为激励机制的内容。毕竟，单凭对声名的渴求就几乎已经把科学研究推到了那样的高度；因此，比起专利使用费，传统一点的人更偏爱颁发各种奖项作为鼓励。在第 4 节中，我们将考察薪水以及专项经费是如何取代各种奖励而成为对新知识的奖赏的。不过，关于专利使用费如何能够激发研究的积极性，依然需要一个解释，特别是当专利实施过程通常会遏制传播作用的时候——后者对于科学知识（至少在原则上）为人所普遍获取是至关重要的。对此的一个可能的解释是，在制宪会议成员看来，人们会认为固守他们已经掌握的知识更具经济性——除非施加给他们一种激励，以使得他们更愿意拿自己的时间和精力作为赌注来冒险，以此来寻求更好的知识形式。

世纪取得丰硕的成果。[1]

在经济大萧条爆发后不久,另一位出身剑桥的人物——著名的 X 射线晶体学家以及马克思主义科学史家约翰·戴斯蒙德·贝尔纳(John Desmond Bernal, 1901—1971)——针对第一次世界大战后英国涌现的军事—工业联合体提供了相应分析。[2] 在贝尔纳看来,随着工业资本主义在 19 世纪的演化,"科学家"(这里广义地包括技术专家与发明家)不再需要专门地依赖慈善家的捐赠来为项目研究以及项目开发寻找资金支持。科学家愈发地被吸引到大企业的周围,而后者则反过来限定了在怎样的范围内才能出现可接受的创新。举例来说,化学家对发明牢不可破的合成材料的冲动要受到限制,以免导致市场需求的饱和——毕竟消费者不再需要更换它们。不仅如此,科学创新还具有无常性,如果不加限制的话,可能打破大制造商对特定市场享有的垄断。

正如贝尔纳所理解的,要确保科学不干扰资本主义秩序,唯一的方法就是将它的创新能量掌控在更加完备的战争形式以及监控形式的设计方案之中。这些方案将会得到部署,以保护一个国家的经济王朝免遭来自国内与国外的双重威胁。如果科学家想要摆脱军事—工业联合体的束缚,重新获得对自身创新潜力的控制权,那么他们就要:一方面将自己组织成一个口径一致的社会阶层,另一方面与那些以绝大多数人类的状况为关注点的人——社会主义

---

〔1〕 Pigou 1921。在 19 世纪绝大多数政治经济学家眼中,战争对经济来说将会是一个彻头彻尾的大包袱,要不是战争颠倒了人类固有的优先性思维——在面对敌人攻击时,人们倾向于发明更有效的方式来维持自身现状,而非继续保持旧方式。但是,如果没有和平时期经济所提供的稳定环境,以上发明就不大可能在整体社会中扎根下来。尽管这些政治经济学家对战争通常持否定态度,但事实上他们每个人——从亚当·斯密到约翰·斯图尔特·密尔——都承认,经济的日益繁荣将迫使国家将更大比重的财政收入投入到国防中去,这种做法能让那些相对贫穷的国家相信,对强国发动战争并非满足自身利益的最佳方案。如此一来,就削弱了经济学家们的一个普遍的信念,也就是更庞大的财富为行动开启了更多的可能性。就实际情况来说,上述概念层面上的张力可以通过引入这样一种关于进步的构想来克服——人们将足够庞大的资金投入某一个行动路线中,以至于要质疑该路线是否行得通,在经济上是行不通的了。参见 Goodwin 1991。这里感谢苏嘉达·拉曼让我注意到了庇古以及古德温的著作。
〔2〕 贝尔纳关于科学在军事—工业上的共谋者的洞察,最全面地体现在 Bernal 1939 中。针对该书留下的遗产,一个批判性的但是又富有同情的评价可以参见 Freeman 1992,第 3—30 页。根据弗里曼的说法,贝尔纳的分析有个致命的软肋,在于他将科学乃是人类能力的终极表达这样一个信念视为理所当然,这使得他低估了日常民主政治进程所具有的价值。我们将在第七章第 2 节重新回到对这一点的讨论,届时我们将会看到,正是这一点促成了激进科学运动的这样一种失败,也就是没能在科学共同体之外吸引到强有力的公众支持。

者——联合起来。[1] 在当时，鉴于大多数科学工作者依然有着非精英的背景——比如理工院校、工厂车间等——因此贝尔纳关于团结的呼吁在当时听起来倒及不上今天听到时可能带有的末日灾难式的含义。[2]

正如事实所表明的，庇古或者即便是贝尔纳都没有意识到，世界大战对科学研究所造成的影响是不可逆的。至于约瑟夫·熊彼得（Joseph Schumpeter，1883—1950），这位最为一贯地力促科学创新在财富生产中发挥作用的经济学家，也没意识到这一点。当然，就熊彼得的实际情况来说，此人老是聪明过头，他把他本应意识到的问题理性化为了对历史常态的一次偏离。熊彼得相信，企业资本的自然增长会到达这么一个临界点，这时对大公司来说，投资给那些手握着这样一类创新的企业家将存在巨大的风险，它们在前景上将能对市场环境带来"创造性破坏"，而这样的市场环境是有利于上述大公司的。熊彼得把上述过程视为资本主义动力学所特有的状况，而不是简单的人们把战争时期的军事—工业关系带入和平时期后所造成的局部结果。于是，熊彼得不会像庇古所建议的那样，通过立法的方式来扭转这一过程。就这样，再一次地，理性的狡黠为种种试图预测历史进程的尝试作出最后的定论。事实证明，庇古对科学与经济之间的关系的理解更出色，但是因为他的政策提案并没有为人们所遵循，因此最后出现的世界更加符合熊彼得的设想，尽管它并不必然地满足熊彼得理论所给出的理由。[3]

---

[1] 就科学在军事—工业体系中所处状况的复杂性而言，有进一步证据表明，贝尔纳与大多思考上述问题的政治经济学家一样，没能预料到科学能在哪些方面改变战争以及服兵役的特征。这样的改变在时间上相应于空军在地位上超过了其他军事分支，同时上述改变在结果上导致了人们在训练军官时的重点变化，也就是更强调学员擅长计算机模拟，而不是现场的实战经验。当科学被征召用于军事目的的时候，与其说是为了确保对常规武器的高效率生产，不如说是强化军方的情报收集活动以及巩固核威慑的逻辑。以上转变使得国防承包性质的研究越发显得是一种智力上的挑战，并且越发地带有道德中立性——在程度上是贝尔纳这些人所无法预料到的。不仅如此，没有任何迹象表明，科学乃是彻底地服从于军事目标的需要；实际上，恰恰有证据表明，在这里把两者位置给颠倒过来才符合事实。至少，军事部门已经认识到，技术的完善就是它自身的目标，不论这种完善是否会在军事上带来更高的效率。参见 Kaldor 1982。

[2] 贝尔纳将科学政策视为劳资关系的一种形式。他的这一看法可以说是受到了第一次世界大战时期帝国化学工业有限公司首脑阿尔弗雷德·蒙德的影响。参见 Jones 1988，第 6—13 页。借由将自己的文章刊载在美国大众杂志上，贝尔纳的影响力因此也就跨过了整个大西洋。可以参见 Bernal 1935。

[3] 正如所有伟大的理性者一样，熊彼得洞察到了随着科学在和平时期不断拓展其规模，将会出现种种具有讽刺意味的转变。尤其是随着过去 150 年来国家主义对高等教育的拓展，知识分子在数量上开始溢出并涌入文职机构，而后者正是当国家承担起越来越多的公共福利责任后增长最快的政府劳动部门。由此，如果说在马克思主义理论那里，知识阶层被委以的使命乃是突出工人阶级与资本主义对人的异化作用两者之间的对立，那么在福利国家理论中，知识分子承担的是缓和上述冲突的任务。不论如何，在熊彼得看来最终的结果还是一样的：资本主义将会灭亡——不过不是因为轰轰烈烈的革命，而是因为创新的惯常化。参见 Schumpeter 1950，第 154—155 页。欲了解上述论断的一个更为详细的版本，在其中作者有着更为强烈的信心，相信从事文职工作的知识分子有着解放的能力，参见 Gouldner 1979。

4.插曲:同行评议——科南特出色的新科学政策的基石

即便是在熊彼特那里,对于知识分子进入政府文职机构,尤其是学术共同体通过行会权力实现的"学术自由",其批判意向会在制度层面上遭受多大的限制,他的评价也并不乐观。学术共同体的行话与技术能够被更加广泛的公众的关切与理解隔离开来。[1] 所谓的同行评议,正是为了能在上述环境下运作而设计的。比起以自己的名义直接地向各领域的公众呼吁以获得经济支持,学院知识分子采取了相互迎合对方的诉求,从而导致双方各自都取消用更"教条"或者"意识形态"的视角去审视对方(通常情况下,尤其是像国家与企业这样的第三方,把撤除主观因素后得到的剩余物作为"客观知识"来加以把控)。在科南特与布什所支持的国家科学基金提案中,同行评议就被描述为针对科学的综合管控机制,尽管就事实来说,人们在传统上主要用它来评估已经完成了的研究工作——正如体现在专业期刊论文发表中的那样。[2] 同行评议应当被拓展到人们关于谁有资格首先开展研究的决策过程之中,这样一种思考是新颖的,带有毫无愧色的精英主义色彩。一如科南特所说的,科学与其他公共政策提案之间有着足够大的区别,以至于我们应当更多地去审核那个"人物"的正当性,而不是项目本身。[3]

又一次地,盼望科学家们在资源分配问题上表现得趋于一致,其历史先例便是那个原子弹计划。而这个计划之所以是如此这般,乃是因为所有相关科学家都

---

[1] 熊彼得把空闲状态的知识分子的过剩视为发达资本主义社会稳定的最大威胁。他那简洁的"知识分子社会学"的开头便指出,统治者通常资助范围延伸到知识分子身上,以此作为对他们的收买,从而让知识分子不再散播对自己的敌意。在启蒙运动时期,知识分子(伏尔泰便是其中的典型)通过这样一种方式来重新获得他们批判的独立性,也就是以"世界主义"的名义周旋于多个资助人之间寻求制衡。参见 Schumpeter 1950,第148—149 页。到了 19 世纪,民族国家重新获得了对知识分子的控制。它们将知识分子置于能向人们灌输一种共同的国家意识的高等学府之中,与此同时,知识分子们则给愈多的寻求文凭的公众打了一剂预防针,从而使这些人走出学校后对可能遇到的极端观点具有抵抗力。熊彼得忽略了以上这样一种制度化所具有的长期的保守影响,其理由是,在他看来他无法设想高等教育能发展到把社会上的所有刺头都吸收、容纳的地步。

[2] 关于同行评议在科学文献出版过程中的总体功效,还存在着颇多分歧。不论如何,其中有着这样一些一般的认识:同行评议更频繁地以限定作者知识主张的形式出现(如果我们把结果的表面含义都当真,那么作者具体应该在哪些方面值得称赞呢?),而不是事实上对该主张加以确认。那些在出版时受到同行高度认可的文章,一般来说并不是在该领域内引用率最高的文章。引用率较高的文章通常是具有争议性的,以至于在公共评论层面上经常提出这样的问题,也就是如果最初的裁判不是原来的那几个,那么这将很可能导致同行对该文章的拒绝。至于让领域外的人参与有关知识利用的同行评议过程带来怎样的影响,目前还没有多少系统化的信息。研究同行评议的两个很好的综合报告可以参见 Chubin and Hackett 1990 以及 Daniel 1994。

[3] Conant 1961,第 323 页。

站在同一边来反抗轴心国的势力。在轴心国这样的可怕对手相互结盟之前,在人们眼里,科学家并不是那种通常能在关于谁应该获得研究资金的问题上取得一致的群体,无论此时杂志编辑对具体领域内哪些研究值得获得信贷支持有着怎样的共识。上述现象被这么一个事实遮盖了起来,也就是科学家在传统上总是求助于多种资金来源——部分是公共性质的但大多数是私人性质的——以至于"科学共同体"作为一个法人团体很少被抬出来并由它来做最终的资助裁定。也确实,直到19世纪,奖励——而不是专门拨款——一直是科学报酬的主导形式。在一个基于奖励的文化中,科学家乃是凭借自己所取得的成果获得报酬。通常来说,他是第一个在特定的约束条件下解决了某个公开的难题的人,而无论当事人的资历或者业绩记录为何。在这样的文化中,人们假设了有关真实(reality)的知识在原则上是能够为所有人所获得的。因此,荣誉的颁发就应该完全根据谁在竞争规则下第一个对知识作了充分而有深度的探索。出现在19世纪科学中的由奖励到专门拨款的总体转换,它可以说是与在"科学家"身上出现的这样一种惠威尔意义上的职业化同时发生的。对这样的"科学家"来说,科学乃是一项全职工作而不再是一种闲暇活动,因此人们的报酬也就基于他个人的资格认证以及他之前的工作,此处,这两者与报酬的关联性甚至超过了它们与项目的前途本身的关联性,而这也正是发明家从产业基金会以及私人基金会中获得专门拨款的传统依据。[1]

一个特别具有美国调调的方式来避免同行评议那种赤裸裸的"富的越富,穷的越穷"的策略——罗伯特·默顿小心翼翼地称之为"积累优势原理"[2]——乃是把某种制衡体系引入科学资助政策中。这一方案是由得克萨斯大学的教务长乔西·里克(Chauncey Leake)向基戈尔参议员提出的。里克主张,只有这样的国家科学基金会才值得支持,也就是它的委员会并不是由那些主要科学杂志的编委会成员或者主要科学学术团体的管委会成员所构成的。这样一来,就能把更具广泛性的科学家代表纳入自身领域的管理中,从而创造出一个扩编了的科学"贵族花名册"。里克担心,如果上述制衡机制没有被引入科学资助体系中,那么联邦资助将会走上企业资助同样的道路,并且资金都集中在那些业已获得来自产业层面的庞大资助的私立大学中。虽然里克错误地主张只有私立大学才能列入基于同行

---

〔1〕　参见 MacLeod 1971a,1971b。然而,随着科学作为一种学术行会的状态愈发受到来自各方面的挑战,现在我们能听到更多来自经济方面的理由,要求科学回归到原来那种基于奖励的体系之中。这样一种回归将会有效地减小同行评议方法的触及面。参见 Hanson 1995。

〔2〕　Merton 1973,第 439—459 页。

评议的国家科学基金受益人名单（举例来说，他没有看到他所在的公立大学最后也进入了这一精英圈子），但鉴于今天 50％以上的联邦科学资助集中在占美国总数约 2500 所高等教育机构的区区 33％中，里克的关切所包含的精神依然是有价值的。[1]

这里值得我们回忆一下 1945 年的公共论坛，当人们在表达科学可能有的其他未来出路时有着怎样的想象范围，毕竟，我们现在也许就处在一个意义相类似的十字路口上。不过此处还有一个具有同等重要性的事实，也就是最初的那些"正统"发言人所代表的是现在看起来已经不再可行的观点。举例来说，作为美国国家科学院院长以及贝尔电话实验室负责人的弗兰克·杰维特就反对建立国家科学基金会，他的主要理由是担心该基金会所带来的正是资源的集中化，以至于阻碍科学创新。杰维特主张，国家应该将其研究的投资状况回归到二战之前的水平。相应地，他认为还应该鼓励公众将科学研究项目视为慈善活动，赈济这样的活动将可以带来税赋减免。这些举措必定能够为公众提供一种激励——至少对那些足够富裕以至于需要背上沉重税负的人是如此——以让公众熟悉那些竞争性的科学研究项目。[2]

5. 哈佛抵制科学新政的对策

当涉及将科学家与工人运动结为同盟的时候，贝尔纳面临着一大堆艰巨的任务。鉴于科学家发明了各种节省人力的技术取代了工人的位置，他们被人们习惯性地指责为要为经济大萧条负责。不仅如此，在新政主义者的诊断中，大萧条被视为生产过剩的结果，而这也正好把责任归咎于那些致力于多快好省的"科学化管理"的工厂。也确实，就那些基于社会科学的经济改革者（比如与罗斯福智囊团联系在一起的那批人）与基于自然科学的经济改革者（比如贝尔纳的赞赏者）在特征上的区别乃是，新政主义者希望通过把劳作由机器返归到人工的方式来收缩经济（正如新政著名的公共工程项目所体现的），而贝尔纳主义者则是一方面继续鼓励人们去设计可以解放大多数工作形式所涉及的那种苦力的技术，同时另一方

---

〔1〕 参议院有关军事事务的小组委员会，关于科学立法的听证会，第 967—968 页；技术评估局 1991，第 263—265 页。
〔2〕 美国国会，众议院，州际事务以及外事委员会，国家科学基金会，第八十届国会第一次会议（1947 年 3 月），第 73—76 页。

面,坚持他们所主张的集体所有制是一项防止未来出现普遍失业的安全措施。[1]
彼时,情况慢慢变得明晰起来——即便是对相对宁静的马萨诸塞州剑桥地区来说
也一样——当时人们站在一个科学在现代社会应扮演何种角色的十字路口上。
那些以资本化了的科学为目标的美国批评家——诸如托斯丹·范伯伦、查尔斯·
比尔德、斯图尔特·蔡斯,以及刘易斯·芒福德——他们的作品成了麻省理工学
院学生煽动者的必读书目。[2] 及至贝尔纳到美国为推介他1939年出版的著作
《科学的社会功能》而展开一场公开演讲之旅时,他身边吸引了一大批祛魅了的科
学家。这些科学家大多出自非精英背景,依据贝尔纳的马克思主义视角,这正是
表明了组成工会的时机已经瓜熟。[3] 然而,在科南特的校长任期刚开始不久,人
们就做出了各种努力来确保,不仅哈佛自己的科学家不会走上贝尔纳的道路,更
重要的是要使得这样的修辞——有关在新政主义者与贝尔纳主义者之间建立的
连线总体上从属于左翼性质的议程——在无效化的同时最终被吸纳到旧精英的
立场之中。以上这一出自贵族的反动路线归结起来便是所谓的帕累托学圈
(Pareto Circle)。[4]

　　哈佛的帕累托学圈在1932年至1942年间一直都有集会,其中诞生了这么一

[1] Kuznick 1987,特别是第9—70页。在美国提倡经济紧缩作为医治大萧条良方的人中,在政治上最著名的人当
数来自艾奥瓦州的平民主义者亨利·华莱士。此人最初是罗斯福的农业部部长,随后在罗斯福的第三个任期
(1941—1945)中担任副总统。不过,他最后在罗斯福死在任上的第四任期开始之前被哈里·杜鲁门挤了下
去,此时正值华莱士开始将苏联设想为美国的榜样。

[2] Kuznick 1987,第60—61页。

[3] Kuznick 1987,第237页。贝尔纳不仅在麻省理工获得了支持,在哈佛亦是如此——尽管科南特竭尽所能来限
制贝尔纳思想的传播。默顿对贝尔纳的马克思主义所作的去激进化工作(参见下一个脚注)从长期来看很可
能是最有效的,尽管还有一些科学家在面对地方上的轻蔑时依然坚持自己的贝尔纳主义立场。巴特·博克正
是其中的一员。此人作为一位天文学家在20世纪30年代早期帮助组织起了美国科学工作者协会这一受贝尔
纳主义影响的社团的哈佛分部,以此来研究科学对社会带来的影响。参见 Kuznick 1987,第231—232页。15
年之后,当科南特在他的科学项目中实施自己的通识教育方案的时候,博克提交了自己的课程计划作为该方
案第一批课程之一,事实上,该课程正是包含了最明确的社会学内容的课程。科学的社会关系乃是贝尔纳以
及其他的英国马克思主义科学家研究的中心,同时它也是联合国教科文组织的奠基性文献以及有关美国国家
基金会职权范围的各项辩论文字记录的中心话题。参见 Minutes,1946年12月2日。当接受科南特的传记作
者采访时,博克回想起了在冷战初期,上层反对他施压,要求其接受美国军方的资助,并停止支持他的同事
哈洛·沙普利所推动的左翼路线。参见 Hershberg 1993,第573—575页,第617—618页。

[4] 罗伯特·默顿成功地对贝尔纳的马克思主义科学社会学所作的去激进化工作,可以视为我们开始把握了帕累
托学圈带来的微妙但又无处不在的影响。作为该学圈的一名晚辈,默顿在冲淡贝尔纳的文字对美国听众的影
响方面起了重要作用,特别是在1943年以后,默顿意识到社会科学与自然科学一样易为政治所控制。默顿的
策略是削弱科学发展过程中的"内在"因素与"外在"因素这一区分。他用接近于马克斯·韦伯意义上的科学
家追求他们的志业本身作为一种"内在"视角,以取代贝尔纳原来的马克思主义意义上的内在主义,即科学家
发展自己的阶级意识。而默顿意义上的"外在主义"同样也消除了任何明确地将资本主义指责为科学折中的
功利主义根源的做法。顺着这一思路,最后就产生了默顿著名的"科学的四个规范"。参见 Merton 1942;
Mendelsohn 1989;同时可参见 Kuznick 1987,第85页。

种革命理论,它忠实于革命这个词在原来拉丁语中的意义,强调一种"回返"——对自然秩序的恢复。通过库恩的科学变革理论,上述意义上的革命概念得以对今天的知识领域产生最深远的影响。该学圈的召集人是劳伦斯·J.亨德森(Lawrence J. Henderson,1878—1942),此人是一位执业生物学家,他在持有外科医生的从业资格的同时还是一名业余的社会学家。[1] 就该学圈的成员构成来说,它有着塔尔科特·帕森斯、乔治·霍曼斯以及罗伯特·默顿这样一些代表美国社会学未来的光辉人物,同时还包括才智卓越的历史学家克雷恩·布林顿,而约瑟夫·熊彼得在1932年任职哈佛教授期间也间或参与其中(在他在自己的祖国奥地利担任财政部部长的失败经历后)。[2] 亨德森同时也碰巧是科南特的姑父,并且还是这么一个委员会——正是它任命科南特成为哈佛校长以及之后建立哈佛学会作为培育未来学术精英的根据地——中的一位有着巨大影响力的成员。也正是经由哈佛学会,科南特得以招募到库恩以及所需教职人员的大部分来加入科学项目中的通识课程计划。[3]

亨德森召集的团体所担负的正式职责乃是讨论现代社会学的奠基人意大利人维弗雷多·帕累托(Vilfredo Pareto,1848—1923)的思想。作为政治经济学家的帕累托,同时又是一位独立而又富有的、有着百科全书式雄心的学者,并且身上具有马基雅维利主义的倾向。贝尼托·墨索里尼曾认为,帕累托对自己的法西斯意识形态的形成有着重大的影响,故而他在意大利上议院替帕累托安排了一个席位(不过帕累托与其他所有知识分子一样,直至去世前都拒绝接受这样的任命)。在20世纪30—50年代期间,帕累托的思想在美国的流行程度到达了顶峰阶段。

---

[1] 亨德森在社会学方面的工作收录在了 Barber 1970 中。这里值得一提的是,亨德森与乔治·萨顿在哈佛联合教授了科学通史课程,它吸引了诸如 I. B. 科恩这样的美国该研究领域奠基者加入其中。Cohen 1984 记载了与此相关的回忆内容。感谢史蒂文·特纳最先提醒我亨德森所具有的重要性。如果想继续顺着这里的起头而走下去,Buxton and Turner 1992 是部很好的材料。

[2] Heyl 1968。当时只是一名青年助教授的帕森斯,正是通过亨德森了解到了帕累托有机体意义上的"社会系统"概念,后者可以说在帕森斯的"宏大理论建构"风格——以他的第一部主要著作 Parsons 1937 为起头——中刻下了永久的印记。在主要的社会学家中,艾尔文·古德纳也许是第一位意识到了帕累托学圈对接下来美国社会思想史的发展起至关重要作用的人。参见 Gouldner 1970b,第 149 页以降。然而,古德纳对帕累托对哈佛的影响的理解与我个人有所不同。当古德纳强调哈佛教职人员感受到他们自己有资格来决定社会思想的走向的时候,我更愿意将它理解为一种与贵族地位相匹配的责任,也就是说,对于那些进入哈佛的幸运儿来说,他们有着保护那些有价值事物的责任——以免它们在事件发展过程中失落掉。(我将在第八章中进一步讨论这一内容,那时会特别涉及库恩所处的社会地位。)我不仅相信这些能够解释帕累托学圈的成员(当然还加上库恩)所追求的革新概念有着如此这般的限定含义,而且也能够解释,这么一个刻薄的观察底下所包含的真理——哈佛乃是一只为金色鸟儿准备的大笼子。关于帕累托学圈对科南特的教育理念的影响——为精英提供自由空间,为大众提供框架结构——参见 Lagemann 1989,第 194—195 页。

[3] Conant 1970,第 87—90 页,第 108 页。

这位"大师班里的马克思"(Marx of the Master Class)通常被人们列为社会学的开创者之一,而与马克思、埃米尔·涂尔干以及马克斯·韦伯相并列。[1] 帕累托的思想在经济大萧条爆发后不久就在美国刻下了自己的印记。人们用它们来解释管理精英——企业股东正越发地依赖这些人的判断——的涌现,将其原因主要归结为市场在发达资本主义社会环境下变得越发复杂而多变。由此,当经济大萧条向世人表明太多经理把他们的股东带往不靠谱的金融方向时,这些股东便开始寻找新的、值得信任的管理人员。但是,正如帕累托所设想的,股东们自己并没有重新获得对公司的控制权。[2] 在政治领域中,帕累托刻画出了一个相互竞争选票的职业政客阶层。这一图景不仅证明其对法西斯主义者(这些人中的大多数都是以民主选举的形式当选)具有吸引力,同时对马克斯·韦伯、熊彼得以及当时最具影响力的美国记者沃尔特·李普曼来说亦是如此。后面的这些人一致认为,对那些庞大且内部多样化的民主国家来说,我们最好仅在下述场合邀请公众投票,也就是要么象征性地批准那些已经在实施中的政策措施,要么就是在那些相互间的区别不至于大到破坏既有格局的候选人里做出选择。[3]

帕累托的灵感来自马基雅维利关于两种人类本能的区分——一种以传统为导向,另一种以创新为导向。这两种本能对应于马基雅维利在历史中观察到的两类精英群体,它们深深地镌刻在了修昔底德的《伯罗奔尼撒战争史》中:由传统的"狮子"所象征的纪律严明的斯巴达人,以及由创新的"狐狸"所象征的诡计多端的雅典人。当狮子掌权的时候,社会会显得更加安定。但是狮子处事方式的内在特

〔1〕 这一点最明显地体现在了 Parsons 1937 之中。该书首次把关于社会学理论的原则进行了具体化,帕森斯正是凭借此书获得了在哈佛的终身职位。社会学中的另一大传统不仅在过去深受帕累托影响,并且直到现在还一直如此的民族传统乃是法国传统。特别参见 Aron 1970。本书第七章第 6 节将会讨论帕累托对近来法国科学社会学的影响。

〔2〕 不仅如此,罗斯福的社团主义新政政策宁愿选择单纯把民主控制的缺失延伸到社会的所有方面,也不愿意去扭转以上这么一个趋势。这一点仅当美国加入第二次世界大战之后才变得明朗起来。参见 Hooks 1991。就当时阐述上述观点的著作来说,最流行的当数 Burnham 1941。此书由一位从原来的托洛茨基主义转变而来的新马基雅维利主义者所写就(可对比在丹尼尔·贝尔身上发生的转变)。上述思路的一位当代接班人乃是从维也纳移居到纽约的彼得·德鲁克(Peter Drucker, 1909—2005),此人所创设的以管理的角度来实现个人自助的写作类型为马基亚维利的《君主论》在今天全世界机场的书亭中找到了新的市场定位。MacCannell 1984 是一个有趣的对管理学的帕累托主义进路所蕴含的道德不对称性——具体来说就是权力愈发向精英集中,同时责任却越发分配到大众头上——的分析,在其中它明确涉及了科南特以及帕森斯。马康纳让大家注意到了这么一个事实,一方面,科南特强烈支持对穷人进行职业培训,但在另一方面,他同样支持使这些生活在贫民区的人集中居住,以便国家能够充分运转,即便这意味着让庞大数量的美国人口成为核武器的瞄准目标。

〔3〕 Purcell 1973,特别是第 95—113 页是关于以上论点的一个出色讨论。尤其是它从该论点在美国政治科学的兴起中所发挥的作用的角度来进行考察。这样的影响在到达顶峰时所表现出来的样子便是人们对沃尔特·李普曼《公众舆论》(1922)的接纳。

性使得它们发现,自己越来越难以适应变化的环境(用库恩的话说就是所谓的"反常"),从而导致社会停滞不前。此时正是狐狸大显身手的时候,不过好景不长,在此之后一个新的狮巢会建立起来。当马基雅维利在 15 世纪晚期第一次展示他关于政治史的图景时,他正是将政治史描绘成类似于希腊罗马式编史学中的那种周期性循环的记述。

4 个世纪之后,帕累托把马基雅维利的论述嵌入到视社会为一个追求平衡的有机体这样社会观之中,也正是这种社会观成了帕累托最初吸引亨德森注意力的地方。[1] 正如帕累托所理解的,19 世纪是属于创新者的时代,但是这些狐狸所创造的是一个如此反复多变的政治气候,以至于 20 世纪的人们注定要寻求有力而可靠的领导者。新的狮子们将会上位,而且他们上位并不是通过向人们提供关于自己政策的理性辩护,而是诉诸人们的希望与恐惧。然而,鉴于这种对非理性的诉诸被证明是恢复社会平衡的最有效的手段,因而在系统层面上它又是理性的。关于平衡是否真的已经恢复,也许最好的试金石乃是去考察,对政治的追求是否已经成功地与来自公众的那些具有潜在破坏性的干预隔离开来。(这里可以对比一下库恩设定的这么一个要求,也就是只有当一个学科的研究议程具有免于外部利益干涉的自主性时,它才算得上是一门科学。)帕累托相信那些蛊惑人心的政客——这些人的政治生命依赖于赢得大众对他们的好感——比起有良心的社会民主人士来对人类的境遇有着更具实效的理解,而民主人士所推崇的"理性社会规划"不过是理论和实践交媾而来的不纯正的混血儿。在帕累托看来,社会秩序的理论家要发挥自己的作用,最好还是以临床医生或者验尸官的身份出现,而不是什么策划人或者创始人。[2]

自 20 世纪 30 年代的经济大萧条到 60 年代的学生运动,帕累托在美国广泛地被人们视为引领着介于自由主义者的天真乐观(相信自由贸易能够自然而然地带来个人进步)与社会主义者对"人民革命"的过分信任(相信这样的革命是救治财富不均状况的良药)之间的第三条道路。正如事实所表明的,亨德森从洛克菲勒基金会

---

〔1〕 亨德森的观点与他的同事沃尔特·坎农(Walter Cannon, 1871—1945)的观点是一致的,它们都将坎农所谓"稳态"(homeostasis)(这正是拉丁语"equilibrium"的希腊语翻译)的东西视为有机体生存的根本原则。在《环境的适合度》(The Fitness of the Environment)一书中,亨德森尝试将上述自我调整原则与达尔文的自然选择学说关联起来。亨德森自己在生物化学领域的实验研究使他得到了关于体液所具有的酸碱中性的标准解释,也就是体液作为一种生理缓冲液,具有抑制身体的酸碱度朝任何一个极端方向变化的作用。
〔2〕 以上这样一种关于社会研究的临床诊断式进路使得帕累托学圈的一些成员——特别是塔尔科特·帕森斯——扮演了联邦调查局以及中央情报局线人的角色。参见 Heims 1991,第 183—184 页。

处获得的资金驱使他将帕累托主义的框架应用到对工人疲劳以及其他的尤其是那些导致罢工的产业灾难的研究中去。[1] 亨德森相信,当工人的不满情绪还处于表面阶段时就应当予以处理,能避免不满的深化而导致的对现状的全面颠覆。在德国,俾斯麦就曾使用过类似策略并取得了效果——当时他引入世界第一项社会保险方案,作为甜头来安慰社会主义者。以上这些保守性的顺应反抗势力的措施乃是基于这样一种希望,即期待反抗者在看到自己的诉求得到来自对方的任何妥协时,会沾沾自喜。[2]

上述策略为库恩的思想提供了一个最为明确的实例。库恩认为,科学在传统与创新之间存在"必要的张力",这样一种张力在后来被清晰地描绘为存在于常规科学与科学革命的区分之中。非常生动的是,库恩最初是在犹他大学举行的关于"科学才能认定"的会议中展示上述思想的。[3] 正如库恩在开场白中明确表示的,在与会者中有不少人有着这样的兴趣,也就是找出那些能够让科学家变得思想更开放、思维更灵活,同时更敢于冒险的途径。然而,库恩这篇稿子的用意却是冲这个目标来唱反调。他论证说,对科学来说,激进的变革只有在这样的情况下才是容许的,也就是人们发现,对既有传统进行一系列增添后依然不足以解决问题,从而将激进变革作为破釜沉舟的最后手段的时候。[4] 在几年之后的《科学革命的结

---

[1] Buxton and Turner 1992,第386—393页。有关李普曼的影响是如何为埃尔顿·梅奥关于劳资关系心理学的"人性因素"(human factors)进路——这也正是亨德森在科南特的助力下在哈佛推广的东西——提供正当性的,参见 Purcell 1973,第101页以降。梅奥的研究所具有的马基雅维利主义特征体现在了梅奥的一个信念之中,他相信安抚好劳动者对于生产力的稳定是必要的,而且这只能通过间接手段达到——具体来说就是对工作条件的操控。

[2] 对于20世纪初的政治社会学来说,这么一个风格是非常常见的,它能自在地将激进分子纳入现有体制之中。尤其可以参考在乔治·索雷尔(Georges Sorel,1847—1922)的《关于暴力的反思》(Reflections on violence)(1908)导言以及罗伯特·米歇尔斯(Robert Michels,1876—1936)的《政治党派》(Political Parties)(1915)中所讨论的"乐观主义谬误"。Horowitz 1968 是关于上述工作的一个讨论。

[3] 库恩,《必要的张力:科学研究的传统和变革》,收录于 Kuhn 1977a,第225—239页。不论是这一会议的举办时间(1959)还是公然宣称对"才能"的探求,都流露出了受苏联第一颗人造卫星上天的刺激后美国出台的相应对策所具有的影响力——这些对策的目标乃是让美国在"科学竞赛"这一成为冷战的主战场的地方与苏联并驾齐驱。在《无尽的前沿》(The Endless Frontier)一书中,范内瓦·布什已经表明,在中学层面上培养科学"才能"对维持以及强化国家的"科学资本"的必要性。以上责任通过1958年的国家国防教育法案而延伸到了国家科学基金会,后者此前一直作为一个纯粹面向研究的机构,它现在开始资助起了库恩第一次提出"必要张力"论点时所参加的那一类会议。就以上这样一种新发现的对科学才干的兴趣来说,关于它所处的政治背景可以参阅 Montgomery 1994,第208—215页。随着上述国家层面上教学优先级的固定化,科南特举措中的通识教育方案也走向了终点。参见本书第四章第7节。

[4] 库恩在介绍自己关于科学革命的观点时所使用的那些政治革命的例子,都取自促使第一次世界大战爆发的那一系列巴尔干战争。以上这些政治革命的出现通常被归咎于奥匈帝国以及奥斯曼帝国在面对国内各个相互不和的民族以及文化群体时无法维持自己的秩序,这种情形与某个成熟的范式无法约束反常的散播是颇为类似的。同时,对范式危机的这样一种解决方式——将科学劳动力重新分配到更为具体的研究领域中去——也许能够与在古老东方帝国中出现的借由权力下放而形成诸多独立民族国家的情形相类比。参见 Kuhn 1970b,第93页。

构》一书中，库恩以帕累托主义的方式宣称，科学范式需要被替代的第一个征兆便是，那些精英们已经对它表示出了不满。[1]

诚然，库恩从来没有引述过帕累托的东西。不过就库恩形成思想的那几年的知识环境来说，帕累托的思想在被视为理所当然的同时，甚至它还被库恩作为其中的一个部分的机制特征，有鉴于此，我们可以自然地得出这样的结论：库恩所接触到的革命概念更多的是来自帕累托而不是别人——比方说马克思。关于这一点的最透彻的见证人便是克雷恩·布林顿（Crane Brinton，1898—1968）。布林顿是一位聪明而深受欢迎的历史学家，同时也是哈佛人文学者中的元老级人物，他从明确的帕累托主义视角出发来论证，人们关于民主的信念与那些从人类历史得来的证据是相矛盾的。因此，我们是该把民主视为一个终极的但又无法触及的理想（基督教救赎情节的世俗版），还是干脆诉诸愤世嫉俗的方式来整个地对待这样的理想，正如法西斯主义者以及（布林顿怀疑的）共产主义者所做的那样？布林顿主张的第三条道路是"政治现实主义"的一种，它在科南特以及其他的哈佛帕累托主义者看来乃是基于这么一个思想，也就是人类在历史中取得的任何进步都来自对自己在追求民主理想过程中所遭受的失败的理解与调整。[2]（在下一节中，我们将会对构建上述第三条道路的概念框架进行考察。）布林顿在他的经典著作《革命的解剖》中充分开发了以上进路所具有的隐喻含义，尤其是这一思想——社会科学乃是一种临床实践，它只诊断而不作预测。[3] 此处，革命被视为政治体免疫系统的基本一环——它对疾病的自然反应是这样的，它以一场类似于发烧的危机为开始，以神志失常为发作的最高点，此后机体将经历一段康复期，并最终回到与所在环境相平衡的状态之中。[4]

今天，布林顿的理论在所有革命理论中占据了一个独特的位置。[5] 它乃是从半特权人士所体验到的失意出发为革命提供典型的解释（这与其他的角度正相反，比如说从愤怒的大众被鼓动起来这样的角度）。这样一种失意来自经济权力与政治权力间日益扩大的鸿沟。用更加心理学一点的说法就是，欲望超出了所能实现的范围。如果从外部视角来看，这也正是人们充分理解布林顿理论所

---

[1] Kuhn 1970b，第 92 页。

[2] Brinton 1950，特别是第 259—261 页。

[3] Brinton 1952 出自他对英国、美国、法国以及俄国革命的概括。

[4] Brinton 1952，第 17 页。

[5] 参见 Coleman 1990，第 472—479 页。

具有意义的最自然着眼点,那么革命者乃是代表了这么一个新涌现的精英群体,他们的社会地位已经获得了提升——但提升速度并没有这些新贵所希望的那么快。与此同时,他们已经清晰地辨别出剩下还有哪些障碍正妨碍着他们的上升。正是出于他们的新贵身份,这些人更多关注的是进步在未来的种种灰暗前景,而不是去关注人们为了把那些有价值的创新在传统的制度下保存下来而已经取得的种种进展。用库恩的语言来说,布林顿的革命者所处的位置正是当某个成熟范式下反常的积累速度超过了解决速度时,该范式底下科学精英中的年轻一辈所在的位置。不论范式在过去解决了多少意义重大的问题,这些事实并没有激起年轻一辈对它的尊敬;相反,这反而放大了这些人对范式所抱有的预期以及当这些预期没有到满足时伴随而来的焦躁。我们将在第六章第4节回到科学中革命性转变所具有的上述特征(这也就是所谓的普朗克效应)中来。

6. 老师的老师:政治现实主义的肖像

当美国学术生活使命在这么一个世纪里被重新定义的时候,其中担负起主要职责的人可能就是詹姆斯·布莱恩特·科南特。这一世纪它目睹了两场"热"的世界大战以及至少一场"冷"的战争,这几场战争都发生在同一个世界之中,而这个世界大体上正因着某些受最好学术训练的头脑所带来的创造而拥有了自我毁灭的能力。我们可以这样来理解科南特的政治视野是如何转化为库恩的学术实践的,也就是考察科南特以及库恩在各自的行动圈子中所表现出的那种由冷战孕育的一般思维模式:政治现实主义。政治现实主义由以下四个命题所构成,它们合在一起定义了这么一个世界——暴力的缺席被视作和平的在场:[1]

　　1.政治舞台仅对少数"超级大国"开放,同时这些大国的利益至少在原则上是无法共同实现的;

　　2.上述超级大国被认为拥有大体相同的破坏能力;

---

[1]　有关政治现实主义的历史以及哲学,参见 Smith 1986;Rosenthal 1991。

3.大国间的相互对抗加上各自所具有的破坏能力使得任何公开冲突都有可能快速地升级为一场全面战争；并且

4.上述超级大国相互间的不信任程度足够大到其分歧不太可能通过外交谈判或者其他任何相对直接的沟通方式来解决。

政治现实主义者在描绘超级大国的利益时非常明确地将它们界定为是截然不同且不可通约的。由此，一方面这使得超级大国不可能就分歧达成和解；另一方面，鉴于政治现实主义者承认，每一个超级大国都倾向于以这样的方式行动，它既促进了超级大国自身目标的实现，但同时又会带来确确实实的伤害性的后果，因此在现实中就会有一种作为事实存在(de facto)的对超级大国行动的容忍。这样，像亨利·基辛格这样的典型政治现实主义者便由此向理查德·尼克松总统提议，在苏联采取的种种行动面前如何才能让美国自身的利益得到最大限度的提升。因此在这样的情形下，上述行动乃是完全可以理解的。[1] 就以上这样一种判断相对主义(judgmental relativism)对关于晚近过去的历史研究所产生的影响来说，衡量它的方式便是关注在历史学家身上出现的这一变化，也就是他们越来越不愿意在谴责斯大林时与将其与希特勒相比较。要是二战史与冷战史一样也是政治现实主义者占据支配地位，那么呈现在世人面前的希特勒就可能不会是现在这副完全确凿无疑的负面模样。[2]

科南特个人的冷战视野可以从四个思想倾向来进行观察，其中每一个倾向都在库恩——他在生前接受的最后一次采访中称科南特为"我所遇到的最辉煌的人"——的身上留下了痕迹。[3] 首先，冷战视野为某些温和的非理性形式提供了许可——比如说，用某种前景去绑架另一种前景所形成的威胁——以此产生一种免疫性来防范那些更强意义上的非理性形式。于是便有了这样的做法，把美国科学的毁灭性能力予以正常化，从而使得公众做好准备以避开无论是国外的共产主

---

〔1〕 有关基辛格对政治现实主义的应用，参见 Smith 1986，第 192—217 页。
〔2〕 Gaddis 1993。感谢罗伯特·纽曼让我关注到了这篇文章。
〔3〕 Kuhn et al. 1997，第 146 页。

义者还是国内的和平主义者的耸人听闻的说辞。[1]让我们考察一下原子弹爆炸之后,科南特为科学寻求公共支持而做的首次辩护:

> 顺着爱默生的思路,如果我们把原子弹具有的潜在破坏能力视为我们在科技时代为了健康、舒适以及学习辅助手段而必须付出的代价,那么我们也许就能够以更冷静的态度来看待这种从无法避免的交易中充分挖掘其价值的工作,不论这看起来是多么令人不快。[2]

我们永远不会被告知,为什么我们必须把科学整个地打包接受下来,不然的话那就要放弃全部——打个比方,为什么医学研究必须跟有关亚原子微粒的研究绑在一起。但是在冷战视野中,这么一种妥协是不可避免的:还是那句话,为了更高贵的真理而撒高贵的谎。这里涉及一个一般的形而上学信条,善与恶是不可分的,以至于任何时候得到好的东西总是有代价的。更进一步地,人们愿意偿付的代价经常被视为该物在他们心中所具价值的最佳衡量手段。上述饶有兴味的心理倾向,其合法性的范围囊括了以(从神学视角出发的)雷茵霍尔德·尼布尔与(更受科学启发的)汉斯·摩根索为两端的全部理论。前者引入了神学的原罪,而后者则指出让-保罗·萨特称为"肮脏之手"的东西——同一行为同时产生好结果与坏结果——乃是随着人们对实在的因果结构的理解进一步加深之后所产生的自然结果。对摩根索与尼布尔两人(当然也包括科南特)来说,在提升了知识水准的状况下,能否果断地行动乃是道德勇气的真正标准。[3]库恩对双重真理信条的承诺恐怕也可以看作上述环境的产物,尤其是当科南特告诉库恩把科学史置于不同的聚光灯下有助于达成多重目的的时候。[4]

科南特的第二个思想倾向也许能被视为对上述两种思想的抽象。鉴于冷战

---

[1] 耶鲁大学的社会心理学家在这一时期完成了一项硕果累累的工作,为上述策略的有效性提供了实验证据。这项研究任务一开始是让美国人对法西斯的宣传具有抵抗力,而到了后来,研究对象变成了共产主义宣传。初步获得的数据表明,如果被试在这之前已经接触过上述宣传的那些能够被轻易消化或者拒斥的弱版本,那么他就能够更容易地抵抗宣传内容。Hovland, Lumsdaine and Sheffield 1949 是上述脉络中最早开展的研究工作。关于预防理论的经典陈述出现在 McGuire and Papageorgis 1961 中。

[2] Conant 1947,第 xiii 页。

[3] 关于冷战政治理论所具有的这一柏拉图主义色彩,参见 Rosenthal 1991,第 121—150 页。有关对"肮脏之手"问题的哲学分析,参见 Williams 1981,第 4 章。Aron 1966,第 19—20 章也许是关于以上议题的一个最具见解的思考。

[4] 科南特致库恩的信,落款日期为 1950 年 10 月 11 日,收录在《科南特校长文集》中。相关内容可以参见第四章第 221 页脚注 3。

把世界建构为"这个/要么就那个"式的,而不是"两者/都"式的道德域,在科南特眼里,稳定的社会秩序与经常性发生的社会批判两者的兼容共存是无法接受的。如果一个人已经委身于某个制度,他要是对批判持鼓励态度就等于是彻底的背叛,除非这些批判准备为现状提供一个恰当的替代性出路。如果批判不是出于后一种情况,就意味着把社会暴露在了外部威胁之下。在现代民族国家中,由一个专家公务员阶层包揽政治决策,它的一部分意义在于确保将社会批判的种种潜在根源视为行政管理的问题——也就是说,直到这些专业人士本身无能为力时,我们才去激励公众参与,并视之为政策上的重大调整。上述思想一经搬进科学领域,我们就能确认,对于波普尔通过从托洛茨基那里借用的"不断革命"术语进行制度化批判,库恩表现出了一种极度夸张的恐惧。[1] 科南特在 15 年前曾表达过几乎相同的观点:"我们可以把这一点写下来作为我们在科学史中学习到的一个原则,也就是推翻一个理论只能通过另一个更好的理论,而永远不能仅靠与之相冲突的事实。"[2]

科南特,作为人们寄希望能在同一时间处理诸多不同问题的人,有着把不同领域的问题概念化为用大体上同一套措辞来表达的能力:这也正是他所具有的第三个思想倾向。科南特反复地告诉公众,基于他们所接受的训练,科学家能够把他们的研究组织进一个"概念系统"之中,借助这个系统,人们就可以界定什么才是处理特定问题的合适"战略与战术"。[3] 这一原本稀松平常的观察却隐含着这么一种倾向,如把一个人的见解在一个特定的领域里组织起来,就能够强化这些见解在不同领域之间的可流通性,科南特身上就有这种特征,即通过军事方面的隐喻来定位科学研究。库恩在表现同一种倾向时使用的是他自己的一个表达,来

---

〔1〕 Kuhn 1970b,第 77 页以降。此处正是库恩与迈克尔·波兰尼之间罕见地存在根本分歧的地方,它的出处是波兰尼在 1961 年于牛津举行的一次会议中对《科学革命的结构》一书论证概要所作的评论。尽管波兰尼同意常规科学确实需要悬置"普遍怀疑",但是他感觉库恩忽视了"创造性头脑"在其中扮演的角色,也就是这样的头脑能够有目的地重新引介上述怀疑——通常情况下是用来反击同僚们汹涌意见的时候。当库恩把研究方向上出现的剧烈变革视为对纯然积累的反常的反应时,波兰尼则提供了一个更为积极主动的,甚至带有英雄主义色彩的科学革命图景。参见 Polanyi 1963,第 379—380 页。

在另一方面,当奎因的不完全决定论点通常被视为关于解释实验结果的理论的时候,它同样可以被理解为科南特-库恩对经常性的公共批判所作非难的一个抽象表达:"单个的理论假设无法被决定性地证伪,因此任何陈述都能成真,只要我们愿意在系统的其他位置做出足够剧烈的调整。"(Quine 1953,第 43 页)我们可以很容易地看出,这样一种对受检验理论的背景假设所做的"足够剧烈的调整",与奥威尔小说中负责持续改写理论的逻辑结构以保证理论真实性的信息部有类似之处。

〔2〕 Conant 1947,第 36 页。

〔3〕 Conant 1947,第 36 页。

自二战期间库恩在美国空军的那段经历，即"扫荡行动"（mopping up operations），意指首轮轰炸之后，为确保所有目标都被击中而实施的连续轰炸行动。因为库恩的关系，这一表达现在开始意指，当某个范式完成对相应领域的覆盖时所需要的那些解难题行动。[1] 确实，鉴于现在"扫荡行动"这个词在科学论学科（science studies disciplines）中所占据的技术性地位，库恩事实上成功地粉饰掉了这个表达跟军事相关的渊源。

　　科南特与其他冷战分子共享一个概念图式，也就是随着二战的结束，民主的火炬由欧洲传到了美国——这时的背景是来自共产主义阵营的威胁正变得越发严峻。不过，科南特的独到之处在于，他将上述概念图式转化为一种思考的规制，即思考对战后大学课程体系来说什么是必需的。科南特认为科学的未来乃是与一个特定的民主国家，具体来说就是美国联系在一起的。在他的脑海中，两者乃是同命运共呼吸、风雨同舟共沉浮。从科南特为库恩的第一本书《哥白尼革命》所写序言的主旨来看，无疑，科南特是把作为世界一大势力的欧洲的衰落与坚持过时的、基于人文学科的大学课程体系联系起来。至于苏俄，在科南特看来，它代表的是这样一个教育体系，一方面这一体系已经意识到了科学的力量，但与此同时又试图把科学与技术应用以及政治目的更紧密地捆绑在一起，以至于破坏了科学的完整性。美国之所以是独一无二的，这不单是因为它在大学课程体系中赋予了科学越来越高的重要性，而且更特别的是，科学家以外的人对科学事业的完整性所表现出的尊重。[2] 由此，至少在科南特的脑海中，美国教育体系提供了对查尔斯·珀西·斯诺"两种文化"难题（"艺术"对"科学"）的一种独特的解决方案，这一问题及至20世纪50年代晚期很大程度上依然处于悬而未决的状态。在第七章第2节中，我们将会考察斯诺所在的英国在教育层面上实行的解决方案，它为科学技术论奠定了基础性的工作。

----

[1] Kuhn 1970b，第 24 页。

[2] 詹姆斯·布莱恩特·科南特为 Kuhn 1957 所作的序言，Kuhn 1957，第 xiii—xviii 页。上述观点得到了当时哈佛出身的社会学家，尤其是罗伯特·默顿与伯纳德·巴伯的支持。参见 Novick 1988，第 296—297 页。当巴伯（未成功地）尝试说服国家科学基金会在近来（1953 年）拟定的科学史与科学哲学部门里为科学社会学提供支持的时候，他沿用了科南特关于美国科学政策措施与苏联政策措施两者的对比。有意思的是，巴伯与伦敦大学学院的赫伯特·丁格尔发生了冲突，后者当时的身份是历史最久同时也是规模最大的科学史以及科学哲学项目的负责人。1950 年，科南特派遣库恩考察丁格尔的项目，希望以此作为哈佛在科学课程中设置自己的通识教育计划时所能参考的一个思想来源。（参见 T. S. 库恩致 J. B. 科南特的信，落款日期为 1950 年 5 月 9日，收录在《科南特校长文集》中。）丁格尔担忧的问题是，社会学家可能会注意到这么一个事实，也就是到现在为止，大多数科学都是在西方国家完成的，以至于他们得出结论说只有欧洲人才能从事科学。由此，打冷战牌时热情的巴伯因着丁格尔关于先前纳粹案例的回忆而被泼了一身冷水。参见 Rossiter 1984。

关于科南特具有的第四个同时也是最后一个思想倾向,那就是,决定一旦作出,他就从来没想过要回头。如果所有的决定,不论它们有怎样的好处,都免不了捎带坏的结果(根据前文中科南特的第一个思想倾向来看),要是退回去重新做决定、去想象一个替代性的行动路线,不会带来太多的好处。确实,就人们希望通过一个决定而获得的好处来说,与人们在贯彻该决定时所表现出的坚定程度直接相关。因此,科南特的政策思维就其轨迹来说乃是遵循着一个可预测的路线。一开始,他关于某些公共问题的考虑可以说是典型的"自由主义"式的,比如说对共产主义者持宽容姿态,对普遍兵役制的厌恶,以及对国会干涉科学政策持开放态度等等。然而,对科南特,在立场上由一极转到截然相反的另一极,没有什么太大的障碍。只要有一次严重背离了这样的信任,就足以让他要求对背信者实行永久性怀疑的政策。科南特没什么兴趣就中间立场进行协商,毋宁说,他更偏向于扼杀任何在将来可能出现的背离。[1]

上述思维习惯滋养出了一种独特的关于政策流程中民主参与的视野。一方面,科南特频繁地呼吁为国家军事政策或者国家教育政策进行公开辩论;另一方面,一旦相关政策决定已经做出,科南特这时会牵头来确保上述决定在公众看来就是唯一的决定。正如大多数冷战分子一样,科南特深信,对于那些已经得到承认的政策来说,去撤销它们乃是道德以及政治上软弱的标志。以上信念的一个最为生动的体现——在今天看来科南特在其中起了关键的劝说作用——便是美国国防部部长在公开场合将美国向日本投掷原子弹描绘为"不可避免的"。这是奥威尔式历史中的一个片段,如果这样的历史确实存在过的话。[2]

正是在这里,政治现实主义在库恩的思想中留下了最深的印记。举个例子,库恩意义上的范式乃是借由科学成功地从意识形态中解脱出来,这里的"意识形

---

〔1〕 在有关策略性行动的理论探讨中,这样一种需要——以强力来反击强力——通常被称为"以牙还牙"(tit-for-tat)。然而,存在两种形式的以牙还牙。第一种方式(这正是科南特·乔治·F.凯南,以及大多数冷战分子所支持的方案)乃是当对象出现一次对信任的背叛时,就要求将对象置于永久性的怀疑位置。另一种方式——它的支持者乃是作为和平研究的创始人之一的阿纳托尔·雷派波特——则主张,将报复性措施限制在信任遭受背叛的那个回合之内。根据由密歇根大学政治科学家罗伯特·阿克塞罗德主持的一次计算机模拟,雷派波特的策略更有助于长期生存。参见 Rapaport 1989,第 225—243 页。

〔2〕 Bernstein 1993。感谢罗伯特·纽曼让我注意到了这篇文章。

态"是指人们在理论与方法的原则上存在着无法解决的分歧。[1] 一旦人们形成了某些实质性的共识——这些共识接下来将会通过"常规科学"这一规训过程——正如我们将要在本书第四章第 3 节中见到的,"常规科学"看起来乃是囊括了从教室到实验室之间的所有可能的活动舞台。从政治现实主义的角度来说,"世界秩序"作为一种针对冲突的遏制措施,它运作于这样的活动舞台上,也就是争论是能够得到有效解决的——如果它们不能被彻底地预先阻止的话。因此,科学家就他们在评估相互竞争的理论时所依据的实验标准形成共识,这很类似于政治领导人就他们在评估大国之间的平衡时所依据的原则达成共识。[2] 不论是在政治领域还是科学领域,如果没有上述具有约束力的共识的存在,混乱很可能马上就会回归——特别是在我们这样的核子时代。如果说政治实力在过去被定义为直接的地理上的控制,那么核战争的前景使得相应的衡量标准转变为国家所具有的远程打击能力。但是"幸运"之处在于,一种奥威尔意义上的历史阻止了科学家与政治家为赢得上述地缘政治秩序上的"进步"而付出的牺牲,并且由此而促成了"意识形态的终结"。

在一场库恩意义上的危机中,下一个范式的候选者把相应的而且是互不相容的认知需求与物质需求摆了出来,要求人们予以履行。在这样的情形下,科学历

---

[1] Kuhn 1970b,第 2 章。Bell 1960 是关于以上这样一种意识形态概念的权威论著。在国际关系理论中,人们明确地把库恩引入进来用以合法化下一个阶段的理论发展,也就是在抛弃"一个世界"范式和拥抱多个超级大国的范式之间是不可通约的。参见 Jervis 1976,第 143—202 页。就国际关系这一领域来说,库恩不仅被用来塑造该领域自身的发展轨迹,同时他还被用来塑造这一领域的主题。以上状况表明,杰维斯以及他的同道也许挖掘到了库恩的不可通约概念背后的无意识根源。具有讽刺意味的是,当我们还在争论库恩关于范式及其不可通约性的图景参与构筑了冷战世界观的时候,杰维斯(第 5 页)为库恩的参与做出了辩护。杰维斯的立足点是决策者的思维模式很可能与科学家的思维模式没有差别——而且无疑不会比后者要来得好。此处我们也就见到了这么一个案例,也就是当我们忽视某个个人的知识主张及其背后的社会学根源时,我们就会把两个有着共同祖先的观点——库恩的观点与一般意义上的冷战分子所持有的观点——视作独立性的进一步证据。

[2] 马克斯·韦伯(Max Weber, 1864—1920),作为政治现实主义的社会学奠基人,他关于政治与科学关系的思考与我们时代的丹尼尔·贝尔最为类似。韦伯公开地对"半吊子"(dilettantes)予以强烈抨击,这些人由于无法决定他们到底想不想按照政治规则或者科学规则行动,因此在最后往往依据那些用伪科学的方式而得到的政治构想——比如说种族主义或者革命社会主义——行事。韦伯把他的大部分愤怒发泄在了列宁以及布尔什维克头上,正是后两者引用马克思的权威来主张推翻君主制俄国的时机已经成熟。韦伯具有的政治现实主义的标志体现在了他的这么一个信念所具有的本来意义之中,也就是,他将政治视为一种"职业",后者有着它自己的专门知识以及能力标准。确实,对韦伯来说,上述职业化的到来是政治在两千年来少数的那几个能够被称得上是进步的地方之一。参见 Anderson 1992,第 182—206 页。尽管韦伯脑海中的这一进步并不是那种特别坚实意义上的进步,但不论如何,它是我们在韦伯的现象学追随者阿尔弗雷德·舒茨的工作中已经遭遇到的东西,也正是后者,反过来塑形了当代多数 STS 研究所立足的种种社会学假设(参见第四章第 8 节)。

　　这里乃是这么一种意义上的进步,也就是把"知道某人的位置"(knowing one's place)视为对跨界批评(译者注:boundary-spanning criticism,在组织内通过跨越该组织与组织外部的边界的方式来形成的批评)的一个进步。这明显是我所不能同意的。

史的实际记录就能够被设想为一个暧昧的格式塔鸭兔图,人们可以以多种方式对它进行"完型",然后再根据具体的完型来规划将来的政策举措——正如我们在第二章讨论实在论与工具论论战时所表明的那种情况。[1] 不仅如此,鉴于在解决以上这样一种暧昧时不存在一个原则性的处理方式,因此,不论人们达成的是何种解决方案,人们都需要持续地巩固该方案,以避免回到先前的那种不确定状态以及冲突状态中去。就以上描绘的这么一种一般状况来说,我们可以这么来观察它底下的政治现实主义潜台词,也就是去考察把以下这么两个大体上冲突着的范式联系在一起的哲学论点,它们所宣传的图景有着怎样的谱系。这两个哲学论点分别是:证据之于理论是不完全决定的以及世界观之间是不可通约的。根据前者,对同样的事实能够以许多不同的方式进行表征;根据后者,对世界的表征存在着各种各样的方式,其中的每一个都划出了一个不同的可能事实的集合。[2]

在第一章里,我们已经看到,不完全决定性乃是那些追随惠威尔的哲学家在试图找出一条独一无二的通往科学真理的路径时所遭遇的难题,而不可通约性则是当文化、语言、美术传统,当然也包括科学研究纲领,它们表现得像是具有一种有机的、类似物种的整体性时得来的自然结果。尽管以上两个论点都能在库恩的文献中找到,但一般说来,在这么一种语境下——特定时间点上不同理论相互间展开竞争来占据同一个概念空间——不完全决定论显得最为令人信服。《科学革命的结构》中提出的科学变革的单轨模型比起收录在《必要的张力》中的论文来更贴合以上的描述,就后者这些论文来说,它们更为侧重的是历史学家重建过去科学的概念框架的能力。从时间定位的角度来看,不完全决定性遵循的是以发生先后为顺序的历史(具体来说就是从过去到现在),而不可通约性则把上述顺序颠倒了过来,也就是历史学家试图从当前与某个美好未来(正如我们在第二章所讨论的马赫对被压抑的科学传统的发掘)来重拾过去。

不过,对政治现实主义的谱系最具重大意义的东西是,在以上两个论点启发下得到的另一个地缘政治图景。一方面,不完全决定论可以与帝国主义政策相类比,一些国家借由后者雄心勃勃地向根据国际法尚不存在主权的广阔土地进行殖民。另一方面,不可通约性理论类似于各民族主权国家通过设定高关税而限制这

---

[1] 以上这样一种关于相互替代的诸范式之间的冲突,本质的理解发生在 Taylor 1982 中。我们将在第六章第 7 节回到这一有关不可通约性的理解上来。

[2] 关于不完全决定性(可理解为对奎因关于翻译的不确定性论点的应用)与不可通约性所表现出的互补,参见 Fuller 1988,第 6 章。

些国家之间的贸易。这样，19 世纪 80 年代开始，欧洲列强对"非洲的瓜分"提供了一个直截了当的案例来表明不完全决定论投射在整个大陆时的状况，与此同时不可通约性理论则在这样一批殖民地非洲人独特的部落视野中找到了证据——他们是像爱德华·埃文思-普里查德这样的殖民地人类学家的研究对象，并且成为当代相对主义的灵感来源，正如我们在第二章最后一节中所见到的。这里值得强调的是，鉴于不完全决定论与不可通约论是在同一个时间段首先作为关于科学的论点而得到阐述，并且与此同时人们通常根据国家起源以及特有的思维形式来刻画相互竞争的研究纲领，因此政治世界观与科学世界观的关系比起纯粹的类比来要更为深入。[1]

　　库恩对研究要在范式约束下进行的信奉最显著地体现在了这一点上，也就是科学的常规特征中明显地不包含批判——关于这一点我们将在下一章第 6 节中进行讨论。在库恩看来，无限制的批判乃是前范式研究所具有的标志；而从冷战分子的政治立场来看，它相当于是煽动，近似于叛国。即便库恩那表面上是基于达尔文进化论的关于"进步"的生物学主义观点，也暴露出他对冲突的极度厌恶。从这一观点来看，科学的演化——伴随着范式持续而无休止的分化以及再分化——只不过是范式所表现出的对特定环境的选择性适应的响应，就好比新物种是如何形成的那样。[2] 然而，在这里库恩未经论证而直接假定（在一场科学革命之后），这些新物种能够寻找到自己的小生境，以至于在同一环境中能够相互共存。在库恩的进化认识论中，并不存在由比如说资金的缺少或者甚至与认知权威在观点上的重叠所带来的永久的生存竞争。考虑一下库恩近来就这一问题所作的澄清：

　　　　各种不同的（科学）实践具有的某些特征较早地进入了这一进化发展过程之中，并为所有人类实践分享。我把权力、权威、利益以及其他"政治性"的特征归入到这一早期集合之中。由此，与其他人相比，科学家们对这些因素并没有更强的免疫力。这是一个不至于令人惊讶的事实。另外一些特征在

〔1〕　根据伊恩·哈金的说法，海因里希·赫兹的《力学原理》(1894)乃是第一部论证同一事实能以不同方式予以表征的著作。参见 Hacking 1984，第 143 页。赫兹将理论选择问题描绘为几个帝国体系（英国、法国以及德国）的相互竞争问题——每个体系都按照它们自己的一组基本原则运作，同时又都是被人们设计用来往那个在本体论层面上尚不存在分化的现象领域进行殖民。有关赫兹的力学所处的文化背景，参见 Janik and Toulmin 1973，第 5 章与第 6 章。

〔2〕　Kuhn 1970b，第 205—206 页。以作为进化认识论者的库恩为研究对象的最为全面的研究当数 Callebaut 1996。

后来才加入,而且是在某些发展分叉点上,因此它们仅对于这样的一组由上述分叉的派生物进一步发展繁衍而来的实践而言才称得上是表征之物。[1]

鉴于持续的冲突消失在了库恩的论述中(或者就当前的讨论来说,在库恩的论述中完全消失的是这样一种明确地用外部环境来充当选择机制的理解),也许他更应该回过头来诉诸胚胎学——生长是一个由内在驱动的过程,它通过功能分化而实现——而不是将进化论作为其生物学隐喻来源:库恩的东西更像是有丝分裂而不是物种形成。[2] 若如此,库恩对"意识形态的终结"这一口号的参与也将变得更加明显。不论如何,库恩从政治现实主义那里承袭了一种后意识形态的敏感性,到了科学知识社会学者(SSKers)那里就以道德冷漠为特征继承下来——或曰"对称",并将库恩作为自身谱系中的重要部分。[3] 我们将在第七章中回到这一问题上来。

---

[1] Kuhn 1992,第 17 页。

[2] 对细心的读者来说,在阅读《科学革命的结构》一书时不会对库恩在生物学问题上表现出的置若罔闻而感到惊讶。举个例子,当库恩将科学革命概念理解为需要一场由未解决经验问题的不断积累所带来的"危机"时,很明显,他的脑海里并没有想到达尔文。Ruse 1979 是一个流行的重组库恩模型的尝试,它使得达尔文能以革命者的姿态出现。

　　德高望重的生物分类学者恩斯特·迈尔(1904—2005)为上述问题提供了一个有意思的视角。他在库恩关于科学变革的论述与达尔文主义进化论之间作了区分,并论证道,后者具有的"反本质主义"色彩,为生物学的历史发展轨迹提供了一个更好的模型。迈尔所谓的"本质主义"是指这样一种倾向,也就是从内在的本质出发来理解世界,这些本质对某个给定事物来说要么有,要么就没有。相关例子既包括了前达尔文时代的物种概念(每个物种都是由上帝特别创造的),同时也包括了库恩的范式概念(范式间的变革只能通过如此彻底的决裂——比如说个人信仰的转变或者集体性的革命——才能出现)。Mayr 1994 将遗留在库恩那里的本质主义视为他在理论物理领域所受训练的产物,正是这一点使得库恩没能认识到,只有职业理论家才会感到有必要在理论间"做出选择",因此他们倾向于用非黑即白的本质主义视角来看待知识界。这里迈尔强化了我在本书第一章第 7 节中提出的观点。与迈尔相类似的一个批判出现了 Toulmin 1972 中。不过,不论是迈尔还是图尔明,都没能把本质主义与政治现实主义联系起来。

[3] 事实上,有论证说社会学家比起库恩本人来(特别是如果我们把库恩视为科学道德权威的辩护者)与政治现实主义者有着更强的亲和性。参见 Proctor 1991,第 224—231 页,有关对 SSK 经典著作的一个延伸批判,请参见 Barnes 1975。

第四章 从科南特的教育策略到库恩的研究策略

1. 科南特的委托人:战后的监护者

就科南特为库恩以及二战一代人中其他的失意科学家们所设计的通识教育课程来说,它主要的顾客乃是二战老兵,这些人在哈佛接受教育乃是受到了 1944年《军人再调整法案》的资助,后者又被称为《大兵权利法案》。[1]这些学员预定是在这么一个世界——它在这些人还在服役的时候就已经因为科学而发生了彻底的改变——中获得管理位置。上述法案首次提出的时候正值战争胜利的天平开始往同盟国一方倾斜,彼时富兰克林·罗斯福总统相信,该法案慷慨提供的奖学金,它耗费的经济支出将会被一个现在称之为国家“人力资本存量”的增长所抵消。不过,当罗斯福被告知,如果这些复原士兵无法参与到战后预计将出现的经济繁荣中,这将会威胁到美国的政治稳定,这时他悬着的心终于放了下来。[2]要不然的话,这批人恐怕会很容易被共产主义渗透。

不论是出于政治上的考量还是经济上的考虑,美国国会不顾大多数主要学者——其中包括了科南特本人——的反对通过了《大兵权利法案》。不过,当该法案通过后,由于老兵身上特有的军事纪律性,比起拥有上流背景的普通大学新生,

---

〔1〕 有关该法案来龙去脉的一个更为详尽的论述,参见 Olson 1974。
〔2〕 实际上,对《大兵权利法案》的辩护更多的是来自经济层面的考虑,超出了罗斯福所能意识到的范围。如果这些老兵没有成为科学上的文化人,那么他们接下来的失业状况将是对战后美国经济的一大打击,这比起培训他们所付出的花费要大得多。参见 Galbraith 1952。

他们更能适应学校严苛的教育,这时,科南特对这一法案开始变得热情起来。[1]众所周知,科南特将"自然科学 4"这一科目——这也正是库恩最终所接棒的课程——取名为《科学的战略与战术》,折射出他对军事训练的新的信心。

以上正是科南特与库恩两人科学史思想的试验场。这一情形清楚地记录在了两人互相给予对方著作——写于 20 世纪 50 年代到 60 年代早期,激发起教学的灵感——的慷慨谢词中。对比科南特于 1951 年出版的"大众读物"《科学与常识》和库恩于 1962 年出版的"学术著作"《科学革命的结构》,我们可以了解到两者在想法上有着许多相似之处。其中有这么一个最深刻但又最少为人提及的出人意料的地方,即把研究的动力学与教学的动力学两者之间的关系视为是不对称的。两人都把研究描绘为一种天然的、自组织的行为,按照自己的节奏行进。相反,教育是能被明确地设计的,能将上述研究的成果——尤其是这种研究特有的思维模式——传播给那些尚未居于"前沿"位置的人。由此,一方面,时候未到就不会有发现;同时另一方面,如果教育系统是经过了适当的计划的话,一旦某个发现为人所获,就能够或多或少立即传播出去。

在这里,我之所以提出研究的自发性与教育的计划性之间的不对称,乃是因为当今的大多数科学史家也是这么想的。这些人继续把目光聚焦于研究轨迹的变迁过程之上,以至于把这样的一类手段排除在考虑范围之外——研究成果正是通过它们被分发、吸纳进其他实践之中,由此而为科学提供了它在整个社会中的合法性。库恩对奎因的姿态便是一个生动案例。一方面库恩接受了奎因的证据之于理论是不完全决定的以及翻译的不确定性这两个学说,但另一方面他拒斥了奎因的这么一个元理论立场——科学是常识的延伸。奎因在这里遵循的是一般意义上的实用主义路线,也就是科学与始终具有实用意义的经验实在打交道,这也正是人类所具有的自然倾向,除非受到查尔斯·桑德斯·皮尔士称之为"固定观念"(fixed ideas)(也就是宗教)的阻碍。对库恩来说,以上对奎因的这么一种选择性态度使得他把人们对科学世界观——特别是新范式——的采纳视为非自然地发生的事件,毋宁说它的发生需要人们付出有着严明纪律性的努力。

另外,在科南特与库恩之间存在着两个重要并且有着相互联系的不同点。首先,科南特这样明确地提及冷战是库恩所没有的,尤其是科南特把基础科学研究

---

[1] 要是科南特以及他的同僚想起耶稣会教士的例子(这些人同时通过了军事训练以及经院哲学上的审核),那么他们也许就不会如此惊讶这些老兵对学校行为规范表现出的适应性了。

视为民主国家抵抗共产主义威胁的最终保障的想法。相比之下,库恩所有的"政治"都表现在了他刻画科学内部运作的特征时所使用的种种隐喻之中——"革命"这一隐喻便是其中最引人注目的一个。确实,与人们关于库恩的流行看法不同,库恩在描绘整个大社会的时候所遵循的是传统的科学史观与科学哲学观,它对科学共同体运作的影响小到可以忽略不计的程度。科学仅当它处于"危机"的时候才可能为政治所渗透,但与此同时,这样一种危机状况对人们来说乃是能避免时就避免、不能避免时就尽快终结它。

两人之间第二个不同之处体现在库恩在工作中对科南特本人的这么一个立场所做的观察与批判上。在科南特那里,科学乃是受多元视角所支配,这些视角通过一个类似于试错的机制而共同地推动了知识的进步。每一个实验科学家都根据自己的"概念框架"展开活动,但是单凭这个事实是无法妨碍科学家们就实验结果进行交流、达成一致的。相比之下,库恩提供的是这样一个科学共同体的图景——在"范式"的规约之下——它是如此的同质化,如此的根深蒂固,以至于仅当人们愿意为此冒革命的风险时才可能被推翻。不仅如此,当人们无法维持范式的一致性的时候——比如说,放任反常在没有相应解决方案的时候一直地积累——就很容易导致沟通的中断以及研究的无序。[1]

那么,就科南特与库恩的上述两个分歧来说,它们相互间是怎样的一个关系呢?库恩大致上是把关于科学治理的两个主张合二为一,反过来这两者正是科南特在其活动的修辞情境中竭力区分的东西。科南特为他的"行动的知识分子"身份自行设定了种种职责,其中之一便是,科学研究的方向总的来说不被国家以及产业渗透。在这一语境下,我们很容易提出这样的看法,科学之所以不应受到来自外部的管理,是因为它已经在内部得到了类似库恩意义上的范式的约束。然而,科南特从未明确地做出这样的论证,而且,鉴于他本人在科学是如何完成的这一问题上持有一种相当个人主义的理解,他很可能会认为以上论证是难以成立的。事实上,科南特类似于一位拥护自由市场的狂热分子,他认为不论取消国家

---

[1] 转引自 Hershberg 1993,第 860 页,脚注 84。要了解科南特的立场在库恩手中是怎样得到转变的,只需要对比两人各自对"自然科学 4"课程所使用到的一个标准历史案例的描述:在氧气发现问题上——正是它带来了化学革命——普里斯特利与拉瓦锡的不同表现。参见 Conant 1950;Kuhn 1970b,第 53 页以降。科南特在论述氧气的发现时将重点放在了拉瓦锡的这么一个优势上,与普里斯特利相比,他在思想上做好了准备。库恩则把重点转到了两人概念框架的不可通约性上,在当时,正是这一点导致了两人相互间的误解,并且使得今天历史学家们难以找出氧气的确切发现时间。值得一提的是,库恩在这一问题上的重新阐释并不涉及引入任何新的文献资料。

计划会带来何种经济秩序问题，这些问题都是"自然的"。因此，对于这么一个被认定是自由市场的科学，它如何来管理自身，科南特从来没有给出过相应的机制。

再来看库恩，他认定科学如此这般的自我管理机制是存在的，并且它在运作的过程中使得科南特的这么一种把科学从社会其他部分隔离开来的公共策略，转变成科学实践自身的本质要素。要是科南特顺利实现自己的目标，那么他那些关于科学自主的论证将能成功地驱使科学家埋头于自己的工作，无须担心有关边界划分的种种政治角力。相比之下，库恩似乎预设了科学家们从事的活动不仅包括发展科学理论以及开展实验，而且——甚至是在同一个实验活动中——还包括了对科学边界的维护。因此，对每一个库恩意义上的常规科学家来说，在他身上就已经带有了那么点科南特划分边界的冲动。实质上，库恩对科南特所做的事正是弗洛伊德对柏拉图所做的。柏拉图在《理想国》中明确地区分了守护者阶层与哲学家阶层，这类似于科南特眼中他本人的活动与其他实践科学家的活动之间的区分：前者保护后者免于堕落。此处库恩所做的具有弗洛伊德意味的转变就在于，将守护者的角色内化到了个体的超我之中。

2. 库恩的第一项工作：文献的剪切与粘贴

科南特所构想的二战后的美国是这么一个状况，随着进展的加快，科学研究将要求得到更多的公共资金的支持。同时，科学专家之间就科学应该走什么路的分歧将会变得更大。由此，公众（以及科南特脑海中那些哈佛训练出来的、有代表性的企业主管或政府官员）就需要成为"评价专家的专家"。[1] 让我们来看看科南特是怎么用他那特有的务实语气来阐述这一点的：

> 不论我们喜欢与否，我们一起深陷在了这么个世界里，在其中我们时刻要跟那些科学研究的产物打交道。它们也许会让我们厌烦，也许想想就会汗毛直竖，当然也许也会因着缓解我们的痛苦或拯救了我们所爱之人的生命而让我们拥抱它们，但不论如何，没人能够驱逐它们。因此，我们应该好好地建议每一个身处 20 世纪后半叶的美国人，尽他所能地理解科学以及科学家。[2]

---

〔1〕 Conant 1952a，第 xiii 页。
〔2〕 Conant 1961，第 3 页。

科南特的这么一个关键推定一直延续到了库恩身上,也就是在建立连接科学与社会间的桥梁时最好是让公众越发地适应科学,而不是科学家越发地适应公众。[1] 化学家莱纳德·纳什赋予了科南特的构想可操作性,此人与库恩一道教授"自然科学 4"并且也正是后者的第一本书《哥白尼革命》的献予对象:

> 我们课程的目的[是]培养学生以一种健康而明达的姿态来评价以及理解科学……通过对那些早期以及新近科学活动的讨论,我们小心地向学生指出,不论人们解决某个特定科学难题的欲望具有何种迫切性,都不足以保证上述难题将得到解决——甚至最终能否解决都保证不了……人们在科学中将取得伟大进展,这是不容置疑的;但是这些进展是否能够立即把我们带向一个我们想要的结果……这是可以合理地进行质疑的。无止境的乐观主义可以通过这样一种方式加以抑制,也就是表明,科学在某个具体的方向上的无限进步即便是付出努力也是达不到的,或者也无法靠归纳而达到。我们可以为某个进步创造出利于它的条件,同时也许还能加速进步的到来,但是我们无法创造出进步本身。[2]

纳什接着给出了诊断,是什么样的"两个妄想"导致学生对科学的索取超出了科学本身所能合理提供的限度,最后他得到的是两种乔装成哲学的疾患:"对事实的狂热"以及"对方法的狂热"。为此,纳什所提供的治疗方案乃是一种"案例进路",它涉及向学生提供经过悉心编辑的经典实验科学家的著作,使得学生至少能

---

〔1〕　这里我不想否认科南特曾忧虑科学家被完全地"社会化"。不论如何,他的回应方式乃是向科学家提供一系列的课程,让他们去接触那些在二战前主导着各个精英院校的古老的文科文化。参见 Freeland 1992,第 79 页。
〔2〕　Nash 1952,第 116—117 页。

够照着做——或者甚至能够重演——相关实验。[1] 纳什为案例进路的恰当性作出了辩护，他的论证思路正是库恩在后来解释他基于格式塔理论的范式概念时所采用的论证思路。纳什的理由是，理解科学便是理解如何才能从模棱两可的数据中提炼出模式，这样一种认知过程自实验研究方法兴起以来基本上没有发生变化。[2] 因此，纳什心安理得地只选择那些19世纪中期之前的实验案例。实际上，这样的实验还有着这么一个额外的好处，也就是伴随它们的相关文本对那类深奥难懂的背景知识的要求相对来说是非常之少的。即便如此，这一过程——用纳什超然的口吻来说就是所谓的"材料准备"——所涉及的教学引导程度却是相当可观的，正如纳什本人在预备并着手完成对学生的"填鸭式灌输"使命时所表现的那样。[3]

把原初的文本与纳什"准备好的"的文本做一对比，我们可以发现，留在剪辑室地板上的乃是知识的社会生产的痕迹——尤其是生产出的知识在表达上需要科班读者以及其他潜在读者在能力上与之对应。当然，这样的剪切越来越难以在那些新近的科学著作上施展——这些著作的"逻辑"几乎完全由某个特定学科的写作传统所决定，而且只有当读者深入探究相应的学科边界在形成以及维持的过程中所涉及的背景性关注点时，才能理解上述写作传统。[4] 然而，就纳什与库恩所教授的课程来说，它的设计目标是，在学生把握了那些编辑好了的文本中所突出

---

[1] 今天人们在研究科学时诉诸"案例"的做法让人联想到的是，该进路乃是源自——至少是以参照的方式——民族志田野工作。实际上它在精神上与哈佛的进路是完全不同的。哈佛的进路建立在从法学院以及商学院那里发展出来的一套有效的教学技术之上，呈现给学生一系列程式化的案例，让他们在这样的基础上提炼出相关的、能够得到广泛应用的原理。科南特对于案例学习方法在哈佛全校的传播起到了重要作用：他放手让当时的商学院院长华莱士·多纳姆建立旨在把管理学原理应用到政府领域中去的公共管理学院。正如科南特在其自传中所评论的，案例的一个优势在于能够模拟比如说给出裁定或者管理公司这样的一段遭遇，此时，学生需要基于给定的一组特征细节来决定到底该运用哪些原理。这样一种方法与学生在经济学中受到的演绎法训练可谓大相径庭。参见 Conant 1970，第438—440页。学生如果把握了案例中蕴含的思维定式（范式?），那么他们就会被视为拥有能够管理类似组织的能力，而不论这些组织的目标是提供何种具体产品或者服务。这样一种习得的思维定式的强大力量在于，它能够在复杂的数据中找出简单的模式。

　　罗伯特·麦克纳马拉也许是上述思想方法对个人职业生涯方面产生影响的最为引人注目的例子。麦克纳马拉于1940年毕业于哈佛商学院，之后从福特汽车公司会计部门的职员一路上升至公司总裁。此后，麦克纳马拉曾就任美国国防部部长（此时越战正处于最激烈时刻），并在卸任后担任世界银行（负责为第三世界国家提供发展援助）行长一职。Shapley 1993，特别是第20—25页是关于麦克纳马拉的出色的传记，聚焦于麦克纳马拉所受的教育对他本人的形塑作用。关于以上案例研究方法是在怎样的政治背景下出现的，相应地一个富有启发性的讨论参见 Buxton and Turner 1992。顺着这一谱系，我在 Fuller 1993b，第215—217页中得出了一些关于规范性科学哲学的启示。

[2] Nash 1952，第116页；Kuhn 1977a，第293—319页。

[3] Nash 1952，第115页。

[4] 从跨学科的角度来讨论这样一种把体例手册（style manual）视为一个斗争领域的定位，参见 Bazerman 1988。

的"技术细节"以及"工作传统"之后,再把上述涉及的社会因素引介给学生。于是,科学内部史与外部史的一个强意义上的区分就在学生的课堂上被如此这般地制造了出来——如果只是拿原始文本来教学生的话,就不会有如此截然的区分。库恩可能会这么说,存在于今天的科学家与学生之间的不可通约性也许能够通过这样的方式消除,也就是让学生在观察科学的历史案例时将它们视为是对今天的科学如何运作的模拟。

但事情果真如此简单吗?事实证明,即便是对那些职业科学家来说,科学的内部史与外部史的差异依然是要通过外部制造的方式进入他们的脑海。至少,当库恩在 10 年后负责搜集有关量子力学史的文献材料时,他被迫用一种婉转的方式承认以上这一方法论上的教训。[1] 就库恩团队的采访对象——那些尚在人世的 20 世纪物理学革命的奠基人——而言,他们似乎一方面很难回忆起他们革命性著作里的具体技术细节,但另一方面又能毫无障碍地详细述说这些革命性工作所处的社会背景以及它们所具有的更广泛的文化层面上的——经常是哲学上的——意义。[2] 库恩曾一度承认,面对事先做过良好准备的访谈主持人,他常常会发现自己是在提示——如果不至于是指导的话——波尔以及海森堡这样的人物,让他们说出自己赖以成名的物理学工作的细节。[3]

就库恩所访谈的这些科学家表现出的种种奇异举止而言,我们也许很容易将其解读为选择性失忆的征兆——一种"伟人"处于年老昏聩状况的表现。(也确实,77 岁高龄的尼尔斯·玻尔在哥本哈根接受完库恩的采访后的第二天就去世

―――――――――――

[1] Kuhn et al. 1967。

[2] 把量子力学创始人倾注在著作中的那些更为广泛的哲学意义与文化意义予以边缘化,这种具有时代误植色彩的倾向一直延续到了今天。Weinberg 1996 就是这里的一个实例,它试图消解海森堡以及波尔进行的哲学探究。我们可以问温伯格这么一个有意思的问题:鉴于科学内史与外史这一区分所具有的建构特征,他本人是不是在他的工作——那个让他获得 1979 年诺贝尔物理学奖的成果——被人们视为一项可靠成就之前就已经观察到了这一鲜明的区分?自二战结束以来,前沿领域的科学家与那些职业历史学家或者工作在冷僻领域的科学家相比,更少注意到这么一种内史与外史之分。这一差异不难从心理学角度加以解释,当人们所从事的工作尚未获得正统地位的时候,相比于不再受这一问题困扰的人,他们对那些潜在的妨碍他们获得正统地位的因素会更敏感些。

[3] Kuhn et al. 1967,第 4—5 页。库恩的观察为他的这么一个命令——历史学家要留意他调查的那门科学的技术性细节——抹上了一层具有讽刺意味的色彩,因为科学家自己也许都不会那么上心!参见 Kuhn 1977a,第157—158 页。我相信像库恩这样的历史学家能够很利索地将科学工作的"技术面"与"社会面"区分开来,这倒不是因为他在科学的技术性细节方面受到了训练(尽管这样的训练可以解释,历史学家是如何能使上述区分多少言之有物),而是历史学家并没有活生生地(existentially)参与到科学的原初生产之中,因此他们也就缺乏必需的整体性视野来理解特定的时间和地点成为科学家到底会是何种感受。值得注意的是,保罗·福曼——作为库恩手下受过物理学训练的研究生中的一位——在他的种种有关 20 世纪物理史的著作中出色地重新把握到了这一视野,尤其是在 Forman 1971 中。

了。)然而,上述解释仅当在这样的条件下才是一种自然的解释,也就是我们已经承诺了一个关于科学研究的规范性设想:技术工作不仅要与这样的背景情境——使技术工作对那些完成技术工作的人来说是有意义的——区分开,而且还要优先于这些背景情境。于是,当上述规范性构想没有被确立起来的时候,它也就成了错误的源头。无疑,还有着这么一个更为直截了当的解释,而且它无须把问题归咎于波尔、海森堡等人的精神衰落:波尔等人在接受训练的时候,当时物理学并未与那些更广泛的哲学关切如此严重地割裂,这样一来,波尔与海森堡便不会分享库恩的规范性构想,于是他们也就没有理由留出一部分记忆(姑且假定这些用词在心理学上是说得通的),来记住那些在科学内史学者看来是重要的具体推理过程。[1]

就库恩与其伙伴试图通过访谈收集的关于量子力学史的结构化回忆来说,如果我们是以系统化地引导记忆("口语报告分析法")来开展研究的心理学分支的立场来看,那么上述这类记忆最好被视为一系列由采访者与采访对象共同构建的叙事,这些叙事受具体的日期、地点以及相应证据所约束。[2]如果有读者据此认为这些"叙事"就是一通虚构,它们在认识论层面上的正当性就是相当于历史小说,的确就是那么一回事。不论如何,我想强调的一点是,库恩显然是有兴趣把科学家的回忆嵌入科学史内史的体裁中。

因此,当库恩发现科学家们乃是天然地按照自传的方式来谈论自己的职业生涯时,他便根据时间顺序来设计相关问题供采访者使用,驱使受采访的科学家不仅把那些特别的"技术性"内容从他们的叙述中梳理出来,而且还试图去回答那些有助于填补现有量子物理学史空白的问题。[3]如果用法庭术语来形容的话,库恩便是在训练自己手下的采访者如何去"诱导证人"。如果注意到库恩的一种执着,这一事实将会变得越发明显,他执着地认为,要是我们与结果之间存在着某种利益关联,就无法得到关于某个阶段的真正历史。因为,一方面库恩个人确实遵守了他自己所设定的规则,但另一方面库恩是本着这样一种精神来积累文献材料的,也就是它能够在未来开启某一特定类型历史的写作。在这一意义上,库恩以

---

[1] 在关于艺术创新的心理学中,人的精神力量随着年龄的增长而慢慢失去,这一观点受到了一大串研究的质疑。起初,这些研究聚焦于精神疾病(特别是精神分裂),但随后人们的研究兴趣愈发地转移到了阿尔茨海默病这类退化性的精神失常上——后者能够潜在地为库恩所采访的物理学家的表现给出另外的解释。Fraser 1998是一个在理论上相当犀利的批判,它针对的是某个当代艺术家所遭遇的有关精神衰弱的指控。

[2] 关于口语报告分析法在方法论上遇到的困境,参见 Ericsson and Simon 1984。有关口语报告分析法在认识论层面上对科学编史学的可能影响,参见 Fuller 1993a,第155—162页。

[3] Kuhn et al. 1967,第150—155页是以上采访问题的一个案例。

前的学生杰德·布赫瓦尔德在接受采访时做出的评论就十分到位——如果没有这一评论,这次采访似乎成了对库恩职业生涯的奉承——布赫瓦尔德感到他不得不这样评价库恩(不过此处他巧妙地不作进一步分析):库恩并不具备研究未经处理的文献材料的能力。[1]

3. 库恩的第二项工作:将"常规科学"常规化

常规科学的概念是第一次世界大战来临前在德国的那些实验室中打磨而来的,如果说科南特并不是实际创造了常规科学的人,那么他无疑是把这一概念从上述实验室引入美国的首位美国人。这么说也许令《科学革命的结构》一书的读者感到奇怪,毕竟在书里库恩一度把常规科学实践远远地追溯到了亚里士多德的《物理学》。[2] 不过从表面上看,"常规科学"乃是古已有之这一观点似乎有着严重的时代误植。它等于是把《物理学》当成了一份蓝图,以至于一组研究者据此就可以为接下来的两千年勾勒出一系列清晰可辨的研究项目。果真如此的话,这些上古工程肯定是给研究者灌了不少迷魂汤,毕竟牛顿力学这一范式理论的典型,它吸引前沿研究者的集体关注也才不过两个世纪。那么,当库恩最开始把《物理学》这样的工作称为"范式",后来又称它为"学科基质"的时候,这层意思真的是他想要表达的吗? 如果是,那么在前现代,这个以盲目服从权威为特征的黑暗时代里的所有古老成见都将重新活跃起来。

不过谢天谢地,如果我们把库恩手头那些历史案例更仔细地考察一番,就会让这些古老的幽灵从哪里来回哪里去。因为,正如托勒密的《天文学大成》这本伟大的古代天文学专著一样,亚里士多德的《物理学》直到 16 世纪——特别是 17 世纪——古老的知识论权威受到挑战时,才得以在库恩的文本中以科学研究典范的面貌出现。当然,我这里指的正是伽利略·伽利莱(Galileo Galilei,1564—1642)这位超越了哥白尼学说的人。当伽利略论证实在这东西没有大到能够把哥白尼学说与亚里士多德-托勒密学说一并包容起来的时候,他所考虑的正是把上述两个知识体系视为在有限的知识环境(scarce epistemic environment)中运作,这样的环境是各种范式存在的先决条件,而且在任意给定的时间点上只有一个范式能够支

---

[1] Buchwald 1996。

[2] Kuhn 1970b,第 10 页。

配某个领域;由此,伽利略将自己最流行的著作取名为《关于两大世界体系的对话》,他声称自己建立了一种"新科学"。然而,正如伽利略与红衣主教贝拉明之间的著名论战所清晰表明的,以上对哥白尼主义与中世纪知识正统的关系的刻画比起哥白尼主义信仰本身来说更难以让人接受。[1] 尽管贝拉明是一位多重真理信条(一些是神圣真理,其余的是世俗真理;一些是适合大众的真理;其余的是适合精英的真理)的信奉者,但这并没有导致他认可伽利略关于知识的斗争观。

今天,人们很容易去猜想,贝拉明的问题在于他让那些关于科学的顾虑受到了宗教裁判所这种现实政治的破坏。他本应当直接地承认两个"世界体系"是有冲突的。然而,不论以上这样一种看法最终是不是真的那么牢靠,这里值得一提的是,就两种知识体系之间意味深长的冲突而言,去确认并且清晰地将它们表达出来是非常困难的,即便是在我们自己所在的这样一个科学已经具备自我意识(self-consciously scientific)的时代。举例来说,社会科学在试图解释某个现象时,这些社会科学学科之间存在着相当程度的重叠——常常会跟生物学重叠在一起,然而这些学科各式各样的解释框架间呈现出的明显的不可兼容性通常被人们视为是——用库恩语言来说——"不可通约的",这就意味着没有必要为它寻找解决方案。从这个意义上说,物理学与生物学之间也许是不可通约的。[2] 如果可能,贝拉明一定会赞同上述态势。

对于上述多元主义的态势来说,它的一类重要的例外出现在特定的场合,即公共政策处于悬而未决的状态。在这些场合中——比如,智商测验是否"真的"能够衡量人的认知能力以及这样的认知能力是否相应地对应于特定的一个基因配置——激进的知识主张将在方法论层面上遭受严厉批判。这样的批判通常会阻碍政策的执行,但不会阻碍与那些令人不快的政策提案联系在一起的研究线路的进一步发展。[3] 由此,伽利略的成就就变得越发引人注目,他在纯粹的研究背景下成功地激发了两个知识体系间明显的不可兼容性。[4]

---

[1] 对两人论战的经典分析乃是 Duhem 1969。
[2] 关于这一问题的详细阐述,参见 Fuller 1997d,第2章。其中涉及了对斯蒂芬·杰·古尔德工作的讨论,后者试图以此让生物进化解释免遭从物理学标准出发的评价。
[3] 就以上这样一种知识论层面上的容忍来说,有这么一类越发显得重要的例外,它涉及的是那些为了争取稀缺资源而相互竞争的研究项目。其结果通常会走向我所谓的"认知的安乐死"(cognitive euthanasia)。参见 Fuller 1997b。
[4] 无疑,这样的种种忧虑——伽利略的修辞也许会影响当时欧洲正在进行着的宗教战争——最终导致了对他实施审查。但以下这点同样也是毫无疑问的,即以上的种种担忧与伽利略本人是相悖的,毕竟他从未放弃过对罗马教会的效忠。

伽利略激发的这些冲突,其重要性在于,它们导致了哥白尼的支持者与反对者都转向对自身历史的重建,以至于地心说与日心说显得一直以来都是在相互竞争同一个范式空间。在这一意义上,与其说伽利略贡献了一场库恩意义上的"科学革命",倒不如说他对元科学层面上的革命起了更重要的作用——也就是那些被指定给科学研究的目标与手段出现了根本的改变。伽利略带来的元科学革命有着双重含义:其一,天文学现象应当能为物理学原理所解释;其二,关于自然世界的神学论断应当与物理学原理相一致。

为了把握伽利略对哥白尼本人的立场做出了何种推进,我们可以考察一下两人之间的一种细微的差异:哥白尼在他的巨著《天体运行论》(1543)中主张,神学家应该将天文学留给数学家来研究;而伽利略则在各种场合主张,人们能够用数学天文学(以及物理学)的结果来反驳神学家的论点。对哥白尼来说,他是在争取天文学在方法论上能够脱离神学而获得自治,而伽利略则进一步地主张,这两个学科乃是在同一个认识论空间中的相互竞争。无疑,哥白尼的行动使得伽利略的立场成为可能。但两者并非同一个动作——而且,更为重要的是,如果伽利略没有重新阐释哥白尼工作的意义所在,那么哥白尼将不会被人们视为一位库恩意义上的革命者。

到了这里,也许我们会倾向于这样一个主张,哥白尼在下论断时要比伽利略更为审慎。哥白尼回避了所有有关"世界体系"以及"新科学"的言论,因为他担心这会导致教会对他的迫害,尤其是他本人的职业还是一位天主教教士。但是下述看法是有误导性的,即自哥白尼的早期著作《纲要》(1513)开始,他就将自己置于对托勒密进行批判和矫正的位置上,不过就他所使用的数学论证方式而言,与基于毕达哥拉斯式偏好的匀速圆周运动的方式十分接近,于是人们可以从容地对它进行评估而不会引发神学层面的考量。这就相应地使得哥白尼的工作——正如他在世时流通的那些作品——通常能得到来自天主教科学家的好评。[1]

不过,如果让我们回忆起本书第一章开始提出的那些问题,我会认为两人的区别乃是在于,对伽利略来说他预设了一个能为公众所触及的真理,而哥白尼则信奉真理是多元的——通往这些真理的通道有着层次之分,它取决于人们在心智上做好了何种准备。由此,这样一种区别就不仅仅是当代哲学概念中的"实在论"

---

[1] Gjertsen 1984,第98—99页。此书是一部有关人们对一系列重大科学工作的接受史的卓越的原始资料,其范围涵盖了从欧几里得到达尔文。

与"工具论"之分——伽利略是实在论者，而哥白尼则是工具论者。如果我们用"工具论"来标记哥白尼的话，这将特别具有误导性。因为这样一种标记暗示，要么哥白尼怀疑日心说其实是错的，要么哥白尼实际上不关心日心说最终的真值为何。无可否认的是，托勒密天文学在当时是一门现成的、行之有效的预测天体方位的技术，以此来服务于航海以及占星目的。它事实上做得非常出色，确实比哥白尼的替代方案更优秀。以上事实看起来就能够削弱我们从工具论出发来审视哥白尼的著作——正是这一视角使得当时《天体运行论》的读者能遍及整个欧洲，直到伽利略成功地把《天体运行论》加入教会的"禁书目录"之中。

确实，哥白尼很难算得上是一位现代意义上的实践科学家，他事实上并没有做出关于天体的新观测。相反，哥白尼将自己视为一位走在毕达哥拉斯以及柏拉图道路上的有着非凡数学才能的自然哲学家；因此，他渴望着用最少数量的圆来解释行星的运行轨道，即便这意味着剥夺了地球原来的中心位置。这样一来，在他生命的尾声，哥白尼可以摸着良心宣告，自己的主要成就并不是日心假说，而是在于他砍掉了均轮这一托勒密的数学伎俩，让天文学更接近毕达哥拉斯意义上的完满。[1] 在我看来，从以上这些柏拉图式的顾虑中延伸出了一种对双重真理信条的执着，它使得科学进步无法成为通往革命的媒介。

很多时候，人们把哥白尼称自己为"奥秘主义"（esotericism）的做法看作他拥有这样一种能力的证据，也就是哥白尼能预见自己的理论有着怎样的"完全意义"——如何能为一种彻头彻尾的全新的宇宙观提供基础——正是因此，他担忧这会破坏社会的稳定。这一观点意味着哥白尼一方面具有革命冲动，但另一方面他并不认为行动的时机已经成熟。不过，事实上哥白尼的担忧也很有可能是完全颠倒过来的。也就是说，人们或许错误地认为，哥白尼的理论蕴含有远超天文学范围的内容——比如，包括神学的内容。换句话说，哥白尼老来之所以越发显得谨慎，是因为他越发清晰地看到他的理论的某个成熟形态将可能走上怎样的歪路。事实上，伽利略也许正是哥白尼所担忧的那类人——正是这些人倾向于把种种权威知识体系放在相互冲突的位置上，然后试图通过鼓捣引人注目的经验证明来解决这些知识体系间的分歧。这样的经验证明能左右那些容易受外界影响的

---

〔1〕 I. B. Cohen 1985，第 113—114 页，原文援引的是欧文·金格里奇的观点，而后者相应地是在谈论哥白尼向他的追随者伊拉斯谟·赖因霍尔德所作的一个陈述。

人，截然不同于只能由内行把握的深奥的数学计算。[1] 如果以上考量是正确的，那么哥白尼在骨子里就不是一位革命者。

罗列以上所有这些反事实情景，目的在于表明，我们有理由认为哥白尼可能不会赞同伽利略以及其他人对自身角色的设定——也就是将他设定为我们现在称之为科学革命过程的缔造者。无疑，同样的情形也可以发生在那些被认定在科学史的主要元叙事中有影响力的人身上。也许，我们还可以把上述论点往更强的方向推进。如果哥白尼真的选择否定伽利略，那么要是牛顿或者达尔文借着某种时间旅行技术穿越过来拜访我等，我们又该如何对待他们呢？牛顿很可能会格外地爱好当代物理学具有的神学意义，而达尔文则会关注进化论所具有的社会生物学意义。因此，当科学共同体中的那些"政治正确"的标准驱使人们把研究价值意蕴的讨论限制在科学普及范围时，他们两人是没法跟这样的标准合得来的。我敢打赌，比起史蒂文·温伯格以及理查德·列万廷这样一些人，牛顿和达尔文相应地更愿意将保罗·戴维斯以及 E. O. 威尔森视为自己的知音。

换句话说，那些革命缔造者如果自作主张地来拜访我们，这终将是一场科学业内人士的公关灾难，就好比陀思妥耶夫斯基在《宗教大法官》里描绘的耶稣的第二次降临。理查德·罗蒂关于"人类的对话"的谈论当然很诱人，但事实上，这样一种对话之所以那么和气，乃是取决于牛顿以及达尔文他们在面对我们大谈特谈他们的观点有着怎样的意义时，保持着礼节性的沉默。科学史不仅仅是一部关于后人踩着前人肩膀，试图看得更远一点的叙述。除此之外，后来的科学家对前人立足的根基进行了重构，而这就意味着前人具有的视角被更改了。以上便是科学史的线性解读与反思性解读之间的区别，我将在第 5 节里对它进行讨论。

仅当人们承认，天文学必须建立在物理学上才是可解释的，托勒密的理论才能表现为库恩意义上的重大"反常"——突出的未得到解决的难题。这样的信念在当时尚未被广泛拥有，这一点可以通过 13 世纪学者能够容忍托勒密天文学与亚里士多德宇宙观之间存在的形而上学分歧来证明。前者把行星的表观运动（apparent motions）视为柏拉图圆形形相（circular forms）的不完美表现，而后者则把这样的运动视为是真实的，但同时又与地球运动有着质的区别。在库恩这里，如果人们并没有承认反常的存在，那么也就不存在推进另一种范式的基础。由

---

[1] 出于宗教改革的缘故，（相对于他对托勒密以及亚里士多德等人的挑战来说）伽利略的种种问题开启的是他对神学的具体挑战。相应的一个诊断参见 McMullin 1997。

此，正如大家所知道的，伽利略不得不诉诸一切形式的实验、望远镜观察的展示以及修辞技巧促使当时的学者认真去对待这样一种情形，也就是托勒密模型与哥白尼模型无法简单地"手拉手"成为人们观测行星时可以任选的抽象工具。

当伽利略在实施他的元科学革命时，他付出了许多努力对哥白尼最初的理论加以详细阐释与矫正。不过，如果把伽利略的这些功夫称为"常规科学"，那就不对了。因为这些活动——它们发生的时间离哥白尼去世已经超过了半个世纪——正是最终导致哥白尼天文学取代托勒密天文学的活动。要是这样，那伽利略从事的也许就是库恩意义上的"革命性科学"了？不幸的是，故事并没有完全在这里结束。即便人们已经认可了哥白尼的天文学理论更优越，对该理论，人们更多的还是停留在选择性采用上，而不是对它进行系统性的发展。如果我们以从过去到将来的顺序来阅读历史，而不是相反，那么以上便是刻画开普勒与牛顿工作特征的最好方式，除非有人希望用一种严肃的态度来对待这样的主张——此二人也是哥白尼范式底下的"常规科学家"。[1]

在对两个范式之间的转换加以标记时，映入我们脑海的第一幅画面便是托勒密天文学与哥白尼天文学之间的"格式塔转换"，它在库恩登场的时候就已经是关于科学核心概念变革的一个标准的哲学案例。[2] 其基本观点是这样的，同样的数据——那些随着时间的推移而变化的天体位置——在托勒密以及哥白尼各自的支持者眼里被当作两种截然相反结论的证据。前者主张这些天体围绕地球移动，而后者则认为地球本身正在移动。如果我们把范式视为一种解释体系以及总体的世界观，那么也许我们能说，托勒密与哥白尼是在相互间有着根本差异的"范式"底下工作。但是，如果我们把范式理解为是为常规科学的开展提供背景假设，那结论还会不会是同一个呢？所有前面说过的东西表明，答案是否定的。因为，我们一方面可以在原则上承认，以上乃是两种根本上互不相容的理解世界的方

〔1〕 以上观点漂亮地出现在了一个有关人们对哥白尼的接受状况的叙述中，参见 Gjertsen 1984，特别是第 113—120 页。

〔2〕 Kuhn 1970b，第 85 页。关于以上两种天文学之间的格式塔转换的最具影响力的论述出现在了 Hanson 1959 中，第 4—8 页。汉森把他与库恩所共享的案例追溯到了威廉·詹姆斯身上。汉森的描述具体比较了两位 16 世纪的同代人——地心论者第谷·布拉赫与日心论者约翰尼斯·开普勒——各自是如何看待太阳的。正如库恩在后来所做的，汉森以维特根斯坦的可逆的"鸭—羚羊"格式塔图画为典型来表明，人们可以从同样的感官资料（sensory data）中读出互不相容的意味来。就那样的一类在今天被人们将之与库恩式的格式塔转换联系在一起的视角转变来说，通常认为是康德在《纯粹理性批判》(1781)的导言中第一次将哥白尼形容为带来了这样的视角转变。不过，也有这样一个对康德文本的有趣分析，它否认康德有着这样的意图，参见 I. B. Cohen 1985，第 237—253 页。

式,但另一方面,我们并没有觉得非要在两者间选择一个。举个例子,当库恩把两个范式类比为一个会说双语的人所使用的两种语言时,这一比方就是对上述情形的完美诠释——除非出现这样的情况,也就是此人受到一幅特定科学图景的支配以至于要求他做出不可逆的选择,而不单纯是范式间的来回切换。正是在这一意义上,库恩被哲学家们给缠上了——后者认为他没能解释一个范式如何取代另一个范式,以及为何应当如此。[1]

不论如何,当我们现在从范式驱动的角度来重构科学史的时候,完全不同于以下两种假设:(1)过去的科学家在开展研究时就是范式驱动的;或者,(2)过去的科学家认为他们的历史需要持续不断地重构从而体现为一种进步。前一个问题将在接下来得到处理,而后一个问题则捕捉到了本书第一章以及第二章所表达的论点。在惠威尔那里,科学史必须通过一个全面的、以理论驱动的架构来把握,这种基于规范性根据的论述迈出了通往库恩的第一步。普朗克在取得了对马赫的胜利后,主张惠威尔的叙事规程说明在坚持统一性的论点的同时,必须隐去该论点具有的历史性特征——具体地说,是指那些关于为何在特定时间、以牺牲其他可行的论点来强化某个论点的事实。

然而,即便发生了以上种种事情,奥威尔式的历史编史学在 20 世纪的传播速度依然是出奇的慢。其中的一个问题是,在社会科学中,或者在生物学中,历史研究时常为寻求难以消弭的有深度的概念性异议留下最佳资源,诸如在开放系统中物理法则的地位以及生物物种的本体论地位。[2]另一个问题则是,职业科学家依然阅读自身领域的历史,当他们在评价过去对于自己未来事业的定性起了什么样的作用时,最后表现得与其说是缺乏文化修养,不如说是不那么无知罢了。换句话说,科学家们继续在非专业的环境下从自身领域中获取足够多的历史知识,从而使得他们当下的研究活动能够有效地摆脱职业历史学家的知识对自己的束缚。[3]

---

[1]　参见 Kuhn 1970a,第 207 页。

[2]　就那些 1920 年之后出生的科学家来说,罕有人会追随马赫,用历史论证的方式来批判他自己所在的研究领域。热力学家伊利亚·普里高津以及博物学家恩斯特·迈尔的大量著作可以说是以上这样一种"守旧派"进路的典型。

[3]　以上这一特定的历史庸俗主义体现在了科学家的这么一种倾向上,也就是将科学史与军事史相比较——两者据称都有着明确的目标与成果。它在某种程度上可以说是本书第一章第 6 节中讨论的惠威尔所做努力(以地图绘制隐喻的方式来表征科学发展)的残留物。Weinberg 1996,第 15 页,特别是结尾段落可以说是以上思维在近来的一个杰出的案例。然而,科学史学家有的时候却是在模仿同样的倾向来刻画自己所从事的研究活动的特征——无疑,这令他们的那些眼光更敏锐的同僚惊愕不已。参见 Holmes 1997。对该文的批判出现在了斯图尔特·莱斯利为 Soederqvist 1997 所写的评论中,这一评论流传在了 1998 年 7 月的 H－SCI－TECH－MED 电子邮件讨论组中。

　　就科学家从事范式驱动的研究来说，我在这里同样要指出，在20世纪来临之前，科学活动只是零星地以标准的库恩方式展开，而关于常规科学的那些最为引人注目的例子则是在托马斯·莫尔、弗朗西斯·培根、奥古斯特·孔德以及昂利·圣西门这些人的哲学乌托邦中得以呈现。事实上，只在近19世纪末的时候科学才开始接近现代工业企业所具有的种种特征——它们在上述乌托邦中或者得到预示，或者在其中得到了推崇。然而，即便在这么晚的时刻，情况也并非完全是库恩式的。在讨论19世纪70年代赫尔曼·冯·亥姆霍兹（Hermann von Helmholtz, 1821—1894）在柏林物理实验室的组织结构时，杰德·布赫瓦尔德在以计算为目标的蓝图（blueprint for calculating）与以实验为目标的设计（design for experiment）两者间作出了一个有价值的区分。亥姆霍兹设计其研究计划的用意乃是最大化地生成异常结果——它们将能挑战牛顿的范式。这样的活动在精神气质上更接近于波普尔而不是库恩。同时，亥姆霍兹的活动与人们在20世纪粒子物理学中所找到的模式也有着惊人的差异：就后者来说，大规模研究活动的目的在于计算方程的结果——人们已经假定了这些方程的有效性，除非在数值上与背景理论的预测值相比有着可怕的偏差。这样一种研究方式才更像是沿着库恩的脉络展开的常规科学研究。[1]这也正是20世纪20年代科南特把哈佛转变为科学研究的一线生产者时所充分开发的方面。在上述背景下，值得我们注意的一点是，牛顿力学这一范式中最具范式相的范式，原来竟是这么一个编史学的幻象。

　　尽管牛顿在《自然哲学的数学原理》中的成就受到了来自英国自然主义神学家和法国启蒙思想家等的多方欢迎，而且牛顿本人也在剑桥拥有数学教授的席位，当时却并没有出现所谓的牛顿"学派"致力于解决这位硕士的范式底下余下的难题。毫无疑问，牛顿有着数个名声显赫的科学相关的通信人以及批评者——比起英国本身来欧洲大陆的要多得多——牛顿力学的优缺点在这些人的助力下得到了界定。但是，牛顿的对话者所做的这些贡献通常来说乃是出于宣传他们自己的研究议程，而不是牛顿的。法国人在大革命之后建立了巴黎综合理工大学，此时离牛顿去世已经有100年之久。在拉普拉斯的推动下，这一学校看起来为人们提供了一个纪律严明的顺着牛顿脉络而展开数学物理学研究的平台。然而，随着法国君主制的复辟，这样的研究活动衰落了下去，数学断绝了与实验科学的联姻，

---

〔1〕　参见 Buchwald 1993，特别是第184页以及第202—203页，脚注16。

重新回到了传统博雅教育中的定位上。

　　一直要到 19 世纪第三个 25 年，德国大学体系的扩张为这门视牛顿为其源头的数学物理学建立了一个连续的常规科学传统。然而，推动这一发展的直接原因与其说是渴望取得像牛顿这样的成就，倒不如说是确保有着种种公共的衡量标注，从而使得个别实验室中出现的错误不会危害到整个国家的科研努力。有意思的是，以上对库恩论点所作的编史学纠正来自库恩本人，他作出这番修正是出于对那些过于从字面来理解他的论述的人的回应。[1] 当然，在这里库恩没能观察到成熟的由范式驱动的科学与 19 世纪从拿破仑开始、在俾斯麦那里结束的现代民族国家间的密切联系。但对科南特来说，他并没有落下这一点。

　　当我们思考库恩书中出现的那种相互竞争的常规科学形象时，将会进一步明确，常规科学这一概念更多的是一个融合（syncretistic）的，而不是时代误植（anachronistic）的概念。与其说它是返回到研究活动那田园诗般的过去，倒不如说是它把来自科学史不同时刻的视角叠加到了一块。[2] 因此，我们就需要一门针对库恩那神话般的常规科学形象的"图像学"，它涉及的是把叠加到一块的不同历史层次剥离出来。正如所有好神话的构成因素一样，上述不同的历史层次所表征的是种种趋势，它们以不同的程度出现在了不同的时间、不同的地点，以及不同的领域。不过，它们从不会在同一个时间里一起出现在同一个地点。有意思的是，正是这个神话具备的特征使得过去的人类学家把"原始"人视为是缺乏历史敏感性的。对某些更具宽容倾向的人来说，他们也许希望把常规科学看作一种马克斯·韦伯意义上的"理想型"，也就是常规科学作为一种假想的建构物，能使得那些具有历史意识的社会科学家敏感于某个庞大笨拙的研究对象的种种特征。然而，如果常规科学果真是用来扮演这么一种启发式角色，它就不应该表现出相互间有着内在冲突的特征——我会在后续合适的场合里评论它们。[3] 对于上述问

〔1〕 参见库恩，《物理科学发展过程中的数学传统与实验传统》，收录于 Kuhn 1977a，第 60—65 页。除此之外，库恩在回应约瑟夫·本-戴维时对上述观点进行了发展。本-戴维（部分地借助了库恩的权威）把 17 世纪的皇家学会视为是数学传统与实验传统两者交叉——正是这样的交叉定义了现代科学——的起源，并且最后以牛顿作为其顶峰：参见 Ben-David 1972。本-戴维的那些经过深思熟虑的观点可以参阅 Ben-David 1984，第 75—87 页。

〔2〕 在语言学中，syncretism（融合）指的是不同词根或者曲折变化（为了指示性别、时态、人称等需要而出现的词形变化）融合为一个形式。

〔3〕 常规科学的这样一种融合特征之所以看上去并没有困扰到科学史学家，其中的一个理由是库恩从科学的历史中的借用是各式各样的——这样的姿态被科学家理解为，库恩是在赞同那受尊敬的"比较研究法"。举个例子："（库恩）通过研究被时间以及地点分隔开来的种种科学思想来寻找模式的习惯，正是那种不能说历史学家不知道但对哲学家来说乃是更为自然的方法，鼓励人们从更全面的角度来思考过去。"（Servos 1993，第 9 页）

题，我们将会把切入点放在"劳动分工"这一概念上，它对于库恩的常规科学概念而言可以说是至关重要的。

在库恩看来，常规科学解难题活动所具有的一个关键特征便是在科学中出现明确的劳动分工，它至少能够确定在解决某个特定难题时所需要的技能。[1] 但是，如果从拥有相应的解难题技能这一角度就能从根本上定义常规科学，那么这样的常规科学只有不过一个世纪的历史。毕竟，直到 19 世纪末，科学技能才如此清晰地表现出与众不同的行事方式，以至于人们会觉得需要建立特定形式的技术培训。即便是在实验物理这一被认为是率先表现出常规科学的统一培训特征的领域，即便迟至 19 世纪第三个 25 年，人们依然会围绕某些十分基础的方法论问题展开相当激烈的争论，比如说关于"曲线拟合"，当个别数据不符合数据整体所表现的那种规律时，人们究竟应该纳入还是排除这些数据。借由一部得到广泛采用的教科书的出版，上述问题就这么"很库恩"地得到基本的解决，并且范式也得到了巩固。[2]

为了确定一系列实验是否产生反常的结果，对范式来说就需要针对测量误差给出含义明确的界定。有鉴于此，我们会很惊奇地发现，直到 19 世纪 90 年代，天文学是所有物理学分支中唯一一个有着如此界定的学科。[3] 库恩本人认定，物理测量的精密度和准确性问题直到 1840 年前后才开始得到系统化的对待，同时，直到 20 世纪 20 年代人们才在基本物理常量的取值问题上正式达成一致。[4] 因此，直到 19 世纪最后 25 年，这样一种具备了绝大多数库恩式常规科学标志性特征的研究形式才开始以制度化的方式扎根于德国的物理学中。事实上，上述发展所具有的独特性体现在了"德国科学"这一表达之中，人们创造它的目的乃是用来描述

---

〔1〕 对常规科学上述特征的一个全面的社会学分析，请参阅 Fuchs 1992，第 143—192 页。

〔2〕 Olesko 1993，特别是第 24—28 页。

〔3〕 Hacking 1983，第 234 页。

〔4〕 Kuhn 1977a，第 220 页。关于人们在商讨伯奇比值（Birge ratio）时幕后的政治角力——围绕用来确定上述这些数值的计算式——参见 Mirowski 1996。鉴于自然科学史与社会科学史总的来说依然以相互独立的方式展开，到现在为止还没有人探索过这样一种可能性，也就是那些有关人的科学——比如说实验心理学——也许能在测量的精度以及准度方面超过物理学。事实上，对于实验心理学来说，它最初的研究数据便是那些个人在特定情况下自行决定如何行事时出现的偏差（discretionary errors）——这正是天文学家称为"人差方程"（personal equation）的东西，所有的物理学观察都无法摆脱它。参见 Boring 1950，第 134—156 页。（就上述问题中可能存在的相互间的思想交流促进[cross-fertilization]来说，它的一个很好的切入点便是观察 1887 年至 1905 年的莱比锡。就当时来说，诸如威廉·冯特——实验心理学公认的奠基人——以及威廉·奥斯特瓦尔德这样的科学巨擘都同时在这里拥有教授席位。）在今天，历史学家已经明确表明，人们发展统计推理乃是为了处理人类的状况所具有的不确定性，但对于物理学家来说，今天的他们与 100 年前的前辈一样，都认为统计推理不适合用来处理他们所关注的问题。参见 Porter 1986；同时可见 Krueger，Daston and Heidelberger 1987。

实验室所表现出的作为修道院与工厂的混合体的面貌——毕竟就工厂中那些卖力的钳工而言,他们从不质疑重复地去做同样的测量意义何在。[1] 威廉·奥斯特瓦尔德这一名字最多地与上述组织开展研究的方式联系在了一起,正是此人在莱比锡的物理化学实验室培养了第一位获得诺贝尔化学奖的美国人西奥多·理查兹,后者在哈佛的化学教授席位的继任者正是科南特。[2]

科南特在1924年访问了多所德国大学的化学系,德国科学具有的那种工业组织结构给他留下了深刻的印象。让科南特眼前一亮的不只是统一化的教科书,而且还在于德国人废弃了旧式的学徒制这样一种研究模式——研究生们将从指导教授(master professor)那里学到完整的一套研究技能(理论能力、实验能力以及评估能力)。[3] 取而代之的是作为研究的管理者的指导教授,他们建立了一个可以被划分为不同的课题(project)的"纲领"(program)——每个课题都被委以一个对应的新开拓的博士专攻领域。相应地,那些博士后们在培养研究生时注重的是与研究纲领的特定部分有关联的技术技能。至此,也许对德国科学作一番更全面的刻画会更好些。接下来我们将要看到的文字尽管并不是以同情的口吻写就的,但在洞见上倒没有丝毫的含糊——它出自皮埃尔·杜恒之手,时值第一次世界大战德法处于紧张对立的状态:

> 奥斯特瓦尔德教授做了一个关于未来的梦,他由此看到了自己所希望的欧洲,这么一个在德国人的胜利底下组织成立的欧洲。在梦里,他把欧洲完全地当作那些庞大实验室中的一个来配置,而这样的实验室,正是莱茵河那

---

[1] Duhem 1991。

[2] 意料之中的是,奥斯特瓦尔德对泰勒主义管理方案——以它们作为对所有形式劳动的"科学管理"——给予了热情的支持。参见 Rabinbach 1990,第 254 页。在库恩与奥斯特瓦尔德之间存在着这么一个有意思的对照,也就是当省力原则在 19 世纪中期的 25 年里被多个国家的科学家"同步"或者说是"多重"地发现的时候,这样的一种发现方式有着怎样的含义。奥斯特瓦尔德的论证反映出的是他身上的泰勒主义顾虑,他指出,不同人会聚在同一个发现上,不仅表明科学天才是以一种相对平均的方式分布在人群中间,而且它(作为一种结果)还意味着那样一种大型的、互相间劳动重叠达到最小的研究小组可能是更为有效的组织科学家的方式,由此便能够避免将来出现多重发现这样的事故。参见 Ostwald 1910,第 185 页。相比之下,库恩则是把焦点更加集中在历史学家所发挥的这么一种作用上——把那些毫无联系的科学家安排进一个共同的叙事之中。还是老样子,库恩在这里回避了政策建议,他只是指出,科学教科书乃是严重地依赖于上述对发现的描述——以此来为当代的研究活动提供一个长期的历史聚焦点。对奥斯特瓦尔德来说,他也许会实质性地消除掉科学客观性的这么一个主要的编史学标记——结论的"独立证实"。参见 Kuhn 1977a。

[3] Conant 1970,第 69—72 页。海因里希·赫兹(Heinrich Hertz, 1857—1894)可以说是最后一批"前工业"物理学家中的一位。关于他的学习经历的描述可以在 Buchwald 1993 中找到。关于德国物理学共同体在见证上述劳动分工所带来的结果后所采取的姿态,请参阅 Hiebert 1990。感谢斯库里·希尔古德森使我注意到了这篇文章的存在。

边的大学自以为得意的地方。在那里,每个学生如期地、小心翼翼地从事上头指派给他的某一小块工作。他不会去讨论他收到的任务。他不会去批判主导这一任务的思想。他不会因为总是用同样的设备做同样的测量而感到厌烦。他没有任何的渴望来为他的工作增加多样化色彩,没有任何的渴望来把他的日常任务与附近其他学生所从事的任务相交换。他成了一个精确地啮合进某个精密机器的齿轮,他乐于成为规则告诉他应该成为的样子,他并不关心这台机器下的最终完成品究竟是什么。因着他的种种自然倾向,他与自己所生活的实验室的关系正是当本笃会僧侣或者加尔都西会修士因着自己的誓言而生活在修道院时,他们与修道院的关系。[1]

上述描述的卓越之处在于它捕捉到了库恩式的常规科学所具有的独特张力(我们将会在接下来探讨它们)。由此,我们在这里见证的是这样的一种游移:在成熟的科研人员与科学学生之间,在产业的组织模型与社群主义的组织模型之间,在被迫沉默与自愿沉默之间,等等。不过,在我们深入探讨这种种张力之前,也许有必要先看一下库恩本人关于这一问题是怎么说的:

> 对于那些并未在成熟的科学实践中工作过的人来说,他们中罕有人能够意识到,一个范式会留下那么多的扫尾工作,以及从事这样的工作是多么令人着迷。以上是我们必须明白的两个要点。对于绝大多数科学家来说,他们整个职业生涯所从事的都是这类扫尾工作。这些工作构成了我在这里所称的常规科学。不论是历史中的实验室还是当代的实验室,仔细考察一番我们可以发现这样的扫尾工作看起来是这么一种尝试,也就是把自然强行塞入由范式所提供的、预先已经做好的同时是相当坚实的盒子之中。发现新类型的现象并不是常规科学目标的一部分;事实上那些装不进盒子的现象常常被人无视。对科学家来说,他们一般也不会冲着发明新理论去,而且他们还往往排斥别人发明的新理论。相反,常规科学研究指向的是对那些已经由范式给出的现象与理论进行澄清。[2]

---

〔1〕 Duhem 1991,第122页。尽管杜恒在民族主义情绪的影响下对德国科学有所贬低,但是他本人关于物理学的哲学立场跟奥斯特瓦尔德走得很近,这一点在本书第二章第1节中有过讨论。

〔2〕 Kuhn 1970b,第24页。

根据科南特本人的叙述,当他试图引进德国模式的时候,遇到了相当多的来自美国顶尖科学家的抵制,尤其是罗伯特·密立根。[1] 与科南特一样,密立根也曾经与西奥多·理查兹共事过。然而,密立根以及他的同僚们感到德国模式将会危害"博士后"的创造力发展,以至于作为某些指导教授的实验室里表面风光的契约佣工,浪费掉他们最好的岁月。相比之下,科南特在这两个方面有着很深的影响:一方面是德国科学家所表现出的总体生产力;另一方面则是那些研究总监可以很自如地离开他的实验室,并担负起其他的管理职能。由此,这些自由飘浮的管理人员也就能够把科学的手法带入那些原本是永无止境的利益博弈的战场。无疑,上述情形被证明正是关于科南特本人的职业生涯的故事,而且它最终成了二战后的那些行动的知识分子的标志性姿态。[2]

不论是库恩还是其他当代科学哲学家(其中包括库恩的大多数敌人),每当他们如此这般地谈及科学的时候,人们都能感受到其中的一种产业式的常规科学模型所留下的印记。也就是说,科学的成功能够以纯粹产出进行衡量——或者根据被解决的难题的数量,或者根据人们在解难题时所表现出的效率。尤其是,这样的产出是在某个连续不断的竞争状况下得到的——这种状况驱使着研究者试图为自身的范式建立起支配地位。[3] 不过,与他的大多数对话者所不同的是,库恩关于常规科学的论述并没有局限于将其当作制造知识的工厂。另外,他还坚持着那显然已经被科南特废弃的旧式的学徒制模式。顺着上述思路,库恩把围绕解难题的集体描述为一个"科学共同体",其成员分享了一类"默会知识",正是后者把这些成员与其他共同体成员区分开来。

正如本书第一章以及第二章关于波兰尼的讨论所表明的,以上用引号标注的表述并不是由库恩独自一人所鼓捣出来的。尤其是"科学共同体"这一表述,在20世纪50年代的文化评论者那里就已经获得了未曾有过的流行地位。上述用法与

---

[1]　Conant 1970,第71—77页。

[2]　丹尼尔·贝尔在这一问题上似乎与科南特的见解是一致的,也就是被有序地组织起来的大学将使得教授们成为"非必需的",因此他们就可以放手去承担那些国家事务。参见 Bell 1966,第94—95页。贝尔在得出非必需化所具有的积极一面时,所根据的是马克斯·韦伯关于这一问题的解释——执业律师在国会中占据着多数席位——具体来说就是,这些律师的日常工作并不需要他们持续地在场,如果必要的话,他们的工作还相对容易地由旁人来完成。

[3]　我在这里尤其针对的是 Laudan 1977。不过,在许多方面,就近来的那样一种时髦的、把实验视为科学进步的原动力的哲学迷恋者来说,他甚至更要感恩于上述产业式思维,尤其是当实验室中人们对坚实(robust)现象的制造在最后被认定为自然科学的标志性特征的时候——奥斯特瓦尔德与马赫将会赞同这样的标准,而普朗克与爱因斯坦则不会如此。参见 Hacking 1983。

其说是对中世纪手工业行会所在的那个更为淳朴的年代的怀旧,不如说反映了这样一个科学家的形象,当他们联合起来深入地投身于自由探索的事业时,这乃是针对无时不在的、来自政府的干预威胁的一种防御性姿态。[1] 我们可以毫不费力地从科南特所写的通俗读物中看到这样的姿态:科南特来回地在产业性的修辞与社群性的修辞间切换——具体取决于他是要展示科学的力量(产业模式)还是想掩盖科学的弱点(社群模式)。不过,鉴于库恩的《科学革命的结构》一书在写作目的上并不是为科学作一个公共的辩护,因此上述两种修辞就被允许并列地成为同一个科学的经验论述的两个部分。

就常规科学这种诸般模式糅合在一起的状况来说,它带来的最为持久的遗产也许就是这么一个根本性的模糊,也就是库恩是意图将常规科学家的思维习惯主要归属于老练的研究者、受雇佣的普通技术员(hack technician)、大学生这三者中的哪一个——还是归属于上述三种特质的某种结合。[2] 一般来说,那些赞成库恩关于常规科学论述的人倾向于认为,常规科学的思维定式与老练的研究者是相似的,而那些对库恩持更为否定态度的人则倾向于设想,库恩是在讨论那些牛一般呆板的大学生。关于后者,波普尔曾经有过这么一段令人印象深刻的评论:

> 库恩关于"常规"科学家的描述以一种生动的方式让我想起了我跟我已故的朋友菲利普·弗兰克所做的一番对话。时间是 1933 年或者差不多这个时候。弗兰克当时以愤怒的语气向我抱怨他那些工程学学生大多对科学持一种非批判的进路。这些人只想"知道事实"。如果某些理论和假说没有得到"普遍接受",甚至还是有问题的,那么它们就是无用的:这些东西让学生们感到不安。这帮学生想知道的东西只是那些物、那些事实,他们可以安然自得地直接使用上述东西,而不会引发内心的反省。[3]

以上出现在库恩论述中的模糊性乃是由科学史中的这么两个横切性的趋势(crosscutting trends)维系的,也正是后两者合在一起产生了作为常规科学本质的并合特性。一方面,随着人们把产业式的劳动分工引入科学训练中,熟练的研究

---

[1] Hollinger 1990。

[2] 对这一问题的清晰阐述要归功于约瑟夫·阿伽西,它出现在了阿伽西对拉卡托斯与马斯格雷夫合著的《批判与知识的增长》一书的书评中。该书评重印在 Agassi 1988,第 324—326 页。

[3] Popper 1970,第 53 页。

者与受雇佣的普通技术员之间的区分在 20 世纪已经在相当程度上瓦解了。不论那些高度专门化并且是由设备来驱动的研究在学术上是如何值得称赞,它们看起来越来越像是一种雇佣性的普通工作。这样一种微妙方式的去专业化(deprofessionalization)在其他领域中常常被称为"去技能化"(deskilling)。[1] 另一方面,库恩在大多数情况下坚持这样来描绘成熟的科学家,也就是他们在解决范式下的难题的同时,自觉地改进以及扩展他们的技能。由此,科学所具有的上述与手工艺相仿的特性便为这样的一种科学家形象提供了一定程度的可信性,他们是站在前人的肩膀上劳动的"永远的学生"。这也正是构成了那些更具图像学色彩的科学史的要素。

4. 库恩的第三项任务(额外加分):将教学法转化为编史学

科南特希望让学生以小科学为透镜来观察当代的大科学,这是因为他想维持科学作为一种制度所具有的完整性。库恩本人的理由与科南特多少有些不同,尽管两者出自同一个环境并且总的来说由同一种敏感性所塑造。我们可以把库恩理解为是在纳什的教学方法中填充了本体论的内容。这一点体现于库恩在他最后的岁月里明确地区分了知识与科学。前者指的是研究活动所具有的内部特征,能从不同历史阶段中的种种制度安排中抽象出来;后者指的只是那些变化的外部安排。[2] 因此,人们会希望通过研究几个世纪以来的科学实验来观察科学思维中的那些持久的、运转中的模式——具体地说便是科学思维的种种知识型特质。

不过,要是科学的外部特征发生的变化是如此之大以至于它的那些知识型特质实际上难以辨认时,这会如何? 又或者,如果研究事业更多地由功利主义考量而不是常规科学的逻辑所决定,那又会如何? 毕竟,库恩本人原先进入物理学是想探索深层的哲学问题,但后来在二战期间却应征加入美国空军的这么一个以干

---

〔1〕 关于去技能化这一概念的经典著作乃是 Braverman 1974。科学中的专业化培训之所以通常不被认为是去技能化的一种,其理由乃是接受培训的科学家常常走到研究以及管理岗位上。尤其是那些在私营部门工作的人,这些人的地位以及收入比起他们在大学的同行来要高而不是低。感谢苏嘉达·拉曼在她一篇未发表的论文《技能社会学中的进展》("Progress in the Sociology of Skill")中首先提示上述联系。

〔2〕 Sigurdsson 1990,特别是第 19、24 页。我自己所作的相关区分可以参见 Fuller 1994d。

扰德国雷达信号为目标的项目中。[1] 上述经历使得库恩重新思考他对物理学的投入。不论如何,库恩在他整个历史学以及哲学职业生涯中一贯地主张他对科学的兴趣仅仅延伸到这么一个程度,即能够为研究现在被库恩称为"知识"的东西的本质提供一个异常出色的基础。库恩的看法尽管与他在"自然科学 4"这门课程里的本心是一致的,但他巧妙地避开了这么一个微妙的问题,也就是当代科学究竟是不是知识论研究的一个合适的资料来源。就库恩以他自己的研究实践给人们打造的范例来说,它暗示,上述问题的答案是否定的——我们将在第八章中延续对这一话题的讨论。

此处,有这么一个事实值得我们为它停留片刻,也就是库恩关于范式间不可通约的思想乃是出自教学的需求,而不是研究的需求。通常来说,对不可通约性的重视乃是与下列需求联系在一起的,也就是去理解那些在思维模式上与我们自己有着区别的文化。在这里,历史学家以及人类学家试图寻找一种方法论上的保障,防止我们操之过急地把土著人的思考范畴融入我们自己的思考范畴中。库恩的洞见乃是向这些人表明,要克服不可通约性并不是通过将两种文化的语言进行句子对句子式的翻译,而是通过一种文化上的双语机制——它使得解释者能够在两种语言所代表的世界观之间切换。[2]

无疑,这样一种理解困境同时也出现在了库恩的教学责任中。正如我们在第三章第 3 节中所见到的,对那些最初筹集美国国家科学基金是将它作为二战后的一种政治可能性的新政主义者来说,他们发现把科学政策融入其他公共政策议题之中乃是相当自然的一步。因此,如果想要先发制人地阻止这样一种融入,唯一可能的手段便是,通过教育使得那些未来的政策制定者念念不忘科学探索事业相比人类与世界的其他交互方式所具有的独特性,因此他们就不会把解决其他公共福利事务所使用的同一个成本效益原则应用在科学身上。通过引入不可通约论而逐步向学生灌输一种科学权威意识,库恩开始意识到,仁爱(解释的宽容)之路就始于脚下!

---

[1] 库恩参与这种军事研究并非偶然,它反映出了库恩的博士论文导师约翰·范弗列克(John van Vleck,1899—1980)的偏好。后者正是哈佛无线电研究实验室理论小组的带头人。范弗列克因着他在原子的磁性方面所做的工作获得了 1977 年诺贝尔物理学奖,同时他也是由 J. 罗伯特·奥本海默任主席的美国物理学委员会的成员。也正是奥本海默在 1942 年得出结论认为,基于核裂变的炸弹确实是可行的。感谢史蒂文·布拉什让我关注到这一问题。

[2] Kuhn 1970a,第 207 页。有关库恩关于不可通约性的思考经历了怎样的发展过程,相应的一个简要论述参见 Buchwald and Smith 1997,特别是第 370 页以降。

库恩本人承认,如果没有参与到科南特通识教育的教学过程中——换句话说就是在他把自己界定为一名科学史学家之前——他很可能不会有以上这些关于不可通约性的洞见。[1] 有鉴于此,我们可以把问题往前推进。来看看库恩的这么一个著名案例,在其中他试图弄明白亚里士多德那表面上似乎是自相矛盾的速度概念——亚里士多德把瞬时速度的内容与平均速度的内容合并在了一起。库恩最初是这样发现自己处于以上困境的,也就是他在为"自然科学4"课程建立案例分析的过程中,当他尝试来理解伽利略的实验的时候。[2] 换句话说,库恩非常在意的是理解清楚伽利略的思维是如何运作的,为了做到这一点,他就需要接受一个事实,也就是伽利略的实验乃是对亚里士多德主义运动学说的一个比较直接的回应。[3]

但是以上这些并不足以把握库恩所有的解释任务。很长时间以来,伽利略一直被描绘为——事实上同时还被歌颂为——这样的一个人,他对天主教会以教条的方式推广亚里士多德物理学投以了彻底的鄙夷。的确,伽利略的那些招摇的修辞表明,以上正是他自己的意思。不仅如此,人们还可以很容易地解释伽利略对亚里士多德表现出来的轻蔑,也就是亚里士多德的学说在表面上是不一致的。如果是这样,那么为什么我们还要去认定,伽利略依然相信有更为深刻的东西出现在亚里士多德的文字中呢?毕竟,正如我们在第一章第4节中见到的,即便是库恩的编史学导师亚历山大·科瓦雷甚至都是这样来赞美伽利略的——称赞他在抛弃亚里士多德的同时复兴了柏拉图,以此而发动了一场科学革命。

我主张,上述谜题的答案藏在了库恩对下述观点表现出的严肃态度中——科学的思维定式在历史中保持不变,不论它的主题或者制度背景为何。然而,上述思想作为科南特课程的基础假定,它本身需要在某种形式的编史学实践中得到制度化。为了变得具有说服力,这样的实践需要向人们表明,历史中一代代的科学家们一直是慎重地对待彼此,一如科南特在今天会要求科学政策制定者同样慎重地对待科学家。在这一意义上,要是我们这么来描绘伽利略——一看亚里士多德

---

〔1〕 就以上这一库恩职业生涯里的思想形成阶段来说,关于它的最为完整的描述可能是 Kuhn et al. 1997,第159页以降。

〔2〕 库恩的编史学兴趣所具有的那些与教学有关的来源常常被人们忽视。这乃是因为库恩关于这类事务的最著名的论述出现在他讨论(拥有同情姿态的)历史学家与(没有同情姿态的)哲学家阅读过往科学文本的区别的时候。及至彼时(20世纪60年代中期至晚期),库恩反思的是他在普林斯顿与专业研究生之间的互动经历,而不是他在哈佛与通识型的本科生之间的互动经历。参见 Kuhn 1977a,第3—20页。

〔3〕 Sigurdsson 1990,第20页。

有着种种明显错误的观点,于是当即就把他摒弃掉——那么学生就有理由得出结论说,科学在经历一个范式后接下来继续经历下一个范式,这就需要它告诉我们,科学家是怎么能够近乎无限地来积累错误并予以合理化的——也就是说,只有等到英雄般的天才出现,由他来把过去的错误一笔勾销,一切重新开始。

尽管上述图景有相当一部分保留在了库恩关于科学革命的思想中,但是这些内容被赋予了完全不同的方向——它不是用来鼓励将来的政策制定者把科学的进程设想为单凭人们有相应意志和勇气就能取得进步。我们还可以通过这样一种方式来观察库恩试图回避的是什么,也就是我们可以像哲学家希拉里·普特南那样想象,当人们意识到一百年前的科学家所信奉的绝大多数内容在今天的科学家眼里都被视为是错误的时候,这会在知识论层面上引发怎样的后果。[1] 那么好,现在我们能有什么样的根据来相信,今天的科学家已经获得了关于自然世界的永恒真理呢?要想避免上述归纳怀疑主义前景,同时还要保留科学的思维定式是延续不断的这一观点,库恩就需要假定,伽利略本人有着今天的历史学家以及人类学家所具有的那一种"双语"技能。不过,是不是真的有足够的理由来认为,像伽利略这样一位杰出的实验家同时还兼具相应的天赋、耐心以及专门知识,能像库恩描述的那样对亚里士多德做一番深度的解释学实践呢? 这一问题的答案也许是肯定的,但这里的肯定是有限定条件的,这些条件与库恩关于革命性范式的转换的宽容形象是相违背的。

无疑,尽管伽利略是以夸张的方式摒弃了亚里士多德,但当他在帕多瓦作为一名医学生的时候也曾经沉湎于亚里士多德主义。因此,这里的问题并不在于,当伽利略在为对手的论证做出评判时对对方有多少了解,而是在于,他在展示对手的论证时应当报以何种程度的同情姿态。伽利略更加尊敬那些追随亚里士多德精神的亚里士多德主义者,而不是那些拘泥于其文字的人:前者在观察自然的时候(正如亚里士多德本人)并没有试图对亚里士多德原来的种种断言进行调和。耶稣会科学家一般来说秉承的是"精神"路线,而非"咬文嚼字"。正如伽利略在《关于两大世界体系的对话》中所清晰表明的,比起那些拘泥于文本、被文本束缚

---

〔1〕 Putnam 1984,特别是第 146 页。以上这一对现代科学的归纳怀疑主义可以追溯到蒙田那里。后者在 1580 年反思了进步的徒劳,鉴于一千多年来都一直有用的(托勒密)天文学被人认为应该——以迅速被取代的方式——向来自哥伦布以及第谷·布拉赫的重大挑战屈服。很明显蒙田并没有那种逻辑实证主义者在目睹相对论以及量子理论颠覆了牛顿力学的统治地位时所具有的革命乐观主义态度。不过,也许牛顿力学的统治时间——连一千年的五分之一都没到——能够解释蒙田与逻辑实证主义者在态度上的区别?(我认为不能。)有关蒙田悲观主义的背景,参见 Gjertsen 1980,第 229—230 页。

的亚里士多德主义者,伽利略在耶稣会科学家身上花的时间要来得多得多。[1]

　　从这一角度来看,伽利略的思维定式更类似于当代科学家(或者科学哲学家),而不是那些像库恩那样与格式塔转换联系在一起的,具有解释学敏感性的人。前者的兴趣在于指出存在着相互矛盾的预期,随后便走向经验证明与概念澄清。后者的兴趣则在于找出隐藏的背景假设——正是这些假设使得不一致的内容变得一致起来。事实上,鉴于伽利略已经有很多年没有在亚里士多德主义领域活动,因此他也许对自己的那些夸张方式究竟会给正统的圈子带来怎样的冒犯不那么敏感。[2] 果真如此的话,伽利略成功的很大一部分也许要归功于听众们在面对他的奚落时表现出来的较大的容忍——特别是当这些奚落所针对的是那些更为保守的亚里士多德主义者的时候。

　　然而,以上结论恐怕很难为库恩在科南特课程中的教学实践中打造良好的先例。相反,我主张,库恩希望把伽利略描绘为一位有能力同时有意愿以同情的方式来理解其对手的人。这是因为,库恩需要将科学思维定式的运作方式展现出来,以便让这样的思维定式看上去是值得尊敬与效法的。这一点可以说是与库恩课堂中的学生特别有关,因为这些学生作为管理人或者官员,很有可能在科学家为具体的方案申请经费时拍板决定——这些方案常常是反直觉的,而且有可能会令人感到恐惧。无疑,对库恩的那些学生来说,他们要求像革命者而不是像常规科学家那样思考。这是因为,正如库恩本人所注意到的,绝大多数科学家会拒绝执行必要的"格式塔转换",即便它仅仅意味着去尝试一下其他范式到底是如何思考的。不仅如此,考虑到科学家们在当前的范式底下工作时所投入的努力,这样一种策略通常是正当的。当一个人面临着很大的实质性风险的时候,以宽容的姿态去理解在截然不同的假设下工作的竞争者,就等于把自身研究纲领的未来置于危险境地。由此,要是把以上这样一种"科学理解"教授给学生,一旦他们处在决策环境中,就可能倾向于拒绝那些看起来与当前界定公共利益的"范式"格格不入的科学提案。

　　在这里,我们看到了这么一种背景环境上的差异,正是它将库恩与科瓦雷这

---

〔1〕　参见 Wallace 1983

〔2〕　Biagioli 1993,第 232—242 页。比亚焦利的讨论是这么一个关于伽利略与对话者之间具有不可通约性的论证的一部分。上述论证的主要根据是,伽利略的修辞没有达到预期的效果(这随后被归诸伽利略尴尬的社会地位)。然而,我在这里的目的是考察把库恩提出的那种元层面上的不可通约性归派给伽利略的基础,而这样一种不可通约性意味着伽利略本人能够认识两种世界观并且相应地在两者间切换。由此,当库恩指出伽利略精通双语的时候,比亚焦利则将其形象修改为伽利略被语言障碍给绊倒了。

样的纯粹柏拉图信徒区分了出来。科瓦雷关于伽利略的深度诠释能够展现给人们这样的一位科学英雄,他一边用伪实验摆弄底下的观众,一边则是通过形而上学的对话来说服那些信奉亚里士多德主义的反对者的首脑们。这乃是因为,与库恩不同的是,科瓦雷并不需要把他的诠释变成一个关于科学或科学政策的学生应当如何来理解当今世界的科学家的模型。从巴黎到普林斯顿,科瓦雷将他的教诲传达给的是那些已经对深奥的历史、哲学学问有所涉猎的精英们。库恩本人足以成为科瓦雷研讨小组的一员,但他自己的教学困境——具体来说便是那样的一种精英听众与非精英听众混杂在一起的状况——正是柏拉图信徒永远想要避免的。库恩关于这一问题的创造性解决方案体现在了这么两个地方:一般化的不可通约性论点,以及该论点所鼓励的解释的宽容。

在实际应用中,不可通约性论点同时发出了两条信息:给那些科学以及科学政策的学生的信息是,科学家是开放的、值得信任的;给历史以及哲学的学生的信息则是,科学家是封闭的、难以捉摸的,因此他们是解释学研究合适的对象。当科瓦雷与库恩各自所在的社会背景的差异没有被意识到的时候,这就导致了库恩的那些最突出的赞赏者中有一些人产生这样的认识,也就是将以上这样一种解释的宽容理解为,把历史学家的二阶意识与(作为历史学家讨论对象的)科学家的一阶意识叠加在一起。由此,库恩的权威使得理查德·罗蒂大胆地主张,革命科学家都是最重要的解释学家——这些人在历史中留下自己的印记时,对自己所改变的传统有着完全的认识。[1]当罗蒂把以上不同层次的意识糅合在一起之后,他开始指责库恩前后矛盾,因为库恩看起来依然想要解释"科学的成功"——这一现象对于那些带有解释学敏感的科学的描述者来说,后者试图要消除它而不是去解答它。[2]然而,正如我在本书中反复主张的,库恩的观点是一种奥威尔式的观点——科学的成功在很大程度上是建立在这样的一个基础上,也就是历史学家关于过去的二阶意识没能成为科学家关于自己当下活动的一阶意识的一部分。

5. 插曲:库恩是如何放弃黑格尔的

在导论中我评论道,库恩缺乏一种对自己在历史中所处位置的意识——简单

---

〔1〕 Rorty 1979,第 322—323 页。
〔2〕 Rorty 1979,第 324—325 页。

来讲就是缺乏历史性。换句话说,当人们——不仅包括自然科学家,同时(正如我们将要在第五章见到的)还包括社会科学家,后者把《科学革命的结构》视为这样的一种蓝图,它能使得他们自己的活动呈现为在规范意义上是可接受的——把库恩关于科学变革的视野作为"自然的"加以接受时,库恩自己从未反思过,过去是以怎样的方式为这样的接受奠定基础的。举个例子,库恩从来没有就 I. B. 科恩在《科学中的革命》一书中提出的一系列议题发表过见解,这些议题突出了近来的那些争议性的、引人注目的关于科学中的革命的主张。尽管库恩极为重视科学家在后革命时期的教科书中是如何重构其历史的,但他却没有把自己关于常规阶段与革命阶段的时代划分本身视为是以上这样一种将历史重建成公共知识后的产物。

G. W. F. 黑格尔(G. W. F. Hegel, 1770—1831)这位近代的历史哲学大师应该不会满意于库恩所缺失的世界-历史意识。黑格尔会这么来理解《科学革命的结构》一书所具有的那种令人信服的特性,也就是该书乃是一系列瞬间的最后一个,对这些瞬间来说,每一个都限定了后续那个瞬间可能的动作范围。在这个我们称为"科技史"的历程中,库恩论述中的每一个主要特征都被吸纳为科学的自我形象的一部分,以至于到库恩的理论被实际提出时,很快被人们视为明确地重述那些已经被科学家视为是理所当然的内容。在这一意义上,通过向科学家(以及他们的效仿者)阐明他们是在什么样的意义上拥有自己的历史,库恩也就使得科学史具有了"自我意识"。本节的目的是突出两种科学史之间的区别——库恩本人所讲述的科学史与以黑格尔的方式来理解库恩的历史工程。为了看清上述区别,我将会诉诸(本书第一章第 7 节首先已经介绍过的)时间性(temporality)这一概念所具有的两种含义——mythos 与 kairos,它们分别对应库恩以及我想象中的黑格尔对《科学革命的结构》一书内容的理解。

《科学革命的结构》一书关于科学变革的叙述也许可以解读为对过去的两种不同的重建:从一个在规范意义上可接受的当下出发,利用由此而来的后见之明来重建过去(mythos 的方式);在历史的每一个关键时刻重建过去,着眼于为未来发展的前景提供规范性限制(kairos 的方式)。我们把以上对《科学革命的结构》的解读相应地称为线性的与自反的,由此我们就能够以两种方式来讲述包含在《科

学革命的结构》一书中的故事。以下是相应的一句话概要：[1]

> 线性的解读：科学革命只有当危机突然爆发之后才变得可能——这样的危机来自范式下未解决难题的逐渐积累。
>
> 自反的解读：危机的创造意味着，一直受未解难题的困扰揭示了范式的存在状况，与此同时也使得克服难题的革命性的科学成为可能。

对于意志（will）、新颖（novelty）以及出现在本书第二章第 2 节中的充满哲学意蕴的"建构"这些述语来说，自反解读里的"创造"一词标志着这些述语将有更大的发挥空间，而且会与本书第七章中的"社会建构论"联系起来。为认识这一点，让我们想象黑格尔辩证法的最简明形式，也就是这样一个正题—反题—合题的序列。在叙事逻辑中，"正题"先于"反题"，但是关于这一逻辑的意识并不会总是以同样的顺序展开。[2] 用典型的黑格尔的话来说，仅当反题具有"自我意识"的时候，之前的正题以及后来的合题才是可识别的。[3] 如此一来，无疑就能捕捉到伽利略的这样一种位置，他的具有世界—历史性的介入把哥白尼转变成了亚里士多德与托勒密的竞争对手，在这之前，哥白尼的天文学在人们看来只不过是上述古老权威的一种不可通约的替代性方案。

因此，伽利略扮演的是反题的角色，他将哥白尼界定为一位先驱人物，正是他的工作为牛顿进入世界历史舞台开辟了空间。伽利略的介入具有重大的意义，它表明研究议程的多元化是不可容忍的，而且人们必须在逻辑上相互冲突的研究纲领间做出选择。这一动作暗中削弱了天主教会的权威。该教会一方面为众多研究议程提供了许可，但另一方面，出于巩固神授秩序形象的需要而不给予上述议程中的任何一个特权地位。神授秩序涵盖了许许多多关于它自己的不完全的经验认识。相应地，不同见解间的巨大差异越得到容忍，也就越能证明上帝在认识

---

[1] 如果读者发现这样一种线性/自反的二元区分似曾相识，这可能是因为它对应于语言学家称为"时态"（aspect）的概念所具有的区分。正如下列完成时态与未完成时态的区别中所体现的："她来了"与"她正赶来"。在上述各情形中，"时态"指的是说话的时间与话语中提到的那个动作的时间之间的关系。如果在说话的时候动作已经完成，那么这句话便是以完成时态说出（mythos）；如果行动在此并没有完成，那么这句话便是以未完成时态说出（kairos）。关于以上这一语言表达的微妙但又必不可少的特性的完整介绍可以参阅 Ducrot and Todorov 1979，第 304—313 页。

[2] 以上论点与经验哲学关于存在顺序（ordo essendi, order of being）与认知顺序（ordo cognoscendi, order of knowing）的区分应当有所共鸣，两者的区别是，在黑格尔的建构主义图景中认知的顺序乃是先于存在的顺序。

[3] 比较我关于修辞所具有的中间切入特性（in medias res）的评论：Fuller 1993a，第 17—24 页。

上是难以捉摸的。由此,我们找到了经验对科学理论选择具有不完全决定性这一论点的神学基础,该论点最著名的支持者正是皮埃尔·杜恒这位天主教物理学家。[1]

　　凭借伽利略的场地清理工作,牛顿力学成了首个具有如下意义的"范式",作为一个"范型"(exemplar),有自我意识地开始取代古老宇宙观的整个组织。在伽利略之前,人们原本是无法理解为什么有人会想做那样的事的。不过,在元层面上,建构出一种后人取代前人的需要,只不过是迈向把《科学革命的结构》一书接受为是对科学史的"自然的"描述这一目标的第一个催化环节。那样一种内含于范式更替之中的方向性同样也需要借由某种内在逻辑而出现。由此,本书第一章第6节所详细阐述的威廉·惠威尔在区分发现的逻辑与辩护的逻辑时所做的工作就成了下一个关键性时刻。对惠威尔来说,当时大学受到了来自产业的种种压力,要求将它们转变为未来精英的训练场所,这些压力使得他产生了这么一种兴趣,也就是把牛顿的成就所具有的特性加以推广(比如说,把牛顿用来对早先的传统进行去芜存菁,并将它们融合成一个关于未来研究的纲领的"方法",应用到落后的学科中去)。

　　于是乎,惠威尔的使命便是拒绝由技术来决定科学的进程,正如两个世纪前伽利略将宗教拒之门外一样。由此,当惠威尔在回应当时那些具有高资金回报的发明乃是出自非学术性领域的趋势时论证道,如果没有大学所提供的那种"科学"训练,那么人们便无法理解这些发明所能发挥作用的范围及其重要性。这类训练能够使学生们把发明的成功解释为,它们得益于对已经确立的理论的假设性演绎推理(hypothesized deductions),而不是得益于单纯的试错法或天生的小聪明。此外,惠威尔还提出,从理论角度来理解技术的成功将会为后者带来原则性的改进,从而有助于成功的延续。就这样,技术中容易为抽象的科学原理所捕捉的那部分内容成了内生于科学的东西,成为技术的"本质";而无法被捕捉的那部分内容则成了外生于科学的东西,是那些幸运的外行们活动的领域,他们取得的突破都是碰巧撞上的,因为他们无法把那些使得他们的成功成为可能的理论给清晰阐述出来。

　　不过,要建立起作为科学史特征的那样一种进步的轨迹,给出变革焦点与方

---

〔1〕　关于不完全决定论与天主教之间的联系的更多内容,参见第六章第2节。

向只是它的必要条件而不是充分条件。有鉴于此,让我们把目光再次转回到元层面上。惠威尔在修辞上的成功首先需要被制度化为统一发行的科学教科书,在其中牛顿力学被转化为这样的"范式",它作为"学术母体"规定了一种明确的解难题策略(或曰"启发式步骤",这是惠威尔创造的又一个词),该策略取代了原来被认为是靠牛顿那独一无二的天才得来的东西。与19世纪70年代赫尔曼·冯·亥姆霍兹在柏林的实验室联系在一起的教学法象征着一种从天才到日常惯例的转变,而且正如我们在本章第3节中见到的,这一转变是由以下两个因素激发的。第一个因素是波普尔式的渴望:按牛顿本人的游戏规则击败牛顿;以及把德国国家科研工作统一起来的需要。第二个因素会让黑格尔感到亲切,因为他主张只有国家才是历史严格意义上的对象。

然而,接下来的以马克斯·普朗克为反对恩斯特·马赫而付出的努力为代表的过渡阶段,把科学的这些早期成就所具有的历史性从人们对科学的集体记忆中抹去了,以至于科学家们要证明继续追随某个范式是正当的,只需要提及范式的经验结果,而不必涉及它在概念上的起源。如此一来,科学史的变革方向就显得是不可逆转的了:科学从不回头看。牛顿的成就也许是不完善的,但它不是错的。由此,亥姆霍兹身上剩的证伪主义冲动就被完全清除干净了。不仅科学教学以非历史的面貌呈现在人们面前,连科学史本身也被排除在了科学课堂之外。最后,故事迎来了库恩本人,他以这样一种方式来矫正以上把历史性排除在教学之外的做法,表明当历史在科学教学中展现出丑陋的一面时,这些时刻正是所谓的革命时期,持续时间相对短暂,而且可以被常规化为叙事逻辑所包含的连续阶段中的一部分。由此,《科学革命的结构》一书本身就成了这样的一个"范式",它作为一种自由飘浮的叙事逻辑,能被应用到任何渴望成为科学,尤其是社会科学的实践中去,作为代价,它将会压制那些来自过去的、与库恩的mythos不符的其他发展方向。

表3与表4概括了以上从黑格尔出发对库恩的重新解释,这种解释追溯了一系列相连续的时间段。正是凭借这种解释,库恩关于科学变革的图景被人们视为是唯一站得住脚的论述。表3所界定的科学史各个环节内的"反题",它不仅起到了促进"正题"在科学史的叙事逻辑中向"合题"转变的作用,同时还建立了表4中

定义为范式之本质的那些连续时间段。[1]

表 3 作为一种通向库恩的黑格尔辩证法的科学史

环节	正题	反题	合题
第一个环节	哥白尼	伽利略	牛顿
第二个环节	牛顿	惠威尔	亥姆霍兹
第三个环节	亥姆霍兹	普朗克	库恩

表 4 库恩关于科学论述的辩证历史

环节	"范式"的含义	科学获得了什么	科学失去了什么
第一个环节	范型式的成就	具体的理论聚焦	虔诚(宗教)
第二个环节	学科母体	内在驱动的变革	智慧(技术)
第三个环节	叙事逻辑	不可逆转的方向	分歧(历史)

6. 认真吸取的负面教训

即便有人,比如波普尔及其盟友对常规科学所具有的融合特征持怀疑态度,但他们并没有考察过存在于库恩叙述中的历史的不一致,它会带来何种可能的影响。库恩的常规科学概念具有的一种内在分裂的特征,它使得哲学家与社会学家能在发生于 20 世纪 70 年代至 80 年代早期的一系列关于科学论(science studies)的奠基性辩论中选择立场站队。在这些激烈的辩论中,那些开拓了科学论的社会学家们为了破坏自己的哲学家对手所主张的"科学—作为—产业"模型,成功地从库恩的文本中提取了"科学—作为—共同体"模型。不过,就实际情形来说,人们很难分清楚两个模型之间的区别,特别是当我们根据历史记录来审视两者的时候。

迈克尔·波兰尼(本书第二章最后一节中已经讨论过)是一个突出的例子。人们一般把波兰尼理解为——而且确实他也是这么来看自己的——"科学—作为—共同体"模型的最重要支持者之一。不过,波兰尼对见习科学家服从权威的

---

[1] 本节内容是在萨林·柯马尔的邀请下促成的。当时我受邀为苏格兰邓迪大学在 1998 年 2 月举行的关于黑格尔的当代意义的系列讲座撰写文章。

强调实际上并没有反映出 19 世纪那些最成功的科学学派的存在状况,这些学派倾向于鼓励学生在研究中保持独立性。上述安排被描述为是在"制度"而不是"认知"的意义上建立种种学派,基于它们使得这些学派能在外界压力下获得相对的独立自主,与此同时并不要求群体内部保持知识上的一致。[1] 不过,鉴于有越来越多的入学学生准备在产业领域谋求工作,这迫使研究负责人们变得越发专制,由此服从也就越发上升为学派的特征。[2] 以上这样一种趋势借由第一次世界大战而变得格外显著,波兰尼本人也正是在这个时候从医学转到化学来攻读更高的学位。不必说,当库恩与波兰尼没能分清上述两种关于科学组织的模型时,没能做到这一点的并非只有他们两人。[3]

就分别以"共同体"与"产业"的方式组织起来的社会实践来说,两者的差异无疑是足够清晰的,就好比韦伯意义上的理想型之间的差异那样。人们关于上述差异的直接经验从一开始就激发着社会学的想象力,正如类似的差别反复地出现在马克斯·韦伯、埃米尔·涂尔干,以及费迪南德·滕尼斯的经典著作中,他们使用上述差别来解释这样或那样的从"传统"(traditional, gemeinschaftlich)社会到"现代"(modern, gesellschaftlich)社会的转变。然而,这里值得对科学情形下的相关差异加以强调,以便我们来理解,为什么这些差异在同一个叙述中能够如此地和平共处。

就共同体视野下的科学而言,它并没有在科学劳动的设计与科学劳动的实行之间划出清晰的界限。科学知识只是单纯地寓身于这样一类人的实践之中:他们

---

[1] Rocke 1993。关于产业式(或者"准军事"式)研究学派与共同体式研究学派之间的一个延伸对比可以参阅 Fruton 1990。弗吕东论证那些与运作在产业模式下的学派联系到一起的科学家在政治上更倾向于自由主义,而且他们更少地需要那种作为大学文化中"极端人本主义"(high humanism)的特征的整体式理解。同样,这些人的学生比起共同体模式下的同龄人来更倾向于在国家建设方向上谋求自己的职业,而不是像后者那样以知识建设作为方向。

[2] Rocke 1993 记录了合成有机化学的奠基人赫尔曼·科尔贝在他的教授生涯(1851—1884)中出现的这么一种学术领导风格的转换。

[3] 这里我想到的是一战与二战间期的两个典型人物。第一位是库恩本人承认的先行者,路德维克·弗莱克这位医生兼业余社会学家;第二位则是人们眼中库恩的对手,逻辑实证主义者鲁道夫·卡尔纳普。在弗莱克的案例中,那些对他的初版著作做出评论的专业社会学家因着弗莱克在书中对"集体"一词的用法而感到不安。"集体"一词在指称科学团体的时候,比起"共同体"来带有强烈的产业社会主义(industrial socialist)意味。尽管弗莱克常常强调研究小组成员间的平等特征,如果不至于是可相互替换的话。但同时他又时不时地指出(无疑远甚于库恩),小组成员的价值在于他们有着独特的个性并且有着独特的视角来看待科学。此处,成员间的相互信任使得持续合作成为可能。参见 Fleck 1979,第 163—164 页。在卡尔纳普的案例中,在他的产业视野下,构想的实证主义哲学家是那些在界限分明的解题任务中的合作者,这种构想被覆盖了一层更具中世纪色彩的图景,也就是通过工匠们的添砖加瓦,慢慢涌现出一栋宏伟的大厦。参见 Carnap 1967,第 xvi—xvii 页。

强烈地并且是平等地共享了一种把科学视为一种生活方式的承诺，愿意的话，你也可以称它为世界观。通常来说，上述承诺带有很强的主观成分，使得科学家们难以把对科学本身（science per se）的承诺与对他们所在的具体科学门类的承诺区分开来。不仅如此，以上承诺还通过仪式在科学家们一起工作的场所中得到了强化。由此，实验室就成了一种作为"地方性知识"的科学的象征。基于这种种情形，被称为"科学方法"的东西只不过是真实的科学被哲学夸成一种卡通形象。

相比之下，产业视野下的科学则在科学劳动的设计与科学劳动的实行之间划出了明确的界限。这里，研究负责人需要具备管理技能，使他能够把研究议程分解为一个个可解决的问题，接着把这些问题指派给受过适当训练的人。这些管理技能构成了"科学方法"，它们是可传递的，人们可以将它们从实验室带到那些急需理性管理的其他社会领域。对于研究小组所属的成员来说，典型的活动就是聚焦于指派给他们的问题。他们不需要对研究议程的总体方向起到什么作用。相反，人们假定了这些人最终会转到其他适合他们专业技能的实验室去工作。

科南特有着自己的一套独特的聪明方式来糅合科学的传统面与现代面。下述方式能让人联想到惠威尔与普朗克，它一方面否认存在着通用的"科学方法"，另一方面，又使得科南特这样的行动的知识分子把"科学"拥有的一些明白无误的内容应用到公共管理问题中去。[1] 值得注目的是，科南特认为，统一的科学方法所具有的令人不快的含义是与实用主义，而不是与实证主义紧密地联系在一起的。[2] 举例来说，在约翰·杜威的系统阐述中，科学方法乃是一项由问题所驱动的事业，借由这一事业，人们发挥自己的才智来满足人类的需要。通常，它伴随着一系列的试错过程，这一类过程随着实验技术的发展而变得越发精致。因此，对于杜威这样的实用主义者来说，科学只不过是以技术作为调停的中介而达成的常识，这也正是恩斯特·马赫所说的样子。从科南特的表述中我们可以明确地看

---

〔1〕 Conant 1952b，特别是第 19—25 页。

〔2〕 确实，科南特本人正是主张科学统一论圈子的一员。当弗兰克离开奥地利之后，在哈佛，这个圈子就是围绕菲利普·弗兰克发展起来的。不过，科南特对弗兰克在这一问题上的迟疑态度进行了批判，因为弗兰克不大愿意把统一冲动从科学延伸到总体社会。参见《科南特校长文集》，J. B. 科南特致 G. E. 欧文的信，日期为 1949 年 7 月 25 日。科南特的评论乃是建立在他对 Frank 1950（该书是弗兰克讲座以及论文的合集）的阅读上，特别是第 13—14 章——它们关注的是科学哲学在物理学课程中所扮演的角色。有意思的是，弗兰克认为（该书第 232 页）让物理学学生去学习人们在接纳哥白尼主义时所面对的那些最初的异议，这能使学生们处在一种"有利位置"上来理解当下的社会问题与政治问题。然而，弗兰克所使用的乃是一个明确地受马赫启发而来的启蒙式的科学模型，它更主要的是面向公民教育而不是训练政策精英。关于维也纳学派到达美国后在科学统一工程上出现的转变，参见 Galison 1998。

到,他主要反对的是以上这一定义具有的宽泛性,尤其是把一系列非学术人员——"发明家"以及"技工"——算在科学家之列。

从更深层次来看,科南特反对科学需要通过公开展示试错过程的方式来持续地证明自己。恰恰相反,科学进步的标志之一在于降低了方法论的"经验主义的程度"。此处,科南特指的是科学家的这么一种能力,他们在配备了正确的数学公式之后,按计划地改变世界。诚然,浓缩在上述公式里的知识本身可能就是来自试错,但此时已经没有必要对它们再作进一步的测试,我们也确实已经可以实现我们想要的改变。在这一意义上,科学所具有的现代面并不是来自科学与人们反复地测试自身假设类的这类现象有着密切关联,而是来自科学与这样一种特别训练的密切联系——如果有人要知道哪个公式第一次就能试成功,那么他就需要接受上述训练。

对于产业视野下的科学与共同体视野下的科学来说,它们在一个关键问题上并不需要相互别苗头,因为两者在此处实际上是重叠的:这两种视野都极大程度地削弱了批判性话语在科学实践中发挥的作用。波普尔在哲学上所做的妙喻——科学乃是以其他手段来延续苏格拉底式的探索——并没有被两者中的任何一个信奉。不过,在描述科学知识的"默会维度"时,这两种视野之间就出现了显著的不同。当共同体视野把它描绘为是对某个专家共同体的不容置疑的个人承诺时,产业视野则将它刻画为是一种狭隘的职业视界(career horizon),由此而使得问题不再与承诺有关。既然如此,这样的一种显著的沉默到底是一种忠诚,还是一种超然?不论它是来自存在主义式的选择还是来自职业环境,这两种视野都没有留出空间来容纳人们公开地就科学的目标而产生的分歧。对库恩来说,他无疑会把那些关于科学根本问题的长期争论视为一种不稳定的标志,一种当范式面临"危机"时所表现出的症状。相应地在库恩这里,科学事业的普遍特征(genius)就在于有这样一种能力——在解决危机的同时把上述危机中曾经发生过的事实从其制度化的记忆中抹去。

库恩在科南特通识教育课程中的经历不仅能够用来解释产业式的科学形象与共同体式的科学形象是如何在他的头脑中融合的,而且还能解释,上述融合是如何在那样一种科南特希望为美国未来领导者所掌握的对科学的理解中起到至关重要的作用的。当科南特在为类似库恩教授的课程成为通识教育的一部分进行辩护时,他很明确地指出,学生需要这样来"理解科学",也就是要充分意识到科学的种种独特推理形式及其益处,同时不至于被那些随着"核时代"的到来而出现的更为夸张的通俗论断搅得心烦意乱,不管它们是支持科学还是反对科学。既然大众对科学的歇斯底里乃是基于种种庸俗化了的产业视野,比如说,"科学就是定制产品"(science made to order),那么,对于通识课程来说非常重要的一点就是不去纵容这样的错觉。科学很可能给新时代带来拯救,但如果公众的期待及其对科学的审查被定得过高,将会扭曲它的使命——正如发生在纳粹德国以及苏联的情形。

在教学层面上化解这一问题的方法,便是推广一个更符合实际的科学形象,这个形象要让课堂里的那些未来管理者与实践科学家的日常工作保持尊敬的距离。由此,科南特把课程的内容限定为这样的一类案例分析,其中科学思维能以非常具体的形式展现出来,使得学生能够间接地体会到科学工作的独特性。在大多数情况下,上述方法意味着对 19 世纪晚期之前的那些伟大的在桌面上完成的实验进行重建。科南特把主要重心放在了那些来自化学以及电学的案例,因为这些案例有着实用性的成果,它们被摆出来时更具说服力。库恩为这一课程所作的贡献体现在了两个方面。一方面,库恩说服科南特把力学与天文学两个在哲学上更具影响力的领域的案例加入课程中,最终让那些原本质疑其实用意义的学生惊愕不已。[1] 另一方面,更为重要的是,库恩遏制了科南特的这一倾向,就是在对遥远的过去进行复述时加入对基础科学与应用科学的明确区分,实际上,这种区分有赖于自治的科学学会与自然科学院系机构的存在。[2] 出现在上述情况中的时代误植给"自然科学 4"的首批课程教学带来了极大的混乱。举例来说,科南特宣称科学家从实践性技艺中获得自己的思想,即便他们可能没有兴趣来改进这些技艺。由此,这就让学生们相信,伽利略一方面着迷于炮弹的运动轨迹,另一方面他又不想为其赞助者改进火炮的性能。[3]

不论如何,科南特尝试重获共同体视野下的科学形象与通识教育课程在教授时所立足的教学框架是有冲突的。这些课程从一个世纪跳到另一个世纪,并且在学科间来回地跳跃,由此创造出了一个印象,也就是理解科学特有的思维方式是

---

〔1〕《科南特校长文集》,G. E. 欧文致 J. B. 科南特的信,1949 年 8 月 8 日。

〔2〕关于这一问题的权威著作乃是 Ben-David 1984。

〔3〕《科南特校长文集》,"自然科学 4",1949—1950 学年,10 月 3 日讲课。库恩的回应可以从他在 1950 年 10 月 8 日写的信中找到。科南特对库恩的建议的回应本身就很有意思,它表明了科南特是在把奥威尔式的编史学方式传授给库恩。换句话说,科南特为这么一个思想进行了辩护,也就是科学、科学史以及公众对科学的理解这三者的合法性条件并不必然相同。参见科南特于 1950 年 10 月 11 日写给库恩的信。

确实可能的,不论科学实践在什么时间什么地点发生。再者,课程的这种设置不仅符合科南特作为流动的科学管理者以及社会发明家的自我形象,而且还捕捉到了科南特对适合学生的职业轨迹的意识,这种轨迹要求学生具备更高的科学鉴赏力,而不是对实际科学知识的掌握。

事实上,科南特希望塑造这样一类管理者,他们一方面将成为"科学的赞助者",但另一方面又不会试图去事先猜测科学家应该做什么。这一目的强化了图像学创立者、艺术收藏家阿比·瓦尔堡追求的目标——我们在第一章第3节中正是把此人界定为库恩的思想史取向的一个重要的独立源头。彼时,即将到来的原子时代带来了一个额外的挑战,也就是如何让学生领悟到跟伽利略一样的那个思维过程:它使得伽利略能够在这般状况的项目中发现落体定律。对这些项目来说,花费似乎才是它们的突出特征,不论是用美元来衡量(比如说建设的花费)还是用人力来衡量(比如说部署的花费)。然而,即便是下述情形也可以在审美鉴赏的编年史中找到先例,正如所谓的非写实艺术——人们正是据此而正当地把伦勃朗与杰克逊·波洛克的作品同时认可为艺术——其鉴赏能力通常需要拓展训练才能获得。

上述鉴赏能力的一个很好的例子来自这样的一个假想情形——当时人们用它来测试学生学习"自然科学4"前后的表现。测试中,学生被要求对某个将葡萄糖转化成木材的方案提供投资建议:当要判断接下来的几年里该方案有多大可能在商业上可行时,有哪些考量对于上述判断来说是相关的? 问卷为此列出了一系列的论点,随后学生被要求来评判这种种论点与问题的相关性。[1] 这是一个考查学生是否拥有鉴别研究前景好坏的眼光的有意思的方法。但是,密切了解波义耳、拉瓦锡以及巴斯德的实验工作——它们正是科南特课程的主要内容——能怎样来帮助学生发展出以上这样一种眼光呢? 这却是完全不明确的。甚至,说该课程看上去不是用来提升学生处理假想情形的能力的,这样的说法可能也没什么好奇怪的。学生们自己就在好奇(体现在他们的年终课程评价中)为什么科学所在的政治、经济以及技术背景在课程里并没有得到更为详细的处理。[2]

同样的问题也可以拿来针对库恩在《科学革命的结构》中对科学变革的处理。对库恩来说,常规科学乃是一个解难题的过程,由范式的内在逻辑支配,而科学共

---

〔1〕《科南特校长文集》,由 E.P.格罗斯为1948—1949学年的"自然科学4"课程设计的调查问卷。
〔2〕《科南特校长文集》,1948—1949学年"自然科学4"的最终课程评价。

同体正是在上述范式下运作的。这一共同体的成员被认为拥有专门化的技能知识(craft knowledge)，它对应于他们所使用的工具种类及其所针对的问题。然而，如果只是阅读库恩的话，那么读者永远都不会有这样的印象——科学工具需要花钱来设计制造，同时人们需要制度上的保护和激励以使科学难题得到持续的探索。除此之外，库恩几乎没有给过理由来让人相信，这样的探索活动本身可能对它所在的社会带来预期与非预期的后果。[1] 正如我们在本章末尾(第七章将会给出更多的细节)将要看到的，以上这些盲点已经回过头来对科学技术论中的那些受库恩启发而来的研究造成了困扰，这些研究在概念层面上很难将自己的发现整合进关于社会、政治以及经济变革的更为一般的理论中，尤其是那些批判性的，或者至少是敏锐地分析科学对社会的其他部分带来冲击的理论。

以上这些缺失见证了《科学革命的结构》一书对产业视野下的常规科学的压制取得了全面成功。与此同时，它们还有助于解释该书对于人文学者以及社会科学家的魅力所在。在人们看来，库恩是在讲述这样的内容，也就是被普遍地视为自然科学最突出的特征的内容——那种被普遍地与物理学和化学联系在一起的技术力量——实际上并没有为自然科学成为科学做出任何贡献。由此，至少在原则上，看起来人文学者与社会科学家有朝一日也能成为堂堂正正的科学家，如果他们能够将他们的成果稍微统一一点，从而使他们自己成为范式的话。以上这样一种人文学者与社会科学家能把自己当作堂堂正正的科学家的想法，要是被科南特与库恩碰到，两人怕不是要火冒三丈，不过科南特至少还是会承认，这些人对库恩的主题思想的理解乃是符合他本人的旨趣的，也正是这样的理解有助于自然科学与其他学术知识之间的关系正常化。上述种种关系在原子弹爆炸之后呈现出了越发紧张的态势，使得各色各样的人文学者慷慨激昂地抨击自然科学的文化虚无主义。然而，《科学革命的结构》一书无形地向非科学家人士传达了这么一个建议——"如果你搞不定他们，那就加入他们吧！"——这就让大部分基于纯理论旨趣的怀疑者改变了看法。那些原来被库恩描绘为科学的独特标志的东西，现在被人解读为一种将任何领域转化为科学的策略。[2]

---

〔1〕 参见 Kuhn 1979b，第 x 页。彼处库恩一方面承认他没有去考虑科学带来的种种社会后果，但另一方面他不认为上述内容能够改变他的故事内容。

〔2〕 参见 Gutting 1979 一书第 14 页的导言部分。

7. 科学通识教育课程的讽刺性结局

科南特误判了通识教育课程具有的长期影响,尽管犯错的远远不止他一个。在科学通识教育计划实施后不久,卡内基基金会联系了科南特,想把该课程推广到其他大学的校园中去。[1] 虽然它没能为哈佛之外的学校所采用(主要是出于人员配备上的原因),但是在库恩手中,这么一门失败的本科生学习课程最后倒是作为教师发展的手段而取得了令人瞩目的成功。至少,当人们广泛地把视角转换成"自然科学 4"课程的教学视角时,就能解释为什么那些通过《科学革命的结构》一书来获得自己对科学的理解的人,一直以来都没有提到过存在于科南特最初构想中的某些张力。这些张力可以总结为以下几个问题:

(1)如果纯科学只是通过应用而影响到我们,为什么通识教育课程把焦点集中于纯科学的创新过程上,而不是集中在那些把纯科学与应用科学两者连起来的实际"战略战术"上?(科南特将这一军事隐喻专门用来形容科学家所使用的作为自己创造力显现媒介的那种试探法[heuristics]。)[2]

(2)而且,当我们关于机构建设似乎已经有了一种合适的理解时,为什么还要把焦点继续集中在个人成就上?

(3)如果是大科学所涉及的投资以及大科学所产生的影响使得公众理解科学变得至关重要起来,为什么还要学习这些"小科学"的历史案例?

(4)假设千百年来"科学思维"真的没有发生过改变,为什么我们不能简单得出结论说,科学思维不是理解大科学运作的关键要素?

(5)如果科学工作的价值仅由同行科学家来判断,通识教育课程究竟怎样才能帮助民主国家中的人们在科学问题上做出决策呢?

反映在以上问题中的张力体现了现代民主国家中正在发生着的科学与权力间的错综复杂的交涉。实证主义与实用主义这两个在第一次世界大战前与实验科学有着极为紧密关系的哲学运动,把科学在认识论上的优先地位归诸科学与那

---

〔1〕 Conant 1970,第 373 页。参见 *Minutes*,1950 年 2 月 14 日。
〔2〕 Conant 1947,第 102 页以降。

些据称对社会有益的技术之间的联系。在这里，我之所以用"据称"（alleged）这个词，是因为，虽然科学付出了许多努力使19世纪至20世纪早期取得的伟大技术进步得以解释并正当化，但是就以上这些技术进步的实际发明来说，科学所做的贡献就相对很少。[1] 当科学在"先进"技术的创造过程中起重要作用的时候，差不多也正是它参与战争机器建设的时候。第一次世界大战之后——尤其突出表现在逻辑实证主义的案例中——理性主义哲学家开始把科学的理论轨迹与其实际或者潜在应用拉开距离。上述做法反过来也就带来了一种转向，也就是以上对科学的应用通常被描绘为使科学偏离了自然的轨迹。[2] 不过，与这一转向同时发生的是，科学正越发地受军事以及产业部门的驱使，而且事实上科学所取得的重大概念突破常常以"应用性"研究的副产品的面貌出现。

　　给定上述这幅与种种利害、种种后果相互交错的图景，那么当公众成为"对专家进行评判的专家"之后，他们应该怎么做呢？科南特主张这些非专业的元专家（lay metaexperts）将会提供一个足够大的资金池，使领域内所有得到职业认证的从业者能依据已有的科学评估标准而在他们中间展开竞争。[3] 这一过程，也就是现在知名的"同行评议"，与波兰尼的建议倒没有太大区别，但是它有助于绕过"肮脏之手"的难题。也就是说，即便科南特无法阻止科学越发表现出一种前景，即产出的坏结果与好结果在数量上旗鼓相当，但他能够帮助建立起一种程度不对等的会计责任机制：那些指向"纯粹"目标的研究担负相对较小的责任，而指向"应用"目标的研究担负相对较大的责任。[4] 由此，科南特通识教育课程的终极目标便是让非专业的公众能把上述两种研究类型的实例区分开来——习惯于在这只手而

---

[1]　Mulkay 1979a。

[2]　诞生于20世纪20年代与30年代的两大最具影响力的德国哲学运动，也许可以被理解为是以极度机巧的方式试图在第一次世界大战后出现的反理性主义思潮面前维系"科学"的完整性。不论是维也纳学派还是法兰克福学派，都曾经是学术边缘团体，但是随着他们流亡到英美学术圈并且声名鹊起之后，两方开始相互攻讦对方是在煽动一种更具致命性的反理性主义，在他们看来正是这种思潮在困扰后二战时代。参见 Adorno 1976。维也纳流亡者与法兰克福流亡者分别以自己的方式来支持"统一科学"构想，前者引入的统一概念有着更为浓厚的柏拉图以及数学色彩，而后者采纳的则是一个更为黑格尔式的有机的统一概念。两种视野都有着浓重的美学的一面——大体上说前者是极端现代主义（high modernist），而后者是晚期浪漫主义（late romantic）——同时，两者还都回到了"科学"在作为 Wissenschaft（德文中的"科学"）时所具有的那种前技术时代的、博雅学艺（liberal arts）的视野。实证主义者（这里也许还能包括波普尔）试图这么来维系科学的完整性，也就是重新定义科学（或者"划界"），从中排除掉政治与技术；而法兰克福学派则是公开地谴责政治与技术败坏了科学。对于科学所具有的种种技术政治维度，不论是压制还是谴责，两个运动都明确地传达了一个思想，科学有其自身的内在特征。

[3]　Conant 1961，第321页以降。

[4]　此处我要表达的就是文字的字面意思——基础/应用研究这一区分来自会计工作，尤其是那套美国国家科学基金会所使用的方法。参见 Greenberg 1967，第31—36页。

不是那只手上看到脏东西。

以上所有这些发展仅能从后见之明的角度才能被认识到。如果以相对短视的眼光来考察哈佛的短期状况,我们看到的将是,科学通识教育迎来了一个讽刺性的结局。随着苏联在1957年发射了第一颗人造卫星伴侣号,美国的教育工作者也就正式地卷入冷战。在这个时间点上,科南特刚好离开哈佛并出任美国驻西德首任大使,而库恩的终身教职申请在当时也遭到了否决,主要是因为他没能成为某个领域里公认的专家。[1] 不久之后,一个由心理学家杰罗姆·布鲁纳领导的委员会对科学在哈佛通识教育中的位置进行了调查。[2] 布鲁纳得出的结论是,那些由科南特启发、设计而来的课程传达的乃是一种关于科学如何运作的半吊子理解。就其中的各门课程来说,它们凭借一种普普通通的历史叙事来维系,而不是靠科学共同体自身不断发展的探索实践来推进的。布鲁纳建议对这一课程计划进行重建,在此基础上,要求非科学专业的学生就某一个具体科学接受经认可的当代导论课的训练。这些新课程将不会与科学专业学生学习的基础课有着实质性的区别。布鲁纳的提案获得了通过,这让那些激进的教育理论家在20世纪60年代把布鲁纳嘲讽为是相信这么一种思维的典范,学习就是以专家的方式来看世界。[3]

布鲁纳对科南特课程的不满有个不易被察觉的原因,也就是这些课程很少——如果还真有过的话——由那些实践科学家来讲授,反观人文领域与社会科学领域的通识课程,常常有诸如 I. A. 理查兹以及克莱德·克拉克洪这样的执牛耳级泰斗人物的参与。再者,这样一种不对称性很久以来一直是通识课程人员配备上深受诟病之处。即便是人文学者也明确表明,这些课程不应该脱离学术冲动,以免授课人投身于提供这样的课程——它们对于规模不断扩大的自然科学科系来说乃是"纯粹"辅助性的。库恩本人没能在哈佛获得终身教职,当时是因为他没

---

〔1〕 *Minutes*,1955 年 11 月 8 日。

〔2〕 *Minutes*,1958 年 6 月 3 日。

〔3〕 相应的例子可以参见 Postman and Weingartner 1969,第 78 页。

能意识到这类非难,尽管这一问题总的来说乃是归咎于科南特的不幸影响。[1] 上述事实再加上课程的教授方式使得学生很难被激励起来参加额外的科学课程,更不用说转到科学专业了。由此来看,可以说哈佛在应对"伴侣号"卫星带来的挑战时并没有尽到自己的责任。事实上,如果说科学通识课程发挥了什么作用的话,那么它的功能类似于关于宗教宽容的课程,也就是它的作用仅限于避免学生将自己投身于任何一个特定的信仰。确实,就通识教育的部分教师来说,他们与库恩一样拥有自然科学的博士学位。不过,在科南特的建议下,这些人很早就完成了职业转换,进入了科学史以及科学哲学领域——并且从此不再回头。科南特本人当然也是如此——在他 1933 年就任哈佛校长之后,他自己关上了通往化学实验室的大门。

如果我们把关注点从人物转到制度,那么我们就能见证这么一个意义更为重大的模式。科南特从来没兴趣扩大研究的科学家群体。毋宁说,他希望在保持科学的精英主义色彩的同时,让更多的人口能以管理者或者辅助人员的身份工作在精英队伍的周围。[2] 相反,布鲁纳没有明确地划分出针对专家的科学教育与针对非专家的科学教育。在这么一个世界里,苏联已经表明科学对国家安全是至关重要的。非专家简单来说就是那些没能成为专家的人。布鲁纳的构想与美国国家科学基金会新兴的教育政策是一致的。尽管美国国家科学基金会原先只是作为一个研究资助机构,但"伴侣号"使它被赋予了一个新使命,也就是培养科学方面的人力资本。为了这一目标,"输送管道"这一隐喻被开发了出来,它刻画的是这么一幅图景,也就是所有学生都被当作潜在的科学专业学生,他们从管道的不同位置"渗漏"了出来。于是,教育政策的使命便是堵上这些漏洞,使得更多的学生

---

〔1〕 人文学者与社会科学家打一开始就已经在担忧,通识教育没有"学术上的贡献"。相应的一个例子可以参见克拉克洪发表在 1947 年 10 月 30 日 *Minutes* 上的评论。B. F. 斯金纳这位新任的授课者尽管在原则上表示有兴趣为上述课程出力,但是他希望得到这样的担保,也就是这不会严重影响他自己的研究时间(*Minutes*,1949 年 3 月 8 日)。此外,人们对通识教育的关切还在于,他们担心通识教育成了道行不够的半吊子的避风港。确实,I. B. 科恩(1914—2003)这位与哈佛科学史系的崛起有着最为紧密联系的人,一直以来就受到这类指控的困扰,直到 1953 年他最终获得终身教职。正如在 *Minutes* 中所不时出现的报告,科恩遭遇到了没有拿到终身教职的学人所遇到的所有耳熟能详的侮辱:当他开始参与课程的教学时,上头给他指派了一位科学指导(1946 年 3 月 21 日);在终身教职评定期间,有外部观察员来考察他的课堂表现(1953 年 1 月 15 日)。科恩成功地熬过了刀山火海,而库恩在终身教职问题上就没那么幸运了。即便库恩的那位高级同僚——总的来说持支持态度的莱纳德·纳什——在评论《哥白尼革命》时也是在明褒实贬,认为这本书虽然不那么学术,但对教学来说还是很有帮助的(1955 年 11 月 8 日)。

〔2〕 特别可以参考科南特的卡内基基金会报告 Conant 1959。注意此处与这么一幅柏拉图主义的图景有着共鸣——守护者与劳动者在神话(myths)中受到训练,这对他们接受哲学王的权威来说乃是必要的。

能够顺利通过管道而成为科学家。[1]

讽刺的是，布鲁纳最后被证实为在上述故事中有着重要的戏份。在他的自传中，布鲁纳公开地赞赏科南特作为学术带头人所具有的远见，而且他还把库恩尊为那些最先意识到布鲁纳本人的知觉观（知觉具有"理论负载"）所包含的更大意义的人之一——这个意义有助于为著名的有关范式变革的"格式塔转换"解释提供心理学上的可信性。[2] 然而，随着冷战的愈演愈烈，在布鲁纳脑海中，科学通识教育的目标由原来的提供某种科学理解（它能使学习者具有鉴别能力），转变为积极地招募人员进入科学群体。[3] 不过更加重要的是，布鲁纳似乎从来没有经历过不同科学视野之间的冲突，而这种冲突正是科南特以及库恩在他们的著述与教学中竭力想去缓和的。他可以非常从容地主张，理解科学的最好方式就是去"做"它中间的某个部分。作为一名认知心理学家，布鲁纳坚持着这么一个思想，也就是存在着一种独特的科学思维定式，它普遍地体现在所有自然科学学科的实践者身上，当科学事业自身的外观以及规模出现变化的时候，以上思维定式仍然保持不变。相比之下，科南特与库恩（后者在程度上要来得轻些）意识到了产业视野不仅已经不可逆转地改变了科学的特征，而且这种种改变方式能被证明为对科学与社会两者都是不利的，如果人们在展示它们时不假借共同体视野来打掩护的话。于是，"高贵的谎言"便由此而来，它在常规科学名下被有效地传播开来。

产业科学模型的出现在结果上有着一体两面性。一方面，它能够让科学领导者腾出时间来管理科学范围外的事务；另一方面，它激发公众向科学研究提出科学范围外的要求。作为冷战政治家，科南特意识到前者能起到政治稳定的作用，而后者则是破坏稳定的。科南特的通识教育课程在设计上就是，一方面对前者进行强调，另一方面恢复一种正在快速消逝的共同体式的科学形象，把后者掩盖起来。正如接下来的历史所表明的，作为库恩在这些课程中的教学经历的产物，他的《科学革命的结构》一书使得科南特的目标在广阔的阵线上推进，即便是他的课程计划在布鲁纳的建议下被中断之后。

---

〔1〕 有关布鲁纳对冷战科学教育政策的贡献，参见 Montgomery 1994，第 213—214 页。我在这里要感谢胡安·卢塞纳，正是她的博士论文《为美国制造科学家与工程师：从"伴侣号"到全球竞赛》，弗吉尼亚理工大学，1996）首先让我注意到了布鲁纳的这层与美国国家科学基金会的联系。

〔2〕 Bruner 1983，第 85 页，第 244—245 页。

〔3〕 进一步的证据可以参见 Buck and Rosenkrantz 1981，第 384—385 页。

8. 附记：上手参与科学也就意味着放手

科南特的课程正式倡导通过"上手"（hand on）来理解科学。在人们对这样一种理解进行扩展的过程中，有这么一种研究科学的进路起到了至关重要的作用，它就是科学知识社会学（SSK）中那个开拓性的民族志进路。从传统上说，具有民族志特征的认知视角，它所注重的并不是被研究的对象，而是那些可能会压制研究对象发声的人；于是，该领域在方法论层面上也就有了一种备受争议的对相对主义的承诺。于是，科学知识社会学对科学理性的批判就蕴含了这么一个观点，也就是科学哲学家惯常地对科学家进行误表征——事实上，这样的误表征方式助长了大众在接受大科学时伴有的那种周期性躁郁：先是一种不切实际的预期，随后而来的是失望甚至是感到被出卖的情绪。[1] 以上问题正是科南特与纳什的一个为我们所熟悉的关注点，不过，这两人基于历史的课程与科学知识社会学的民族志的邂逅之间的联系是不是被拉得过近了？毕竟，库恩本人曾公开表示过他对科学知识社会学中的民族志转向的敌意。[2]

再一次地，科南特本人成了问题的关键。他是这样为学习过去的实验科学进行辩护的，也就是这样的学习乃是"等价于对实验室的一次奇妙之旅"，旅途中的游客能够对工作中的科学家进行观察，并且用种种有关科学家奇特的实践性问题来打断他们。[3] 当然，既然我们现在是生活在居伊·德波所谓的"景观社会"中，于是用来博取"公众理解"的常用手段在过去的 30 年中已经发生了变化。在科南特最初提出有关公众理解科学的方法时，它还是一个不切实际到不可思议程度的方案；但到了最近，这一方法得到了一位科学知识社会学的杰出实践者的推动，在后者看来，实现它的时机已经到来。对于科南特来说，我们发现他在这一问题上的兴趣在于让市民认识到常规科学工作的"平凡性"——因此也就不会倾注过多的希冀或者恐惧。对于以上这样一种诉诸平凡性的做法来说，（现在的情况比起 1950 年来要变得更甚）它有一部分涉及的是放手让科学家去做他们自己的工作，就好比"你"，作为普通市民，希望在做自己的工作时不被别人指指点点一样：

---

〔1〕　就以上这样一种大众心理层面上的周期性躁郁来说，关于它的最为全面的论述乃是 Burnham 1987。

〔2〕　Horgan 1991，第 49 页。

〔3〕　Conant 1951，第 5 页。

在民主社会中下述直觉一直是可靠的，也就是去信任那些握有真理的人——即便与此同时还需要做一些工作来克服那些已经被制度化了的太过理想的东西。就现在讨论的情形而言，这里的真理便是，科学家是我们当前在该领域里所能拥有的最好的专家，这不是吹的。在他们的工作场所里，你所心仪的机修库有着琳琅满目的物件，这正是你愿意把爱车托付给他的人。[1]

这一类比有着破产的危险，因为，你之所以相信机修工，并不是因为你不敢想象自己能拥有他处理车辆的那种技能。实际上，光凭这一点它可能会让你疑心，机修工要么不称职，要么是在向你漫天要价。毋宁说，你信任机修工乃是因为你的车辆在经过他的处理之后开起来比之前顺利多了。不幸的是，在大科学的情形中，技艺与结果之间的联系远没有表现出汽车维修情形中的那种紧密程度。这一点反复地为科南特所提及，他也正是出于这一理由而强调，需要将科学视为是与做科学的技艺密不可分的。此处，技艺被描绘为截然不同于单纯地"熟知"科学的结果，后者是一种思想状态，科南特将其贬低为是在灌输一种"纯粹"批评性的、结果导向的态度。[2] 以上同时还能解释，当科南特把公开性（openness）与无公共责任性（nonaccountability）奉为科学的准则时，他是如何调和这两种不相兼容的价值的。"公开性"指的是科学的运转过程能够为科学家同行所利用，并且它们对于一般大众来说是可见的。然而，科南特对科学的公共可见性的兴趣并没有使他产生对科学的公共责任的兴趣。事实上，科南特明确地表示，当他公开谴责军方出于"国家安全"的目的而把"保密性"强加给科学研究时，他所担忧的是，这样的政策在阻碍科学进步的同时会不必要地激起公众的疑虑。[3]

科南特与科学知识社会学实践者都共同地诉诸下述两种方法——上手的体验与现场走访科学家的工作场所——构成了作为现代自由主义民主国家特征的所谓"视觉文化"（visual culture）的一部分。[4] "视觉文化"一词来自政治学家亚伦·埃兹拉希，在他看来，这样一种以"眼见为实"为标志的经验主义，也许是科学革命带给我们的一种理解民主治理的永久性遗产。然而，这一遗产在含义上有着

---

〔1〕 Shapin 1992b。
〔2〕 Conant 1961，第 315—321 页。
〔3〕 Conant 1952b，第 14—18 页。
〔4〕 Ezrahi 1990，特别是第 67—96 页。

模糊性,这使得它并没有普遍地激发出一种针对所见事物的专注的批判态度。把实验室开放给公众无疑能带来这样的印象,科学家没有什么可以隐瞒的。作为结果,以上公开的姿态也许就足以打消公众进一步窥探幕后的念头。[1] 而且,在那些公众近距离观察科学家工作的案例中,人们很有可能被展现在眼前的种种独特技能震撼,与此同时没能去考虑这些技能所服务的是一种怎样的总体目标。

与景观文化联系在一起的认识论谬误——随着我们透过电视机的"小屏幕"来了解更多的世界的这样一种本领——会变得越发分明。可以说,这样的谬误乃是肯定后件谬误的一种:具体来说就是,错误地认为"眼见为实"蕴含了"不在眼中便不在心中"。于是,说到科学,任何处在观众视线范围外的内容——那些存在于实验室周遭环境背后以及之外的种种权力网络以及信息渠道——都没有被直接纳入他们的这样一种理解之中,也就是怎样才算是一个适合的对科学的账目记录。事实上,鉴于科学家把更大部分的时间与精力花在了实验室之外的"创业"活动中,今天世界中的实验室工作看起来更像是一种展示性的活动——也许,正如许多部落仪式一样,开展这些活动的主要目的乃是做给观众看。[2]

如果我们以政治理论为大背景来进行考察,那么科南特与埃兹拉希便是在阐述一种在 20 世纪变得越发突出的民主概念,它便是多元主义。[3] 对于那些自称是社会主义的政体来说,"法律下的平等"指的是同等地服从于中央权威。多元主义的出现正是对上述政体的伪民主的替代。它的目标是把中央集权分散为种种自发性的协会——在理想情况下,这些协会之间的劳动分工乃是足够分化的,以至于任何一个协会底下的成员都必须时常依赖于其他协会的成员的专长。对这样的体系来说,明确的法规比起由相互依赖而产生的默会的信任关系来,发挥的治理作用要来得更小。

多元主义者认为自己提供了适合于这样一类民主国家的"开放社会"构

---

[1] 上述思维与人们对当代社会心理学研究中的防疫论的兴趣是一致的,正如本书第三章第 6 节中所讨论的那样。

[2] 在上述讨论中,我做出了一个富有争议性的假设,也就是存在着这么一个视角,人们能够凭借它来理解整个科学过程中的一部分重要内容,而且这个视角至少在原则上是对所有人开放的。有人,比如说埃兹拉希,否认了这一点,正如其他的后现代主义者一样。我在 Fuller 1993b,第 277—316 页中明确地为保留这么一个想法进行了辩护——基于一个公共领域来治理科学。

[3] Conant 1970,第 366 页描述了科南特是在什么时候接受了多元主义的民主概念。多元主义本身有着多元性,其具体的划分主要根据社会中的利益集团或者自发性的协会之间的冲突程度。关于多元主义的一个不错的概览参见 Held 1987,第 186—220 页。就我在这里的讨论来说,它所着重论述的多元主义模型是相对比较平和的;该模型鼓励相互协调的劳动分工,同时这种劳动分工的基础在于将知识分发到了社会各成员身上。这似乎也正是科学知识社会学所支持的社会组织形态。科学知识社会学关于这一要点的最明确陈述(尽管在写作时并没有具体地提及科学)可以参见 Barnes 1990。

想——这些国家比那些效仿雅典城邦而建立的国家要来得更大且更具异质化。多元主义者的做法并不是向那些越出自身界限的权威提出异议——波普尔可能会建议这么做——取而代之的是,他们乃是在倡导对那些停留在自身界限中的权威予以容忍。如果说前一类思维的目的是试图消灭某种专长所具有的特权,那么后一类的思维便是试图将这样的特权分散开,以至于每一个人最后都能成为自己有着最直接经验的领域的权威。由此,我们看到的是这样的画面转换,也就是原来我们能够就一大片领域的事务做出断定,同时这样的断定是容易出错的;现在被替换成我们仅能够就一小块领域进行操作,但此时我们拥有着最终决定权[1]以上正是"公开性"概念在意义上发生的一个微妙却又重大的转变,这对于处在一个姑且叫作大民主(Big Democracy)世界中的开放社会来说是符合需要的。无疑,当我们要在一个规模扩大了的世界中对开放社会进行彻底改造时,上述做法并不是唯一的或者最好的策略,但这妨碍不了它的流行[2]在科学的案例中,这标志着以下这么一种转变,也就是由原来的对理论展开批判转到对实践进行理解——后者成了今天科学论研究的标志性态度[3]

我们将在第七章对科学知识社会学的种种原则进行讨论。作为预热,我将在本章的末尾提一提,科学知识社会学的多元主义根源乃是在于现象学,尤其是由阿尔弗雷德·舒茨(Alfred Schutz, 1899—1959)这位出生于维也纳的国际银行法专家所建立的工作。舒茨将现象学实质性地引入美国,当时他身处纽约社会研究

---

[1] 此外,我们并没有足够充分的理由来主张多元主义者的这样一个信念,也就是个人需要意识到他本人的专长的界限所在。对个人来说,他必须做的乃是对旁人在他们自己领域所拥有的专长给予同等的承认。这一要点对于受某门科学的规范化所控制的实践者来说是至关重要的。它之所以常常被忽视,是因为(罗伯特·默顿之后)人们乃是在"公有主义"(communalism)标签下对它进行讨论的,在这一视角下,对数据与荣誉的共享把真正的科学家与那些出于保护公司利益而保守商业秘密的产业研究人员区分了开来。关于默顿对科学的规范结构的理解所具有的不祥的一面,参见 Fuller 1997d,第 63—67 页。关于默顿对公有主义(原来使用的是"communism"一词,直到它在美国语境下激起了负面情绪的)的系统阐述,参见 Merton 1973,第 273—275 页。尽管这种真正的科学家与产业研究人员的区分周围弥漫着圣洁的气息,但值得注意的是,如此的"共享"相当于缴纳黑社会性质的保护费。科学家承担不起不与他们的同僚进行共享的后果。因为这意味着这些同僚也不会跟他共享成果、批准给他的拨款或者雇用他的学生。如果你不联系作者,索要那些没有包括在通常科学论文中的背景信息的话,最起码,想要使用别人文章的注释几乎是不可能的。这就意味着,你需要获得作者对你的好感。以上也正是 Collins 1985 所主要包含的批判要旨所在。

[2] 有关大科学与大民主之间的类比,参见 Fuller 1994f。与"大民主"这一表述联系在一起的乃是 Dahl 1989,特别是第 213—310 页。

[3] 关于这一转变的最高水准的讨论,参见 Rouse 1987,1996。这样一种转向——由原来以理论为对象到现在以实践为对象——不仅发生在科学论研究之中,而且还出现了更为一般的社会理论中。对此的一个批判可以参见 Turner 1994。

新学院的一个边缘性的学术部门之中。[1] 正如我们可以预料的,具有现象学信仰的多元主义者相信,一个人的认识论权威仅限于他的直接经验的范围。于是,我们也就毫不意外舒茨对大众传媒以及民意测验的大肆抨击,指责它们是被用来"人为地"拓展个人生活世界视野的工具。舒茨尤其谴责传媒大王以及社会科学家(主要是保罗·拉扎斯菲尔德这位与他同样从维也纳移民过来的纽约人)倾向于营造这样的一类场合,在这里,普通市民对自己的能力范围产生错误的认知——不论它们在形式上是关于一场政治辩论的广播节目,还是用电话调查的方式(或者逐户的调查,这要来得更糟)来询问市民对那些平时不会去考虑的问题持有什么样的看法。[2] 确实,舒茨与他的现象学家同伴相信,上述对自己能力范围的错觉有助于解释20世纪20年代与30年代中选民表现出的多变性——它导致墨索里尼与希特勒这样的蛊惑民心的政客通过民主选举的方式上台。[3]

以上这样一种具有规范意味的现象学敏感性留下的一个重要遗产乃是在于,

---

〔1〕 上述立场的谱系可以从 Ophir and Shapin 1991 追溯到 Berger and Luckmann 1967,最后直到舒茨的《博识的市民:论知识的社会分布》(1932),收在了 Schutz 1964,第 120—134 页。舒茨想要为那样一种与弗里德里希·冯·哈耶克联系在一起的奥地利经济学提供现象学根据,以使得它能够成为统一化的社会科学所立足的微观基础中的一部分。由此,多元主义社会组织形态[polity]便成了一个最小国家。一个富有启发性但又时常被忽略的事实是,在维也纳的时候,舒茨曾经与法律实证主义者汉斯·凯尔森以及新古典主义经济学家路德维希·冯·米塞斯一同学习过。上述学习经历在时间上要早于他那更为人所知晓的与现象学运动的奠基人埃德蒙德·胡塞尔的交往。参见 Prendergast 1986。同时可参见 Polanyi 1969。

　　我之所以翻出这一谱系,其中的一个理由是要拿它来反驳近来的一种倾向。这一倾向部分地得自库恩的启发,它根据科学共同体正在运转的表象推导出共同体成员拥有数量庞大的共同信念。就这类把正当性建立在以上这样一种"共识"基础之上的"共识"理论来说,它们的支持者应当去参考舒茨以及哈耶克,来看看以下情况是如何可能的——也许甚至还是不可避免的——一个复杂的组织形态能够靠着少量的一致而运作,这些一致仅仅约定了由何者来裁定成员间的分歧(比如说,赤裸裸形式的法治[bare rule of law],它在一开始乃是作为一种武断的统一规则强加给成员,最后它通过表明在它的种种约束底下有哪些有益的活动成为可能,从此而证明了自己的价值)。参见 Hayek 1960。站在微观经济学与现象学这两个立场之上,舒茨把哈耶克主义关于分布式智慧[distributed intelligence]的观念(经济行为人有着独特的能力与需求。而中央计划者——它在凯恩斯主义经济学与马克思主义经济学中被认定为必要的存在——无法以更有效率的方式把这些能力与需求囊括进来)与民族方法学关于多重现实[multiple realities]的观念(社会行为人拥有独特的视角,不论是帕森斯主义社会学还是马克思主义社会学都无法做到在把这些视角协调起来的同时不出现残留)联系在了一起。对于共识理论的理论家来说,他们似乎认定,一个共同体如果没有明确的分歧,就一定是在暗示有普遍共识:第三条道路并不存在。Kim 1996 是相关的一个富有见地的讨论,尽管它在最后还是站在了共识理论一边。

〔2〕 可以想象,如果舒茨看到最近将计算机模拟作为"虚拟现实"机器进行大规模营销的情形,他会说出什么话出来!

〔3〕 有一位社会学家走得更远以至于来论证舒茨把一种对政治的厌恶视为"自然态度"的一部分。它包括了这么几个方面:既不批判也不投入、知道个人的局限所在、在不屑冒险行为的同时甚至也不屑于功利计算。以上这样一种不关心政治的态度最后总结为"应对"[coping]这个词。参见 Gilliatt 1995。联系到本书之前所讨论的那些问题,这里值得一提的是吉利特把舒茨的现象学社会学(以及哈罗德·加芬克尔的民族志方法论)视为古典斯多亚主义(参见第一章第2节)的一个镜像。由此,我们或者可以把(现象学)社会学家看作是在对规范性视角予以自然化,又或者可以把(斯多亚主义)哲学家看作是在对自然态度予以道德化,这取决于上述两个学科中哪一方被视为另一方的元科学。

当布鲁诺·拉图尔、卡琳·诺尔-塞蒂纳以及迈克尔·林奇在 20 世纪 70 年代晚期最终开始着手对"实验室生活"的民族志研究的时候,他们需要对他们的观察进行重新描述,以使得这些观察能够成为从人文主义角度进行理解的自然对象(不然的话这些研究者会被指责为是在报告那些与他们自己的生活世界所格格不入的东西);由此,对于随后的科学论研究实践者来说,他们开始将实验室设备视为"刻入装置"(inscription devices),这一表述到现在一直迷惑着实践科学家们。

第五章　库恩是如何不经意间从激进的未来中拯救社会科学的？

1. 为何《科学革命的结构》没给社会科学带来多少东西

随着我们把目光从那些对《科学革命的结构》一书的写作产生影响的因素转到该书给读者带来的种种冲击，这里首先要注意的是，接纳这本书的圈子与接纳科南特的著述的圈子是完全不同的。科南特所做的是说服美国政府官员以及大部分受教育的公众，在支持为纯科学提供资金的同时不回过头来要求它承担太多的会计责任。而《科学革命的结构》一书起到的作用则是把潜藏在科南特构想中的张力在那些更具潜在批判性的，在大学校园内蓄势待发的读者面前遮盖起来：这些人具体地说便是职业社会科学家，他们为了给自己的领域争取到越来越多的原本被赋予自然科学的合法性奋斗了近一个世纪，并且无疑得到的是好坏参半的结果。然而，当人们邀请库恩来参加这么一个准备把《科学革命的结构》推举为 20 世纪社会科学的重大进展之一的会议时，库恩的回应是："我知道的比我应该知道的要少得多，总之就社会科学来说我几乎一无所知，而且我也无意虚张声势给人带来困惑。"[1]

这并不是故作谦虚。但库恩的确对社会科学家带来了非凡的影响，即便在他们眼里，从《科学革命的结构》中实在找不出什么内容能被认定为是对方法论所做的改进。当库恩诉诸格式塔转换、认知心理学实验以及心理发展理论的时候，他

---

〔1〕　致卡尔·多伊奇的信，转引自 Deutsch, Markovits and Platt 1986，第 278 页。

在宗旨上乃是更多地将它们当作隐喻而不是证据。[1]而且，当库恩的模型因着他在《科学革命的结构》一书前面部分的这么一个主张——将自然科学与社会科学区分开来——而获得修辞力量的时候，库恩从未在任何程度上实际地比较过这两种类型的领域。根据他自己的说法，库恩对社会科学的活动方式的知识乃是基于他在1958—1959年作为斯坦福大学行为科学高级研究中心研究员时的日常观察。[2]

在这样的背景下，库恩观察到社会科学家永远也无法就何者能够被视为研究的范例达成一致，因此他们也就永远无法建立起一个共同的基准体系来锚定自己的争论。对一些人来说，他们敬重的是马克思或者弗洛伊德，不过对另外的人来说，以上两位人物可以完全不予理睬。由此，库恩断定社会科学的历史之所以没有出现明确的范式演替，是因为社会科学家无法就能够支撑起常规科学活动的研究范例达成一致。然而，居然能有如此之多的社会科学家把库恩的随性观察奉为对他们领域的一个深刻的批判，这可真是让人开了眼界。毕竟，社会科学的上述独特性在历史上可以追溯到这么一种状况，也就是社会科学家一直被那些更为庞大的、概念上难以处理的社会问题所左右，同时，这些问题无法被还原成一个个得到清晰界定的难题。由此，各个社会科学学科的史学家把自身学科的发展轨迹描绘为被拉往三个不同的方向，而且这些方向在被刻画时能独立于任何对社会实在本质的内在关切：

(1)动力来自上方(社会科学作为国家或者行业的委托管理人，此时它的角色是行政或者管理性的)；[3]

(2)动力来自内部(社会科学作为教牧神学[pastoral theology]的世俗继承人，此时它的角色是伦理性的)；[4]

---

[1] 以上这样一种存在于库恩本人的方法与《科学革命的结构》的科学蓝图地位之间的反身不一致性[reflexive inconsistency]，至少让一位心理学家壮起胆来质疑他所在领域对库恩的信奉是否明智；参见 O'Donohue 1993。感谢阿特·侯兹为我带来这篇富有启发性的文章。

[2] Kuhn 1970b，第 vii—viii 页。

[3] 参见 Wagner, Wittrock and Whitley 1991；Rueschemeyer and Skocpol 1996。对于为数不多的社会科学通史著作来说，它们中的大部分遵循的是这一轨迹，例如 Manicas 1986。

[4] 这是英国以及美国社会科学史最具特征的地方所在，尽管两者的发展所立足的社会学根基多少有点不同。大致说来，社会科学在英国的发展动力主要来自那种具有中产阶级特色的博爱[philanthropy]，也就是人们对社会科学机构的支持似乎主要是为了减轻由资本主义成功而带来的罪恶感。参见 Collini, Winch and Burrow 1983。相比之下，美国社会学在源头上乃是对种种新教分支所宣传的社会改革教义的世俗化——这些分支更具自由主义倾向，同时他们的这些教义乃是对社会达尔文主义的回应。参见 Ross 1991；Lasch 1991。在以上语境下，Fuhrman 1980 可以说是一部被相当低估的先驱性著作。

（3）动力来自下方（社会科学作为那些政治上被剥夺权利的群体所发出的声音，此时它的角色是修辞性的）。[1]

接下来我们将会明确地看到，就社会科学活动的源头来说，它的层次"越低"，那么这样的活动也就越能够抗拒库恩的吸引力。

2. 未经之路：社会科学作为对自然科学的批判

到了艾森豪威尔的第二个总统任期（1957—1961），诸如 C. 赖特·米尔斯（C. Wright Mills，1916—1962）以及艾尔文·古德纳（Alvin Gouldner，1920—1981）这样的杰出的美国社会学家开始公开地宣布，放弃社会科学的任何通过模仿自然科学而赶上它们的抱负。社会科学的目标开始越发地与自然科学的目标拉开距离。自然科学的目标被愈发地描绘为是无关道德的（如果不至于是不道德的话）、种种可以为出价最高者所获得的控制技术，同时这些目标乃是与艾森豪威尔本人在他的总统任期的最后所看到的那种新兴的"军事—工业联合体"串通在一起的。[2]将米尔斯与古德纳两人联合在一起的乃是这么一个假设，也就是既然世界在因果层面上乃是如此复杂以至于这样的世界无法出现绝对的无条件的收益，那么在面对现状（包括科学本身）的时候，唯一的理智上负责任的态度便是那样一种基于周密思考的怀疑主义。这一假设使我们对科南特试图掩盖的科学家那双肮脏之手有了清醒的认识。

当米尔斯与古德纳含蓄地将自然科学与社会科学区分开来的时候，这样一个

---

[1] 考虑到情况的罕见性，这里值得对那样一种来自下方的并且使得一门社会科学学科得以出现的压力予以详细描述。地理学，这一通常被排除在社会科学通史之外的学科，也许是唯一一个建立在准大学层面的教师群体这么一个草根基础上的学科。在英国，地理学一直没有明确的研究议程，它甚至都没有对应的教授职位。这一情况一直持续到小学以及中学教师向议会进行游说，要求在大学建立地理学学科从而使得教师能够在该领域中接受正式的训练。教师们的举动部分地乃是对他们遇到的这样一种困难的回应，也就是鉴于英国在19世纪末牵涉了全球如此之多且又各不相同的地区的事务，他们发现自己很难来教授一个连贯的历史。地理学提供了一个更为便利的方式来教授以与大英帝国有关的牵涉，尽管对地理学研究的组织依然是"权宜性的"（比如说由课堂的需要来驱动），直到大学开始认证真正的"研究者"为止。就当时的大学而言，地理学的概念空间为历史学、语言学甚至地质学所占据。将地理学在大学中加以制度化的主要困难在于，这一学科事实上是社会科学与自然科学的混合体。至于最终制度化后的地理学是否符合地理学教师的利益，目前还没有定论。参见 Goodson 1988，第 160—196 页。

[2] Medhurst 1994。同时可参见 Mills 1956 和 Gouldner 1970a。古德纳的文章是他在 1961 年所作的社会问题研究会主席演讲，其中部分内容涉及对米尔斯职业生涯的思考。有关冷战对美国学术生活的影响的一个全面而批判性的论述，它出自一位政治上活跃的自然科学家之手，参见 Lewontin 1997。

区分的用意并不是(像今天所常常见到的那样)想要重演 20 世纪初人们围绕系统性研究(它的德文原文正是 Wissenschaft)的本质而展开的"自然 VS 精神"[Natur versus Geist]的系列争论。这些争论通常开启了这样一些哲学考量:人的方法论是趋向于"一般化"还是"特殊化";或者,人的本体论所包含的是"物质性"实体还是"精神性"实体。[1]而对于那些批判的社会学家来说,自然科学与社会科学毋宁说是分别代表了二战来临之际由卡尔·曼海姆(Karl Mannheim,1893—1947)所辨别出的两种推理方式:立场自由的功能理性(functional rationality),其运作无须考虑它所服务的目标(自然科学);社会嵌入的实质理性(substantive rationality),将研究延展到它所服务的目标上(社会科学)。[2]

对曼海姆的模型来说,这样一种功能理性与实质理性的区分相当于步兵与军事指挥官之间的关系,前者以尽可能高效的方式绝对地服从命令,而后者则能够从他在指挥部参与制定的总体战略出发来证明这些命令的合理性。在高级军官们能够在远离前线的安全位置来运作军事行动前,这样的区分可能不会显得那么令人信服。它可以说是一种奢侈——直到普法战争时,由于老毛奇提供的电报服务作为德国物质性基础设施的一部分,这第一次成为可能。[3]在和平年代里,与上述区分相当的一个区分便是在工厂车间中工作的工人与坐在公司摩天大楼里办公的管理层之间的区分。前者在装配产品时不会就这些东西的目的地或者用途表示异议,而后者的生计则有赖于他们的这么一种能力——通过援引某个全球市场策略来向股东证明,自己定下的生产计划的合理性。[4]当然,以下也同样是一个相类似的区分:正如我们在第四章第 3 节中见到的,就科南特为科学研究绘

---

[1] 关于德国哲学传统中的上述论战的一个批判性回顾,参见 Apel 1984。这些论战的种种更为新近的形式——主要集中于对 Winch 1958 的接受问题上——参见 Dallmayr and McCarthy 1977。我在 Fuller 1993a 中将这样一种自然科学与社会科学的分裂视为研究的自我分裂,它在历史中逐渐确立并巩固,而且在制度层面上得到强化。

[2] Mannheim 1940,第 51—60 页。

[3] 曼海姆也许可以这样解读,他为一种关于工具论/实在论的区分提供了现实政治的理解。大致来说,实在论科学哲学预设了"理论家"这一阶层的存在,这类人能够在离科学的实践应用及其日常的沉闷工作足够远的距离外开展工作,并辨别出科学领域的总体轨迹。在 20 世纪 30 年代,这样一种存在于理论家与实践者之间的认识论视角的不对称性不仅在曼海姆的理性社会学中得到重塑,而且这样的重塑也体现在了让·皮亚杰的认知发展心理学中。具体来说,皮亚杰区分出了儿童所具有的两种能力,把事物在时空世界中关联起来的能力与把事物在逻辑—数学世界中关联起来的能力。前者对应的是功能理性,后者对应的是实质理性。在上述情形中,不对称性的源头最终可以被归结为自下而上的认知过程与自上而下的认知过程之间的区别——这用旧日的表述来说,就是归纳与演绎并不是同一推理过程的可逆形式的原因。参见 Fuller 1992b,第 453 页以降。

[4] 有关高级资本主义经济中的管理权(可以被明确理解为"权力")与所有权的分离,参见 Berle and Means 1932。其中表明了美国两百个最大的非金融公司都是由数量分散的股东所持有,并且与此同时这些公司得到了上述股东雇用的经理人的有效管控。在罗斯福新政时期,上述工作为伯利在罗斯福智库中博得了一个位置。

制的这么一个"产业"形象来说，其中心是这样一类实验室——负责的教授一方面隔着距离来领导实验室，另一方面将自己的绝大部分时间花在把科学手法应用到其他社会事务中去。

科学技术社会学(STS)的第一课通常会告诉人们，曼海姆拒绝把他的知识社会学的批判视角拓展到数学以及自然科学之中。这相应地被诊断为是一种缺乏胆识的表现，同时也正因为如此，科学技术社会学爱丁堡源流的"强纲领"就有了存在的理由。毋庸置疑，曼海姆从来没有将任何类似于批判性的科学技术社会学视角纳入他的主要著作中。不过就理由来说，这并不是因为曼海姆觉得无法做到这一点。及至第二次世界大战，曼海姆开始相信知识社会学乃是同样程度地适用于自然科学，正如它适用于那些更明确地表现出社会性的知识形式一样。此处，我们需要来考察一下1944年曼海姆与另一位在战争期间移居到英国的匈牙利知识分子迈克尔·波兰尼之间的通信。[1]

波兰尼论证道，知识社会学的强形式（知识的内容由它的社会起源所决定）与科学家的这么一个信念是格格不入的——科学家在面对实验室中那些太过偶发性的事件时，有可能经验到某个超越于这些事件的实在。正如普朗克（以及后来的库恩）主张，科学家关于科学史的知识可能对他的事业带来危害，同样地，波兰尼也采取了一个类似的姿态来反对知识社会学。波兰尼仅仅给予社会学这样一种认可，也就是它能够提醒科学家去注意那些发现的"机遇"——在探索过程人们把握了怎样的机遇又或者人们错失了怎样的机遇。曼海姆是这么来回应的，他首先援引了伽利略的形象，然后评论说知识社会学可以被视为是把一种"科学的"视角应用到科学之上。对波兰尼来说，他也许更希望避免这一情形的发生，因为它将会挑战波兰尼作为化学家所接受的训练——这样的训练有着更为具体的学科色彩。到了这里，我们就可以看到这么一个有意思的对比，也就是科学在什么意义上能够被视为是"超越"的。对波兰尼来说，一个科学家的训练使得他能够超越直接经验，而在曼海姆这里，科学家应当欣然地超越他所受训练的界限——通过理解这些训练是在怎样的一种环境状况下发生的。要是曼海姆试着来把这些洞见与他为理性所作的区分联系起来，也许他会主张，依据库恩意义上的范式进行治理，科学家从事的仅仅是功能理性活动。相应地，实质理性则是与革命科学家

---

[1]　关于曼海姆与波兰尼之间通信的具体文本，参见 Woldring 1986，第374—377页。

联系在一起的——这些人为自己的研究议程设立条款。在这一意义上,当卡尔·波普尔朝专制主义思想家发飙的时候,曼海姆也许能够躲开一部分冲他而去的辱骂。[1]

这里值得一提的是曼海姆的批判倾向的出处,它吸引了米尔斯与古德纳的关注,而科学知识社会学则对之并不感冒。曼海姆追随的是年纪比他大的同辈人格奥尔格·卢卡奇(Gyorgy Lukacs, 1885—1971)所开辟的新黑格尔主义的马克思主义,因此他把知识社会学构想为一种"对立的科学"(oppositional science)——其目标不单单是要反映出社会的视角是多样性的,而且更主要的是要把这些视角表征为隐藏在社会底下的种种阶级冲突的症状。就这样,曼海姆时不时地区分出由存在决定的以及与存在相关的这两种思维(Seinsgebundenheit vs. Seinsverbundenheit)。对前者来说,主体并没有意识到那些影响他们思想的社会因素(于是他们把自身关于世界的视角体验为是他们所能够拥有的唯一视角),而对后者来说,主体对相应的社会因素是有意识的(因此在体验他们的视角时将它视为是可变的)。知识社会学作为对立的科学,它所具有的一部分批判使命在于让人们意识到,自己的思想与那些被视为理所当然的社会条件之间存在着某些系统性的联系。无疑,这正是原来意义上称知识社会学具有"反身性"时这个词所具有的意义。比起科学知识社会学来,这一精神也许在米尔斯与古德纳那里得到了更为忠实的再现。对科学知识社会学来说,往往"反身性"所指的不过是文本的自洽性。[2]

让我们转回到曼海姆最开始的区分上。实质理性与其功能理性相比,在科学性上丝毫不处下风,如果这里的"科学性"指的是系统性的经验研究的话;但是正如后来的古德纳所指出的,实质理性因为把研究者的状况置于研究范围内,于是

---

[1] Popper 1945,第 23 章。

[2] 有关对作为对立的科学的知识社会学的讨论,参见 Frisby 1992,第 173 页。曼海姆所做的由存在决定的思维和与存在关联的思维的区分也许最为明确地体现在了一个关于知识社会学的德国百科条目上,这一条目作为附录收录在了英文版的《意识形态与乌托邦》中。在哲学层面上,曼海姆做出这一划分的目的在于表明,"必然性"与"偶然性"这一对概念最终的基础并不在于事物的本质之中,而是在于个体对事物本质的意识程度:随着意识程度的提高,必然性也就转换成了一种偶然性。同时可以参见 Woldring 1986,第 177 页以降。上述对反身性的理解也许可以被贴上"建构主义"的标签,这是因为它假定,主体可以在一定程度上控制(同时也就有了相应的责任)自己能在多大程度上批判自身知识主张的条件。这就解释了,米尔斯与古德纳作为曼海姆的追随者把一种道德主义色彩纳入了他们的反身性社会学中。最近,在社会科学中"语言学转向"的影响下,部分科学知识社会学成员倡导另一种意义的反身性,它更具"实在论"色彩——这体现在了他们并不把自我指涉视为某种被主体添加到思想中的东西,而是将它视为是某种借助于思想所具有的语言本质,因此"随时准备好"呈现出来的东西。尽管上述理解被这些人自己标榜为革新性的——确实带来了横跨事实/虚构这一两分的"新文学形式"——然而科学知识社会学在反身性问题上的转向,它所取得的成功仅仅在于把反身性构建为一个如社会学中的其他研究领域一样的具有边界的研究领域。Ashmore 1989 是关于这一进路的总结。

它的批判性也就来得更为全面。就这样,除了想知道为何事实是如此这般,具有实质理性的科学家同时还会询问,是谁想要知道。通过这一方式,他们就将认识者的视角视为构成知识体系的诸要素之一:(打个比方)某个学科共同体、企业客户或者政府官员手中所握有的特定的知识很有可能出现在以上主体接下来可能采取的任何行动中,它是怎么做到这一点的?[1] 马克斯·韦伯呼吁"价值中立"的科学,姑且不论其目的为何,但就结果来说,这样一种呼吁使得社会研究者把以上这类问题视为是专业范围之外的东西,从而把它们搁置起来。很不幸,这就意味着他们生产的知识在功能上扮演了"百搭牌"的角色——谁正好拥有它们,它们就有利于谁。[2]

米尔斯打从职业生涯的开始就对曼海姆的知识社会学深表同情。[3] 他主张,科学在当代对社会的最大威胁在于被纳入了米尔斯所谓的"科学机器"之中,这样的科学机器机械地执行——尽管采纳了种种能够激励知识的研究形式——军方的指令,就好比对隐形飞机或者用来杀伤人群而不是摧毁建筑的原子弹(后来又称"中子弹")的探索。为了抵抗这一趋势,米尔斯敦促科学家公开向他们的雇主以及管理者表达自己的反对意见,这样的反对将能够促使在国防工业中出现揭发者,以此作为通往一个更具公共性的科学政策讨论的典型催化剂。此外,米尔斯否认美国与苏联之间的"科学竞赛"在公共层面上有着重要性,这话他甚至早在这一竞赛还没有达到高峰的时候就已经在说了。米尔斯敢于在 1958 年提出这样的质疑,"谁稀罕成为登月第一人?"[4]

---

〔1〕 Gouldner 1968。这篇文章在写作时乃是作为对霍华德·贝克尔于 1966 年所作的社会问题研究会主席演讲(Becker 1967)的回应。表现在文章中的思想脉络的顶峰乃是 Gouldner 1970b。我们将会在第七章第 5 节回到古德纳所作的批判上。

〔2〕 在韦伯式游戏中获胜的一方便是古德纳眼中看到的魔鬼。正如保罗·拉扎斯菲尔德(Paul Lazarsfeld,1901—1976),此人在纳粹上台的时候从奥地利移居美国,并很快将自己确立为社会学定量方法的最重要人物。拉扎斯菲尔德往往向政府以及企业客户狮子大开口,他在提供给他们想要的调查结果的同时,把多出来的钱花在那些在方法论上更为坚实的调查上,以此来满足他所在的学科共同体的需要。这一策略获得的成功预设了社会学将自己视为是与国家以及工业界对社会学发现的利用是相隔绝的——如果不至于是漠不关心的话。参见 Turner and Turner 1990,第 85—132 页。拉扎斯菲尔德同时还受到另一类批判,并被定性为典型的"抽象的经验主义者",具体体现在 Mills 1959,第 60—86 页。米尔斯与拉扎斯菲尔德曾经在哥伦比亚大学共事过。

〔3〕 曼海姆对米尔斯的吸引力首先体现在了后者有关美国实用主义留给社会学的遗产的博士论文中。正如事实所表明的,这一时间段里(20 世纪 30 年代晚期)曼海姆越发承认实用主义对他思想的影响。参见 Nelson 1995。

〔4〕 Mills 1958,特别是 174—183 页。有关对米尔斯的一个犀利批判,在其中他被视为持有一种浪漫主义,参见 Bell 1960,第 47—74 页。贝尔所针对的对象正是米尔斯最重要的社会学著作 Mills 1956。

3.《科学革命的结构》：把未来看成是现在的奥秘

然而，《科学革命的结构》一书（以案例的方式）表明了——尽管不是有意要表达的内容——即使是社会学这样的学科如何能够将自己正当化为一门"真正"的科学，这就使得社会学的批判目光从自然科学身上转移开。由此（可以推测），社会学也就不再被排除在米尔斯与古德纳所试图与之抗争的那种统治权力结构之外。[1]就以上这样一种事态的转向来说，由彼得・塞勒斯主演的时代剧《奇爱博士》的副标题很合适成为它的口号：我如何学会停止恐惧并爱上炸弹。[2]但是如果说库恩没能预料到他的观点对社会学有着利用价值，那么社会学家同样没有预料到当他们把自己构建为一个或者多个独门独户的范式时，他们实际上降低了自己造成任何影响的可能性——不论这种影响表现为对当权者的批判还是支持。[3]不过，必须说明的是，通过受库恩启发而来的那种自我规训，社会科学在科研院所中成功地将自己变得更像是学院式公司（collegial company）。[4]

尽管库恩屡次否定，但社会科学家们之所以被他的书吸引，正是因为它似乎提供了一幅蓝图：一个研究共同体中的成员——无论他们的研究主题为何——如何将自己构建为一门科学。然而，上述举动创造出了一种不受约束的正当化叙事——确切地说是一个"神话"——它适用于任何学科以满足提升自己地位的需

---

[1] 关于社会科学家对库恩的运用，Weingart 1986 有一个相当乐观的分析。相比之下，随着库恩的工作变得广为人知，古德纳明确地将"批判性知识分子"与库恩模子里的常规科学家保持距离。参见 Gouldner 1979，第48—49页。

[2] 正如本书前言以及 Fuller 1992a 中所讨论的，彼得・塞勒斯扮演的另一个著名角色对本书的构思起到了启发性的作用。

[3] 尤其参见 Scott and Shore 1979。它明确将该领域没能影响美国政府的政策归咎于社会学家身上出现的越发浓烈的学科意识。然而，斯科特与肖尔认为，这一问题的解决方案在于让社会学的定位变得越发以客户为中心，而不是米尔斯或者古德纳所建议的那样，在定位自己的方向时考虑一个范围更为广泛的社会。感谢尼科・斯特尔让我关注到了两人的这一工作。

[4] 关于这一问题的一个特别引人注目的案例出现在了一部美国标准教材的几页纸中，其内容为与科学有关的法律问题。《科学革命的结构》一书的节选被放在了该章节的开头，用以表明法官应该如何裁决那些涉及基因工程的案子。此处，库恩似乎是在作证科学研究有其自身的价值体系，这一体系与科学的成果以什么方式被使用之间有着相当的距离。不过，在该章节的结尾，学生被要求考虑这样一种情形，也就是法学本身可能也正是上述库恩意义上的科学，这就给以法院来管控基因研究的冲动带来了问题。因为，如果法学遵循库恩关于科学的论述，那么，它就只能以科学限制自己的程度对科学作出限制；如果法学没能遵循上述论述，那么它似乎就缺乏任何合法的基础来告诉科学家如何来从事他们的活动。参见 Areen et al. 1990，特别是163页。

要:这差不多就是把库恩所希望的给反了过来。[1] 这里值得回顾下文学评论家J.希利斯·米勒近来对叙事的社会功能所做的敏锐的论述。[2] 米勒认为,叙事能够以两种方式来升华社会变迁所具有的潜在破坏性。

一方面,过去的人们经历一系列什么样的事件才获得了如今人们所渴望达到的社会地位,通过叙事可以将这一系列的变化一一重现出来。就库恩关于科学变革的论述来说,它的那种带有明确标签的情节结构充分地达成了上述功用。他人怎么看待自己的学科,也就是该学科在科学某个发展阶段所表现出来的样子。另一方面,叙事能够产生一种更微妙的社会引导,成为驱散破坏性力量的安全阀。在这种情况下,叙事的措辞通常是通过扩展性的隐喻,把那些能够威胁到社会秩序(这些秩序是叙事本身的合法性的由来)的因素吸纳了进来。我们也许可以称叙事所发挥的上述功能为文字层面上的收编。从预期效果的角度来说,这样一种收编以割断那些威胁性因素与叙事之外的世界之间可能有的联系的方式,把它们封存起来。在库恩的叙事中,当他谈论到发生在"革命"中的"危机"时,那样一种关于科学的政治经济学就在文字层面上被收编,以至于库恩的那些社会学追随者(不论他们的立场是默顿主义还是科学知识社会学)能够一方面将好几种有关科学活动的模型加入政治经济学的讨论中,另一方面又没能把讨论与那样一个把大科学支撑起来的宏大政治背景与经济背景联系起来,甚至都没有动用太多来自政治学以及经济学的经验性和解释性的资源。[3]

就以上这样一种由库恩的工作所支撑起来的关于科学的伪政治经济学来说,它的佐证我们可以这么来看,也就是把目光聚焦于历史学家德瑞克·德索拉·普

---

[1] 《科学革命的结构》的叙事所具有的脱域性(disembedded)特征并没有被那些与库恩同道的历史主义哲学家忽视。这些人怀疑库恩对自己的关键术语进行了相互定义——特别是"范式"与"革命"——以至于对任何学科来说,他们都没法在拥有范式的同时摆脱革命,反之亦然。同义反复与不可证伪性这两大由汉森以及图尔明为反对库恩而揭示出来的幽灵双胞胎,对于具有哲学思维的人来说乃是噩梦,不过对于那些需要合法性的领域来说乃是安全的避风港。参见 Hanson 1965;Toulmin 1972,第 98—130 页。

[2] Miller 1990。

[3] 后现代情境的追随者将能够从社会科学家通过库恩的叙事而获得的那种合法性中识别出一种明显的"鲍德里亚式"元素。让·鲍德里亚(Jean Baudrillard, 1929—2007)在这样的语境下创造出了两个有用的术语:超真实(hyperreality)与拟像(simulacrum)。一旦足够多的研究纲领说服了足够多的听众而使他们觉得这些研究纲领构成了科学,此时即便它们不可能都正确(因为一个真正的科学在任何给定的时间里仅有一个范式),而且即便越来越多的历史学家开始质疑库恩的叙事本身是否正确,这些新"科学"也已经获得了它们自身的超真实性,后者能够对其他希望成为科学的领域带来类似的期待。与此同时,社会科学家不再有任何兴趣重新找回自己的起源,或者至少这一兴趣对于那些将自己视为"前沿性"研究者的人来说变得越发陌生。由此,正如在观众眼中好莱坞电影中的镜头成为一种真实,库恩式的叙事取代了社会科学的实际历史,并且正是在这一意义上起到了一种拟像的作用。参见 Baudrillard 1983。

莱斯 (Derek de Solla Price，1922—1983)所创造的"大科学"这一简洁的短语上，毕竟正是这一短语构成了上述伪政治经济学脉络中大部分其他工作的基础。[1] 普莱斯通常被视为是"科学计量学"的奠基人，这一学科意图运用定量分析的方法来追踪知识的增长，而且它一般来说同时着眼于对科学政策的关注。虽然普莱斯本人的工作与库恩是相互独立的，但是当科学计量学家在接下来聚焦于识别种种科学专业的"生命周期"时，他们根据库恩的老范式—反常—危机—革命—新范式这一系列范畴而得出上述周期中有着哪些阶段。[2] 尽管这项工作有着相当的价值，但是它有赖于对种种关于科学所处的国际政治经济格局的假设进行简化，以至于最后不得不促成了这么一种科学形象，也就是科学乃是一项独立的、自给自足的事业。举个例子，期刊论文被认为是科学的主要"产品"，对它的价值的衡量乃是基于其他论文对它的引用，它被这些论文视为对自己的生产过程起到了重要的作用。的确，从某个角度来说，普莱斯从可操作的层面上将科学政策定义为一种投

---

〔1〕 Price 1986。值得一提的是，普莱斯与库恩一样，一方面在数学以及物理学领域中受到训练（他的实验工作乃是关于高温金属的原子发射），但另一方面在二战后没有将自己转向大科学之中。由此，他这样一种对"小科学"具有的"火漆与绳子"传统的提及应该被视为出自一种怀旧之情。感谢蒂姆·罗杰斯与唐纳德·比弗关于这一问题的洞见。对于那样一种现在已经被视为理所当然的说话方式，要了解到底使用了哪些花招伎俩，那么相应的一个好的指南便是去考察当它还是一个新表达方式的时候有谁表现出了犹豫。就"大科学"来说，读者只需看 Crowther 1968，第 318—319 页就够了。

　　克劳瑟将上述表述视为奥威尔《1984》里的"新语"中的一个表述。它的目的是为政策制定者的利益服务，这些人希望掩盖有关科学的这样一个事实，也就是它已经抛弃了原来作为社会以及知识变迁的催化剂角色，而成为冷战笼罩世界时国家安全的保障。当普莱斯把这样一种从小科学到大科学的转变描绘为一个自然演化过程的时候，克劳瑟则将它视为计划性停滞的结果。克劳瑟不仅给出了这样一个现在我们已经很熟悉的观点，也就是没有任何科学革命——即便是在 20 世纪也一样——乃是来自庞大的资金投入，而且他甚至还主张科学家在大学中表现出的越发集中的特性（提醒一下他是写作于史无前例的大学扩张的时代）将会确保科学——借由它所具有的训练、研究以及合法化这三重功能——对社会秩序的稳定起到持续性的作用，这可以说跟本书第二章第 7 节中所讨论的普朗克的浮士德式交易相当类似。然而，随着冷战的结束以及国家开始削减对科学的投入，我们也许希望来重新考虑一下普莱斯描绘的演化图景，并且以一种克劳瑟可能会认可的方式主张：最大的生物通常并不是最具适应性的。在这一意义上，当我们得出科学越大总是越好的结论的时候，我们也许应该先考虑下恐龙的命运。

〔2〕 De Mey 1982，第 111—170 页，特别是第 148—170 页。在科学计量学中，用来判断某个领域处于库恩生命周期哪个位置的一个指标便是普莱斯指数。这一指数根据逐渐缩减的引用模式(diminishing citation patterns)来衡量期刊论文的老化速率。极高的老化速率意味着研究前沿正被飞快地推进，同时那个范式在解难题表现上达到了峰值水平。

资策略，也就是如何生产最大数量的高引用文献。[1]

于是，是什么使得今天的科学变得如此之"大"呢？答案正是被生产出来的论文的数量，尤其是它们的生产是以指数级的速度增长。在辩护自己为科学计量学所设下的限制的时候，普莱斯诉诸这样一个对比，也就是将政府所使用的那样一种出于政治动机的、用于评估研究以及发展支出的核算程序与体现在科学期刊的出版实践中的自由贸易以及开放市场方针相比较。[2]有一个事实似乎给普莱斯留下了深刻的影响，也就是从无数种国家利益中可以涌现出一幅关于科学的总体性图景，这一图景能够被还原为种种相当简单并且直观的S形逻辑斯蒂曲线。这些曲线代表了种种指数函数，它们的增长率飞快上升直到进入稳定状态为止。以上曲线表明，科学是这样一种存在方式——一种自发的、能够自我维持的有机体。[3]此外，鉴于这些逻辑斯蒂曲线的性质，普莱斯相信很快就会出现科学家的过剩：如果这些科学家被局限在同一个研究环境中，那么他们各自所做的努力将会造成国家投资回报的递减。普莱斯的对策并不是减少科学家的培养数量，在他的设想中，这些溢出的科学家将会进入政府之中，从而有助于社会的总体理性化。[4]

此处普莱斯的思路几乎算不上有什么独特性。我们在之前就已经将这样的

---

[1]　Price 1978。在那些受普莱斯影响的人里，有一部分人绘制了一幅整齐有序的默顿主义图景，在其中科学的"报酬结构"乃是由内在生成的种种状态指标来控制——比如说引用次数——相当于一种精心的礼物赠送的操演。参见 Hagstrom 1965，此人将自己有关科学史的知识归诸库恩在伯克利的教学。然而，一些法国科学理论家从 20 世纪 70 年代开始把科南特原来的"战略与战术"这一军事隐喻投射到社会性的"比赛场"概念中，从而绘制出了一幅关于科学的更具对抗性的图景——不过，这幅图景依然可以被一个大体上是经济学的框架所把握。这些法国理论家中的主要人物乃是皮埃尔·布迪厄（Pierre Bourdieu，1930—2002），他于 20 世纪 50 年代晚期在阿尔及利亚所做的人类学田野工作（那时正好处在当地爆发针对法国殖民者的起义前夕），引导他提出了符号资本的概念——具体来说就是种种后天获取（有时候会通过继承而来）的文化资源，这些资源可以被兑换为经济资源。确切来说，符号资本近似于严格的经济学意义上的资本概念，当比赛场越发体现出竞争性的时候，那么双赢式的互换（好比礼物赠送这一形式）就变得不可能了。参见 Bourdieu 1977，第 171 页以降；Bourdieu 1975。当布迪厄以类比的方式将他的人类学田野工作的发现拓展到科学中去的时候，人们在理解这样一种连接时采取了一种逐字逐句式的字面理解，而且这还带来了壮观的效果。具体体现在了 Latour and Woolgar 1979，特别是第 5 章中。有关对科学中的这一"后工业"思维的批判（我为它取了一个别号——元工业），参见 Fuller 1997d，第 67—76 页。

[2]　Price 1986，第 137—138 页。

[3]　虽然他对作为自组织系统的科学概念极为追捧，但即便是普莱斯也还是意识到大科学需要正确的经济背景环境的就位。具体来说，他发现在人均拥有科学论文生产者数量排前十的国家与人均电力消费排前十的国家间存在一种高度正相关关系（至少在 20 世纪 60 年代是如此）。参见 Price 1978。

[4]　Price 1986，第 95—102 页。在今天看来，这种溢出程度可谓不小，鉴于拥有科学学位的人获得与他们研究领域相关的永久性职位的可能性与那些拥有人文科学以及社会科学学位的人的相应表现差不多——大概有 1/3 的机会。不过，就那些拥有科学学位的人来说，他们职业轨迹的变化正面反映出了科学训练的多用途性，而对其他人来说，他们的相应变化从负面表明，人文科学以及社会科学训练在功能上的失调性。

思路视为科南特的行动的知识分子的标志——科学家能够容易地往返于实验室实验台与权力走廊之间。普莱斯独到的地方在于他相信，就这样一种社会的科学化来说，它的出现乃是科学家人数过剩带来的非预期性的结果，而不是计划得来的结果。当上述把科学视为是自组织系统的图景在科学政策思考中得到推广的时候——此时正值 20 世纪最后的三分之一时间——我们很难去高估库恩在这一过程中起到的作用。事实上，我们可以给出案例表明，在《科学革命的结构》一书还没有导致各学科将自己构建为范式之前，人们就已经使用该书来合法化上述科学政策观点了。[1] 就结果来看，它削弱了政策决定过程中的规范性一面，也就是从原来的计划转到了预测。正如我们将要在下一章中看到的，这两点分别对应于科学哲学中的规约（prescription）与评价（evaluation）之间的区别。

科学计量学的这样一种重预测轻计划的特性迎合了关于科学政策的"临床诊断"式图景（类似于出现在本书第三章第 5 节中的克雷恩·布林顿的帕累托主义编史学）。在上述图景中，政策制定者试图从关键症状或者"指标"出发来诊断并且探讨某个科学所处的客观状况。就作为被详细调查对象的科学来说，它被视为有着一个自然的发展轨迹，而政策制定者可以放慢或者加快这一过程——或者如果更为激进一点的话，把它的路线偏移到某些别的方向去，甚至于彻底地中止科学的进展。科学的蓬勃发展要求种种因素处在一种微妙的平衡状态之中，而当以上这样一种干涉更具实质性的时候，每一个干涉都会被视为给上述平衡状态带来

---

[1] 唐·K. 普赖斯（Don K. Price, 1910—1995，与德瑞克·德索拉·普莱斯并不沾亲带故），作为后二战时期最具影响力的政策理论家之一，在一本 1965 年出版的书里较为详细地讨论了库恩的观点，也正是该书在评论界所获得的赞誉促使普赖斯成为美国科学促进会主席。通过对他个人经历的反思——作为福特基金会针对发展中国家的技术协助项目的高级职员——普赖斯认为科学与政治两者都有其自身本来的目标，而有效的科学政策的缔造在于保持沟通渠道畅通，与此同时尊重两者活动范围之间的内在差别。普赖斯诉诸库恩的目的是在以下两者间建立一种联系——一方面是科学家在直觉上排斥诸如联邦预算这样一种没有范式支持的核算程序；另一方面是科学家所拥有的能在一些问题上寻找到本质的能力。在为这些直觉进行辩护时，普赖斯继续论证，相反如果科学家主要由政治命令所驱动，那么他们仅会参与应用性研究，从而使那些更多地建立在学科基础上的研究活动变得不再活跃。不幸的是，上述论证掩盖了这么一个微妙的事实，也就是比起那些被科学家视为"应用性"的研究，现代政府会以同样的热切程度对那些被视为是"纯粹"的研究加以支持——如果还不至于程度更甚的话。在纯科学的名义之下，政府能够获得高质量的信息（"情报"），而这些东西也许在某天能够有助于合法化一些原本被认为是有问题的政治行动——这正是对科学家的这样一种保证的回报，也就是他们自己不会假装有能力来决定怎样才是对他们工作的正当运用。再一次地，科南特的科学的肮脏之手难题被诉诸民主多元主义的原则而得到了解决，就这一情形而言，托马斯·库恩担任了催生者的角色。参见 Price 1965，第 172—177 页。

更大的危险。[1] 对于西方国家的科技政策制定者来说，他们已经表现出了这么一个共同点，也就是将自己的主要任务设定为调整科学变革的速度，让公众做好准备来接受上述变革带来的种种预期与非预期的技术性结果。至于计划，它的任务并不在于如何重建科学事业，而是在于对整体社会进行重建。究其原因，在于人们大概能够更加安全地操控社会的日常机构，使之符合公共利益，但对于科学来说，如果强迫它满足科学本身之外的其他利益诉求，将很容易扭曲科学的"自然"目标。结果就产生了这样一种社会，科学在社会中能够更容易地被应用、接受以及消费——事实上，如果政策制定者着手以一种社会主义风格来调整科学，使它直接适应社会需要，那甚至还可以更甚之。以上这样一种社会形塑方向的倒转正是那些追随丹尼尔·贝尔（Daniel Bell, 1919—2011）的人时常表达的东西——当他们声称我们已经达到了"意识形态的终结"，并且现在已经进入一种知识社会的时候。[2]

丹尼尔·贝尔是那些失望的马克思主义者中学术上最成功的人。他在1963年受哥伦比亚大学委托而开始研究像科南特在哈佛推行的那种通识教育课程是如何瓦解的，甚至其中还包括哥伦比亚大学本身开设的课程——它是美国同类项目中历史最悠久的一个，同样受到了与战争有关要素的启发，这一点体现在了课

---

[1] 由此，在总结"科学的未来"的时候，哈格斯特龙写道："社会面对的涉及所有职业的中心问题都是同一个：如何能在控制它们的同时又不破坏它们的效率？"(Hagstrom 1965，第294页)审视这一问题将会很有意思，也就是当人们对科学的计划表现得更加猛烈——它超出了预测进路所能认可的范围——那么哪些群体会被置于危险的位置上？我猜倒霉的会是社会科学家，因为这些人的合法性有赖于他们正确地追随了科学发展的那种被假定为是普遍性的模式！对预测进路在近三十年来的社会原因与影响的调查，参见 Dublin 1989。在其中作者论证道，与它对自己的吹嘘相反的是，预测进路带来的是政治上保守而不是解放的结果，这是因为该进路是根据当前趋势做出自己的推断。将来与过去的关系被认为是将来有着很高的可能性与过去相类似，这就人为地提升了潜在偏离所具有的危险程度。

[2] 参见 Stehr 1994，第103页。对于知识社会这一概念来说，对它所作的知识上最为精密的发展也许当数20世纪60年代晚期著名的社会心理学家以及社会科学方法论学者唐纳德·坎贝尔（Donald Campbell, 1916—1996）在"实验社会"（the experimenting society）的名义下所做的工作。凭借自己作为"准实验方法"（比如说那些在方法上模拟实验室实验并将其运用在实验室环境外的方法）的先驱，以及参与林登·约翰逊社会改革计划——伟大的社会——的科学家这样的职业经历，坎贝尔将大众设想为一个社会科学的实验场——他们对政策干预的反应得到系统化征求、记录并最后反馈进理论假设的构建过程。坎贝尔相信实验社会有助于强化"社会理智"（social intelligence）这一在约翰·杜威看来乃是对民主发展起到至关重要作用的因素。在这一意义上，社会科学的进步也就相当于社会本身的进步。实验社会的一个奇特的地方在于，不论它有着怎么样的高尚抱负，它都没有把科学本身视为（准实验方法应该应用到其中的）社会的一个方面。相应地，当坎贝尔鼓励公众参与对社会科学假设进行检验的时候，他并没有把这样的鼓励拓展到实际的假设建构过程的层面上。参见 Campbell 1988，第261—314页；Fuller 1998d。有关同情实验社会的论述——作者把它与其他20世纪60年代与70年代中的社会理论以及社会政策思潮列在了一起。参见 Coleman 1978。

程的起始年代中:1917 年,这正是美国加入第一次世界大战的年份。[1]贝尔的任务在于提出一个课程方案,它针对的对象是二战老兵的子女,当时这一代人的到来形成了一次生育高峰。而对美国政府来说,作为对冷战的响应,它已经为那些希望从军方支持的项目(其中最突出的是预备军官训练团计划)中获得技术培训的公民提供了慷慨的激励措施,这些措施是对原来的退伍军人权利法案的自然补充。以上举措再加上越发以文凭为根基的社会秩序,使得在二战结束后到越南战争开始前这么一个时间段里,18—21 周岁的年轻人报名上大学的人数比例由14％暴涨到了 46％。

就当时来说,贝尔出名的地方在于他论证了大学不知不觉地获得了这么一个组织宗旨,也就是增强那些传统上无权无势者的力量。[2] 然而,对于那些等着来指导这批新生进入学术氛围的教员来说,他们却逐渐开始要求学生们能够充分地扎下根来——如果不是扎根于西方文化本身,那么至少也得扎根在对西方文化的实质性维护上——由此而能够在阅读马克思、弗洛伊德以及尼采的作品时抵御它们带来的理智上的冲击。倒不是说是因为这批新生代学生经历过经济困难(因此而无意去维持现状),恰恰相反,这帮人是在相对富裕的环境中成长起来的,因此他们与维持美国社会的当前现状并没有什么利害关系。由此,学生们愈发怀疑他们受到的“高等教育”的终极价值——其中一些学生甚至到了要求参与学校管理的地步。事实上,在贝尔提交报告所历经的那三年里,上述紧张只增不减,并且在五年里哥伦比亚大学经历了它的第一次学生暴动——反对当时美国参与越战。

---

〔1〕 Bell 1966,第 14—15 页。在 20 世纪 70 年代晚期,当我还是哥伦比亚本科生院的本科生的时候,哥伦比亚大学的通识课程以这两门必修课程为中心:“人文科学”以及“当代文明”。前者是一门关于伟大著作的课程,它要求学生每周阅读以及讨论一部经典著作——通常会有一位导师在场,而且他并不是其中任何一部著作的著者。后者则是一门更为面向问题的课程,它的重点在于从历史的角度来看待公正(西方)社会所立足的种种原则。设立人文科学课程的部分动机在于发展一种“世俗的”(lay)对西方文化的认同,这样一种认同能够被用来中和有着深刻学问的专家所具有的修正主义倾向——这些倾向对公共空间的入侵可能会削弱社会秩序的合法性从而造成威胁。正如马丁·路德通过鼓励信徒相信他们自身对圣经的理解而从牧师手中重新寻回基督教,莫提默·艾德勒以及其他伟大著作计划的支持者试图从学术修正主义者那里找回那种世俗文化。查尔斯·比尔德正是上述可怕的修正主义分子的典型,此人的激进学术观点有着颠覆中产阶级价值的危险。他对美国宪法的准马克思主义解读,以及在第一次世界大战中表现的明确的反战态度最终使他从哥伦比亚的历史教授名单中被除名。参见 Novick 1988,第 206—224 页。

　　当代文明课程在原来的构想中被当作一门关于“战争问题”以及“和平问题”的课程。它的运作基于这样一个假设,也就是学生可能越来越发现自己处在一种领导角色中,而这种角色需要对上述两种主要关切持一种平衡的态度。有关对哥大经验的一个精彩论述,特别是将它与哈佛在制度化通识教育课程中所作的种种尝试联系在一起,参见 Buck and Rosenkrantz 1981,特别是 374—377 页。有关这样一种对中产阶级学生打下预防针从而让他们能够抵制对西方文化的修正主义观点的全面论述,参见 Rubin 1992。

〔2〕 Geyer 1993,第 505 页。

在他写给哥伦比亚大学的报告以及《后工业社会的来临》一书（出版于接下来的十年里）中，贝尔宣称一个"智能技术"——现在被称为"信息技术"，至少没原来那么晦涩——的新时代已经到来。这将能够在把那些成为美国社会特征的种种复杂分歧予以理性化的同时将它们进行去政治化。[1] 大学在贝尔的构想中起到了掌舵作用，它们是新形式人力资本与资本货物、技术专长以及对这些要素进行计算机模拟的最重要的制造者。如果说阶级斗争诞生于工业社会，那么从"后工业社会"中将会产生出一个新分化出来的、协调的劳动者队伍。从事后的角度来看，我们一方面可以说，确实，经济的每一个部门都提升了对其雇员的学术要求，而且那些建立在计算机基础上的产品也成了人们必不可少的辅助手段，但另一方面，以上发展综合在一起并没有带来那么一个和谐的、由善意的技术专家政治所支配的社会秩序。

至于那些打一开始就把贝尔的理想视为一场梦魇的人，20世纪60年代晚期校园骚乱中的知识领袖便是其中的一分子。[2]也许是因为这些批评家中的大多数乃是在人文学科或者"偏软"的社会科学中受过训练，因此旁人会有着这样一种倾向，也就是将这些知识分子的反对夸张成反科学，甚至将其与当年乱砸机器的勒德分子相提并论。然而，对当时这些人的主要宣言《持异议的学会》（The Dissenting Academy）作一番细查，我们能够发现它包含着一个更为微妙的担忧。该书的编者是中世纪政治史学家西奥多·罗萨克（Theodore Roszak，1933—2011）。罗萨克与他的同道（其中包括诺姆·乔姆斯基）担心后工业思维将会在提高生产力的名义下牺牲科学的批判使命——与这一使命联系在一起的是"敢于求知"这一启蒙运动的口号——同时这样一种牺牲反过来又强化了军事—工业联合体对美国社会的掌控。[3] 在罗萨克这些人眼里，技术专家政治并不是对科学的应用，而是对科学的背叛。随着物化信息（embodied information）——同时包括人与机器两者——快速地成为经济中最重要的生产要素，大学的地位也就变得异乎重要。对贝尔来说，他并没有隐藏这一事实；而对于贝尔的批评者来说，他们则聚焦于新经济生产出来的产品——这里同样也涉及人与机器两者——有着怎样的性

---

[1]　Bell 1966，第77—82页；Bell 1973。

[2]　学生争取民主社会组织（SDS）这一20世纪60年代主要的左翼激进学生团体正是建立在这一原则之上，将它视为一种参与型民主的延伸。这一运动的奠基性文字——《休伦港宣言》——主要受到了当时刚刚过世的C.赖特·米尔斯的影响。特别参见米尔斯，《给新左派的一封信》，最初发表于 New Left Review（1960），并且重印了 Waxman 1968，第126—140页中。

[3]　Roszak 1967。

质。尤其是,这些异议者是在担心那一类由上述经济所制造出来的人。[1]

尽管人工智能研究在 20 世纪 60 年代基本还是处于婴儿阶段,但已经明确的一点是,即便是相对非智能的计算机系统也能有着良好的表现——能够模拟处在这样一种情形下的复杂问题,也就是那些受其折磨的官僚、经理或者战地指挥官,他们无法等到获得全部资讯后再决定行动的路线。很大程度上,这些机器的卖点来自其愚笨所展现出来的一个功能——正因为这些机器无法把握所有的能够影响人类决策者的因素,当它们规避了那些潜在的、无关的思路后,最后反而节省了时间与资源。以上所有这些包含着一个显而易见但同时在政治上又令人不爽的论点,如果没有一个适宜的人类环境的话,这些机器将无法有效地运作。换句话说,当计算机把自己聚焦在某些目标上的时候,操作者也需要跟计算机一样聚焦于以上这些计算机所追求的目标。任何从批判的角度来质询软件或者创造性地将它进行重新设定的行为,都会阻碍"信息化"目标的实现。话虽如此,像贝尔这样的后工业主义者也清楚地认识到人的老习惯不是说改就改的,由此新的研究形式以及教育形式也就进入了学术生活,它们很快使得"模拟"看上去成为学术生活的第二天性。[2]

规律性与可重复性是贝尔从新信息技术中识别出的两个优点。不过,在他的批评者眼里,这两点被视为知识阶层身上最新表现出来的训练有素的无能。课堂模拟青睐的是这么一批人,这些人在理解责任的时候将其限定于他们在参与模拟

---

[1] 从知识生产的制度化角度来说,后工业主义的异议者基于自我意识性地来反抗德国模式下的研究型大学——它正是美国在该时期热情地引进来的东西。就德国模式的结果而言,启蒙使命被人为地先区分(分为"服务"和"学问",或者换个更形象一点的说辞,侍从主义与经院主义)而后打破(通过大学中的官僚制管控学院内部与外部活动之间的关系)。站在异议者的立场上,当哥伦比亚大学历史学家查尔斯·比尔德这样的人因为反对美国参与第一次世界大战而受到美国大学教授协会的谴责时,该协会就已经背弃了它原来的保护学者良心不受制度非难的使命。异议者们宣誓作保,体现在上述历史案例中的屈服在 20 世纪 60 年代不会再次发生了。参见西奥多·罗萨克,《论大学的罪过》(On Academic Delinquency),收录于 Roszak 1967,第 3—42 页。
[2] 商学院可谓是以上这些发展的先锋队,卡内基梅隆大学的赫伯特·西蒙(Herbert Simon, 1916—2001)在其中扮演了领导性的角色。参见 Simon 1991,第 9 章而及以后。在过去的 30 年里,计算机模拟越发被人们当作研究工具而在自然科学以及社会科学中加以使用。确实,考虑到今天的科学家在授予模拟"实验"的地位时所表现出的从容,这有力地表明了人为性现在已经变得多么"自然"。当今,模拟时常替代了昂贵的实验室实验,而对于后者来说,在几个世纪前它们自己就已经被视为缺乏自然性或者"外部有效性"。不过,就那些后工业主义的异议者来说,他们原先更为关切的是模拟在课堂中所扮演的角色——这里指的不是计算机的实际使用,而是尝试让教师与学生更像计算机一般地思考。上述模拟常常披着人文主义的外衣——比如说"游戏"或者"角色扮演"——但它实际上与被军事战略家以及商业战略家开始称为"场景"(scenario)的东西没有区别。游戏的参与者在人工构建的场景中处于这样一种位置,也就是需要他们就某种情况做出决定。不过,这样的抽象环境与"真实世界"有着足够的类似性,因此它也就具有一定的教学价值。每一个位置在构建的时候都伴随着一定的假设,这些假设限制了参与者对问题的深思熟虑。对游戏的精通体现在了在场景中做出针对上述约束条件的最好的可能决定上。事实上,如果有人试图"打破框架"并引入"外部信息"的话,他会因此被认为是犯了错误而受到批评——就算这些东西与真实世界的情境有着相关性。有时候,上述错误被诊断为"形式推理中的错误",如果还不至于被视为是"非理性"的迹象的话。参见 Nobel 1991;Edwards 1996。

时被分配到的是怎样的判断准则。由此，隐藏在这些活动底下的重要信息是，复杂决策应当被这么来做出，也就是要远离决策所能够潜在影响到的各种问题——也许甚至还包括相应的当事方。如此一来，当面对这么一个在工作场所中该如何来平衡生产效率与安全的问题时，稀里糊涂的人会直接与那些承受工作风险的真实活人打交道并由此来做出决定，而缜密的模拟机器则会这样来开始自己的任务，也就是先把那些活人转换为更为抽象的分析单元。于是，算法这层帷幕就把后工业思维的思考者与他们的决策的影响范围区隔开来。这样一种思考风格后来成了越战期间美国军事战略家的标志性特征，尤其是那位哈佛培养的公民——国防部部长罗伯特·麦克纳马拉。[1]

新信息技术在 20 世纪 60 年代引发的不满情绪可以被归结为一个词：异化。不过，这个词被人们以如此之多的不同方式使用以至于贝尔以及他的批评者之间的争论到最后成了牛头不对马嘴。在一开始，批评者的抱怨主要集中在计算机化的环境是如何使得那些传统上与参与型民主联系在一起的种种能力失效——特别是那种在公共环境下的批判性沉思。他们的担心是，在"适当的训练"之后，人们开始不再有兴趣来集体地对自身的工作目标提出异议——对人们来说，用尽可能高效的方式来完成工作就已经足够了。贝尔及其辩护者则把上述抱怨理解为更多的是针对后工业时代的工作本身所具有的特征——它是否保留了足够的"手艺"（craft）成分，能给予从事相应工作的人一种美学上的满足。

在最基本的层面上，"异化"这个词指的是这样一个过程，人们逐渐失去他们身上带有的那些被认为是最能体现人之为人的东西。不过，对于怎样才算"成为人"，确实有着多种多样的理解，正如相应地有这么多哲学流派一样。从人作为政治动物来理解异化（这正是那些异见学者的关切所在）与从人作为手工艺者来理解异化（这正是后工业主义倡导者的关切所在），这两者间是截然不同的。不过，在两派的辩论达到昏天黑地的时候，后一种关切最终主宰了前一种关切。很大程度上，上述转变折射出了这么一个广泛的信念，也就是那样一种由后工业主义倡导者所刻画的社会秩序真的是不可避免的，因此人们所能做的最好的应对便是重新修正自己对健全思维的理解，使它适应上述新秩序。对技艺（craftsmanship）的呼唤正是上述修正活动的表现。

---

〔1〕　关于作为哈佛课堂培养出来的榜样的麦克纳马拉，相关内容参见第四章。

当贝尔把技艺元素引入与技术专家政治有关的工作中去的时候,他的灵感正是来自库恩的那幅动人的常规科学图景。[1] 库恩并没有将所有科学家都描绘成类似伽利略以及达尔文的样子——正是这两个人物激发罗萨克创造了"对抗性文化"一词。对库恩来说,普通科学家工作在"范式"下,他们聚焦于一系列技术难题,而这些难题只能以科学家所在的范式作为背景才能得到理解。与那些牢牢抓住库恩这一主张——外来者往往是科学革命的源头——的人相反,贝尔把焦点从创新者转移到了他们的听众上:要是没有他们的话,创新者就没法带来一场革命。[2] 贝尔论证说,科学革命只能以此作为背景才能够为人们所认识到,这一背景便是那个为范式的实践者所共享的知识核心。上述论证为以下做法提供了辩护,也就是要求本科生在那些有着成型范式的真正学科中挑选自己的主修专业——这就意味着不要在那些新兴的、具有跨学科性质的"区域"研究(比如说苏联、亚洲、非洲、拉丁美洲研究)或者女性研究中进行选择。后面这几个领域——因着它们与当代世界问题有着"相关性"而为当时的学生所欢迎——应该被限制为研究生层面的内容。

库恩的这一主张——科学家对持久性的范式危机持厌恶的态度——也体现在了贝尔对科学革命的技术专家政治的解决方案中。具体来说就是,范式被细化为两个和平共存的专业。上述模型在库恩处被视为是"演化性的",但是它很容易被归到贝尔所青睐的技术专家政治的标题之下,而被用来将政治争论转化为管理问题。尽管库恩本人明确希望把他的论述局限在自然科学中,但是他倾向于把范式等同于一个自我选择、自我管理的研究者共同体,这有助于说服许多人文学者以及社会科学家认识到,通过从事那些看起来像是常规科学的事务,他们自己也能享有科学的地位——或者至少能够提升他们在大学中的名望。

4.《科学革命的结构》在社会学的社会化
与政治学的去政治化中扮演的角色

由此,到了20世纪70年代,持异议的学界所使用的修辞出现了如下微妙的转变,从一种主张,即科学允许军事—工业联合体向大学殖民,转向另一种主张,即

---

〔1〕 Bell 1996,第 109—110 页,第 248—250 页。
〔2〕 有关科学革命者趋向于由外人或者"领域新人"所担任的这一主张,参见 Kuhn 1970b,第 166 页。

他们自身的领域有权利与自然科学一起来寻求自己的范式。就这一点来说,罗伯特·弗里德里希的《社会学的社会学》也许是其中最引人注目的工作,而且迄今为止他也许仍然是那些将库恩的思想应用到描述学科知识轨迹的工作中最具热情的一个。不过,尽管该书获得了 1971 年由美国社会学学会所颁发的杰出研究奖,但这一工作体现出一种我们现在开始把它跟库恩联系在一起的那种自我颠覆性的激进主义。弗里德里希以这么一个无畏的章节标题作为开篇——“社会科学革命的结构”:

> [库恩]的中心论点是,科学的共同体生活……表现出与政治共同体的生命周期有着相当的类似。确实,库恩的姿态是一种相当确切的“激进”态度。因为,就他所提出的作为一种典范的政治共同体来说,它并不是那种符合当代西方意识形态倾向的宪法共同体,相反,它是一种——正如书上标题所暗示的——革命的共同体。[1]

然而到了书中的结尾部分,弗里德里希的革命热情因着学校的现实政治而受到了抑制。不过,出人意料的是他并没有发觉自己的解决方案在精神上——如果不是在文字上——与库恩的思想保持着一致:“那样一种能够支持某个范式把其他范式排除在外的确凿证据实在是太难获得了,以至于我们无法模糊掉社会科学家对‘和平性的’范式共存所具有的长期价值的认可。”[2]尽管库恩应该不会接受弗里德里希关于社会学本身作为一种“多元范式的科学”的提议,但鉴于他本人关于科学的总的概念缺乏一种统一性,这无疑激发了以上这样一种社会学形象的出现。[3]

“让千朵范式盛开”这样的修辞——或者更为平实一点的如“如果你搞不定他们,那就加入他们”——在当时那样一个对大学来说乃是富足的时代里是非常有效的。彼时,人们能够通过建立起一个个独立部门——它们各自所依靠的范式是不相关联的——来解决意识形态上的敌对。然而,过去十年的财政紧缩迫使人们从研究的常规科学模式中得出多少有些不同的结论:艺术以及科学中的范式不仅

---

[1]　Friedrichs 1970,第 1 页。
[2]　Friedrichs 1970,第 325 页。
[3]　社会学是一门“多元范式的科学”,这一思想来自 Ritzer 1975。对诉诸这样一种范式的批评,参见 Roth 1987,第 124—126 页。

将其实践者以及实践分别标记为受过规训的与独立自主的,与此同时它也提高了这样的一种可能性,也就是这样的实践者与实践对于通识教育以及大学的公共使命来说将是可替代的。就专业学院来说,将其对应的专业知识转化为常规科学将使得"专家系统"这么一个信息技术门类更容易处理这些知识。同样地,这就威胁到了下列人士,即治疗师、医疗技术人员、工程师、金融理财师、法律顾问等等,还有更多人的就业前景。[1] 由此,借着库恩的幌子,贝尔成功地说服了学者们以这样的方式来看待他们的工作,这些工作构成了一个用赫伯特·西蒙的话来说乃是"近乎可分解的"系统。因为范式本质上乃是知识生产的一个模块,而且该模块的运作大体上可以与知识的其他部分相隔离,于是范式的自治性(一个有限的研究领域,以及关于研究的定义明确的程序性规则)的源头同时也正是它具有的可替代性的源头——不论是体现在科学革命中的被后继范式替代,还是体现在常规科学中的被专家系统替代。不管怎么样,在两种情形下知识系统的其他部分都能够若无其事地继续往前迈进。

一定程度上得益于库恩的《科学革命的结构》一书在 20 世纪 60 年代后期就已经产生的那样一种非预期性影响,到了 70 年代初,贝尔与罗萨克最后持有的是互补性的立场,这样的立场使得两人都是以这样的一种方式来吸收库恩为革命科学与常规科学所做的过于鲜明的区分,也就是他们都没有为科学批评留出任何的公共空间。简言之,当贝尔在《后工业社会的来临》中越发赞美一种后意识形态的技术专家政治时,罗萨克则在《荒野何处是尽头?》(*Where the Wasteland Ends*)中拥抱了一种带有浪漫色彩的唯美主义。[2] 表面看来,我们很难发现要如何才能将以上两个立场调和为对同一文本的互补解读。

贝尔与罗萨克的区别浓缩在了他们对知识分子所作的相互对立的人格刻画中,正如表 5 所描绘的。

表 5　库恩,作为后工业社会的一个可逆型的模板

立场	贝尔	罗萨克
革命性科学	意识形态的(一)	有创造力的(＋)
常规科学	技术专家政治的(＋)	平庸的(一)

〔1〕 Fuller 1994a,1994i。
〔2〕 Roszak 1972。在 Roszak 1969 这一罗萨克最著名且时间较早的著作中并没有提到过库恩的名字。

　　既然我们在之前已经了解到贝尔是如何利用库恩来维护常规化这样一种状态所具有的价值的，这里值得回顾一下体现在罗萨克的革命性理解中的那种风情：

　　　　嗯，事实上对于知识发现过程来说——尤其是伽利略、牛顿以及达尔文这种层级的知识发现——它不可或缺的是那样一种无法预测的天才闪光，一种无法解释的洞见绽放。一如托马斯·库恩在他的《科学革命的结构》中所表明的，正是这样一种灵光闪现的飞跃，为科学的一些分支带来了伟大"革命"。在这之后，它出现了，那么的突如其来，那么的令人诧异——它是一个观点，是一个形象，是一个猜想，它是一个绝妙的综合，它，是库恩称作"范式"的东西。这东西捕捉到了那种创造力并且被人们接受为知识。正如叶芝所描绘的，事情常常是"从那些被认为是不同的事物中找到相似之处，并且从那些被认为是相似的事物中找到不同之处"。然而，如此这般的觉察的发生过程，是无法被惯例化的。这就是说，方法论就相当于石头汤里的石头，是所有配料中最可有可无的东西。这道理放在所谓的行为科学上也不会有丝毫褪色，虽然在这些学科的学术期刊中洋溢着方法论专家那些带学究气的作品。但这全是些胡说八道，就这么清楚，这么简单。除了要进行事后思考或者要在那些专业祭坛上香祭奠，真有人能靠别人的方法论来得出他自己的重大观点？马克斯·韦伯或者西格蒙德·弗洛伊德的方法论也只是因为在一个叫韦伯或者弗洛伊德的人手里才带来了如此光辉的洞见。你要是把它们放在那些不那么聪明的人手里，那也许与其拥有现在从这些方法论得到的东西，还不如去拥抱伟人的错误。我们几乎可以断定，方法论是庸才所全神贯注的东西，它寄托着蠢货想要胜过天才成就的厚望。[1]

　　《荒野何处是尽头？》的大部分内容读起来就是这种感觉：它是一个学人的夜之迷思，是以线性函数呈现的那幅戈雅的《理性的沉睡》。它用这样一种方式来表达那些在通常情况下被隐藏起来的真理，也就是尼采——借用自约翰·斯图尔特·密

〔1〕　Roszak 1972，第 201—202 页。这一段文字很容易让人联想起 James 1956，第 299—300 页。为证明他对库恩的理解的正确，罗萨克引用了 Barnes 1969。巴恩斯以及他的爱丁堡同僚大卫·布鲁尔在那些年来一直都在推崇这么一种在学术上驯化的对库恩的"浪漫主义"形象的解读（用卡尔·曼海姆的关于保守主义的社会学来取代威廉·巴特勒·叶芝的关于诗歌天才的现象学）。参见 Bloor 1976，第 4 章；Barnes 1994。

尔——所谓的"侮辱性的直白"(insulting clarity)。[1]此书在风格上乃是对19世纪早期浪漫运动所作的具有自我意识的模仿,由此再现了那种"咄咄逼人的"(in your face)的精英主义姿态,并以此作为名片(这种精英主义截然不同于作为帕累托门徒特征的那样一种出人意料的低调的精英主义)。[2]罗萨克修辞中的这一面常常被淹没在他对反正统文化主义的缅怀中。举例来说,罗萨克相信贝尔所吹嘘的技术专家政治乃是有说服力的,只要智力被理解为社会分层的原则。换句话说,罗萨克不大相信人类在智力上是平等的,不过他同时又认为,人类的平等可以立足于人类在感觉以及激情上的相似。[3]与他早先所受的中世纪哲学训练相一致,罗萨克相信,对于贝尔的后工业主义构想所投射出来的那么一个有序世界来说,纠正它的手段并不是公共辩论,而是一种摆脱掉种种平庸的负担(burdens of mediocrity)的个人拯救前景。这些平庸的负担构成了一个"想象的联合体"(visionary commonwealth),它的意象强度便是衡量它的政治力量的尺度。

贝尔与罗萨克两人似乎都不接受一种可能存在的率直的异议——一种对军事—工业联合体的不满可能会导致有组织的反抗与变革。于是看起来摆在人们面前的只有两个选择,要么成为行政机构中的一个润滑良好的齿轮(计算机成瘾),要么去构想一个自我满足的另类现实,它将能使个人从那种占支配地位的现实中"退出"(麻药成瘾)。如果只阅读贝尔与罗萨克两人的著作,那么我们很容易得到这样的印象,也就是那些围绕科学在社会中的角色的直白辩论有着内在的危险性:人们应该要么就接受科学现在的样子,要么就拒绝之,这中间没有商量的余地。给定这样一种两极对立,那么我们就不能责怪社会学家从精神分析的角度来解释由20世纪60年代学生暴动而产生的种种情绪。在这一意义上,就库恩的这

---

[1] 读者不妨把罗萨克的论述与我在第七章第3节C部分中关于科学技术论中的"情境主义写作模板"的论述进行对比。

[2] 就体现在出版业兴衰变迁中的那么一种浪漫主义来说,它的那些经济源头已经相当地为人所熟知,但却依然没有被充分地整合到欧洲文化通史之中。大致来说,当非法翻印导致出版商出于弥补损失的目的而减少支付给作者的佣金的时候,那些作家们发现,求助于"天才"是个很有吸引力的主意。在那时(18世纪晚期),作家都被视为潜在的可相互顶替的庸碌写手,差不多正如当时新兴的产业雇佣劳工阶层。而"天才"论则暗示,每个作家在图书生产的过程中都添加了某些独特的东西,这些东西对于出版商或者读者来说也许不是那么一目了然,但依然配得上获得丰厚的报酬。通过以这样一种方式引入"天才"的概念,对作家来说,他们就有可能要求获得一种基本生活工资,而不论他们的作品卖了多少、有没有被剽窃。参见 Woodmansee 1984。关于作品与读者之间关系的这样一种转换——由实质性的转换成名义上的——对此的一个优秀论述乃是 Tompkins 1980。讽刺的是,当罗萨克这位加州大学海沃德分校的历史教授动人地表现出那些自封为天才且自视怀才不遇的人所具有的异化时,他自己倒是过上了有滋有味的生活。

[3] Roszak 1972,第204页。

样一种以开山祖师来命名范式的习惯来说,人们在对待它的时候比起库恩的本意来,在程度上多认真了那么一点。[1]

对那些更多地从声名而不是直接从其著作来了解贝尔以及罗萨克的人来说,他们也许会得出结论说,比起罗萨克绚丽夺目的演说,贝尔仔细斟酌的平淡话语展现出了更多常见的学术美德。虽然贝尔对《科学革命的结构》一书的调用比起罗萨克来也许更能让库恩感到满意,但从两人的资料来源来看,他们乃是同样程度的博学,同样程度地兼收并蓄。甚至,罗萨克在科学史上的造诣比起贝尔来要高得多。由此,在1973年美国参议院就水门事件召开的一系列听证会的中间,罗萨克出现在了《时代》杂志所策划的一个由四部分构成的系列专题中:"考察美国对下述根深蒂固的理智思想的高度不满:自由主义、理性主义、科学主义。"这一系列专题的用意乃是与哥白尼诞辰五百周年纪念相同步。其中,也许最值得注意的是最后那篇文章,它援引哈佛历史学家埃弗里特·门德尔森的话称,"我们所知道的那个科学已经过时而失去作用"。[2] 在接下来的篇幅中,文章为这句话做出了解释:门德尔森所意指的乃是这么一个事实,所有科学研究都包含着种种规范性承诺,它们隐藏在暗处,当接下来的研究工作被"应用"(在某些场合,用"强加"来形容更好)到具体的对象时,这些承诺不会顾及这些对象是不是处在危险之中。简要地说,随着公众越发意识到科学的种种影响,他们将会希望参与到那些包含有浓烈科学要素的决策之中。

如果门德尔森的论断在1973年尚具争议性的话(正如文章所暗示的),那么到了今天,真诚的人是不会否认它的真确性的。不过,就当时来说,有着这么一线光明划穿了门德尔森的疑云,它就是托马斯·库恩的主张:"科学并不是累积性的,在每一次重大概念转变之后,它都是先崩塌然后得到重建。"[3]在《时代》杂志中,库恩的主张因着亚伯拉罕·马斯洛的自我实现心理学而得到了强化,后者支持这么一个观点,那些科学革命者比起常规科学家来在人格上有着根本性的不同(这一点也是罗萨克所支持的)。库恩本人的照片出现在了文章之中,看上去略带困惑,不过文章并没有直接引用他的原话。于是,读者感受到的是库恩对这么一

─────────

[1] Berger, Berger and Kellner 1973,第174页以降。该书评论道(第221页),取决于学生是被描绘为追求革命性的生活方式还是常规性的生活方式,他们可以被相应理解为试图杀死或者找出弗洛伊德意义上的"父亲"。以上倾向(罗萨克与贝尔)的经典著作分别为 Feuer 1969;Bell and Kristol 1969。

[2] *Time* 1973,83。

[3] *Time* 1973,85。

个前景的消极认可,也就是一个崭新的科学即将到来——也许它可能与超心理学、神秘主义或者生态运动相结盟。对公众来说,当目前占支配地位的"范式"不顾一切地来破坏人类生活以及掠夺环境时,他们终将发现,新科学比起上述范式来更愿意响应公众的需要与利益。不必说,库恩的本意并非如此,但是当人们把自己对库恩的理解按到库恩头上的时候,毫无疑问,他的本意并不能够减弱这些理解所产生的影响。

具有讽刺意味的是,就库恩的科学形象所包含的那样一种似是而非的革命特征来说,最容易受它影响的学科正是政治学。正如理查德·伯恩斯坦所观察到的,政治学享有着一种多少值得怀疑的荣耀,它的领导者们在 20 世纪 60 年代就公开地把库恩的科学形象所具有的常规一面与革命一面一并接受。一方面,当时有两场美国政治学学会的主席发言(分别为大卫·杜鲁门在 1965 年所做、加布里埃尔·阿尔蒙德 1966 年所做)援引了常规科学的形象;而在另一方面,诸如谢尔登·沃林这样杰出的边缘学者则差不多同时在倡导革命形象。[1]后者对库恩的支持意味深长,甚至还值得我们同情。作为美国最杰出的政治思想史家之一,沃林对库恩关于科学变革的论述很是着迷。相对于他所在领域表现出的相对主义倾向,沃林论证道,从柏拉图到马克思这样的古典政治思想家,将他们自己视为是逐渐进步地走在通往美好社会的路上,于是乎,他们的工作只能基于自身的情境得以理解,或者只是把他们作为提供的诸多美好社会中的一个例证来理解,这样的理解也许使他们的倾向获得了支撑。[2]从本书导论部分提到的编史学视角来看,沃林的直觉将被归为是反学究式的。以此为依据,沃林得出古典理论家从事的乃是库恩式的由范式驱动的研究活动。

但是,在这里什么才算是范式呢?如果它指的是一个一致的研究共同体,那么也许只有马克思主义才可以说是建立了一个范式。[3]然而,对此沃林是怎么想的?也许政治理论家的主要兴趣在于扩大政治共同体,而不是在政治理论家之间的相互影响。但就这么一个沃林所赞同的观点来说,它似乎承认,当政治理论家作为一个共同体的时候,这么一个共同体与政治实践的关系并不是系统性的关

---

[1] Bernstein 1976,第 93—106 页。与杜鲁门以及阿尔蒙德就任美国政治学学会主席相关的冷战背景,参见 Katznelson 1997。

[2] Wolin 1968。

[3] 参见 Bernstein 1981。然而,从拉卡托斯式的视角出发,伯恩斯坦相信马克思主义正遭受一种"退步性的问题转移"(degenerating problemshift),也就是人们在详尽阐释马克思主义理论的时候,大体上受这么一个因素的驱动,也就是为了回应出现在马克思本人理论中的那些经验反常。

系,因此就使得政治理论家可以自由地深入城邦,尽可能地拉拢他们所能拉拢的支持者。举例来说,在英国 17 世纪的伟大政治理论家托马斯·霍布斯看来,他的前辈们之所以没能影响到实际的政治,乃是因为这些人没有把政治学还原为一系列政治家能够付诸实践的基本原理。而后,霍布斯并没有选择对他的前辈进行彻底批判,相反,他设计了种种他相信能够在大学中教授给未来政治领导人的原理(那就是说,人们得要假定——这在他所处的时代是难以置信的——霍布斯足够为人所尊敬从而使得他的原则能够具有权威性)。

　　沃林使用这样一种方式来解决霍布斯的抱怨,他论证说,支配理论家共同体的那个政治系统与范式有着类似性,它将会在追求公共事务的过程中积累反常。因此,行为主义——它预设了共识的形成乃是民主社会所具有的进步倾向——这一沃林时代的政治学主流学派正是从那些个在 20 世纪 50 年代与 60 年代支配美国的规范性假设中产生的。[1]但是没过多久,行为主义这样一种受实证主义启发的、基于调查的研究活动在偶然间撞到了一个意料之外的发现,也就是比起在人们的想象中一个基于共识型政治的自由民主社会所应该有的程度来,选民对政治家的主张和行动的影响程度要小得多。根据沃林的说法,以上这样一种规范与事实(或者用更具马克思主义色彩的"意识形态"与"现实")间的差异将会在政治系统中引发一次危机,这一危机将使人们重新展开理论创建活动,并最终形成一场革命。然而,25 年之后,行为主义仅仅为替代性科学方向留出了有限的空间,而美国政治在面对那些显而易见的反常时却事与愿违地一直持续着原来的样子。事实上,行为主义政治学甚至还逆袭了沃林,并且将库恩置于一种让人啼笑皆非的境地:也许政治科学的根本问题就在于,每一个国家的政治传统充当了它自身的范式,因此行为主义也仅在美国是有效的![2]

　　沃林所做的一厢情愿的预测乃是基于这么一个历史趋势,伟大的政治理论乃是诞生自政治危机。尽管如此,如果对沃林的提议做一番冷静评估,人们将会质疑,这样一种把当代政治理论家视为革命科学的承担者的做法是否能够说得

---

〔1〕 该学派的典型工作乃是 Dahl 1963。这一视野的社会学基础乃是 Parsons 1951。对应地,Gouldner 1970 挑战了上述观点,它将当代福利国家的共识型政治视为不过是暂时得到遏制的冲突。政治学中的行为主义者不应该与该时期统治实验心理学的"行为主义者"混淆起来。前者在诉诸"行为"时乃是用它来跟古典规范性进路(聚焦于那些与好的领导阶层或者公民阶层联系在一起的特质)形成对照,而不是与比如说实际的投票模式或者政治参与的程度相对照。

〔2〕 参见由行为主义的奠基人之一所撰写的对当前情境的调查报告:Easton 1991,特别是第 47 页以降。它主要关心的是库恩以及后库恩科学哲学对政治科学的意义。

通——因为这些人的个体命运大体上是与政治事件相隔绝的。更可能的情况是，沃林过于着迷于 20 世纪 60 年代晚期的时代气质（他当时是在伯克利写作），以至于忽视了一些与政治理论的制度化有关的基本事实。在过去，尽管有黑格尔这样的例外，马克思之前的所有重要政治理论家都是非学院性质的，他们的生计取决于他们影响政治领袖或者政治领袖身边顾问的能力。一旦政治理论家在公立大学中获得了终身的文职位置，从而能够获得一份稳定收入，他们便开始把他们所在行会的成员视为主要的谈话对象——理论家们现在的生计正是指着这些人的荫佑。体现在卡尔·马克思与马克斯·韦伯两人间的行文样式与笔调的差异形象而生动地表明了上述转变。慢慢地，对于那些很有希望站在变革前沿位置的政治运动，理论家们不仅失去了与它们结盟的动机，而且甚至连这样的能力都失去了（这里的能力指的是写出容易为公众所理解的文字）。在上述情景下，理论家们鼓捣了这么一套欺骗性的把戏。也就是说，这些人把"想象的容易"欺骗性地理解为"真能做到的容易"——他们想象，当自己在学术期刊中对某个正统政治科学家的不一致性做出诊断的时候，就已经是在某种程度上动摇当前自由民主制度的合法性了。

本书前面曾提到库恩分析中具有的一种图像学特征，正是它助长了这种出现在沃林案例中的知识分子的小把戏。库恩的分析之所以对沃林具有吸引力，这乃是因为后者早先接触过列奥·施特劳斯的工作。在施特劳斯看来，当理论家在直接讨论所谓的"西方政治传统"时，他们是在间接地针对今天的种种政治问题发表观点——只不过他们采取的是这么一种方式，他们的讨论既能够对永恒的政治智慧做出贡献，同时又让这样的讨论安全地从那些潜在的容易激动的大众头顶越过。沃林，这位自认是左翼民主分子的学者，借由库恩而得以忽视包含在施特劳斯关于政治理论家使命构想中的精英主义及其保守主义色彩。这一事实证明了库恩的伪政治意象所具有的引人遐想的特性。当然，归根结底，库恩的最终兴趣在于把科学去政治化而不是重新政治化，这一点本能够明确地告诉沃林，任何的对《科学革命的结构》的革命解读注定是事与愿违的。[1]

---

[1] Nelson 1974。Gunnell 1986，第 116—133 页是对沃林的理论工作的一个敏锐的解读，而且它依然得到了大体上与我在这里的结论相一致的结论。甘内尔论证道，是克伦威尔而不是霍布斯才是可与牛顿相比拟的人。霍布斯更像是科学哲学家，这样的人要在远离科学实践的位置上才开始自己的工作。有关沃林的回应，参见 Wolin 1986。

5．一切都到头了:从终结论到福山

如果到目前为止我所作的关于《科学革命的结构》一书带给社会科学的影响的论述还是可信的话,这似乎就破坏了所有带左翼色彩的对《科学革命的结构》的利用。对以上论点的最终测试便是降临在这样一群人身上的命运——这些人从库恩关于科学变革的模型中得出一种能让人联想到马克思辩证唯物主义的演化末世论。对库恩的上述解读深深地扎根在了西德的学术共同体中,那里的人们早在 1967 年就已经接触到了《科学革命的结构》一书的翻译版,在时间上要早于该书第二版开始在英语界中产生重大的跨学科影响。德国人最初获悉此书的途径乃是借助于尤尔根·哈贝马斯(Jurgen Habermas,1929 年生)的批判的马克思主义,此人在当时就已经崭露头角,并到最后成为德国最主要的社会理论家以及公共知识分子。彼时,哈贝马斯乃是新成立的位于施塔恩贝格的马克斯·普朗克研究所的负责人,致力于"研究工业世界中的生活条件"。该研究所在 1976 年获得了政治上的声名,时值德国社会民主党主席赫尔穆特·施密特在施塔恩贝格发表了一场演说。演说中,就科学政策在国家政策的大背景下的角色问题,施密特宣扬了一种后来被称为是"终结论"(finalization)的主张。[1]

在《科学革命的结构》的影响下,哈贝马斯的施塔恩贝格小组有效地减弱了国家科学计划所具有的那种正统马克思主义色彩——他们假设,人们必须等到范式"成熟"之后才能将它底下的研究从"基础性"事务重新定向(或者"最终定向")为"应用性"事务。[2] 在实践中,当科学已经到达解难题的某个高级阶段的时候,这一政策才会起作用,而此时就人们在解决额外难题时所带来的技术副产品来说,其前景一方面变得越发不具有经济性,另一方面这样的前景将直接起到这样的作用,也就是让科学家直接地处理公众的需要。[3] 尽管"终结论者"参与到了与波普尔主义者(他们捍卫的是更具自由主义色彩的科学政策)的一系列公开论战中,但

---

[1]　Pfetsch 1979,第 116—117 页对上述演讲进行了讨论。这一讨论是有关最终定型论在德国新闻媒体中的兴衰变迁过程的文字记录的一部分。

[2]　Schaefer 1984 是一部集德国终结论的历史论文以及哲学论文于一体的出色范例。

[3]　库恩的这么一种影响——淡化了那些自认是马克思主义者的人所具有的计划科学的冲动——当然不局限于德国。与德国的案例一样突出的是英国科学社会主义者的响应。他们援引库恩来论证科学有着一个"内在逻辑",它一旦"成熟",人们就可以将它定向用到对社会有益的目标中去。参见 Rose and Rose 1970,第 240 页以降。

这些自认是马克思主义者的人与冷战早期激起波兰尼强烈敌意的那种社会主义科学的幽灵相比，可是有着天壤之别。在贝尔纳的脑海里如果还有过那么一丝怀疑的话，那么到了最终结论者所处的时代，事情就已经很明确了，也就是科学必须对人们有益，而不是必须由人们自己来做。[1] 由此，终结论以一种极具库恩式的方式留出了这么一个可能性，公共问题将会被"明晰的"科学问题取代，它几乎就好比前范式的困惑状态为范式下的秩序所取代。上述信息对社会民主党政府中的技术官僚颇具吸引力，他们中的许多人在自然科学、工程学或者经济学（正如施密特总理本人）中受到训练。直到终结论引发了上述技术官僚的兴趣之后，关于它的公共反对意见才开始出现。这些反对主要来自人文学者以及其他学术自由的捍卫者，此时摆在他们面前的是膨胀的学生人数以及种种外部的研究需求。[2]

不论如何，尽管终结论在修辞上乃是关乎公共政策的干预，但最终它起到的效果却是削弱了公共参与在基于科学的决策过程中的作用。要了解这是怎么发生的，我们可以考察下杰拉尔德·霍尔顿这位历史学家兼物理学家的言论，此人（在当时）宣称自己赞同一种修正的最终定型论原则：

> 就那些在物理学以及生物学中从事基础性研究的研究者来说，罕有人从社会面临的种种困境中寻找他们的难题，即便我们不难表明对以上这些"纯粹"领域中的相关科学知识的缺乏……正是造成几乎所有重大社会问题的主因之一。（举个例子，从物理学、化学以及生物学来更深入地理解怀孕的详细过程，这对于制订更合理的应对人口过剩以及计划生育的策略来说依然是至关重要的。）[3]

在杰罗姆·拉维茨以及巴里·康芒纳这些倡导民主化的科学政策的人看来，以上这样一种对怀孕（想必同时也包括避孕）进行更多的研究的呼吁其实偏离了

---

[1] 关于这一敏锐性的历史，参见 Elzinga 1988。相应的批判可参见 Fischer 1992。

[2] 这一讨论的一个相关政治标杆乃是，对那些信奉波普尔主义的终结论的反对者来说，他们将终结论视为支持由国家与产业界一起来掌舵科学的方向，而后两者在德国福利国家的背景下有着利益上的交集。在 20 世纪 70 年代中，以上反对者所使用的有关"开放社会"的修辞多多少少是完全扎根于主张大学自治的意识形态之中的，不带有当今修辞常常具有的那种私有化的"自由市场"含义。在这一问题上，20 世纪 80 年代科学技术社会学在法国的制度化为我们提供了一个有意思的比较。当时，法国公司化国家的成功开始遇到了挑战，这一挑战开启了争抢政治盟友的大门，从而使得学术体制的捍卫者与经济体制的捍卫者之间结成了一种机会主义的联盟。参见本书第七章第 6 节。

[3] Holton 1978，第 229 页。

问题的本质。真正的问题是做出判断,当人们从"人口过剩"的角度出发来诊断全球环境问题时,这里的赢家和输家是谁。因为从技术的角度来说,就算现在的人口数量再翻上许多倍,地球可能仍然能够有足够的资源来支撑这样的人口数量。[1]当然,这并非在否认现在依然有着千百万人处于营养不良的状态以及恶劣的住宿环境中,而是说在拉维茨与康芒纳看来,通过生产更多的新自然知识不大可能解决上述问题——虽然要承认的是,生产知识正是科学家所习惯的工作。毋宁说,这些问题的出路在于设计一种政治以及经济制度,它们能够有效地而且是公正地分配现有资源。通常来说,这些制度将会被描绘成正在强化或者取代国家的关键职能。于是,我们在这里遇到的是深层次的社会问题,而不是自然问题。确实,把问题交给自然科学就等于确保这些问题不会以民主的方式得到处理。

鉴于终结论者始终痴迷于自然科学的发展轨迹,并视之为决定科学政策的所有的步调,由此,他们关于科学变革的描述到最后就表现为对技术发展的"线性模型"的追捧。这一模型对冷战时期的福利国家以及马克思主义经济政策思维来说太常见了:大型自然科学研究基地相当于资本金的形成,它对于可靠而高效的财富生产来说乃是必需的;而社会科学研究在随后则提供了这样的洞见,也就是怎样将生产中的盈余以尽可能公平的方式进行分配——如果需要的话则进行再分配。[2]正如库恩是在范式内定义进步(总的来说是根据范式的这样一种能力,也就是强化某个特定领域知识的生产者与消费者的明确分隔),经济发展也以类似的方式根据投机资本家增加利润的能力得到定义——这种利润的增加相对而言更少受到阻碍,直到足够的财富被生产出来,以至于应该以国家计划的方式来对这些财富进行集中分配。鉴于线性模型蕴含于绝大多数现代经济增长理论中,库恩的模型仅仅是为它的合法性添加了一个自然主义的基础。

在进一步探讨之前,有两点值得在这里谈一谈。首先,库恩本人从来没有参与过对终结论的讨论。至于理由,如果我们回想起他在知识上受到了亚历山大·科瓦雷的影响,那么一切就变得很清楚了。当科学已经成熟到成为一种"货架上现成"技术的时候,从库恩的立场来说,它就已经死亡了——或者用维尔纳·海森

---

〔1〕　Ravetz 1971;Commoner 1971。

〔2〕　针对20世纪60年代发生的有关上述模型是否适合成为人们对第三世界国家进行发展援助的模型的争论,史蒂文·耶尔莱提供了一个富有启发性的评论。尼古拉斯·卡尔多是线性模型的辩护人,此人是一位凯恩斯主义经济学家,同时亦是哈罗德·威尔逊工党政府的财政部部长。反对者则是 E. F. 舒马赫,"小即是美"的佛教经济学的推崇者,同时也是英国煤炭局的高级经济师。参见 Yearley 1988,第167页以降。

堡更为委婉一点的说法,"闭合"(closed),这也正是终结论者偏爱的一种措辞。由此,这样的科学也就不再落入《科学革命的结构》一书的论述范围。[1] 其次,同时更为重要的是,在美国,不是所有的马克思主义者都把库恩的模型接纳为自己模型的一个不同的版本。对于库恩的政治隐喻,马克思主义者存在着思想上的分歧。大致说来,那些立场越极端的马克思主义者,他们对库恩的反应也就越怀疑。我们可以来看一看下面这段来自美国共产党官方政策期刊的颇具实证主义色彩的声明:

> 库恩主义反动的一面来自他否认科学知识具有客观的真理性。因为如果物理学都能够被证明为不过是主观模型的演替,那么……社会科学也将不再会有客观内容……那些说资本主义压迫乃是事实的人,跟否认这一点的人乃是同样正确的(或者错误)……[库恩]是在助长一种意识形态倾向,它将对大众起到麻痹的作用。[2]

然而,那些不那么正统的马克思主义者则满怀希望地认为,科学革命乃是伪装的政治革命。这使得他们要在这两个方向中选择一种。其一是把库恩视为是在阐述一个列宁的观点,科学乃是社会中占统治地位的利益集团在意识形态上的反映。那些更偏向于经济学的马克思主义者选择了第二条道路,它使得这些人与新古典主义经济学家结成同盟——后者把科学等同于技术,并视之为发达资本主义的一种主要的生产方式。[3]当然了,以上两个方向与库恩工作的精神乃是完全相反的。正如当时一位敏锐的评论者观察到这么一个事实——科学共同体在经历一场库恩意义上的革命后能够相对轻松地重新组建自身——表明在变革过程

---

〔1〕 Kuhn 1970b,第 79 页(参见第一章第 4 节)。就围绕最终结论的政治争议来说,有一点常常被人遗忘,也就是终结论者赋予了那些与生物有关的科学一种特殊的位置——这些学科要想完全达到理论上的成熟,需要与现实世界中的问题所具有的复杂状况打交道。他们的典型案例涉及对提升作物产量的关注,及其在 19 世纪中期农业化学的成熟过程中所起的作用。参见 Krohn and Schaefer 1976。

〔2〕 John Pappademos and Beatrice Lumpkin,"The Scientific Outlook under Attack",*Political Affairs* 53(1974 年 11 月),转引自 Novick 1988,第 422—423 页。

〔3〕 就那些对库恩的误读来说,彼得·诺维克从中引用了威斯康星大学杰西·莱米什的例子,后者主张"我们所掌握的有关科学革命以及知识社会学的知识明确地表明知识精英阶层正在与真理开战"。Lemisch,"Radical Scholarship as Scientific Method and Anti-authoritarianism, Not 'Relevance'",*New University Conference Papers* 2(1970),转引自 Novick 1988,第 430 页。诺维克强调,莱米什在(错误)理解库恩时带有一个明显的客观主义的而不是相对主义的承诺。

中科学周围的政治文化一直保持着稳定。[1] 尽管如此，库恩那些充满政治紧张的语言一方面为科学涂上了一层保护色，使它规避了 20 世纪 60 年代与 70 年代早期左翼思想的那种虎视眈眈，另一方面还缩小了科学政策辩论中自认为是"民主主义者"与"精英主义者"这两类人之间的区别。

有这么一位马克思主义学者兼活动家，他因自己早年对库恩的尖锐批判而得以脱颖而出，此人便是罗伯特·麦克斯韦·杨（1935 年生）。这位剑桥出身的美国侨民在 20 世纪 60 年代晚期协助建立了英国科学社会责任协会，后者也正是杰罗姆·拉维茨往来最为密切的组织。[2] 杨曾经就达尔文自然选择进化论的马尔萨斯源头写过几篇短论，库恩对其中的一篇有过一个回应，这个回应正是杨批判库恩的部分起因。[3] 杨论证说，通过政府不作为来控制人口（马尔萨斯 1798 年的经典论文《人口论》），本质上是一个长期政策提案，它为今天被视为关于有机体生存的最有力的科学解释提供了基础。此处，库恩的主张是，把达尔文的进化论与其他所有理论——其中有许多理论与达尔文进化论一样受到了同样程度的来自马尔萨斯人口观的影响——区分开来的因素乃是达尔文对证据的精心整理。的确，根据库恩的说法，鉴于进化论本身带有浓烈的意识形态特征，因此科学家们在先前一直对进化论持有怀疑态度，而达尔文凭借他对自然—历史资料的熟练掌握最终克服了以上偏见。杨发现这一回应非常具有启发性。库恩给人留下了这么一个印象，也就是对于当时所有当事方来说，他们不仅清楚谁是称职的科学权威，同时他们还清楚什么是反科学的（unscientific）意识形态入侵者。不过，杨（正确地）论证道，任何熟悉具体情况的人都能意识到，以上两个问题正是辩论的一部分，由此也就使得人们很难赞同这样的主张，也就是达尔文的成功可以被完全地归因为——或者甚至最初就是得因于——某个自治的科学共同体的集体智慧。

看起来，库恩又一次地把得自科南特课程的教学教训带进了他的研究之中。尽管杨清楚地表明意识形态在强化科学见解时所发挥的作用，库恩依然非常明确地否认科学与意识形态有任何联系："科学，如果它真的影响了社会经济发展的

---

[1]　King 1971。

[2]　Young 1975，特别是第 406 页以降。杨目前是（英国）谢菲尔德大学精神病学教授，同时也是 *Science as Culture* 杂志的编辑。杨的许多著作都能在以下网址中找到，http://www.shef.ac.uk/uni/academic/N-Q/psysc/staff/rmyoung/index.html。

[3]　Kuhn 1971，特别是第 281—282 页。Young 1985 收录了他关于达尔文主义的意识形态根源的短论。

话,那也是通过技术。"[1]阿兰·布鲁姆的学生、美国苏联问题专家弗朗西斯·福山(Francis Fukuyama,1952年生)在他著名的《历史的终结与最后的人》中以一种强烈的方式重述了库恩的上述观点。福山论证道,历史已经把好社会所有可能的实现形式揭示了出来,而1989年事实上成了属于自由民主资本主义的奇迹年——它以一劳永逸的方式证明,自由民主资本主义比起哪怕是最出色的社会主义社会来也要优越得多。[2]福山追随的是黑格尔主义逻辑,从这样的视角看来,不需要多久,自由主义的胜利就能席卷全球,并为人类带来前所未有的和平与繁荣。回想第一章关于"隐于斗底"的讨论,柏拉图的故事在福山处出现的新变化乃是在于,福山把资本发展界定为一项有必要为之涂上保护色的活动,以确保人类的长期生存。

福山的批评者通常将矛头局限在这样一点上,似乎有一个好社会的确切愿景在历史的终点候着我们。不过,对于我们将经由何种途径而达到历史的终结处,这些批评者通常有着一致的看法。用福山的话来说,"自然科学的逻辑"绘制了一条不可避免的道路,它能够一并超越与转变那些甚至有着最牢固历史根基的文化差异。[3]在这一意义上,科学给历史带来了终结:一旦好社会为某个国家所偶然碰上,那么历史就成为其他国家通过简单地重复第一个国家走过的道路而最终赶上它的过程。当历史进入20世纪70年代后,上述途径正是第一、第二"世界"的资本主义者与社会主义者眼中那些第三世界国家得以"现代化"的方式。社会主义者指出,科学拥有某种创造节约劳动的技术的能力,它最终将会破坏工人与老板得以被明确区分开来的基础。资本主义者则强调,科学的作用在于强化人们的创新能力,从而使得他们有能力以更有效率的方式在市场中竞争。尽管归派给科学的角色各不相同,但是在上述两个情形中,这些角色都意味着一种全球性的应用。那么,当福山在描绘科学发挥了向人类提供"欲望的机制"这样一种至关重要的作用时,他从谁那里寻找支持呢?不是别人,正是托马斯·库恩。[4]

这一点看上去可能有点奇怪,在表达科学展现出了一个不可逆转的轨迹,它推动了人类的进步这么一个思想时,福山援引的正是库恩,而不是某些彻底的科学实在论者。诚然,库恩并没有预见到有一个实在的统一理论在科学的终点处等

---

[1] Kuhn 1971,第284页。
[2] Fukuyama 1992。
[3] Fukuyama 1992,第80—81页。
[4] Fukuyama 1992,第352—353页,脚注2。

待着我们，但是他仍然成了福山谜题中的一个关键部分。类似于福山本人的叙事方式，库恩关于科学变革的说明同样也是不可逆的和欧洲中心论的。在史上第一个自决性的科学协会——伦敦皇家学会成立后，科学进步便以这样的一种方式展开，在越发严格界定的领域，解难题的效率也就越高。此外，就库恩在一般化概括时所取材的那段欧洲物理学历史（约 1620—1920 年）来说，它与西方资本主义的崛起是同步的。事实上，就这一点来说，正是因为库恩在建模时尽可能地接近西方科学史，于是他的描述比起诸如卡尔纳普以及波普尔这样的哲学对手来更具欧洲中心主义的色彩。当我们将库恩以及（比如说）波普尔的论述视为两个互不相容的关于科学变革的规范性描述时，以上状况所具有的意义就得到了最清晰的体现。波普尔认为，纯粹知识是不可预测的，而库恩则将它刻画为是不可逆的。这是两种不同的而且在根本上相互对立的主张。前者与一种从失败中吸取教训的理性联系在一起，而后者则强调第一次就把事情做对。[1] 考虑到以上所有，我们得说，福山乃是相当敏锐地利用了《科学革命的结构》来为他本人独特的"现代化理论"（这是国际关系圈子的叫法）服务。

福山能从华尔特·罗斯托所著的《经济增长的阶段：非共产主义宣言》这一冷战时期现代化理论的经典陈述中辨别出库恩式叙事的"样子"。[2]确实，想要公正地衡量 20 世纪 60 年代以来政策制定者愿意在多大程度上将科学视为一个自治的政策领域，其中一个角度就是考察以下两种情形之间的反差：一方面是库恩-普莱斯的构想（作为有机体的科学）被人们轻易地接受；另一方面则是，当罗斯托在几乎同一时间提出一个极其类似的设想（作为有机体的国家经济）时，却遭到人们的抵制。罗斯托此人是麻省理工学院的经济史家，他在之后进入肯尼迪政府担任美国国务院政策计划署主任，到最后成为林登·约翰逊总统"鼎鼎有名"的越战首席顾问。

从知识层面上说，库恩与罗斯托面对的是大体相同的挑战。两人都把一种历史论证置于其主题为静态的、形式主义的认识（比如说实证主义对科学的认识、新古典主义对经济的认识）所支配的领域中。两人都强调，从长期来看，增长并不是连贯性的，将会在某个区域突然上扬（或者"起飞"，这是罗斯托所使用的令人印象

---

[1] 有关波普尔与福山的历史构想的区别——正是这些区别引出了文中的论点——Williams, Sullivan and Matthews 1997，第 137 页以降是一个优秀的论述。

[2] Rostow 1960。Fukuyama 1992，第 128 页是对我的上述看法的一个欣然认同。

深刻的词语),从而最终重构了整个有机体,不论它指的是国家经济还是特定的研究领域。[1]罗斯托与库恩两人甚至还共享了一个相似的阶段类型学,罗斯托"大众消费"的最后阶段正对应于上文所讨论的范式的"终结论"。两者的关键区别在于,罗斯托的方案进入了政策舞台,他建议以自己的构想作为干预发展中国家(特别是拉丁美洲)事务的基础。罗斯托的想法是,美国及其盟友应该对那些已经初步呈现出经济起飞迹象的国家扩大资本投入,从而使得这些国家能够遵循资本主义的增长模式而不至于落入共产主义者之手。共产主义者通常是在发展中国家开始摆脱对西方的经济依赖时展现自己的影响力的。

上述战略随即引发人们去关注"自然"的经济发展过程所具有的不安全性。相比之下,就那些持有库恩-普莱斯的科学变革设想的科学政策制定者来说,他们不会主张(比如说)应当把社会科学的某些发展中的领域设定为大力投资的目标,使得这些领域能够获得范式性科学所具有的稳定增长的模式。事实上,在必要的物质基础都没有得到满足的情况下,许多社会科学家就已经毫不犹豫地迈开大步,将他们的学科宣称为范式。

不过,我想更进一步地来探讨这一问题。库恩的演化论(科学进步来自某种状况但并非朝向任何目标)从根本上说是模糊的,这使得他的理论与强实在论关于科学变革的理论(后者包含有一个可见的明确目标)相比,更容易落入福山的目的论架构中。因为,如果科学被描绘为不仅是世界历史的引擎,同时还是一个有其自身总体目标的制度时,这可能(而且已经是)意味着科学的目标必须优先于——如果不是简单地压倒——人类的目标。由此,我们也就差不多得到一个关于科学家的柏拉图式的构想,作为哲学王的科学家澄清着自己的想象,其目的是把它施加到其他所有人的头上。对于福山这样的古典自由主义者来说,上述情形带给他的不仅仅是不便。如果科学共同体真的被赋予了如此特权,那么这将会无意间暴露出科学实在论所具有的二律背反性。一方面,如果科学的目标显得过于自主而脱离了那些关乎社会其他部分的事务,科学家看起来就像是一个有着霸权企图的特殊利益集团。另一方面,如果科学技术被证明促进了各种各样的个人及其社会目标的实现,也许科学共同体所独具的价值取向乃是可有可无的。就前者来说,科学表现为一种极权主义意识形态;对于后者来说,它则是一种高级的工

---

[1] Pocock 1973,第13页以降清楚地表明了库恩式革命与罗斯托式起飞之间的编史学联系。

具:这又是一次普朗克与马赫的对决。由此,除非人们能够把这一问题维持在一个策略上模糊的层面上,不然的话科学实在论可能会蜕变为帝国主义或者是工具主义。《科学革命的结构》一书的成功之处就在于它维持了这样一种模糊性,于是,以上人们所恐惧的蜕变也就未曾出现。[1]

---

[1] 福山在近来表现出了他所具有的真正的柏拉图主义的一面,当他在采访中被问及这样的一种科学探索——寻找终极的大统一理论(ultimate theory of everything)——是否可能取代社会主义的普救使命的时候,福山以一种鄙夷的语气将这样的研究者形容为"时空旅行爱好者",他们高估了科学所具有的世界-历史意义。看起来对于那些寻找一种新的历史终结的人来说,他们在对待科学进步这一高贵谎言时也许太认真了点。参见 Horgan 1996,第 242—244 页。

第六章 尚未全然迷失的世界——库恩之后的哲学

1. 我们堕落成啥样了:哲学家成了打下手的人

在谈及他自己的实用主义学说的时候,威廉·詹姆斯(William James,1842—1920)讲到一个理论要经历三个阶段:"首先,你要知道,一个新理论会被指责为荒谬不经;接着人们承认它是真的,但同时又说它是明摆着的而且是无关紧要的;到最后,它被认为是如此重要以至于它的反对者宣称是自己发现了它。"[1]就《科学革命的结构》一书而言,人们不需要花费多大力气就能把哲学界对该书的接受状况与以上这个模子对上,尤其是当我们聚焦于逻辑实证主义在美国的后继者对该书的接受状况的时候。这些逻辑实证主义的后继者从 20 世纪 50 年代晚期到 70 年代早期在科学哲学中占据了支配地位,而且更重要的是,此后统领该领域的人乃是由以上这批人所训练出来的。以上接受状况的剧情是这样的,科学哲学家们逐渐接受自己的那样一种下降了的规范性地位,并最终欣然接受自己给他人打下手的角色。约翰·洛克(John Locke,1632—1704)关于这一角色的经典阐释值得我们在此回顾一番:

学问共同体(the commonwealth of learning)这时并非没有如此才能的大

[1] James 1948,第 159 页。非常感谢戴维斯·巴拉德、兰迪·哈里斯以及约书亚·莱德伯格在 1997 年 11 月的 HOPOS−L 电子邮箱群组的讨论中帮我追查出这一引文。库恩在一代人的时间里经历了以上詹姆斯提到的诸阶段的循环,对此的一个见证出现在了 Hacking 1993,第 275 页中。

师级开创者,他们有力的构思走在了科学的前面,并最终留下了永恒的丰碑而为后世所瞻仰。但是大家一定不能只打算成为波义耳或者西德纳姆;在这么一个产生了诸如伟大的惠更斯、无与伦比的牛顿先生,当然还有其他诸如此类大师的时代里,其实作为一种打下手的角色——清理清理场地让它稍微干净一点,同时把一些挡在知识道路上的垃圾给收拾掉,就已经是够有雄心壮志的了。[1]

洛克缺乏必要的数学训练来理解牛顿《自然哲学中的数学原理》中的细节。尽管如此,当他在旁人的点拨下得知构成牛顿力学核心的那些神秘公式有着怎样的哲学意蕴时,洛克成了牛顿思想的一名"超然"的,但同时有着优秀业务能力的传播者。在谴责两者的勾连会危害到哲学的独立性之前,也许我们应该先看看如何来理解这一事实:"就今天的那些比较露脸的生物学哲学家而言,其中有三分之二的人在同一个实验室(哈佛的[理查德]列万廷实验室)待过一段时间。"[2]括号里的句子出自由沃纳·卡勒鲍特所组织的一系列访谈,在其中人们最频繁地指出,正是《科学革命的结构》一书造就了这么一种状况,它引导哲学家成为"大师级开创者"手下的学徒,并且使自己沉浸于某一门具体科学的细节之中。有趣的是,当人们告别自己在重大实验室的这段学徒经历后,与自己刚踏入实验室大门时相比,他们中间没有人会减弱自己对该门科学的坚信。不仅如此,当代哲学家中也很少有人会鲁莽地出来论证说,这些人将会在某一专门科学中知道太多的知识,以至于无法找回最初把他们引向哲学大门时所拥有的那样一种开阔的视野。[3]

对那些花时间获得上述科学论徒经历的哲学家来说,他们常常认为自己是在继续逻辑实证主义者及其远亲波普尔主义者的事业。实证主义者希望仿效科学实践来建立哲学实践,这多少体现了他们的一种美好意愿。同时实证主义者又由

---

〔1〕 Locke 1959,第 14 页。
〔2〕 Callebaut 1993,第 450 页。该书是一部富有想象力的访谈穿插。1985—1990 年,卡勒鲍特采访了 24 位拥有哲学头脑的生物学家,以及以生物学为方向的哲学家。尽管卡勒鲍特在整个过程中一直保持居中的姿态,但是到了该书的最后,他明确表现出了对当代科学哲学中出现的打下手趋势的忧虑。其理由有很多与这里所主张的内容相类似。
〔3〕 不过,至少有一位受访者认为存在这样一种可能性,生物哲学家的观点被作为东道主的生物学家借鉴。参见 Callebaut 1993,第 463 页中的亚历山大·罗森伯格的评论。Fuller 1994h 是对卡勒鲍特的一个更为全面的评论,它面世的时间正是目前进行着的科学战争(Science Wars)的开端时刻。在这之后,我从关于(of)科学的哲学蜕变为为科学服务(for)的哲学这一角度出发继续阐发上述主旨。后一篇文章收录在了美国哲学学会东部分会于 1996 年召开的纪念波普尔与费耶阿本德的会议的论文集中。

于缺乏对具体科学(物理学算是部分例外)的细节掌握而为人所诟病。有鉴于此，我们不禁要问，既然实证主义者在技术层面上有着如此的缺陷，那么他们为何还能成功地对科学方法论与科学的公众形象产生如此巨大的影响？有一种假说(这正好也是我个人所赞同的)认为，逻辑实证主义者完全无意于成为打下手的人，毋宁说他们是利用科学来促进某些具有更大社会意义的哲学目标的实现。不妨看看自然科学在我们时代的这么一项"启蒙"工程——卡尔·波普尔是其最为坚定的推动者——所具有的那种象征作用(symbolic function)。这里要表达的思想并不是关于哲学家为某种增长着的深奥知识体系铺平道路；毋宁说，它是把一种批判态度拓展到所有生活圈之中——最初正是这样一种态度激发了科学向那些传统信条发出挑战。鉴于科学到如今乃是高度致力于种种具体的研究路线，以至于要扭转局面所需的代价已经大到令人望而却步，以上这样一种批判精神也就越发难以为继了。[1]

一些波普尔的追随者，比如说保罗·费耶阿本德甚至主张，应当把科学纲领的规模裁减到能够使批判得到充分的发展。由此，当费耶阿本德争辩神创论应该与进化论一道在公立学校教授的时候，他主要想表达的并不是神创论本身有何说服力。他谈论的乃是人们应当在怎样的社会背景下确定神创论的说服力：换句话说，这应当由地方教育当局来确定，而不是由专业科学共同体来确定。下述区分，即个人的判断与这些判断应当在怎样的框架下进行评估之间的区分尽管很微妙，但它对于我们理解蕴含在打下手模型底下的科学政治来说又是至关重要的。费耶阿本德在介入神创论争论的时候，他希望能够把科学律令与民主律令协调起来。这是一种具有古典色彩的哲学旨趣，它要求人们一方面持续地思考科学，同时另一方面又不受制于具体的科学研究纲领。事实上，这一旨趣甚至还包括了支持这样的决策情形——在其中人们将作出与自己的个人偏好背道而驰的判断。

接下来，我将把费耶阿本德的取向视为科学哲学的"约定性"(prescriptive)进路所具有的特征，它在约翰·罗尔斯与尤尔根·哈贝马斯的社会哲学与政治哲学中几乎得到了完整保留。相比之下，菲利普·基切尔，正如他本人对卡勒鲍特所回忆到的，是以进化论路线的一分子介入了神创论之争中。基切尔的首要冲动就是在科学哲学中建立起一个"新共识"，这一共识下的统一战线将能把神创论主义

---

[1] 我在 Fuller 1999b 中发展了这一研究思路。

者挡在教室门外。[1]当然,我们可以说哲学家的这么一种做派一直以来都很出名,也就是当他们的政治目标压倒他们的知识手段时,哲学家们就会不知不觉地转向意识形态。但是对于今天的那些给人打下手的哲学家而言,他们极其危险地接近这样一种身份,不光尽职尽责地打扫主子的屋子,同时还成了主子的辩护士。

在更为严格意义的专业层面上,以上这样一种打下手冲动能够在近来分析哲学、科学哲学,以及心灵哲学中出现的自然主义的复苏中找到。此处,如果我们从20世纪最著名的美国自然主义者约翰·杜威(John Dewey, 1859—1952)的视角来看,那么近来人们在援引自然主义这个词时,赋予它的种种意蕴严重地侵蚀了杜威原本的学说所具有的那种批判锋芒。近来,这些对自然主义的援引包括有以下几种:

(1)科学发现被用来阐明——一种相当弱意义上的"证实"——那些大体上通过概念分析以及其他的揭示知识的先验形式而得来的哲学主张。[2] 在这一意义上,当代自然化认识论所遵循的是与自然神学一样的证明标准,尤其是证伪条件,前者关于真理的存在以及科学进步的证伪条件与后者关于上帝的存在以及宇宙的设计的证伪条件。[3]

---

〔1〕 在成为明尼苏达大学科学哲学中心主任后不久,基切尔热衷于将这一职位当作一种跳板来建立起一个"科学哲学的新共识",这一共识主要用于应对当时摆在面前的那样一种可以感受得到的神创论威胁。参见 Callebaut 1993,第194—199页中基切尔的评论。对那些将自己的研究视为独立于科学的党派的科学哲学家而言——这些人在数量上越来越稀缺——哲学家们在20世纪80年代表现出的这样一种踊跃投入反神创论事业,并且为生物进化论的正确性进行辩护的举动乃是一系列令人困惑的事态。但对于绝大多数年轻一辈来说,这一系列做法乃是自然而然的行动。举个例子,拉里·劳丹(1941年生)与菲利普·基切尔(1947年生)在年龄上仅相差6岁,但是他们对神创论"威胁"所做的不同回应表明在下列问题上存在着一种代际差别,也就是如何来理解科学哲学家在公共事务中所应具有的职责。参见 Laudan 1982;Kitcher 1982。劳丹与基切尔都是在普林斯顿大学科学史与科学哲学系卡尔·亨普尔底下完成自己的博士工作,同时在时间上也正好是库恩在该校担任教职的时候。事实上,当时库恩不时地与亨普尔一起授课。不过,劳丹的这段经历发生于20世纪60年代,也就是库恩刚来到普林斯顿的时候,而基切尔的经历则发生于20世纪70年代,此时库恩已经获得了国际声望。有关我本人对神创论的看法,其中体现出了费耶阿本德式的那种批判,参见 Fuller 1998c。
〔2〕 参见 Goldman 1986。立场(1)实际上同时还把握了体现在17世纪的重要人物比如说笛卡儿、霍布斯以及莱布尼茨身上的那种对哲学与科学关系的传统描述。不过近年来,即便是对于以上这些哲学家,对他们的种种更为彻底的自然主义刻画也开始陆续出现在人们的视野中,比如说 Garber 1992。关于以上整个讨论的经典著作乃是 Buchdahl 1969。鉴于在美国,知识论与科学之间有着职业上的隔离,因此并不奇怪在实践中戈德曼比起笛卡儿来更像是一位先验主义者。这至少就他们所共有的那种偏好来说是如此——保护人们关于知识本质的种种直觉认知免遭直接的经验的严格审查。对当代知识论中的这样一种自我剥夺资格的倾向的批判,参见 Fuller 1993b,第70—84页。
〔3〕 尽管把自然化认识论与自然神学相类比似乎很容易引发争议,不过牛津大学宗教哲学教授理察·斯温伯恩的著作应该能够去除其中的一个疑虑。我愿意把他同时列为这两个学科的能力出众的实践者。Banner 1990 是另一个认真对待以上两个学科关联的有趣尝试——它尤其体现在了以科学实在论的近来发展为线索来展开的探讨中。科学实在论与神学实在论所共享的辩论策略通常被称为"最佳解释推理"。关于两者间这一共性的讨论,参见 Fuller 1998c。

（2）科学史被使用在了这样一种场合之下，在其中人们以一种也许只能被称为是"天意如此"的风格来论证，最可靠的知识形式碰巧正是由那些在物质上得到最多资助并且在技术上得到应用的科学所生产出来的。既然不存在公认的衡量手段来清点知识主张的数量或者评估它们的可靠性，那么对科学进步的信仰所拥有的唯一先例便是那样一种加尔文主义的恩典，它们与其说被施加到了个人身上，倒不如说是被施加到了所有学科身上，在这两种情形中，繁荣正是得到救赎的标志。上述立场的神秘主义气质在所谓的自然化认识论的这一做派下反而得到了强化，也就是，当证据凸显出人类认知局限所具有的那种多形态反常（polymorphous perversity）时，这些人拒绝以严肃的态度来对待这些证据。[1] 由此，自然主义者接下来便陷入了如此这般的困惑之中，也就是人这样一种容易出错的动物是怎么能够把浩瀚的空间与时间结合起来，从而生产出那些与现代自然科学联系在一起的"可靠"的知识形式的。

（3）人们从科学——甚至还包括像经济学、控制论这些形式化了的非自然科学论——借来了形式化模型来解决哲学难题，但此时他们往往不会去处理源头学科中围绕这些模型的种种争论，而且他们也不会在经验层面上明确说明这一模型所能应用的范围。举个例子，诉诸新古典主义经济学来建立科学内部运作模型这一手段本身并没有实际地把科学还原为经济学；毋宁说，它在对待认知实体时将后者当作就好像是经济实体一样，而并没有告诉人们究竟如何去检验这样一种假设，它凭其自身就能使得我们言说，尽管现在是以一种更教条的形式，一种更信以为真的东西。[2]

（4）就那些把自己的角色定位为知识生产的自然史学家的哲学家来说，他们之所以接受关于科学的"非统一"的本体论，仅仅是因为常规科学就是这么运作的。也就是说，科学家们设法在那样一种多元的本体论治理体系中完成他们自我指派的任务。同时，这样的哲学家们并不认可这一点，也就是对知识生产在社会中所扮演的角色进行重新评估的催化剂通常来自各门科学自身在形而上学承诺上的分歧，长期以来各门科学被允许以一种相互间相对

---

〔1〕 这一点正是 Fuller 1993a 的论证要旨所在。

〔2〕 参见 Dretske 1981 与 Kitcher 1993。此举的先例——当然，它没有那么数学化——也许可以从亚当·斯密与大卫·休谟身上找到。具体来说，此二人乃是仿效牛顿提出的那些不易觉察的力来建立关于最根本的社会凝聚纽带的模型，比如说，"看不见的手"、相互同情这样一种自然关系等。不过值得一提的是，在上述情形中，这样的举动的政治后果都是保守的。

隔离的方式开展自己的活动,于是人们便忘却了一个事实:归根结底,我们都生活在同一个世界之中。[1]

就以上新自然主义的详细目录来说,它并不包含任何的科学与哲学间的公开冲突。然而,正是这样一种冲突构成了 19 世纪与 20 世纪早期的绝大多数自然主义思想家的典型特征。在 17 世纪与 18 世纪,哲学与科学乃是相互抱团取暖,因为它们要共同反对神学,后者正是批判思想遇到的制度化了的障碍。也确实,这简短的描述把握到了该时期启蒙运动的精神所在。不过,当世俗化的民族国家有力地把神学从它的学术特权宝座上赶下台的时候,自然主义者承担起了这样的任务,也就是确保不论哲学还是科学,都不再为了重新登上神学原来的王座而诉诸超自然力量,为此,自然主义者就得重新回到原初的问题,即超自然主义具有经验

---

〔1〕 当代非统一主义(disunificationism)的最早同时也是最大胆的陈述也许是由伊恩·哈金在一本流行的科学哲学教科书中做出的,在这里,哈金更新了莱布尼茨观点,上帝之所以能在所有可能世界中创造了最好世界,是因为它选择最简洁的法则来处理纷繁复杂的自然现象。而哈金则是这么解释神意的,上帝使用了一套不自洽的法则,从而确保出现数量庞大的相互间不可通约的对象领域(object-domains)。参见 Hacking 1983,第 219 页。在这一意义上,"非统一派教会"便是在那样一种过于乐观的世界秩序观念的灰烬中重新诞生的。对非统一教义的最为详细的发展归功于 Dupre 1993,它仰仗于当代生物学表现出的那种多样性状况。当前,非统一论的拥护者占据了科学哲学中的左翼联盟的位置,他们中间有许多人与斯坦福大学有着密切的联系。除了哈金与杜普雷外,我将会把南希·卡特赖特、海伦·朗基诺、彼得·盖里森以及约瑟夫·劳斯算在主要的非统一论者之列。关于这些人的著作的一个选集可以在 Galison and Stump 1996 中找到。

　　尽管非统一论通常被看作对自逻辑实证主义以来支配科学哲学的大一统物理学思维的一种激进的回应,但从社会学角度来看,该运动揭示了哲学在学院中的制度上的脆弱性。对非统一论来说,它最为明确的先例便是 19 世纪后期至 20 世纪早期的新康德主义。它提出了这么一个思想,所有哲学必须是关于某一具体学科的哲学。新康德主义起初是德国大学体系下的一种生存策略——当时,费希特以及黑格尔两人关于唯心主义学识(learning)的统一构想随着实验科学学术训练的兴起而声名扫地。与其觊觎于日渐分化的学术研究领域,进行综合并防止此类状况的发生,不如明确哲学要做的事:1.清楚地说明这些领域在历史上是怎么分离出来的;2.澄清它们的基础;3.解决任何可能出现的有关学科边界的争论。新康德主义最后一代的代表人物也许当属恩斯特·卡西尔,此人已经在第 55 页脚注 1 中讨论过。卡西尔将他后期职业生涯的相当多时间投入了宗教、艺术以及科学的表征形式("符号秩序"[symbolic orders])的比较中。

　　考虑到非统一论近来的进展,我拿历史的似曾相识来说事的这样一种做法也许是可以被原谅的:Jones and Galison 1998。值得一提的是——但愿它是对将来的一种预测——新康德主义刻意拒绝对科学与技术的历史发展所具有的终极价值做出独立的判断,这使得 20 世纪 30 年代,它同时遭到逻辑实证主义者与存在主义现象学者的拒斥(这些人中有很多接受过新康德主义的训练)。而波普尔与海德格尔——拿这两个极端案例来说事——之所以能够联合起来反对新康德主义者,乃是因为他们有意愿来批判,而不是彻底地否定实际的历史。就这些批判来说,它们是在某些具体的哲学观的名义下展开的,而后者又总能追溯到前苏格拉底时代。有关新康德主义的制度史,参见 Collins 1998,第 13 章。

　　对当代非统一论来说,它可以安然地挑战实证主义、实在论以及相对主义底下的种种哲学意义上的元科学(philosophical metasciences),与此同时并不会挑战科学本身。关于上述非统一论的终极考验便是看它们是否放弃这样一种主张:西欧乃是"科学革命"的发祥地,这样的"科学革命"(某种意义上,在某个时间点)无法出现在中国或者伊斯兰世界。从我所理解的非统一论的集体立场上看,他们应该放弃上述主张,因而也要一并放弃规范性的科学概念。值得赞赏的是,一位支持非统一论的历史学家已经迈出了这一步:Shapin(1996)。不过,如果非要追问,这样的观念为何不应该被放弃,可以参见 Fuller 1997d,特别是 137—144 页。

上的不可解释性。最后,一些自然主义者把矛头指向哲学,另一些则指向科学,关键还是要看哪种教条主义看起来最具威胁。

就那些把矛头指向哲学的自然主义者来说,约翰·斯图尔特·密尔(John Stuart Mill,1806—1873)是其中一个优秀的典范。密尔所著的《逻辑学的体系》(1843)是 19 世纪下半叶关于科学方法论的最具影响的著作。密尔并没有在今天所谓的"经济学哲学"底下打下手。毋宁说,他相信政治经济学吸收了许许多多伦理学中传统的实质性的问题。对他来说,唯一剩下的问题是,政治经济学是否吸收了所有问题。到了他写作《功利主义》(1863)一书的时候,密尔给出了否定的回答,这就使得他与自己的教父杰里米·边沁产生对立。就边沁而言,我们现在也许会称他为"取消主义经济学家"——意思是,边沁主张"至善"(summum bonum)这样一种作为伦理学目标的抽象实体是不存在的,存在的仅仅是那样一种满足个体的效用函数、一种经济学家能够在福利政策的名义下加以计算和操控的物质性的"商品"。

至于把矛头指向科学的自然主义者的例子,我们可以看一下约翰·杜威对实验心理学所依赖的形而上学个体主义的批判,不论是从相应环境中抽象出来的孤立的认知者("旁观者"),还是从相应活动背景中抽象出来的一种原子式的反思(atomized reflex)。不消说,杜威上述批判的重要性并没有因着时间的推移而减弱。[1] 因为,如果我们真的希望重拾这一自然主义失落的遗产,那么哲学以及科学就需要更多地而不是更少地以批判的眼光来审视对方,这与今天分析哲学中的那样一种被称为"自然主义转向"的趋势是相反的。从最低程度来说,以上做法意味着将科学理论视为是可检验的假设,而不是那种几乎是无条件的承诺。在这一意义上,当哲学家利用库恩来重新发现自然主义的时候,它就标志着从波普尔主义甚至是逻辑实证主义位置上的倒退。那么库恩给我们带来的这一步后退到底有多大呢?考察杜威与库恩之间的这么一个"缺失的环节"有助于我们认清这一点:这便是克拉伦斯·埃尔文·刘易斯(Clarence Irving Lewis,1883—1964),库恩学生时代的哈佛哲学系教授。

---

[1] 上述批判发展最为完善的版本乃是 Dewey 1920。我对杜威批判的应用最能在 Fuller 1992b 中看到。尽管在细节上有所差异,恩斯特·马赫对大一统解释作为物理学目标的否定,正如在第二章中所阐明的,提供了又一个把矛头指向科学的自然主义者——他希望能够预先防范科学的那些具有超验色彩的自负——的案例。促成马赫的现象主义的动因主要是这么一种担忧,也就是物理学转变为世俗化的神学——它立足于一种关于原子的形而上学,这样的形而上学将会引导人们相信除非他们掌握自己时代的最主要的科学理论,不然他们对科学的理解就是不充分的;由此人们便丧失了力量,因为他们将会远离这样一种对科学的使用,也就是将它视为一种能够满足自己的个人目标的节约型工具。

2. C. I. 刘易斯，通向库恩的"缺失环节"

自从人们开始思考以来，诸如"生活""物质""原因"等等这样的词一直使用到了现在，但同时它们的意义却不断地改变着。几乎没有哪个解释范畴或者解释原则乃是从亚里士多德或者中世纪的科学处流传下来的。相当确切地说，那时候的人是生活在不同的世界里，因为他们使用的是如此不同的理智解释工具。无疑，望远镜、显微镜以及科学实验室起到了重要的作用。随着时间的推移，人们所熟悉的经验也就越来越广泛。但光靠这点并不能说明历史中的所有已经变化了的解释。我们不能只考虑（与变化的解释有关的）感官观察，而且还必须考虑（与变化的解释相符合的）人类倾向以及需要。那样一种控制外部自然、把握我们自身命运的动机一直存在着。老原则之所以被抛弃，不仅仅因为它们与新发现的事实不一致，而且还因为它们被证明为不必要的复杂与笨拙，或者它们没能把人们眼中重要的区分给突显出来。

熟悉《科学革命的结构》的读者们也许会认为以上片段乃是出自一篇作为《科学革命的结构》一书写作基础的论文；要不它就是取自该书出版以后的某个演讲，也许就正如那些重新收录在《必要的张力》中的演讲。无疑，人们之所以如此认为乃是基于这样的明显线索，也就是上述文字能够使人联想到不同世界的科学家生活在不同的范式底下，而这正是《科学革命的结构》一书的相当一部分独特而富有争议性内容的一个源头。如果说，读者们在把这段文字归诸库恩的时候是踌躇的话，那么他们所可能有的唯一理由便是此处的科学几乎没有那层作为专门化共同体的含义；毋宁说，我们在此处看到的是科学与人文科学被隐隐地等同起来，这样一种做法属于早先的启蒙思维，后者与库恩的见解是格格不入的。

实际上，上面这段文字来自 C. I. 刘易斯于 1926 年在伯克利所做的一次演讲。[1] 刘易斯常常把他自己的假期以及高校的公休假花在这所加州大学系统的旗舰分校中，同时此地也正是刘易斯于 1910 年在哈佛大学乔西亚·罗伊斯手下拿到哲学博士学位后获得第一个正式工作的地方。当刘易斯在 1920 年回到哈佛

----

〔1〕 Lewis 1970，第 253 页。

的时候，他成了美国哲学传统最重要的集大成者，这不仅仅体现在他指导了查尔斯·哈茨霍恩与保罗·韦斯这两位研究生，同时还体现在他编辑整理了查尔斯·桑德斯·皮尔士（Charles Sanders Peirce，1839—1914）这位昔日在整个职业生涯中一直徘徊于哈佛体系边缘的实用主义奠基者的论文文献。[1] 尽管在20世纪20年代到30年代，论起哈佛哲学系最突出的人物当数阿尔弗雷德·诺尔司·怀特海，但从制度性存在的角度来说，刘易斯是最首要的。他可以说是哲学在美国的职业化过程中最重要的个体——刘易斯把那些移居美国的逻辑实证主义者的思想批判地吸收进美国传统中，依然趋向于把受过教育的公众视为它的自然受众。

历史的嘲讽在于，专业哲学并没有对刘易斯返以同等的回报。作为一名系统性的思想家，他的遗产却要面对一个摒弃系统性的时代，由此刘易斯是以碎片化的形式留存在了人们关于他的职业的集体记忆中。人们已经忘却了刘易斯的这么一个相当大胆的主张（我相信这一点是最不幸的），也就是哲学从根本上来说乃是一门规范性学科，同时逻辑与知识论最终都是建立在伦理学之上。[2] 不过，人们还是继续在某种有限的程度上表彰刘易斯：命题间的必然、偶然、可能以及不可能关系，在深度上超出了与演绎有效性有关的约束条件所能容纳的范围。刘易斯拓展了符号逻辑从而使得它能够涵盖命题间的如此关系，而且这样一种拓展捕捉到了人们关于以上这些模态词的形而上学直觉。

不过最终，而且这绝不是什么赞美，刘易斯被列为关于"所予"（the given）与"概念图式"（conceptual scheme）的强康德式区分的最后辩护人之一。这里的所予指的是我们关于实在的经验，而概念图式则是我们用来理解前者的东西——或者，我们也可以用康德本人的术语来表达这一区分，也就是"综合"陈述与"分析"陈述。的确，威尔弗里德·塞拉斯——刘易斯最主要对手之一罗伊·伍德·塞拉斯之子，不过他却是凭借自身价值而成为一位重要的形而上学家——将刘易斯对上述区分的坚定信念命名为"所予的神话"，这一标语后来由理查德·罗蒂接了过来，使它成为后现代主义者反复念叨的口号。[3] 在后现代主义者的耳朵里，刘易斯的区分听起来太过天真——上述区分主张对于那个据称我们栖居于其中的实

---

〔1〕 Lewis，"Autobiography"，出自 Schilpp 1968，第16页以降。

〔2〕 有关这一主张在当时的大胆程度，参见 Purcell 1973，第56—59页。就我们的时代来说，上述哲学构想的最为突出的提倡者乃是尼古拉斯·雷舍尔，他甚至采用刘易斯的"概念论的实用主义"（conceptual pragmatism）来为他本人的形而上学立场命名。

〔3〕 Rorty 1979，第101页以降。

在来说,我们在某种程度上乃是"外在于"它,因此我们就必须借助类似概念图式的东西来重新认识实在,这样的概念图式能够触及一切在时间上先于(predates)我们存在的存在。(在这一问题上,恰当的后现代主义观点是,实在与我们对它的理解是"共同生成的"[coproduced]。)于是,乍一看,刘易斯就像是一位过时的老古董——他在20世纪试图用实用主义来更新康德主义,最后以失败告终。

不过,刘易斯也说过别的一些东西,它们表明刘易斯不仅预先考虑到了库恩式转向的出现,而且他还刻意地选择从后者处往回退。以上这些都值得我们进一步的研究。考虑下面这段刘易斯在他晚年对批评者所作的回应:

> 那些我们能够成功地将它们运用到接下来的理解活动中去的概念存活了下来,而那些在实用角度上没法做到这一点的概念则变得过时。概念的最初形式乃是作为某个理论的假设。当上述理论被证明为正确的、可应用的,以及有助于正确认识的时候,这些概念也就得到了"证实"。"燃素"这一概念没有变更它的含义;它被遗忘了。"量子"(指的是它确切的物理学含义)这一概念将会严格地保留它所具有的而且是没有变更过的含义,但是它作为物理学概念的命运将会由实验来决定。不过,我们必须永远把这两项给区分开来:对一个概念的分析性说明——这样的说明作为一个陈述,它的真假乃是任何对概念的尝试应用的必要前件;关于客观事实的真理——它们永远受到经验发现的完全支配,并且它们在理论层面上从来不具有比可能(probable)更好的地位——让我们这样说,关于客观事实的真理也就跟目前确定的物理学事实那样。[1]

人们通常把刘易斯的观点放在这么一个语境下考察,由此一来刘易斯似乎持有的是一个类似库恩的范式间具有不可通约性的观点(注意他对燃素命运的评论)。但是在这之后,当他观察到上述立场会带来令人厌恶的结果(比如说,科学的总体进步是不可能存在的),刘易斯把自己撤了回来,重申他对分析/综合这一区分的信念。不过,如果进一步考察的话,可以说刘易斯是以一种更为深刻的方式来挑战当代的种种敏感性。我强烈建议读者这么来阅读他的论证:我们先假定

---

[1]　Lewis,"The Philosopher Replies",出自 Schilpp 1968,第 662 页。

"范式"指的是一个作为闭合演绎系统的科学理论,这一步类似于逻辑实证主义者以及他们讲分析的后辈们的做法。于是,我们可以从中得出这么一个"分析的"科学陈述与"综合的"科学陈述的鲜明区分——前者充当了我们研究的种种假设性前提(因此它们也就相对能够免于经验的检验),而后者则是从上述前提逻辑演绎而来的但同时又是在经验上可检验的结论。[1] 上述区分的鲜明色彩实际上为不可通约论提供了许可,正如两个理论在互相排斥的前提集合的支配下定义了截然不同的概念图示。尽管如此,这样的结果并不是我们抛弃以上区分的依据。相反,科学的进步依赖于我们这样一种能力,当我们最初的假设与自然对这些假设的回应出现差异时,我们去追随记录我们对这些差异所做的反应。[2] 换句话说,我们关于进步的意识——也许它正是科学最突出的特征——预设了一种明确的分析/综合的区分。鉴于刘易斯的论证有助于表明,库恩对上述区分的模糊化是何以钝化哲学与科学两者的批判性锋芒的,我将在本章的剩余部分考察这一论证下的种种结论,这些结论在哲学上很有意思,同时又常常为人所忽略。

首先要表明的一点是,正如逻辑实证主义者与波普尔(前者总的来说是如此,后者是一直如此),刘易斯为康德赋予了一种"规约主义"(conventionalist)色彩,也就是说,他把人们对研究的分析起点的选择描绘为一种或多或少的自由选择。这就意味着,某个陈述是算作分析陈述还是综合陈述将会随着概念图式的不同而出现根本性的差异。"2+2=4"可以说是哲学家所钟爱的分析陈述的例子,但它同样能够被视为是一个综合陈述——它受到反复的计算情景的检验,当计算者没能从"2+2"中得出结果"4"时,这一情形构成了一次对上述等式的正确性的冲击。以上实践还能算是一个数学实践吗?如果答案是肯定的,那么它是否足够稳定,以至于能够允许我们追求那些有如我们所了解的自然科学?不论以上这些难题收到的是怎样的回答,它们让我们注意到了这么一个事实——陈述所具有的分析性地位是如此这般地得到维持的,当有人试图从他们自身的目的出发来使用该陈述的时候,我们需要抛开或者至少是悬置这些人的经验。不管怎么样,这样一种可设想性(设想陈述可以落在分析/综合的任意一边)本身并不能构成抛弃该区分的依据。它仅能表明这一区分不是来自陈述的内容,毋宁说它来自陈述的逻辑形式。而就陈述的逻辑形式来说,则是由我们选中的概念图式的语言来规定的,除

---

〔1〕 参见,比如说,Carnap 1942。
〔2〕 有关刘易斯对分析/综合这一区分的看法,参见 Thayer 1969,第 212—231 页,第 511—519 页。

非我们做出另外的选择。

　　事实上,正是因为我们对出发点有着完全的控制,于是我们能够在自己与经验实在打交道的时候维持出发点的恒定不变。换句话说,我们的前提假设所具有的人为性确保了它们能够模拟出前康德哲学家归给实在本身的主要属性中的一种,也就是不变易性(invariance)。对刘易斯来说,他并没有预设那样一种休谟之后的哲学家不加批判地称之为"自然的齐一性"的东西,相反,刘易斯所预设的是我们概念图式的不变易性。[1] 由此,正是概念图式的坚固性造就了它的诊断力。如果概念图式不能在与实在打交道的过程中保持不变,那么我们就无法对这些概念图式把握实在的能力进行比较,如此一来我们在未来便不再具备那样一种使我们能在概念图式间进行自由选择的基础。然而,为了使种种概念图式在研究者看来乃是各种截然不同的选择,其中的一个必要条件是这些图式之间不可互译;若非如此,对概念图式的选择自由就会化为一场符号层面上的幻觉:也就是说,这不过是以不同的方式说同一件事。举例来说,当我们相信,在建立于"燃素"概念上的化学与建立于"氧气"概念上的化学之间所做的决定是一个真正的决定时,它有赖于这样一种预期,也就是从长远看不同的决定在结果上有着显著的差异。不然,如若不同的决定在它们所能带来的可能结果上存在重叠,那么今天从氧气出发得到的化学进展要是从燃素出发也同样能轻易地得到。果真如此的话,我们就要怀疑我们是否对研究过程具有掌控力。[2]

　　这里尚需要回答的问题是,人们如何在种种不可通约的研究起始点间做出选

---

[1] 参见,特别是 Lewis 1929,第 348 页以降。

[2] 无疑,如果我们在分析层面上所作的选择无法在综合层面上产生区别,那么这不能必然地得出结论说实在正不可阻挡地把我们拽往它的终极本质;毋宁说,它同样可以是在暗示我们,自身的心理、语言或者概念的倾向是如此根深蒂固以至于不论我们如何挣扎,我们最后总是得到同一幅关于实在的图景。就上述根深蒂固的倾向而言,它的一个精致的版本便是文化进化论中的"自然引力"(natural attraction)理论,其灵感与其说乃是来自传统的目的论或者天赋论(innatism),不如说是来自混沌理论,以及复杂性理论。"自然引力"理论在那些接受进化心理学指引的人类学家中很是流行。关于这一视角的一个非常有意思的展示可以参见 Sperber 1996。

　　我曾经使用多重决定(overdetermination)这一术语来形容这样一种历史总体趋势,也就是不论出发点为何,它都是朝着同一目标收敛。多重决定论者主张历史就是朝向某个地方,即便对这一路上的绝大多数具体事件来说,它们完全可以不如此这般地发生。通常,职业科学家对他们自己领域的历史就持有这么一种多重决定观,因此这些人会很自然地相信同一真理能够通过不同的文化路径得到,于是他们就能划出一道界限,处在界限之外的那些历史细节成了无关紧要的细枝末节。相比之下,不完全决定论者则把上述图景颠倒了过来。这些人争辩说,不论历史获得的是何种方向,上述方向仅能通过一系列偶然的"转折点"而得到,而且就这些转折点的结果来说,它们限制了历史在接下来所能行进的方向。当历史学家们强调这样一种以过去而不是现在作为书写历史起点的必要性的时候,他们所表达的正是一种不完全决定论的观点,也就是对于原初的历史个体而言,他们所看到的自己未来的可能性比我们所能容易设想的要多得多——因为我们的知识已经打上了后来发生的事件的印记。参见 Fuller 1993b,第 210—213 页;Fuller 1997d,第 84 页以降。(必须明确的是,我在这里使用的"不完全决定论"与本书所间或提及的奎因的那个论点没有明确的联系。)

择。此处,刘易斯的做法是把科学探索放在一个更为广阔的社会价值体系之中,后者为人们在判断任何一种研究形式能否成为一项人类的奋斗事业的时候提供了实用标准。上述标准包含了那些为 20 世纪大多数科学哲学家——不只是库恩——所接受的常规标准:理论的简洁性、成果的丰富性、经验的充分性、计算的有效性、预测的准确性、解释的包容性、概念的深刻性等等。不过,刘易斯与库恩的区别之处在于,当他将这些原则运用到具体案例时,做出的是不同的判断。

相应的一个典型案例是从托勒密天文学到哥白尼天文学的转变。库恩与刘易斯一致的地方是,他们都认为这一转变不只是一个假理论为真理论所取代的问题。众所周知,库恩是这么论证的,尽管我们现在发现托勒密的宇宙模型比起哥白尼的来要远为复杂,但是对于 16 世纪在托勒密天文学底下受到训练的天文学家来说,这些人会认为哥白尼的创新是不自然的(artificial),因此也就难以吸收领会,亦即,当时缺少任何明确的物理学证据,而这样的证据要等到一个世纪后才随着牛顿而姗姗到来。[1] 换句话说,对库恩而言,哥白尼模型所具有的理论简洁性不足以克服当时的研究者共同体的认知惯性。直到哥白尼学说被证明有着另外一种为研究者所认可的优点时,他们才改变自己的基本研究方向。相比之下,在刘易斯的版本中(依其所述它乃是基于威廉·詹姆斯在讲座中不时用到的一个案例),人们之所以接受哥白尼而放弃托勒密,是因为哥白尼的模型确实是更为简洁的宇宙模型——正如各种语境所表明的,哥白尼学说而不是托勒密学说,使得人们能够拓展对环境的控制力。[2]

在今天,我们会说库恩的叙述更具历史精确性,但这仅仅是因为我们总是预设一个特定的解释框架来解释历史事件。然而,库恩与刘易斯这两人都能被证明为对的,如果我们在看待两个理论间的选择时考虑这样一种区别,也就是从决策者阶层视角来看待选择与从时间视角所具有的广度上看待选择。库恩明显是在试图解释,为什么这些大体上乃是哥白尼同代人的天文学家并没有在第一时间对他的模型怀有热情,至于刘易斯,他则是希望理解从长期角度来看,更广泛的研究者们是如何开始接受哥白尼模型的。由此,当两人不同的回答针对的乃是颇为不同的问题的时候,这也就没什么好奇怪的了。

此外,在上述问题的不同构架方式的背后,存在着规范性承诺上的本质区别。

---

〔1〕 这是 Kuhn 1957 的主旨之一。
〔2〕 Lewis 1970,第 251—252 页。

库恩把科学研究所具有的自我选择与自我组织特征作为自己的出发点。因此,库恩在描绘理论选择事件的时候,是站在他所试图把握的那个时代的科学实践者的立场之上。相比之下,刘易斯沿袭了一种实用主义倾向,也就是立足于那样一种也许能被称为"完人"(the complete human being)的理想化形式之上。对于这么一个完人来说,科学首先是满足人类基本需求的一个手段,它就本身而言并不必然是一个值得无限追求的活动。从这一更广阔的视角来看,科学共同体具有的自然倾向就可能阻碍研究的这样一种为人类利益作贡献的能力。此处值得我们回想一下,充斥于实用主义开始成熟的 20 世纪早期的是,一种对"专家"会构成一个世俗化的牧师阶级的忧虑。刘易斯追随詹姆斯与杜威,认可一种务实的"美国式的"怀疑态度,它针对的是任何的包含有这么一层意思的倾向,也就是普通市民应该将他们的判断权交与那些"专家",而后者更为关注如何将他们的专业永久延续下去,而不是来解决公众的种种问题。[1]

以上这一刘易斯与库恩间的重要差异之所以值得一叙,乃是因为它有助于把刘易斯的那些看上去是老古董的特征之一转化为一个针对科学(作为一个越发封闭的社团)的批判。鉴于理查德·罗蒂在实用主义迎合后现代主义感受性的过程中发挥了不可估量的作用,我们在这里最好以这样一个区分作为开始,也就是在比较刘易斯与库恩时,存在着前罗蒂式理解与后罗蒂式理解。后罗蒂式的观点看起来足够眼熟:库恩在理解科学时乃是从职业科学家的时空视域(spatiotemporal horizon)出发,而刘易斯则是接近那样一种先验的、"上帝般的"传统哲学家立场——这些哲学家的目标乃是获得"终极"意义上的科学对实在的把握。以上就解释了,至少足以让后罗蒂主义者满意,为什么科学哲学会出现这样的分裂,也就是一拨人追随库恩,这些人倾向于关于科学的历史研究与社会研究,而另一拨人则追随刘易斯(如同他们所表现的那样),大体上继续在形而上学的层面上对"科学"的本质进行讨论——这样的讨论与实际科学的经验特征几乎没什么关系。从

---

〔1〕 这一观点出现在 Thayer 1968,第 221 页中。White 1957 是一部优秀的学术性的关于反专家主义的文化史著作,该书考察了杜威、托斯丹·范伯伦、奥利弗·温德尔·霍姆斯、查尔斯·比尔德,以及詹姆斯·哈威·鲁滨孙。实用主义者与马赫主义者在这一问题上的类似性——本书第二章中所讨论的马赫主义者对科学职业化的种种担忧——可以说是显而易见的。

社会心理学的角度来说,库恩与刘易斯分别从"内部"与"外部"把握了科学。[1]

后罗蒂式理解所具有的说服力体现在哲学家能够轻易地接受这一论点:除了那些来自个人自身概念图式的东西外,个人是不可能理解其他的东西的。我们理解对立观点的能力似乎是基于这样一种能力,也就是我们已然将该观点纳入内心。基于上述理由,一些哲学家——尤其是唐纳德·戴维森——得出结论说,概念图式之间具有根本差异的这一想法是不自洽的;毋宁说,关于同一个实在,存在着这样一类视角,它们虽然互不相容,但是这不意味着它们之间变得难以互译。由此,比较不同的概念图式与比较关于同一个空间的不同地图,前者并不会比后者来得更难。[2](有意思的是,当地图隐喻最初被用来刻画理论间关系的时候,人

---

〔1〕 在刘易斯与库恩之间,我们找到了一种概念图式的内在进路与外在进路,其差异可以很简便地通过格式塔心理学来把握。有意思的是,格式塔原则同时紧扣了维特根斯坦与波普尔这两位来自维也纳的世界-历史级思想家的想象。正如事实所表明的,此二人像库恩一样最初是以这样的方式开始理解概念图式这一观念的,也就是他们作为教师关注于学生是如何来"看"那些在课堂中呈现给他们的东西。参见 Bartley 1974。考虑下"格式塔转换"这一现象,那些场合(取决于具体背景)能让实验主体从一幅模棱两可的涂鸦(sketch)中识别出(举例来说)一只鸭子或者兔子来。

波普尔强调的是表征的约定对知觉确立的必要性,上述约定如果用此处的案例来界定的话就是通过这样一种方式,也就是实验者提示实验对象以某一种方式而不是别的方式来对涂鸦进行概念化——既然涂鸦本身不具有"自然的"解读。刘易斯诉诸那样一种干净利落的分析/综合区分就应该从上述视角来进行理解,具体来说就是要站在这一个体的立场上来看——该个体在开始自己的研究时并没有背上过去偏见带来的负担,他之所以如此并不是因为超越了上述偏见,而是因为对它们早有准备,以至于能够控制它们,并使他所面对的解释情景依然保持一种真正的开放状态。

维特根斯坦在开始的时候与上述立场走得很近,但是慢慢地他把关注点从实验者转到实验对象身上。他观察到,当实验主体识别出那样一个并不呈现于涂鸦本身之中的鸭子或者兔子的时候,实验对象本人必须为此提供一种维度,由此,维特根斯坦揭示了背景知识——它们作为以上过程的必要条件——所具有的那样一种缄默特征。参见 Wittgenstein 1953, pt. ll, xi。鉴于对那些足够幸运以至于能够为行动创造属于他们自己的情境的人来说,他们可以处在一种超然的位置上,因此我们也就不奇怪,比起后期的维特根斯坦来,波普尔与刘易斯(同时我们可能希望在这里把逻辑实证主义者也包括进来)在这一问题上要显得更为乐观,即在他们看来,一个人的背景假设能够相对容易地被鉴别出来,对之加以批判,并使之改变。

库恩本人在把格式塔转换理解为革命科学家所具有的转换范式的能力时,显得多少有点不情愿。不过,库恩对格式塔转换的理解更接近于维特根斯坦对实验对象-学生的关注而不是波普尔对实验者-老师的关注。确实,实际上库恩还深化了维特根斯坦对背景知识的难驾驭特性的理解,也就是库恩否定了这样一种可能性——对于那样一种不同实验对象以不同方式来认知的涂鸦来说,我们能够给出一个相对中立的描述:"当科学家们在看某物的时候,他们并不是把它看作别的东西;相反,他们看到的就是它。我们已经考察过普里斯特利将氧气视为脱燃素空气这一说法所产生的某些难题。此外,科学家并不保有格式塔实验对象的这样一种自由,也就是他们能在看的种种方式间来回切换。"(Kuhn 1970b,第 85 页)

请注意库恩把科学家概念化为这么一种完全纯真(或者这算是一种自我进化?)的实验对象。对这样的人来说,他们无法想象自己成为实验者会是怎样的一种体验,因此他们也就无法在面对一幅模棱两可的鸭/兔涂鸦时,在关于这一涂鸦的两个互不相容的理解方式中来回切换。另一个值得注意的问题是,库恩(错误地)假定了,当"把 X 看作 Y"这一表述被用来刻画知觉时,"X"必须指称被认定存在在那里的实在,后者构成了"Y"的基础。实际上对于"X"来说,它同时也有可能是关于某个现象的一个最小化陈述,这一陈述有着这样的特性,也就是它不会偏向于任何关于它的可能理解方式。于是,我们也许就能这么说——正如格式塔心理学家会做的那样——普里斯特利把从他的实验中产生的那种特定的气态物质理解为脱燃素空气(而不是氧气)。

〔2〕 Davidson 1982,特别是第 69 页。

们用它强调的是这一事实,也就是即便可能有好几张地图把握到了同一个空间,但此时如果使用者没有在一开始明确说明他需要地图的理由,就无法判断这些地图中哪一张更好。)[1]对那些并没有沉浸于我们这一后现代时代的人来说,他们很容易把上述立场视为是一种对封闭式心灵(closed-mindedness)的先验辩护:如果你的信念是可理解的,那么我就应该能够在拥有它的同时不会置换掉太多我目前拥有的信念。对最初的那些实用主义者来说,如果他们要对这一情形进行诊断,那么封闭式心灵正是他们所使用的方式。[2]

以上是一个很好的转折点,借此我们可以将目光转到前罗蒂式的对刘易斯与库恩关系的理解上来。此时,库恩从"局内人"来理解科学就显得偏狭起来,仿佛科学家就只是科学家一样——科学家并没有被描绘为全面成熟的个体,对这样的成熟个体来说,当他们要判断哪个行动路线符合自己以及作为人类同胞的他们的最佳利益时,科学工作在其中虽然会扮演重要的角色,但它的作用并不是绝对性的。在这一意义上,刘易斯的"局外人"视角与其说看起来是一种进入上帝心灵的无效尝试,不如说是这么一个抽象尝试——就以上这些更广的规范性关切来说,有着种种互不相容的科学理论,那么人们该如何来理解这些理论的优劣。换句话说,实用主义者希望科学家能够往后退,这不是指从科学家的那种世俗性存在的位置上后退,而是指从这些人狭窄的专业兴趣上后退。由此,至少对前罗蒂主义者来说,体现在后罗蒂主义者身上的这样一种倾向——他们不认为在专业兴趣与"上帝的心灵"间存在着某种中间视角——将会被视为某个科学严重地与其所在的社会条件相疏离时出现的症状。

关于上述评估有一个出色的历史指标,这就是詹姆斯与杜威对20世纪日益增长的形式逻辑狂热持普遍不信任的态度。他们的疑虑为这样一种前景所激化,也就是如果科学可接纳性的标准被还原为纯粹的形式逻辑标准——比如说规避矛盾——这将为职业科学家执着于自己所宠爱的理论披上合法外衣,因为只消对原有的理论承诺进行某些微调,几乎所有矛盾都能得到克服。由此,在规范性方向上对逻辑过分依赖无疑会削弱科学具有的革命性精神。当然,作为现代形式逻辑发展的杰出贡献者之一,刘易斯本人并不认同上述观点,而这在结果上也就导

---

[1] 这一实用主义观点在最初是以对维特根斯坦后期工作的一种洞见的方式呈现出来的。参见 Toulmin 1951,第4章。

[2] 同时可参见 Popper 1994,第33—64页。

致他可能无法认识到逻辑在哲学中日益增长的特权地位是如何妨害整个领域的思考的。因为,刘易斯明确地接受了实用主义的一个一般观点——逻辑仅只是"思考的工具"这一表述的字面意义——而 20 世纪大多数逻辑学家却倾向于简单地把逻辑与规范意义上的恰当思考等同起来。

为了结束对上述问题的讨论,让我们把目光转回到刘易斯第一次先于库恩做出行动的场合,也就是他对这一思想的认可,即来自不同时代的科学家生活在不同的世界之中。刘易斯在此处以一种完全非库恩式的姿态来结束他的论证,他恳求人们认识到我们的概念图式与它所表征的实在的特性之间有着逻辑上的不同。鉴于科学哲学中"实在论"与"非实在论"之间的近来争论的发展脉络,我们很容易认定只有实在论者会希望做出以上区分。然而,刘易斯在完成对上述区分的辩护时,他所基于的依然是实用主义的立场,而不是先验的立场。他并没有从正面给出论证来证明实在的独立存在性。毋宁说,他试图担保人类有着这样的能力,也就是我们能够提升行动的深度和广度,即便我们面对的是不同时代的世界观之间所具有的显而易见的差异性。当我们与实在打交道的时候,我们的自由程度取决于我们追踪所持有的概念承诺的后果的能力。用黑格尔的话来说,自由乃是对必然的认识。由此,逻辑就成了我们对历史直觉加以结构化的首要工具,以便我们能够保留一种清晰的认识,也就是从什么能够得到什么,并且能够相应地做出决定。我们的理性并不栖身于逻辑本身,而是在逻辑使得我们做出的那个决定之中。[1]

在 20 世纪历史的演进中,刘易斯关于逻辑的规范性定位对于他在认识论以及科学哲学领域中的那些后继者来说并非完全透明的——而且这里我更多地指的是定位本身而不是指它的来源。在教科书里,人们持续不断地把两种描述——它们都赋予了演绎逻辑特权地位——混在一起来刻画科学推理:这两种描述的典型分别是卡尔·波普尔的"假设—演绎"(H—D)方法与卡尔·亨普尔关于解释的"演绎—律则"(D—N)模型。在课堂实践的现实政治中,波普尔的方法——预设了一个与刘易斯相近的逻辑观——被简化为亨普尔的模型。这一做法至少有两个理由。第一个理由是二战期间英美哲学中的逻辑实证主义在制度上取得了极其强势的进展,它遮蔽了波普尔从实用主义出发对实证主义所作的独特修改。另

---

[1] Lewis 1970,第 247 页。对这一观点的最彻底以及最系统化的发展也许体现在了 Dewey 1938 中。

一个理由则是简单地来自这样一个事实,亨普尔与波普尔都属于同一帮中欧哲学家群体,而这群人被那一代在二战期间成年并大约在 20 世纪 60 年代开始担任重要教职的英语系哲学家群体标记为"保守派"。后面提到的这些哲学家,尤其是最终在库恩的光环下显得黯然失色的图尔明与汉森,他们两人在组织批判时以单一的修辞姿态把亨普尔与波普尔一并清除。[1]

H−D 与 D−N 都能够被理解为以一阶谓词逻辑表达的三段论,例如:"所有天鹅都是白的;这是只天鹅;因此,它肯定是白的。"先不管这一老套的例子在科学层面上过于简单(我们可以轻易地、成倍地得到合适的科学例子,尤其是当它们表达为一组包含开放性变量的公式时),人们通常把上述三段论理解为这样一种方案,也就是通过表明科学发现是如何被归入那样一种被暂时承认为自然法则的一般概括(generalization)之中,由此而证明这些科学发现的正当性。根据以上解释,上述方案提供了这么一种指南,也就是当我们处在新情境之中的时候——这些情境与那些肯定上述一般概括正确性的过去情境是相似的——我们应当作出何种预测。然而,波普尔激烈地反对这一解释,在他看来这是一种对逻辑的教条化使用,以至于进一步强化了那些已经根深蒂固的科学偏见。从他持有的这两个信念出发——人类的创造本质与物理实在所具有的终极意义上的不确定性——波普尔论证道,人们在科学中对"定律"(亨普尔模型中的"律则"一面)的探求乃是一场哲学幻想。[2] 在波普尔看来,在我们的科学假说中坚持这些一般概括的真正理由乃是,使得实在能够以尽可能鲜明的方式来检验这些假说。如果某个为人们所中意的理论断言某一特定的事件将会发生,而后者实际并没有发生,那么摆在科学家面前的就是一个明确的选择:或者抛弃理论,或者抛弃观察。

也许因为波普尔认定那些得到充分证实的理论被不确定的实在反驳是不可

〔1〕 汉森把 H−D 以及 D−N 混为一谈(在其中亨普尔的立场被冠上了波普尔的名号),它依然被人们作为一种权威文献加以引述:参见 Hanson 1958,第 70—73 页,第 82—86 页。图尔明对上述混为一谈的共谋体现在了他对波普尔《科学发现的逻辑》一书的评论中。在里面,图尔明明确地(同时也是误导性地)将他本人以及汉森的论述与一种对波普尔的实证主义理解区分开来。参见 Toulmin 1959。将 H−D 与 D−N 混为一谈继续出现在了 Harre 1986,第 4 页中,在其中亨普尔与波普尔被一并扣上了"逻辑本质主义者"的帽子。

〔2〕 这里值得我们回顾的是波普尔关于科学的"开放社会"观点的种种根基所在,它们来自亨利·柏格森关于宗教力本论(religious dynamism)的起源的论述(参见第 95 页脚注 2)。波普尔对实在具有终极不确定性的信奉乃是他与柏格森所共享的一个形而上学立场,该立场最为明确地出现在了他关于量子力学的哲学之中。Bricmont 1997,第 147 页以降是一个把柏格森与波普尔两人联系起来的评论。柏格森之于波普尔,正如詹姆斯之于刘易斯。正是因为实在并不提供有关它自身本质的清晰征兆,对于波普尔与刘易斯二人来说,逻辑也就有了至高无上的重要地位,它作为一种"刚性杆"(rigid rod)使得知识主张能够借助它而得到评判。而对于柏格森与詹姆斯来说,他们相信形而上的不确定性乃是无法逃避的——除非通过纯粹意志(pure will)的行为。

避免的,同时科学家们还是足够自信,以至于允许他们自己的观察压倒过去的权威(毕竟,对波普尔来说,理论不过是形式化的假设而已),于是波普尔把他自己的H－D方法视为这么一种手段,它能够逼迫科学家们经常性地询问并决定自己是接受还是拒绝那些基础工作假设,不会因为他们目前所效忠的对象正是阻力最小的方向,于是就这么随波逐流(这本质上正是库恩在"常规科学"的名义下推荐的行动路线)。[1] 就对逻辑的态度来说,波普尔可以说是刘易斯最确定无疑的同道。

尽管刘易斯并没有明确地引发对世界—历史的自我欺骗(world-historic self-deception)的忧虑,但这样一种忧虑无疑出现在了刘易斯关于逻辑——作为一种诊断工具——重要性的思考背景之中。实用主义在两个相反的方向上容易受到自我欺骗的威胁,而这两个方向都能被理解为是对威廉·詹姆斯1897年的那篇被广为传阅的论文《信仰的意志》(这篇论文可以说是詹姆斯哲学表达的最生动作品之一,现在常常被视为对人们有权相信任何对他们有用的东西的经典辩护)的解释。一方面,如果科学的全部被视为"分析性的",那么我们很可能高估了自己改变世界的能力,我们大概会以为文字表述中的每一个差异都标志着现实后果中的某个差异。这便是唯意志论(voluntarism)谬误,它正是那些带有更多尼采色彩的实用主义者,比如说英国人文主义者 F. C. S. 席勒所倾向的立场。另一方面,如果科学的全部被视为"综合性的",那么也许我们低估了我们改变自己的能力,就好比我们会认定只要我们的概念承诺带来的实践结果并没有要我们的命,那么它们必然会使我们变得更强,于是我们就应当容忍它们并把它们延续下去。这便是适应论(adaptationism)谬误,很可能正是它困扰着埃德·勒·罗伊这样的实用主义在法国的理论继承者。(罗伊把我们从我们的信念——不管它们是宗教的还是科学的——中累计获取的益处解释为引导我们走向终极实在。)在今天,自然选择原理已经取代了神圣之光的明灯地位,由它来指引人们的形而上学方向。不过,教条主义倒几乎没什么变化,除了宗教因为已经完全屈服于科学而把教条主义的源

---

〔1〕 此处我借用了 Notturno 1995,第 5 章所提供的那样一种对波普尔的逻辑进路的理解。诺图洛甚至还认为,对波普尔来说,发现的逻辑正是发现我们错误的逻辑(换言之,它能使我们放下我们之前所使用的研究方式而选择另一种)。波普尔的主要著作《科学发现的逻辑》(1959)里的如下一段卷首语可以说为诺图洛的理解提供了基础:"对于科学人来说,没什么东西比科学的历史以及发现的逻辑更为根本的了……我们把错误的方法探查了出来,我们使用假设,使用想象力,使用那种测试的模式。"(阿克顿勋爵)我觉得上述理解忠实于波普尔的精神,而且它应该能使那些依然相信把"Forschung"译为"scientific discovery"乃是完全错误的人重新考虑自己的立场。

头让给了后者。[1]

　　威拉德·冯·奥曼·奎因是实用主义适应论路线的主要继承人。我将把我最后要说的东西构思为对他 1951 年的论文《经验主义的两个教条》的间接援引。对于绝大多数受逻辑实证主义影响的分析哲学家来说，正是以此文为媒介，他们不得不对实用主义传统加以正视。连接勒·罗伊与奎因的纽带来自前者在科学界的同情者之一——皮埃尔·杜恒。杜恒在讨论科学研究本质的时候通常以他自己的天主教信仰作为背景，这一点尤其真切地体现在了他对物理学研究的分析中。及至 19 世纪末，物理学研究已经如此依赖于数学表达与实验室实验，以至于它实质上已经建立了自身的人工世界，这样的人工世界与关于自然的任何直接经验是脱离的，而上帝可能正是通过那样的直接经验向我们提供启示。鉴于所谓的杜恒-奎因论点对近来的科学哲学以及科学社会学工作而言有着压倒一切的重要性，值得一提的是，当杜恒在辩护可用证据对科学中的理论选择总是不完全决定的时候，他的方式是指出物理学研究是如何与经验（我们关于自然的经验）的种种直觉形式以及推理特征相隔离的。与奎因所不同的是——奎因在后来把上述论点转化为一个一般性科学原理——杜恒把出现在物理学中的状况视为是后者独有的，并且在他看来，如果没有来自神学的指引的话，对全面理解自然而言很可能是有害的。[2]

　　有关奎因如何构建总体意义上的实用主义的遗产，以及杜恒如何具体地加以继承的问题，我们也许可以从奎因的总结性陈述中窥得一二：

　　　　有关类(classes)的存在的问题似乎更像是一个关于便利的概念框架的问题；而有关半人马的存在或者榆树街上砖房的存在的问题则更像是一个关于事实的问题。不过，我一直强调，上述两种问题的区别仅仅是程度上的区别，而且它有赖于我们这样一种模糊的实用主义倾向，也就是当我们在把某些特别的冥顽不灵的经验容纳进自身的时候，我们会选择调整科学基本结构中的这一个部分而不是别的部分。在上述选择中，保守主义发挥了重要作用，同时我们对简洁性的追求也起到了如此的作用。

---

〔1〕　有关实用主义的英式极端与法式极端，相应参见 Thayer 1968，第 283—292 页以及第 314—320 页。有关自然选择如同神圣之光在过去的表现那般运作的一个优秀范例乃是 Dennett 1995。

〔2〕　对杜恒、奎因以及库恩这三人关系的一个较早的富有洞见的论述可以在 Hesse 1970a 中找到。对杜恒的讨论已经散布在本书第一章以及第二章各处。

卡尔纳普、刘易斯等等这些人在关于语言形式、科学框架的选择问题上采取了一种实用主义立场;但是他们的实用主义戛然止于那道想象中的分析与综合之间的界线。在否定上述界线的同时,我提倡一种更为彻底的实用主义。每一个人都被赋予了一种科学传承,以及他所面对的持续的感官刺激之流(barrage of sensory stimulation);而这样的一类考虑,根据适合持续不断的感官提示(sensory prompting)来改变自己的科学传承,也就是,表现为合理的地方便是表现为实用的地方。[1]

对照我对刘易斯的解读,那么奎因关于"模糊的实用主义倾向"的论述绝对是大错特错的。不过,在做出上述定论的时候,我们最初将遇到一个挑战,它来自奎因特有的把科学研究还原为集合论扩展练习的一种倾向。在论证我们无法观察到某个类所属的成员(比如说,我们发现在榆树街上并没有砖房)并不会必然地否定这个类的存在(比如说,存在着砖房)时,奎因是在暗指我们是如何本能地来解决论据对理论的不完全决定。奎因将我们如此这般的反应刻画为"保守主义"——奎因一般赋予这个词的是正面的价值。不过,他拒绝把我们本能的保守主义上升为刘易斯的那种在分析的层面上可以得到定义的规范,这样的规范将能以一种有原则性的方式约束我们的行动。而且,正如刘易斯所表明的,如果在某些条件下我们可能会转换到另外一个截然不同的概念图式上,那么理解这样的条件便需要这么一个严格的区分——理论的分析性状态与理论结果的综合性状态。我们只能够通过以上方式来决定,随着时间的推移,同一个理论是否真的如我们所期望的那样表现。

相比之下,如果我们相信奎因所说的,那么我们就直接地获得这样一种许可——持续不断地在命题网络中重新指派真值,以保持理论与经验之间的平衡。此时,我们无法找到任何的迹象来表明,存在着这样的种种条件——没有这些条件我们就不能有意义地来比较种种互不相容的理论假设,更不用说去决定以这些理论假设中的哪一个为基础来构建我们的研究框架。确实,鉴于奎因对海上重建的纽拉特之船隐喻的喜爱,看来他还是热衷于模糊任何具有明确意义的概念图式选择行为。由此,通过变化量的递增,一个图式也许就这么在不知不觉中直接变

〔1〕 W. V. Quine,"Two Dogmas of Empiricism",1951,Quine 1953,第 45—45 页。

形为另一个图式。[1]

当詹姆斯最初宣称人们应当相信所有的对他们有用的东西时,他那里存在着一个关键性的模糊,也就是他的方针在元层面上是否具有这样的含义——具体来说就是,人们应当支持那些视当前的信念为成功信念的评价标准,而此后这些评价标准将会创造出一种继续去相信这些信念的推定。奎因在解决上述模糊时支持上述推定,这就在实质上抹去了与这样一种事实联系在一起的偶然性意蕴——是这个而不是别的概念图式被人首先采纳。奎因的大体做法是,假设科学家只不过是他所在行业的一员;同时,从这样的立场来看,科学家对于保存他的"传承"是有既得利益的。如果说库恩的革命科学家乃是预示在了刘易斯所描绘的研究者形象之中(真正地向未来开放、潜在地能够把某个概念图式与另一个概念图式互换),那么奎因所描绘的固执的科学家形象便把握住了库恩意义上常规科学的本意(继续在范式底下的研究,直到反常结果所带来的分量把转变强加到他身上)。

不论詹姆斯会在多大程度上认可这么一个一般的想法,人应当调整自己的偏好使之与自己的行动能力相匹配,他也不太可能去认同奎因的那种深思熟虑的保守主义。在我看来,其中的理由乃是奎因与库恩认为,科学家就是适应了由所在共同体的其他成员为中介而构建的环境,或许这是因"隔绝而来的"环境,而詹姆斯则提供了一个更具个人主义色彩的科学家形象,这样的科学家所适应的乃是直接与环境的遭遇。上述不同安排凸显出了在"适应主义"的名义下所能承诺的两种互补倾向。用让·皮亚杰的发展心理学的术语来说,奎因与库恩的"适应"是把新的经验同化(assimilating)到占支配地位的信念系统中,而詹姆斯的"适应"则是通过调节(accommodating)个人自己的信念来容纳新的经验:就前者来说,它太过苛刻;就后者而言,它又过于随意。简言之,我们可以看到在理解科学探索时使用演绎逻辑这一做法本身并没有问题,问题仅仅出现在了当逻辑脱离实质性的研究过程而获得自主性的时候。C. I. 刘易斯之所以是一位有益的见证者,一方面是因为他与逻辑实证主义者,尤其是他们的分析哲学后继者有区别,即他拒绝把逻辑视为一个独立的领域;另一方面,刘易斯又与库恩以及库恩的那些历史学以及社会学追随者不同,他并没有放弃演绎逻辑在为科学研究提供方向时所具有的有效性。

---

[1] 有关纽拉特之船这一隐喻所具有的知识论意义——奎因在 20 世纪 30 年代作为维也纳学派聚会的访问学者时吸收了这一隐喻——参见 Cartwright et al. 1996,第 86 页以降。

3. 以库恩式的调门去打下手

那么,库恩留给知识论与科学哲学的遗产到底是什么呢?它起到了这样一种作用,钝化了理性的概念所具有的批判性锋芒,当自然科学成为西方社会的主导知识形式时,正是这样的锋芒使得哲学与自然科学的关系出现了问题。在1800年以前,哲学与科学乃是天然的同盟军,这不仅仅是因为它们的工作常常是由同一批人在做,而且它们通常都反对宗教权威。然而,正如我们在第一章第6节中见到的,随着神学在19世纪逐渐交出它的认知权威而让位于自然科学,哲学与科学开始把对方视为自己的潜在敌人,尤其是像威廉·惠威尔这样的学术看门人已经在着手准备使自然科学成为国家教会的世俗继承者。1965年库恩与波普尔的论战,正如接下来将要探讨的,应当被视为哲学与科学之间的上述张力处在顶点的一个标志。

彼处,波普尔捍卫的是这么一个"科学"形象,作为一种理想,它站到了与科学家们的实际实践潜在地相对立的立场上。波普尔论证道,科学仅仅在其革命阶段——此时科学家们趋向于质疑自身研究活动的哲学基础——才算是发挥了它的理性潜能。而在其他的时间段,起主导作用的是从众效应,这时的科学家们从事的是清洁性活动——把主导范式下的那些零碎的尚待处理的枝节问题给拾掇停当。此外,波普尔意识到,他的批判所具有的反体制特征对于20世纪在技术层面上有着如此大规模的科学来说具有特别的意义——如果是在第一次世界大战之前,就不会有这样的意义。[1] 当然,库恩倡导的是与波普尔截然相反的观点,而且库恩的一些追随者甚至论证说,一个范式只要在经验上获得足够多的成功,就可以免予回应那些困扰它的深层次的哲学问题。[2]

在消解哲学对待科学的批判姿态的过程中,库恩算是一个相对的后进者。以下我们将要看到的推理过程来自奥古斯特·孔德。这位创造了"实证主义"与"社会学"两个词语的人,在150年前试图以此来合理地重建这样一种从"哲学"的思考模式到"科学"的思考模式的历史转变:

---

〔1〕 波普尔对这一观点的最清晰表达出现在了他对库恩的直接回应中。参见 Popper 1974,尤其是第 1146 页。

〔2〕 尤其可以参见 Laudan 1977,特别是第二章。

（1）哲学通过这样一种方式使得我们偏爱作为最高级的研究形式的科学，这种方式带着我们发展出了关于真理与理性的理论，由此迫使我们通过严格的逻辑推理标准来证明我们的知识主张的正当性。反过来，以上标准揭示了那些被我们视为是理所当然的思考习惯存在着怎样的不足之处。

（2）但是当我们开始从事科学事业的时候，我们意识到，这些哲学理论本身就是进一步研究的障碍，因为它们鼓励我们从仅仅是关于部分的一小块知识出发草率地得出关于整体的结论。这一通往不成熟的整体建构方式的倾向乃是人们试图以理性包揽经验观察的工作的结果。

（3）以上表明，就这样一种最初使我们相信科学的价值的思考模式来说，一旦我们已经完成了相信，那么它本身并不需要对科学有用。事实上，这一思考模式甚至可能成为障碍，于是应该被废弃，它已经没有用处了。

那些没有立刻把握到孔德的剧本的读者可以来看一看接下来的故事，人们有时候会用它来讲述科学革命是如何发生的：

通过不懈地发挥他的推理（ratiocination）能力，伽利略揭示了亚里士多德物理运动假设中的人为性与不一致性。然而，单纯地继续发挥这样的能力并不能带来更好的物理学，它只能使以"第一原则"为面貌出现的新偏见变得正当，正如笛卡儿物理学的情况。更好的物理学所需要的是那些建立在经验基础上的第一原则，正如牛顿说的，"从现象中推演而来"。由此，科学终于从哲学的束缚中挣脱了出来。

先不管这一故事有着怎样的历史精确性，我们现在要说的是它无疑预设了哲学与科学仅仅是在某些背景下才是相容的，在其他背景下则并不如此。科学与哲学能够组成某种临时性的同盟来挑战共同的敌人，比如说亚里士多德或者基督教。但是当这样的敌人被消灭后，科学的位置得到了提升，此时对于那样一门关于科学的科学来说，它的绝大部分时间要处理的是清除掉以任何哲学遗留物为对象的科学。

根据孔德的说法，本节第一段所描绘的那个哲学阶段发生在18世纪启蒙运动时期，而科学阶段则与实证主义的兴起处于同一个时间，也就是孔德所在的19

世纪。自那时起,哲学家与社会学家开始从孔德式的剧本中获取支持。对分析哲学家来说,他们是根据路德维希·维特根斯坦的工作而与上述理路相接触的——这一理路把哲学家刻画为认知疗法的一种形式,它贯穿于维特根斯坦工作的始终。举个例子,在《逻辑哲学论》中,维特根斯坦把(他本人的)哲学比作一架梯子,当我们攀登完毕后就需要将它蹬掉。而在他的后期工作中,维特根斯坦借助的是这么一个关于苍蝇的隐喻,也就是他因着嗡嗡声而注意到了苍蝇的存在,因此将它从玻璃瓶中放了出来。[1] 以上这样一种孔德与维特根斯坦的交汇,最为明显地体现在大卫·布鲁尔这位科学知识社会学(SSK)开创性思想家的工作之中。布鲁尔并没有隐藏维特根斯坦对他的影响,而且事实上就他的"反哲学"敏感性来说,其中的绝大多数乃是更直接地归诸维特根斯坦,而不是那些知识社会学的著名先驱人物——不论是曼海姆、涂尔干或者甚至是孔德本人。[2] 毫不奇怪,哲学家们对布鲁尔淘汰他们学科的提议深感愤怒。[3]

如果有读者怀疑上述对布鲁尔立场的刻画究竟是否正确,那么回想一下他早期对强纲领的阐述可能会有帮助。这一阐述依然是科学知识社会学进路的标志

---

[1] Wittgenstein 1922,命题 6.54;Wittgenstein 1953,第一部分,第 309 页。

[2] Bloor 1983,第九章。在布鲁尔看来,三位古典社会学家身上都保持着一种哲学冲动,从而使他们做出了超出经验许可范围的规范性宣称。孔德希望由社会学来为科学封圣,使之成为罗马天主教会的合法继承者;涂尔干把社会学视为是为国家教育赋予一种道德权威,它能够被用来作为抵抗资本主义所具有的道德失范倾向的缓冲;曼海姆在设想社会学的时候更将它当作由知识分子组成的散漫的兄弟会而不是一门学科,它将能够调停价值冲突——在这样的冲突升级成全面战争之前。

[3] Hacking 1984b 是那些更为克制的回应中的一种。哲学家们已经普遍地把他们自己的学科描绘成认识实践的先驱——认识论学者与科学哲学家将被视为积极的文化贡献者。在布鲁尔看来,在为科学所主导的认知文化中,哲学乃是一种返祖行为。就科学哲学家与科学家之间的这样一种爱恨交织的关系来说(比如说,波普尔希望科学家能更像哲学家,而逻辑实证主义者则希望哲学家能像科学家),哲学家把自己想象成最终是站在科学家一边的。布鲁尔否认这一点,他主张仅仅在科学并没有成为主导性认识实践的文化中,哲学家才与科学家站在同一侧。波普尔认为,哲学家的作用乃是不时地把科学家从他们的那些教条式的、常规科学的睡梦中唤醒,使他们保持警觉;而在布鲁尔眼里,哲学家的作用就是任由科学家养成一种使得经验研究在任何时间里都无从进行的习惯。(值得一提的是,波普尔与布鲁尔对包括方法论雕琢在内的,大体上同一种哲学的实践给出了冲突性的解释。)不过,一旦哲学家被噤声,布鲁尔便不会选择擅自去告诉科学家要做什么。当人们已经登上了维特根斯坦的梯子后,就可以将梯子蹬掉了。在这一意义上,布鲁尔乃是一位元相对主义者(metarelativist),他们意识到对相对主义的某个方法论承诺有着特定的时间和地点限制,不是在所有时间和地点都适合的。

　　元相对主义依赖于人们对具体形式的知识作出内容与功能的明确的区分。知识主张的内容——尤其是所有知识都是相对的这一主张——究竟是"进步的"还是"反动的",取决于该主张在所在的社会中发挥了什么样的具体作用。但是以上这一判断反过来依赖于我们的这样一幅"功能社会"的图景。布鲁尔认定,在种种不相关联的研究领域展开常规科学活动,就是功能化的标志,而在我看来这恰恰是功能失调的标志。因此,我对元相对主义的理解蕴含了这么一层意思,相对主义是会过时的,这个时刻并不是普遍主义被击败的时候,而是相对主义不再能够充分地发挥这么一种作用,即正好成为与主导性研究模式相对的辩证法的参照物(dialectical foil)。我在 Fuller 1995b 中强调了相对主义的这么一种具有讽刺意味的版本。

性宣言，即便时间已经过去了四分之一个世纪：

> 知识社会学的目标乃是解释人们的信念是如何由那些作用在他们身上的影响因素引发的。这一纲领能够被分解成四个必要条件。第一个条件是，知识社会学必须找到信念的起因，更确切地说是那些把信念与决定信念的充分必要条件联系在一起的一般法则。第二个条件是就那些从事本纲领的研究者来说的，他们所持有的信念都不能成为例外。我们必须避免片面性的辩护，既要找到那些被接纳的信念的起因，也要找到那些被拒绝的信念的起因……（第三）知识社会学必须解释它自己的出现与结束：它必须是反身性的……（第四）不仅真信念与假信念都要得到解释，而且同一类起因必须能够产生这两类信念。[1]

此处我们看到的是一个关于科学的实证主义的老套的描述，它一方面使得价值中立成为社会学解释的必需之物，另一方面它强调了这么一种检验标准（"充分必要条件"），这样的标准大大地超出了自然科学实践的通常范围——只不过现在人们称其为对称。[2] 确实，跟他们的名声相反的是，科学知识社会学研究者仅仅是方法论相对主义者。在他们看来，所有文化就它们各自接触实在的通道来说，在初始意义上乃是相同的。这一立场对于我们理解科学知识社会学研究者的知识主张来说是具有启发性的。至于这些文化是否每个都能提升到同样的程度，这是一个规范性的问题，它只有在种种文化得到充分的刻画之后才会出现。换句话说，这么来形容科学知识社会学研究者一点都不会委屈他们，就他们自身的方法论而言，他们执着于事实/价值的区分，一经涉及自己的研究文化似乎一直都在模糊掉上述区分。事实上，一些科学知识社会学研究者已经认可了这样一种双重标准，并且将它合法化为科学知识社会学的科学地位的标志。[3]

让我们从更全面的认识论视野出发来思考科学知识社会学的上述举动。对古典知识理论来说，它们执着于将个体视为认知主体，由此那样一种自我中心的相对主义就被当作了最初的、需要被克服的麻烦。举个例子，笛卡儿知道他自己

---

〔1〕　Bloor 1973，第 173—174 页。
〔2〕　关于科学知识社会学的"巫术认识论"（voodoo epistemology），参见 Roth 1987，第 152 页以降。
〔3〕　尤其参见 Collins 1981；Pinch 1988。

的脑海里有什么,但是他怀疑有东西存在于他的脑海之外,并且这些东西(与他脑海内的东西相比)本质上是各不相同的。在这一意义上,相应的补偿性策略便是这样一种实在论,它希望在各式各样的观察与认知转换中能够找到保持恒定不变的"第一性"的质。相比之下,科学知识社会学研究者把上述实在论视为最初的、需要被克服的麻烦。既然科学知识社会学研究者打一开始就已经承认所有人都是栖居于同一个世界之中,那么他们能够很容易地推导出每个人都是如他自己般思考,至少当他理性的时候是如此。[1] 此时,相应的矫正措施便是来上一剂方法论相对主义:正因为我们的实在是公共的(common),于是它便无法解释我们的这些看得见摸得着的区别。由此我们最好——差不多如卡尔·曼海姆所做的那样——把那些关于某个公共实在的主张视为经过伪装的片面视角,或者说"意识形态"。这些视角利用了我们的这样一种嗜好,即从实在论的总体形式(totalizing forms of realism)出发进行思考,而可能带来地方性的物质优势。[2] 不过,对于一个社会来说,一旦它的知识主张所具有的意识形态特征获得了许可,那么我们是否就无法讨论这些知识主张的好与坏了呢?承蒙库恩先生的功劳,这一问题的答案现在已经是肯定的。接下来的四节内容将会讨论为什么事情会变成如此这般。

4. 一个身份误认的案例:理性何以成了非理性

针对《科学革命的结构》的首篇长篇书评,基于哲学家的精神对库恩做了颂扬。它登载在了美国的一个顶级期刊之中,其作者乃是一位年轻的哈佛出身的哲学家,他已经发表过数篇文章来表明,逻辑实证主义者所提倡的对语言的逻辑分析甚至都无法公正地评价物理学这门他们所最为珍视的科学。达德利·夏佩尔(1928—2016)论证道,物理学与所有的语言游戏一样有着不可化约的语用特征,该语用特征仅仅能够通过一个对历史敏感的日常语言哲学版本而得到理解,也就是说它研究的是某个特定物理学共同体成员们的话语在其所在的语境下意指

---

〔1〕 这一论证最明确地出现在了 Barnes and Bloor 1982,特别是第 34 页。
〔2〕 我 Fuller 1996d 中把以上两种社会认识论策略——笛卡儿的"由内而外"与曼海姆的"由外而内"——分别取名为"A"与"B"。

什么。[1]尽管夏佩尔认为库恩的许多论点也许在十年前就已经由史蒂芬·图尔明给出了——而且后者的表达在哲学上要来得更加清晰易懂——但是鉴于《科学革命的结构》一书对科学的描述乃是概括性的表述，并且它并没有使用任何的形式逻辑工具，由此就使得《科学革命的结构》成为这样一个适宜的手段，我们可以借助它来全方位地列举出实证主义对科学的描述都缺失了什么。[2]　此外，通过把库恩理解为"反实证主义"观点的倡导者，夏佩尔使他自己更加显得不是一个反对者，而是冲突阵营的调停者。由此，夏佩尔能够表明哲学层面上的一种精炼的价值，它可以多少缓和被过往的遥远性过度约束了的历史学家所提出的那些违背现实的主张。[3]

接下来出现在科学哲学中的是"历史主义"转向——被具体地描绘为"对实证主义的反抗"——证明了就其直接意图而言，夏佩尔可谓大获成功。[4]不幸的是，人们几乎没有理由认为，上述意图为库恩的实证主义伙伴鲁道夫·卡尔纳普——曾允许《科学革命的结构》一书作为《国际统一科学百科全书》的一部分出版——所共享。正如私人通信所揭示的，卡尔纳普称赞库恩在做出"常规"科学与"革命"科学的比较时，为卡尔纳普自己的下一个区分提供了历史基础——在给定的概念

---

[1] Shapere 1964，1966。夏佩尔在哈佛的导师乃是默顿·怀特，后者的工作强烈地预见到了今天与理查德·罗蒂联系在一起的"语用学转向"。尤其参见 White 1956。怀特试图在一个包容一切的实用主义下把所有英语世界的哲学囊括进来，这一做法与奎因的那样一种更具针对性并且总体上是对实证主义语言概念的内部批判相比显得等而下之。夏佩尔早期的那些在哈佛的影响下写成的论文包括了 Shapere 1960，1963。在 20 世纪 60 年代后期，夏佩尔同时是美国国家科学基金会科学史与科学哲学预算的"特别顾问"，此时正值该领域被赋予它自己的纲领之前。参见 Rossiter 1984，第 100—101 页。

[2] 夏佩尔引用了图尔明的两部在时间上先于库恩的科学哲学著作：Toulmin 1951，1961。图尔明与库恩一样早年是物理学出身，同时他与夏佩尔一样接受的是语言分析方向的哲学训练。尽管图尔明似乎吸引了大范围的听众（比如，实证主义者欧内斯特·内格尔与人文主义者雅克·巴尔赞都对图尔明的著作赞赏有加），不过他的这两部相对简洁而且更容易理解的作品之所以从未获得与库恩作品相类似的那种关注度，其中的一个原因可能是图尔明在写作的时候，乃是以素雅的维特根斯坦式的风格来对简单实例进行富有洞察的评论，这些评论并不包含那种能够联想到"理论"或者"方案"的东西。库恩与图尔明的关系在他们此后的职业生涯中一直是非常敏感的。库恩承认他在写作《科学革命的结构》一书的时候就已经知悉了 Toulmin 1961，而且他声称自己是能够"理解为什么图尔明会对我很不满，认为我剽窃了他的思想，但是我相信我没有"（Kuhn et al. 1997，第 176—177 页）。图尔明在十五年后反思那场他认为由他与库恩、费耶阿本德以及汉森一道发动的"革命"时声称，随着历史主义在 20 世纪 70 年代早期已经在科学哲学（甚至在整个社会）中站稳脚跟，他的兴趣已经转移到了别的地方。参见 Toulmin 1977，第 161 页脚注 11。

[3] 库恩在 Kuhn et al. 1997，第 185 页确认，在把库恩设计成相对主义与非理性主义的哲学稻草人时，夏佩尔发挥了作用。

[4] 就那个夏佩尔想要他的听众去相信的故事来说，对它的经典呈现是在 Suppe 1977，第 3—232 页。在该书第二版的后记中，萨普断言，库恩的影响力正在衰退，同时历史主义科学哲学的未来乃是属于夏佩尔与图尔明的。回想起来，萨普这一厚达 800 页的巨著的一个最为惊人的缺失乃是它从来没有提及拉里·劳丹——最后被证明为举起了历史主义火炬的火炬手。劳丹的《进步及其问题》出版于 1977 年，这一年也正是萨普此书第二版的出版时间。

框架内能够解决的问题与需要引入外部因素才能解决的问题。[1]

无疑,多年来库恩想要留给人们这样的印象,他的那些关于语言以及知识的本质的思考乃是更多地受到实证主义或者至少是广义上的分析哲学的影响,而不是受到据信乃是由库恩的工作所产生的历史主义的相关思考的影响。[2] 为了理

---

[1] Reisch 1991 对卡尔纳普与库恩之间的通信进行了分析。托马斯·库恩告诉我,他自己并没有寻求写作实证主义百科全书的这一特定部分,实际上是第三方请他这么做的。正如瑞奇所告诉我的(私人交流,1994 年 3 月),实证主义者这样一种寻找旁人来写作科学史的做法可以追溯到 20 世纪 30 年代,当时费里戈·恩里克斯是第一位受邀从事该工作的人(遗憾的是不久之后他逝世了),数年之后 I. B. 科恩接下了这一工作,同时他还参与了其他一些工作。不论如何,库恩成功地满足了卡尔纳普的需求,尽管他在写作时对逻辑实证主义的细节总体上还是懵懵懂懂的。让我们回到卡尔纳普身上。卡尔纳普非常明确地宣示了自己的这么一个信念,就所有的科学语言变革来说,它们要么单纯是调整真值(请比照常规科学),要么就是在语言的基本词汇与句法中出现彻底的转变(请比照革命科学)。此处值得评论的是库恩在什么意义上支持"科学的统一"从而使得他的工作对卡尔纳普有吸引力。尽管库恩拒绝承认在科学变革之上有着一个支配一切的目的论的存在,但他同意逻辑实证主义者的这一主张,也就是科学确实是有着一个"本质",它普遍存在于种种学科之中,同时并不在社会的其他地方出现。鉴于科学的非统一立场从库恩处得到了灵感,以上这一点很容易被人们忽略掉。此处,如果回忆起二战期间科南特在哈佛发挥的这么一个作用——重新定位科学统一的工程——是非常有帮助的。相比之下,对波普尔来说,科学的根本性实践乃是科学与"开放社会"的其他实例所共享的那些实践。

与库恩一样,卡尔纳普似乎很难想象,对语言的使用本身也许能够成为语言变革的一个途径。参见 Carnap 1963,尤其是第 921 页。此处库恩与卡尔纳普可能借鉴了现代结构语言学的奠基人费尔迪南·德·索绪尔的观点——索绪尔对语言的约定性本质的深思有助于解释语言符号为何能够同时是"可变"与"不可变"的。这里的关键乃是"约定性"并不意味着"契约性":语言使用者并没有自愿地赞同于他们的语言,相反他们是在容许语言的使用。由此,一方面语言使用者并没有特别的动机来改变他们的语言,另一方面当出现改变的时候他们也没有特别的动机来制止它。关于上述观点的详细阐释,它明确地反对那样一种朝向静态的规范语法的冲动,参见 Harris 1987,第 84 页以降。我自己关于不可通约性的观点与库恩的分歧在于,我非常有兴趣彻底坚持索绪尔的观点所具有的含义。

在 20 世纪 90 年代人们能够见证,这样的一类尝试乃是以货真价实的流行病式的方式蔓延开来,它们试图表明库恩与卡尔纳普(同时也包括其他的历史主义者与实证主义者,这些人在传统上被描绘为知识上的对手)的敏感性如果不是类似的话,那么至少是互补的。毫不意外,这一风潮对应于芝加哥大学与匹兹堡大学的档案公开,它使得学者们能够从私人通信中引入证据,这些证据抹去了体现在出版著作中的两派视野间的某些尖锐差异。上述工作的佼佼者当数 Axtell 1993;Irzik and Gruenberg 1995;Uebel 1996。阿克斯特尔与于贝尔分别代表了这一进路的两极:阿克斯特尔的目的在于批判库恩的认识论遗产,因此希望使库恩向卡尔纳普靠得更近;而于贝尔的目的在于在政治上回复实证主义的名誉,因此希望使卡尔纳普向库恩靠得更近。

不过,从明日的知识社会学研究者的立场来看,这么一个由杰出物理哲学家所做的尝试——试图证明"卡尔纳普加上库恩就等于科学知识社会学在哲学方面的议程"——必然相当于上述近来的修正主义的一个最为精细的案例;Friedman 1998。我觉得弗里德曼的兴趣应该被视为表明社会学终于给哲学家留下了严肃的印象,不过如果有社会学家与社会学的上述成就不存在既得的利益关系,那么对这些社会学家来说,弗里德曼的文章读起来就像是一个直截了当的尝试——试图拉拢对手,既然已经获得了一定的学术威望。有能力的读者可以自行做出判断。

[2] 有关库恩表现出越发强烈的倾向来拥抱实证主义,参见 Suppe 1977,第 647 页。同时,我们可以对比一方面库恩很早就否认他与科学知识社会学有着任何联系——关于后者我在后面将会有详细讨论(Kuhn 1977a,第 xxi-xxii 页),另一方面库恩渴望加入近来的关于语义学与指称理论的哲学论战。参见 Kuhn 1989。最后,我们可以考虑库恩本人在面对那些来自具有实证主义倾向的哲学家——比如说卡尔·亨普尔与韦斯利·萨尔蒙——对他的工作的批评时所表现出来的通融姿态;Kuhn 1983。最后的最后,库恩甚至公开地表示遗憾,自己没能意识到卡尔纳普当初主张的两人关于科学变革的观点的相似性(参见之前的脚注);Kuhn 1993,第 313 页,第 331 页。

解《科学革命的结构》一书的总体意义，尤其是那种它帮助建立或者阻碍发展的事业，请夏佩尔允许我表达跟他不同的看法，也就是我们需要严肃地把库恩的著作视为设法凭借其他的手段来延续实证主义，而不是对实证主义的反抗。不过，这并不意味着要否认夏佩尔的这样一种光辉业绩——他把《科学革命的结构》一书分成了一个个大小正好、适合分析的问题（分别有关"意义变化""观察的理论负载""绝对预设"），从而把库恩转变为具有哲学魅力的对象。通过这一方式，夏佩尔使得库恩能够在人们的日常讨论中与他那个时代的那些冉冉升起的科学哲学家相提并论，尤其是图尔明、罗素·汉森，当然，肯定少不了费耶阿本德。[1]

对于 20 世纪 60 年代早期的英美哲学共同体来说，夏佩尔构想的那类"历史主义者"群体依然被视为——把库恩的形象稍稍更新了一番——纯粹的专门从事散播反常的贩子，他们给出了各种煞费苦心的针对实证主义关于解释与证实的描述的反例，同时就这些反例来说，如果剥去包裹它们的不必要的历史细节，那么就能用逻辑分析来处理它们。[2] 如果说，历史主义者也许是在共同的传统下取代或者继承了实证主义者，那么这一想法并没有多少说服力（或者至少不能成为在主流科学哲学期刊讨论的话题），直到伊姆雷·拉卡托斯出版了这么一部专题论文集——这些论文来自 1965 年在拉卡托斯所在的单位伦敦政治经济学院举办的关于逻辑、方法论以及科学哲学的国际会议底下的一个专题研讨会。[3] 这次研讨会在官面上乃是专门讨论卡尔·波普尔的科学哲学的意义，但是拉卡托斯渴望着借

---

[1] 库恩、图尔明以及伊姆雷·拉卡托斯（接下来将会讨论到）都是出生于 1922 年。汉森与费耶阿本德则是出生于 1924 年。撇开夏佩尔本人，以上这些人物被集中起来作为同一个知识人群乃是下一代哲学家塑造出来的结果，这些哲学家包括了伊恩·哈金、拉里·劳丹·哈罗德·布朗、弗雷德·萨普以及彼得·马哈默，所有这些人都是在 1935—1945 年出生。尤其参见 Machamer 1975；Brown 1977。后一部著作实际是一本教科书，它获得了库恩本人的正式称赞。

[2] 在所有历史主义者中，以上这样一种讨嫌的形象最容易被看成是冲费耶阿本德去的，后者在 1964 年众所周知地挑战了欧内斯特·内格尔的那种通过还原来达成解释的模型：Feyerabend 1962。事后来看，费耶阿本德的挑战通常被视为历史记录上首次成功地驳斥了一个形式逻辑模型。尽管当时并没有多少哲学家选择放弃还原主义的目标，但比起直接忽略费耶阿本德，将其视为引发了无关的担忧，这些哲学家们更多的是努力把费耶阿本德的挑战纳入进他们的模型之中。参见 Schaffner 1967。在 20 世纪 60 年代的绝大部分时间里，库恩的名字是以这样的面貌出现在哲学期刊中的，也就是人们在讨论费耶阿本德的挑战时给出的那些支持性的脚注。记住这一点很是重要，费耶阿本德并没有将自己的科学哲学整理成能够便利地获取的文本，直到 20 世纪 70 年代中期 Feyerabend 1975 的出版。在这之前，费耶阿本德被视为激进的物理哲学家，他的观点对于更为一般意义上的科学哲学来说有着一些有趣的含义。亚瑟·法因是我们时代的一个合适的可以与费耶阿本德相比较的对象。参见 Rouse 1991。

[3] Lakatos and Musgrave 1970。

这一论坛将自己表现为波普尔教授的接班人。[1] 然而,正如命运所揭示的,库恩抢走了风头,正是他提交给会议关于波普尔讨论文集的文章,使得其他所有的演讲人——包括波普尔、拉卡托斯、图尔明以及费耶阿本德——重写了他们各自的论文。[2] 由此,尽管《批判与知识的增长》一书的标题是对波普尔主义的概括,但在当今的专题讨论课上,该书通常被教导为是一部收录了"对库恩的高规格的回应"的著作。[3]

尽管夏佩尔成功地发动了一场运动来推翻实证主义对科学哲学的统治,但是他没能预料到他所使用的主要"工具"——库恩——最后被证明是一匹特洛伊木马。因为我们依然把费耶阿本德、图尔明、汉森以及库恩视为是一致的,而前三位思想家的观点乃是趋向于被还原成第四位的观点——后者通常是最广为人知的。然而,这样一种化约遮盖掉了那些据信是库恩的同道人提出的针对库恩的观点的批判,这些批判比起实证主义者在任何时候给出的批判来都更为重要。一个没那么明显但是又极为类似的遮掩立场差异的例证发生在了另外一拨反实证主义者身上,他们来自英国,其代表乃是波普尔以及他的追随者。波普尔等人——尤其是这一拨人——觉察出在库恩与实证主义者之间存在着一种令人讨厌的密切关系。库恩似乎是把科学事业的本质等同于解决难题、具体地来填补范式中的漏洞。这一实践与那样一种对理论进行逻辑表达和经验确证的实践之间存在着令人怀疑的相似性。如此一来,科学的这么一个形象——它作为一项批判事业,一项正如波普尔老爱说的与苏格拉底式提问相类似的事业——跑哪里去了呢?

在库恩的方案中,以上问题的答案可以从那些相对罕见的"革命科学"实例中

[1] 由此,拉卡托斯在拿到学位后的最著名以及最持续性的工作出现在了这部著作中:Lakatos 1970。与此处有关的一个事实是,波普尔在伦敦政经学院获得的是社会科学的逻辑方向的教席,主要凭借的是波普尔在战时的那些工作,比如《历史决定论的贫困》《开放社会及其敌人》。于是一点也不奇怪,波普尔在伦敦政经学院的永久教职背后的主要说客正是自由主义经济学家弗里德里希·冯·哈耶克。《科学发现的逻辑》是波普尔在今天最为著名的有关方法论的开创性工作,它是波普尔年轻时在维也纳完成的。起初这一工作并没有吸引多少注意力,直到1959年被翻译成英文之后。由此,波普尔在英语世界中作为主要科学哲学家的名声乃是来自他"对实证主义的反击"出了一部分力,即便卡尔纳普(再一次地!)在《认识》(Erkenntnis)这一与实证主义者联系在一起的期刊中对波普尔该书的初版给予了支持。使这一令人啼笑皆非的局面进一步复杂化的是,在那场由拉卡托斯筹划的波普尔与库恩的论战中,波普尔被安排为代表实证主义,即便他终其一生都在坚持鉴于他"驳斥"了证实与归纳(它们是实证主义纲领的两个关键点)作为科学推理的原则,因此是他自己而不是库恩"杀死"了逻辑实证主义。在整个20世纪60年代,波普尔一直是实证主义探测对手实力的障眼法(stalking horse),这在他与法兰克福学派的马克思主义者的论战中变得更加明显——该系列论战乃是以实证主义争论(Positivismusstreit)的名义展开的。
[2] 托马斯·库恩,"Logic of Discovery or Psychology of Research?",收录于 Lakatos and Musgrave 1970,第1—23页。
[3] 此处还有一点值得一提,《批判与知识的增长》与《科学革命的结构》第二版是在同一时期出版的,库恩在后者的后记中对一部分批评做出了回应。

找到，而"革命科学"中的决议则完全取决于冲突各方具体是谁到最后拥有最多的追随者。由此，对于任何的研究来说，它们最重要的时刻——决定以怎样的方式前进从而能最好地达成研究的目标——便是从理性思考的王国中出奔，转投那样一个看起来是盲目的、类似于自然选择的机制，也就是所谓的普朗克效应。[1] 正如我们马上就要看到的，革命所具有的政治意象为上述不确定性加上了一抹危险的色彩，而这就隐约地暗示了对目标的质疑既不能太频繁，同时也不能太持久。

5.《科学革命的结构》在元历史上的杂合 I：为何启蒙从未发生过

首先让我们详细讨论一下库恩的那些哲学上的批评者为"理性"尤其是它的对立面"非理性"赋予了怎样的含义。此两者充斥于 20 世纪 60 年代形形色色的学术论战之中，其中的绝大多数涉及的是波普尔作为"批判理性主义"的旗手。[2] 人们通常是这么来刻画以上论战所具有的重要性的，它们为那个率先宣称自己为库恩工程的天然继承人的领域及其前期的合法地位提供了相当一部分的支持。上面所说的领域便是科学知识社会学（SSK），鉴于今天它已经在人文科学到社会科学的多学科中拥有了相当广泛的追随者，人们更多用它的哲学标签——社会建构论——来称呼它。在下一章中，我们将会以更详细的方式来考察 SSK 与绝大多数 STS 共同体在理解自己对建构论所做的承诺时所采取的方式。

与此处相关的内容是，根据建构论，理性主义哲学家假定，如果我们没有关于规范（科学方法的规范）的明晰知识，那么科学中的所有秩序都会消失，而科学家

---

〔1〕 马克斯·普朗克在他的《科学自传》中回顾自己的职业生涯时，悲伤地评论道，"一个新的科学真理它取得胜利的方式并不是通过在使反对者信服的同时让他们也感受到真理的光芒，而是通过这些反对者最终死去，熟悉这一新科学真理的新一代人成长起来"：Kuhn 1970b，第 151 页。普朗克效应遇到了这么一个经验检验，在其中人们调查了《万物起源》出版十年后英国的那些接受或者拒绝达尔文进化论的科学家之间有着多大的年龄差异。结果表明，普朗克效应只有一个方面能站得住脚，具体来说就是那些在 1869 年后继续怀疑达尔文文的科学家在平均年龄上要比那些转换立场的科学家大得多。参见 Hull, Tessner and Diamond 1978。然而，正如赫尔、特斯纳、戴蒙德他们自己所承认的，对普朗克效应的信奉似乎成了科学家们关于科学的常识社会学（folk sociology）的一部分。就我们的目标来说，有这么一个更为重要的地方，也就是库恩将普朗克效应视为一个在规范意义上可以接受的科学如何运作的特征。一针对赫尔、特斯纳以及戴蒙德的间接批判是，达尔文关于进化的选择主义描述的优势地位并不意味着它被库恩的科学变革模型涵盖。有关生物学从库恩的案例取材中神奇消失，参见本书第三章。最后，关于这一个全面尝试来把普朗克效应建立在家族后来成员的革命倾向之上，参见 Sulloway 1996，第 20～54 页。

〔2〕 其中最著名的也许是德国的实证主义争论。它将波普尔主义社会理论家（包括拉尔夫·达伦多夫以及汉斯·阿尔伯特）与法兰克福学派对立起来，尤其是西奥多·阿多诺及其继承者尤尔根·哈贝马斯。后者因着他在调解、综合种种互不相容的理性形式时所表现出的奇思妙想而在其后的十年里再冉上升为一颗明星。参见 Adorno 1976。

们将只会从事他们自己所乐于去做的事情。然而,正如社会学家们所主张的,通过近距离考察科学家的实验室实践,人们可以看到科学家的工作乃是颇为顺畅且富有条理的——即便他们通常无法明晰地把那些支配他们实践的原则表达出来。于是,以上似乎是在表明,就那些为哲学家所如此珍视的方法论规范而言,人们并不能在经验层面上找到它们在科学实践中的明确的位置。哲学家们本该能够轻松地对付上述论证思路,但回首往事,明显他们并没有如此做。[1] 作为结果,一个宝贵机会就这么错过了——人们本该在相关层面上解释清楚,为了规范的哲学事业能够繁荣,作出理性/非理性的区分是必要的。二十五年后,在科学哲学协会的一次主席发言中,我们听到了这么一句话:"讽刺的是,许多科学哲学家在攻击科学社会学中的社会建构论时一直是凭借他们自己的社会建构物:理性。"[2]

就那种为波普尔主义者以及其他哲学家所深深忧虑的"非理性"而言,如果我们去看一看关于它的典型案例,就可以发现,这些案例与群体性歇斯底里或者其他放纵而缺乏约束的行为方式是没有联系的。毋宁说,与非理性有关的乃是一种特定的自满或者懒惰态度,它们来自当事人的期望反复地以这样一种方式得到肯定或者挑战——这些肯定或者挑战能够被人轻易地适应或者击退。于是,理性的含义便是将思维转变为对习惯(habit)进行抗拒,典型地说就是通过批判以及主动地搁置期望。[3] 由此,在库恩的哲学批评者看来,当库恩显然满足于多数科学表现为非反思性的解难题时,这便是一个最为明确的迹象,它标志着《科学革命的结构》一书描绘了一幅关于科学事业的"非理性主义"图景。[4]

我们不应该低估,即便是在我们这个时代,当启蒙运动的"理性"概念在除却迷信以及传统之后,依然能在多大程度上成为哲学的自我意象的一个现成的源头。[5] 然而,在哲学论战进行到白热化的时候,这一18世纪的理性概念被人们不时地与19世纪——尤其是伴随逻辑实证主义的兴起——才开始走到前台的理性

---

〔1〕 Brown 1984 是关于一系列总的来说是尖刻而激烈的会议记录的汇编。

〔2〕 Giere 1995,第 12 页。

〔3〕 事实上,恩斯特·盖尔纳这位著名的波普尔主义人类学家将他的整个历史哲学建立在这么一个观念之上,鉴于逻辑一致性乃是以负相关的方式与社会凝聚相联系,那么当有人试图要达到一个逻辑上更为全面的关于实在的图景时,他也就需要挑战自身所处的社会秩序的规范完整性。参见 Gellner 1989。需要厘清的一点是,如果不能说我赞同盖尔纳这个论点的确切的每一个字的话,那我至少愿同包含在该论点里的那种精神。

〔4〕 参见刊载在 Criticism 上的波普尔与费耶阿本德的评论:Popper 1970;Feyerabend 1970。

〔5〕 两个世纪以来出现变化的是在形而上学层面上对启蒙运动的正当性阐述。今天很少有人把理性归诸人类必不可少的本质(尽管这一点保留在当今最主要的启蒙思想家尤尔根·哈贝马斯身上)。关于理性的一个非本质主义版本,参见 Fuller 1993b。

概念混淆起来。后者的"理性"乃是一种支配性原则,它通过对探索道路进行引导、量度从而管控知识的增长。它预设了这么一个前提,也就是如果没有这样一种支配性原则,那么人类的精力将发散为无规则的随机活动。在这一意义上,非理性确实类似于那种群体性的歇斯底里。[1]

从更深层次来看,启蒙运动与实证主义者之间对理性的构想的差异折射出的是两者近乎截然相反的对追求知识的设想。一方面,就启蒙主义构想来说,它乃是为它的终极目标——一种对全人类有效的对实在的理解——所驱动的。由此,批判就相当于一种物体的前冲力,能够克服它在运动过程中产生的空气阻力。另一方面,就实证主义构想而言,它则是受这么一幅图景所指引,它上面绘有种种起点,具体来说它们有关的是一栋建立在牢固的基础之上,并且无限地往天空延伸的楼宇。此处,方法发挥的是一种逻辑脚手架的作用,赋予知识大厦骨架。[2] 两种构想的混淆引发了概念层面上的大灾难,这一灾难的典型例子便是人们围绕波普尔著名的"证伪"主张(科学之所以能够与其他非科学研究形式区分,正是因为它有着能够"证伪"假设的能力)的讨论:波普尔的主张是,在消除错误的过程中我们更加地接近真理(启蒙主义的偏好),还是说,通过移除出错的知识部分,上述过程仅仅是增加了剩下的知识的可靠性,由此而为知识的未来增长提供了一个更为坚实的基础(实证主义的偏好)? 鉴于波普尔终其一生对归纳作为科学推理的形式之一表现出的敌意,我相信他会牢牢地坚持第一种理解。不过就出现在《批判与知识的增长》这本书里的波普尔与库恩那次最著名的交锋来说,它并没有帮助澄清上述问题。

---

〔1〕 关于理性这个概念的变化,参见 Mandelbaum 1971。库恩并不是唯一一个混淆了以上两种理性概念的人。Rorty 1979 否定了"基础主义"这个与 19 世纪的理性概念直接相关的概念,不过该书的第三部分(以及接下来的工作)所清晰表达出的一点是,罗蒂希望把 18 世纪的那个理性概念也一并埋葬。近来,就来自法国的对理性的哲学批判来说,罗蒂是关于这样一种批判的美国式理解的切入点,由此他的角色也就加深了以上这一混淆。于是,当"后现代主义"的支持者与反对者通常都把 Derrida 1976 与 Lyotard 1983 混为同一个反理性主义思潮的一部分的时候,实际上德里达的确切用意是,希望通过从事那样一种启蒙运动式的概念拷问来逐步削弱实证主义者的理性概念,而利奥塔指控的是启蒙运动的理性概念,明确地将矛头对准了这一概念下的批判所具有的,把一切总和归为一个整体(totalizing)的含义——在利奥塔看来,这将会给我们时代的知识生产所具有的多样化特征带来破坏性的结果。我在 Fuller 1997d,第三章中仔细阐述了启蒙运动与实证主义的区分。我在引入上述区分时,"实证主义"这个词主要指的是孔德的学说,但无疑在逻辑实证主义那里,这一词语的原初用法所具有的某些要素得到了保留,正如 Kolakowski 1972 所详细阐述的那样。大致而言,逻辑实证主义者在为知识提供基础这一问题上保留了孔德式的旨趣——只不过他们所采取的方式乃是清扫掉那些在他们的时代被误认为是知识的垃圾。我恰恰认为,这一启蒙式冲动乃是他们传统中的好的一面。

〔2〕 对科学研究与在地基上修建建筑的延伸类比的经典表述出现在了 Carnap 1967,vii 中。就这么一个活跃于逻辑实证主义者对哲学基础的构想之中的与建筑有关的敏感性来说,关于它的一个优秀历史描述乃是 Galison 1990。

从上文所勾勒的启蒙主义与实证主义各自的理性概念出发,库恩的这一显然是20世纪的论述可以被视为通过以下方式使得一个强规约主义(prescriptivism)在科学哲学中被边缘化了:

(1)从波普尔主义者在审视库恩时所采取的启蒙主义视角来看,库恩是一位非理性主义者,因为他非反思性的常规科学的评价要高于反思性的科学革命实践。在波普尔主义者眼里,库恩只是一位传统主义者。

(2)然而,说"常规科学"是对"传统"这个老概念的新瓶装旧酒,好像又不是那么回事。传统的目标是在当下保存过去,而常规科学展现出的是积累性的增长。就常规科学家所从事的实践来说,它们是传统性的,而就这些实践所应用的解难题领域来说,它们并不传统。此处库恩借助了实证主义者的理性概念,也就是将稳定的进步归于坚实的知识基础。[1]

(3)这样,理性被成功地限制在具体范式之中,或者与具体范式相关,而范式之间是无法相互表达的。由此,就那样一种批判的理性形式来说,它找不到空间来使自己独立于当下占主导地位的知识实践,更不用说跟后者唱对台戏了。[2]

这一转变如果用图像的方式来表现的话,那么它就相当于一种"坐标轴旋转"。表6是对理性的概念空间所做的二维刻画。逻辑实证主义者与波普尔主义者的区别就在于,前者将从启蒙主义理性概念到实证主义理性概念的历史转变视为"进步",而后者则将这一转变视为恢复了一种新传统,它的名字叫作科学。

表6 伟大的库恩式杂合之前的科学理性

理性的概念	理性的形象	非理性的形象
启蒙主义	批判	传统
实证主义	方法	无序

---

[1] 科学知识社会学的创始者们对库恩所受到的来自传统主义与保守主义意识形态的复杂影响有着最为犀利的理解。比如可以参阅 Barnes 1994。

[2] 因此,尽管人们一方面能够理解桑德拉·哈丁借助库恩来拒斥实证主义,但另一方面库恩自己的工作对哈丁本人的"立场认识论"(standpoint epistemology)几乎没有帮助。就后者来说,它包含一个具有特权性的批判性视角,这个视角被赋予了社会主流之外的边缘化群体。参见 Harding 1986,第197—210页。

不过在库恩之后,历史上的归属关系相当于是被打乱重组,这就使得以上差异被冷落在了一旁。具体来说,库恩把传统与方法这两个呈对角关系的因素合并到了常规科学的概念之中,同时他把批判与无序这两个呈对角关系的因素合并到了革命科学的概念之中。前者的价值被提升了,而后者则遭到了妖魔化,正如表 7 所表明的。[1]

表 7　伟大的库恩式杂合之后的科学理性

科学的阶段	常规科学(又名"理性")	科学革命(又名"非理性")
研究实践	方法	批判
社会背景	传统	无序

为了说明在库恩描绘的科学图景底下失落的是怎样的一种理性,让我们来考察这么一组来自资本主义经济史的类比。启蒙主义理性概念对应的是一类企业家(entrepreneur),他们的创新精神通过废除家庭手工业思维以及行会思维而不断地对生产领域加以扩展。实证主义理性概念对应的则是一类制造商(manufacturer),这些人手里的工厂在生产上超过了其他所有竞争者。企业家的敌人——他们眼里的非理性——乃是那些以次优效率使用资源的人(比方说马克思笔下的食利者),而制造商的敌人乃是资源的破坏者(比如说破坏工厂机器的勒德分子)。

"库恩式"经济学家从本质上来讲乃是制造商之友,同时又是企业家之敌。然而,如果没有一票企业家时不时地冒出来打乱现有贸易格局、参与到"创新性破坏"(借用企业家精神的主要理论家约瑟夫·熊彼特的著名表述)之中,资本主义本身将很快成为延续祖辈遗产的又一种方案——无非这些财富来自制造业而不是农业。在这一意义上,如果某个个体并不是主要工业家族的一员,并且他没法移民的话,那么这样的没有公民权的人如果想要获得财富,以暴力来推翻体制似乎也就成了他们的必由之路。

以上便是库恩式经济学把我们带向的地方——它离熊彼特所认为的资本主

---

〔1〕　作为对我展示在 1996 年美国哲学协会东部分会的会议上的这些示意图的回应,奥弗·加尔敏锐地观察到了
　　　这些示意图也许能够被应用到现代哲学史的其他发展之中。笛卡儿的工作能够被理解为以"方法"反对"传统",而康德则是利用"批判"来对抗休谟式怀疑主义的"无序"。

义正迈向的地方并不那么遥远。[1]不过在熊彼特那里,他给出了一个限制性条件,它也许能够同样应用到库恩叙事底下的科学的命运之中。熊彼特一方面相信暴力推翻不再具有现实的可能性,因为即便对于那些(据信是)没有公民权的人而言,他们在成熟的资本主义经济下依然享有相对较高的生活水平,从而使得他们不愿冒失去其现有生活的风险。[2]但另一方面,问题倒不如说是来自企业家精神本身很可能走向的程式化,一如创新成了国家规划委员会所管理的又一个项目那样。在第五章中,我们将会看到德瑞克·德索拉·普莱斯讲了一个类似的故事,鉴于人们对当前的大科学模式投入了大量的人力物力,科学革命的前景在未来将变得昏暗。[3]在下一节里,读者将会看到类似的感性在保罗·费耶阿本德那里得到了抒发。针对以上这些悲观预测,我们要问的问题是,它们是不是只不过是一种人为构建,也就是人们在描述科学时没有意识到,在现有知识权力结构之外存在着理性批判的空间。[4]

6.《科学革命的结构》在元历史上的杂合Ⅱ:我们何以成了会计?

不论如何,波普尔绝不会是理性的"两种构想"的唯一受害者。拉卡托斯在其对库恩的著名指控中抨击后者提供的是一种"暴民心理"的科学革命描述。作为回应,那些更为冷静的人们指出,拉卡托斯乃是夸大了他的案例,因为库恩从来没有明确地说过,一旦科学家摆脱了某个范式的支配,他们将会失去自己的理智。[5]这些批评家假定了拉卡托斯心中的暴民心理形象乃是关于群体性歇斯底里的,然

---

〔1〕 Schumpeter 1950 是关于上述观点的经典论述。

〔2〕 马克思与熊彼特在这一问题上的区别可以追溯到马克思对以下问题失败的预见上,他没有预见到国家保险秩序以及福利国家的兴起,这两者能够缓和资本主义周期性经济危机对普通工人带来的冲击。

〔3〕 Rescher 1984 对科学的减速作了一个复杂巧妙的辩护,它受到了库恩与普莱斯的影响。

〔4〕 Redner 1987,第252—253页是一个试图建立起一个外部的针对大科学的理性批判的勇敢尝试(它同时也是一种针对库恩的严厉批判)。就从知识权力结果之外对大科学进行理性批判而言,存在着这么一个新兴模型,它便是美国在后冷战时期对其军事机构所作的"缩编"以及"转换"——这个问题目前正由职业军人与文职官员通过协商来推动解决(尽管相当之艰难)。在这里,我们同样可以找到"巨大风险"这一修辞,它与任何对机构规模以及所涉领域进行剧烈变更的尝试联系在了一起。

〔5〕 Lakatos 1970,第178页。Gutting 1979 导言部分,第7—8页提供了一些保证以表明拉卡托斯对库恩的判断不可能是正确的。

而它很可能与从众心理更为接近。[1] 至少,后者能够捕捉到拉卡托斯的抱怨的要点所在,它仅当我们注意到拉卡托斯的指控最初是在怎样的背景下——一次对实证主义者(拉卡托斯称他们为"证成主义者"[justificationist])的攻击——做出时才能理解。就库恩与实证主义者来说,有这么一个因素将此二者联合起来,他们都不愿把这样的激进批判或者在互不相容的规范体系间作出选择的行为与所谓"理性"的事物联系起来,至少就"理性"这个词在应用到科学中时所具有的含义来说是如此。在他们看来,理性不能从人们对规则的制定(或者废除)中找到,而是只能从对规则的遵守中找到。相应地,证成(justification)所担负的哲学任务就局限在了为何某个事例遵守或不遵守一项规则,而不是为何正是这样一项规则使得某个事例去遵守或不遵守。

之所以要坚持上述严格的区分,一个宽容点的理由是考虑到一方的科学哲学、认识论与另一方的伦理学、社会理论、政治理论之间的劳动分工。对于有逻辑实证主义倾向的人来说,上述严格的区分使他们获悉了框架的"内部"问题与"外部"问题的区别。然而,实际上,这一区分仅仅是把问题从一个所予的框架——规则的制定或者废除——中撤出,使之完全摆脱规范性哲学的考量,最后也许被放逐到那些更纯粹的描述性学科,比如说社会学或者人类学之中。[2] 拉卡托斯很清楚这里的问题所在。制定规则与遵守规则之间的差异相当于规范性事业规约性

---

〔1〕　此外,仔细考察一番可以发现,以"从众心理"来理解暴民心理能够得到来自社会心理学的支持,后者影响了库恩的那位最为知名的神秘前辈。参见 Fleck 1979,第 179—180 页,它是对大众心理学之父古斯塔夫·勒庞(Gustave Le Bon, 1841—1931)的一个充满欣赏的讨论。弗莱克的"思想集体"(thought-collective)概念部分地来自勒庞的启发,而这一概念乃是库恩"范式"所具有的那层学科母体含义的源头。弗莱克批评勒庞把构成大众心理基础的"集体幻象"视为始终都是暂时现象,而不是可以在一定的条件下保存下去(正如科学共同体的延续需要某些特定的条件)。有意思的是,此处我们可以发现这么一个讨论,它将格式塔转换作为范式变革的模型——具体来说就是,对于海上搜救队来说,一棵倒置的树是如何被看成一艘出故障的航船的。考虑到库恩-弗莱克-勒庞这一谱系,这里值得一提的是拉卡托斯对从众心理的敏感性可能来自自己在作为格奥尔格·卢卡奇的助手时对"虚假"(false)意识与"反抗"(oppositional)意识这些概念的遭遇。有关拉卡托斯与卢卡奇之间的联系,参见 Dusek 1998。有关拉卡托斯在批判性社会科学的发展中所起到的作用,参见本书的第五章第 2 节。

〔2〕　关于内部/外部问题的区分,参见 Carnap 1958,第 205—206 页。我们可以通过这样一个线索来追踪逻辑实证主义运动是怎样职业化为分析哲学的,也就是它逐渐地脱离规范性话语(normative discourse)的规约性("外部")模式而进入到评价性("内部")模式之中。丧失规范事业的抱负体现在了以下的转变之中,卡尔纳普从《世界的逻辑结构》(1929)转到《意义与必然性》(1950),维特根斯坦从《逻辑哲学论》(1922)转到《哲学研究》(1951),更为一般意义上,从人工语言转到自然语言,以此作为哲学分析的基础,甚至法律中的形式主义概念也从汉斯·凯尔森转变到 H. L. A. 哈特。

的一面与评价性的一面的区别。[1] 后一区分——类似于法律系统中立法者与法官的角色差别——众所周知,被康德赋予了实质的、哲学的重要性。他在《纯粹理性批判》中论证道,我们处理实在的能力是由这样一个区分构建出来的,该区分就其最简单的形式来说,体现在三段论法中:具体就是,"所有 X 是 Y"与"这是一个X"之间的区别。用逻辑术语来说,这只不过是大前提与小前提之间的区别,或者用康德的术语,对理性的规制性(regulative)使用与构成性(constitutive)使用的区别。[2]

康德力图说明这样一个事实,也就是大前提与小前提是以颇为不同的方式获得辩护的。用今天的话说,大前提是任意选择的,它在语用的层面上获得辩护,也就是把它作为思考与行动的基础来接受是可以带来好处的。作为一个康德式的规制性原则,它为那个我们认定自己乃是栖居于其中的世界设定了基本的条件,由此也就限定了我们迄今为止对现实感觉的界限。如果,当我们以这一前提为基础来展开活动时重复地遭受挫折,很显然,采用新的规制性原则的时机就已经来到了。

不过,跟"反复地"联系在一起的是这么一个假设,前提被前后一致地应用在数量可观的案例中,而无须在意每个单独的案例中出现了怎样的结果。以上这样

---

[1] 参见 Lakatos 1981,第 108 页,尤其是脚注 2。我对拉卡托斯进行了理性重构。拉卡托斯声称自己是评价性而不是规约性的,但如果根据类似于黑格尔的那些只有在历史的进程中才开始显现出来的规范来看,我们后来的(对结果的)判断将会影响我们对本应该发生什么的判断。正是在这一意义上,上述情形反驳了这一思想,也就是人们能够就历史事件的合理性做出"即时"(instant)的判断。这么一来,拉卡托斯与实证主义者以及波普尔是有区别的,尽管对波普尔来说他允许人们对即时反馈做出修正。同时拉卡托斯又与库恩以及科学知识社会学者是不同的。对后两者来说,他们坚持专门只写科学的自然史,而拉卡托斯引入了惠威尔作为他的编史学模型,不过惠威尔依据科学的实际历史来把当代科学合法化,拉卡托斯则可以舒服地说,事情是可以更快地发生的(比如说更有效地)。参见 Hacking 1979a;Larvor 1998。

[2] 康德对上述区分的刻画最为清晰地体现在《纯粹理性批判》(1781)中,A644—647 页/B672—675 页。康德把对理性的规制性使用与对臆想目标(imaginary end)——可以通过几种不同的手段来实现——的承诺联系了起来,同时康德把对理性的构成性使用与上述手段中的一个联系了起来——对这样的手段就其本身而言是有价值的。关于这一区分的现代经典著作乃是 Rawls 1955。就规范性事业的上述两个方面的区分来说,它受到了来自功利主义的反驳(比如说,那些反对关于道德判断的"混合标准"[mixed criteria]的论证),Johnson 1985,尤其是 396 页以降是对这些反驳的一个有趣的讨论,其中还包含了一个对图尔明的批判。在那些历史主义科学哲学家中,图尔明在定位哲学的规约主义进路的起源时表现得最为敏锐——他将源头定位到立法活动之上。在图尔明看来,为这样一种比较活动——比较相互不可通约的理论底下的主张——设立典范与标准的工作乃是以如此这般的法律制定活动为模型;就某个辖区下辖的共同体来说,它们的本地习俗与获得的授权几乎是完全不同的,现在需要为这样的辖区设立法律。此处,苏格拉底在理论中做的事情,索伦已经在实践中做完了。参见 Toulmin 1972,第 86—87 页。Kelly 1990,第 5—6 页是对图尔明洞见的一个拓展,作者将社会科学囊括了进来并把它们视为立法冲动的进一步理论化。就我们这个更加友善、更加温和的后现代时代来说,"解释者"这个词通常被用来替代"法官"一词,尽管两者扮演的是同一个角色——具体来说便是将一个特定的框架应用到案例之中。关于出现在社会学中的一个类似变化,参见 Bauman 1987。就"解释"所包含的那层建立在法律活动基础上的含义而言,关于它的历史参见 Gadamer 1975。

一种以前后一致的方式对先在(prior)原则的应用涉及了对理性的构成性的使用。构成性原则为基于规则的系统赋予了固定的、有着多种描述方式的特征,这些方式突出了原则的严格性和自治性。此时我们脑海浮现的是"游戏的""先天的""固有的"三个词。对立法者来说,他们通常在设计规则的时候乃是着眼于将来,而法官主要考虑的是在应用规则时与过去的实践相一致。以上左右规制性原则与构成性原则的鲜明区分的直觉是足够明确的,我们在前一节讨论 C. I. 刘易斯的时候就已经接触过这一点,他强调我们的概念图式在任何时刻都是不变的,这种不变性乃是概念图式最终表现出的可变性的先决条件。我们很难知道一个规则是否具有有效力(这是立法者的目标),除非我们试着让它运作一番,也就是将它置于种种实质上相类似的环境之中(法官的目标)。[1]

在当代分析哲学中,人们倾向于从纯粹的伦理学角度来理解法则的制定者与应用者——立法者与法官——之间的差异:坚定的法官对立法者的功利主义冲动施加了系统性的检查,由此使更具教化意义的法律制度得以出现:规则功利主义。然而,如果我们回到康德最初的启蒙语境,那么对立法者/法官的首次明确区分是 1787 年美国宪法的制定,当时它被称赞为是"以哲学的方式设计出"秩序的第一个实例。鉴于哲学在当时并没有变质成"伦理学"与"认识论"这两种无法相互理解的话语,于是当制宪元勋们求助牛顿的那种大众化了的科学方法来获得治理的模型时,也就没觉得有什么不安。[2] 假若科学假设或者民法典的应用所产生的结果违背了制定者的意愿,如果这种状况每出现一次就要对它们修改一次,我们就永远也无法获得充分的历史记录来判断确切的错误原因。如此一来,对规则的修正看上去永远是临时性的(ad hoc)、无规律的,它们的重要性始终是模糊的。

在这一意义上,就将立法权与司法权——对美国而言便是国会与最高法院——相分离的法律制度来说,它将作为实验室的社会加以概念化。其中,立法者扮演了理论家的角色,他们基于一种社会行动的假设性理解来提出种种政策,而法官则扮演了实验家的角色,他们决定以上政策是在怎样的环境下开展试运行的。作为意识形态上的对立双方,过去一百年来最独特的法学学派——法律形式

---

[1] 毫不意外,对判决一致性的主要反驳是由于它与功利的方针是有冲突的。参见 Johnson 1985,第 397 页,注释 7、8。不过,此处实际上是两个关于一致性的难题:(a)对选定规则的一致应用;(b)对功利主义原则的一致应用。我相信后者构成了更大的问题,因为这样一种倾向——对规则应用的立即反应("行为功利主义")——将涉及把规则所具有的更为长远的影响排除出考虑范围。这种规范性上的矛盾心理导致对长远影响的忽视,参见 Fuller 1997d,第 95—101 页。

[2] 参见 Cohen 1995。

主义与法律实在论——只不过是对隐藏在现代宪政背后的科学根源做了互不相容的阐释。前者强调的是法官所必需的,据此可以对法律的公正性作出测试的一致性;后者强调的是立法者所必需的深谋远虑,以便提出能够增进社会福祉的法律条文。[1] 立法视野与司法视野的差异刻画在了表8中。

表 8　规范性事业的规约性一面与评价性一面

	规范性定位	
	规约	评价
关键价值	功效	一致性
时间定位	向前看	往后看
活动类型	制定(废除)规则	遵守规则
规则类型(逻辑时刻)	规制性的(所有的 X 是 Y)	构造性的(这是一个 X)
法律功能(法学学派)	立法(法律实在论)	裁决(法律形式主义)
伦理学定位	功利主义	康德主义
科学定位	革命科学	常规科学
科学功能	解释	确证

---

〔1〕 关于法律形式主义与法律实在论,参见 White 1957,尤其是第 59 页以降。要不是人类的自然历史表明规范性体制在产生时并没有伴随着在立法职责与司法职责之间的任何明确的区分,立法的逻辑与司法的逻辑之间的区别将会是自明的。更确切地说,一旦能为足够比例的当事方带来足够的利益,那些自发产生的行为模式——通常是不同情境因素结合的产物——就能作为规范而巩固下来。于是,有一个问题需要解决,(1)就这些规则的延伸与延续来说,只取决于那些受规则实施影响的当事方获得的收益是否比得上既往的收益;抑或(2)需要用到其他的标准,尤其是当某些规范有能够长期提升集体境遇的前景时,即便给个体带来了短期的不便也是可以容忍的。让我们依次来对这些选项进行考察。

　　第一个选项常见于这样一批文献中,在它们看来社会产生于约定,这一概念与 18 世纪苏格兰启蒙运动(亚当·斯密、大卫·休谟、亚当·弗格森)联系在一起,其巅峰乃是 20 世纪弗里德里希·冯·哈耶克的工作。上述"自下而上"的进路在作为对规范的完整阐述时,有着这么一个问题,它预先假定了,正因为规范乃是其他活动的副产品或者非意图后果,由此可见规范能够永远保持如此。这一谬误为自由市场资本主义提供了担保——在后者看来市场是自发地涌现的(这也许足够正确),由此它得出结论说市场必须永远地保持这样一种自发的组织,而不论这有着怎样的结果。上述谬误的源头在于没有意识到历史能够改变一个规则的可取性,尤其是这样一种情形——人们认识到自己乃是始终追随着某个规则,由此他们开始战略性地绕开它,以便赢得他们同伴所没有的优势。一旦人们把对知识的追求视为实现政治目的或者私人经济目的的手段,风格化的方式,就为科学如何能够"演化"为一种"后知识"活动提供了解释。关于这一思路的更多内容参见 Fuller 1996e。

　　第二个选项,当然,它预设我们能够围绕那些受到影响而构成共同体的当事方划出一个界限。在现代经济理论中,这一思路的巅峰乃是"集体"或者"公共"产品的概念,科学知识被认为是以上概念的典型。参见 Olson 1965。毫不意外,上述观念的青睐者,诸如现代关于规范性的元理论框架的两个最重要的奠基者(康德与边沁),都是在强力民族国家的背景下提出自己的建议,对于那样的民族国家来说,对社会秩序的关切是压倒一切的(尤其考虑到法国大革命),这保证了激进的立法冲动会被更为慎重的司法冲动缓解。参见 Fuller 1998b。

　　一般说来,随着哲学对研究路线的掌控在学术专门化面前慢慢被削弱,该领域的规范姿态也就从规约转到了评价,从立法者转到了法官——或者更稳妥点说,转到了会计这样一种替人看管账目的角色。[1]在这一意义上,该领域的规约性一面变得无足重轻,因为不论人们持有怎样的哲学信仰——不管是实在论还是工具论——同样的事例都以同样的方式得到评价。由此,无论哪个科学的会计,都会用有利于哥白尼而不是托勒密的方式来平衡1620年之前的账目,用有利于牛顿而不是亚里士多德的方式来平衡1720年之前的账目,等等。[2]这些账目最终是属于特定的科学领域的,现在由它们来为打下手的哲学家们指定规制。长辈听从晚辈的指令,这一点与柏拉图描绘的本末颠倒的、堕落的民主政体并无多大的不同。

　　失落了的哲学形象,通过文字来说明就是科学的会计,他们确实对专门科学项目的评价规范肩负责任。换句话说,某种意义上,人们仅当参与了初始场合的规范设定,才能作出评价。[3]从工具理性的角度来讲:除非你本人参与了对目标的选择,否则你无法说出实现目标的一个更为有效的手段是什么。社会契约论是一种出自政治过程的模型,它揭示了当我们将规约置于评价之中时意味着什么。举例来说,在第二章中,马克斯·普朗克与恩斯特·马赫主要争论的是科学游戏的规则(规约性的),而这些规则同时会影响我们判断什么是更好或者更坏的具体项目(评价性的)。

　　受制于躁动不安的思维以及英年早逝,拉卡托斯无法成功地遏制那样一种从规约走向评价的浪潮。不过,拉卡托斯对复活规约主义的兴趣也许最终能够解释他那独特的关于科学史的"理性重建主义"信条——这些信条要求哲学历史学家去谈论历史本应该是怎样的一种走向,如果历史个体按照哲学家所中意的规则行事的话。看起来,如果哲学家不再能够规定知识生产的路线,那么求其次的办法也许是,去想象当哲学家被允许这么做时,事情也许变得比现在更好! 就我们这

---

〔1〕　科学哲学家在看管专门科学的账目时所表现出的熟练程度越发地使他们起到了终极会计的作用,具体来说就是期刊审查者。有时候,他们甚至就特定专门领域内的重要争论作出裁决。上述进路的知识教父乃是戴维·胡尔(1935—2010)。此人是一位生物学哲学家,在20世纪70年代担任 *Systematic Zoology* 杂志的编辑并最终成为系统动物学协会的主席。这一经历的哲学教海集中在了 Hull 1998 中。

〔2〕　针对以上这一评价一致性,有这么一个创新性的尝试试图无视它,这便是"前分析直觉"的概念。这样的直觉乃是人们在探索规范性的科学哲学时的适宜对象。参见 Laudan 1977,第160页以降。Cohen 1986 以更一般的方式来运用上述策略,并以此来界定分析哲学的研究对象。

〔3〕　我在 Fuller 1994g 中发展出关于科学会计的一种更为坚实的理解。

个库恩化了的时代来说,一种政治正确的标志是,即便是那些同情拉卡托斯的读者也会情不自禁地为他思想中的上述特征感到遗憾。[1]

正是库恩的助力削弱了科学哲学的规范性维度,这一想法初步看起来是反直觉的,因为人们通常说库恩在他对科学的社会历史描述中破坏了观察/理论、事实/价值、经验性/规范性、描述性/规约性之间的种种区分。就以上这一对对区分来说,不论人们以何种方式理解每个区分中的后一项,库恩(代表了一系列的历史主义者)据称是阐明了前一项乃是"负载了"或者"渗透了"后一项。这样的意象难道没有表明规范性以及理论性在地位上的上升吗?[2]并不必然如此。"负载"与"渗透"的隐喻意味着,对于当前谈论的规范或者理论来说,它有着一个特定的被视为是理所当然的特征。然而,就传统意义上的理论创建活动来说,它的内容不只是从一个给定的理论框架出发来观察世界。不管怎样,鉴于理论创建工作被如此明确地转变为把现象纳入现存的框架之中的活动,库恩也许可以说是在学术中开创了轻理论(Theory Lite)之风。关于这一点与科学技术学的特别关联,我将在本书第七章第3节C部分中进行批判性的研讨。

不过,我们同样可以再往下深究一步。远在招来反对者之前,实证主义者自己就已经发现观察是被理论渗透的(指的是在一门形式化的科学语言中,观察内容可以根据理论前提而推导出来),同时,事实是价值负载的(至少是在这么一个隐晦的意义上,也就是人们使用怎样的理论语言来展开研究,这涉及一种自由的价值选择)。[3]此外,实证主义者与反实证主义者都认可这么一个总体上是工具主义的关于科学语言的看法——它将理论刻画为支配研究过程的种种规则。实证主义者与其对手间的关键分歧在于,他们面对以上的这些共同点采取了不同的姿态。实证主义者相信理论负载或者价值负载威胁到了研究的客观性,除非我们给出一个关于"可检验性"的说明,由此把它们明确地约束起来。而反实证主义者

---

〔1〕 Hacking 1979a 是一个引人注目的案例,作为拉卡托斯的读者为自己的态度作出缜密的辩解。对那些有兴趣复活关于科学研究的理性重建主义进路的人来说,他们可能会比重新回到德语世界中分析经济学家与历史经济学家——用今天的话说,"新古典主义"经济学家与"制度"经济学家——在 1900 年前后展开的围绕经济人的本体论地位的方法论之争(Methodenstreit)还要糟糕。参见 Fuller 1993a,第 180—186 页。

〔2〕 以上这一对库恩的过度宽容的解读出现在了 Will 1988 中,若不是过度的话,这将是对整个规范性问题所做的最巧妙的处理。在威尔看来,常规科学与革命科学在库恩的规划中有着同等的规范性地位,尽管在事实上库恩仅当常规科学无法凭自己来解决问题时才接纳革命科学。在这一意义上,"规范性",正如我在这里对它的使用,在库恩的规划中一般来说乃是一直被压制的——跟"自然的"行动过程并没有区别。

〔3〕 此时,"价值中立"与"理论中性"指的是这样的一批可能的观察,它们一方面可以从被选定的理论语言中演绎地得到,另一方面对它们的检验只能通过其有效性且不依赖被测试理论是真还是假的方法。

则倾向于将研究的客观性的不确定视为天然事实，我们只能减轻它的影响，但是无法永远彻底地消除它。

就库恩本人来说，他通过这样一种方式把上述不确定性掩饰了起来，也就是说，库恩把在科学语言间做出选择的责任从自觉的深思熟虑者的手中拿走，将其移交给普朗克效应的那只"看不见的手"。由此，如果你比你的批评者活得更久——或者，更确切地说，能培养更多后辈——你就赢得权利来忘掉这么一个可能在认识论层面上丢人现眼的过去，它里面充斥着各种以经验上的便利为名而鼓捣出来的草率概念。通过普朗克效应，库恩从可确定的现在（常规科学）与不确定的未来（革命科学）这样一种区别出发，实质性地重新引入了有关科学的"经验"问题与"规范"问题的明确区分。如果某个研究纲领已经吸引了一批追随者，那么库恩似乎就能推定这个纲领的有效性。这一举动使得拉卡托斯这样的哲学家更加难以给出理由来说明，为何需要一种适宜用来规约研究路线的"合理性"理论，更不用说去实施这样的理论了。

当理性的声音服从于科学内部人士的声音时，《科学革命的结构》也就成功地实现了这一当初逻辑实证主义者所没能实现的抱负。此处的关键是，库恩恢复了一种隐秘的亚里士多德式的"自然"运动与"强制"（violent）运动的对照——体现在了常规/革命科学的区分之中——由此，库恩也就把一类特定的、受限的变革形式加入了进来，使之成为科学逻辑的一部分。在库恩看来，对历史的重新书写必然是奥威尔式的，那么以上提到的这种对照也就能为奥威尔式的角色作出定性，即把一切与革命有关的痕迹从科学的制度记忆中抹去。[1] 因为，库恩相信科学仅仅

---

[1] 就库恩关于科学变革的亚里士多德式视角以及它所产生的奥威尔式后果来说，它们在哈佛的来源乃是 Whitehead 1926。后者是过程形而上学的一部普及之作，它使得怀特海把 20 世纪物理学中的革命刻画为一场新亚里士多德主义的复活。怀特海争辩道，"把关注投入过去的那些辉煌时刻，拿它们来跟今天的那些平庸的失败相比较，没有什么比这更能伤害到今天的人们，使他们对自己的职责丧失信心了"（第 255 页）。库恩在引入怀特海的名言——"一门不愿忘记其创始人的科学是没有希望的"——的时候，他无疑是从奥威尔的意义上来理解这句话：科学无法获得进步，除非它的实践者们理所当然地认为科学乃是建立在牢固的知识基础之上，因此也就觉得没有必要来反思领域缔造者所取得的成就。在这一意义上，那些成就成了"信条"。参见 Kuhn 1963，第 350 页。然而，如果我们考虑到怀特海这句话原文所在的语境，那么我们也许能赋予它一个更为"革命"的解读。也就是说，那些科学先驱最后的形象将是这样的——阻碍新的研究手段，忽视今天的种种关注所具有的独特性——由此，科学家们不应该赋予这些先驱们如此重大的价值；简言之，科学家们应当乐意于"忘记"过去，这里的忘记指的是在必要的时候抛弃它。上述对怀特海的保守解读与激进解读间的差异包含在了"负担"一词在以下两个隐喻中所具有的不同含义里：证明的负担与过去的负担。前者喻示着把过去带入未来是怎样的容易，而后者喻示的是把过去带入未来是怎样的困难。怀特海的这句名言首先出现在了 1916 年英国科学进步协会 A 部门的主席演讲中。当时怀特海是在阐明文艺复兴是如何阻碍中世纪鼎盛时期的科学的发展的——它大大增加了古典权威的数量并且削弱了逻辑所具有的批判力（后者远远走在了这些古典权威的前面）。参见 Whitehead 1949，第 107 页。感谢伊莱休·格尔森与瓦尔·杜塞克帮我定位了原文的背景。

在它受庇护的常规阶段里才能发展壮大,他想要抑制那些跟革命有关的考虑可能带来的任何长期影响。这就解释了库恩为什么热衷于阻止那些在下一个范式中工作的科学家了解自身令人不快的政治起源。

拉卡托斯或许是最敏锐地意识到了这一点,库恩不仅害怕科学家们可能开始去模糊科学与政治间的差异(比如说,允许更广泛的社会利益来引导他们的研究议程),更重要的是,他还害怕科学家们可能开始意识到,自身专业领域的生存有赖于周期性地清空那些难处理的研究区间——其中有的可能被别的领域重新拾起,也有的可能整体地逸出组织的关注。与人们评论库恩的旨趣相反,他本人并不反对拉卡托斯这样的哲学家所倡导的对历史的理性重建(讲述了科学应当如何发生的故事)。毕竟,奥威尔式的历史正是通过这样的重建而获得的。不过对库恩来说,这里需要反对的是科学家被告知(哲学家们习惯于这么去做)上述重建偏离了实际的历史记录。因为这需要向科学家注入某种关键性的批判意识,而这种意识将会妨碍常规科学的解难题作业。由此,历史学家史蒂文·布拉什提出了一个很有挑战性的质问:科学史应限制科学家进入吗?对此,库恩无疑会给出肯定的答案。

近来的思想史大多把库恩刻画为激进的科学理论家,现在回头想想恐怕不得不改写了。其中常常有着滔滔的雄辩:

> 波普尔是位有着宏伟风格的文化斗士,他依然从事着启蒙运动的战斗事业,依然在 20 世纪 30 年代和 40 年代与极权主义宗教蒙昧进行斗争。波普尔对库恩的恼火,据我推测,部分地来自他的那些政治参与,来自他那本格的世界-历史视野,来自他依然把理性视为与一系列历史敌人相对抗的文化力量——这些敌人是单纯的库恩未曾意识到的。波普尔是代表这么一代人说话,在他们看来世界几乎是迷失在了那样一种区分出无产阶级科学与资产阶级科学的体制之下。如果这一点并不是太过牵强,那么我们就能够想象波普尔是在把库恩当作伽利略的同时使自己承担起了贝莱明红衣主教的角色。波普尔意识到,那历经多年斗争而建立起来的整个思想体系与实践体系是多么的复杂与脆弱,他试图把这一点解释给那位年纪轻轻的、没有注意到今天称

之为"知识分子的社会责任"、单纯只是想说出"真相"的小伙子听。[1]

抛开这段文字的雄辩色彩,实际上并没有证据显示库恩曾经把自己表现为像伽利略那样,公然反对当时的科学正统。如果有什么要说的话,那么波普尔与他的学生们乃是以一种充满激情的才思著称——正是他把伽利略奉为反极权主义的标志人物;反过来库恩的理智姿态则更接近于贝莱明的那种含混狡诈的谨慎。不论如何,当波普尔主义者首次接触到库恩的时候,绝大多数人都被库恩痴迷于那样一幅宗教皈依的图景激怒,因为这似乎暗示,科学革命之所以不能得到理性的解决正是因为它们涉及了至关重要的人生决定。出人意料的是,波普尔主义者实际上与实证主义者以及库恩有着一个一致的看法,涉及人们实践活动的"绝对预设"的决断,乃是一个关乎存在的自由选择(free existential choice)的问题。[2]然而,正是出于这一原因,波普尔主义者坚持就如此这般的选择来说,它的价值必须根据它的后果来进行评价(不幸的是,就后果的范围来说,实际上很少得到详细的说明)。理性个体使得行动仅仅受到这样一种预期的制约,如果行动的后果达不到计划的要求,人们日后可能会推翻自己的决定。[3] 根据以上这样一种律令,那么我们很自然地得到一个关于"点滴的工程"(波普尔的术语)的伦理标准。由此,一个不可撤销的行动路线,在原则上乃是非理性的。从政策角度来看,对一个过程的"理性化"就意味着使它更加积极地回应负反馈。

对以上立场的一个最具挑衅性的拓展,费耶阿本德后来宣称,当代的大科学乃是非理性的。因为科学越发地依赖于大规模的军事—工业项目,这使得不管是在政治层面上还是在社会学层面上,任何想要逆转当前研究方向的企图都是无法实现的。就政治层面来说,这将会威胁到国家安全;就社会学层面来说,这将会威胁到科学共同体本身的技能及其思维定式。[4]

---

[1] Hollinger 1995,第451页。

[2] 新康德主义,也许在经由马克斯·韦伯的过滤之后,乃是这一情感的源头。参见 Proctor 1991,第151—154 页。

[3] 波普尔主义关于科学事实的"约定论"(也就是说,它们是自由选择与受到严格评估的后果的结合)能够被视为科学哲学层面上的这么一个对等物——它对应的是奥地利经济学关于自由社会中法治的效用的论述(参见第四章,第233页脚注1)。

[4] Feyerabend 1979。有意思的是,库恩《科学革命的结构》出版的同一年,有这么一个来自波普尔学生的研究出版了。该工作最初显得是有点浮夸过头,在其中它反对了像保罗·蒂利希那样的自由主义新教神学家在拒绝挑战他们的那些最为根本的假设时所蕴含的非理性。参见 Bartley 1984。

7. 结果:无形的且非理性的革命

尽管没有证据表明库恩试图把一个非理性主义形象强加给激进批判,但《科学革命的结构》确实看起来给读者带来了这样的效果,这最明显地体现在了那些想要继续从事批判工程的人的身上。一个恰当的例子便是保罗·费耶阿本德,他在 20 世纪 70 年代公开皈依了非理性主义,并且着迷于如此这般的"无政府状态"——据称产生于那样的一个没有统一科学方法的世界之中。在某种意义上,费耶阿本德仅仅是默认了库恩的构想——它涉及,当波普尔呼吁要在科学中"不断革命"时,这样的呼吁看起来是什么样的——而这一构想,无疑会得到实证主义者的认同,后者一直相信波普尔凭借他这些做法而引发了认知混乱:戒绝哲学中的定义,建议科学家们把他们所有的知识主张统统打造成尚未发现其错误根基的一类假设。[1] 波普尔与费耶阿本德的区别,当然,就是库恩。当波普尔把研究的目的和手段与研究的产物置于同一个批判基准上考察时,而在费耶阿本德看来,波普尔为了从大科学的权力商贩手中夺回研究路线,提供了一个天真的政治策略。费耶阿本德可能会这么说,问题不在于权力商贩是否听从理性,而在于他们听得太清楚了! 这里要注意的是,理性被假定永远"内在于"科学之中。由此,在政治上回应大科学的最恰当的方式便是,强行介入、撤回资助、展露傲慢姿

---

[1] 一些哲学家已经注意到,费耶阿本德预先假定了实证主义者的那样一种颇为局限的理性概念,因此他看起来要比实际上来得更为骇人。参见 Naess 1991。这里值得一提的是,就所有的波普尔主义者来说,费耶阿本德是唯一一个作为实证主义的技术批判者而建立起自己的早期声誉的人。这一事实表明,比起他本人以及他的读者所能意识到的,费耶阿本德可能吸收了更多的实证主义信条。实证主义者自身所表现出的对批判的风险规避姿态非常明确地体现了近来披露的 20 世纪 40 年代卡尔纳普与波普尔的通信中。彼时,正值波普尔完成《开放社会及其敌人》后不久,并试图在美国寻找学术避难所(卡尔纳普乃是在第二次世界大战期间移居美国,而当时波普尔正身处新西兰)。当波普尔告诉卡尔纳普资本主义与社会主义的根本区别阻碍了人们选择性地汲取这两个经济传统中那些好的方面时,卡尔纳普告诫波普尔不要对社会主义太过批判,免得他会为社会主义的反对者提供慰藉。卡尔纳普特别在意于波普尔通过弗雷德里希·冯·哈耶克这位著名的反社会主义者来试图在伦敦政经学院寻求庇护。结果,卡尔纳普的推荐信来得太晚以至于几乎没有发挥作用,而哈耶克使得波普尔成功地进入了伦敦政经学院。感谢马克·诺图洛发掘出了这一材料,他最早是在俄罗斯科学学会公布这一材料,并且将它出版在了 *Voprosy Filosofii*(1995)中——诺图洛取的标题是(用的英语)《波普尔对科学社会主义的批判,抑或卡尔纳普与他的同道者》,以此来伴随《开放社会及其敌人》俄文版的出版。

　　从知识社会学的视角来看,波普尔与卡尔纳普分别占据了伽利略与贝莱明的位置。作为一位自由漂浮的、不受制于任何体制的知识分子,波普尔能够有足够的余裕来否定卡尔纳普——作为职业化哲学在美国的一个缩影——需要去维护的这么一个研究形象,也就是以互相适应的方式工作,同时得到的是集体认可的结果。这样的想法会很美好——我们能够一直保持波普尔的姿态,即便在获得了相当于卡尔纳普那样的制度影响力之后——但很遗憾波普尔本人在英国的例子并不能带来这样的乐观主义。

态——所有这样或者那样的方式，都是强力地摆脱理性的约束。[1]

但是，为什么激进的（radical）变革必须以激进（radically）的方式发生呢？换句话说，为什么理性尤其要与那种使得研究过程中激进地脱离（革命）成为可能的手段区隔开来呢？波普尔说，人类在进化中的位置有着一个神奇之处，这便是我们的理论能够代替我们去死。此时他暗指的正是这么一个失落了的敏感性，也就是拿思想去冒险与拿生命去冒险并不是同一码事。用世界末日式的语言来刻画科学革命——正如费耶阿本德为了好玩而这么做或者科学的捍卫者出于恐惧而这么做——乃是忽视了这样的革命所具有的潜在的无形的特征。我在这里的用词是相当深思熟虑的，因为"革命是无形的"正是《科学革命的结构》一书第十一章的标题。不过，"隐形"在库恩这里所具有的相关含义涉及了以下的这些主张：

（1）范式变革的革命性特征被接下来的教科书作者给遮盖了起来，他们使得转变看起来是连续的；

（2）革命的结果并不是通过冲突的当事方达成一致的方式而得到，而是来自他们的学生在接下来所做的种种研究选择。

我在上一节中已经对主张（1）进行了讨论，现在让我们把焦点集中在主张（2），也就是普朗克效应上，它暗示了关于科学研究议程的论辩（argumentation）给旁观者而不是给参与者带来了更多的好处。[2] 在某种意义上，考虑到某个研究议程的拥护者们很少认为他们会被对手的论证打动，库恩的论点是无法反驳的。然而，如果在这里就停下脚步，那么我们就将忽视掉与信众的立场转变有关的种种方式——这样的转变常常是无意的、难以觉察的，它们发生在论战的过程中，随着人们在不同的环境中发现（同意某个论证而不是另外的论证）这里的利益与意义所在。某个在论战的刚开始绝不会为人所接受的立场，可能在后来变得容易接

---

〔1〕 多米尼克·勒古，这位 1968 年法国学生运动期间"无产阶级科学"的哲学倡导者，近来在哀叹这么一个事实，有关科学的目的的研究已经为那些受奥斯瓦尔德·斯宾格勒与马丁·海德格尔的右翼非理性主义强烈影响的批评者所垄断。即便当批评者自命为左翼的时候，正如在绿色运动（Green movement）中，他们也假定只能通过这样一种方式来反对科学，也就是从事那些与科学实践相对立的实践。费耶阿本德无疑促成了上述情绪在欧洲的出现，这一情绪一并地反对波普尔主义与马克思主义这两种自我批判的理性主义，即便后两者在许许多多的其他事务上有着分歧。不过，正如勒古所正确观察到的，这些理性主义者将今天的"技性科学"视为比"自然"本身有更大的真实性。参见 Lecourt 1992。

〔2〕 我在第四章第301页脚注1中已经对"普朗克效应"进行了解释。

受,这很大程度上乃是因为论战这一实践本身将使得人们开始习惯对方的立场。此外,就个人来说,他可能并不相信自己在一路上放弃了任何对他的立场来说乃是"至关重要"的东西。历史学家只有在事后回顾的时候才会发现就论证的负担来说它出现了一种微妙的转移,这样一种转移使得人们能够接受之前无法容忍的观点。[1]

由此,根本性变革能够以相当不激进,甚至是无形的方式发生。然而,库恩的论述中有着这么一个引人注目的缺陷,也就是它里面不包含任何论辩如何能够加速这一转变的讨论。这一缺失之所以引人注目,乃是因为夏佩尔原来列在一起的其他历史主义者——汉森、图尔明以及费耶阿本德——都明确地将论辩视为他们理解科学变革如何发生的中心内容。[2] 不论以上三人在理解上有着多大的分歧,他们总是将"论辩"一词所具有的意义与形式逻辑的演绎推理保持距离。之所以如此,乃是因为这些人想要强调就那些替代性的别样研究议程,或者理论上说,它们的价值并不已然蕴含于它们的形式化系统表达之中,只待人们通过演绎推理的方式来得到;毋宁说,种种理论各自的价值一直要到这样的时候才开始变得显而易见,也就是在某个具体的决定时刻通过理论间彼此交互的方式而公开地表达了出来。再一次地,正如拉卡托斯对科学的描述,关于规范性职能的规约性/评价性区分扮演了至关重要的角色。在实证主义者的描述中,科学理论产生种种预测,随后人们用观察来检验这些预测。与实证主义者不同的是,图尔明与汉森两人把科学家描绘为更像是法官的角色——科学家寻找这样的一类规则(理论),在如此的规则底下他手中的测试案例(观察)能够最出色地被包含进规则之中。以上反映了在哲学思考中出现了这么一种转变,也就是把解释而不是确证视为科学的主要事业。如果科学家的角色就像是法官,那么想必科学哲学家的角色就像是立法

---

〔1〕 我在 Fuller 1988,第 99—115 页以及 Fuller 1993a,第 101—106 页发展了这一论点。

〔2〕 最先意识到库恩这一点的当属 Scheffler 1967。伊斯雷尔·谢弗勒是这么一位典型的哲学家,他相信只有那样一类外部强加的方法论规则(这也正是实证主义者所偏爱的)能够确保科学家们的推理能够符合某个共同的标准。事实上就库恩来说,正如他本人逐渐开始意识到的,他似乎是从这一事实中推断出存在那样一个为所有科学家所隐性地共有的理性——科学在度过它的危机以及革命阶段后,成功地使自己闭合起来。谢弗勒正确地让人们注意到了库恩思想中的这一张力:如果不可通约性使得科学家们在革命阶段无法就推理标准达成一致,那么在革命过去之后无论推理形成了怎样的汇聚或者统一,它与科学家们列出来的那些以上述统一状况为依托的种种推理形式都不存在明确的关联。换句话说,库恩仅仅是绕过了有关对不可通约的视角进行翻译的难题——只不过看起来并不是那么硬着头皮——并且使得这样一种转变,在严格的意义上,是非理性的。由此,从黑格尔的角度来说,库恩并没有表明理性最终是狡黠的。的确,理性在库恩手里显得颇为不举。撇开其他不谈,库恩视角的支配地位通过一种含蓄的对比而凸显了历史主义者、波普尔主义者以及实证主义者所共有的这么一个预设:在规范意义上可接受的对科学理性的描述并不总是已然出现在科学事业之中。

者,他们建立(或者发现?)种种规则,通过它们那些对案例的冲突性解释就能够得到支持。[1]

相比之下,库恩论辩道,科学家在改变范式的时候并不是在理性意义上得到辩护的,直到以下两个条件同时满足:一方面旧范式底下未解决的难题已经变得无法忍受,另一方面新范式的基础已经清晰可见。那样一幅人们一路通过论辩而进入新范式的图景已经被替换下来,现在呈现在我们面前的是传统所表现出的集体惯性——它按照它自己的方式思考,直到无法再这么做下去。政治思想史家约翰·波科克评论道,就库恩的常规科学与革命科学区分给人们带来的兴奋来说,其中的大部分乃是来自这么一个"浪漫主义"历史观——它仰仗英雄般的革命个体来彻底改变那样一种原本是不可动摇的、对过去不断复制的局面。[2] 此处,"传统"一词捕捉到了这一背有负担的、具有惯性的过去含义。它在概念上的亲族包括了"传承""继承物"以及更具逻辑意味的"假设"。就如此想法来说——过去使未来背上了沉重的包袱,由此只有革命能够颠覆压迫性的传统(相比于,比如说,压迫性的统治者)——它只不过才两百多年的历史。[3] 更为常见的是这样一种波科克称之为"古典的"历史观,它把过去视为建立未来的原材料。相应地,未来的开放性也就由人们在有效使用过去的时候手头可利用的各式各样的方式来定义。尽管它有着古老的身世,波科克的古典历史观使得我们能够用全新的视角来审视传统与革新之间所谓的"必要的张力"。古典主义与浪漫主义历史进路间的主要差异刻画在了表9之中。

---

[1] 汉森非常明确地表明,比起日常科学工作所涉及的"理论使用",他对于复活这么一个独特的哲学技艺("理论发现")更感兴趣。从《发现的模式》的脚注来看,很明显汉森乃是受到了歌德为超越牛顿的世界观而做的种种努力以及查尔斯·桑德斯·皮尔士对"溯因"——一个难以捉摸的认知过程,这一过程通过相关性宣称而把抽象原则与具体事例联系在了一起——的探索的影响,同时汉森把实证主义者视为单纯在一个更为抽象的层面上复制了科学家的自然态度。参见 Hanson 1958,第2—3页。汉森与图尔明两人都采用了同样的类似于出现在宪法中的策略,该策略关乎的是从矛盾之中引出立法性原则(此处的矛盾产生于当法官判决这样一类"疑难案件"的时候——这些案件可以说能够在任意数量的互不相容的规则底下得到包容)。在讨论基本粒子运动的时候,汉森以决疑法(casuistically)的方式论辩道,如果他得出的原则能够适用于这一疑难案件,那么它们就更有理由(a fortiori)适用于科学发现的那些更为寻常的案例(对汉森来说,科学发现指的是发现一个理论来解释一些拥有充分根据的现象)。图尔明后对决疑法的历史进行了重温,将它作为规范性推理的一个模型。参见 Jonsen and Toulmin 1988。

　　相比之下,实证主义者聚焦于更为寻常的案例的逻辑,而这些案例从根本上来说乃是由处于支配地位的科学理论所生成的观察。库恩与实证主义者站在了一起,他将理论驱动的研究视为主要由"扫荡行动"所构成——从中会不时地出现异常现象,不过这些异常现象仅仅在极端的条件下才会促成一场"危机"或者"革命"。有关汉森与图尔明之间的友谊,参见 Hanson 1971 这一汉森遗稿的他序部分。

[2] 接下来的评论取自 Pocock 1973,第273—291页。Pocock 本人承认,当他在20世纪60年代后期第一次接触到库恩的革命修辞时,非常着迷。

[3] 就上述意义上的革命来说,它的标志性时刻当然是法国大革命在推翻法国旧制度后引入新历法之时。

表 9　古典主义编史学与浪漫主义编史学:一个被忽视了的"必要的张力"

古典主义	浪漫主义
过去构成了现在可以利用的、用以建设未来的资源。	过去使将来也是如此这般的表现,除非它在现在被中断了。
过去是一种原材料:它给现在带来的是没有具体形式的潜力。	过去乃是一种继承物:它使现在背负了传统的负担。
历史没有自然的方向(这样的方向必须在一个论争性的领域中建立起来)。	历史有着一个自然的方向(人们能够通过方法论研究来发现这一方向)。
衰败是自然的,除非人们积极地维护秩序,不管是延续过去还是改变过去。	发展是自然的,除非它受到了阻碍,此时做出根本性的改变是对这一状况的恰当回应。
全局性的规则需要强制实施,从而为地方性的决定的模式赋予结构。	全局性的规则仅仅是阐明了已经体现在地方性决定中的秩序。
人们在检验理论时持有的是这样一种预期,也就是理论将会被替换,如果它无法带来自己所承诺的东西。	人们发展出一个范式,预期它将能够兴盛起来,除非出现更强的范式压制了它。

　　什么可以算作"传统"和"革新"所具有的力量呢?从古典主义视角来看,起到更大决定作用的不是"传统"和"革新"名下的观点所具有的内容——从原则上说,这些内容都是得自同样的文化资源——而是当传统主义者与革新者竞相对共同的未来进行定义的时候,他们获取上述文化资源的通道所具有的差异。举例来说,如果我们把文字著作篇幅视为对人物的长久兴趣的一个粗略衡量的话,那么艾萨克·牛顿看起来似乎对《启示录》《秘文集》以及炼金术更感兴趣,而不是天文学与物理学理论——正是这些理论使得三个世纪以来的哲学家与科学家相信牛顿有着有史以来最为智慧的头脑。不过,就这一事实来说——牛顿继续被人们视为关于科学推理与科学成就的范式——它意味着如果有人试图提出一个彻底的互不相容的科学,那么他就必须驳斥上述对牛顿活动的选择性说事。要做到这一点,方式之一是发掘出牛顿的那些声音被压制的同代人——这些人会以不同的视角来看待牛顿的传承。此处的要点在于,未来乃是真的由过去所构造出来的,它并不是那样一种在客观上正确的时刻到来之际你坐等它到来的东西。由此,就那些站在浪漫主义立场上的人来说——不论是列宁还是库恩——他们把传统与革新之间的差异理解为是绝对的;而那些站在古典主义立场上的人——不论他是一位宪政守护者,还是我们马上会看到的图尔明——则把上述差异理解为是相对的。

8. 未经之路:图尔明由哲学到修辞的路径

在库恩笔下,科学中传统与革新间的"必要的张力"意味着对具体的科学家来说,他的同事们是一股纯粹的反动力量,他们通过同行压力,阻止他把自己的文稿视为在反对集体信念时能起决定性的作用。无疑,在科学的历史中有着太多太多这样的例子,也就是对立的各方并没有直接地相互对抗,因此他们之间的不可通约关系一直保持了下来,直到普朗克效应破门而入。然而,从先验的角度来说,我们并没有理由认为以上这样一种事态是不可改动的。那么,在 20 世纪 60 年代,是不是有着其他的关于科学动力学的规范性说明可供我们使用呢? 答案是,就那些关键性要素来说,它们确实已经可以在博学之士史蒂芬·图尔明的工作中找到了。我们可以这样来初步地理解图尔明的别样构想,也就是从他针对 20 世纪 60 年代早期迈克尔·波兰尼的"科学共和国"设想所做的两篇回应文章出发,将其中的主要观点抽离出来加以考察:

(1)政府必须做出许多与科学研究未来相关的决定,但是这些决定既不包含在一个单一的"理论选择"之中,同时它们甚至都没有充分地跟"科技部"打过照面。的确,就那些与科学有关的事务来说,政府应当乐于接受来自广大社会的影响,事关科学的正式决策是否真的建立在行政当局 (civil authority)所基于的当代社会中的基础上——马克斯·韦伯称其为关于合法性的"法理合理性"模式。[1]

(2)就科学决策的复杂性来说,它的一个重要源头乃是因为人们在科学权威问题上缺乏单一的合法性来源——这恰恰有悖于波兰尼那样一种遵从长者(这一绝妙措辞借自柏拉图)的判断的方针。这一点之所以常常不为人注意,是因为政客们通常仅仅咨询过资深科学家后便草草决定,从而整体上忽略了基层科学家的意见。

(3)鉴于科学对经济增长的贡献是不稳定的,因此当有人在论证中断言科学生产力与经济生产力之间存在整齐划一的联系时,这样的论证不值得我

---

〔1〕　值得注意的是,图尔明 1963 年发表在 *New Scientist* 上的文章使得这些论点能够促使最早的科学政策研究所(SPRU)在英国萨塞克斯大学成立。参见 Freeman 1992,第 242—243 页。

们信任。相反,如果科学研究被认为是有价值的,那么人们就应该将科学工作视为是挑战这么一个观念,即科学研究带来的好处有赖于物质财富的不断增长。[1]

以上三个论点共享了一个深刻的认识,也就是及至 20 世纪 60 年代,科学作为一项自主事业的理想,它既没有经验上的根据,同时在规范层面上又会给福利国家社会政策带来混乱。当然,库恩本人从来没有像图尔明那样直接地处理科学政策问题。不过,正如我们在第五章第 5 节中所看到的,诸如最终定型论者与福山这样的有着完全不同意识形态的理论家们从《科学革命的结构》所给出的模型中得出的是与图尔明完全相反的结论——科学变革的轨迹乃是足够自主从而构成了社会经济进步的"不变的运动体"(这是中世纪形容上帝的一个生动表述)。正如论点(3)所表明的,图尔明在回应中指出现代社会对自主的科学研究有着持久的兴趣,这对于一个长期存在的、针对政治经济学的资本主义的范式来说是一种反常——就那样一个资本主义范式来说,它仅仅资助这样的活动,这些活动将会明确地强化社会的物质福祉。换句话说,在图尔明这里,如果人们有意愿,那么他们就能动员起科学的力量来反抗资本主义的逻辑。

图尔明与库恩不仅是在同一年出生(1922 年),而且他们都是在自己国家最顶尖的大学(剑桥与哈佛)里受训成为物理学家。同时,两人在早年都曾着迷于维特根斯坦的思想。对图尔明来说,在 20 世纪 60 年代早期以前,他的名声不仅来自——也许这不是最主要的——他的科学哲学家身份,而且来自他的道德理论家以及哲学逻辑学家的身份。《推理在伦理学中的地位》是图尔明青年时期的工作,它成功地挑战了实证主义的这一权威论断,价值问题乃是建立在个人情感基础上的姿态——用 A.J.艾耶尔的话说便是,"只是射精罢了"(mere ejaculations)——它们不容易受理性论证的影响。[2] 为了取代科学推理与道德修辞间的二元对立,图尔明主张,两种话语无论哪一种按完全相同的方式同时既是"推理性的"又是"修辞性的"。在实践中,这意味着伦理学乃是一项探索什么是真正的善的活动,由此也就表明了伦理学可以像科学一样收集与驳斥理由。不过,这同时还意味着

---

[1] Toulmin 1964,1966。就该时期的科学政策争论来说,Shils 1968 是相关文章的一个简便集合,它收录了绝大部分图尔明的回应文章以及旁人对图尔明的回应。

[2] Toulmin 1986。

引入了如此这般的一个关于科学推理的构想，即，科学推理包含有强烈的修辞特征，在这样的修辞特征下，"实在"（reality）在实用主义的层面上为特定的研究活动界定了限度，此时，研究的参与者不再感到有需要来进一步地研究某个问题。当然，研究可以在以后的时间里再次开启，这个时候"实在"将成为下一个闭合点。事实上，对科学来说，它有着制度机制来确保上述情形的发生。[1] 伦理学，图尔明评论道，它并非浑然天成的，它只是一个关于约定的问题，也许它值得被修改一番以便人们不再被误导——比如像实证主义者的观点所暗示的那样——重要的价值问题纯粹是个人的事。

在《论证的运用》中，图尔明更为明确地支持那样一种基于修辞的、反实证主义的推理概念。到了20世纪60年代后期，这本书开始在那些研究言语交际的学者中变得极具影响力。[2] 然而，当此书在1958年首次出版的时候，由于图尔明大肆否定了"形式有效性"概念，这使得该书在它的主要受众（哲学家）中非常不受欢迎，甚至对于那些意识到形式逻辑提供的是一个并不完善的人类推理模型的人来说也是如此。[3]

与库恩以及实证主义者所不同的是，图尔明从来没有将关于经验性事务的推理与关于规范性事务的推理明确地区分开来。事实上，他是如此热衷于消灭任何这样的区分，以至于他直接去挑战这一区分的终极哲学基础——休谟意义上的经验内容与逻辑形式的差别。图尔明把上述差异本身视为是形式性的，而不是实质性的——用他的话来说，这是一个带有"场域依赖"的区分，这样的区分仅仅在特定的推理背景下才能够做出。如此一来，图尔明也就构建起了一座哲学桥梁，将古老的智者修辞与影响了当代科学社会学的建构论哲学连接在了一起。[4] 通过把智者的重要性置于柏拉图之上，图尔明越过了人们在讨论哲学地位时相应的一道无形的红线，而这样一种僭越越发地使他为那些分析哲学圈以

---

〔1〕 图尔明会在后来称这类实践为"密实"（compact）。参见 Toulmin 1972，第378页以降。图尔明对密实度（compactness）的讨论使科学知识社会学者产生了这么一种兴趣，也就是科学论战是如何"终结"然后又"重启"的。参见 Collins and Pinch 1982。

〔2〕 Toulmin 1958。近来，德国哲学家对图尔明表现出了极大的兴趣，而这乃是因为尤尔根·哈贝马斯在提出交往行动理论的时候将图尔明关于有效性的思想吸收了进来。对哈贝马斯来说，他相应地是从那些研究言语交际的学者处知悉图尔明的工作。图尔明的工作在该领域的权威地位体现在了 Eemeren, Grootendorst, and Kruiger 1987，第162—207页对他的重要性的描绘中。

〔3〕 参见，尤其是 Manicas 1966。

〔4〕 Willard 1983 最为明确地为两者建立起连接的工作。我做出这一联系的尝试最清晰地体现在了 Fuller 1995b 中。

外的读者所喜爱。不过最终,图尔明体现为一种摩西式的人物,他试图为科学在社会中的位置进行规范化。就图尔明为获得替代性的科学推理模型所做的种种初步尝试来说,它们表现出的统一性更多地乃是来自它们对科学实在论的反对,而不是来自某个一贯的承诺——不论是对相对主义还是对建构论。[1] 回想起来,很明确的一点是,图尔明是在摸索关于修辞的理论。就他最初对“范式”一词的使用来说(比库恩早了一年),我们能够明显地辨别出上述用法乃是被归到修辞学上的惯用语句(topos)范畴之中。[2] 不过,图尔明从来没有谈论过根本性变革如何能够在论证的进程中产生:工作在不可通约的范式底下的人们是如何能够将对方视为彼此相关的群体——对面的人不仅值得自己持续关注,甚至还可以相互合作?

　　无疑,图尔明之所以没有对上述难题做出回答,其中的一个理由是他对辩论者(包括他自己,作为一位有抱负的革命者)的这么一种需要估计不足,也就是辩论者需要面向他的听众建立起一种精神气质(ethos)来。不同于科学教育的发生地(课堂),在科学的研究场所中并没有那些受控制的容易倾倒的听众。如果普朗克效应如库恩所说的那样盛行的话,那么很明显,科学家永远不会理所当然地认为他们的那些持有相反观点的同僚会听从于自己。从传统上说,修辞的精神气质的作用在于从如此这般的听众中建立起共同体——他们在此之前并没有共同的

---

[1] 就图尔明在反对科学实在论时所表现出的摇摆姿态来说,关于它的一个很好的例子便是这么一个差异:一方面,就《论证的运用》所提的关于推理的场域依赖模型来说,它似乎可以被视为是相对主义的;另一方面,就十五年后图尔明在《人类理解》中提出的关于推理的系谱模型来说,它更严格地说乃是建构主义。上述对照标志着图尔明关于理性本质的思考出现了这么一个转变,也就是从空间隐喻转向时间隐喻。我将在第七章第3节C部分表明这一点与科学技术论的关联。

[2] 对图尔明来说,范式乃是“关于自然秩序的范型”(ideal of natural order)——人们正是从这样的范型出发来判断特定解释的充分性。正如图尔明在一些场合中所承认的,此处他只是在重新刻画柯林伍德的“绝对预设”(参见第一章第4节)。对于有着如此这般定义的范式来说,它以设立假设的方式将自己扎根于科学论证之中,比如在牛顿力学的案例中,相应的一个假设是物体一直沿直线运动,除非受到阻碍。参见 Toulmin 1961,第56页。此后,图尔明对哥廷根大学自然哲学教授乔格·克里斯托弗·利希滕贝格(Georg Christoph Lichtenberg, 1742—1799)予以了赞赏,因着后者已经先行地以上述方式来使用“范式”这一表述——有意思的是,利希滕贝格是以批判当时由安托万·拉瓦锡引领的那场“化学革命”为背景来使用“范式”的。与库恩一样,利希滕贝格为“范式”赋予的是积极意义,而“革命”则被赋予了消极意义。根据惠威尔、马赫以及杜恒的案例,我们可以预料到利希滕贝格“开明的”方法论观点最后与一种“反动”倾向——它针对的是后来被证明了的利希滕贝格时代最重要的科学发展——联系在了一起(在本例中,这一反动倾向来自敌视法国人的偏见)。参见 Toulmin 1972,第106页;I. B. Cohen 1985,第517—519页。就那些围绕范式的崩溃的惯用语句来说,最近人们在 Zagacki and Keith 1992, Keith and Zagacki 1992 中对它们进行了探讨。

事业,即便有也只有一丁点。[1] 由此,对于国家领袖来说,战争时期社会中不同阶层联合起来的需要就成了对他所具有的精神气质的一个典型考验。[2] 修辞的这一方面大概算是随着肯尼斯·伯克(1897—1993)的工作的再版发行而在20世纪70年代重新获得了重要地位,然而这个内容跟那帮人尤其是哲学家——甚至还有某些修辞学家——关于修辞学范围的见解是完全对立的(要知道这才过了十年)。[3]

伯克关于建立共同体,使人行动起来的修辞概念在美国重新点燃了修辞学探索的初心,也就是为民主制度下各行各业的公民提供公共演讲方面的培训。图尔明正是在以上这一非常光荣的背景下被视为一位重要的革新者的。然而,就科学历史学家与科学哲学家而言,对修辞学的民主源头以及它的公共服务导向的重申使得修辞学实质性地与那些使他们活跃起来的问题拉开了距离。一般而言,就1980年以来的这段时期来说,它有着这么一个显著特征,也就是在科学历史学家、科学哲学家甚至是科学社会学家中间,语言尤其是论辩在科学权威的建立过程中所起到的作用被贬低了。作为结果,对于那样一种推动修辞研究的民主冲动来

---

[1]　关于这一问题我们可以给出两种回答,它们都涉及对听众的认知结构做出假设。一种看法是,领导者的修辞之所以能够起作用乃是因为他利用了听众的价值观与偏见,后面这些东西使得听众本来就已经倾向于认同他的方向。另一种看法是,修辞能起作用的原因乃是听众进入公论论坛的时候,他们对于问题没有任何具体的观点,由此很容易被劝说影响。尽管第二种回答看起来似乎是修辞在民主制度下工作的先决条件,然而雅典在伯罗奔尼撒战争的失败使得柏拉图将它妖魔化为智者使用的操纵方法。于是,修辞接下来的历史就表现为这么一种过度补偿,它里面充斥着顺着第一种答案而来的路线,后者强调正当的修辞必须建立在共同的价值观假设之上。柏拉图在这种情况下的成功带来了令人遗憾的长期后果(正如第一章中所论证的),这中间最大的一个问题是修辞学家在欧洲社会中被脸谱化为保守势力的一员——他们是教授雄辩术与礼仪的老师。Conley 1990是近来的一部优秀的修辞史,它将上述问题囊括了进来,同时对图尔明、伯克以及理查兹展开了深刻的讨论。我在Fuller 1993b中致力于恢复最初智者式的修辞概念。

[2]　对于任何试图恢复科学的规约主义进路的哲学尝试来说,领导问题显得尤为尖锐。精神气质的一个传统的修辞来源乃是kairos,也就是说,紧迫关头使得领导必须接受。但是,怎样才能使事情变得如此紧迫以至于科学家们会听从于一个哲学家呢——即便此时所有哲学家都说的是科学家们应该互相聆听?不幸的是,哲学立法的前景继续背上了古老的霍布斯式的包袱,亦即最高的立法者不仅要带头提出规则,同时他要有意志力来使它们得以实施。关于Kairos,参见Kinneavy 1986。

[3]　此处最引人注目的案例也许是I. A. 理查兹(1893—1979)。理查兹在剑桥与哈佛的连续任教经历使得他在大概1930年至1960年这个时间里成为英语世界最重要的修辞学家。理查兹非常乐于把修辞学的学术研究理解为逻辑实证主义的同路人——修辞学具有把误解甄别出来并矫正它们的能力。参见Richards 1936。

说，它现在几乎彻底消失在时兴的科学认识论中。[1]

的确，我们似乎是生活在这样的一个哲学世界中，也就是我们就科学主张所作的论辩几乎是没有价值的。[2] 一方面，我们身旁有着一帮"兜售实践的贩子"，这些人一边整个地贬低语言在科学中的角色，一边眉飞色舞地谈论着在实验室中与事物邂逅的重要性，将这样的邂逅视为对这些事物的实在性的隐性断言。这样的标准对于那些怀旧的前科学家来说真的是妙极了。另一方面，自然科学赢得了人们的尊敬，即便那些受过良好教育的人也是如此。这些人从来没有靠近过研究场所，但是他们相信飞机乃是因为"物理法则"的关系而能够一直逗留在空中。有鉴于此，人们得出结论说，如果个体缺乏对科学知识生产的直接认识，那么听从相关的科学专家便是唯一的"理性"行动方针。[3] 这里缺了什么呢？这里缺的是老派观念中的批判性论证所扮演的角色。此处的批判性论证类似于我们在民主政治中见到的那些。就民主政治来说，知识主张的生产过程有着访问限制——比如说，立法会议是在闭门的情况下召开的——这使得那些隐蔽在密室中的精英们有

---

[1] 为使诸位能够理解我是在怎样的基础上得出这一刺耳结论的，先让我们考察逻辑实证主义者关于科学的本质的一些天真可爱的信念：通过谈论那些普遍地可获得的观察与逻辑透明的主张——这两者可以通过其他的如此这般的观察或者其他的如此这般的主张来得到检验——人们就能够对科学的本质发表意见。对实证主义者来说，他们苦苦地寻找着适合于上述谈论的语言，而对于波普尔主义者来说，他们更愿意"直接就讲"并同时对学科黑话以及科学中的模糊措辞进行特设性的（ad hoc）批判。不管我们希望怎么来评判他们的具体努力，这些出身维也纳的背井离乡者坚信的一点是，有能力触接科学的人并不只是那些碰巧在科学学科中取得高级学位、经常把时间投入研究场所的人。在我们这样一个库恩化了的世界中，不再会有人相信这点了。

费耶阿本德对伽利略修辞的研究是他在《反对方法》（1975）中提出的无政府认识论的一个很好的案例。那么我们该怎么来看费耶阿本德呢？虽然比起实证主义者来，费耶阿本德使得修辞在那些科学推理的典范性情节中占了更为重要的位置，但是他与实证主义者一样，还是继续从相同的负面角度来刻画修辞。毕竟，在费耶阿本德的叙述中，伽利略乃是使用修辞来掩盖他论证中的基本性缺陷——它们在几个世纪以来被哲学家们通过理想化的前提而得到填补；然而，这些缺陷并没有逃过耶稣会异端审判官的眼睛。费耶阿本德的叙述所表现出的大胆无畏乃是与伽利略的短期命运和长期命运相关的。短期来看，异端审判官，这些实证主义编史学中的典型"大坏蛋"，被刻画为针对伽利略做出了令人信服的方法论批判（正如实证主义者也会做的那样）。不过长期来看，伽利略比起那些在方法论上有着精到之处的异端审判官来要更为接近我们的物理学。于是，费耶阿本德告诉我们，一方面，实证主义者乃是把修辞错当成了方法；另一方面，方法却也不是这里的赢家；是现实（reality）取得了胜利——而且它是某种同时超越了巧妙狡猾的修辞与严密的方法的东西。如果这一结论看起来是把真实与长期存活搅在了一起的话，那么这是因为费耶阿本德与库恩一样对达尔文主义关于知识增长的描述有着相当莫名其妙的钟爱。

[2] 令人高兴的是，即便是哈贝马斯的追随者，诸如 Rehg（1999），也开始意识到了这一点。就这么一个经典的关乎科学的哲学问题来说（如何把科学与"伪科学"区分开来），Taylor 1996 以论辩理论作为棱镜提供了关于上述问题的一个很好的理解。

[3] 尽管难以启齿，但我得说就分析哲学中的所谓"社会认识论"来说，它的相当一部分内容乃是致力于合法化这一趋势。由此，这样的一种需要——考察那些令人难以抗拒的信念底下有着怎样的社会根据——直接发生短路：人们论证说，我们天生有着被称为"常识"的能力，在它的准许下那样一种听从专家证言的做法成了阻力最小的认知途径。这一观点的一个特别直截了当的表达，参见 Schmitt 1994，第一章。本书第 45 页脚注 1 是对其起源的讨论；同时，Fuller 1996c 是对它的一个批判。

义务让他们的行动受到公共监督与定期核准。

反过来,当论辩成为高度限制的研究领域中的极少数专家的私有物时,它看起来好像是没有把它的职责交出太多。这些专家,当他们中间有人声称自己发现了什么时——以专业性的"经过同行评议的"文章发表为形式——最终必须承担起集体责任。以上这一概念空间刻画在了表 10 之中,我用"非批判性的"(acritical)一词来称呼它,鉴于它无法辨别出一个外在于现存科学、能够让我们由此展开科学批判的立足点。

表 10　非批判性的科学论的认识空间

分析的层次	知识的来源	
	直接认识	听从权威
一阶的:科学家在做什么	科学研究者 (实验室中的科学)	科学专家 (公开场合中的科学)
二阶的:元科学家在做什么	科学的民族志学者	在科学底下打下手的哲学家

我们至少有两种方式来刻画这一概念空间的构成。[1] 一种方式是将它刻画成一个邪恶同盟:一方是那些把基层常规科学家视为到目前为止一直受剥削的科学无产者的人,另一方是那些把他们自己视为一个中世纪行会的人——他们所掌握的知识之所以值得信任乃是因为这样的知识仅在限定条件下传播。此处,科学家的身份认同(scientific identity)是由那样一种"心照不宣的对特定话题的一致性沉默"(conspiracy of silence)姿态所建立的,正如科学中的种种经验传统被偏袒理论的历史记录压制,同时这样一种压制乃是与上述经验传统自身所具有的那样一种自我强加的默会维度结合在了一起。[2] 另一种方式则是以此时元科学家——科学社会学家与科学哲学家——的角色来刻画这一空间,也就是他们乃是从一个更高的抽象层面上再生产出职业科学家的两种标志性角色:实验室研究者(对照实验室民族志学者)与公共专家(对照替人打下手的哲学家)。

这一事态是如何发生的呢? 主要的原因就是库恩的范式概念,它使得哲学家与社会学家在看待科学作为一个"实践"时在两种大相径庭的"实践"含义间踌躇

〔1〕 标记出这一空间里的边界的关键文本乃是 Kitcher 1993,Shapin 1994,Hacking 1983,以及 Pickering 1995。
〔2〕 关于沉默在科学实践中扮演的矛盾性角色——但此时它没少起构成性的作用——参见第四章第 6 节。

不决。[1] 一方面,实践被认为是像隐藏的前提或者假设,这表明它们可以被语言触及,因此也就是可以展开争论的。比如,借助一定程度的自我意识,难道我不该去批判性地反思那些支配我的范式(此处指的是世界观意义上的范式)的原则吗?无疑,这一问题对于库恩的哲学批评者来说显得特别突出,尤其是卡尔·波普尔以及达德利·夏佩尔。另一方面,实践同样可以被视为存在于一种永久性的潜意识或者甚至是本能的层面上,它在原则上排斥有意识的表达。库恩与迈克尔·波兰尼两人通常正是在这一意义上谈论科学家沉浸在范式之中。对于科学论中的那些兜售实践的贩子来说,他们常常看起来是鱼跟熊掌想兼得,也就是说,那样的实践概念既可以(在命题的层面上)对社会成员的作为进行辩护,同时又不会让这些成员们在任何时候需要把那样的辩护变得足够明晰以至于引来批判,并最终导致对其实践的种种修改。[2]

就这些非批判性的库恩化了的科学论视野来说,我想要做的是恢复在它们的范围之外的东西。这是一个复杂麻烦的提案,我的社会认识论在过去的十年里一直聚集于它。这一提案涉及的是,在定义研究的目标时将它们相对独立于恰好在特定地点特定时间给研究群体带来任何利益的结果。举例来说,当我们从科学乃

---

[1] 针对这一心态,Turner 1994 在给出了它的谱系的同时提供了针对它的一个批判。特纳的论点的更多细节可以参见本书第二章脚注。

[2] 为什么会有人会追求这样一个潜在的不合逻辑的概念呢?这也许是因为它提供了一个机制来解释,为什么那些社会即便不是由我们自己的原则所支配的,却能成功地存活下来并发展壮大。实践之所以发挥作用正是因为它们并不需要变得明晰——而且,实际上,当实践变得明晰时就会失去一种将行动紧密地粘连在一起的关键能力。由此,当人们在 19 世纪思考实践以及与实践相关的"传统""习惯""文化"概念时,与这些思考互补的是这样的一类担忧,也就是现代批判理性正在腐蚀我们自己的传统生活形式的根基。这有助于解释,比如说,自由主义在试图扎根于那些之前对民主政府形式并没有集体经验的国家——尤其是南欧与东欧——的时候,为什么会反复失败。(随着帝国主义的兴起,这一论证在后面将适用于非洲以及亚洲。)随着欧洲民族国家试图把有着不同文化的地区归入一个共同的法律体系之下,以上这些难题就会具体地展现出来。鉴于这些地区在尚未被强加这么一个"以哲学的方式设计出的秩序"之前就已经欣欣向荣,人们普遍地得出这样的结论,就那样一种由明确表述出来的规则所构成的普遍理性来说,与它共存的是许许多多默会的理性,要获得这样的理性需个体像生活在特定地区的原住民那样生活:借助费迪南德·滕尼斯的经典概念,就是共同体(Gesellschaft)与社会(Gemeinschaft)。参见 Fuller 1999e。

关于科学技术与社会的研究者是怎样不遗余力地使实践摆脱批判而获得自治,相关的一个引人注目的例子乃是 Latour 1997。拉图尔论证道,批判之所以是道德上令人反感的,乃是因为它预先就给科学实践者们打了差评,将他们指控为自我欺骗——批判者也正是因此才有了唯一的机会来实践自己的行当。批评家们一方面把实践视为纯粹是实现自己目标的手段,另一方面没有意识到,就那些最完美的建筑物来说,它们身上的手工痕迹都是隐藏的,因此也就没有必要对它做批判性的改进。拉图尔关于批评者的职业病因学讨论主要是基于加斯东·巴什拉为科学劳动摆脱哲学剥削所做的辩护,正如第七章第 4 节所要讨论的。不论如何,拉图尔把常规科学实践等同于无缝建筑,这让我们回想起了一个从设计中引申出来的神学论证,具体来说,它认定存在隐匿的上帝(deus absconditus)——上帝把世界建得如此完美以至于我们不再需要衪的协助。这么一来,既然科学运转得如此良好,那么它的那种建构特性也就无所谓了。关于法国的这样一种关于科学的哲学历史研究中的思维——以及这些研究与库恩的关联——参见"结论"第 2 节。

是扎根于某个具体的劳动形式出发来推断科学的民主化时,这一做法将会是服务自身利益的——如果我们没有同时观察到专家与非专家是以足够类似的方式表现出无知,并且是受命运支配的,因此,比起那些声称可以确定我们能够确实可靠地知道什么的认识论来,我们所有人最好都出发来寻求这样的一种认识论,它能够避免不可逆的错误。[1] 不论如何,在回到这一科学论的新未来之前(我将在第八章进行讨论),我们必须首先考虑这一领域是如何设法屈从于库恩化的。

---

〔1〕 在 Fuller 1993b 的第一章中,我把这一视角以"表层科学"(shallow science)的名义加以倡导,同时我在 Fuller 1997d 的第一章中将其倡导为对科学的一个"由外而内"的视角。Ravetz 1987 是这一姿态的先驱者。

第七章 库恩化——仪式化了的政治无能

1. 库恩化的当代症状

目前,科学论(science studies)共同体正受到自己所营造的库恩化状况的困扰。集体层面上的历史健忘以及政治惰性是其主要症状。通过它们,我们可以定义出一种综合征来,这里且称之为"范式感染"。此处,一个太容易为人所遗忘的地方是,原先人们在研究自然科学的社会面时所怀有的道德目标和政治目标并非来自那些找寻新研究领域的社会科学家,相反它们乃是来自那些抱有兴趣去修复眼下这种裂痕的科学家:一边是专业化的科学训练,另一边是民主公民权所要求的技能,而与这些技能联系在一起的则是古典的博雅教育。换句话说,正如科南特在推介科学史时所表现的那样,科学论最初所包含的那些科学旨趣是受教学驱动的,这种驱动力来自一种统一化研究的理念。不过,如果说科南特试图通过让公众对科学怀有更大的包容来弥合上述裂痕,那么科学论在欧洲的源流大体上采取的乃是反向策略,也就是让科学家对为他们的工作提供支持的社会更为敏感。在接下来的文字中,我将把关注点主要集中于英国的实例,而在本章末尾我会对科学论的巴黎源流作一讨论。巴黎学派对这一领域的支配反映出了福利国家的分权,以及与此相关的学术界在面对市场力量时自治地位的削弱。

哈罗德·威尔逊在 1964 年呼吁将科学与技术整合进英国社会主流之中,时值他就任英国首相不久。作为结果,20 世纪 60 年代后期,人们为科学类专业以及工程类专业的学生设立了一系列课程,让他们了解自身所在领域具有的社会维度,希望以此将学生们引导到那些更具社会效益的方向。科学知识社会学(SSK)的老家,爱丁堡科学论研究部,便是上述新型服务性教育项目之一。在它的课程中,库恩的《科学革命的结构》一书占据了显要的位置。确实,就后来的"爱丁堡学派"的总体课程设置而言,它第一个在教学中把科学史、科学哲学以及科学社会学整合到了一起,而这样一种结合在人们看来正是库恩在《科学革命的结构》一书中就已经做了的——尽管库恩本人所具有的学科的敏感性指向了相反的方面。[1]

　　不论如何,该研究部在早期所取得的成功,再加上冷战巅峰时期科学类专业入学人数的扩张,为人们资助科学社会学的"研究"提供了正当性。这使得研究部的旨趣逐渐脱离原来的教学任务而获得了自主性。于是我们也就能够毫不惊讶于得出这样的观察,《科学革命的结构》一书仿佛为上述转变的发生提供了指南。由此,这样一类刊物建立了起来,在其中受到认可的当代作者慢慢取代了那些背负有令人不适的政治包袱(比如马克思主义)的历史先人而成为人们互引的对象。这一策略不仅精简了学科对其自身历史的意识(库恩将这样一种奥威尔式的结果视为是激发科学活动所必需的),而且更为重要的是,它使得该领域与那些科学在其中占据了突出位置的当代社会运动之间的关系变得麻烦起来。也就是说,此时科学技术论(STS)的目标、方法以及话语的定义方式将使得它更难以渗透进那些更为开阔的政治关切之中。

　　就话语层面所表现出的趋势而言,它的一个突出标识乃是现在进行着的科学战争所流通的修辞通货。有关这一发展我将随着本章的展开而投入更多笔墨,此处暂且先只提一点,也就是,在20世纪60年代后期以及70年代早期,那些围绕科学以及技术的社会维度的论战带有一股浓重的马克思主义色彩,此时的社会学家与科学家两者似乎都被期望投入关于科学应当迈向何处的这场争论之中。[2]然而到了现在,论战几乎完全集中在了谁拥有学术权威来宣布科学的本质这一问题之上。在回答科学在实际中是如何经营的这一问题时,一边是这样一类相互替代的

---

[1]　关于库恩对早期爱丁堡学派的课程规划的影响,参见 Bloor 1975 中的课程目录。在布鲁尔看来,"大多数课程涉及的乃是与 T. S. 库恩《科学革命的结构》联系在一起的一系列相互间密切相关的问题"(第507页)。库恩的这本自1967年科学论研究部成立以来就开始使用的著作,也正是唯一一一本学生被要求购买的书。库恩对上述礼遇的回应是,在 Kuhn 1977a,第4页中,他表明了自己对爱丁堡学派所代表的那类跨学科的元科学研究工作的拒斥。不过即便如此,Barnes 1982 仍详细地列出了库恩的工作与其后爱丁堡学派的发展之间的联系。

[2]　Rose and Rose 1970 是说明上述发展的一本重要著作,它由一位社会学家与一位生物学家所合写。在开放大学(英国的"空中大学",同时也是哈罗德·威尔逊留下的历史最久的教育遗产),该书被纳入了学校最初所列的"教科书"之中。

视角，它们着眼于科学研究是依赖社会情境的一种研究；另一边则是演示其技术上的能力——或其不足。前者与后者相比就相形见绌了。[1] 不过比起选边站，公众对上述新形式论战的反应是一脸的不耐烦，这是因为，在有关科学的未来这一问题上，公众没有任何的敏感性可言。在这一意义上，库恩那著名的"进化"模型——科学变革作为一种进步乃是一种从并非进步的状况演变过来的——转化成为当代科学政策论战中的一个自我实现的预言。

正如我们在本书前面几个章节所观察到的，库恩论述所具有的抽象性带来了一个意外结果，它使得所有研究的路子都能够轻松地将自己打扮成范式。这种改变的方法往往简单至极，诸如采用（类似于奥威尔在《1984》中所用的语言形式）库恩语式（Kuhnspeak）来重写学科的历史，在界定共同体成员时推出一种似乎严谨却又捉摸不定的标准，以及在期刊文献上鼓捣出一套小心翼翼的互引体系。[2] 这

---

[1] Edge 1996 是一个来自 STS 一方的优秀而简明的例子。该策略的一个更为精细的版本是这么论证的，当科学家在否定 STS 的正当性的时候，他们就违背了自己所立下的规范性承诺——沿着研究道路前进而无论它会通往何方，即便最后得到的结果会颠覆已有的直觉。因此，在科学家谴责 STS 之前，他们应该将它视为已经获得了只有通过专门化范式驱使的研究才能得到的洞见。参见 Fujimura 1998。不过，藤村所选择的历史案例——数学家最初对非欧几何的抵制——多少有点不合适，因为对它的反驳主要来自数学家的案例，比如说埃德蒙德·胡塞尔的老师利奥波德·克罗内克。克罗内克对数学本质的看法一定程度上乃是知识社会学中强纲领的先驱。参见（尤其是）Bloor 1973；Bloor 1975，第 5—7 章；Barnes 1982。

　　克罗内克与强纲领都坚持一种严格的本体论体系，在该体系下，那些没法以有限数量的逻辑步骤或者经验观察构建的实体都是有问题的。就以上两个方面来说，其目的都是将数学研究建立在日常的物理直觉之上，而在人们看来，后一种限制条件正是非欧几何所要拒斥的（至少在爱因斯坦通过广义相对论为非欧几何提供物理学基础之前是如此）。藤村对数学史中这一 STS 建构主义先驱的忽视显示出了建构主义在元层面上的缺失，具体来说就是她轻易地认同了辉格史。这意味着，在她的案例研究中，其修辞力所预设的是，那些对非欧几何的批评单纯就是错误的，而不是反过去考察，究竟哪一种能被算作对数学研究正当对象的"勘界工作"（boundary work）。一般而言，那些坚持欧几里得正统的人希望保有这样一幅数学的整体图景，它能不断地与哲学、心理学、物理学的进展保持同步。因此，直到到了爱因斯坦那里（此时，离首次在几何学上废除欧几里得的第五公设已经将近一个世纪之久了），人们才开始在相应的领域中完全接受非欧几何。建构论者也许会接受这一接纳过程中的延迟，但是就藤村而言，她仅仅通过辉格式的视角就认定，克罗内克他们是在开倒车。参见 Fuller 1999a。

[2] 在这么一个互引被用来追踪符号资本的交换的世界里，有关资本积累的策略一旦为人发现，就很容易被人们掌握。举例来说，期刊的"影响因子"是关键指标之一，它是关于发表在期刊里的文章在其他文献中被引用频率的一个函数。对编辑来说，提升期刊影响因子的最直接策略是，确保发表在他们期刊上的文章所引用的是早先发表在同一本期刊上的工作。而对于大多数作者来说，为了能通过评审而追加一些（相关于评审者的）引用，这是他们进入重大国际性学术论坛所需要付出的一点小代价。于是也就毫不意外，《科学社会学》这一 STS 最重要期刊同时也是爱丁堡学派自家期刊，一直是社会科学期刊中影响因子最高的刊物之一，这在很大程度上借助于内部互引的数量。

　　后现代读者们也许会教促我们要这样来理解这一结果，也就是把它视为科学合法化过程的一个机灵的模仿，在大约 25 年前，阿兰·索卡尔在模仿关于科学的文化研究方面的学术风格时就已经使用过了这种手法。无非是，这一次乃是社会科学家对自然科学家的模仿。不过，就算是英国出的这件事，对它的戏谑还是有底线的；STS 在科学计量学上的成功最好被视为是，STS 真诚地应用了自己所发现的一个原则，即能把任何领域（包括他们自己）转化为科学。参见 Sokal 1996。欲了解本书所引入的索卡尔骗局想要在更广泛问题的背景下展开的评估，请参见 Fuller 1998f。

些行动合在一起就能轻而易举地拼凑出一种印象——特别是对政府的政策制定者以及大学管理者而言——该学科乃是正儿八经有目标地从事知识探索活动的。库恩主动使自己与对自己思想的各种发挥之间保持距离，坚称《科学革命的结构》真的仅适用于物理科学。尽管如此，就总体影响而言，《科学革命的结构》对科南特课程的最初使命起了促成作用，正如我们在第五章中看到的，经由开展属于他们自己的常规科学活动，许多原来可能会批判自然科学的人文主义者以及社会科学家开始尊敬甚至模仿那些仍带有专断色彩的领域。在这一意义上，从《科学革命的结构》一书中得到的启发正是"如果打不赢，那就投靠他"。

以上关于社会科学的所有观察都十分适用于 STS。STS 将《科学革命的结构》一书奉为奠基性著作，其内容时常被解读为一种蓝图，人们可以根据它来组织领域内的研究议程——尽管库恩本人极其不认可这一点。确实，库恩的运气就在于，他登场时 STS 尚未开始常规科学的研究。若非如此，那他的文字决计过不了同行评议这一关。如果说革命性的科学家的工作是开启一个新范式的话，那么他就无法居住在由该范式所统御的世界中。同样，像库恩的《科学革命的结构》这样宽泛而推测性的工作也很难在当代 STS 的同行评议下存活下来。对 STS 而言，它现在所期待的乃是那种披有强经验主义修辞外衣的案例研究。"理论反思"（theoretical reflection）这样的东西，一方面被看作表面地、象征性地遵从该领域那些直接的奠基人，另一方面它又实质性地兑现了奠基者们的那些陈词滥调。如果说政治史，正如马克思所言，是发生两次的话——第一次作为悲剧，第二次作为闹剧，那么认识论史也遵循了类似的模式，也就是第一次作为天才创见（革命科学时刻），第二次作为谬误表现（常规科学时刻）。基于这一视角，让我们看看《科学革命的结构》中的下述方法论错误：

- 一个主要取自物理学的模型，被描绘成所有科学门类的模型。
- 该模型所具有的周期性特征大体上是基于一段约三百年的欧洲历史（粗略地说是从 1620 年至 1920 年），库恩用机会主义的方式挑选各种例子来迎合周期的各阶段。
- 这一模型的修辞力建立在库恩所主张的自然科学与社会科学间的区分上，但同时他却没能对这两个领域作任何有深度的比较。
- 除了讨论新手是如何经由社会化而进入常规科学的实践之外，未曾讨论过有关科学的宏观特征与微观特征。

· 尽管库恩把实验室实验的作用放在了突出的位置上，但对科学的经济面以及技术面几乎没有作任何讨论。

· 《科学革命的结构》的叙述并没有遵循 SSK 著名的"对称性原则"——库恩希望对科学如其所是的运作给出说明。这差不多就暗示了，当科学事业运作失灵时，对它会有不同的说明方式。

STS 库恩化的最显著标志乃是赛吉出版公司(Sage)在过去的 20 年里以 STS 名义出版的两本手册间的区别。[1] 第一版手册对科学政治学、科学哲学以及科学史作了持续的批判性的讨论，到了第二版则沦为了有关 STS 历史背景的怀旧性的讨论。[2] 如果从一个更加固定程序化的层面来看，STS 研究者的共同之处在于，一开始他们先反对科学家与社会学家，主张理论思考永远无法胜过经验上的案例性考察，随后通过一个冗长的篇幅来枚举这类案例工作，给人的感觉就好像是，仅仅通过量的堆积就能回应那些从理论出发的反对者所提出来的质疑。[3] 如果说这是一种知识血管的动脉硬化，那么《科学革命的结构》一书在这里究竟扮演了何种角色呢？

在库恩的论述中，政治之类的东西具有瞬时的、压抑的特征，它们对 SSK 的发展有着决定性的影响。尤其是在库恩关于科学的论述中，以下我们所熟悉的三个

---

[1] 这两本册子分别是 Spiegel-Roesing and Price 1977 以及 Jasanoff et al. 1995。正如你们所看到的，我也是这么一个在科学的社会研究学会(society for social studies of science, 4S)的名义下，对近来研究工作进行所谓"监管"的委员会成员之一。在一番煎熬和内省之后，委员会决定从专业学会角度对手册予以正式认可。不过这一认可更多来自于手册发行带来收益的预期，而不是出自手册所代表的领域的真切热诚。这一决定似乎带来了它所期望的财政上的结果，但反过来，比如说将来，如果作为学会集体产物的知识的纯粹性不为财政上的考量所左右，这会更好。

[2] 此处我尤其想到的是 Edge 1995。

[3] Collins 1996 是此处的一个典型案例。鉴于这一对批评的回应乃是出自如此显赫的 STS 实践者之手，我好奇我是否没能理解其中传达给人们的一条暗藏的具有讽刺意味的信息，这一信息是在 SSK 底下所完成的最重要的科学社会史的结论——Shapin and Schaffer 1985，尤其是第 344 页；"霍布斯是对的。"对夏平与谢弗有关霍布斯与波义耳之争的描述，一种最自然的解读是，霍布斯——所捍卫的是，哲学论证应当替那些仅靠实验观察的名义获得过分主张的人把关——的表现与后人对他的肯定程度相比要高出很多。如果把这一教训反过来应用到 SSK 人士身上，这就意味着，当后者把经验发现带给公众的时候，这些人自身应当有兴趣来重新复原理论拷问所扮演的角色。如若不然，那么这一角色也许就会隐藏在实验手段所具有的"默会维度"(tacit dimension)之中。然而，对柯林斯论证的仔细考察表明，他在修辞上的可取之处主要得自波义耳那种独断式的经验主义(authoritative empiricism)。于是问题又成了：如果击不垮他们，那么就投靠之。欲了解更多这一问题的哲学意蕴，尤其是它在修辞层面所开辟的空间，参见 Fuller 1994c。

社会学视角都已经丧失了自己的位置：[1]

（1）科学系统地反映（或者合法化）了特定阶层的旨趣，这种旨趣在社会中有着更为一般的表达，因此对重大科学变革的最佳解释还需诉诸更广泛的社会发展乃至地缘政治的发展。[2]

（2）作为一种社会实践，科学缺乏任何意义上明确的整体性，因此毋宁将它视为各个学科的松散集合，人们在讨论时，使用特定的"科学"行事方式将它们统合到了一起。

（3）科学能够被完全还原为一组变量，它们取自社会科学中大多成员的集合。有鉴于此，科学政策能被视为完备的社会政策的一部分而得以制定。[3]

库恩带来的这样一种遗产使得人们对科学的研究成了一项相对自给自足的工程，它没有太大的兴趣来提供一套完备的社会理论。[4]〔不过这一主张倒有一个具有启发性的例外，它就是巴黎学派的行动者网络理论（actor-network theory）。本章的最后一节将会考察它。〕近些年来，在整合以上这些更具宏观社会学色彩的要素的问题上，人们做了一些努力，不过这些努力通常发生在"话语资源"（discursive resources）的层面上。举例来说，在彼处，社会学家将那些阶层差异与地位差异方面的观念归咎于被研究对象，而不是让社会学家自己想方设法来致力

---

〔1〕 上述三个被忽略的特性在我的社会认识论中有着突出的位置。Fuller 1992c 应该是体现得最为明显的作品。

〔2〕 Yearley 1988 是一本最成功地把 STS 与批判性科学政策那些着眼更广的问题以及更宽阔的政治经济学视野整合起来的教科书。不过即便在那里，对围绕 STS 的哲学论战的描述也出现在了不同的章节之中，而与那些描述科学批判以及科学政策的章节相脱离。由此，这就为 STS 与总体讨论的相关性营造出了一种散漫的氛围。在第三世界关于后现代主义的评论中，时常可以找到这样一条批判线索，其内容是，仅当在那样一种科学在其中已经把实证主义充分确立为主导意识形态（差不多是第一次世界大战这样的情况）的社会中，STS 才能够成为科学批判的一个哲学基础。如若不然，STS 的相对主义将会阻碍科学在任何时候在社会中获得一个稳固的地位。参见 Parayil 1992。这是一个有意思的批判，毕竟，正如我们将要在下文看到的，当 SSK 自称对它的那些哲学上的竞争者有着优越性的时候，其理由部分来自它现在已经成为推动科学事业的最佳历史载体。

〔3〕 Whitley 1984 是上述科学社会学脉络下一次最清晰的尝试——学科间的差异在这里被分解为组织理论中的各种变量。Collins 1975 第 9 章则做了一个有意思的整合，它把这一视角加入了一般社会学中。在如何调和上述宏观社会学视角与 SSK 的微观社会学视角间的关系的问题上，Fuchs 1992 做了一次富有价值的努力。

〔4〕 即便如巴里·巴恩斯这样的一位 SSK 创立者以及最成功地将自己转型为社会理论家的人物，在把科学社会学与社会理论联系起来的问题上，也表现出了不情愿。此处的一个典型案例可以考察他在社会理论创建方面所做的那次不间断的工作，在其中你根本没法得出这样的结论，也就是作者还研究过科学：Barnes 1990。

于上述观念的有效性。围绕"边界建构"以及"边界维持"的文献显示出了这一倾向。[1]不过总的来说,在 STS 方法论承诺中,来自库恩的传统提供了一种关于常规科学的"内部社会学",STS 正是借此试图到研究实践的经典发生地——最典型的就是实验室——去了解一系列被科学家们界定为自己生活世界的实践活动。[2]

2. 扎根于教育使命中的库恩化:英国与美国

在美国与英国两地,推动有关科学史、科学哲学以及科学社会学课程学习的力量通常来自这样一批资深的科学家,他们忧虑的是,是否会突然涌现出一批冷战公共政策所不可或缺的自然科学。这些科学成了公众最热切期望以及强烈恐惧的撒气筒。与此相应的对策乃是,将科学在社会中发挥的作用加以正常化,以使它看上去不再是那么一种无可救药地与社会格格不入的异类。就目前的工作而言,其中最为突出的乃是哈佛大学科学课程中的通识教育计划。不过,为了理解库恩化的过程,我们必须考察下 STS 在英国的起源,正是它产生了该领域的第一个自我描述的范式——科学知识社会学中的强纲领(Strong Programme)。

当哈佛的先行者们强调把科学引介给非科学人士的时候,英国的先驱们则强调把科学家引介到科学以外更广泛的背景中,科学家的工作就在其中。甚至,当 C. P. 斯诺(C. P. Snow,1905—1980)于 1959 年在那场著名的雷德(Rede)讲座"两种文化与科学革命"中阐明,科学家需要用这样的内容来充实自己的训练——去理解他们将要在其中越发占有重要位置的那些更广泛意义上的文化竞技场——的时候,十年甚至更早以前,基于这一视角而规划的课程就已经先行在牛津以及

---

[1] 在科学中边界维持这一问题上,对相关 STS 主流文献的一个总结可以参阅 Gieryn 1995。Fuller 1993b,第 102—138 页,Taylor 1996 展示了有关该问题的一条更具批判性的进路。

[2] Lynch 1993 对该视角所做的辩护是所有辩护中最具哲学意味的一个。值得一提的是,库恩对科学社会学"内部化"(internalizing)的影响已经拓展到了社会认识论上,其中最为突出的表现是一些分析哲学家的案例,他们试图将库恩与女性主义结合起来。参见 Longino 1990。后者在科学中的"构成性"(constitutive)价值与"情境性"(contextual)价值间划出了一道过于明显的界线,因此事实上限制了综合性的政治考虑在科学知识的构成中扮演的角色所能发挥作用的程度。由此,朗吉诺主张,尽管所有科学都有着情境价值,但是比起物理学来(打个比方),构成性价值也许能够在生物学中扮演更大的角色。

剑桥建立起来了。[1]

　　斯诺是这么认为的,在科学家能够被令人信服地委以人类命运的大任之前,他们需要变得对公共价值更具敏感性。这点尤其在那些受马克思鼓舞的科学家那里被奉为真理。在约翰·戴斯蒙德·贝尔纳的引领下,这些科学家宣称,在将来,民主可能会在经过科学规划的社会中带来返祖结果。毕竟,在自由选举下诞生了希特勒。尽管我们可以说,贝尔纳及其支持者在认识苏联统治对科学以及社会所造成的暴行方面比其他英国公众要晚,不过这影响不了什么。以上所有这些都表明,科学家需要了解的价值并不能被化约为高效率的产出。毋宁说价值就散布在了公民参与传统(civic tradition)之中——这些传统有着这样的目的,也就是来缓和那些专横的当权者(authorities)(包括科学本身)。

　　尽管斯诺本人预设"两种文化"处在了一种相互不理解的状态之中,但他的演讲明确地给人文学者留下了这样一种印象,也就是相应的担子主要落在了他们的肩上。尤其在 1962 年由批评家 F. R. 李维斯这位倡导业余主义(amateurism)的彪悍斗士所作的一番演讲之后,人们通常是这样理解斯诺的,他是在论述,人文主义

---

[1] Snow 1959。有关人们对斯诺讲座的反应的一个敏锐的哲学分析可以在 Sorell 1992,第 98—126 页中找到。有关斯诺对科学看法的一个全面的文学研究(聚焦于他的小说)是 Hultberg 1991。这里如果把斯诺的讲座仅仅视为英国尝试将科学家整合进行政部门的开端,那么这是不正确的。真正的第一人乃是理查德·霍尔丹勋爵(1856—1928)。此人在一战大卫·劳合·乔治以及赫伯特·阿斯奎斯的自由党政府中任职于数个内阁位置,他最为人所熟知的乃是在 1918 年所作的标题为《论政府的机构》("On the Machinery of Government")的报告。霍尔丹采纳了作为国家"精神上的基础设施"的德国式科学模型,后者在本书第二章第 3 节中讨论过。作为结果,它导致了英国主要的研究基金委员会的建立,这些委员会下属的资金就好似军事行动中的动员与再部署般时涨时消。事后来看,也许这里最引人注目的地方乃是大学大体上被定位成科学家的训练场,后者在随后由国家以及工业界所雇佣。而那类在大学底下与政治、经济上的委托没有明确联系的研究则得不到多少关注。以上对于说明贝尔纳以及斯诺的写作背景会很有用。欲了解更多有关英国科学政策的历史,参见 Rose and Rose 1970,尤其是第 3 章。

　　有关科学史课程在剑桥以及牛津的建立,请相应参阅 Hall 1984 以及 Crombie 1984。Hall 观察到李约瑟(1901—1995)于 1936 年在剑桥开设了第一门科学史课程,此时距他对中国科学史的史诗般研究的显现大概有 10 年的时间。李约瑟希望这样的课程能够成为科学中的国际主义的载体,从而也能够在阻止未来的世界大战的同时,还能弥合科学在经过一段"自由放任"的发展后带来的越发严重的国家间的贫富差距问题。参见 Elzinga 1996。李约瑟曾担任联合国教科文组织科学部第一任主任。

　　不过,在剑桥政治环境下,李约瑟这位胚胎学家出身的人士与乔治·萨顿这位在美国与李约瑟最相当的人物一样都处在一种边缘化的位置上。二战之后,赫伯特·巴特菲尔德这位在体制中有着更大能量的人士为科学史课程的扩展提供了合法性辩护,也就是说,这样一种扩展能够成为抵抗科学越发专门化的权宜之计。它能表明,当代科学就算以最极致的技术化面貌出现,一样能够处理几个世纪以前就已经提出来的那些有着更普遍的文化意义的问题。克龙比的叙述中有这么一个有意思的地方,也就是寻找过去科学家所带有的隐藏假设(比如说一些未表达的问题)起到了为科学史研究——不只是教学——提供合法性辩护的作用。不过,就这一问题而言,上述关切来自克龙比在牛津的先辈罗宾·柯林伍德所做的工作。后者在英国发挥的作用类似于亚历山大·科瓦雷在美国的作用。

者所捍卫的精神目标在历史中已经为只能由科学才能满足的物质需求所取代。[1]然而,斯诺真正所表达的内容实际上要公正得多,具体而言就是,尽管一方面科学技艺对于人类生存来说乃是格外重要是,但另一方面科学训练没法培育出人们的道德想象力,尤其是那类通常由人文学科所培养出来的,能够带来人类多样而不同未来的创造力。由此,斯诺理想中的行政人员是这样的:他们胸怀人文主义者的目标,手持科学家的手段。[2]

此处的一个紧要地方乃是,在斯诺的脑海中,当谈及要把"典型科学家"与"典型人文主义者"所分别对应的世界观连接起来的时候,两者指的究竟是哪两类人呢? 它们是指冷血的技术官僚与带有精英主义调调的文人这样的对照吗? 并不是。毋宁说,它指的是类似贝尔纳这样的人与乔治·奥威尔(George Orwell, 1903—1950)这位在今天以《动物庄园》以及《1984》的作者而闻名的自由主义新闻工作者这类人之间的对照。[3] 在二战结束后的十年间,BBC广播电台时常组织这样的节目,请科学家与人文学者就西方文明(或者说英国社会)的未来走向的问题展开辩论。除了个别突出的例外(比如说迈克尔·波兰尼),科学家们都坚持走科学唯物主义所描绘的进路,政治问题只能通过技术手段得到最后的解决,这些都是铁板钉钉的事。由此,这一结果反过来将会消解掉长期公共论战所带来的无常多变的氛围,后者据称正是法西斯主义赖以生存的大众土壤。

人文学者这边——当然例外同样也是有的——乃是焕然一新的自由主义者。这些人原先都是共产主义者,后来无法忍受斯大林主义政治下的各种激进手段,即便这些手段是以无产阶级革命的名义而施行的。这里尤其是奥威尔,他对科学家居然能够放下身段倒退到为苏联开脱辩解的地步而震惊不已。这种委身程度容许贝尔纳这类人能够轻易地反转日常词汇,比如说"自由"的意义,从而使得它

---

[1] Leavis 1963。

[2] 值得一提的是,斯诺"关于两种文化与科学革命"的演讲在英国文学界那种致力于"教化"科学家的写作类型中找到了自身天然的位置。这一文学类型起自马修·阿诺德的《文化与无政府主义》(1869),而后延伸至 Collins and Pinch 1993。在前者那里,非利士人(philistine)这个词第一次被用来形容在法律问题上以科学之名践踏传统的功利主义进路,而在后者处,"机械人"(Golem)这样一种力量与拙笨一体并存的造物类似地被用以形容科学在文化上的拙劣。在德国与法国,当科学作为国家政策必不可少的一部分而存在了至少一个世纪之久的时候,英国科学从传统上看则是在私人机构底下展开的,或者出于消遣,或者出于功利。不过不论是哪一种,就所涉领域来说,它们跟那些与公民权有关的学科都不大沾边。这也就解释了为什么"公众理解科学"这个表述在英国有着特别的反响,它被理解为表达了这样一个问题,也就是有关把科学整合进通识教育以及一般文化之中的问题。

[3] 此处我追随的是 Wersky 1988,第285页以降的看法。该书由一位当代科学政治史家所撰写,此人没能与起初的爱丁堡科学论研究部走到一块。关于这一点下文会提及更多。

们似乎只能在集体主义体制下才能实现。就好比,大众为了能使智商比他们高的人替他们来决定政策,便以理性的方式放弃了自己的选择权。奥威尔深信,马克思主义对科学家有着绝对的吸引力,这折射出,在科学思维底下有着深刻的极权主义倾向。而他本人事实上也是将贝尔纳所作的现场直播宣言作为《1984》中受意识形态主导的奥勃良思想的原型。[1]

从斯诺的立场来看,科学家的错误在于,他们试图按科学问题的方式来为政治决策建模,而这种方法通常预设了一个由自然因素所决定的最佳方案。马克思的历史哲学无疑推动了此类科学与政治的融合,而此种融合所发挥的唯一作用仅在于推广了这样一种科学的公共形象,也就是对民主的反动。如若人类的解放取决于自然科学,那么很明显,它的代理人正在构想的是一幅错误图景:他们太依赖于这一思维,自然界以舍我其谁的口吻发声。[2] 正如我们所看到的,1963 年在斯卡布罗召开的工党党代会上,由哈罗德·威尔逊所作的著名发言将斯诺的构想通俗化了,也就是把英国的未来与"科学革命"以及"技术的白热化"连在一起;而深受这一发言影响的工党于 1964 年正式上台。此后不久,人们在英国的各个大学中建立了数个多学科协作的教学部门,以推行斯诺的方案。在这些部门中,最具历史重要性的便是 SSK 的发源地爱丁堡大学的科学论研究部,到 1970 年逐渐进化成完全成熟的具有培养研究生资质的研究部。

在爱丁堡,对这一研究部的支持最初来自动物遗传学教授康拉德·沃丁顿(Conrad Waddington,1905—1975)。在其职业生涯的早期,沃丁顿在有关胚胎学的遗传学基础问题上与贝尔纳的朋友李约瑟进行合作,从而接触到了贝尔纳。总的来说,沃丁顿与贝尔纳共享同一套信条,也就是科学家将更深入地参与到公共政策的制定之中。不过,沃丁顿所认识到的上述参与涉及了各式各样的道德以及宗教背景,因此在这一问题上他与李约瑟走得更近。[3] 在这一思路下,要求理科

---

[1] 在从科学的角度来倡导中止民主制以及其他广泛为人所共享的文化价值这一问题上,贝尔纳真的不是一个人在战斗。约翰·范·弗雷克(是的,正是库恩写作博士论文的导师)走的就是同样的道路,尤其是在他出国的那会儿(不过,此人倒没有把马克思主义摆到议程上来,这也正是当时哈佛人给人留下的印象)。参见 Van Vleck 1962。

[2] 不过,要是由此便得出结论说,在英国科学共同体中,贝尔纳意义上的那种科学给政治带来的所谓认识论进步毫无踪迹可言,这也是不正确的。毋宁说,它在修辞上被加工得更为动听,正如以下出自一部现代经典科普作品的句子:"如果政治是可能性的艺术,那么研究无疑是可解性的艺术。"(Medawar 1969,97)在前范式研究与范式研究(在政治与科学之间)从未有过如此简洁的概括与区分。

[3] 此处我指的是李约瑟毕生所从事的研究项目——大部头的中国"科学与文化"史。它明确地提出了这一问题:为什么这样一种作为 17 世纪欧洲标志的"科学革命"没能在技术上更为先进的中国更早出现? 有关李约瑟成就的一个敏锐评论,参见 Cohen 1994,第 418—490 页。

生参加有关"科学与世界事务"的课程使得他们一方面能够获得贝尔纳式的从科学走出去的往外的取向,另一方面又不至于受贝尔纳那些规范角度上令人厌恶的修辞所浸染。[1]

爱丁堡的这个教学部主要由一群训练有素的科学家所构成,他们借由对库恩、玛丽·道格拉斯,以及对贝尔纳的死敌迈克尔·波兰尼工作的了解,开始认识到,科学家需要接受与其他人同程度的"社会化"以及"文化适应"。上述开拓者具体包括了新任主任大卫·埃奇(一位为 BBC 工作的射电天文学家,之后创办了领域内最具影响的刊物《科学社会学》[*Social Studies of Science*])、巴里·巴恩斯(一位在社会理论方向上获得研究生文凭的化学家),以及大卫·布鲁尔(一位具有哲学倾向的实验心理学家)。这几个人构成了科学知识社会学中强纲领的核心力量。无论如何,在他们形成一个获得公认的研究组之前,科学论研究部就已经成功地说服理科生们,将他们的职业方向从基础研究转向应用研究,而这正是成功地将科学事业整合进大文化环境的标志。[2]不过,如果说科学论研究部所使用的修辞是鼓励科学家跳出那种狭隘的基于学科的课程设置的话,那么该研究部在为自己的架构进行辩护时偏偏没有走这条路子:

> 我们不会把我们的研究生教育当作为管理、科学新闻报道等等之类的职业做准备的"博雅教育"来看待:我们相信后者这样的教学目标最好在本科阶

---

[1] 沃丁顿是一个损害控制小组的主要成员。当斯大林的农业委员的政策错误和危害明明白白地显露出来时,这个小组试图从李森科主义所造成的废墟中拯救社会主义者对科学的感念。参见 C. H. 沃丁顿,致《新政治家》杂志的信,1948 年 12 月 25 日,转引自 Werskey 1988,第 297 页脚注。影响沃丁顿的另外一个有着同样权重的因素也许是,他在动物遗传学研究所的前同事,因发现 X 射线能够诱导基因突变而获得 1946 年诺贝尔生理学或医学奖的赫尔曼·穆勒(1890—1967)在获奖时所作的宣言,他呼吁为精英人士建立精子银行以应对核辐射的环境,因为它很有可能会吞噬掉人类种群的遗传适应性。不过值得赞扬的是,穆勒驳斥了试图改编拉马克主义的现代版本。在这里,质量辐射(mass irradiation)被认为能够通过提高人群变异率的方式来加速进化过程。参见 Graham 1981,第 8 章。总体而言,该书乃是一部有关沃丁顿试图找寻的生命科学所具有的价值蕴涵的出色的文献资料。

社会学家齐格蒙特·鲍曼赞赏沃丁顿认识到了这样一点:科学专业化能促成这样一类道德冲动的扩散,它能阻止那些即便是受教育程度很高的人把自己的行为以及态度置于一种统合性的道德世界中去评判。鲍曼创造了"广教化"(adiaphorization)这个词来描述这一过程,它解释了为什么如贝尔纳(比方说)这样的有着相当智力发达程度的人,能对传统的自由主义以及民主主义的敏感性如此无动于衷。而爱丁堡科学论课程据信能够促成这里所需要的那种规范的重合。在上述语境下对沃丁顿的《道德动物》(*The Ethical Animal*,1960)所作的讨论可以参见 Bauman 1993,第 68—69 页。我在这里要感谢大卫·埃奇所提供的沃丁顿早年的大学内部备忘资料以及有关科学论研究部建立的相关材料。

[2] 这一点在大卫·埃奇所大方提供给我的诸文档中多处得到了重申。Edge 1970 也许是其中最为突出的一个,它独到地将自己的结论隐藏起来以便于暗示学生进入课堂乃是"优先职业决策",从而隐藏这一纲领所具有的潜在的颠覆性。

段去完成……而在研究生阶段,占主导位置的将是我们这一跨学科的学科作为独立学科的那一面:我们希望培养出本领域的专家;这就意味着(我们希望如此),对研究主题和学生进行个体化的指导,精心选择和管理,以及数量上的精简。在我看来,这里涉及了这么一个核心而且总体上是学术性质的问题:就我们这些年来建构出来的融贯框架而言,它与我们设法在我们的社会结构中所实现的那种融贯性是相关的;而这反过来与研究小组的小规模以及它的边界强度是相关的。研究小组有相当多的知识都是默会性的。正如我在上文中所指出的,当我们把这些知识的微妙之处引介给研究小组的成员时会遇到麻烦,于是更不用说,我们在与外人沟通时所遇到的那种相当大的困难了(而且在尝试这么做时还会有一种迟疑——这一点强化了我们的"边界");同时,我们现在还凭经验了解到,当人们无法通过有机融合的方式进入研究小组从而迅速成为"圈内人"的时候,这些人最后会对这里发生的事情感到一头雾水。以上正是我们"慎重地融合"以及小规模化策略的关键所在。如果研究小组变得太大而太富差异化,那么我们所应该提供的并且唯一具有独特性的东西就会消失不见。[1]

以上这段引文有三个地方值得注意一下。第一点乃是,在将"博雅教育"与为爱丁堡课程进行辩护的专门化"培养"方式作对比时,在谈及前者时措辞中所隐约带有的轻蔑色彩。上文的作者大卫·埃奇通过雷蒙德·威廉姆斯以及巴萨尔·伯恩斯坦(Basil Bernstein)两人所接受的学术层面上的马克思主义思想,与20世纪60年代的英国产生共鸣,从而对那种基于阶级的教育方式做出文化上的批评。[2]尽管威廉姆斯主要研究的是文学家的作品,而伯恩斯坦研究的乃是学龄儿童的话语,但这并不妨碍埃奇注意到二人所共同强调的这种带有精英主义特征的能力,也就是人所表现出的将自己的话语嵌入更大的文化叙事中,并在叙事中彰显自己作为公认传统的正当继承人的那种能力。作为回应,埃奇在描绘爱丁堡学派时,是按着少数派的样貌去描绘的。也就是说,由于它欠缺历史资源来为自己

---

〔1〕　Edge 1975b 的修订版底稿(1977,17)。感谢埃奇提供这一具有启发性的文档。

〔2〕　Edge 1975a。同时参见 Williams 1961;Bernstein 1971。Young 1971 是埃奇所列出的关于该时期的一个受欢迎的文本,它将威廉姆斯与伯恩斯坦纳入同一个封面之下。有意思的是,杨是因着他立足于阶级来批判新兴技术化"精英政治"而在20世纪50年代后期成名的,在近来一个关于英国对社会学所作贡献的回顾中把他罗列了出来,并将他奉为经验主义以及与"常规科学"思维联系在一起的非理论型进路(atheoretical approach)的典范。

的关注点提供合法化支持,于是在表达上只有有限的几种模式,从而呈现出一种受压抑的状况。接下来,通过介绍人类学家玛丽·道格拉斯所关注的群体边界以及迈克尔·波兰尼所关注的默会知识,我们也就涉及了上述引文的第二个值得注意的地方。[1]如果用道格拉斯的术语来形容爱丁堡学派的话,那么它就是一种"高门槛、低约束"(high group,low grid)。换句话说,群体的归属是这样得到定义的,比起成员间存在的任何固化了的联系,更多的是根据成员所共同拒斥的东西来定义的。而以上两者合在一起能形成一堵隔开不洁的圈外人士的"德性之墙"。[2]

就科学论研究部的创始成员而言,他们每个人都涉猎过一门自然科学或者一门社会科学。尽管从体制上说埃奇居于高位,但是这样一种职位在其成员们所表

---

[1] 道格拉斯是爱德华·伊凡-普理查手下最著名的学生。正如本书第二章第8节所讨论的,后者的田野工作影响了波兰尼基于信托的科学社会学。道格拉斯的工作与库恩、波兰尼以及维特根斯坦的著作一起出现在了早期爱丁堡科学论研究部的阅读清单中(Bloor 1995)。1995年,道格拉斯因着她终身对STS所作的专业贡献而获得了科学社会研究学会所颁发的J.D.贝尔纳奖。道格拉斯原创性的田野调查是她在殖民地独立后的当下进行的,具体来说就是西方殖民地发展援助计划背景下的前比属刚果。道格拉斯研究了相邻的两个部落,它们处在同等的温和自然条件之下,但一个兴旺发达,另一个却饱受饥荒。她找到了两者关键性的不同点,也就是在前者社会中,年轻男性得到了更高程度的融合,这使得他们倾向于为部落带来更多的产出。道格拉斯的工作质疑了这样一种观念:那些部落文化之所以处于贫困状态,仅仅是因为自然资源的缺乏——由此暗示了,如果它们能够获得更多资源(比如说通过发展援助)的话,这样一种状况将自动地得到改善。在道格拉斯看来,提供大量的食物和资金并不能取代那种紧密连接的道德秩序。

不仅如此,在把上述保守视角应用到当代西方社会的时候,道格拉斯没有任何的迟疑。在充满生态意识的20世纪70年代,道格拉斯在《泰晤士报文学副刊》上发表了一篇引人注目的文章。文章中,那类被用来为一种有关环境风险的政治学作出辩护的文化相对主义修辞,它尽管表面上显得激进,但仔细考察之后乃是异常保守的——如果不是反动的话:

> 我们最严重的问题是缺乏这样一种能够给那些关于危机的警告提供可信性的道德共识。这就能够部分地解释,为何我们往往没能正确地看待生态学家。与此同时,由于甄别原则的缺乏,我们很容易淹没在自己对污染的恐惧中……任何一个部落文化都会选择这种或者那种危险作为恐惧的对象,并建立起边界线来对它加以控制。这就使得人们能够安心地生活在诸多其他的危险之中——若非如此,它们能把人们吓得魂飞魄散。这样一类甄别原则得自社会结构。一个无组织的社会将使我们成为每一种恐惧的牺牲品。(Douglas 1970a,第247—248页)

上述段落被纳入了一个广泛使用的科学社会学"设定文本"(set text)之中,参见Barnes and Edge 1982,第274页。在这里以及别的地方,道格拉斯似乎是在主张,任何一种秩序都比无秩序要好,并且对于一个特定的秩序而言,它之所以比无秩序要好,仅仅因为它拥有一种确实能够带来秩序的能力。由此,霍布斯式的利维坦——"强权即公理"——得到了升华。这样一种为道格拉斯与她的导师伊凡-普理查所共享的敏感性被归结于两人所共有的罗马天主教背景。参见Fox 1997,第337页。在上述节选的前置段落中,道格拉斯援引的正是库恩的这么一个"慰藉性"观点,也就是科学家通常是如此完整统一地融入范式中去,以至于仅当出现普朗克效应以及老一辈们凋零殆尽的时候变革才会发生。由此,在一开始亮相时,这一对相对主义的承诺并非一种参与到社会建构中去的公开邀请,毋宁说,它所表露的只是一种姿态,也就是让学术伙伴们只需去旁观自己的研究对象,即"社会"的自发建构就可以了。针对道格拉斯将人类学工作置于环境问题的做法的尖刻批评,参见Marcus and Fischer 1986,第146—149页。

[2] Douglas 1970b是关于群—格构想的标志性呈现。对这一构想在分析社会现象时所具有的全面性的最佳展示出现在了Thompson,Ellis and Wildavsky 1990这本教科书中。

现出的诸种更鲜明的学术方向面前就算不上什么了。由此,该研究小组几乎没有显示出层级结构来。也确实,对于个体而言,除非他能被旁人作为同事来对待,不然他就无法继续成为研究小组的一员。最终,我们也就见到了第三个要点,具体来说就是,科学论研究部的职员们展示出了一种引人注目的凝聚力,不包括依据沃丁顿以及来自科学领域的支持者来理解自身旨趣的那部分人。在 1996 年,尽管唐·K. 普赖斯这位当时美国科学政策思想家中的翘楚人物作了科学论研究部的创办演讲,但是研究部并没能留住当代科学政治学方向上的任何一位专家。到了最后,研究部终止了这样一种填补缺口的努力,取而代之的是接受史蒂文·夏平这位从遗传学家转过来的历史学家。对夏平来说,这也许不是一个小小的巧合,也就是他将投入自己职业生涯的大多数时间去研究这样一种过程:在这个过程中,人们赢得了必要的信任,从而成为一个相对封闭的共同体,比如说早期的皇家学会中可靠的知识生产者。[1]

3. 库恩化的长期影响

我在下文中所分析的库恩化的三个影响皆为关于研究的去政治化的案例。第一个案例涉及科学编史学,尤其是后库恩主义者在科学史中划分出"内部"和"外部"的区别时所采用的方式。接下来,我将会考察大卫·布鲁尔在科学哲学和科学社会学之间所作的区分,这一区分大体来说分别与前范式和范式的区分相一致。最后,我将考察库恩化以一种微妙而又具有潜在危害性的方式影响了 STS 学者的写作风格,并进一步地影响他们的思维模式。

A. 科学史的内部史与外部史

在描述科学时,这样一种内部与外部的区分自它从 20 世纪 30 年代首次被勾画以来已经有了彻底的改变。一言以蔽之,它由原来的将内部史外部化转变为将外部史内部化。让我们先回顾下历史事实。读者们应该能够回想起 1931 年,这是知识上奥德赛般艰难历程的起始点,也是资本主义世界饱受经济危机蹂躏的岁

---

〔1〕　夏平在宾夕法尼亚大学学习科学史与科学社会学,此时正值欧文·戈夫曼的声望到达顶峰的时候。夏平在 1972 年加入科学论研究部,并在那里待了 15 年。他的前任,政治科学家伦纳德·施华茨以及科学政治史家加里·韦斯基,各自在位仅仅几个月。从 SSK 近来的集体作品中,我们可以确切地认识到,SSK 持续地表现出的那种独立于 STS 的一般发展(更不用说知识界的一般发展)的状况:Barnes,Bloor and Henry 1996。这一点对该书的评论者而言并没有被遗漏掉。参见 Sardar 1997。

月。对于许多人来说,这乃是标志着全世界共产主义运动那令人期盼已久的前提条件。当然,接下来的五十年见证了资本主义在西方的复兴,大体上是通过过度的支出,使它度过了预期的共产主义威胁。

1931 年,两位显赫的苏联要员,尼古拉·布哈林(《真理报》主编)与鲍里斯·海森(莫斯科物理研究所所长)声称,他们已经证明,被描绘为永恒观念(timeless ideas)的逻辑展开的科学史其实具有意识形态的属性。这在伦敦引发了一场轩然大波。两人主张,如果没有意识到历史中每个时间节点所对应的那些运作中的政治条件以及经济条件,那么上述观念所表现出的时间上的前后相继关系就会失去动因。由此,在声名狼藉的"海森论点"中,皇家学会的支配性地位以及人们对牛顿力学的接受被解释成了英国国家建立的关键性要素。[1]

斯大林主义政治实践的过激抵消掉了当年苏联作为解放者的许诺,与此同时,这样一种强势的外在主义也因着罗伯特·默顿的关系得到了削弱,因为默顿将内部与外部视为两个互补性的"要素",两者在历史的不同时期对科学历程有着不同程度的影响。[2]尽管默顿赋予科学史内部轨迹的内容比起单纯的意识形态来要多得多,但外部因素依然有能力影响上述轨迹,或加速,或延阻。也确实,在默顿的创见性论点提出 25 年以后,鲁伯特·哈尔(Rupert Hall)方能做出这样一个断言,自 1953 年以来,再也没有出现过一个科学的社会史。当然,有些人可能会从二战开始算起。[3]在冷战期间,外部因素越发地与扭曲的意识形态源头联系到了一块,而这样一种扭曲在任何时刻都能对科学造成破坏性的效果。[4]这时,在科学与非科学之间进行"划界"这样一种哲学作业已经对科学编史学产生影响。[5]

大约在 20 世纪 60 年代后期,涌现出了一种"专业历史学家的"敏感性,它将整个内在主义者/外在主义者之间的区别描绘成各自的意识形态,并且无论在什么情况下,这种敏感性都将那些认真着手处理过去的历史学家们从对技术性的关注中转移出来。在库恩撰写的几篇关于科学史学的出色的研究报告中可以得出这

〔1〕 Bukharin 1971。同时参见 Graham 1985。格林汉主张,鉴于海森支持爱因斯坦的相对论,他的马克思主义信仰在苏联已经受到质疑。因此,海森需要构筑自己的论证来表明,牛顿的成就尽管在起源上来自资本主义,但是它依然是有价值的。鉴于苏联科学家并没有质疑牛顿力学的有效性,因此尽可能地强调它在政治上的低劣出身就显得尤为重要。

〔2〕 Merton 1970。

〔3〕 Hall 1963。关于二战与科学的社会史的终结之间的联系,参见 Crowther 1968,第 288—291 页。

〔4〕 Barber 1952 也许是那些从上述角度出发来理解默顿的工作中最为重要的一个。

〔5〕 Kuhn 1968,1971。两者重新刊登在了《必要的张力》,第 105—161 页中。有关此敏感性的一个当代版本,尽管在写作上出自一个公然的"外在主义"视角,参见 Shapin 1992a。

一观点,直到现在它仍然是科学史家们所坚持的主流观点。此处,历史学家与其说是意识形态的解密者或者社会转变的行动者,毋宁说他们乃是些致力于用自己的话语来理解过去的人。

这里也许会涉及对一些有关历史的哲学概念(类似"辉格"史观)的祛神话化。这些概念将当前描绘成过去的必然结果——除此之外没别的了。库恩是这样描绘那些在传统上会聚在"外在主义"(包括马克思主义)旗帜之下的历史学家的,他们是在努力构建一种镶嵌在文化中的科学的理解。在他看来,这种努力通常是从更加宽泛意义上的科学家(不单单指那些天才)以及文献资料(不单单包括已出版的著作)着手,进一步丰富了内在主义所勾勒的图景。通过这样一种模糊滤镜(soft-focus)的美化处理,外在主义者所做的仅仅是让内在主义者所着手的研究计划变得完备起来,而不是对该计划的基本前提发起挑战。在库恩那里,"内在主义"自身俨然是一副泛教派的模样,底下成员包括奥古斯特·孔德、乔治·萨顿、皮埃尔·杜恒,以及亚历山大·科瓦雷——也就是说,这些人除了共享这样一个一般信念,即科学总体上有着一种积极的文化意义之外,似乎再也没有别的共同点。此时,随着外在主义被完全吸收进内在主义的科学编史学之中,内部/外部的区分也就在兜了一大圈后又回到了起点。[1]

B. 哲学与科学社会学

贯穿于《知识与社会意象》(*Knowledge and Social Imagery*)一书,布鲁尔用"意识形态的""引发争议的",以及"强制性的"之类的词语来标记真理与理性这些"哲学"概念——最后一个用语与埃米尔·涂尔干的观点有关,也就是真理是这样一种信念,而共同体正是用这类信念来约束个体以特定的方式行动。[2]上述每一种情形都基于这么一个假设,哲学观念是科学研究的障碍。不过,就事实来说,布鲁尔倾向于作出一个更强的论断,它最清晰地表露在了布鲁尔对库恩与波普尔论战的描述之中。具体来说就是:哲学无谓地把科学给政治化了。来看看布鲁尔是怎么诊断上述论战为何从未取得过重大进展的。在布鲁尔看来,这一情形更多的是向知识社会学家表明,20世纪60年代围绕在论战周围的是文化关切,而不是任

---

〔1〕　这一策略体现在了库恩这样一种努力之中,确保由科学家来决定政治在何时以何种方式进入他们的领域,从而将常规科学(对比内在主义历史)的自我决定与科学革命(对比外在主义历史)中政治干预所扮演的角色相调和。经由这一方式,外部因素被内部化了。参见 Kuhn 1970b,第168页。

〔2〕　Bloor 1976,第174—175页。

何有关科学本质的具体细节:

> 我想提出的论断是,如果我们不在知识本质的问题上采取一种科学的进路,那么我们所把握到的有关该本质的内容充其量乃是意识形态层面关注点的投射。我们的知识理论将会随着它们所对应的意识形态的潮起潮落而起伏不定;它们将完全缺失自身独立发展所需要的自治或者基础。知识论,成了纯粹的隐性的意识形态宣传。[1]

在今天,诟病库恩使用"革命"一词而放大概念变化所具有的不连续性是件稀松平常的事。有意思的是,布鲁尔当初却是在一个更深的层面上诟病库恩对革命的诉诸。具体来说就是,它经由其他途径引进了作为政治学的哲学这样一个传统。在布鲁尔看来,库恩与波普尔为哲学家开启了这么一扇大门——把科学史当作又一个案例出处,来阐明自己所偏好的制度。尽管《科学革命的结构》一书具备关于科学变革的可检验的经验模型,但它那令人振奋的政治图景引得库恩、波普尔以及其他对话者从自然主义中滑落,最终返回到卡尔·曼海姆在差不多四十年前就已经界定了的那个"意识形态与乌托邦"的世界中。由此,对强纲领来说,它的一个不那么隐蔽的议程便是,它要为我们对科学的理解进行祛政治化。其中的一部分可以通过避开这样一类政治性修辞来实现,而库恩自己的目标正是因着这类修辞而遭到颠覆。

当然,布鲁尔不至于天真到相信科学能够清洗掉自身所有的政治因素。不过,承认社会利益持续存在于科学之中并不一定意味着认可这类利益的存在,尤其是当它们潜在地破坏社会学家对科学实践的理解的时候。在攻讦哲学对科学所造成的影响时,布鲁尔预设了,科学家们的种种实践就其自身而言拥有一种历史的完整性。如果把他的解读结果置于后期维特根斯坦的透镜之下,得到的结论便是,科学有着一个独特的"生活形式"。诚然,科学实践可能会常常经受实践者所带来的具有正当性的变革。尽管科学家的工作涉及更广的社会关切以及具有私利性质的关切,这些关切通常对上述变革有着促进作用,但仅限于它们确实地促进了科学实践。然而,由谁来判定实践是被助推了一把还是被拉扯了一把呢?

---

[1] Bloor 1976,第 80 页。

在布鲁尔以及 SSK 的拥护者看来,这是一个由特定共同体中的科学家们来确定的经验问题。而科学家得到的结果却把社会学家推到这样的位置上,也就是他们能够经验地发现这些结果。

对布鲁尔来说,哲学会扰乱社会学家或者科学实践者的视线,如果这些人受诱导而去相信,大多数实践中的科学家可能并未意识到存在于研究中的利益的重要性——就如同黑格尔理性的狡计。在这一意义上,科学家失去了代表科学的能力,同时某种程度上即便是布鲁尔都感觉厌恶的政治学成了赢家。在最后的分析中,尽管两方各自起点不同,布鲁尔与库恩以及大多数当代科学哲学家一致认为,政治应当与科学解绑,并且要将它从他们自身(比如说科学社会学家)的科学实践中清除出去。[1]

然而就上述一致而言,它遗漏了这么一个主张,对政治在科学中所扮演的角色的认可,或许会导致科学被重新概念化为一个本质上具有政治属性的概念,而这一点最后又反过来真实地反映在了科学社会学家自己的实践之中。这是马克思主义者、女性主义者,乃至我本人所偏好的视角。不过,如果我们要在布鲁尔与库恩以及其他科学哲学家相一致的地方撒播异议的种子的话,那么从何处着手去耕耘这片苗床呢?也许,这里的最佳进攻方向就是对准布鲁尔与库恩所共有的维特根斯坦主义承诺——通过游戏隐喻来理解科学实践的本质。[2]

把社会实践当作语言游戏来对待,这一维特根斯坦主义策略的一个表面上的迷人之处在于,它底下有着这样一种蕴涵:仅当实践活动的践行者在行动时表现出他们相信这些实践活动存在着的时候,这些实践活动才是存在的。然而,此观点的问题在于,它有着两个不切实际的假设。第一个假设是:社会实践之间的界限是如此之泾渭分明,以至于人们能基于这些实践的践行者所拥有的信念把它们一个个区分出来。然而,真的就这么明显吗,"科学"在哪里止步,其他社会领域就从哪里起始?而且就这两个场合中的游戏玩家而言,他们看起来通常也有类似的

---

〔1〕　对科学社会学的政治无涉的纯粹性的要求甚至在人们对强纲领的最早阐述中就已经存在了,比如说 Barnes 1975。Proctor 1991,第 6 章给出了一个出色的评论。不论如何,如果我们就此得出结论,认为那些在 STS 的启发下所出现的所有外展工作(outreach work)都趋向于强化非批判性的正面的科学形象,那么这是不公平的。例如,迪肯大学出版社出版了一系列小册子,目的是让澳大利亚公民能够质询科学以及技术在他们生活中所扮演的角色。通常,这样一种质询是通过搬用科学哲学家以及科学社会学家在其研究过程中所提出的种种批判性问题而展开的。这里尤其值得一提的是 Albury 1983。

〔2〕　关于对科学作为游戏这一隐喻的一个富有影响力的宣扬可以参见 Lyotard 1983,第 26 页,其中明确地从库恩那里寻求支持。Bloor 1983 专注地表达了他受到的维特根斯坦主义影响。布鲁尔最近对维特根斯坦所作的反思可以在 Bloor 1992 中找到。

状况。第二个不切实际的假设是：在某个给定的语言游戏中获得许可的种种行动对于其他语言游戏来说并不会产生影响。问题是，它们当然有影响。在这些情形中，对那些作为承受方的语言游戏的实践者来说，他们希望对穿越边界而来的东西拥有发言权。此时，我脑海中想到的是，渗透在社会各处的科学对造成工业污染、教育成效的判断标准之类后果的影响。[1]在第八章中，我将会继续展开这一话题。在彼处我将返回这个论点，即以范式所具有的游戏内涵作为解药来重提运动概念。

C. 作为文风的库恩化：它的形而上学代价

后库恩主义的祛政治化所带来的最具潜在危害的影响可能表现在了 STS 人员的写作风格上，不论这些人是新晋博士还是经验老到的专家。这种风格值得给它冠上这么一个与它状况相称的名号：情境主义写作模板（contextualist boilerplate）。[2]来看看下面这段文字，它摘自某所常青藤大学的博士学位论文，并发表在科学史顶尖期刊的文章的结尾部分。我对文字稍稍有所改动，以便让作者保持匿名：

就科学知识的创造与修改过程而言，它凸显出了如下三个特征。其一，正如我们所看到的，这个过程是多方面的，对该过程的有力的形塑不仅来自那些致力于科学知识生产的人，而且还来自那些作为科学知识生产受众的人。其二，对特定知识单元——不论是概念，抑或工具，抑或技术——的权威赋予，仅当完成对该单元的一番事关有效性、相关性、成本与目标公众的需求比较这样的复合型评估之后方能做出。此处，评估结果乃是由社会、经济以及认识论能量的具体的、地方性的分布来决定的。其三，知识生产涉及变革，

---

[1] 阿拉斯代尔·麦金泰尔在对这个问题的讨论中给出了一个有意思的倾向性看法。他主张，在现代世界中，宗教所具有的仪式性以及非认知性特征——这一描绘不仅出现在 Ayer 1936 这样的实证主义短文之中，还出现在了许多人类学家的工作之中——乃是一种世俗化的标志。在文化层面上，鉴于这类神学争论所能带来实际差异的背景已然被根除，而且对上帝的信仰也已然从公共领域退向私人领域，这就使得对神学争论的公共表达被套上了这么一层外衣：它仅仅就是一种游戏，可以让人们看出游戏参与者的热忱，但是它没法对情境之外的实在做出断言。也许可以这么说，一方面在布鲁尔的工作中出现了维特根斯坦式的转向，但另一方面这样的转向并没有出现在科学之中，因为科学依然存在于当今世界中，这就构成了一种隐性的对科学加以世俗化的规范性诉求，也正是因此，问题的相关性也就被限制在了语言游戏的参与者之中。参见 MacIntyre 1970。有关科学世俗化的讨论，参见 Fuller 1996a。本书第八章第 4 节将继续讨论对科学加以世俗化这一主题。

[2] 感谢德里德·麦克洛斯基（Deridre McCloskey，原名唐纳德）向我引介"boilerplate"一词的上述用法。该用法通常指的是律师在起草合同时所机械性地使用的文字样式。这个词本身来自 19 世纪晚期的这样一个程序，也就是报业辛迪加属下的文章传达给各家报纸直接发表，无须经过编辑。

这样的变革不仅有关知识的生产者以及作为说服对象的公众，同时还包括知识本身。为了完成知识的说服性任务，它需要不断地重新定向以及修正。

我倒不是想表明，以上总结对于该文章前面部分所复述的那些历史事件来说是不正确的。相反，它正确到了一种放之四海皆准的空泛程度；这才说它有写作模板的气质。上述文字事实上可以被安置到近来任何科学社会史文章的结尾——甚至可能都无须事先去做任何研究。你很可能分不清作者写的是哪一门学科或者哪一个世纪——而且这并不是因为这些内容被刻意遮掩起来。

现在我们见识到了 STS 情境主义特征所具有的终极的讽刺性意味：它在被一般化并转化为一种先验历史编纂学体系的时候，这个过程太过于轻巧了。[1]此处能说明问题的迹象是，我们的这位年轻历史学家的语言在两边来回跳跃，一边是（上文的节选段落）那样一种相当模糊的、一般化的、颇具常识性的解释原则，而另一边是（原文节选段落之前的部分）根据叙述便利的需要，由上述原则所捆绑在一起的对具体历史事件的种种细节性的描述。间或，那些一般性原则会与一名时兴的当代理论家联系在一块，但即便在那时，所出现的理论家的文字在意义上与其原意相比也是大打折扣的。从未见过有这样的努力，去尝试与理论家的解释者们一道探究细节问题，从而聚焦于理论家可能在哪方面能够澄清当下的主题。由此，在那些诉诸"权力"（power）和"规训"（discipline）的讨论中可能会引入米歇尔·福柯，但是福柯赋予这些词语的那种独特的理论性偏好——正是它们将这些词语从常识领域中拎了出来——却很少能在那些讨论中得到保留。取而代之的是，读者被告知这么一条一般信息，知识就是权力，并且他们还被告知，这样的权力比起人对此的第一反应来实际上要复杂得多。不幸的是，当我们处在探索的开篇时刻，为经验实在的复杂性感到惊叹，进而寻求理论指引，以便能够区分上述复杂性里那些多多少少的突出特性的时候，上述告知的结论并不能让我们从开篇阶段走出多远。STS 似乎没有能力将进程推往第二阶段，因此它在理论上拉开的序幕也就几乎逃不出陈词滥调的命运。

这样一种空洞的理论诉求的主要受害对象是一些微妙的概念区分——这些

---

〔1〕 Biagioli 1996 是主流科学论研究实践者的著作中唯一意识到这一点的——同时它还被视为领域内的一个认识论难题。在我为区分偶然主义（contingentism）与相对主义所作的努力之前，比亚焦试图将进化认识论与布迪厄意义的竞争概念相结合。后者原先已经在本书的第五章第 245 页脚注 1 中讨论过，同时我将在第八章第 1 节中重新回到这个问题上来。有关主流学界对这一思路的抵制，读者也许可以从 Schaffer 1996 中窥知一二。

区分本来能够帮助 STS 发展出一套真正的对科学以及技术的批判。事实是,库恩化带来的同质效果——处在这么一个一贯支持"异质化"的范式下!——使得一般的 STS 研究者表现为理论辨识上的音盲。来看看之前那段文字中我们的那位年轻历史学家所提到的第一个以及第三个"特征"。作者似乎是要用稍显不同的语言来描述同一个东西。然而,这样一种措辞上的变化对于那些有着敏锐理论辨识力的耳朵来说,它表明的乃是相互间有着重大区别的现象。在对第一个特征的描述中,作者将知识建构描绘为一个具有"多个方面"的过程;而在对第三个特征的描述中,又将知识建构描绘为正经受着"变革"。一个是知识在任何给定的时间点上都有着多种维度,另一个是知识随着时间推移而发生变革,两者间存在着巨大的差异。当然,这两个观点在逻辑上是相容的,但它们并不是同一个观点。它们之间的区别之所以并非无关紧要,乃是因为人们可能希望区分出某个具体知识建构的意图后果与非意图后果。有关"变革"的讨论暗示人们根据自身的利益来形塑知识,最后知识按照那些更强势的人的愿望而被形塑起来。然而,有关"多维度"的讨论暗示着,就给定的知识体而言,其形态最终也许会摆脱知识的主要塑形者的利益,因为在知识的各种维度上他们没法从头到尾做好准备,以防止可能出现其他人去占据这些维度。通过澄清上述区分,我们也就寻找到了一条出路来落实责任归属的替代性概念方案,以及提出关于行动未来路线的倡议。

为了公平地对待晚辈同行,我必须一并指出,情境主义写作模板在那些著名的资深 STS 实践者那里一样常见。也确实,学生很有可能是从其老师那里习得了这种无意识的特征。以下是一个典型的例子,来自一篇对该领域重要著作的书评:

> 科学与决策中的"客观性"乃是一种**偶然的**社会产物,对它的追求也许存在于每一个民主社会之中,但是只有在那些反映特定历史环境的方式中才得以实现,上述诸如此类的一般性概括会有损于书中那些更为复杂而具有争议性的内容。民主不只是促进了客观性,它在各个具体方面构成了促进普遍理性的策略,同时也为这些策略所构成。

我在上文突出了"偶然的"这个词,试图用以提醒读者,此处存在着另一个让人失去行动力的概念混淆,出自逻辑上的疏漏:与偶然性(contingency)相对立的乃是必然性（necessity），而不是普遍性（universality）。偶然性是那些带有学者气质的政治革命者所钟爱的模态词。这些偶然性的掮客通过宣告事情在过去可以是另外一副模样，由此暗示，事情在将来也可以是别的样子。我们可以这样来归总STS对建构论的方法论承诺：人们在似乎并无间隙的信念网络中揭示出其中的间隙，为的是表明，该网络在某种程度上能够被重新编织。[1]但是，如何从经验上证明事物真的可以是另外一副模样呢？比如说，当我们表明客观性与民主之间的联系是随着地点或者时间的不同而不同的时候，这就驳斥了这么一个观点，也就是两者的联系不论何时何地都始终如一。[2]简言之，这就否定了上述联系所具有的普遍性。然而，这个结果在逻辑上与两可性（improbability）概念相吻合，也就是说在具体的情形中，除了它们已经有的关联以外，还能产生更多的关联。换句话说，即便它与历史情景中的一些重要特征有所区别，但是在各个情形下，两个概念之间的联系可能依然能保持大体一致。在这个意义上，特殊性（也就是非普遍性）与必然将会是相容的。反过来，人们也许能够从经验上证明，客观性与民主之间存在着一种偶然的普遍联系。这将意味着，两个概念之间的同样一种关系能在任何时间任何地点找到。不过在各个情形中，这样一种关系乃是由不同的社会过程所塑造、所维持的。

我将上述段落中所定义的概念空间以更清晰的方式标注在了表11中。正如我在上文中所做的那样，要厘清普遍性/特殊性以及必然性/偶然性这样两个维度，我们就要认可多样性（variety）与变化（change）乃是对区别的两种不同的表达方式。前者意指空间上的区别，后者意指时间上的区别。这就允许我们多了一种对社会实在的更为细致微妙的理解，而不限于"必然的普遍性"这样一种闭合的世界（block universe）或者"偶然的特殊性"这样一种变动不居（endless flux）。就后两者来说，它们任何一个都不能为目的性行动提供充分的前提，而这一点早在苏格拉底前一个世纪在巴门尼德与赫拉克利特之间发生的那场史上首次形而上学论战中就已经表明了。上述两个视角代表了一种粗糙两分法，它遗漏了"偶然普遍的"与"必然特殊的"这两类知识形式。前者指的是这样一类信念，它们分布极为普遍，但没能深深扎根于任何特定的社会中，以至于信念在特定情景下可能会被

---

〔1〕　在这个问题上，我不会开后门将自己排除在"偶然性的掮客"的花名册之外。参见 Fuller 1994c。

〔2〕　当然，在某种意义上，这样的变化能够通过那些与"客观性"以及"民主"联系在一起的多重意义来解释。但是只要人们是从名称下的一类意义出发来宣扬同一个名称下的另一类意义，那么深层的问题依然在那儿。

反转；后者指的是这样一类信念，它们对于特定的社会来说是如此的特殊，以至于它们构成了社会认同本身，因此要反转这样的信念就相当于是抹去这个社会的文化。就偶然普遍的这类形式而言，科学对正当性的理解模式（人们为它冠以"霸权的"或者"帝国主义的"这样的具有威胁性的名号）所表现出的普世的特征便是其中之一。当我们将科学的那种话语-分析观等同于一种语言策略，从而为一整套相互矛盾并且具有被反转可能的活动提供正当性的基础时，尤其是如此。[1] 就必然特殊的这类形式来说，我会把以下信念纳入其中，也就是科学的兴起与西方世界之间有着不可分割的紧密关联，这种联系（也许合乎情理地）强有力地支配着西方社会。[2]

表 11　用以表达民主与客观性之间相容性的四个认识论模态词

	必然（NECESSARY）	偶然（CONTINGENT）
普遍	知识主张，不管谁来做出都是有效的。例如，民主与客观性是相互蕴含的，如果其中一个出现，那么另一个也将一起出现。	知识主张，为了相互间的便利广泛地采用共通语。例如，民主与客观性是正相关的，但是文化上各自有着不同的理由。
特殊	知识主张由群体成员所分享，为的是维持群体特有的身份认同。例如，民主与客观性两者对于我们社会的身份认同来说是必不可少的，但并非对所有社会都如此。	知识主张是与特定的地点以及时间挂钩的。例如，就某个具体的文化而言，"民主"与"客观性"的共存乃是基于这两个词在特定情境下的含义。

目前，知识主张的多样性与可变性在 STS 研究者手里塌缩成了一个"偶然性"的语义黑洞，给人留下了这么一个印象，也就是任何地方的任何信念始终都可以简单地获得。由此，一方面，为了全方位地展现偶然性，"科学在行动"（中文版）一书所批量生产出来的案例研究也就获得了强有力的根基；另一方面，就这样一种甚至可能会显著地改变科学以及技术在世界中地位的综合性的社会认识论策略而言，对它的思索却是没有任何根基的。不仅如此，通过诉诸此般借由"偶然性"而得来的情境主义的祛政治化形式，在具体的认识论情境下，STS 研究者得以在其"分析者"视角与作为被研究对象的行动者的视角之间保持一定的权威性的距

[1] Gilbert and Mulkay 1984 把话语分析看成是科学社会学方法论的经典呈现。Raj 1988 把它应用在了"帝国主义"概念之中，在前者看来，这个概念正是对印度所取得的科学成就的定性。
[2] 我在 Fuller 1997d，第 137—144 页中发展了这一论点。

离。把它看成是在认识论上对行动者的一种殖民化也不是不可以的。毕竟,偶然性是知识主张的这样一种特征,它通常不为认知者(knower)所直接经验。仅当认知者完成把自己的信念与那些支撑信念的条件联系起来的元层面探究之后,他对自身信念的偶然性的意识才变得明确起来。[1] STS下的行动者与分析者的视角差异实际上固化了对象层面的研究(或曰"一阶")与元层面(或曰"二阶")研究的劳动分工。这一情形与有关个体信念的那种"特殊性"不同。就特殊性来说,它是当个体遭遇到了一个对相似事物持有不同信念的庞大人群时所形成的那部分日常认知。

　　对抽象讨论没有耐心的读者也许想知道,我在此处所倡导的那样一种概念上的精细化能带来什么收获。我的主要论点无疑是一个哲学论点。很大程度上,STS的形而上学承诺依然保持隐性的状态。而对上述承诺的界定来自它对这样一个立场的拒斥,也就是科学为那些独立存在于人类之外的实在提供了一套普遍有效的描述——这个立场间或被误认为是"实证主义",不过还是直接称其为实在论更好些。在下一节中我将做出论证,上述拒斥构成了STS的创始神话(originary myth)以及其内部史的驱动力。在这个意义上,不断地损害该领域写作的那种概念上的凌乱,表明STS已经成了它自身创始神话的阶下囚。在之前的章节中,我提到了STS研究者用以反对实在论的两种受独立的形而上学启发的策略:相对主义(在导言第4节首次出现,随后在第六章第2节中得到详细阐述)以及建构论(第二章第2节将它作为科学共同体内部在形而上学上的一种异见而加以讨论)。相对主义与建构论一方面都确切地与STS反实在论的立场联系到了一起,但另一方面它们在反实在论时并没有走同一个路子,具体就是:

　　　　科学实在论涉及两个独立的主张,人们可以隔离出其中的任何一个并予以否定:

　　　　(1)一个科学描述是普遍有效的。因此如果某个科学理论T是真的,那么它在任何地方都为真,并且永远为真。对这一主张的否定正是相对主义。它意味着在任一给定时刻,实在可能会随着空间的不同而发生变化。

　　　　(2)科学描述的有效性独立于人们的所思与所为。因此如果T是真的,

---

[1]　这一事实为卡尔·曼海姆的这样一个观点提供了口实,也就是知识社会学乃是一门格奥尔格·卢卡奇所倡导的那种意义上的"反科学"。更详细的讨论请参见本书第五章第2节。

那么就算没人相信它,它也还是真的。对这一主张的否定正是建构论。它意味着在任一给定地点,实在可能会随着时间的推移而变化。

　　两种实在论主张反过来也就表明,人们在勾画科学的反实在论理论时有着两种一般的策略,如表12所列。眼下,表中列出的两种反实在论沦落成了一种对实在论的批判,究其原因,乃是STS研究者趋向于认定,人们在理解科学以及技术在社会中的角色时所表现出的关键性对立正是"必然的普遍性"与"偶然的特殊性"这两种知识主张之间的对立。持实在论立场的哲学家以及科学家代表的是前者,而STS中相对主义者与建构论者的无差别联合代表了后者。诚然,自柏拉图以来的西方哲学,会话常常就通过这样一类直白的名词而展开。因此,当知识主张不能满足几何证明——在这样的证明中,结论必然地从一系列明晰且普遍为人所接受的前提中推出——所需要的那一类有关演绎有效性的标准时,这样的知识主张通常也就被视为是短时而任意的。[1]

表12　两种基于差异的用以勾画科学反实在论理论的策略

差异的维度	多样性	变化
理想条件下的异	超越空间的一瞬(共时的)	超越时间的一地(历时的)
差异的样态	普遍性与特殊性	必然性与偶然性
对应的反实在论	相对主义	建构论

　　然而,从当代文化政治学的立场来看,"偶然的普遍性"与"必然的特殊性"这一对立会与实际更贴切。[2]社会理论的语言已经在这一方向上有了数次重大的语义转换。来看看下面这两个例子。其一,"文化的普遍性"这个为人类学家所长期追寻的圣杯,已经被对"全球化"过程的旨趣取代。这种旨趣表达了这么一种关切,也就是那些有着根本差异的因子是如何共同地创造出比如说"世界体系"这样的共时性的整体的。其二,文化的特殊性在传统上所具有的临时性特征被强化成

---

[1] Stove 1982 是一个对近期科学哲学——包括波普尔、拉卡托斯、费耶阿本德以及库恩——巧妙的批判。在他看来,那些科学哲学因着引入高到不切实际的知识标准而走向了怀疑论,并且骂名最终要由休谟来背。

[2] 我的社会认识论版本被视为追求这样一种偶然的普遍主义的立场。其中,我在否认实在具有独立性的同时并没有否认它所具有的潜在的普遍性;简言之,这是一种非相对主义的建构论。一个与此关联的立场乃是Haraway 1997,特别是第99页。它借助于生物技术所发挥的作用而将其视为构建新世界的熔炉。相对主义与建构论在彼处得到了正式的区分。

了"身份认同",通常情况下,这似乎是一种在政治上没有商谈余地的概念。上述两个案例在公共商议中得到了具体化,一方面是基于美国政治理论家本杰明·巴伯术语所谓的"麦当劳对圣战",另一方面是那些关注呼之欲出的"信息时代"的理论预言家所构想出来的全球计算机网络,以及出于对网络信息的抵制而缔造出来的地方性身份之间的争斗。然而,STS所具有的这样一种没多少理论含金量的特征,使得它设法避免掺和上述议题,从而无视这些问题所具有的明显的实际意义。[1]

在这一节中我已经论述了,STS写作中的情境主义作文模板是该领域库恩化经常性的主要的呈现方式。这种文风默许了一种不带理论的经验主义,它的目的是在表征知识生产具有情境特征的同时,否认被研究的认知者拥有任何真正的能力对此做出改变。有意思的是,这种不带脑子地一般化的风格,作为一种"文风",它的实践使得情境主义成了逻辑学家所谓的"语用学悖论"的例证,即个人叙说的内容("情境即一切")与他所说出的事实是矛盾的(就本案例来说,个体在叙说事实时总是不考虑情境的)。[2]如果我们把库恩化视为一种认识论的综合病征,那么上述逻辑上的异常也许可视为一种更为具体的失常症状——范式病,它指的是这样一种推理倾向,也就是如果一种方法论策略在某个案例中有效,那么它一定对所有案例都有效。

由此,尽管大多数STS学者都公开地反对普遍的科学理论的思考方式,但是却倾向于倡导一种用以研究科学的普遍的方法,不论是布鲁尔强纲领底下的四个信条,哈里·柯林斯关于实验的十一个命题,还是拉图尔关于方法的七个原则,通过一种自私自利的历史神话,上述方法的至尊地位随之得以正当化,关于这一神话的基本结构我会在下一节里予以明确的揭示。不仅如此,上述思考模式促成了经费驱动型的研究文化及其价值标准,比如说,"拉图尔的行动者网络理论已经被应用到了许多不同的案例之中,这些案例都获得了经费,并且也取得了成果;由此,该理论很可能对另一个我希望能得到经费的案例也会起作用"。确实,这也许就是对范式病遍及我们时代学术界的准确的知识社会学解释。

---

〔1〕 有关第一个案例可以参阅 Wallerstein 1996。第二个案例可以参阅 Barber 1995,Castells 1996—1998。

〔2〕 确实,我惊讶于那些哲学家,他们通常对肤浅的悖论是趋之若鹜的,并没有尝试去这么驳斥STS,也就是简单地从自相矛盾出发来指出,STS是在论证知识是"必然地偶然的"或者"普遍地方性的"。毕竟,鉴于他们实际上考察了如此稀少的几个案例,STS人士怎么能知道这玩意儿? 也许我们需要重新构筑一下柏拉图所谓的"理智直观"的能力,以至于"一些 A 是 B"这一命题允许我们推导出的不是"所有 A 是 B",而毋宁说是"大多数 A 不是 B"。在这里 STS 人士也许对认知科学做出了一个宝贵的贡献——鉴于他们自身作为现象就值得人们给出一番解释。

4. STS 的内在主义神话以及自然的难题

知识社会学的一个基本教义是,那些表面上相似的观念是由种种相互间有着本质区别的社会环境生成的,而且,除非特地去留意,要不然,原初环境中的大多数会不知不觉地转移到相应观念所扎根的那个新的环境之中。由此,作为结果,相应的观念就可能会往意料之外且不受欢迎的方向上发展。你面前的这本书也许就能被理解为对这个基本观点的演示,正如《科学革命的结构》这本已经被证明是一匹特洛伊木马的书一样——比起单纯给出一个有关科学变革的一般理论来,它实际捎带的东西要多得多。[1]然而,作为 STS 风格的一种自然的反应,它对种种迥异的社会学条件不加反思的态度是令人惊异的。你甚至只需粗略地了解一下 STS 的创始国——英国、美国以及法国——在战后时期所实施的不同的科学政策,就足以对该领域的任何直截了当的历史产生怀疑了。不论如何,STS 再一次搬出经典的库恩式的做法,随着有关科学本质的理论问题以及方法论问题展开的跨国争议的演化,实现了对自身历史的概念化。事实上,当代 STS 的修辞,正是这个创始神话的特例。

神话的情节是这样的。我们可以把 STS 研究者与科学哲学家视为对立的两极。两者密切关注着科学的两个主要的公共符号——其一是专门的实验室现场,它正是生产知识的地方;其二是围绕实验室产生的有关真理、客观性以及推理的专门性商谈。双方人士都认定,科学的秘密在于揭示出两个符号之间的关系。不过,对哲学家来说,他们在探讨中强调"指称"所具有的能使科学超越现场的种种权能,而社会学家则把"不确定性"归咎于上述商谈,从而解释为什么这样的探讨阻断了人们到达现场的通道。无疑,在日常生活中,我们所言与所为之间这么一种松散而时常重构(甚至也许是虚构)的特征早已是司空见惯的了。故而,通过"不确定性"这个标签把人们的注意力引向上述关系,这种做法仅仅对这样一些人起到了一种批判性的同时也是引发争议的作用,而这些人本来就认为,科学语言由于具有独特的透明性与严谨性而拥有某种意义上的豁免权。

尽管"实证主义"或者"实在论"(两者在立场上有着相当的不同,然而就此处

---

〔1〕 就 Fuller 1997a 这篇我所撰写的追悼库恩的标题而言也是如此。

所讨论的问题而言,它们又是一致的)在过去为许多哲学家——以及那些认真对待它们的科学家——所持有,但是随着哲学弱化了对此二者的承诺,不论强调科学论述具有"不完全决定"的特征,或者单纯地累积能够证实指称不确定这个实际上已经是明白无误的论点的案例研究,都很难说 STS 据此能从中获得多少好处。就这一意义而言,即便就此而接受 STS 的创始神话,该领域依然停留在与科学哲学论辩的第二个关键时刻。

为了解决上述对立的困境,STS 共同体内部有人提出了一个自称是全新的策略。它的直接出处乃是布鲁诺·拉图尔,但是其最终的源头乃是加斯东·巴舍拉(Gaston Bachelard,1884—1962)这位法国结构主义与后结构主义的教父。[1]巴舍拉有着一个独特的方式来设想科学家与哲学家的关系,而且这一设想对于从未从当初对卡尔·马克思的迷恋中回过神来的法国知识分子文化来说是难以抗拒的。在巴舍拉看来,科学家最接近于理想状态的劳动者(homo faber),是那种打造着世界的人的状态,他们的工作被有机地融合进世界:我们所有人首先都是建构者,然后才是别的。自 20 世纪 60 年代晚期到 70 年代早期,巴舍拉的学院马克思主义在法国获得最广泛认可,从这个视角看,巴舍拉似乎是把科学家刻画成无产阶级,受到了作为资产阶级的哲学家的剥削,并迫使前者为这样一类并非由他们自己所建立的标准承担责任。在制度层面上,巴舍拉从哲学家的角度来守护科学家,这应当被理解为对支配大学的综合理工学院(polytechniques)体制的抵制。他试图在法国背景之下来颠覆由威廉·惠威尔(正如在第一章第 6—8 节中讨论的)所代表的 19 世纪英国的那种倾向,即将技术创新描绘为关于"总是已经"(always already)的理论化。简言之,不论哪个合法的发现,都应当被视为打从"出生"就拥有了正当性的地位。

---

[1]　Lecourt 1975 依然是有关巴舍拉科学哲学的最好入门,尤其是它侧重于 20 世纪 60 年代晚期巴黎对该哲学的接受。有关巴舍拉科学哲学与 STS 的联系,参见 Bowker and Latour 1987。巴舍拉工作与库恩的工作之间隐约地带有一种相似性,因着他们共同强调科学变革乃是来自根本性的断裂。然而,不论是文本交流还是亲身交流,库恩似乎并没有从巴舍拉处获取太多的想法。参见 Kuhn et al. 1997,第 166—167 页。库恩把这一点归因于巴舍拉明确的结构主义方法论,不过这里可能还存在另外一个理由。法国所有著名的科学历史哲学家,从皮埃尔·迪昂到埃米尔·梅耶松(我将在"结论"章第 2 节中进一步讨论此人)再到科瓦雷、巴舍拉、巴舍拉的学生乔治·康吉莱姆及至康吉莱姆的学生路易斯·阿尔都塞与米歇尔·福柯,他们的兴趣主要集中于世界观的断裂之上——后者使得科学观察能够摆脱日常经验的桎梏,从而创造出一个完整的人工世界。对库恩来说,以上其实只把握到了这么一种最极端的转变形式,具体来说就是从研究的前范式阶段到研究的范式阶段,而没有把握到这类具体的科学论之下从一个范式到下一个范式的转变。无疑,就种种断裂的差异而言,从分析的角度去看要比从经验的角度去看有条理,但它确实有助于解释,为什么法国哲学家找到的科学革命的数量远少于库恩以及他的追随者。

在巴舍拉看来，哲学家从那些超越科学家自身尺度的作业基准出发，引申出了相当于剩余价值的概念。上述基准通常采用这样一种参照系，它或者有关研究起点，或者有关研究结尾，具体来说就是，或者科学依然是科学家脑海中的一个念头，或者是人造物，抑或是作为实验上可重复得到的现象这样一种科学的完成形态：大体来说，这便是一种"理念论"（主观主义）对"实在论"（客观主义）。就这个过程在时间上的任何一端来说，实际的科学工作似乎并不符合预定的哲学标准，这也就为哲学干预提供了存在的理由：当科学家们没能符合标准的时候，他们遭到一番痛斥；而一旦科学家遵循了标准，哲学家又把功劳记在自己名下。由此，马赫在不接受原子存在的同时也没能发现相对论，他的失败可以追溯到他反对科学实在论的立场，而爱因斯坦在这两方面所取得的成功则被溯源到他对上述哲学的承诺。在这一意义上，哲学家的形象便是，部分的乃是口技表演家，部分的乃是炼金师。形而上学的观念被投入了科学工作之中，目的仅仅是将它重新提炼使之成为这项工作的"精华"；至于残余的部分，则被归为需要通过哲学冥思处理的东西。[1]经由这一方式，任何科学成就都能够被还原为它的理性精华以及各种非理性的背离。

只要哲学口径一致，那么科学的这种来自哲学的终极意义就有着说服力，并且科学能被证明为矢志不渝实现自身的目标。不过，巴舍拉的论点是，哲学把科学拉向了众多矛盾的方向，而且更多是出于意识形态，而不是基于据信比科学层次更高的那类对实在的论述。在他经典的分析性"哲学拓扑学"中，巴舍拉——以及追随他的拉图尔——以对任意数量的哲学规范的"变位"（displacement）或者"离散"（dispersion）的梯度来描述这一现象。[2]而这些"变位"或者"离散"的中心，则正是现实的科学工作。通过如此这般将科学特权化为哲学研究的"不动的动者"（immutable mobile），巴舍拉推翻了哲学家与社会学家之间对待自然科学的这么一个君子协定，也就是如若没有种种社会学意义上的外力的介入，那么自然科学乃是一个在目的论上走向哲学的理性领域的对象物。事实上，这幅亚里士多德主义图景其实被抹上了牛顿主义的色彩。正如巴舍拉所表明的，自然科学一方面由它自身的惯性所驱动，另一方面它还受到站在远处的各种哲学对它施加的种种相互

---

〔1〕 当然，上述哲学实践不仅限于法国。在英美世界中也能找到相当多的活跃在台面上的案例，比如说 Leplin 1984。在这一背景下，分别对应于巴舍拉与拉图尔，伊安·哈金与亚瑟·法因各自开出了药方。

〔2〕 有关对巴舍拉与拉图尔的这一形象化描述的运用，请比较 Lecourt 1975, 40ff.；Latour 1993，第 3 章。

竞争的拉力的牵扯。[1]

在巴舍拉之后,STS不仅给予了科学高于哲学的特权地位,它甚至还怪诞地再生产出了被其选定为研究对象的现场中的当代大科学,及其所具有的价值取向。[2]此外,该领域亦继续维持着这么一个误导性的印象,也就是仅当一个人从事研究的时候,他才是科学家,而从事教学或者管理是不算的。(要是鄙人接受这种是非观,不知是否还能写就此书?)确实,有关这些被赋予特权的研究现场,通常STS所讲的故事与科学家或者哲学家想要讲述的故事是颇为不同的。一般来说,更多的人和物被纳入了STS的叙事之中,这就把科学如何设法做成功这幅图景给复杂化了,当然,这同时也把科学是怎么做的给复杂化了。但是与此同时,这些增添的复杂性分散了任何在科学名义下的行动所要担负的责任。一方面,它有助于对科学工作所获荣誉的重新分配,而不再如往常那样由少数“天才”来独享所有的荣耀;但是另一方面,这使得它面对任何状况都很难寻找到责任人。[3]于是乎,在我们的领域得到如此吹嘘的科学与社会之间的相互渗透,在修辞上起到了这样的作用,也就是阻碍研究者从一个超越于实验室这一迷恋对象的角度来审视科学,看它是如何映射出那种更强大的社会权力的。取而代之的是,科学被形容为“总是已经是社会的”(always already social),而这表明,不论哪些更强大的社会权力被纳入了描述之中,这些权力都将被“铭刻”(inscribe)在那些位于实验室之内的人

---

〔1〕　哲学与社会学之间的这么一个君子协定涉及了维尔弗雷多·帕累托久聚不散的影响力(参见第三章第5节),某种程度上,后者在法国可能要比在其他任何一个国家的社会学传统中的影响都要大。一般认为,帕累托建立了社会学与别的被赋予研究理性职责的学科——不论是哲学、经济学,还是进化生物学——之间的劳动分工。法国社会学家之所以没有将上述劳动视为一种贬谪,其唯一理由是他们认为,依据一种真正的帕累托风格,绝大多数社会行为最后都是非理性的,因此社会学家有很多解释工作能做。Boudon 1981是一个相关的优秀例子。基于上述观点,社会学分析的主要构成便是基于某个规范模型而分析其所属的偏差案例。这里有一个有意思的文化上的比较标尺。在英美的背景下,当拉里·劳丹在“非理性假设”这一标签下在科学社会学与科学哲学之间提出同一种分工的时候,人们普遍认为,他这是在贬低社会学研究。参见 Laudan 1977,第 196—222 页。

〔2〕　直接考察这几个经典案例研究所在的现场。参见 Latour and Woolgar 1979,Knorr-Cetina 1981,Collins 1985。卡林-诺尔-塞蒂纳在延续这一传统方面做了最多的工作,并且没有受到其负面的影响。参见 Knorr-Cetina 1999,这一有关欧洲粒子加速器(CERN)与某个重大分子生物学实验室的比较民族志研究。

〔3〕　在 Fuller 1994b 中,上述问题成了理解社会理论中“行动者”角色的中心所在。以行动者网络理论这一 STS 最主要的社会中的科学的模型为例。同样的东西,如果以一种同情的角度去理解的话,它也许能被描绘为一个由具有高度偶然性的众节点构成的不规则网络(正是格兰诺维特所谓“弱纽带”的例子),而如果从一种不那么同情的角度出发的话,那么它就可以被描述成一个无所不在的系统。对该系统来说,即便施加了种种策略性干预也无法有目的地变更其一般结构,更不用说社会运动了。在这一意义上,STS 实践者们也就能一方面继续展开他们提供给大学同行以及客户的那种源源不绝的详尽的案例研究,另一方面又不用为那些试图从根本上重新商议科学的社会契约的人出谋划策。于是便出现了吊诡的事情,当我们未曾把握行动者网络宗师布鲁诺·拉图尔在接受采访时所展示的率直时——STS 对科学机构就没有构成任何严重的威胁。参见 Crawford 1993。我将在本章最后一节中回到行动者网络理论的这样一个策略性的非道德化的立场上来。

以及物中。因此也就毫不奇怪，STS 实践者经历了一段与持马克思主义以及女性主义立场的科学批判者不愉快的关系。比起某个共同的方法论或者原理取向，后两者的联合更多的是起因于一个共同的敌人——科学机构（the scientific establishment）。[1]

更一般地说，STS 表达了一种表面上的激进主义，也就是分析者应当悬置其可能掌握的有关自己所研究的种种实践的专业知识。它所引发的认识论上的颠覆性结果，正如前文已经注明的，乃是 STS 实践者时常注意到那些工作中的科学家关注范围之外的东西，尤其是话语与行动之间的不一致性。然而，上述颠覆也就仅止于斯了，因着 STS 自身的批判潜能被这样一种对称趋向腰斩，也就是悬置任何 STS 实践者所可能加诸案例的社会科学的专业知识。[2]尽管这样一种方法论上的苦行主义在社会学界并非没有先例，但它带来的影响是，在讨论中预先排除了那些并非以明晰的方式进入科学家深思中的政治因素。[3]举个例子，运用会话—分析这样的专门手段，STS 实践者揭示出了某个科学家共同体开展某个语言游戏时的不同声音，但是他们并没有运用专门知识来参与对科学的意识形态批判——诉诸那些一方面维持着语言游戏，另一方面又超脱于科学家的控制或者意识的种种因素。这情况就好像是，一种后现代主义对宏大叙事（master narratives）的厌恶迫使 STS 研究者扮演了这样一个角色，也就是一方面直接剥去那些由"他者"加诸被研究对象的种种叙事，另一方面期望最后有某些重要的东西留待人们去叙说。[4]如果没有发生上述情形，人们只需满足于研究对象所呈现的"混沌性"或者"块茎性"（rhizomatic）的特征。

---

〔1〕 就那些致力于把 STS 整合进种种更为全面的科学批判传统的人来说，其中有 Restivo and Loughlin 1987，Aronowitz 1988，Haraway 1991，Harding 1991。同时参见 Ross 1996 的撰稿者。

〔2〕 Restivo 1983 明确指控，库恩要为科学社会学化的迟钝化负责。同时，可以参见上文第 1 节中所描绘的 STS——至少是其 SSK 形式——所缺少的那些社会科学的特性。

〔3〕 SSK 的一个来自美国社会学的非批判性实践，其续存至今的方法论先例乃是 Glaser and Strauss 1967 中所推出的"扎根理论"。此处，社会学家被告知，在叙述研究对象的行为时不能诉诸研究个体自身所运用的理论之外的理论。扎根理论的一个有意思——尽管很可能不靠谱——的认识论预设是，总的说来，一个揭示了某个社会情境下视角的多样性的归纳主义方法，乃是最适合于挑战现状的。近期，同一种精神的一个实例，参见 Star 1995。同时，我在 Fuller 1996b 中对它进行了批评。如果说，当上述视角在传统上处于被压制地位的时候，这可能是一个不错的探索步骤，但倘若它是传统上居支配地位的视角，那么扎根理论是否还能起到同样有益的作用，就另说了。正如马克思主义与女性主义者一样，我担忧，"本土化"（going native）进入精英实验室科学家群体之中仅仅起到了这样的作用，也就是让这些科学家比起组织者所蕴含的那种权力的能量来要显得"更为温文尔雅些"。有关其他"批判民族志"之下的方法论，参见 Harvey 1990。

〔4〕 对此论点的一个清晰辩护可以参阅 Latour 1993，特别是第 5—8 页，第 122—127 页。同时可参见 Latour 1988b。

　　简言之，STS 似乎从库恩以及 SSK 那里继承了一种规范上的紊乱，它无法对如此简单明了的对象表态，究竟是喜欢还是不喜欢。如果说"相对主义者"乃是哲学家抑或科学家所指的这样一类人，他们搬弄某些坚硬的事实来挑战某个不容辩驳的真相，那么"普遍主义者"便是历史学家或者社会学家所要命名的另一类人，他们设法判定究竟是否愿意生活在自己所描绘的世界中。于是便存在着被斥为普遍主义的风险，我想就科学事业中的规范性存在于何处作一番探究。近来，不少科学社会史的研究都强调技术人员以及其他现场的实验室工作人员在生产以及设备维护方面所起的作用，他们对于实验的正常运作来说是必不可少的。然而，上述人员在他们身处的那个年代里往往并不为人所知。那么，我们应该从以上得出怎样的规范性结论呢？是一种类似于劳动价值论的东西，实际干活的人就该当赞誉？然则，正如上文所表明的，在技术化科学的世界中，人口越多对赞誉以及责任的归派也就越分散——于是也就意味着，除非出现这样一类明确的尝试，也就是将赞誉或者责任从之前的持有者手中脱离出去。

　　此外，即便是这样一种准劳动价值论，还是遗漏了一些处于知识制造现场之外的人——同行、政策制定者、教师、学生——所扮演的角色：他们赋予在现场取得的劳动成果"科学"的地位。鉴于建构论在界定科学实践时所使用的是这样一种方法论准则，也就是基于对象的结果而不是其起因，于是情况就似乎成了：不论人们在实验室中付出多少努力，也不论这些努力来自鼎鼎大名的科学家还是无名无姓的技术员，成果是否具有科学地位最终取决于该成果的接受方所组成的共同体。比起生产者共同体来，接受方共同体在分布上很可能会更加民主。[1]在这一意义上，STS 实践者们在最后难道就不应该选择立足于功效而不是劳动的科学的价值理论？很遗憾，在 STS 文献中，上述疑问不仅没有得到回答，而且说白了，它

---

〔1〕　当涉及具体说明价值的确切所在的时候，马克思主义者要向其意识形态上的对手学习的地方是最多的。Sowell 1980 是一个优秀入门，它宣称是对 Hayek 1945 的详细阐明。与此处相关的一个内容是，索维尔称之为"物理的谬误"（physical fallacy）的东西：它主张，一个商品的价值乃是由其进入市场前那些加工它的人所决定的，就好比是人与物的纯粹接触成了决定因素的全部。这一支撑劳动价值论的思想脉络为托马斯·阿奎那、约翰·洛克以及卡尔·马克思所共有。一旦人们假定市场受到了那些拥有或者管理生产手段的人的过度控制，那么劳动价值论便成了批判的基础。在这一意义上，那些为上述"产业界的船长"工作的人似乎就成了被重度剥削的对象。然则，在绝大多数商业失败中，船长往往与其船只一道倾覆。当这一麻烦事实纳入考虑的时候，所有有关科学工作场所中那些无名英雄的政治正确说辞就一下子显得颇为苍白。我对物理的谬误相当欣赏，以至于相信那些控制着科学的消费的人——从教师到广告商——应当是 STS 评论的主要对象。无疑，许多科学生产者也能被纳入这一范畴之中，但是对他们的兴趣并非来自他们的生产者身份。参见 Fuller 1993b，第 24 页以降。

甚至都没有被问及。[1]

自然,鉴于种种可能的方向还是颇为明确的,事情不必非得那样。仅把目光收敛到科学的话语与行动之间的关系上,STS 就能有三种可用的开局策略:

(1)坦率地承认,比起其他社会实践来,科学在真理性、理性、客观性等方面并没有多或少的差别,并以此得出这样的结论,也就是要么放低科学的地位,或者要么抬高其他社会实践的位置。

(2)那些围绕科学的特殊讨论尽管对于研究现场中开展的活动没有什么约束力,但是这些讨论的的确确在管理以及教学环境中约束了行动可能的方向——这两个地方对科学的诉诸所起的作用是,以一种更具清晰性的方式来提供正当性的依据。在这一意义上,如果那些有兴趣观察科学所具有的独特力量的人把目光集中在跟上述分布有关的问题之上,而不是放在原初性的"亲身动手"的生产现场,那么他们将收获更多。

(3)尝试通过这样或那样的方式对科学的行文加以严格管控,通过将科学主张置于比通常更严格的详细审查之下,使得科学行文达到它自身理想的规范标准。这将必然导致一定程度的怀疑与规训,由此而实际地破坏所谓"默会维度"这一在传统上赋予科学知识以专家知识(expertise)地位的东西。[2]

就事实而言,上述三种策略界定了社会认识论的边界,它的目的是抑制范式病的传播,其手段就是使得 STS 具有"反思性"(reflexive),也就是将 STS 的目标

---

[1] 对于科学的这样一种结果论特征,最受人追捧的宣传也许当数 Latour 1987。不过,此书并没有探索结果论所具有的规范蕴涵。然而倘若它做到了,可能也就不会像现在这样受欢迎了。具体来说,当拉图尔明确地将自己与那种源自劳动价值论的马克思主义者的义愤区别开来的时候,他并未采纳前面前的替代方案,也就是从一种新古典主义或者奥地利经济学派出发,指出科学价值是由其使用者决定的。有些人会认为,这一点使得拉图尔的文字拥有一种策略上的优势,但是其他人则会把它看成是一种道德上的欠缺。在一开始,我被《行动中的科学》一书折服,但是鉴于该书在科学共同体外得到了大量而且大体一致的非批判性的响应,我必须得出这样一种结论,也就是此书在这一关键问题上的回避,使得它在批判实证主义者以及实在论者的科学构想中所表现出的那种权力变得黯淡无光。我将在本章末尾回到这一问题上来。

[2] Fuller 1992c 是我在推出这一观点时所作的一个最为详细的论述。Porter 1995 是类似思考下的一个历史学研究案例。

置于定期性的再评估之下,这与库恩式的"如果东西没坏,就让它去"的思维正相反。[1]例如,本书所最为强调的那种再评估模式就是让STS研究者反思自己的过去,以此作为未来行动的指南。因此,正如我们在第二章中所看到的,为了绘制出与马克斯·普朗克所承诺的那种精简而效率化的将来有着尖锐分歧的路线图,恩斯特·马赫发掘出了种种在历史中受压制的研究传统。

不过,目前的情况是,STS对自身历史的处理并没有问题,它一直将自己的真正起源追溯到爱丁堡学派,尤其在后者将库恩敬奉为自己神话般的始祖之后。[2]就自此之后的争论来说,集体理所当然地被看作历史地、逻辑地发生的阶段。由此,近年来STS内部范围最广同时似乎也是最具革新性的专业论战,即所谓的认识论之鸡(Epistemological Chicken)的争论,它所涉及的最终不过是从一个共同过去得来的种种相竞争的推断而已。[3]有关争论中的修辞的最自然解释是,STS研究这一现已拥挤不堪的领域内的生态位(niche)产生了分化,此种情形恰好类似于人们对范式的所有预期,也就是皮埃尔·布迪厄所谓的"碎片化的世界"。[4]

论战的一边是哈里·柯林斯(Harry Collins)以及史蒂芬·耶尔莱(Steven Yearley)。他们主张坚持该领域爱丁堡原始文献的字面意思,其方式是,一方面将民族志、话语分析以及批判的历史的学术成果这些SSK标志性的方法向更多的研究领域——超越通常的学术研究现场,进入环保运动与知识工程公司——拓展。另一方面,对SSK的种种基础假设不作深挖或者挑战。在这些人的手中,STS将保持其自治地位,不仅不用受到那类科学家以及技术专家用以解释自身活动的大众理论(folk theory)所左右,甚至也不必受到社会科学家发展出来的用以解释社会生活其他方面的成熟理论的影响。

论战的另一边是论辩中自称是激进派的以米歇尔·卡龙(Michel Gallon)与布

---

[1] 参见 Fuller 1996c。我在彼处引入了"社会规则在规范上的不完全决定"(Normative Underdetermination of Social Regularities,NUSR)论点,其目的乃是用以破坏这一预设,也就是一个被广为许可的社会规则——即便是在科学共同体内部——仅凭该事实就足以说明它在规范意义上是值得拥有的。如果把 NUSR 应用到当前语境下,这就是说,STS 的范式化不必然是一个认识论美德的标志——如果被排除掉的比容纳进的更具重要性。(这番措辞明确表明,我把"重要性"[significance]视为一个可论争的主题。)毋宁说,由这些规则所实现的目的首先就需要得到评估。关于科学中的社会规律在教育系统中是如何获得一种"积极"而不是"消极"含义,我在 Fuller 1997d,第63—67页中给出了一个论述。一般来说,Mulkay 1979b 被认为是第一个倡导研究实践的规范上的不完全决定论点的著作。

[2] 即便是在像 Golinski 1998,第13—27页这样的见识广博的"第二代"的文字中,这一点依旧很是醒目。有关库恩对 STS 所具意义的一个更全面公正的看法,参见 Hess 1997,尤其是第22—27页,第48—51页。

[3] Collins and Yearley 1992,Latour and Callon 1992 是这一争论的起头论文。同时参见 Fuller 1996f。

[4] Bourdieu 1988。有关学院中生态位分化的一个社会心理学论述,参见 Fuller 1994e。

鲁诺·拉图尔为代表的 STS 巴黎学派。这些人相信,追随爱丁堡的原初精神就意味着要摆脱它的文字束缚;由此,他们号召对 SSK 的对称原则进行一般化的应用。就他们的研究所揭示出的技术化科学的网络的复杂性而言,这样一种复杂性不能单纯地通过引入社会因素就能加以说明,不论这些因素是多么恰当地以对称的方式(比如说不偏不倚地)应用到了成功以及失败的行动过程中。人们需要同时引入自然因素——亦要以对称的方式。密切关注 STS 著作的科学家们对巴黎学派的转向表示了欢迎,这并不意外,因为它明确地为种种传统的甚至是常识性的对科学的解释重新开启了大门。它将社会因素与自然因素结合起来,经由两者的"交互作用"来生产出比如说实验结果这样的产物。[1]于是,看起来,我们在学术生活中触碰到了种种再熟悉不过的莫里哀式的关键点:当某个举动从某种范式的角度看来显得是激进极端的时候,与该举动相当的是,范式外的其他所有人一直都挂在嘴边的某个平淡无奇的东西(尽管这里是用法国腔调说的)。[2]

此处,社会认识论学者也许会从上述小圈子性质的争论中抽身出来,并思考历史中更为广阔的辩证关系。就出现在本书第二章的考量来说,巴黎学派的自然转向如果不至于全然地投身于思旧情怀的话,至少是一种历史的倒退。物理学家与化学家对种种实验效应在实验室生产的越发依赖,已经使得一些反思性的实践

---

〔1〕 参见例如 Labinger 1995。社会—自然交互作用论仿效的是心身交互作用论,我对那样一类常识化的社会—自然交互作用论做了探讨与批判,参见 Fuller 1996c。

〔2〕 探讨对称性社会认知实践与非对称性社会认知实践之间关系的经典著作是列维-施特劳斯 1966,特别是第 30—33 页。列维-施特劳斯区分了两类实践:一类实践的目标是,在原先本体论层面上没有层次之分的世界中创造出一种有主次区分的层级结构(例如科学的还原主义进路);另一类实践的目标则是,去除某种以牺牲共同体为代价而获得的优势的超自然力量(例如土著人精巧复杂的死亡仪式)。前者被列维-施特劳斯归入"游戏"的范畴,将对称转化为非对称;而后者则被归入"仪式"的范畴,把非对称转化为对称。(利用位于人文科学"结构主义"转向的大多数论者所涉及的数理语言,列维-施特劳斯本人在谈论时使用的是对称的转化。)于是,作为游戏的足球赛,其目标便是把胜者与负者区分出来,而作为仪式的足球赛(比如说在新几内亚),其目标则是创造出相同数量的胜者和负者,从而消解由胜/负区分所带来的不平等性。

此处列维-施特劳斯与拉图尔之间的区别是,前者是一位在"文明"思维与"野性"思维之间做出区分的不对称主义者(尽管比起过去的人类学家来更少带有审判的意味),而后者则是另一类"对称主义者",其目的是消解上述区分,一旦它们被意识到。换句话说,从列维-施特劳斯的立场来看,Latour 1993 的第 4 章告诉我们的是,一个野蛮人将如何写作一本题为《文明的思维》的书。自然,问题在于,到底是谁有望来读这本书,以及为什么要读。从我在本书中表达的观点来看,该书的确定读者之一便是这么一类科学家,他们希望能从为社会秩序提供正当性依据——其手段是生成真与假、理性与非理性诸如此类的不对称——这样的负担中解脱出来,同时又不改变自己目前的研究实践。

者在 20 世纪初期就开始询问自然这一范畴对科学研究所具有的认知意义。[1]然而,这些实践者——其中包括恩斯特·马赫、皮埃尔·迪昂以及威廉·奥斯特瓦尔德——总的来说都是物理学界的弃儿。这些人敏锐地意识到,对自然的持续诉诸使物理学得以强化其社会地位——尽管越发人工化的情景设置以及晦涩的数学公式成了物理研究的特征。不论如何,从修辞的角度而言,那些对自然的诉诸暗示着,科学研究有着一个终极的目标,而物理学家则是将它揭示出来的人——不论这样的终极目标是一种不可逾越的鸿沟(比如说不可再分的亚原子微粒)还是预期的目的地(比如说某种基本物质,它之外的其他任何事物都是由它以不可替代的方式构建出来的)。这就使得,一方面,物理学共同体能够在面对国家及产业界对它的收编时保持自治性,另一方面有这么两类叙事被边缘化了:其一是有关实在的神学叙事,据称它能超越物理学研究(杜恒的关注点);其二则是推动物理学为人类目的服务的工具式叙事(马赫以及奥斯特瓦尔德的关注点)。

当然,在做科学以及技术研究的时候,并非非得要去质疑自然这一范畴。首先,人们可以想象这么一种科学的"自然化",它在研究自然科学家的实践时采取研究自然界中的其他活动以及过程时所使用的方法。具体说来就是这么一套全方位的经验方法:通过直接观察来了解事物的情况如何,通过实验来了解事物可能如何,以及通过历史来了解它们曾经如何。无疑,后两种方法的结合也许会带来出人意料的批判性结论,诸如自然科学与社会科学之间的区分乃是一种通过制度牢固确立起来的历史偶然。[2]

不过,从自然作为一个分析范畴的角度来说,有一条更为机巧的进路,它在"自然"术语与它在我们的概念框架中所发挥的作用之间插入一个符号学楔子。法国精神分析学家雅克·拉康(Jacques Lacan,1901—1981)曾使用"浮动的能指链"(floating chain of signifiers)来描述这类现象,也就是语词之所以获得意义并非借由它们指称某个语言之外的实在,而是得自它指称了更多的语词。对拉康这样一位弗洛伊德主义的唯名论者而言,这正是一种无意识的结构。[3]拉康式无意识

〔1〕 鉴于大科学研究的成本变得越发高昂,近年来,这一问题又被重新提了出来。一位记者基于他对数个领域中的几位顶尖科学家的访谈得出了这样的结论,当前科学在概念上处于进一步远离自然的过程之中——科学活动正由实验室中的人工世界向计算机模拟的虚拟世界转移。在这一意义上,对科学假设的检验将变得更接近于文学批评,也就是说,一方面这类假设最终将成为种种技术手段加持之下对想象的构建,而另一方面通过美学标准来对之加以评估。参见 Horgan 1996。
〔2〕 此即 Fuller 1993a 的主要论点。
〔3〕 此公著作以晦涩难懂蜚声于外,相对而言 Lacan 1972 是一部好理解一点的入门材料。

的现实例子中包括有:口误、近音词的误用、委婉语以及最常见的转喻(一种修辞转义方式,它允许说话人借助别物来指称某事物——前者在习惯上与后者有着密切的关联)。拉康将上述意义的不间断的迁延视为一个封闭系统。由此,这里的把戏便在于,将最终回归至起初被替换的那个词的一连串语词给甄别出来。伴随拉康心理分析而来的那种独特的病因溯源没能给出任何特定的承诺,表13刻画了围绕STS的论战中基础转换的回路。

表 13　科学论中的无意识

形而上学功能	旧名词	意义	新名词	转换原则
形式	"专门知识"	难以获得但对生存又极其重要的知识	"公共"	政治权力下放
目标	"公共"	为某个人群的成员所共有的关切	"自然"	环境恶化
物质	"自然"	易被异化以及商品化的稀缺资源	"专门知识"	知识的自动化

　　注意,自然一方面在这一意义链条中起了重要作用,但另一方面它的确切意义却又是这样被决定的,也就是当上述意义链条使得关于我们时代相互重叠的描述成为可能的时候,在若干描述中,人们是从何处着手详细叙述的。以下便是其中的一个故事。民族国家的权力下行,把原先作为政治对话的当然对象的公众转变为知识的一种特殊形式,从而对学者、市场研究员、舆情引导员的工作提出了新的要求。也许,公众近来变得越来越难以把握了,对此最确实的证明便是,世界上那几个最老牌的民主国家逐渐衰退的选举参与。与此同时,原先"公共舆论"在聚焦政治对话中所扮演的角色已经被自然环境取代。其结果便是这样一种政治,其现身之处并不是投票站,而是地区性的抗议以及其他生活方式。究其原因,乃是因为环境对时代背景造成了这样的影响,它使得分散型的政治形式得以追求越发个别化(customized)的目标。即便国家无法再让民众屈从于它的意志,但核事故下的大规模污染的威胁又往往足以将一个社会的集体目光集中于行动之上。[1]最后,计算机技术所取得的进步与基于知识总体去神秘化的权威形式这两者的结合,使得对专门知识的讨论在辞令上出现了这样的变化,也就是由原来的关乎培育(cultivation)变成了关乎保存(preservation),而这两者都借助于对自然的传统

---

[1]　近年来这一主题在 Beck 1992 中被以通俗化的方式呈现了出来。同时参见 Eder 1996。(感谢罗伊·博伊恩提醒我注意这一文献的重要性。)

论述。在这一背景下，很常见的情形便是，寄希望于由人而不是机器来开展智力活动，而且所增加的价值能够抵消效率方面的考量，在传统上意味着人们对节约劳动的技术的接受。[1]

然而，能把自然纳入当代科学技术学的所有这些形而上学层面上的方法，都难以准确地把握到 STS 中巴黎学派转向所使用的手法。本章的余下部分将致力于在文化层面以及政治层面上定位尚在进行中的"科学战争"及其 STS 研究者，并以对巴黎学派本身的一个扩展性审视作为结束。我将主张，巴黎学派对自然的诉诸可视为是在增选新成员方面的一个先发制人的尝试，也就是说，他们试图在这样的命运降临 STS 之前而将科学家与技术人员吸引进 STS 的事业之中，即便这意味着 STS 研究者必须放弃某些由他们的社会科学同僚所争取到的空间。

5. 处于自动巡航状态的 STS：对科学战争的诊断

用认识论的自动巡航（epistemic cruise control）来表征处于库恩化困境之下的研究模式的特征是一个好办法。具体来说，库恩化了的领域失去了历史反思性这一有效政治介入的先决条件：它确切地讲便是一种（此领域）从何而来，该往何去的意识。取而代之的是，库恩化了的领域现在只是沿着那条由过去的成功铺就的路线行进。任何对 STS 可能处于自动巡航状态中的质疑，都在正在进行中的科学战争中得到有力的确证：在科学战争中，由科学家以及 STS 研究者所倡导的种种不同的科学图景在公共领域受到了质疑。[2]迄今为止，对 STS 回应的任何中立的叙述都将包括"意外"以及"混乱"这两个词。尽管，事情本应当是极其明确无疑的，也就是在制度化科学作为合理性以及客观性的社会仲裁者这一问题上，STS 赋予科学一种下降的地位，这最终会遭到科学共同体的抵制。在接下来的文字里，我将辨别出自动巡航所具有的两个方面，分别被称为健忘面与懈怠面：前者是对过去的遗忘，而后者则是对将来的漠然。

A. 健忘面

1994 年出版了一本由两位科学家所撰写的书。此二人深深地将自己埋入了

---

〔1〕　参见 Fuller 1998e。

〔2〕　"科学战争"这一表述由文化研究学者安德鲁·罗斯所创，此人原先是刊登过臭名昭著的索卡尔诈文（Sokal 1996）的《社会文本》特刊的编辑。

STS 以及相关文献之中，并带着这样的结论浮出水面，也就是与该领域的自负正好相反，由于 STS 拒绝承认存在一种独立于社会起源的知识基础，于是对于促进政治的进步来说，STS 几乎没能给出任何积极的建议。[1]如果 STS 研究者相信，知识只不过是隐藏在权威说法里的东西，那么这样的知识又如何能成为解放受压迫的少数派的基础呢？对这一问题的隐晦的回答——那些少数派将自己构筑成了一个个受地方性知识的种种传统约束的共同体——对于这个地方性事务与全球性事务以不可逆的方式纠缠到一起的世界而言，乃是不切实际的。《高级迷信》（Higher Superstition）一书的作者保罗·格罗斯以及诺尔曼·李维特分别是海洋生物学家以及数学家，他们高度地依赖来自医学以及环境科学的案例。在这两个学科中，对"科学"视角的拒斥被认定为需要对不可胜数的灾难负责。这一批评在两个层面上具有讽刺意味，而这两个层面所围绕的都是库恩在不经意间给 STS 施下的咒语。

第一个讽刺之处体现在了这么一批 STS 著名学者的下意识反应之中——他们接纳了格罗斯与李维特所批评的库恩主义的前提，也就是任何受周围社会政治环境影响的研究本质上都是不可靠的。由此，STS 研究者直截了当地否认他们关于知识的主张与充斥于知识生产的背景的种种利害关系是不可分割的。他们诉诸那些牢固地确立并享有声望的研究传统，同时指出，正如 STS 实践者所收获的种种经费、成果以及奖励所证明的，这些传统中没有谁与知识生产所处的原初背景有着任何关联。不仅如此，所有这些都被谨慎地与专注于伪学问的 STS 伪实践者（pseudo-practitioners）区分开来。关于后者所做的诸如"文化研究"以及"社会运动主义"（social activism）这类学术性质的努力，它们受到格罗斯与李维特的蔑视（当然！）绝对是理所应当的。无疑，这一论证的要旨在于，当 STS 越发小心地潜心钻研知识的社会特征时，STS 自身的知识生产模式也就越发地接近所研究的那些学科中的"常规科学"实践。换句话说，就那些因为具有具体的社会特征而对研究有着潜在破坏性的因素来说，它们将最终被粉饰或者被内化为科学规训体制（disciplinary regime of science）的一部分——因此也就不再成为纷乱的源头。正好比布鲁诺·拉图尔本人也许会这么说，鉴于 STS 被说成是用社会去污染了其他

---

[1] Gross and Levitt 1994。

研究,因此它就更应该展示自身研究所具有的认识论的纯粹性。[1]

　　第二个讽刺之处,来自格罗斯与李维特从 STS 著作与美国学术界近年来的其他运动间的关系角度对 STS 做了简短而又精炼的考察。这里,比起许多 STS 实践者对自身的把握,他们二人对 STS 独特的发展轨迹及其所处的历史背景有着更深入的理解。其次,鉴于从库恩的角度来看,历史的健忘症乃是科学家通常所具有的特征,那么,当格罗斯与李维特用重新改造了的现代主义来回击后现代主义时,STS 研究者被打了个措手不及也许就一点都不奇怪了。上述回应原先出自约二十年前人文学科中爆发的那场"文化战争",而诸如雅克·拉康、米歇尔·福柯以及雅克·德里达这些法国"后结构主义"理论家著述的英译本也正是借此而首次得到广泛传播。当时,那些受上述理论家影响的批判者们使用了 STS 研究者用以

―――――――

〔1〕　这一回应因着索卡尔骗局而凸显了出来,鉴于索卡尔收录大量文献式的行文不仅将 STS 核心研究者的工作与文化研究以及女性主义学者的工作凑到了一块,而且也塞进了近来多位法国知识分子的工作——对这些人来说,科学作为其批判性审视的一个对象至少同样也能作为他们自身思考时的隐喻资源。有关索卡尔论证的一个扩展版本,参见 Sokal and Bricmont 1998。Fuller 1998f 对此给出了一个直接的回应。

　　这样一个拼凑出来的"学术左翼分子"的臃肿集合站得住脚吗?尽管那些较为正统的 STS 人士自发地采取行动来保持与他人的距离,但对问题的回答远没有那么简单。不论今天法国知识分子的证明表达具有何种程度的晦涩性,这样的一种晦涩更多的是来自纳粹兴起后法国与德国知识分子间交流停滞所引发的长期效应,而不是来自对自然科学的无知——更不用说反感了。(我的论证假定,在现代大学于 19 世纪早期兴起之后,德国一直是哲学以及科学灵感的主要源头。)这导致了法国哲学文章的一种复旧,同时哲学家自己在当地的利基市场(译者注:原文为 market niche,意为高度专门化需求的小型市场)的发现则加剧了这样一种复旧。例如,现在的人很难相信心理分析学家雅克·拉康身上发生的这些事情——当他还在三十出头的年纪的时候,一直与数学家群体布尔巴基保持着定期的联系;或者,他从亚历山大·科瓦雷关于伽利略的讲座中持续地吸取经验(参见第 68 页脚注 1)。即便是雅克·德里达在发展他有关写作在西方思想中的首要地位的著名论点时,他也是写在了埃德蒙德·胡塞尔《几何学的起源》法译版的拓展性引论之中。Derrida 1973 是德里达著述生涯中转型期的一部出色的著作,它揭示了德里达在试图处理形式化科学思想的形而上学基础时留下的种种迹象。Piaget 1970 是一个由知情人士所写的且更为一般化的对战后法国思想中人文科学与非人文科学之间展开交互活动的叙述。

　　亨利·柏格森与埃米尔·梅耶松是二战前法国思想界的两位杰出人士,同时也是相互对立的人物,他们的作品虽然对读者有着严苛的要求,但还是相对容易理解的,这就使得他们能够跨越国家间的界限而与同侪展开争论;而现在,这类争论的展开只会伴随巨大的艰难——尽管从译介的角度来看,法国知识分子的著作从未像现在这样如此容易地获取到。取而代之的是,法国与德国的"大师"们经由翻译语言的形式参与到种种虚拟对话之中,把解释者与追随者连接在了一起。感谢乔治·盖尔针对当代法国思想晦涩性的根源所开启的讨论。Fuller 1988 为这么一个一般性论点做出辩护,正是人们在二战期间的欧洲所观察到的这样一类交流的中断,为激进的概念变革开辟了一个主要的窗口。

　　为了避免被斥为一种反欧陆的偏见,我必须说的是,与德国联系的中断很可能同时解释了日常语言哲学的珍贵性——后者繁荣于二战刚结束的英国,当时尚未被 20 世纪 50 年代晚期开始并持续了整个冷战时期的语义学以及指称理论在美国的发展所殖民。值得一提的是,上述英语世界哲学的复旧受到了一批持世界主义立场的奥匈帝国移民的猛烈抨击,其中包括卡尔·波普尔、弗雷德里希·冯·哈耶克、伊姆雷·拉卡托斯以及恩斯特·盖尔纳——最突出的是 Gellner 1959。对他们来说,"不列颠"一词所标示的乃是苏格兰启蒙运动,约翰·斯图尔特·密尔的自由主义以及伯特兰·罗素的文化怀疑主义——而不是牛津、剑桥这样推动日常语言繁荣的学术机构。及至今日,关于英美哲学与欧陆哲学之间断裂背后的上述种种思潮的细节,对之做出详尽刻画的起点可以在 Collins 1998,第 13—14 章中找到。

针对科学的类似论证,从而分别解构了文学的"价值"归属以及文学批评的"合法性"归属。于是,事情就似乎变成了:一方面,那些年长的自然科学家们都已经赶上了后现代主义的时髦;另一方面,STS 最年轻的一辈——而且还是最专业化的一辈——却失去了与这一知识脉络的联系。由此,当时间还是 20 世纪 70 年代时,我的老师们都曾担心,我会把福柯以及德里达当作新巴门尼德与新赫拉克利特;而到了今天,STS 新成员一贯地都是先熟悉比如说布鲁诺·拉图尔这类人物,而没有在之前吸收过福柯或者德里达的思想——更不用说拉图尔的哲学导师米歇尔·塞尔了。于是也就没什么好奇怪,这批人在面对格罗斯以及李维特他们所试图给出的那类反驳时,既没有先期预料,也没能与之交锋,更有甚者干脆对之陷入理解上的茫然。[1]

B. 懈怠面

来看看该领域奠基性杂志《科学的社会研究》的这么一期专注于"SSK 的政治观:其中的立场、承诺以及其他"的特刊。[2]就呈现在其中的种种立场而言,它们有着这么一个共同的理解,也就是研究者的政治立场总体而言乃是一种私人的事情,并不处在种种地道的 STS 研究模式的范围内。仅当 STS 实践者们被置于这样的境地,即他们需要捍卫自己研究的正当性时,才被迫从方法论角度来反思自身的政治行动者身份。上述情形通常发生于这样的场合,也就是仅当有人作为 STS 领域的研究者,利用研究来推进自己的目的的时候。及至那时,STS 的主要实践者们便以出版物为载体聚集一道,并形成这样的共识,也就是哪一种立场在持有时是得到"专业角度"的认可的。对规范问题的讨论实际上转移到了"元"层面上,这就使得 STS 的实践者们不用在特别的实质性问题上面对他们自身内部的政治差异。于是,就上述语境中讨论的那种"政治"来说,它在意义上似乎就摒弃了

---

[1] 这一"重演的似曾相识物"(déjà vu all over again)的范例便是人们眼中 STS 激进主义所具有的这么一条标志性的原则,也就是自然乃是经由科学家决定的产物,而不是他们做决定的原因。(STS 学生知道这正是拉图尔的"第三条方法论原则"。)这样一种对原因与结果之间正常关系的倒置——最初来自尼采——只不过是后现代主义解构中的一个标准比喻。对此的一个教科书式论证,以及对它的一个在当时受到广泛关注的反驳,参见Culler 1982,第 86—88 页;Searle 1983。当我阅读这法国思想家相应的作品,但尚未太多涉猎 STS 后,我做了种种早期尝试来将解构应用到科学之上,这些尝试收录在了 Fuller 1983 中。当时与现在的一个最为清晰的接触乃是后结构主义者与 STS 人士共同对翻译所具有的"未决定性"(indeterminacy)或"不确定性"(uncertainty)的强调,这些现象有时候被人们称为社会生活的"符号学"侧面。在 Bijker and Law 1992 中——尤其是第三部分——符号学被明确地用在了对 STS 的理论架构上。

[2] Ashmore and Richards 1996。此特刊由马尔科姆·阿什莫以及伊芙琳·理查兹所编辑,同时还收录了哈里·柯林斯、布莱恩·马丁·迪克·佩尔斯、布莱恩·维尼以及希拉·加萨诺夫这些编辑的稿件。

通常被当作是广大社会中所谓"文化批判"的东西。由此,当STS参与政治事务的时候,不论他们可能扮演怎样的角色都不会是公共知识分子。[1]这一点将在本书的结论处获得特殊意义,彼时我将从范式的角度以及从运动的角度来对相应的研究动力学加以对照。就运动的角度而言,批判的范围将不仅限于范式讨论中能够表达的东西,毋宁说它将与周遭的政治潮流发生共鸣。换句话说,STS将会在自身内部再生产出——所谓的顺势疗法——整体社会中的冲突。不过,在我们探讨STS在何种意义上能成为一场运动之前,我们必须首先理解,在何种意义上政治差异在范式层面上包含在了STS之中。

第一个值得注意的地方是,尽管这一领域在声望上呈现出两极分化,但是它的那些经验研究却很少受到来自专业角度的详细审视或者批判。研究者们倾向于不去对早先研究的结果进行再分析;相反,他们转而去开拓不同的,虽然有时候会有重叠的区域。[2]这样一来,那些潜在的理论上的以及规范上的分歧就被上升为人们与手头的案例邂逅时所体会到的种种差异,而那些以"第一手"的方式来观察土著(或其文献)的人则被永久性地赋予了优势地位,尤其是当上述观察需要相当程度的脑力付出甚至是体力付出的时候。由此,STS会议中那些主要的论述性环节便是由案例的比较与对照构成的,鉴于人们认定所获结论间的差异乃是来自案例之间存在的差异,而不是来自研究者的能力或者是他们的背景性规范承诺上的差异。在这一意义上,STS是以一种彻底的"客观主义的"常规科学风格来开展活动的。[3]

STS实践者们通常没能考虑到的是(至少在公开层面上),就在他们决定将

---

[1] Ross 1996 一书的编者导言可谓是一个为扭转这一趋向而做的勇敢尝试。

[2] 由此,就那位伟大的社会科学方法论家唐纳德·坎贝尔为批判性创新型的研究所给出的建议来说,STS似乎就采纳了其中的一半:它在接受"全知的鱼鳞模型"(fish-scale model of omniscience)的同时没有接受"对数据的竞争性再分析"。关于这两点请分别参阅 Campbell 1969 以及 Campbell 1984。

[3] 不仅如此,这一风格已经散播开来,尤其引人注目地出现在近来科学史的著作中。其标志性一环便是,从二战结束开始对所谓的 17 世纪科学革命所进行的历史编纂。在 20 世纪的前半叶,人们见证了那些具有历史倾向的哲学家以及具有哲学倾向的科学家所作的种种尝试,以描绘并讨论上述尝试所涉及的在年代上有些含混但又具有提示性的领域。中世纪晚期以及现代早期,这两个时段实际上成了供人们投射自身观点的罗夏克墨迹测验(Rorschach tests):什么使得西方文明能够发展出一种称为"科学"的独特社会实践,它能够作为一种标准而被用来评估之后的甚至是当代的实践。迪昂、马赫、科瓦雷、克龙比以及李约瑟这些名字继续支配着上述讨论,鉴于上一代人除了 Shapin and Schaffer 1985 外,并没有新的参与者加入如何界定科学革命的论战之中。在考察 Cohen 1994 这一对诸种视角的汇编时,这一点能够清晰地体会到。科恩这本书所暗含的教训是,就近年来对西方的独特性的理解来说,非西方学者取得了大多数原创性的贡献。从他们的角度来说,在组织叙事时,西方历史学家从原来围绕像"科学革命"这样的具有规范意义的表述转变为围绕 17 世纪欧洲的具体国家以及具体人物。也确实,夏平在他近来的一本旨在向读者介绍历史上的著名科学家的科普性著作(1996)中否认了科学革命的存在。

STS立场与特定的研究课题捆绑在一起的那一刻,政治就已经参与了进来。作为结果,开展STS研究的动机始终是格外模糊的。一方面,如果其主要目标乃是纯粹的学术研究,那么为什么不把STS应用到那些政治化程度更小的领域中去呢?另一方面,如果政治行动主义(political activism)乃是目标,那么去做些推销性质的研究不就好了吗?对此的一个不厚道的解读是,STS实践者就是想既要做婊子又要立牌坊:他们希望能占着一块缓冲地带以便能够在里面时不时地影响政策决定,与此同时在任何时候都不用暴露自己的党派倾向,要不然就会使自己容易受到社会中那些更强势力的冲击。这一解读诉诸的是种种令人不安的动机,但即便抛开它,我们依然能把STS视为,为其实践者们提供了两条危险的钢丝去行走:

> • 在攻击科学作为研究者的自治性共同体这一库恩式神话的最薄弱之处(比如说前沿科技、以科学为基础的公共争议)的同时,在他们自己的常规科学活动中又不放弃这一图景;
>
> • 将他们与正在研究中的社会冲突中的这样一个群体结成同盟——如果从笼统的左派立场来看,这个群体正是社会冲突中的弱势方,与此同时自己又不用承诺一个一般性的政治理论或者具体的政党纲领。

考虑到走钢丝可以走得很轻灵,因此比起去推测STS研究具有怎样的政治意蕴,一个可能更为有效的实践是这样的,也就是将STS所论及的那些以科学为基础的争议与STS所没有论及的争议做一对比。由此,人们就能辨别出"涌现"(emergent)于该领域中的政治意图,并为之设立一个专题来加以反思。举个例子,就纳粹科学或者创造论的科学认识论地位这一问题来说,到现在为止都没有出现一类得到正式认可的主张,以此来改善STS式分析认识论身份。[1]在有关科学的公共讨论中,上述两种极端的研究路线通常受到人们"非对称的"处理,也就是说,

---

〔1〕 无疑,纳粹以及创造论这两者为人们提供了种种有趣案例。在其中,相邻领域的学者们通过诉诸STS概念来质疑那些已然为我们所接受的关于科学的看法的正当性。比如说,美国修辞学者通过诉诸STS概念而为创造论的公共地位进行平反,以此来隐含地批判科学共同体用粗暴方式对待对手(Taylor 1996,第135—174页)。不过,STS主流实践者们普遍忽略了这一工作,对这些人来说,他们与科学哲学家以及实践科学家分享了同样的倾向,也就是对宗教采取挞伐的态度。也确实,Gross 1997对上述情境中的这样一种奇异的观点上的趋同做出了评论——对Gross来说,他本预期STS会赞成创造论者们"为身份而斗争"。而在纳粹问题上,历史学家罗伯特·普罗克特将STS作为跳板,把"坏政治能够导致好科学"这样一个论点推至逻辑上的极限。Proctor 1999主张,在推广有机食物、素食主义、无烟环境以及相应的"健康生活"形式这些在今天的我们看来是先进立场的方面,纳粹扮演了先驱的角色,究其原因乃是,纳粹相信先进的民族理应实践先进的生活方式。

人们预设了两者在出发点上就是站不住脚的,同时这一点反过来又被解释为得因于其中的实践者们所持有的非理性信念,这些信念为更受敬重的科学案例中的实践者们所不齿。然而,这些案例可都是些 STS 本想为之平反的典型案例。

　　在过去几年越发地吸引了 STS 实践者的注意力的环境政治领域中,一个突出的现象是,有多得多的批判性矛头都集中在了政府以及产业科学家所表现出的独断主义上,而不是环保活动家(以及他们科学上的代言人)所表现出的独断主义上。就前者而言,他们在结论中降低了不确定性的程度;而对后者来说,他们提高了不确定性的程度——有时甚至会断言,一场迫在眉睫式的灾难已然是确定无疑的。自然,人们有很多好理由把一个个论述用在反对环境政治中占主流地位的科学观点上,但这些理由将会突破 STS 所自我设定的规范性限度。[1]对 STS 研究来说,如果上述理由得到明晰的陈述,它的确切论点将会变得更加透明。下面是这类理由中的几个:

　　　　• 研究者可以把自己视为民主化进程中的一个行动者,通过赋予那些最弱势(或者论证负担最重)一方的视角以特权,从而对认识论的竞技场加以优化处理。
　　　　• 研究者可能会有自己的一套风险理论,也就是追求稳妥,不愿犯险,因此应当赋予评估情境中最为不确定的那个观点以特权。
　　　　• 研究者应该是一个致力于认识论的地方主义者,也就是说,在原则上,在普遍主义模型没能将特定案例的细节加以整合时,他们与这些模型是对抗的。
　　　　• 研究者应该预设一种"对话伦理",它拒绝为下述需求去寻找解释的理由,即为了维持社会秩序而去牺牲真理,比如说,通过降低风险的级别。

　　不论如何,正如某个受库恩的范式支配的领域,它所预期的是,STS 研究者为了达到该领域资源有利分配的目的,竭尽全力地避免拿这些困难的政治上的、伦理上的以及认识论上的问题来作为合法对话的基础。这正是该领域遭受范式病肆虐的症状。在上文所提到的《科学的社会研究》特刊中,这一范式病以两种面貌

---

〔1〕　Radder 1992。该论点在 Radder 1996,1998 中得到了拓展。

出现。第一种面貌强调的是,STS能为围绕科学的争议提供独特的专业性知识;另一种面貌是STS的经验研究基础的范围之外的不确定性(比如说,关于将来能够带来什么,政策应该如何开展)。

换句话说,我们所讨论的是什么能被包含或者排除在认定的范式之外,但不能同时提及这两者,因为对两者之间的人工边界的不必要关切将会威胁到范式的一致性。不仅如此,哲学家究竟是否用从科学中寻找到的认识论权威来拒斥STS的历史呢,也许存在着一种两可的选择。这一结果乃是表14中所描绘的理想型的态度。

表14 获得公认的STS对于自身研究的政治学态度

立场	关注什么内在于STS	关注什么外在于STS
坚持自身的认识论权威	(1)专业调停者	(4)军火商
否定自身的认识论权威	(2)大禅师	(3)寄生者

在下文中,我刻画了每一个理想型的态度是如何看待自身研究的政治学的。《科学社会学》特刊的撰稿者根据他们研究的背景,将这些态度不同程度地组合起来:

(1)专业调停者:因为STS研究者研究的是科学知识主张中的闭合性是如何达成的,他们具有一种专门技能,这一技能对于那些与公共相关的科学论战中的竞争派别来说是不可能具有的,这使得STS研究者在上述论战中能以调停者的面貌出现。一个最为直截了当的主张是,作为一个学科,STS要求在大学课程体系中拥有与其他学科一样的位置。值得高兴的是,它的这一主张并未刻意提升学科化的知识观念。在第五章中我们可以看到一个诉诸社会-科学版本的范式。

(2)大禅师:STS所唯一正式认可的政治学乃是,原则上反对所有的宏大叙事,不论在哪个案例中,不论这种反对在"现实社会"中会带来怎样的政治后果。当然,任何特定的STS研究者也许都持有自己关于现实世界的政治学观点,但是这些都被视为STS圈外的东西。有两点值得注意。其一,正如上文所表明的,实际上,这种反对所具有的"决定性"的特质被STS研究者选择案例的偏好给冲淡了。其二,大禅师预设了科学与社会相统一事业的不可能性,从而促成了多元化视角的兴起。于是,确切地说,一种黑格尔式的综合是不可能的。

(3)寄生者:STS 研究者的专业技能就体现在,它能对隐藏在正在进行着的科学论战中的含混因素以及不确定因素做出甄别。与那些定位于专业调停人的 STS 研究者不同,作为寄生者的 STS 研究者并没有宣称持有任何属于自己的专业技能,他们拥有的仅仅是这样一种能力,也就是去揭露,科学家们在那些公共关切的事务中恰恰缺乏专业技能。这一策略预期取得的成果是,让那些参与政策事务的科学家们变得谦逊一些,同时,又让那些非科学人士变得更大胆一些。对上述情景的一个宽容解读是,政策举措会变得更具实验性——这意味着在探索的可能性与所施加的制约上更具进取心。对同一情景的一个不那么宽容的解读是,一方面,STS 研究者没有采取任何决定性行动,只是延续了科学论战的开放性特征;另一方面,把自己提供的服务渲染成必不可少的。

(4)军火商:鉴于特定 STS 研究者与特定群体在社会地位上的关联,某些社会行动者相比其他人处在更有利的位置来利用 STS 的知识。当 STS 研究者心照不宣地通过向某些人输送资源来强化自身的时候,那么对这样一种已然存在着的不公的处理——对上述资源的获取权的不公分配——也就超出了 STS 的职责范围。不仅如此,随着 STS 研究愈发地以合同的方式来获取经费,STS 这种无力掌控自身知识产品流向的状况也就显得更加突出了。一直以来,虽然 STS 研究从学术界外部(比如说政府、非营利机构,乃至某些产业)获取雄厚的资金,但他们打出了诉诸 STS"职业主义"这张带有意识形态性的舒缓牌,结果就是掩盖了那些基于合同的具体研究是如何轻易地将自己捆绑到主顾的政治战车上的。在这一意义上,STS 研究者不知不觉地为出价最高的竞买人输送了合法化的资源。

在下一节中,我将考察由这帮 STS 研究者所组成的群体的发展过程。这个群体把上述四种姿态最有效地合并成一种独特的研究实践,并以此在许多国家博得了政策制定者以及学术界的敬重。不过在讨论巴黎学派之前,且让我完完全全地表述清楚我在展开有关 STS 的库恩化状况的批判时所用到的范例。它来自美国社会学在 20 世纪 60 年代所做的自我反省:针对 1966 年霍华德·贝克尔在社会问题研究学会所作的主席发言。阿尔文·古德纳曾尖锐地指控贝克尔,他在符号互动论以及标签理论的幌子底下实际推销的是一种"关于沉着冷静的理论和实践"(the theory and practice of cool)。[1]是的没错,贝克尔的这个演讲一直被描绘为主流社会学中 STS 视角的前身。[2]

就他自己提出的"我们站在谁的一边?"的问题而言,贝克尔看起来是在为社会的下层人辩护。这群人是社会心理学意义上的偏常者,就福利国家时代那些为不少社会学研究提供资助的主体而言,正是这群人的存在本身构成了所谓的"社会问题":疯子、穷人、瘾君子、有犯罪倾向者,以及各种奇怪人士。从表面上看,贝克尔的论述是在呼吁人们将上述偏常者的视角详细地刻画出来,赋予它们一种明晰性和逻辑一贯性,这些特性原本是为"体制"所否认的。然而,古德纳怀疑,贝克尔并非真心实意如此。就贝克尔在社会问题上的"沉着冷静的"研究进路来说,他所倡导的种种论调把偏常者说成是生活在自我孤立的"世界"中,在那里,偏常实际上成了一种正向认同(positive identity)的标志。但到底谁会从以上这样一种描绘中受益呢?且看古德纳所作的一番直爽的答复:

> 于是,贝克尔所给出的新的弱势群体社会学(underdog sociology)就是这么一种能够很方便地把种种特性整合在一起的立场:它使社会学家能够与地方性环境中的那些微不足道的人为友,能够拒斥那些具有区域关怀的"中产阶级"体面人以及要人的视角,与此同时,它还使得社会学家能与华盛顿各机构或者纽约各基金会顶级人士建立并且保持朋友关系。当贝克尔以这么一个新的弱势群体社会学的勇敢传教士的姿态示人时,实际上他孕育出来的是某种全然不同的玩意儿:新的体制社会学的 1.0 版本……在个人政治的问题上,这样一门社会学成功地解决了人类最古老的难题:如何在保持个人节操的同时不丢掉自己的饭碗,或者如何在自己荣华富贵的同时保持开明大方的品格。[3]

古德纳看待贝克尔的态度与我(在本书第二章第 8 节)看待爱德华·埃文思-

---

[1] Gouldner 1968。此为对 Becker 1967 的一个回应。
[2] Star 1995,第 1 页。相应的一个批评可以参阅 Fuller 1996b。
[3] Gouldner 1968,第 111 页。

普里查德尝试以"他们自身的语言"来理解阿赞德人（Azande）与努尔人（Nuer）的态度差不多：这是一种在认识论上具有解放意义的相对主义。但如果仔细考察的话可以发现，这一相对主义使得远处的权力（这两个案例中的权力都来自研究者的委托人）能更容易地控制原住民，因为原住民与他们头上这批压迫者之间的权力均势得到了矫正。比起远处的权力来，相对主义乃是原住民更为直接（而且更具对抗性）的压迫者。我们至少可以从原住民的案例中得到这样的教训：对那些在某种社会学叙事中被赋了话语权的群体而言，它们并不必然地处在新刻画出来的身份的这个最佳位置之上。他们可以被轻易地转化为权力斗争里的马前卒。确实，不论原住民从其隐匿性以及边缘性中得到了何种优势，这些优势大体上都已丧失掉了。此时如果原住民没能与某个能够拓展自身行动圈的社会运动连接起来，那么他们的利益就会成为背后某个更高的权力演双簧的前台木偶。

如果此处不是社会学家成为直接受益者的话，那么这一反常的结果将更加令人不安。社会学家的受益情形相当于格奥尔格·齐美尔（Georg Simmel）所谓的坐收渔利者（tertius gaudens），也就是作为从他人不幸中获益的第三方。对社会学家来说，不论委托人怎么使用他收集得来的原住民信息，他都不用承担任何直接的责任。由此他也就刻画出了自身范式所施加的界限，同时这又反过来巩固了（为了当前以及未来的委托人的利益）自己的"职业主义"形象。此外，正如古德纳所敏锐观察到的那样，当贝克尔承认偏见与价值承诺在自己的研究中不可避免的时候，他使得这一点看起来——正如 STS 研究者继续在做的那样——乃是一个随着研究者的不同而不同的个人偏好问题。但实际上，鉴于社会学家所处的这么一种结构性位置——他同时与委托人以及研究对象保持联系——无论他们的发现有着何种内容，都能确保特定权力关系的再生产。[1]

无疑，这样一种坐收渔利者的角色，一方面是基于社会学家们的自我扩张需要，另一方面至少是同程度地基于自身生存的需要。拿告密者在战争时期的道德

---

〔1〕 Gouldner 1968，第 112 页。在种种科学论研究学科中，科学历史学家们对权力关系所具有的结构性特征——他们的工作正好嵌入在这样的特征之中——的刻画是最具反思性的。这些历史学家常常受主顾——美术馆、实验室、产业公司、专业协会——委托而为其撰写历史，这使得他们能以窨有的生动方式来体会作为批评家的旨趣与作为司仪的旨趣这两者之间的张力。相比之下，社会学家鲜有被当成社会学家来雇佣，毋宁说他们是被当作高级的信息收集者以及分析师的。因此，社会学家更容易对自身的活动作出划分——一类是为主顾撰写报告，另一类则是为专业期刊撰写报告。上述区别折射出了历史学在何种程度上有着公共性的一面，而这正是社会学所缺失的。参见 Soederqvist 1997，特别是杰夫·休斯·斯库里·西格德森以及约瑟夫·塔塔雷维奇所撰写的章节。

处境作类比还是比较合适的,无非我们这里所讨论的是一种市场环境:在这一市场中,越来越多的学术研究经由合同工来完成,而这些人的就业前景乃是建立在每次不同拨款的基础上的。在这样的机制之下,如果研究者无法为委托人提供有关研究对象的高质量的信息,他们将很快被其他更有意愿并且更有能力的人取代。因此,研究人员作为对原住民状况的目击者的信誉始终处在待评估的状态下。古德纳从贝克尔的这一担忧中觉察到了上述趋向——贝克尔担心社会学家可能会做出退让,从而对自己的研究对象多愁善感起来,并因此而"失去沉着冷静"。对古德纳来说,这一情绪的对象正是人所处的苦难,它们在道德上、政治上都有着重要意义;但是对于贝克尔来说,它们带来的是实践以及理论上的不便;苦难也许是人们经验的一个不可或缺的组成部分。这一观点表明,被压迫者看待自己时并非依据某些正面认同(或者他们所处的独特的"社会世界"),确切地说是依照压迫者看待他们的方式——他们主要为自己所处的受压迫地位所驱使——而且他们的苦难或者是过去能够避免的,或者是将来能够消除的。[1]

对于以委托人为中心的社会学家来说,把有着以上程度的不确定性以及可变性的原住民写入自己的报告中,这就等于是在承认自己没有掌控原住民的手段。同时,这将引来人们过度关注委托人在维持社会学家报告中所揭示的那些权力关系时所扮演的角色。当然,以上种种令人不安的内幕是有着一个对症的形而上学药方的。它涉及把社会世界的本体论加以扁平化,使得种种立体结构关系为种种网络关系所取代,此时,所有群体都被描述成根据自己在具体的情境中所能结成的同盟,并相互间把自己所拥有的那类权力施加给对方。由此,有关原住民遭受压迫和受苦受难的论断被转化成了有关他们所隐藏着的能力以及能动性的论断。作为结果,原住民所处状况的不确定性并不会下降,减少的只是委托人对上述状况所要承担的责任。让我们记住以上内容,并把目光转向 STS 的巴黎学派。

6. 被自身智慧逮获的 STS:巴黎学派的社会认识论

过去十年来,法国,尤其是创新社会学研究中心(Center for the Sociology of

---

[1] 在这一意义上,神正论——对善恶在一个不顾及人类意志的世界中分布的神学解释——自此被彻底地吸收进了社会学研究之中,即便有关社会秩序的第一个"自然主义"论述("不可见的手")从根本来说乃是神正论的世俗化版本。参见 Fuller 1998a。对神正论的经典社会学讨论乃是 Weber 1964,第 138 页以降。有关人们在理解对意义感(meaningfulness)的社会归因时神正论所具有的重要性,参见 Berger 1967。

Innovation，CSI)是科学技术学知识上的激动人心的主要源头。中心隶属于国立巴黎高等矿业学校,该学校是法国高等教育的精英机构之一。工程学以及经济学训练出身的米歇尔·卡龙(Michel Callon,1945 年生)与哲学以及人类学训练出身的布鲁诺·拉图尔(Bruno Latour,1947—2022)是该中心的两位主要理论家,他们发展出了 STS 的一个新版本,名为"行动者网络理论"。这一理论不折不扣地许诺了一个对社会科学的彻底改造,具体来说就是,将"网络"定义为建构个人身份认同以及社会组织这两者的资源。[1]

从知识社会学的立场来看,上述理论发展最为引人注目的特征是,它作为一个研究议程在英语世界比在法国本地要更受欢迎。即便就有关科学的社会特征的研究而言,法国的背景环境也可以说是颇为独特的:它从一开始就包含着一种十分强烈的国家主导型的"战略性研究"倡议,该倡议的目的乃是用来强化已故社会党领导人弗朗索瓦·密特朗在他1981 年第一次成功地竞选法国总统时强调的"技术文化"(technoculture)。此处,密特朗借鉴了哈罗德·威尔逊 1945 年的那个富有修辞色彩的剧本,把科学与技术当作将国家团结起来,围绕在某个经济发展构想周围的凝聚力。[2]作为上述战役的一部分,STS 在追踪技术科学创新的应用以及人们对它的反应上起到重要的作用。

为了充实他提出的"技术文化"这一概念,密特朗将他自己的关联型政治(politique de filières)与其前任、新戴高乐主义者瓦勒里·季斯卡·德斯坦的间隙型政治(politique de créneaux)作了对照。随着网络强度而不是具体目标的实现开始成为"技性科学"(technoscience)的标志,上述隐喻上的切换到了 20 世纪 80年代末也就成了 STS 的第二天性。事实表明,尽管德斯坦也是在倡导科学以及技术,但是他的倡导所处的是这么一个背景,也就是人们正在对法国的种种生产能力进行优先排序,并以此来决定投资方向,其具体表现便是把资金投向法国在世界范围内占据相对优势的工业部门——尤其是航空、军工、核能以及运输业。

---

[1] 在社会科学中,网络在社会生活中所扮演的角色很早就已经为人所意识到。通常来说,人们将网络视为社会组织的过渡层面(intermediate level),比如说存在于一个面对面群体与一个机构这两者之间。然而,巴黎学派的主张将会把以上多个层面重新定义为在长度、弹性以及增长率上有着差异的种种网络。随着全球性电子通信时代的到来,它为人们在社会理论中诉诸"网络"这个概念注入了新的活力。Castells 1996—1998 是从上述角度出发来理解整个当代情景的一个最为雄心勃勃的尝试。有意思的是,卡斯特尔没有提及行动者网络理论的任何内容,尽管他对于近来技术社会史的工作似乎很是熟悉。从社会认识论出发针对 Castells 工作的一个批判可以参见 Fuller 1999d。

[2] 有关密特朗对威尔逊所作的改造,参见 Turney 1984,第 221—222 页。

然而,在德斯坦总统的任期内(1974—1981),法国在上述领域所占的世界份额并没有增长,而且总体经济还出现了大幅下挫。对此,密特朗的疗法乃是把信息技术确立为所有经济部门必不可少的部分——包括这些旧工业的领军者,即钢铁业、矿产业以及造船业。到了最后,法国还是继续在世界经济舞台上蹒跚而行,并且它的工业部门内部出现了崩塌。然而,尽管在密特朗治下有着空前数量的工人失去了工作,但他们至少能够从自己所拥有的高级技术技能中获得慰藉——这些技能大体上使得他们能够进入飞速发展的经济服务部门中。确实,在主要的工业化国家中,法国经济状况在过去半个世纪以来的独特性主要体现在了其快速转变上,也就是从农业型转向服务型,并以后者作为它主要的财富来源以及就业来源。[1]

尽管 CSI 成立于 1967 年,彼时历史正迎来戴高乐时代的尾声,但卡龙与拉图尔此二人合作的标志性时刻一直要到 1980 年才来临。这一合作的内容便是两人首次称呼为“转译社会学”的东西。[2]“转译”(translation)从广义来说涵盖的是这么一个过程,也就是某事物在表征另一事物时是如此的出色以至于被表征的那个事物的声音被有效地覆盖了。这一过程的关键在于,某事物有这样的能力来满足——同时因此抹去——某种欲望。卡龙与拉图尔运用 interest(旨趣)一词的拉丁词源 interesse(“在之间”)来把握这样一种能力,这也就颠覆了 interest 这个词的日常意义。也就是说,这样一种新的运用暗示着,正是某个对象的在场创造出(或者重新定位)了某个欲望,随后也正是这个对象独一无二地使得这个欲望得到了满足。此处的这个对象,就是中介者。

如果以上述方式来理解转译,那么行动者网络理论正是建立在针对种种(成功的,但尤其是不成功的)转译案例的案例研究之上的。就法国的科学政策背景而言,它有着这么三个重大的失败案例:电动汽车的大众化;将公共信息网络终端整合进全球计算机网络;用计算机控制下的定制化轨道系统来吸引巴黎的远距离上下班人士。[3]在各个案例中,其失败都能被追溯到一种夸张的自信之上,也就是当政策的贯彻有赖于某一批人合作的时候,人们自信地估计了抛开对那些人

---

[1] Gildea 1996,第 86 页以降。

[2] 转译社会学最初被描绘成一种牢固地扎根于种种科学计量学技术的一般方法论。参见 Callon, Law and Rip 1986。不过,这一提法随着 Latour 1987 的出版开始在英语世界获得普遍关注,而该书在现在可能成了科学技术学最流行的书。

[3] 有关上述三个失败的科学政策案例相应可以参见:Callon and Latour 1981;Castells 1996—1998;Latour 1996。

"interests"的照顾,仅凭自上而下式的管理所能取得的成果。慢慢地,人们开始明白,那些中介者才是权力平衡的决定因素。20世纪80年代,各行各业失业规模的扩大把这一点凸显了出来,当然其中不包括那些恢复并且维持信息科技的工作者,因为这些人的帮助,法国快速地从工业经济转型到了后工业经济。[1]

上述事实与少数党团在法国选举中扮演了强力的角色,这两者合在一起打破了一个通常为波拿巴主义者以及共和主义者所运用的神话。近两个世纪以来,该神话被上述两个群体用来为数不胜数的摇摆的法国政策进行辩护。根据该神话,法国乃是一个中央集权制国家,它由一批拥有科学素养的公务员自上而下地运作,而这些人可以说正是"公务工程师"字面上所表达的东西。[2]各政党为实现法国国运提供了种种最佳策略的另类整体主义视野,而具体的实施通常是通过一系列世界历史的外交举措与种种保护主义经济政策的结合。然而,随着戴高乐在1968年退出公共生活、斯大林主义的衰落,上述整体主义构想被置于声名狼藉的境地。人们很快明白,对立的左右党派能使最后被证明为基本上是相同的政策实现合法化。面对这种意识形态上透明的公共意识,法国选民对几乎所有的职业政客持有一种愤世嫉俗的怀疑态度,但与此同时,它又给同一批政客灌输了一种前所未有的妥协气质,这一气质反过来使得联合政府成了二战结束以来执政时间最长的政府。[3]

上述对法国政治的概括,揭示了一种能得到帕累托认同的系统的理性形式:流通着的是这么一群精英,他们能够充分地自我意识到,不论是他们还是其支持者,都没有严肃地把这些精英自己的总体构想当回事儿,因为政治的底线乃是"权力"(对统治者而言)以及"秩序"(对被统治者而言)。[4]在上述情景下,我们也就毫不奇怪,丹尼尔·贝尔这位与"意识形态终结论"联系最紧密的人,作为法国后现代主义理论、后工业主义理论以及专家政治理论的最终源头,成了对当代法国来说最具影响力的美国社会学家。在这一后意识形态世界中,一对新的"天使"与"恶魔"出现了。

这么一群中介者充当了天使的角色,他们通过增加或者减少自己对精英的支

---

〔1〕　Gildea 1996,第102—103页。
〔2〕　就行动者网络理论对法国公务工程师所作的去神秘化而言,Hayek 1952也许是其在哲学层面上最为有趣的先行者。该书是社会科学中的方法论整体主义的经典著作,它将上述神话追溯到了圣西门与孔德身上。
〔3〕　Gildea 1996,第189—190页。
〔4〕　Clegg 1989是英语世界在行动者网络理论与帕累托的马基雅维利传统之间建立起联系的一次早期尝试。

持,让后者处于不断流通的状态,从而巩固了系统的正义面貌,例如,每个人最终都能有出头之日。对天使来说,他们维持均衡的方式是阻止任何党派在系统中获得绝对的支配地位。简言之,这是一种仅能由动态竞赛场里的弱者来掌控的权力。恶魔们则是那些宣称整个系统已经腐烂的人,他们主张系统需要一个彻底的新秩序,它能终结所有这些政治上的躁动。就法国语境来说,这些恶魔已经被明确地标识出来了:右翼让-玛丽·勒庞的国民阵线党,左翼的绿党。行动者网络理论是基于天使的立场来构建的,这就是说,它在形而上学的层面上为政治系统保持帕累托模式提供了辩护。行动者网络理论的批判锋芒仅仅体现于提醒政策制定者们不要被自己的修辞冲昏头脑。由此,强调网络在延伸时能出人意料地跨越国民之间界限的特性,这可以视为是在矫正那些有关中央计划的,能让人回想起法国建国时的一元论神话的夸张断语。

在这一意义上,卡龙与拉图尔作为社会分析学家所施展的权力,乃是他们在削弱了那些表面上更有权势的行动者的主张之后的副产品。反过来,两人的工作帮助建立起了有关精英流通的一套规律,这套规律就总体性社会而言尚且说得过去。这一信息在法国获得了特别的反响,鉴于当时的知识工作者正面临着地位下降的问题——这种下降可以追溯到戴高乐时期,当他确切地依照学术人士与专业人士所要求的那样,把他们群体的准入门槛给大众化了的时候,就是把他们贬入了深渊。如此贯彻下来之后,这一"68年精神"的遗产只不过是确认了马基雅维利主义的一个信条,也就是增加其盟友数量就是分化其忠实信徒、耗散其权力的最佳手段。此处与矿业学校有着特殊关联的地方是,当工程师群体膨胀之后,他们发现此时要形成一个统一阵线来参与政治协商,这比以往任何时候都要来得困难。工程师们在教育背景以及职业轨迹上的分岔宣告职业主义思想已经过时了。其中,一些人转向了类工会性质的行动,而另一些人则出于对自己升职机遇的担忧,寻求参与一些不会威胁到资方能够最终控制生产手段的组织。[1]

戴高乐最初的民主化政策——有人会称其为无产阶级化——在接下来历届法国政府手中得到了强化,不论执政的是哪一党派。不仅如此,它在实施时有着多种形式。就最基本的层面来说,大学入学人数在 1960 年至 1970 年间增长了三

---

[1] 西方政府为了耗散那些有学问的职业人士的集体权力,策略性地运用了"民主化"的策略,这里要强烈推荐的一部著作是 Krause 1996。对法国 1968 年工程师的案例讨论出现在了第 158 页以降。

倍,而且这个数字到了 20 世纪 80 年代末再翻了一番。大学以及研究组织虽然依然集中在大巴黎区,但由于数量上的增加,继而把学术领袖的公众形象从原来可信赖的官员贬为互相敌对的各路军阀。(就 STS 这一个领域来说,在巴黎区至少有六个研究单位。)不过最重要的是,法国大学被迫改变了它们在法国社会中的支配模式。尽管这些机构的入学政策跟过去一样是精英化的,但是毕业生在法国社会中所能施展的权力却在慢慢变小,而且权力的中心由原来的人文院校以及公共管理院校转移到了高等矿业学校这种致力于应用科学、技术以及商业的学校。[1]

　　诚然,20 世纪 80 年代,密特朗在民主化大学校的入学门槛上所做的尝试并没有成功。尽管如此,随着那些名气较小的工程院校的扩张,工程学专业文凭的价值还是下降了。这对法国的 STS 以及社会学总体来说有着重大的含义。首先,它讲清楚了一个逻辑问题:尽管绝大多数顶级管理者可能是出自精英院校,但同时对于具体的精英毕业生而言,其成为顶尖管理者的机会也减少了。上述情况在这样一个社会中是可能的,也就是该社会中的精英仅能够控制他直接所在群体的准入,而不能控制竞技场的构成——后者可能包含有额外的竞争者,他们所带来的其他特质能够改变现行标准(比如说有关领导潜力的标准)。[2] 也许这一转变所带来的最重要的知识遗产乃是皮埃尔·布迪厄的"符号资本"概念——作为基于知识的权力的一种形式,仅仅部分地由"文化资本"(比如说人受到的家教以及训练的质量)所决定,而且它还潜在地趋近"经济资本"(比如彼处对顶层职位的竞争近似于自由市场中的竞争状况)。[3]

　　局部有效但整体上不确定的转译社会学为处在这一状态下的工程师们提供了一个现实主义的视野——他们的"公民"地位受到了上述加诸自身的新自由主义自然状况的挑战,这一状况迫使每个人去关注自己的利益。不过,即便工程师

---

〔1〕 Bourdieu 1996 对这一转变的细节进行了详细描述。

〔2〕 此处所描绘的模式乃是冷战鼎盛时期学术生活在西方世界发展时所具有的一个特征,它促使政治经济学家弗雷德·希尔斯创造了"地位商品"(positional good)这一表述——其典型例子便是大学的学位。拥有文凭将增加个人在劳动市场的机遇——如果对文凭的获取是有限制的话。参见 Hirsch 1976。大多数对资本概念所进行的"社会化"尝试便是发端于这一洞见,对我来说,正是它深深地影响了我关于总体意义上的知识权力的思考。参见 Fuller 1994a,1994b,1994i,1996c,1996f。

〔3〕 考虑到布迪厄总体上对行动者网络进路持对抗姿态,他的概念创新经由 Latour and Woolgar 1979,尤其是第 5 章被引介到英语世界就显得具有讽刺意味。布迪厄与拉图尔可以被视为从对立的立场出发来把握同一个转变:布迪厄,作为主要的政府扶持的社会科学研究机构的主任,批判政府在外部经济的压力下作出让步;拉图尔,作为新型的新自由主义秩序的主要受益机构的驻在社会学家,他否认政府在一开始就对此有过控制力。

们已经不再为将来的社会治理起草蓝图,但在新兴的具体趋势能否获得前冲力这一问题上,他们依然起到关键作用。[1]

"就理论层面来说",让我们回想起这句法国最后一位伟大的马克思主义者路易斯·阿尔都塞的习语,近来许多的哲学以及社会学思潮让人们注意到了中介者所扮演的角色——尽管中介者本身是弱小的,但他们能够阻止或者开启知识与权力的结盟。[2]卡龙与拉图尔的一个独特的而且无疑有助于提升他们对 STS 研究者吸引力的地方在于,此二人明确主张分析者本人能在发挥中介作用时积累权力。与马克斯·韦伯关于社会学家的构想相对立的是,在韦伯看来,社会学家针对政策制定者所选择的目的而提出可行的手段,而卡龙与拉图尔则提议,通过揭示政策制定者所能施展的真正力量是如此之微小,从而表明他们这样的人对政策过程而言乃是不可或缺的。[3]

一开始处于相对弱势的党派能够通过揭露其他党派的弱点而直接获益,这一观点乃是拉图尔的哲学导师米歇尔·塞尔(Michel Serres,1930—2019)称为寄生者(parasite)概念的标志性内容。这一概念同时以下述两种情形作为运作的模式:一种是通信频道中杂音的存在,另一种则是那些纵容不速之客的主人所具有的慷慨。[4]在这一意义上,STS 成了最后的那个发出噪声的客人。这一招背后的一般策略是相当直截了当的:韦伯被从头到脚颠倒了过来。也就是,如果一个"现代性"国家的标志乃是在于,它所依赖的是在科学上得到权威认定的合法性模式,那么对于那些获得相应的权威认定的社会科学家而言,他们并没有纵容自己的主人去相信政策体系能够变得高效化,相反他们通过凸显政策执行中意料之外的障碍,从而表明,他们不仅能是有用的,而且还能在国家政策层面上为主人排忧解难。由此,在一个委托人驱动型的世界中,社会学家不仅能够制造出一种诚实的面貌,甚至还能制造出价值中立——同时伴随着一丝激进的气息:他既能瞪视自己的主人促其俯首,同时又能强化主人对其提供的服务的需求。我们可以举一个

---

[1] 与上述有关工程学在社会再生产中所扮演角色的理念联系得最为密切的乃是美国历史学家托马斯·休斯。他在 20 世纪 80 年代在行动者网络理论与更为主流的技术史学家之间建立了富有成效的联系。有关休斯工作的一个缩影——集中在开创性的 STS 人类学方面——参见 Hughes 1987。

[2] 参见 Rouse 1996,第 7 章。此处一个特别有意思的著作是 Urry 1995,第 33—45 页(最初出版于 1981 年,作为对安东尼·吉登斯的一个批判)。厄里是一位杰出的英国社会学家,比起他的法国同行来,厄里在诉诸寄生这幅图景时要少具有自我扩张的意味。厄里明智地否认,库恩为社会学提供了模型(第 42 页),他主张,社会学的长处在于,让那些更接近波普尔开放社会情景的对话所隐含的假设变得明确起来(第 34 页)。

[3] Callon and Latour 1981,第 300—301 页。

[4] Serres 1980。Serres and Latour 1995 登载了拉图尔与塞尔之间的种种对话。

还算是恰当的类比：一个精神治疗师一直欺骗着他的病人，在物质层面上对前者有好处，但在精神层面上对后者有好处。

比起巴黎学派所推崇的这一颇具策略性的研究进路，当然还存在着一种面向大学的更一般化的犬儒主义态度。这方面最引人注目的是，我们当下的生活正是许多知识分子认定的"后现代状况"的由来。1979年，让-弗朗索瓦·利奥塔为魁北克高等教育委员会撰写了一篇著名的报告，这是这位在巴黎新大学之一的院校中拥有教授职位的人给所在院系的投名状，其用意是希望该部门能够在大学渐渐凋敝的状况下兴旺发达起来。[1]

用利奥塔的巴黎人眼界看，当戴高乐试图安抚那些要求放宽精英机构准入门槛的激进知识分子时，他的做法实际上在拉拢这批人的同时还将危及学术界在法国社会中的独立地位。在这么一个正快速脱离其掌控的世界中，这种做法是政府为了维系社会秩序所做的最后的绝望一搏。在这一背景下，如果人们在商谈时特别诉诸学院式的规范——包括那些哲学上更为精致的形式，比如说哈贝马斯的"理想的话语情境"——那么就扮演了一个变相的反动意识形态的角色，会去遏制思想间的广泛交流以及由此而孕育出的新发展——这种势头越发地由学术界外部所引发。[2]就这样，在利奥塔手中，大学从原先的批判性研究之所以可能的一个先验条件被降格成了一个建筑群，居住在里面的商谈代表基于建筑的管理者——也就是学校的管理者——所颁布的规则而有机会相互碰面并且建立起临时的同盟。就行动者理论来说，它应当被视为将后现代状况从人文学科拓展到了科学以及工程学系所，尽管拉图尔频繁地抗议说，情况正好相反。

我从社会认识论的角度对具有巴黎学派特征的STS做了深度的挖掘，应当能让读者回想起知识社会学的一个基础内容，具体来说就是，一个表面上激进的创新，如果很快获得广泛流通，那么它很可能供奉于某些已经牢固确立起来并隐匿于创新赖以被接纳的背景中的利益团体。这是一种相当马克思主义的理解，它告诉我们为什么对阶级意识的鼓动——将那些没有力量的人联合起来形成一种动力源——必定先行于任何真正意义上进步的革命。马克思主义者没能自始至终地落实这一策略，在今天通常被认为是该策略本身出了问题。这一认识在结果上带来了一种政治上的自满，它解释了范式以及行动者网络两者所共有的

〔1〕　Lyotard 1983，第 xxv 页；相应的一个批评可以参见 Fuller 1999c。
〔2〕　Lyotard 1983，第 65 页以降。

奇特命运——借由这一命运,当现状在表面出现种种裂缝时,随之而来的便是政治可能性上的受限。上述"行动上受限"的典型案例就是 STS 常规科学研究活动所取得的这么一个备受推崇的成果——唐纳德·麦肯齐的《了解机器》(*Knowing Machines*),作者在书中把一种受行动者网络理论影响的社会建构论应用到了各种形式的高科技的发展历程之上,涉及的范围从喷气式飞机到大型计算机。[1]

麦肯齐很可能是爱丁堡学派学术成就最为突出的学生,作为一名自封的社会主义者,他并不介意去揭露那些与正统马克思主义联系在一起的技术的决定论思想。这对社会建构论来说乃是一门正经活儿,而且基于我们在本章所见的内容,这一工作最终应当会带来公共行动领域的扩展。本着建构论的精神,麦肯齐主张当一项技术创新的确切身份尚待认定时,有关技术视域(technological horizon)的种种互相竞争的看法将会为之划定边界,也就是什么才能被称为技术变革。这些发展的种种可能路线得以展现,从而强化不同支持者群体的力量以及信心。不过,麦肯齐自己所做的那些案例研究给人们留下了这样的印象,一旦一项技术创新的身份变得相对稳定,那么此时要引入更进一步的变革便只剩下他称之为"内部的不确定性"(inside uncertainty)这一方式——具体来说便是,该技术底下公认的专家之间存在的内部分歧。用行动者网络的行话来说,唯一够格打开"黑箱"的人正是那些有资格关闭它的人。对技术变革前景的这一描绘颇具精英主义色彩,它更多得自帕累托或者熊彼特而不是马克思。[2](而且这幅

[1] MacKenzie 1995。对该工作的一个详细评论可以参阅 Fuller 1997c。

[2] MacKenzie 1995,第 16—17 页。把这一思想脉络推至其逻辑终点,能针对女性主义对技术的解构做出批判,下面这段取自 Grint and Woolgar 1995:"如果福柯在这一点上是对的,也就是真理和权力两者是紧密地相互交错的,那么对那些试图改变世界的人来说,他们可能会更愿意去尝试各种策略来收揽种种权力的同盟军,而不是凭借那些揭示真理的探索活动便能够对不平等的程度以及不平等的形式带来巨大的改变。"(第 306 页)如果有人想劝勉那些建构主义者以及女性主义者,要他们多做一些工作而不是仅仅在学术期刊上发表批评,这样的劝勉没有任何过错。但这里显而易见的是,在敦促这些批评者采取行动时,唯一值得推荐的行动方式便是向那些事实上握有权力的少数人示好,而不是把那些潜在地拥有权力的多数人给组织起来。这样,我们就遇到了精英主义政治图景的局限,也就是它将既有的东西(what has been)视为能有的东西(what can be)的总和。上述局限的另一种标志物乃是这样一种倾向,也就是将机会主义重新包装为无畏精神。在这一脉络下,当女性主义者以及建构主义者拒绝调整自己的批评以适应环境的变化以及听众的时候,依据格林特与伍尔加对两者的诟病,这是一种"胆怯"(第 305 页)。无疑,在女性主义者以及建构主义者眼里,格林特与伍尔加是在提倡背叛。或者至少,格林特与伍尔加所表现的变通性必须在结果决定手段的正当性这一语境之下来看待,而这也正是马基雅维利主义的主要口号。不过,格林特与伍尔加对马基雅维利主义论点的不懈追求有一个好处,它能够迫使那些未来的社会批评家、改革家以及激进分子用同样的方式来回应它,也就是专注于他们行动的终极目标。正如我们将在第八章第 3 节中看到的,格林特与伍尔加能被宽容地理解为是在提倡一种有关社会运动的"美国式"思考方式,而被他们批评的女性主义者以及建构主义者——朱迪·瓦克曼与兰登·温纳这两位是显见的讨论对象——则提倡"欧洲式"的思考方式。

图景也正是库恩在哈佛度过自己的思想成型期时,我们能够在当时的哈佛环境中找到的那幅独特的图景。)〔1〕帕累托与熊彼特明确地指出,维持权力所需的那种精英同盟永远是不稳定的,因此这样的同盟将处于周期性颠覆或者说"循环"的境地。不过,此二人同样还明确了这一点,广大民众最多为变革提供了冠冕堂皇的托词(比如说,一次选举、一项政策的推出乃是"为了民众的利益"),大多数情况下他们所扮演的仅是马前卒的角色,或者用拉图尔的话来说只是一种"可利用的资源"。

上面最后提到的内容在这里值得再强调一番。鉴于行动者网络理论中充斥着一种解放性质的论调——它声称要揭示作为任何大型社会技术(sociotechnical)成就之必要条件的"遗失的大众"。然而,大众被描绘成似乎就是些纯然的物理性物质,这些物质的运动对于精英获得前冲力而言是必要的。由此,大众的作用被局限在了协作的拓展以及限定上,而不涉及行动的发动。就当前的这样一种把能动性同时分配到人与物两者的潮流来说,它只不过强调了大众作为实现其他群体的目的的手段这一价值——鉴于在许多情形中,非人被证明为在实现这些目的时至少发挥了与人一样的作用。〔2〕尽管行动者网络理论的狂热拥护者充分利用了蕴含在能动性由人延伸到物这一观点中的创新性政治构想,但是在 STS 的集体记忆中,似乎遗漏了一些与这一实践有关的令人不安的先例:第一个来自资本主义,第二个来自极权主义。

第一个先例我们在本章第 4 节中已经有所接触,具体来说就是,这一论点与资本主义的各种形而上学的密切性——也就是说,(既然人对应生产能力,机器对应效率)那么资本主义通过商品化过程就使得建立在生产能力与效率这一对系统性价值之上的人的劳动与机器的劳动的互换成为可能。正是在这个意义上,技术通常被视为"生产要素",比方说,技术是对人的一个具有潜在效能的替代物。确实,就现代政治经济学中的社会主义学说来说,它在形而上学层面上的独特宗旨正是,试图复兴"在世界上,人乃是价值的最终源头"这一中世纪的信条。然而,就好比资本家的成本核算,行动者网络理论认定,在人与机器之间并不存在本体论上的区分。于是拉图尔的《我们从未现代过》这一标题可以被理

---

〔1〕　参见第三章,第 3—5 节。
〔2〕　有关能动性被分配到人与非人之上的经典案例研究乃是 Callon 1986。这一观点随后在 Latour 1988a 中得到了推广。关于该观点接下来的应用,尤其可以参阅 Ashmore and Harding 1994。

解为"我们从来不是社会主义者",由此来把握法国科学政策中日益增长的新自由主义气候——正是该气候使得本体论的平面化显得如此具有吸引力。这一点在拉图尔对"授权"(delegation)一词所作的改造中被轻易地遮蔽掉了——拉图尔使用这个词来形容人与非人互换特性的过程,而这样一种互换也就使得下述两个论点得到了正当化:首先,人成了机器构造中的齿轮;其次,机器乃是价值的自然生产者。

　　此处,我们也许能把巴黎学派的处理方式与发展最为完备的各种将能动性拓展到非人之上的主张加以对比。这些主张可以纳入由澳大利亚道德哲学家彼得·辛格(Peter Singer,1946年生)所倡导的"动物解放主义"的标签之下。[1]在这一名义下,有关能动性的政治转向了限制与警告,而不是动员与促进。辛格与拉图尔之间的一个重要区别在于,动物解放运动面对的是"动物权利"的概念,它仿效了与人相应的种种公民权。这里值得注意的是,有感知能力的动物——通常是哺乳动物——乃是"非人"的典型个例。相反,对巴黎学派来说,他们的"非人"典型通常来自更低级的演化层面:扇贝、微生物,甚至机械闭门器都能在不同角度成为典型。[2]从总体结果来看,就能动性的增殖来说,行动者网络理论对人施以了去

---

〔1〕　Singer 1975。

〔2〕　参见本章第384页脚注2。关于闭门器可以参见布鲁诺·拉图尔(笔名吉姆·约翰逊),《将人与非人混合在一起:关于闭门器的社会学》,收录于Star 1995,第257—289页。有意思的是,当拉图尔将他的注意力转向灵长目动物的时候,他主张因为猩猩们并不生活在一个由技术作为中间纽带的世界之中,因此这些动物事实上能为自己的行动赋予价值——这相当于社会主义者眼里的人类。参见Latour 1994。

人化,而动物解放主义则对动物施以了人化。[1]

　　动物解放主义的过激行为通常体现在,强闯大学实验室来"解放"那些出于实验需要而被关押的动物。然而,就行动者网络理论而言,它的那些极端情形下的范例似乎更加不体面。这具体来说便是 20 世纪对政治理论以及政治实践所作的独特贡献:极权主义。即便拉图尔再三声称政治从未认真对待过技术,但与此相反的是,极权制国家之所以能在专制制度的种种传统模式中脱颖而出,正是因为技术被指派了一种媒介的角色,经由这种媒介,公民被转化成了顺民——具体地说就是集体中的一部分。尽管人们的注意力通常集中在极权制度对军事技术的投入上,但是极权主义所具有的更长远的影响体现在了与通信、运输、建筑施工联系在一起的那些更为日常的技术上。正如本书第二章第 3 节所论述的,其发展的早期阶段就已经贯穿于 20 世纪初欧洲大陆的科学政策争论之中了。最终,这些技术使得空前程度的大众监控以及动员成为可能,而且所有这些都出自一种名义,即构建出符合国家需要的超级行动者。在这一构建过程中,任何人与非人之间的截然区分都被排除了。由此而来的一个重要的结果便是,国家人口的一个子集——比如说犹太人或者共产主义意识形态的拥护者——被当作严重的安全威胁而被排除在集体之外。同时国家人口中的其他人则为了"成为它的一分子"而

---

〔1〕通过考虑下列能动性如何由人("A")潜移默化地转移到非人("M")的过程,我们可以以更为形式化的方式来把握此处行动者网络理论与动物解放主义间的对照:

　　　　A 可以通过多种手段达成自己的目的,以至于如果缺失了其中一个手段,会有别的手段可供使用,并且该手段足以完成任务。

　　　　A 手头可用手段的数量减少了,以至于此刻 A 被限制于使用手段 M,而当这一手段缺失时,它的位置不能被轻易地替代掉。

　　　　给定(b),那么 A 为了实现自己的目的,它必须首先确保 M 的需要得到满足。

　　　　(d)满足 M 的需要占去了 A 足够多的资源,以至于 A 难以以自己所乐意的方式来达成它自己的目标。

　　　　(e)摆在 A 面前的选项是:要么它改变自己的目的,以至于不再需要依赖于 M(或者不必只能依靠 M);要么将满足 M 的需要纳入 A 自己的目的之中。

　　　　当黑格尔追随斯宾诺莎,主张自由的全面实现乃是对必然的认识的时候,他脑海里有个很容易在那种(与能动性延伸到非人联系在一起的)具有解放情调的修辞中失落掉的观念;增加施动者的数量并不等于增加世界中能动性的量。相反,这样做将会限制或重新定义已经存在了的施动者的能动性。在上文所描绘的翻译过程的(e)阶段中,A 对 M 的能动性的完全认识要求 A 要么为作为独立行动者的 M 留出空间,要么与 M 融合成一个新的复合型行动者。A 在上述两种情形中都被迫改变了自己的身份。就前一种情形来说,其中的转变能够被理性化为 A 是在走向一种更为简单的生活,而对后一种情形而言,彼处的转变可理性化为 A 现在有机会接触到比以前更为强大的力量。前者对应于动物解放主义,后者对应于行动者网络理论。前者继续将人视为独特的行动者(至少在物种层面上),但相应的代价是欲望以及力量的减少;后者放大了欲望与力量,但付出的代价是使每一个个体成为更大合作机器上的一个(潜在的可替换的)部分。就我早先对行动者网络理论关于能动性概念的分析来看(Fuller 1996f),我并没有区分出上述两种可能性。总之,当时我认定,行动者网络理论的概念将会与动物解放主义的立场相趋同。然而,随着在行动者网络理论影响下完成的案例研究的积累,这些事实让我确信,情况走向它的反面。

甘愿屈服于那些复杂的具有扩散性的技术之下。[1]

行动者网络理论可以说是论述了这样一种社会,一旦没有了一个支配性的国家机器来管理上述技术结构,社会将会是怎样的形态——它将是一个权力下放的极权主义体制;简言之便是,弹性的法西斯主义。那种使得每个人成为达成自身目的的手段的中央集权国家已经不在了,取而代之的是,现在每个人都试图将其他人变成实现自己目的的手段。集体主义国家的前成员们也失去了原先意义上的共同目的,但是他们对待这种目的的个人伦理则被保留了下来。[2]就实际结果层面的区别来看,虽然它比起极权体制下的情形要更难被预测,但最终能够以这样的方式来解释相应的结果,也就是行动者在如何获取实现自身目标所需要的资源上有着不同的途径。由此,从最初墨索里尼、希特勒以及斯大林所推崇的必然神话中产生了这样一类聚焦于巴斯德、爱迪生以及西摩·克雷(大型计算机的发明者)的偶然性叙事。[3]

法西斯意识形态的一个最频繁地被人提及的特征乃是下述三者的结合:关于

---

[1] 这一论点由卡尔·施密特(1888—1985)所作,这位魏玛的法学家为最后发展出纳粹德国一党制国家提供了基于法理学的正当性辩护。施密特相信,技术乃是最新以及最为耐久的集体黏合剂——因为技术表面上的中立特征似乎能以均匀的方式对所有人施加影响,这也就转变了冲突的形式,由过去的精英层面上的跨国界对抗演变为将一个国家全体人口尽皆牵涉其中的"全面战争"。在施密特的设想中,这一个来自比任何内部敌人都要强大的外部敌人的威胁,能够引导公民认可出于击败该敌人的需要所开展的大众技术的应用,而不考虑自己的个人自由所受的何种程度的限制。对施密特来说,这一情景标志着政治的完美,它预设了类似于雅典人设想中的那种公益(common good)(参见本书第一章第2节)。施密特从上述观点中推导出一个逻辑结论,也就是对某个社会来说,为了实现其政治上的自我意识,就必须将某个事物定义成那些共同体成员的共同敌人。参见 Schmitt 1996,第103页。当然,从行动者网络的立场来看,技术的中立性只不过是表面性的,用拉图尔的话来说就是,因为任何能够"打开"技术的"黑盒"的人都能够运用该技术来获得相对于他人的优势,这样的情形甚至可以发生于一个给定的社会之中。无疑,施密特脑海中构想的是国家对大众技术的垄断。

[2] 抓住这一取代关系——那些由集体的各部分所发挥的种种固定作用被分布式的劳动过程底下的那些偶然地定义出来的互补性组合所取代——可以说是思考上述权力下放的一个好思路。一直以来,英美对国际互联网持续的支配——即便在美国国防部放弃正式控制之后——能够被视为这一权力下放状况的终极表达。在解释新兴的新自由主义环境时,英语频道与有关该环境的行动者网络理论这一欧洲大陆表达有着至关重要的区别。这一区别让人联想到了在社会与个人的关系上"鸡与蛋"的故事。从欧洲大陆一侧来说,自由主义乃是权力下放的集体主义的产物。奥地利经济学派乃是这一倾向的典型,正如本书第四章第233页脚注1中所指出的。但是从英国一侧来说,这意味着内在自主的个体要被强迫整合为一个集体。因此,当欧洲大陆的政治理论家们将道德失范视为社会秩序的最大威胁时(例如责任的丧失),他的英国同行则把关注点聚焦在了压迫之上(例如自由的失去)。

[3] 以上三位技性科学研究者布鲁诺·拉图尔、托马斯·休斯以及唐纳德·麦肯齐成了行动者网络理论讨论的对象。在极权主义偏好者与行动者网络理论家之间的那些吊诡的相似性中,其中一个是作为英雄实践者而歌颂——不论他是强权的政客或是异类工程师——他们的意志力超越了那些迷信的公众以及受某个理论支配的学者施加于自身的界限。由此,与帕累托对社会民主主义者计划性愿景的厌恶相对应的是,米歇尔·卡龙对社会学家克莱尔·布迪厄以及阿兰·特莱尼的轻蔑,后两人定义了法国社会的当代状况,人们认定,其中的工程师们能够在其日常实践中变得更有效率。参见 Callon 1987,尤其是第98页以降。正如本章第3节C部分所批判的,这种情绪无疑适合于矿业大学(L'Ecole des Mines),并且有助于解释大多数 STS 研究者轻视理论的特性。

自然的泛灵论,对技术所具有力量的夸张想象,以及个体意义上对人的能动性的贬低。同样地,我们也可以这么描述行动者网络理论所提供的关于社会技术系统描述的特征的"授权"以及"转译"。[1]然而,行动者网络理论与极权主义的共鸣失去了它的震撼性价值。我们回想起它的源头,也就是在过去的四分之三世纪以来,工程师职业的训练失去了它对单一制度的法国的管理地位。这一失去的世界便是鉴于一种起始于拿破仑建立的理工大学,随后由孔德的实证主义所神格化,如今以行动者网络理论进入没落阶段的法国思想的技术官僚维度。它的精神以令人难以察觉的方式进入英美 STS 共同体,这一共同体依然将"法国知识分子"的旧典范奉为时代的良心——这些个体的精神之父可追溯到爱弥尔·左拉以及让-保罗·萨特——即便此时米歇尔·福柯已经逝世 15 年了。

---

〔1〕 从拉图尔对极权主义所作的简短讨论来看,很明确的一点是,他将极权主义视为本章第 4 节中所讨论的各种"剩余价值"哲学的一种,无非是这里的价值是在政治实践上,而不是科学实践上的增值。参见 Latour 1993,第125—127 页。此处他最为接近于皮兰德娄式的"如果你认为如此,那便是如此"的相对主义,这也正是拉图尔的批评者们所时常指责他的地方。具体地说,拉图尔在解释极权体制的可怕之处时,乃是从这些体制下种种哲学的普遍信念出发,而不是从这些哲学所实施的行动所具有的集体影响出发。拉图尔的正式立场是,希望确保人们不被那些与行动情景偏离太远的哲学带偏,但是他的论证同时意味着,人们不应该被禁止与那些被武断地贴上"极权主义者""资本家"以及"帝国主义者"这些标签的人结盟。由此,在拉图尔那里,唯名论很容易滑向机会主义。

第八章 结 论

1. 圣徒托马斯·库恩的加封

托马斯·库恩的《科学革命的结构》是 20 世纪下半叶最具影响力的学术著作之一，而且可以说就是它对形塑学界以及公众关于科学的认知起到了最主要的作用。不过，《科学革命的结构》乃是特定背景下的产物，它带来的影响也是一类特定的影响。就背景来说，我们可以粗略地将其划分为个人因素以及情境因素。关键性的个人因素是，库恩是接受了物理学的训练，成年时正值二战爆发这么一代人中的一员。彼时，该学科正经历着一种急速的转变。它原来的面貌是以实验为手段的自然哲学的延续，这正是吸引库恩这批人进入其中的地方，现在转变成了社会技术的（sociotechnical）庞然巨兽——"大科学"。与其他同代人一样，库恩在这一转变中感受到的是极度的幻灭感。

科学课程计划中的通识教育是使得库恩能够用建设性的方式排遣胸中那份幻灭感的关键性因素，它由哈佛校长同时也是美国原子弹计划协调人的詹姆斯·布莱恩特·科南特所设计。作为推动科学朝大科学方向转变的背后决策者之一，科南特担心，如果公众单纯借由原子弹造成的种种可怕后果来认识科学今后的发展，那么人们将可能对它变得疑虑重重。得出《科学革命的结构》一书论点的时候，库恩正在担任科南特课程计划底下的一名讲师，而该课程计划的目的乃是要让学生能够提炼出一种独特的科学思维模式——这一模式在科学历经自身历史中纷繁的社会变革以及技术变革后始终保持不变。

库恩与科南特两人无疑把通识教育课程用在了相当不同的目的之上，但两者也存在着部分的重叠。对库恩来说，他获得了机会来充分阐述出那种当初激发他从事物理学的科学探索理想；而科南特则找到了一个可靠的途径来规范化科学在当代社会中扮演的角色。此二人的共同之处乃是这样一种旨趣，也就是从规范角度来增进一种对科学的好的理解，而这一理解在某种意义上扎根于科学历史之中。

然而，上述旨趣里的这个故事被复杂化了，将它变得复杂的正是库恩尝试为其规范性理想构筑基础时所使用的方法：他一方面拿欧洲各物理科学的一段三百年历史作为根基，另一方面他同时又拒绝对这些科学（更不用说生物学以及社会科学了）在 20 世纪的大多数时间里没有遵循他阐述的那种理想加以置评。《科学革命的结构》触动了人们的心弦，而库恩对此的反应是，在沉默的同时越发地与信奉他的共同体拉开距离，这至少可以部分地被解释为他在写作科学史时带有一种对双重真理观的意识——库恩本人形容其为"奥威尔式的"：一方面，科学史被写成一部英雄式的历史，用以激励科学家们的日常活动；另一方面，科学史被描绘为一部乱糟糟的、令人丧气的、与此同时更讲究现实的历史。专业历史学家把这样的历史揭示出来主要是供给其他历史学家来消费。讽刺的是，库恩呈现在《科学革命的结构》一书中的"真正"的科学史到头来成了一个神话——这不仅是因为它所依据的经验基础是不可靠的，更重要的是，它的叙事被社会科学家以及其他方面的学者不加批判地加以利用，使自身的活动正当化为与物理科学的范式有着同等地位的种种范式。

就《科学革命的结构》的总体影响来说，它把 20 世纪 60 年代一众新兴思潮引向对大科学在学界以及整体社会中所扮演的角色进行质疑，与此同时它还加深了正在发生中的学科的碎片化和职业化。上述两个动向标志着事态已经决然地背离了科学统一论的理想，而正是这种理想激发了库恩当初对物理学——以更为精确的方法延续了自然哲学——的兴趣。对科南特来说，他很可能乐见《科学革命的结构》的影响所带来的总体的社会保守主义，但并不支持学术分工的进一步强化。不过，学术分工的强化可以解释，为什么从"常规科学"到自称的"后现代主义"，有如此广泛的门派会去援引该书。我这本书的目的是考察容许这一奇特的转向发生的社会、哲学以及历史背景条件。希望我们还有这么一个机会，能够补救人们不加反思地接受《科学革命的结构》中关于科学的论述所造成的伤害。

　　尽管一直以来我主要关注的是《科学革命的结构》这一本书的历程，但在讨论该书的源流以及影响时，我设法将它们置于诸多背景环境中，再加上我在解释这些发展的时候或使用的充满规范性色彩的语言，这表明我期待着对该书的作者托马斯·库恩做出自己的评判。不消说，很难不这么去做。当我们把历史人物奉为偶像的时候，如果这些人离我们的时代是如此之近，就难免会去考量，他们究竟能否配得上。对我来说，我所了解到的东西越多，相应的认同也就越少。我承认我偏爱这么一类人，他们在陈述自己的知识主张的同时还展现出上述主张所依存的社会历史条件。在这一意义上，詹姆斯·布莱恩特·科南特与亚历山大·科瓦雷尽管方式上颇有不同，但是都同样考虑到了反身性，这就使得此二人比起自己的门生托马斯·库恩来更具典范性。也确实，从库恩的两位导师出发来阅读《科学革命的结构》很容易给人留下这样的印象，他们的种种价值选择构成了库恩有关科学变革论述的理所当然的前提。

　　即便如此，我没兴趣同时也没有依据去评判库恩的人生，因此就更不会去指控库恩在知识层面上犯下种种罪行。这里所涉及的只是对思想人格（intellectual personalities）的讨论，因此我的主要兴趣点便在于对这么一个"库恩"做出评估：他是学者们在对其身处的社会环境做出回应时所表现出来的一种理想型（ideal type）——事实上，本书前言中所复述的那篇文章正是在这一意义上说库恩是"没谁了"，而且最初也正是那篇文章推动了我的研究。在接下来的内容中，大家将会清楚地看到，库恩对其所在环境的回应模式标志着一个关乎学术人生之本质的巨大变迁。简言之就是这么一个问题：当说谁处于库恩的立场上的时候，这是什么意思。

　　就英语圈中最初盛行的法国社会理论来说，把惯习（habitus）挂在嘴边是件时髦的事儿。惯习，指的是这样一类态度与期望的集合：个体经由连续的规训获得了它们，这些规训构成了个体的成长经历；同时，惯习会在个体接下来的人生过程中受到他人的强化。[1]对于库恩的惯习，本书已经间或地有所窥探，尤其是关于他在哈佛的那段漫长的思想酝酿期。这一段时间不仅包括库恩本科生以及研究生学习训练阶段，同时还包括他进入新创的哈佛学会以及最终获得人生中第一个固定教职的那个时段。在库恩生前所接受的最后一个大型访谈里，他清楚地表明，

---

〔1〕 对惯习这一概念的发展来自 Bourdieu 1977，第 72—95 页。

自己在哈佛度过的岁月是对他人生影响最深远的时段。库恩的父亲以及他的几个舅舅都曾在哈佛上学。哈佛是库恩首度找到适合自己的朋友圈的地方。同时，没能在哈佛评上终身教授也几乎让库恩在精神上趋向崩溃。最后，对库恩具有同样重要意义的是，他遇到了科南特，后者在库恩眼里是他认识的人中最光辉的一个，这一判断使得他把自己的父亲——一位聪明并且有活力的由工程师转业而来的商人——排到了第二位。[1]

科南特在人才招聘上的做派折射出了他对社会秩序的一种贵族式定位，这一点得到了库恩的默认，虽然他从未加入积极推销。[2]就科南特要求库恩做的事来说，两人对这些事情赋予了不同的价值，可能正因如此，库恩很容易处于被动接受的地位。比方说，库恩称当科南特要自己为"自然科学 4"这门课做一个力学上的案例史时，他对科南特越发尊敬，因为力学确实对科学史有着重大意义。[3]从科南特的角度来说，他注重的是把案例史交付给熟门熟路的人去做，这无疑是高效的。

此外，自科南特离任校长一职后不久，哈佛表现出不想给予库恩终身教席的意思，这印证了人们普遍的猜测，库恩无论被动与否，都受到了科南特的恩惠，以及与此相联系受到科南特世界观的影响。这种世界观为精英式的美国大学指派了一种独特的角色，也就是去巩固并捍卫西方文化传统，尤其是当它遭受 20 世纪的纳粹和共产主义的双重威胁时。具体地说，正如 C. P. 斯诺对英国"两种文化"划分的描述，科南特的构想预设，人文学科已经将文化保存的任务交付给了科学——或者至少交付给了那些在自然科学底下受到训练的人，他们能让传统以栩

---

[1] 关于这些与哈佛相关的细节内容，参见 Kuhn et al. 1997，第 146—148 页，第 163 页，第 170 页。科南特替代库恩父亲在库恩心中的地位这件事值得在心理分析层面上做进一步的考察。在采访中，库恩将自己的父亲——一位机智的实干家与他的母亲——一位社交上笨拙的知识分子，进行了对比。库恩认同他的母亲，但钦佩的却是父亲。不过，库恩同时觉察出父亲并没有实现他的潜能，部分归咎于他的努力在第一次世界大战后分散了——原来库恩父亲的天赋都倾注在了美国陆军工程兵团之上。一般来说，对成就的需要在库恩的采访中占据了显著的位置。事实上，他将他自己对常规科学解谜的力量的发现与其教育阶段的一个转折点联系了起来。具体来说就是，当他意识到自己接受的那种"渐进式"的小学教育在内容上的非结构化使得他到了高中阶段做物理题时准备严重不足，因此减损了他"全优"成绩的成色。参见 Kuhn et al. 1997，第 148 页。

对从心理分析维度追踪库恩思想有兴趣的人能在这次著名的访谈中找出两个特征来。首先，作为一位年轻人，库恩因为自己在与女性交往时存在障碍而做过心理分析，然而同时他对自己与父亲以及科南特的关系的描述能让那些心理分析爱好者惊讶地发现，他在心理上有着"女性化"的倾向。感谢斯蒂芬妮·劳勒告知我这样一个心理分析上的可能性。其次，库恩声称他"出人头地"的兴趣乃是由上述心理分析经历所触发的。参见 Kuhn et al. 1997，第 163 页。第二点与雅克·拉康有着有趣的联系，后者承认，他自己对心理分析的独特进路乃是由科瓦雷对伽利略的解释所触发的。参见第 68 页脚注 1。

[2] 有关"人才招聘观"，可以参见 Cook 1991 这本被低估的著作，第 65—66 页。

[3] Kuhn et al. 1997，第 159 页。

栩如生的方式展现给将要登上权力宝座的非科学家们。在为库恩的第一本书《哥白尼革命》所写的序言中,科南特清晰地表达了这一构想。不过,这一构想的有形遗产乃是科学类课程设置中的通识教育。库恩也正是在那里磨砺出了《科学革命的结构》一书的核心论点。[1]

科南特所理解的科学的世界-历史使命并没有在哈佛的老一辈人中获得特别的青睐。就后者来说,大多数人依然是以文理学院(Liberal Arts College)模式来看待大学的,也就是说不仅人文学科在其中有着至高的统治地位,甚至自然科学也更多被视为教学内容而不是研究项目。也确实,不满之声时不时地出现在相关通识教育课程的会议之中,人们质问,如何能使文科从属于大科学研究的需要? 是被研究者们用所承担的教学任务去讨价还价,以争取优惠的研究条件? 还是像科南特本人那样,总体上将教学视为宣传研究目标与研究成果的一种渠道? 库恩职业生涯中的成长经历正好处于上述文化战争的中途。这一点相当清晰地体现在了围绕其终身教职的旷日持久的争论之中,人们的关注点集中在,当库恩从科学转到人文学科时,他并未在任何一个领域留下自己的印记。

如果事后用辉格的眼光看,我们可能倾向于得出这样的结论,当老一辈人评判《哥白尼革命》时,将它视为一本优秀的教材而不是更具深意的著作时,他们显然过于苛刻了,或者说在认识上过于愚钝。[2]然而,不要说哈佛,当时就算是整个美国都不存在已经清晰地确立好了的科学史方向,因此人们也就真的很难确定,在库恩的案例中究竟要用怎样的学科标准。不论是科南特的盟友还是宿敌,两者共同诉诸的唯一的参考框架便是对哈佛自身本质的定位。库恩完全没有发挥出哈佛十五年来在他身上的文化投资价值——至少在哈佛人文学科的老人眼中是如此。由此,对终身教职评定委员会的评估最自然的解读便是,当库恩享受着作

---

〔1〕尽管库恩极力否认自己在思考上受到任何来自科南特的特定影响,但他还是承认,当科南特因身上担负的诸多管理职责而被迫将讲授"自然科学4"的职责转交给他时,他感到难以应付。这表明,库恩一路上在多大程度上依仗于科南特在思考(以及其他方面)上的领导地位。库恩把他所有的讲座都记录了下来,而这样一种补偿性的行为,用库恩自己的话说,阻碍了他接下来在写作中取得的成就。
〔2〕来自埃德温·肯布尔与莱昂纳德·纳什的评价,登载于 *Minutes*,1955 年 11 月 8 日。

为美国知识新贵的特权时,他并未在乎这些特权所产生的义务。[1]委员会没能预料到,库恩此后出版了一本《科学革命的结构》那样的书,它达到了委员会的大部分要求——而且确实,这是在文化投资的帮助之下(尤其是他作为通识教育课程授课教师的那段工作期),虽然这并非库恩有意而为之。

此处我们在理解上碰到了一个微妙的问题,它折射出学术竞赛场由贵族式转到资本式的历史转变。最能标识这一问题的也许当属罗伯特·默顿(Robert Merton,1910年生)所谓的"积累优势原则",我们在本书第40页的脚注1中已经跟它有过初会,虽然彼时我们在讨论时使用的是它的别名"马太效应"。在这一原则看来,一个人得到的效益越多,那么他继续得到的效益也会更多。那么,我们是在什么意义上说,此原则刻画出了库恩上升成为璀璨巨星这一过程的特征呢?默顿,作为一个年龄比库恩要大、获得优待要少的哈佛人,他是认同科南特人才招募观所包含的内容的。[2]不过,在库恩的案例中,默顿倾向于为积累优势原则抹上一层异常浓重的资本色彩,这就使得该原则所具有的一般性规范意蕴变得极度的不明确了。一方面,作为贵族文化产物的库恩,他为默顿提供了一个最为详尽的

---

〔1〕 这一观点在人们围绕库恩终身教职的漫长审议中由哈里·莱文所明确提出,此人后来成了哈佛欧文·白璧德比较文学教席的教授。莱文称他历年来在多个大学的委员会中担任委员,而在这些委员会中,类似库恩的表现不足的情况一次次地得到情有可原的辩护。参见 Minutes,1955年11月8日。稍后,莱文会反思他自己所在的领域在该时段正经历着身份危机,也就是"新批判主义"这么一个总体来说乃是美国式的构建抽象性的人文学科(abstract literary science)的尝试,与埃里希·奥尔巴赫以及列奥·史毕哲这样的欧洲移民——他们与本书第一章第3节中讨论的图像学传统站在了同一阵线上——所具有的综合性的历史学问之间的碰撞。库恩的工作并不能被轻易地划加入上述任何一个类别之中。参见 Levin 1969,尤其是第479页。

　　在这些标榜为民主时代的岁月里,要引入这样一种围绕特权与义务互换的贵族式伦理是一件很麻烦的事。确实,从《牛津英语词典》来看,当贵族义务(noblesse oblige)这一用语在1837年被构造出来的时候,它已经具有讽刺意味了。不论如何,这样一种在规范讨论中注入精英主义维度的做法所强调的是,一些人因着他们所处的社会地位而被视为,他们理当对某些有别于普通人(the run of humanity)守则的规范准则承担起责任。现代道德学者对上述观念感到不自在。如果说有着这样的一种普遍准则(不管它是义务论还是功利主义),它就能对我们所有人加以评判从而将我们标示为同一上帝的子民或者同一猿猴的后裔,那么上述观点预设的乃是,人们不再能够统一地以这样的准则加以评判了。换句话说,接受"特权"以及"义务"成为道德评估的互补范畴,就意味着承下面这一民主化工程的失败或至少说是不足。我们在评价中只看他们自己的意图以及行动,而不考虑这些人通过遗传以及后天习得所获得的文化承载。

　　不论我们多么希望学术界能够按照现代理论所预设的民主制概念来构建,然而现在它并不是,而且在库恩在世的年代它无疑也不是。如果在这里自欺欺人一把,我们也许能够挽救下那些占据了库恩位置的人的荣誉,但在这一过程中我们的非精英同侪会受到极其恶劣的不公正对待。如果那些以管理为目标而受到培养的人无法提供所期待的领导形式,这就构成了初步证据来表明,这样的人在道德上是失败的。对现代伦理个人主义最为清晰以及系统化的挑战依然是 Bradley 1927。布拉德利有关一个人的"地位以及相应职责"的概念应当被理解为布迪厄惯习社会学的哲学上的对应。

〔2〕 可能读者不会奇怪,默顿本人的职业发展历程并没有体现出库恩那样的流线型般的顺畅轨迹。尽管默顿毕业于哈佛并在1936年拿到了博士学位,但当时低迷的就业市场迫使他跑到了新奥尔良市杜兰大学这一个闭塞的地方。凭借在该期间发表的大量论著,默顿为自己在哥伦比亚大学这一常青藤学校博得了一个显赫的职位。Crothers 1987 是一部优秀的关于默顿知识发展历程的人物传记。

范例来展现马太效应的运作;但另一方面,通常跟默顿的原则联系在一起的却又是一种资本化的科学环境——其中个人所拥有的学历背景被确凿无疑地证明是一个好的指标,能用来预估他及其学生在从事长期性研究活动时所具有的产出能力。[1]

在上述语境下,积累优势原则通常被解读为一种看不见之手机制的标记。该机制使科学共同体拥有了一种神秘的能力,借助这一能力,共同体不需要明晰规则或者外部监督就能挑选出其中的优胜者。然而,"神秘"这个词瞬时就被那些对看不见之手的理论持普遍怀疑态度的人抓住把柄而大肆抨击。这些人质疑道,就一个人进入研究生院,到他获得工作,到他的论文获得发表,到他得到晋升,获得终生教席等等这么一个过程来说,上述预估究竟是否充分地与该过程次第各阶段的结果相独立,从而使得这些预估能构成一系列公正的测试。在理想的完全竞争的资本主义环境之下,答案是肯定的。对那些做预估的人(政府官员、人事委员会、编委会)来说,他们会确实地把筹码(以奖学金、拨款、薪资以及期刊位置等形式)压在特定的选手身上。不过,这些投注者并没有控制比赛的结果。这一结果出自比赛选手之间的互动——取决于在同行们眼中最后是谁取得了最为耀眼的进展。

人们会寻找怎样一类证据来证明,积累优势原则确实是上述资本过程所产生的效应呢?是这么两个与自然科学有着相当紧密联系(并且正越发地与其他学科相关联)的事实。第一个事实是,就上文的学术竞赛来说,其绝大多数参赛者——包括那些拥有雄厚学术背景的人——最终都将败阵。即便胜出的赢家很有可能出自学术名门,但随着比赛到了特定阶段,这一点与大多数有着雄厚背景的人被淘汰出局显然并不矛盾:或者他们没能获得自己的学位,或者他们没能找到并保有不错的工作,或者他们没法发表论著,或者即便到最后有了一些发表但是其内容也没能获得人们的认可。简言之,科学竞赛能容许出现如此程度的人类个体才智的浪费,这就证明了它是一个不受任何人为(agency)所支配的过程。

第二个相关的事实是,选手们甫一进入赛场就必须展现自己的技艺,不断地表明自己能够为投资带来回报,以此来继续获得未来投资者的眷顾。以上两个事实结合起来就给人带来这样一个印象:科学竞赛并没有受到人为操控。许下的诺

---

[1] 默顿在表述积累优势原则时出现的这样一种差异可以对比于 Merton 1977,第71—108页中针对库恩的讨论与 Merton 1973,特别是第439—459页中聚焦于自然科学的讨论。

言必须迅速地用成果来兑现。胜出之所以艰难,仅仅是因为奖励相对于参赛者规模而言是一种稀缺之物。对环境的此番理解引导人们把得失归因于个体的技能以及努力,可以说不论是在赛场还是投注场所都是如此。科学家们只能怪罪自己没能充分利用自己的文化资本,类似地,大学官员也只能怪罪自己把研究机构的文化资本投到了错误的科学家身上。这正是资本领域下个体化了的道德宇宙。

相对地,当说某人处于库恩位置上的时候,对此最自然的理解是,他是在一个贵族式竞赛场中活动,在这个竞赛场中,积累优势将带来累积性的恩惠。此处的规范性预设与上文所列举的资本式竞赛场中的规范性预设有着显著的差异。(不过,若要确定从 20 世纪 40 年代早期到 50 年代末期,哈佛以及美国其他精英大学都是以贵族式竞赛场而不是资本式竞赛场的形式运作,那么我们就得证明这些院校能够确实地把它们的新成员安排到有影响力的学术性职位上——更不用说非学术职位了。无疑,科南特以及哈佛的文科大佬在行动上表现出他们似乎能够做到这些。)它的基本运作方式是,每一代学术领袖都是一些现实中的资深人士积极招募的成果。由此,尽管贵族与资本家两者都同意,就学术成就而言它在本质上是高度分层的,但是在解释这一点时他们使用了完全不同的词:对前者来说是设计,对后者来说就是结果。

贵族式招募通常包括一段培养期,在这段时间里,新成员们不会被要求做出什么独立的成果,他们只需浸淫于某一理论之中——这将是他们用自己的余生对之加以拓展,为之进行辩护的理论。不过当种种关键时刻到来的时候,彼时这些成员们就必须做点什么了,而这些人所做的就展现出了那种已经植入身心的领导力。举个例子,当某个领域受到攻击的时候,这些人可能会自发地联合起来为之辩护,即便该领域只是一种观念意义上的"学术"或者"科学"。[1]不论是好是坏,库恩从来没有积极地参与到这一策略中去。别忘了,库恩被那些掌控贵族式招募过程的人最终认定为失败者,直到人们引入更为严格意义上的资本式标准之后,《科

---

[1] 日本武士为这一关于贵族主义的理解提供了理想型参照。在 19 世纪晚期到 20 世纪早期,该群体可以说是成功地把自身武士伦理所包含的无条件忠诚与训练养素要求从封建管理转换到了研究管理上。参见 Fuller 1997d,第 123—129 页。不过,类似的先例可以在一些欧洲贵族中找到,尤其是在 17 世纪到 18 世纪这段时间。参见 Bauman 1987,第 25—34 页。与库恩的关系更为紧密的事例当他的对手杰拉尔德·霍尔顿(1922 年生)的职业履历,在近半个世纪的时间里,此人一直在缓和科学与其所在社会环境之间的张力。霍尔顿对科学美德的守护至少可以延伸到 1958 年,当时他受邀将美国人文与科学研究院的会刊转变为季度刊物 Daedalus。他编辑的早期文献一并收录在了 Holton 1967 中,这是一组立足哈佛视角对 C. P. 斯诺"两个文化"论点的回应文章。最近,霍尔顿身上的武士冲动表达在了一系列关于正在进行着的科学战争的论文中(Holton 1993)。

学革命的结构》一书所带来的总体影响才能得到解释。具体来说就是，借助我在本书导言部分第7节中所述的那种"仆人叙事"姿态，它吸引到了广泛的知识消费者。

然而，有一个问题依然没有得到回答：作为一种市场贸易层面上的成功，也就是它完全仰仗旁人对《科学革命的结构》这一工作的运用，那么，人们又是从何领略到该书作者的深刻性的呢？此处库恩的惯习扮演了至关重要的角色：比起将库恩从哈佛那里分割出去，把哈佛从库恩身上分割出来要困难得多。我在说这句话的时候有两层含义。第一层含义建立在一个具有非常洞见的尝试上，它要求把贵族气质理解为政治行动的一类理想型：对于堕落贵族（fallen aristocrats）而言，圣徒性（saintliness）通常是非贵族人群投射给天选之人的非传统生活方式的一种解释。至于无法把哈佛从库恩身上分割出去这句话的第二层含义，我将在下一节中加以讨论，它涉及库恩的这么一种倾向，在正确的时间将自己置于正确的地点，从而将自己引导到能给他的研究带来丰硕成果——或者至少是具有启发性——的方向上。

特伦斯·库克不仅分析了那些坚持自己精英使命的人，同时也分析了那些以这样或者那样的方式偏离了预定道路的人。[1] 就圣徒展示自己贵族举止的方式来说，其中之一便是表现出这一能力，也就是他们在忍受、躲避并远离种种令人不快的社会环境时并没有丧失自己的身份。一般而言，圣徒们选择无视批评，选择以坚忍的方式去承受不公，其原因乃是在于相信，如果采用更主动的回应，那么结果将会雪上加霜。不过，只有那些一方面对自己的命运有着相当控制力，另一方面同时相信自己的行动有着更高意义的人，才有资格以这样的方式来思考。对于小人物来说，他们除了应承别无选择，对自己也好对旁人也罢，反正都一样。对此，通过库恩对于伴随原子时代出现的那种对常规科学的歪曲所作的回应，我们可以从中窥知一二。正如我们在第四章第6节中所看到的，当人们以不加批判的方式从事科技工作的时候，一方面这能够使得有关范式的解难题活动得到快速推进，但另一方面也使得科学家们能够被轻易地吸收进某些项目之中，在其中，人们的杰出才干被用于推动那些通常是成问题的军事—工业项目。不过，比起要求人们对自己的研究做出批判性的反思，库恩似乎要求科学家们或者继续

---

〔1〕 Cook 1991，特别是第4—5章。

坚持自己的工作,或者如他本人那样,彻底地从中抽身。

圣徒们是以这样的方式被理解为领导者的,也就是直接看他们在多大程度上能拒斥由自身的贵族惯习所施加给自己的种种义务。通常,这样的拒斥乃是有意为之,但它同样也可以是随性而出,对后者来说,它能使圣徒与其追随者划清界限。不过这一点常常又起到了这样的作用,也就是刺激追随者们去应用并且发展圣徒的思想,仿佛以此就能实现自己的价值。[1] 在这样的行动过程中,追随者们是否具有正当性呢?这取决于贵族职责对社会其余部分有着多大的影响力。这里存在着这样一个指标,它是一个普遍的信念,其内容是善(good),只能出于纯粹的动机。这样,如果没有一个心怀不满的贵族作为最初的推动力,变革很可能就不会发生,于是也就难怪人们要把圣徒的冠冕授予他了。随着世袭君主制在政治中的衰弱,学术界可能是全球唯一还零星保留着上述意义上的贵族气息的架构了。在这种情况下,贵族在动机上的纯粹性也就运用到了研究之中。鉴于库恩本人鄙夷那些基于意识形态对他的观点所做的拓展,因此把库恩的行为——尽管比较随性化也比较世俗化——理解为圣徒般的行为也不算牵强附会。至少,我接下来的文字将基于这一诊断展开。

2. 一个充满幸运—意外与刻意回避的职业

从这些年来对库恩的各个访谈中我们可以清楚地看到,他极度不满二战中对科学的日常化以及破坏性运用,并在随后放弃了理论物理学方向上的职业生涯。科南特的课程计划似乎为库恩提供了一个途径,使他重新找回自己最初对科学的那种旨趣。但是随着岁月的推移,库恩拉开了自己的关切点与那些从他的工作中汲取灵感的科学史家以及科学社会学家的关注点之间的距离——对后者来说,即便在以过去为题进行讨论时,他们的关注点依然是对变化中的当代情境的理解。

---

[1] 也许会被指控为愤世嫉俗的怀疑论,就我的观察来说,下面这些人是最能轻易给别人冠予圣徒品格的:他们从来没有经历过贵族式的生活方式,因此仅仅看到了该生活方式所蕴含的自由,而没有觉察到里边的诸般限制。换句话说,圣徒的追随者们想象了自己在面对贵族生活诱惑的时候是没有抵御力的,这样一种想象对于围绕在堕落贵族周围的那道神圣光环的生成起了重大的作用。鉴于这一见解更多的是基于无知而不是对贵族实际处境的了解。因此,当用这样的方式来考察抵御行为的种种个体化的表现形式的时候,如果它们是由那些背景不那么高贵的人做出来的,那么这将会被视为该人仅是在表达不耐烦或者嫌其不便的情绪;反过来如果体验到以上情绪的人乃是有着贵族背景的,那么该人采取的回避行为很容易被解释成勇敢的政治姿态。在近来的公众意识中,已故威尔士王妃戴安娜·斯宾塞女士的生命轨迹也许最好地阐释了这一现象。

因此,当被明确地问及,《科学革命的结构》一书中所描绘的故事是否会根据科学在 20 世纪中的变化特征而做出更改时,库恩回应了这么一番话:

> 我看不出有什么理由来认为,我了解到的关于知识本质的内容会因为科学理论进行变动的需要而受到扰乱。如果对科学本质的研究在一开始就不只是一种看待知识的方式,那么也许我关于科学以及知识本质内容这两者的理解完全是错的,但我还是会用这一区分来解释,为什么比起可能的情况来我会不那么关注"科学在变化着吗?"这个问题。[1]

有意思的是,库恩既没有把这个问题视作要修正自己的模型(因为无法与当代情境相匹配)的诱因,也没有用它来责难当代的情境(因为不符合他的模型)。相反,库恩在一个抽象的层面上对自己的工程做出新的说明,从而避开了在以上两者间做出非此即彼选择的难题。此外,库恩退回到"知识的本质"问题,势必引起人们去仔细审视他工作中的那些被哲学家们形容为最令人反感的内容:关于意义和指称的种种问题,尤其是有关世界,科学家们是如何获得一个特定的认知的。然而,从本书导言中所讨论的那几种反辉格的编史学——普利格以及托利——的角度来看,库恩的策略是完全合理的,因为它有力地逆转了值得人们注意的是那种认识论区分,也就是从原来向前看的思维方式中"真与假"的区别(比如说,科学主张最终是如何被承认的)转变成了向后看的思维方式中"理解与误解"的区别(比如说,这些科学主张最初的意图何在)。因此,当科学哲学家们围绕着互不相容的原则集合(例如"实在论与工具论")来架构自己的论证,并以此来证明科学史中各种从进步意义上来说是正确的理论选择集合的正当性时(此时哲学家们是在用不同原则的集合来针对大体上是同一个理论选择的集合),库恩走的路子正好相反,他试图表明,同一个原则的集合(取决于各个具体时间点上的人们怎样理解、它运用它)如何能为完全不同的理论提供正当性的证明。于是乎,到了最后范式间的不可通约是无法避免的。[2]

不论库恩以何种方式宣布放弃自己那种激进的修辞,即不同范式下的科学家们栖居在不同的世界之中,他自己的研究议程始终是向这样一种可能性开放

---

〔1〕 Sigurdsson 1990,第 24 页。
〔2〕 把这一点给详细解释出来的功劳当归于 Doppelt 1978。

的——而且,这种可能性在程度上要比下述可能性来得更高:科学可能会在规范意义上揭示出"进步"。当库恩试图将他自己与其激进的信众们拉开距离的时候,他的一个典型的逻辑路线便是,先承认理论具有不完全决定性(因为观察具有数据负载或者理论负载)这个论点是可信的,随后在此基础上他感到好奇的是,为什么那些自称是"库恩主义者"的人会推断出这样的结论:科学主张的正当性乃是相对于这些主张的形成所处的社会条件而言的,或者说自然在科学理论的选择中扮演了无足轻重的角色。[1]库恩正确的地方在于,他觉察到了这些人无法从自身的前提出发演绎性地推导出上述结论。[2]不过库恩自己失败的地方在于,他没能确切地说明,自然是如何现身于受社会条件制约的科学之中的,在这个意义上,库恩对那些想成为其门徒的人来说并非一个好的榜样。[3]

当然了,有关读者们怎么去理解他在《科学革命的结构》一书里说了什么、没有说什么,库恩本人是无法预料所有情况的。尽管如此,该书出版后的一些场合仍引得库恩去反思这类事情。不过这里更主要的是,正如我在第一章第5节中所观察到的,库恩实际上被给予了一个明确的机会来预知该书将会带来的种种结果:具体说来就是对保罗·费耶阿本德做出回应——后者对《科学革命的结构》1960—1961年的草稿作了种种先见性的评论,并因此而将书稿评价为"包装成历史的意识形态"。[4]库恩并没有真正理解,费耶阿本德的关切是如何与他自己的工作产生关联的。他其实是这样理解的,"我的进路中的那些类社会学元素被(费耶阿本德)对社会理想形态的渴望淹没了"。[5]库恩的迟钝并没有让费耶阿本德因此而感到沮丧,后者在1965年伊姆雷·拉卡托斯召集的著名的会议中再一次提出了这个反驳,彼时费耶阿本德的导师卡尔·波普尔在论辩中正式地与库恩进行正面交锋。[6]

---

[1] Sigurdsson 1990,第22—23页;Kuhn 1992,第8—9页。

[2] 毕竟,科学主张的有效性可能是相对于颁发它们时的那些社会条件而言的,这就要求人们去观察这些主张所处的政治—经济关系,比如说资本主义、帝国主义、民主主义的传播等。我正好也持这一观点。或者,就人类状况——不管我们是从康德主义还是从达尔文主义来看待其本质——来说,可能存在着一些限制,以至于当摆在面前的是同样的证据以及背景信息的时候,人们会从一个相对狭小的可能性范围内做出回应。

[3] 对这一做法——把涉及外部实在的种种考量归为一类,而与有关知识的社会学论述相区分——在哲学层面上最为精密的辩护依然要算 Barnes and Bloor 1982。该书论证了实在之所以在社会学解释中扮演了无足轻重的角色,正是因为这个概念已经为所有这些解释所预设,因此它也就提供不了方法来解释人们信念中出现的差异。这一类论证所代表的是社会认识论的B策略,正如我在第六章第296页脚注2中所称呼的。

[4] 有关费耶阿本德种种评论的背景以及通信,参见 Hoyningen-Huene 1995。

[5] Kuhn et al. 1997,第187页。

[6] Feyerabend 1970,特别是第202—203页。

　　库恩如此之快地在波普尔的老家跃升为后者的论战对手,这在当时让不列颠的观察家们大感意外。[1]不论如何,它折射出了波普尔主义者的这么一个看法,库恩被科南特指定为大科学方针提供一个哲学上的辩护,而这个大科学正越发地成为冷战时期美国科学研究的特征。[2]然而鉴于库恩在1956年就被投票排挤出哈佛,外加科南特的通识教育课程在"伴侣号"卫星(Sputnik)发射后不久(参见第四章第7节)便趋于瓦解,来自伦敦的见解看上去也就成了过时近10年的东西。到了1965年,库恩恐怕真的不该受到如此亢奋的批判。不过再怎么说,巨星化的

---

〔1〕　在私人通信中,几位职业哲学家——这些人曾经作为学生从牛津出发去参加拉卡托斯的那场著名会议——回忆道,他们对为何针对库恩进行一番小题大做感到好奇。这些人相信,如果没有拉卡托斯的那次会议的话,那么《科学革命的结构》一书也许就几乎不会对不列颠哲学产生任何影响。由于纳粹的兴起,几乎所有逻辑实证主义的核心成员都迁往了美国,实证主义在不列颠也就缺乏足够的建制基础来把库恩这样的人提升为声讨的对象。不仅如此,在培养专业的科学哲学家骨干方面,不列颠高等教育所能提供的土壤也是极为贫瘠的。很少有人单独地去做哲学,它通常都是与古典学或者数学系在一起。同时作为学术专业化的标准载体——博士层次的训练——也几乎是不存在的。G. E. 摩尔反自然主义的精神由居统治地位的"日常语言学派"继承了下来,后者对科学所持有的博学式的无知最终在 Gellner 1959 中受到了猛烈抨击。此外,那些有影响力的维也纳移民始终表明,他们乃是主流实证主义思想的局外人。尽管路德维希·维特根斯坦以及卡尔·波普尔并不特别喜爱不列颠哲学所具有的人文主义倾向,但是他们对于种种试图将该学科专门化的尝试表现出直截了当的敌对态度。在这一意义上,A. J. 艾耶尔(1910—1989)的职业生涯很具有启发性。在参加了一些维也纳学派的会议后,凭借《语言、真理与逻辑》一书的出版,艾耶尔成了第一位以英语为母语的实证主义布道者。尽管该书有着巨大的声望以及销量,但艾耶尔本人很快从科学哲学中抽身而转去处理认识论以及心灵哲学中一些更为经典的问题,并且到了最后,他接替伯特兰·罗素成为英国的"公共哲学家"。

　　从不列颠的角度来看,库恩观点中的主旨内容被视为维特根斯坦、波兰尼以及图尔明那样为人们所熟知的、扎根于不列颠的思想家思想的大杂烩。另外,还有一位哲学家已经开始围绕上述三人的哲学关切,用三角测量的方法为自己的观点寻求一个定位,此人便是罗姆·哈瑞(1927年生)这位前工程师,他工作的根基乃是20世纪50年代牛津的日常语言哲学。然而,当哈瑞允许把亚里士多德主义的实在论偷渡进当代科学的概念库的时候,他就跨过了一个跟哲学体面有关的不可见的界线。哈瑞在形而上学层面上所作的复伪主义实际上是对逻辑实证主义的过度反应,后者在不列颠很可能从未像他所想象的那样获得过支持。Miller 1972 是对Harre 1970 这一系统论文集所作的一个犀利评论。自那时起,哈瑞成了这么一批社会心理学家的哲学领袖,他们在研究人类时回避实验方法,而用话语分析方法取代之。(亚里士多德会同意这一点。)不过在这里,哈瑞的革命性设想也受到了严重的挑战:参见 Tibbetts 1975 这一针对 Harre and Secord 1972 的评论。正如我们可以预料的,哈瑞那套招人反感的形而上学思想在南希·卡特赖特(1944年生)那得到了大幅改造(其中几乎没有提及亚里士多德——当然也没有提到过哈瑞),而且因着这层伪装,人们对它的态度显得温和得多。卡特赖特目前正尝试将逻辑实证主义进行改造以将其汇入库恩的科学哲学中,她的这些尝试无疑有助于上述事业的展开。

　　玛丽·赫西(1924年生)是不列颠最早一批库恩的捍卫者之一,她后来成为剑桥大学科学史以及科学哲学首席教授。赫西在学生时代研究的是19世纪的物理学哲学,尤其是它与自然神学的连续性。她发现,库恩对科学共同体的宗教特征感兴趣,这无疑是一种对罗素以及艾耶尔所推广的关于现世科学的人文主义者形象的排遣。大卫·布鲁尔的博士后工作是在20世纪60年代后期与她一起进行的,此后赫西继续支持科学知识社会学的强纲领——再一次地几乎独自一人立于不列颠学界之中。Hesse 1980 是她所做工作的一个代表性选集。我的哲学硕士论文《论现象学与逻辑实证主义中的"还原论"》正是于1980—1981年在赫西指导之下写成的。

〔2〕　出自对杰格迪什·哈提昂甘地的采访,Toronto,1994年10月。哈提昂甘地在1965年曾是伦敦政治经济学院的研究生,原先很有可能成为库恩要做出回应的对象,直到库恩拒绝了这一点。Jarvie 1988,尤其是第314页以降是以波普尔主义视角,对库恩所具有的社会意义做了出色的解释,在其中,库恩的哈佛惯习受到了作者的认真对待(尽管是批判性的)。

库恩促成了波普尔主义者有关库恩地位的推测,这成了一个自我实现的预言——这真算得上是一个最具讽刺性的命运,因为波普尔本人凸显了这样一种危机意识,也就是那些在公共层面上被推崇的预测足以危害到我们关于人类知识的可靠性。[1]此处的讽刺意蕴随着库恩的这么一个失败而变得更为浓厚:直到《科学革命的结构》出版时,库恩都没有意识到,逻辑实证主义已经由维也纳学派的极端表达转变成一个与自己相近的立场,两方的立场是如此接近以至于他公开地感叹,如果他事先知晓上述转变,他是否还会写《科学革命的结构》这本书。[2]

库恩的自我理解存在着一个奇怪的特征,也就是他能毫无困难地接受那些在自己思想的发展历程中最后起决定性影响的因素及其意外性。在他最后一个长篇访谈中,库恩给人们留下了这么一个印象,即他需要不断地获得指引,以集中自己的思想。不过,他似乎从未充分地意识到,一个连续性的知识论工程及其特定的表达乃是由种种偶然事件所决定的,这两者之间存在着张力。反过来,那些以更为综合性的眼光来反身思考的思想家们就会把这样的张力——不论采用的是抽象的方法还是符号化的方法——整合进自己的知识论述之中。举个例子,对这样的论述来说,它很可能就不会把导致重大知识论变革的危机描绘成是内部生发的。然而,库恩更倾向于将这些偶然事件描绘成他已经走在正确轨道上的标志,如果是发生在宗教气息更为浓厚的年代的话,尤其是在库恩的解释者那里,当上述这些"意外"被认定对库恩工作的界定起着重大作用,这些标志将会与"上天"联系在一起。由此,我们在库恩最后的访谈中看到了下述内容:

(1)汉斯·赖兴巴赫在《经验与预测》里的一个脚注把库恩引向了路德维克·弗莱克的《科学事实的缘起与发展》;

(2)罗伯特·默顿的哈佛博士论文《17世纪英格兰的科学技术与社会》里的一个脚注把库恩引向了让·皮亚杰的《儿童关于运动和速度的概念》;

(3)詹姆斯·布莱恩特·科南特引导库恩去往不列颠,在那里,库恩了解到了作为研究领域的科学哲学以及科学史,同时他还遇到了玛丽·赫西,后

---

[1] Popper 1957是关于这一论证的经典表述。

[2] 在库恩人生中的最后一个访谈中,这一点表现得尤为明确,也就是在写作《科学革命的结构》时,库恩所持的是他在20世纪40年代早期作为哈佛本科生所接受的那套逻辑实证主义概念。参见 Kuhn et al. 1997,第183—184页。奇特的是,尽管库恩从来不隐瞒奎因对自己思想的影响,但似乎他并没有意识到,奎因与鲁道夫·卡尔纳普的长期交互对逻辑实证主义者立场的修正所起到的作用——这样的修正也许能使得卡尔纳普到了20世纪60年代初将库恩视为自己的同路人,正如第六章第4节所提到的。参见 Creath 1990。

者到最后成了库恩在不列颠最有力的捍卫者;

(4)I. B. 科恩把库恩引向了亚历山大·科瓦雷的伽利略研究,并在这之后再转到科瓦雷本人;

(5)亚历山大·科瓦雷把库恩引向了加斯东·巴舍拉;

(6)卡尔·波普尔把库恩引向了埃米尔·梅耶松的《身份与现实》[1]。

就以上所有这些邂逅来说,我相信最后一个在库恩的学术方向上留下了最为不可磨灭的印记。这一说法是需要为它好好书上一笔的,鉴于该说法意味着,卡尔·波普尔这位通常被视为库恩最可怕对手的学者,实际上却为库恩提供了最重要的资源来强化他的立场。无疑,从库恩在哈佛第一次遇到当时作为威廉·詹姆斯讲席讲师的波普尔(1950 年),从后者那里听到了有关梅耶松著作的事情,再到库恩在伦敦这一波普尔的地盘上与其正面交锋(1965 年),中间已经隔了十五年。不过此处更值得注意的是,前面提到的那个学术资源到最后成了 20 世纪拯救科学史中有关连续性主题的中坚之一。而从表面上看来,连续性主题与库恩关于科学革命的非连续性论断是格格不入的。于是问题来了,这个埃米尔·梅耶松到底是何许人也?

把梅耶松(Meyerson,1859—1933)说成是 20 世纪上半叶在象牙塔外从事科研工作的最有影响力的法国知识分子,这并无任何夸大之处。正如本书第四章第 7 节所讨论的,梅耶松开创了一种新角色,而这一角色后来又被加斯东·巴舍拉篡改。工业化学家出身的他,骨子里却是位文人墨客,对于整个欧洲大陆的反实证主义者来说,梅耶松就是他们的一大红人。[2]波普尔把梅耶松推荐给库恩是有先见之明的,这至少有两层含义。其一,这能够促使人们注意到,现代英美科学哲学底下隐藏着的法国根源。正如我在本书第一章与第六章中所观察到的,波普尔以开放社会来理解科学这一概念,以开放性的终结来理解实在概念乃是受到了亨利·柏格森的影响,而后者正是被梅耶松视为最主要的学术对手。现在让我们再把注意力集中到库恩第一次遇到波普尔时的情景,此时后者受邀作了一系列讲座来纪念威廉·詹姆斯这位哲学家。鉴于詹姆斯对宗教以及科学持一种相容主义态

---

[1] 以上所有这些偶然接触都在库恩 et al. 1997,第 162—168 页中提及。

[2] 梅耶松非常了解当时主要的科学圈子,他与爱因斯坦以及德布罗意有着定期的通信往来。即便如此,就算在法国他依然被忽视,更不用说在英美哲学中了。对梅耶松文集最为全面的审视依旧当数 La Lumia 1966。这里感谢乔治·盖尔与我分享他对梅耶松的关注以及相关知识。

度,外加他在美国的流行程度,这就使得詹姆斯成了美国的柏格森。基于柏格森与詹姆斯两人在相关问题上的大体表述,波普尔把科学研究的本质定位为一个为了自我超越而不断探索的历程。就这一过程来说,那些得到公认的事实与理论只不过是一个个中转的站点而已,如果把它们视为独立的终点的话,那么它们便能潜在地遮蔽探索的道路。让库恩去阅读梅耶松,正是因为波普尔已经觉察出青年库恩在这一点上是持反对意见的。

梅耶松从不掩饰莱布尼茨以及康德对他的影响,而此二人都倾向于将公认事实以及理论视为产生——无疑,必定会产生——这些东西的种种过程的直接证据。因此,在梅耶松看来,理解科学本质的最佳方式并不是去观察科学实际是怎么运作的,而后来的社会建构论者却是这么做的,因为这么做会走进数不清的死胡同,会把你引到非科学的方向上去。毋宁说,人们应该以那些无可挑剔的科学成就为起点,因为它们能够提供这样的信息,也就是对于种种竞争理论来说,它们在历史上要想取得成就就必须得跨过哪些门槛。[1]这一点之所以容易被忽视乃是因为,尽管梅耶松本人像今天的社会建构论者那样,在科学家说什么与做什么之间做出划分,但是在梅耶松那里,"做"被理解为当事件已经完成后科学家所做的事,而不是他们正在做那件事。历史地看,这一思维方式与神学中有关设计的论证有着密切的联系。它利用了这么一个心理事实,也就是当一个事件发生之后,相比事件发生之前,人们更难去想象那些(与实际路线)有着同等可能性的替代性路线。这一后事实的视角反过来暗示着,事件乃是由某个原因导致的;因此,在这

---

〔1〕 观察库恩与梅耶松学说间的联系,一个典型例子便是他对 Shapin and Schaffer 1985 的回应,而后两者乃是科学史方向上的最具影响力的社会建构论者。库恩指责此二人在解释为什么人们接受的是波义耳而不是霍布斯关于空气泵的说明时,他们不知道或者说忽略掉了"现在每个人在中学阶段学到的"流体静力学的技术性细节(Kuhn et al. 1997,第 192 页)。这里库恩将一个从现在角度看称得上是历史悠久的科学发现确定为 17 世纪波义耳与霍布斯两人论战所趋向的目标。他明确地把两人科学探索的共同目标从当时将二人区分开来的种种个人以及政治目标中抽离出来。相对地,社会建构论者则会拒绝在科学目标、政治目标以及个人目标之间做任何明确的区分,除非他们对于历史事件已经建构起一个权威性的论述,到了这个时候,出于表明获得统治地位的研究路线具有正当性的需要,人们会对各种目的进行梳理和区分。因此,从夏平以及谢弗的立场来看,去提及当前流体静力学中的那些定论并没有意义,因为正是霍布斯与波义耳之争的解决促成了这些定论的形成。

在这些问题上,波普尔倾向于认同社会建构论者关于科学的实际本质的说法;正因如此,波普尔坚持将逻辑实证主义者"基本的观察陈述"理解为研究活动运作过程中的可修正的"约定"(conventions),而不是知识不可置疑的根基。然而,波普尔与社会建构论者的不同之处在于,他坚持认为存在着一个明晰的规范性标准,人们能够根据这个标准来审视正在进行着的科学发展。我在这两点上都同意波普尔的看法,不过比起波普尔来,我更加强调决定上述规范标准的种种方式所具有的政治特征。参见 Fuller 1999b,同时可参阅上文第六章第 1 节。

一情景背后必定存在着一个理性的行动者。[1]

设计说这种论证最有说服力的时刻乃是在世界同时被视为理性而又复杂的时候,一旦这两个因素合在一起就排除了这样的可能性,也就是仅凭偶然就能解释为何事物如其所是。因此,当柏格森以由后到前的顺序来看待历史时,对过去的任何时间点来说,未来都表现为有着无限的开放性。相反,当梅耶松以由前到后的顺序来看待历史时,当下似乎就成了过去的逻辑终点。从方法论的角度来说,柏格森是在追随意识的流动,而梅耶松则是在诊断文本的轨迹。库恩自己的研究方法——比起档案馆中的手稿来,那些出现在公共领域的已完成的著作有着更大的权重(见本书第四章第2节)——表明,他在这一问题上的立场与梅耶松是一致的。[2]

鉴于梅耶松对那些获得公认的科学成就的兴趣有着排他性,人们很容易得出这样的结论,梅耶松会把他关于科学变革的理论视为是规范性的,而不是描述性的。然而,这无疑是误解了梅耶松事业的精神所在,因为他把自己的激烈批评指向了逻辑实证主义者以及行为主义者,指控两者都犯下同样的错误,即过度的规范强制。梅耶松对"科学的本质"这一表述的理解是非常字面的,也就是科学是一种有着内在目标的活动,它不具备纯粹的手段来预测、控制乃至表征那个外在于它的被称为"自然"的东西。确实,在回应维也纳学派的莫里茨·石里克时,梅耶松论述道:主张科学的目标是全面表征自然,这就意味着引入了一个超验(transcendent)的规范性标准。这一标准将使得以科学为目标——成为人类智慧的化身——而开展的经验研究被边缘化。[3]到了这里我们已经开始理解,为什么库恩会困惑于费耶阿本德对他的指控——《科学革命的结构》参与了在意识形态层面上对科学的洗白。库恩把自己的论述与试图从外部控制作为一种知识形式的科学发展方向的因素隔绝开来了,而不论这些因素被称为"自然"还是"社会"。于是,库恩的这一方法被费耶阿本德惊呼为,人为地甚至可能是策略性地悬置了

---

[1] 梅耶松关于科学成就史的这么一个基于设计的研究进路远远称不上是歪门邪道,相反,他在科学推理史中有着志趣相同的伙伴,尤其是托马斯·贝叶斯神父(1702—1761)。以后者名字命名的定理旨在对归纳(或者用查尔斯·桑德斯·皮尔士的更为精确的术语,"回溯"或者"溯因")推理加以形式化,从而表明,随着科学向人们揭示自然是多么的井然有序,神圣智慧体存在的可能性也就提高了。参见 Hacking 1975,特别是第18章。惠威尔将"theos"这个词根放回到科学理论化过程中去同样符合上述传统(参见本书第一章第6节)。

[2] 参见 Lecourt 1975,第53页。此人聪明地将库恩置于更接近梅耶松的位置而不是接近于巴舍拉,而没有根据双方表面上的相似性进行排列。

[3] La Lumia 1966,第11—12页对这一争论作了概述。

(suspended)科学观念。

被置于这么一个持续性的清除机制之下,任何一个试图表明科学存在于超越自身理性化能力的世界的证据都将被抹去。此处科学哲学家们也许能看出这样一种尝试,将发现的语境与辩护的语境的区分转化为一个由两个阶段组成的发展过程。用更为时髦的话说,我们也许能够说梅耶松关于科学研究的概念有着一种"自创生"性质,这在库恩那边亦是如此。梅耶松本人引入了"守恒"(conservation)这个术语——数量的守恒、物质的守恒以及能量的守恒等——来识别出特定的原则,那些原则在历史上扮演了这样的角色,即成为那些关于物理世界的知识的先验基础:也就是说,这个世界中无论发生了什么,它都是同一个世界中另外一个事物所造成的结果。对梅耶松来说,前苏格拉底哲学家们一经放弃诉诸超自然能动者,而把探索建立在一般化的守恒原则之上,思想史中伟大的革命性时刻也就到来了。[1]

亚历山大·科瓦雷对科学同样持上述悬置式的观点。科瓦雷是那几位来自俄国东欧边境地区的犹太移民中的一员,这就使得他在文化背景上与梅耶松有着足够的相似性,因此当梅耶松在家中举办的沙龙上宣扬自己观点——在纳粹兴起之前,这一直是巴黎人讨论的话题——的时候,科瓦雷能够充分地意识到,正是柏拉图的神秘主义开了这种观点的历史先河。[2]然而,科瓦雷与梅耶松之间的相似性很容易被掩盖掉,如果我们过分关注于这样一个事实,即科瓦雷为库恩的这么一个观点提供了最紧密的思想来源:17世纪的欧洲发生了一场科学革命,它最后以牛顿范式作为其顶峰。事实上,科瓦雷在历史编纂学上对断裂的强调最终与梅耶松对连续的强调是协调一致的。

以本书第四章第4节中所提到的科瓦雷对伽利略的描绘为例。此处最主要的断裂发生在以下两者之间:一边是实在的底层结构,这些结构只能由那些善于智思的人所触及;另一边是经验现象的领域,这一领域使得实验技艺能够成为种种日常形式的观察的合适陪衬(因为是后者在承保亚里士多德主义科学)。在伽利略时代,经院派科学家们一方面关注宗教治理(spiritual governance),另一方面则更偏爱基于经验的那些知识形式——这些形式的知识能够消除管理者与被管理者之间存在的认识论差异。同时,在实际情况中,就那些持有更严格意义上的

---

〔1〕 这一点最清晰地体现在梅耶松的代表作《身份与现实》(1908)中。

〔2〕 参见 Collins 1998,第 1024 页,脚注 20。

柏拉图式关切——确保知识的完备性——的人而言,随着时间的推移,他们基于实践来排除那些掺杂了难以做出解释的混沌的实践。在实验方法的进路上,伽利略所具有的伟大的突破性价值在于,它在满足柏拉图主义需要的同时又使得把那些只跟着感觉走的人扭转过来成为可能。关于前者我们可以从这一点观察得出,也就是实验的介入开启了一条潜在的通路,人们借助该通路能够达及那些使得经验规律得以成立的种种机制;后者则体现在了当一个实验观察证实了某个预测的时候,那么这个观察便被赋予了一种重要意义。这两个方面合在一起,就能系统地把超出科学范围的杂质从科学思想中清除出去。

从某种角度来说,库恩帮助在上述视角中占有重大篇幅的心理学进行内容上的更新:库恩在投给科瓦雷纪念文集的稿件中引入了皮亚杰有关儿童发展的"遗传学结构主义"论述。[1] 皮亚杰意识到了在科学的首要关注点中存在着张力。这个关注点被皮亚杰——追随梅耶松——称为知识的"守恒",也就是随着时间的推移,术语出现周期性重构,在这样的背景下出现的知识的守恒问题。[2]在库恩与皮亚杰看来,经验对我们概念系统所表现出来的抗拒性并不是像梅耶松所认为的那样,只是非理性的一个实例。在梅耶松看来,毋宁说它是某个存在于我们概念所及范围外的实在的标志,而对于这样的实在,用皮亚杰的话来说,我们必须在某种意义上要"顺应"(accommodate)。然而,正如"顺应"这个词所暗示的,对外部实在的这种接受并不是完全不被排斥的。确实,考虑到库恩在精神分析方面的经验,以及这些经验对其工作的其他方面所产生的公认的影响,当他试图把握那些发生在人与超出人所能触及范围的世界之间的种种不必要的接触时,他很可能是受弗洛伊德的"挫折"概念所策动,而这最终导致了一场范式危机的出现。[3]

如果在纪念文集发布的当年科瓦雷依然在世的话,那么他很可能会这样来回应库恩发表在文集里的那篇文章,也就是提请人们关注,库恩在诠释皮亚杰时的

---

〔1〕 Kuhn 1977a,第 240—265 页(最初发表于 1964 年)。有关更多库恩从皮亚杰处受到的影响以及他与科瓦雷影响的关联的内容,参见本书第 18 页脚注 2。

〔2〕 皮亚杰一贯地将他有关认识发展的描述的动因归结为对梅耶松所做的回应。参见 Piaget 1952,第 13 页;Piaget 1970,第 21 页,第 39 页,第 122 页。Koyré 1978,第 2 页赞赏了梅耶松对皮亚杰关于惯性的现代观念案例的贡献。现代对惯性的观念在古代以及中世纪物理学家们看来是具有自我矛盾性的,而对这些物理学家来说,他们没能从该定理的种种经验实现中将它抽象出来。这里,梅耶松的作用在于,他对赫尔曼·冯·亥姆霍兹的工作发生了兴趣,也就是通过将康德主义转化为实验心理学,从而使认知所具有的规范性一面实现自然化。然而,根据 La Lumia 1966,第 9 章中的观点,梅耶松从来没有令人满意地调和他的历史认识论中先验元素与经验元素间的关系,而这一命运也许正是库恩所经受的。针对亥姆霍兹工作的评论可以参见 Hatfield 1990b。

〔3〕 参见本章 395 页脚注 1。

"直接性"——专门聚焦于皮亚杰主义的实验人员是如何在儿童身上引发相当于范式危机的那种状况,而不去评论这些实验是如何隐藏其所具有的人为操控特征。的确,因为库恩没能说明皮亚杰主义的实验人员在定向控制的认识转变的构建中所扮演的角色,他也就失去了科瓦雷通过对柏拉图主义历史的深刻了解而揭示出来的梅耶松工作所具有的政治性的一面。我们也许能将此视为对目前正在建构中的认识的连续以及认识进步的概括,而这一建构过程的重要性在库恩那里被低估了。他只讨论了该过程的产物——那些在后革命时期科学教科书中被重述的历史。也确实,库恩一边在科学家的科学史与史学家的科学史之间做出区分,但同时又对区分这两种历史的必要性与重要性做了过低的评估,似乎两者以平行宇宙的方式存在。这里的讽刺之处是,在《科学革命的结构》一书出版前不久,库恩就已经向人们表明,能量守恒原则远非物理实在所具有的一个能够先验地可知的特征。这一原则最初是作为当时开展研究的一系列相互间不可通约的解释而出现的,只是渐渐地获得了当前所具有的公理形式。[1]

之前我的论述一直是在说,库恩的重要意义大体上要归诸其他人的思想以及行为。正如我们刚才所看到的,现在这一点不限于《科学革命的结构》一书的反响层面而进入了实际的创作层面。库恩本人在此表现出的显著的无牵涉性表明,他确实处于一种文化责任已遭弱化的状况,这一状况让我在本书前言中"没谁了"(being there)的说法能够言之有物,而不单纯是令人生厌的嘲讽。不论如何,我们需要一个术语来形容这么一种状况,也就是处于某个既定的社会位置却没有能力去做在这个位置上被期望做的事——无法确认自己已经来到哪里,又期望去向何方。让我们称这一状况为文化失调症(culturopathy)。文化失调症患者缺少对自身言谈以及行为进行反身性的交互。他们对生活的经历就好像是处在真空或者幻想中一样。学术训练一方面无意间使得训练对象容易陷入这样一种紊乱状态,另一方面同时让该对象准备好拥有纯粹的研究者的"普遍气质",所谓的象牙塔心性。这里牵涉到的症状既有那种行为不成熟式的滑稽,又有那种更为微妙的可悲:前者好比日常印象中那种茫然出神、疏忽大意的教授;后者好比是那类单纯靠出版行为就能维系住读者群的学者。这样一种紊乱在历史哲学家——或者用海登·怀特(Hayden Whites)的说法"元历史学家"——与历史学家的关系层面上有

---

[1] Kuhn 1977a。

着一个更为特定的表现形式。

　　怀特使用了"认知责任"这一表述来区分两个研究者群体。[1] 元历史学家们通过种种方式来展现他们为自己的叙事所承担的认知责任,而历史学家们并不会如此。元历史学家们引入的认识论难题通常为历史学家们所避开,因为对历史学家来说,他们一般不会涉及他们自己的文本在写作以及阅读时所处的语境。[2] 根据这一标准,科南特与科瓦雷都属于元历史学家。科南特的反身性交互体现在了不同的听众对应不同的科学本质的描述上;科瓦雷的反身性交互则表现为他的学术工作明确针对这么一类高度专业化的听众,这些人已经在思想上做好准备来接受令人不快的真相。这些认知责任行为是有代价的:科南特的信息被模糊化了并且受到了广泛的抨击;科瓦雷的东西则走向行内而近乎被忽略。对库恩来说,他是缺少这样一种认知责任的。这是因为,当库恩本人面对一群总的来说既不知晓科南特的困扰(每天发生着的科学政策上的争斗)又不熟悉科瓦雷的困扰(真理保存问题上超历史的忧虑)的听众,并为他们做一个无缝叙事的时候,他把上述两个人的视野(单纯地)当作了该叙事的背景条件。

　　无疑,具体体现在库恩身上的文化紊乱状态带有种种由他的惯习带来的印记。库恩,他如贵族般地离场而去。在《科学革命的结构》出版的时候,库恩并没有号召人们即刻去推翻与大科学联系在一起的知识体制和政治体制。相反,他从可资利用的位置上抽身了出来,也就是不为体制的拥护者以及反对者两者所利用。这样一种退场方式,想要在退出的同时又不落得被人遗忘的命运,这对于那些已经养尊处优的人来说是一份难以承受的奢侈。库恩尽管在哈佛碰了钉子,但是他成功地进入了伯克利,在之后又转入普林斯顿,并在那里终于当上了终身教

────────────

〔1〕　White 1973,第 14 页脚注 7,第 23 页脚注 12。怀特"认知责任"的思想来源出自斯蒂芬·佩珀的《世界前提》(1948)。佩珀是在哈佛的批判现实主义者拉尔夫·巴顿·佩里那里接受的训练,在 1957 年,库恩作为新人加入伯克利哲学系时,佩珀正是该系的系主任。的确,库恩赞扬了佩珀在哲学系中招募科学史学者的想法。参见 Kuhn et al. 1997,第 174 页。佩珀区分出了这么两拨人,一拨人在为自己的知识主张进行辩护时所采用的方法与他们的预设是相兼容的,另一拨人则不是。后者被认定为是在认知上不负责的。在这一意义上,所有对理性主义来说是牛鬼蛇神的东西——泛灵论、神秘主义以及怀疑论等——一旦开始缜密地加以论证,这些玩意儿是可以直接被无视掉的。在库恩范式与佩珀的世界预设之间,尽管人们已经做了很多引人联想的比较,但最多只能说到这样的程度,也就是佩珀鼓励了库恩继续朝那条由他自己所辨明的道路前进。事实上,从佩珀的意图来看,库恩会被视为以讽刺性的方式搬用佩珀的观点。毕竟,仅仅当世界前提受到反常的威胁的时候,库恩才会认可那类有关认知责任的关切。

〔2〕　这里为了阐明历史/元历史区分的必要,我顺着怀特的讨论来展开,但是这并不必然地要赞同他有关历史学家与哲学家的综合刻画。很明显,就历史学与哲学的学科划分来说,在两处都能找到怀特意义上的"历史学家"以及"元历史学家"。

授。库恩最后是在麻省理工学院以语言学以及哲学的劳伦斯·洛克菲勒名誉教授身份退休的。

如果库恩确实犯有文化紊乱,那么他的那些倾慕者将要遇到这么一个挑战,也就是不论从《科学革命的结构》处获得何种洞见,他们都要让这些洞见不被归诸该书作者所持有的意图。在整齐划一地作出上述区分的时候,会有一系列困难摆在我们面前。这些困难表明,正是在我们的时代,学术界的知识主张是以怎样一种特定方式而获得正当性的。相应于读者对某一文本所做的种种理解,当该文本的作者被公认为只想表达其中一点点内容——如果确实有那么一点点的话——的时候,当某个文本的生产以及传播的社会环境被那些最有洞察力的读者视为成问题的时候,在这些场合,我们能在何种意义上说,该文本依然能成为一个有用的、能为其他观点提供正当性说明的工具呢? 如果读者看完本书能被这一问题困扰,那么我应该就已经成功地表达出了我主要的批判性内容。你们会开始意识到,《科学革命的结构》是一个带有讽刺般自证性质的文本:这项工作一方面将科学的成功建立在了带有范式的研究活动的基础上,另一方面它又是由一个头脑创作出来的,且这个头脑无法超越它所为之工作的范式来进行观察。

3. 忘了库恩吧:视范式的世俗化为一场运动

来看看一般的《西方认识论》课程的第一堂课会讲些什么:知识由真实(truth)所构成,人们相信这个真乃是出于好的理由,如果没法保证是最好理由的话;要是用哲学语言来概括,那么知识便是"得到辩护的真信念"。[1]人们在介绍这一定义时,通常会捎带着对柏拉图或者笛卡儿致以敬意。在它的映照下,能够表征自 16 世纪新教改革以来,西方文化中"必要的张力"的那类对立被蒙上了一层古化石的色彩。具体来说,新教改革是一个让政治权威(civil authority)摆脱宗教的控制而拥有自治地位的过程;或者,我们也可以把这个过程称为世俗化。[2]说知识主张拥有能让个人信念委身于己的强势性,这将让人联想到那些关于宗教献身(religious commitment)的种种考验;而这些知识主张需要获得辩护,则让人想到的是有关世

---

〔1〕　参阅 Chisholm 1974。
〔2〕　Fuller 1997e。

俗法庭在审理案件时的诉讼程序。在这一意义上，可以说知识的哲学定义乃是世俗权力与神圣权力协商后的结果。[1]上文中，张力的两极各自强调的是知识定义中的"辩护"面与"信念"面，下面是对它们的相应概括：

（A）因为知识终将是一个得到辩护的真主张，所以无须个人对信念做出私人承诺；它只需遵循那些与证据和推理有关的程序规则就可以了。例如：守法主义（legalism）、公众对世俗权威的接受。

（B）因为知识最终关乎信念，它永远都无法得到完的辩护，除非借助个人承诺的力量以及考虑它对行动所带来的结果。例如：唯意志主义（voluntarism）、对神圣权威的个人认可。

（B）看起来也许已经实际地从有关知识的科学讨论中消失了。然而，正如我们在第六章第2节中所见到的，得出那样的判断过于仓促了。在挖掘库恩的实用主义根源时，我提议将威廉·詹姆斯"愿意去相信"版本的实用主义视为库恩思想的初期形式，而它正是上述判断的一个例外。目前发生在实在论者与工具论者之间的争论同样地也开启了这样一个疑问，也就是一个人是真的需要去"相信"那些在其理论中所涉及的实在，还是说只需要表现得像是在相信它们就行了。就近来围绕科学理性的种种哲学论战来说，对它们的概括可以归结为这么一个问题，也就是对于具体的研究纲领，一个人应该在什么时候做出承诺，又在什么时候放弃承诺——尤其是当他面对种种没有得到足够辩护的知识主张时。

库恩追随波兰尼将科学的"特质"（genius）定位在个人的承诺之上，而且每个科学家预设了其同僚都有着这样的承诺。这一共同的假设也就营造出了一种宽容的气氛来包容研究路线上出现一定程度的差异，它甚至还能包容在事实问题以及理解问题上出现的短暂分歧。在这一意义上，（A）与（B）依然保持着相互捆绑的关系——因为（A）支配的是日常研究活动这样的微观层面，而（B）则支配的是范式总体方向这样的宏观层面。库恩在《科学革命的结构》中有关范式变革的论述表明，知识的古典定义有着潜在的不稳定性。随着某个范式下解难题活动取得迅猛进展，那些对特定真理的视角做出承诺的科学家们将不可避免地遇到反常现象，

---

［1］ 针对把信念视为承诺或者信仰（该词有着拉丁语词根 fides，正如忠诚"fidelity"一词一样）的观点的讨论，参见 Smith 1977。有关罗马帝国覆灭后世俗法（secular law）在欧洲新兴民族国家中兴起的资料，参见 Kelley 1970。

这些现象最终将导致科学家们在什么是合适的研究方向的问题上分道扬镳。于是这一结果也就反过来促成了"危机"的出现，并到最后引发一场"革命"的爆发以及一个新的范式王朝的建立。

在库恩看来，这一张力——作为与世俗化联系在一起的集体祛魅的源泉——是能够潜在地制造分裂的；因此人们要不惜一切代价将它的存在最小化，这最突出地表现在了学生们从导论性科学教科书中所学习到的科学的种种"进步"史中。然而，有这么一个非传统的关于科学的社会认识论，它不仅克制自己，不去采纳上述奥威尔式的处理方式，而且还欣然地将上述张力视为有益的；它沿着波普尔"猜想与反驳"的思路，将此作为理性探索模型。在这里，个体一方面既是他自己知识主张最佳的提议者，同时又是面对别人如此这般提出知识主张时的最佳反驳者。不过此处我必须马上加上一条，也就是人们期望中的元理论将会为整个社会参与到相互批判的过程中提供正当性辩护，而不是仅限于某个自我选择的专家共同体。

与其说人们一开始基于所接受的训练，对各自的知识主张"客观地"做出个人的评估，然后却反其道而行之，我宁可相信，"客观性"是知识主张的提出者与反对者之间持续的互动所形成的一种特性。偏见，尽管确实不是什么好玩意儿，到那个时候或者会被成功越过，或者会被抵消，又或者会在开放讨论中被克服，它不属于先行的限制（prior restraint）。上述集体性辩证过程的典型社会实体便是运动（movement）；它并不是通过解决内部分歧，而是通过清晰地阐述这些分歧的过程，把社会中规模更大的部分给牵扯进来以获得力量。对运动的一个形象比喻是，它好比是一个旋涡，随着其中辩论越发激烈，它也就将越多的目光吸引到自己身上。[1]就学术界来说，它目前达到的最接近于运动配置的内容便是社会科学所具有的体制；社会科学（与自然科学有着鲜明的反差）在专业训练中不会刻意去清除意识形态的分歧，毋宁说这种训练反而使得这些分歧能与社会中冲突的各方结盟，甚至在很多场合下能改变后者。[2]

美国社会学家罗伯特·伍斯诺指出，近代西方三大最具社会意义的知识运

---

[1] 一个令人赞叹的综合性地将运动作为核心的社会形态来处理，也就是说它与我在知识生产问题上派发给运动的那种核心角色有着相互共鸣，参阅 Melucci 1996。我要感谢杰拉德·德兰蒂与苏嘉莎·拉曼，是他们的提醒让我注意到了上述工作的重要性。

[2] 关于社会科学所具有的类似运动的特征，除了本书第五章第 1 节外，还可以参见 Fuller 1997d，第 20—23 页。对我来说，运动作为范式的天然对立面的想法最初来自苏嘉莎·拉曼的提示。

动——新教改革、启蒙运动、19世纪的社会主义运动——取得了这样一种成功,也就是某个很小的研究群体将其论点汇入了更为广泛的社会中,结果致使人们发现,这个群体的范畴贴切地描述了自己的生活以及处境。[1]而随着上述运动走到了宗派主义以及类似范式共同体的地步时,它们便失去了自己的创造性变革的能量。运动与范式之间的区别,也许可以理解成是在假设与论证负担这两者关系层面上所发生的变换。对运动来说,它背负了这样一层负担,也就是如何去劝说那些尚未成为其忠实信徒的人;而对于范式来说,它底下的成员从一开始就预设了自己的共同承诺具有可信性。由此他们感到好奇,在大方向上出现实质性转变是如何可能的。于是,问题就成了,如何让那些并不自发地享有运动核心信念以及核心经验的人能以促进运动的方式行事。总而言之,我强烈提议逆转对库恩的看法,并以此证明,一个范式不过是一场受到遏止的社会运动。

所谓逆转就意味着,我们将研究视为聚焦于某一形态的政治行动。就基于范式的知识进路而言,它会断定,政治就是一种庸俗的形而上学;而基于运动的知识进路则会把形而上学视为一种尚未完全发展的政治。因此在后者那里,某个稳定的知识体系无非是政治行动在辩论的公共空间中受到限制后所成为的东西。(基于同样的思路,某个运作中的人工物——一门技术——无非是政治行动在进入模式与使用模式被严格组织化之后所成为的东西。)对运动来说,当各种信念的"忠实信徒"中断争论并组成宗派,从而使得讨论仅限于志趣相同之人的时候,它也就走向了衰弱与灭亡。彼时,知识成了行内难为外人所懂之物,而人工物则成了被盲目崇拜之物。有时,当针对的是争论走向暴力化时,宗派主义是一种具有正当性的回应。不过,这里如能沾上点好运而不至于走到这一步,当社会中的主要群体——其成员中绝大多数都是运动的日常观察者——根据运动的话语来重新设定自己的时候,运动也就留下了自身长期的印记。

由此,了解以下这一点对理解接下来的内容有着至关重要的意义,也就是对读者来说,他们遗忘了任何新教改革、启蒙运动以及社会主义运动以运动的身份达到鼎盛时所获的整体内涵。顺着伍斯诺,我专门关注的是那些依据上述三大运动来标识自身的种种活动,而不去关注这样的一类活动,也就是当三大运动被化简成"宏大叙事",当这样的叙事所把握的只不过是粗略的近代历史时期划分的时

---

[1] Wuthnow 1989。

候，被人们用这些运动来强制标记的种种活动。

历来，社会运动一直被概念化为纯粹反应式的实体，它们是由不满者——如果不是彻头彻尾非理性的话——构成的，他们缺乏通过恰当的制度（比如说科学范式）获得强化和支撑的目的感。也许因为专业社会学家通常在工作中代表的是公共行政部门或者工业经营方的利益，所以即便是他们也是倾向于将运动视为转瞬即逝的，或者是退化的社会形态。伍斯诺通过下述方式扭转了上述负面形象。他描绘了那些与话语相关的领域经由怎样的轨迹而成功地获得了政治资源以及经济资源，从而使得它们能够成为大型社会变革的媒介。在他看来，运动酝酿于经济扩张时期，而经济的扩张允许大量的人进入与话语有关的职业，比如说牧师、学术人员以及国家官僚等。这些职位在数量上的激增意味着至少是这样一种情况，一方面人们感到，在自己能够开展行动之前需要知道其他人在做什么，但另一方面他们又没法靠自己来测知其他人在想什么。在本书第二章以及第七章的最后几节中，我分别用两种方式来捕捉人们的上述感受：其一是从程度不断增加的"社会复杂感"角度出发；其二是从那些从事社会"中介"活动，拿薪资的书记员所需要的随从的角度出发，不过对于艾尔文·古德纳以及其他批判理论家而言，他们试图给这些人的工作抹上一层更为激进的色彩。[1]

在上述新涌现的沟通层面上的复杂性之后，接下来出现的便是一段经济的紧缩期。由于社会的不同部分对新环境的适应程度不同，于是这样的经济紧缩也就带来了相当严重的身份失位（status dislocation）状况。那些曾经富有声望或者富庶的职业失去了原有的地位，或者反过来也一样；因此这也就为"相对剥削感"的出现提供了条件，而后者通常被视作社会革命的一个前提。对那些处于话语密集型领域的人来说，在他们身上发生了失位的状况，同时这些人开始与领域中的其他人竞相为正当性提供新的标准。他们把自己所在的集体受到威胁的情况转变为一个常常带有冒险意味的扩张契机（这也就解释了，为什么政治革命与异化的知识分子如此频繁地联系在一起）。重大社会变革是否会实际地发生，这取决于各失位群体定位共同敌人的能力，比如说某个邻国或者某个弱势的少数群体；这里的假想敌即便从反思的角度看明显仅仅是变革的一个借口，即一只替罪羊，也没关系。

---

[1] 有关上述现象的一个早期理解，参见 Gouldner 1979。同时可参见本书第五章第 2 节。

伍斯诺的论述代表了近来的这么一个趋势,也就是把运动视为"灵活组织的认知实践",这些实践生产出来的知识能够开启或者禁止社会生活的特定转变。[1]运动与范式的不同之处在于,它所理解的组织不见得是依据它的目标、它的长期生存,甚至它对研究的承诺而来的。成功的运动,随着它们在达成具体目标的过程中获得了可信地位,设法保留了自己的动力性(dynamism)及其独特的意识形式。运动不会直接地"演化"成范式。然而,鉴于一般对可信地位的衡量乃是通过观察对象为社会秩序的稳定度做出了多少贡献,因此成为成功运动所需的那种带有活动能力的可信地位似乎将会限制人们的想象。我们可以用近来关于运动的两种不同风格的理论构建方式来定义维持上述动力性的可信地位所必需的那种"必要的张力"。在这两种风格之间存在着知识古典定义中(A)与(B)的紧张,我相应地称这两种风格为北美风格与欧洲风格;之所以这么称呼,一方面乃是因为相应的研究者们在出身上大体是这么分布的,另一方面无疑也是出于分析的需要而有意识地利用特定的文化形态(cultural stereotype)。[2]

北美风格强调的是知识的古典定义中的辩护面,而欧洲风格则强调的是信念面。欧洲风格聚焦的是运动所具有的意识唤醒机能。它在研究时主要是借助种种社会心理学方法。北美风格的重心在于运动目标的达成机能。它的研究在最近乃是建立在关于理性选择的经济学之上。对维持一个运动的动力性的可信地位而言,每种思考运动的风格都是其必要条件,而不是充分条件,正如表 15所示。

表 15　定义社会运动的必要张力

	运动风格	
	欧洲风格	北美风格
认识论	面向信念	面向辩护
社会学	意识形态	技术
实践	意识唤醒	计划的强行推进
地位	自身目的	达成目的的手段

----

[1]　对这一观点在理论层面上更为精致的阐述,参见 Eyerman and Jamison 1991。

[2]　Morris and Mueller 1992 是研究上述两种风格的运动思维的一部很好的资料读物。我所谓的欧洲风格以及北美风格两种运动思维的区分一般要归功于 J. Cohen 1985。

续表

	运动风格	
	欧洲风格	北美风格
规范	承诺的强度	支持的广泛程度
经济制度	资源生产	资源动员
理性	交往的	工具的
堕落形态	团体狂热	笼络

欧洲风格强调的是运动对这么一群人形成集体认同所起到的作用:他们也许是处在迥然不同的位置之上(同时在空间以及地位这两种意义上),但依然共享了同样的经验——这些经验迄今为止或者为外人所忽略,或者被视为无足轻重的,即便对拥有经验的个体本身而言亦是如此。马克思在讨论到这一点时所使用的原始案例有着特别的启发意义:马丁·路德发起了运动,让德意志农民们逐渐地不再忽视自身的感官经验与心灵体验。同时这一运动还把矛头指向了天主教神学以及日心说天文学,后两者以相当不同的方式作为认知权威主义的堡垒而存在。然而,正如马克思本人在《德意志意识形态》中所认识到的,一场运动如果完全是依靠唤醒意识的方式来获得壮大的话,那么它就很可能甚至以更教条化的方式局限于特定的人群之中,也就是拥有那些相关的能够使他敏感的经验的人。简言之,这样的运动走向了团体狂热,而达到了这样的程度,也就完全失去了在全社会范围内建立起可信地位的希望。

相对的,北美风格聚焦的是运动的工具面,即达成自己行动计划目标的能力。此处我们可以观察到,人们在把乌托邦理想精炼为政纲中的各个条目时是作了种种努力的,而正是这些努力使得运动能与更主流的利益集团形成一系列短暂的同盟。毫不奇怪,成员们会将运动规模上的急速扩大视为取得进展的迹象,即便它意味着稀释了运动的身份认同,以及夸大了把折中议案列入一揽子立法方案中的重要性。这样一种把运动当作强行推进计划之手段的优势在于,它为运动底下的种种活动提供了具体的参照点,从而能持续不断地提醒其成员——尤其是那些尚未拥有能使人敏感的经验的人——运动正带着整个社会朝向正确的方向前进。然而,如果运动专门聚焦于这种处理方式的话,当运动适应主流的能力与让主流屈服于自身意志的能力被搅混的时候,它将很容易成为自己成功的牺牲品。简言之,此时的运动成了它当下环境的俘虏。

由此,运动想要获得一种动力性上可信的地位,还需仰仗于它能创造性地解决排斥与包容之间的紧张。当然,说说要比做来得简单。就当代绝大多数运动来说,它们同时表现出了这两种倾向。女性运动中存在着所谓"激进"女权主义与"自由"女权主义这两者在战略战术上的鲜明分歧,它可以被视为欧洲风格运动思维与北美风格运动思维两者差异的最为清晰的当代实例。许多激进女权主义者将女性与男性的生物学差异视为女性独特意识的基础,而自由女权主义者则将性别视为存在于系统中的不平等所具有的种种社会历史印记之一,而对该系统而言,它的目标乃是消除以上所有的不平等。美国黑人行动主义的历史再现了存在于欧洲风格与北美风格两者间的差异——下一代人接着上一代,每次都是新的花名册:考虑下 W. E. B. 杜波依斯与布克·华盛顿,马尔科姆·艾克斯与马丁·路德·金,以及莫莱菲·阿散蒂与康奈尔·韦斯特的差异。无疑,上述分歧中的具体措辞都被强制地抹上了当时主要政治议题的色彩,但是这并不足以掩盖每一个案例中欧洲风格运动思维与北美风格运动思维之间的本质分歧。

就运动的动力性可信地位的维持而言,这里需要解决的那种张力与库恩在《必要的张力:科学传统与科学变革论文选》这部论文集的标题所提到的存在于传统与创新之间的"必要的张力"有着相当的不同,对后者来说,它定义的是范式底下的知识形式。在库恩看来,为了让最新一代的科学家们保持积极性,就必须要去引导他们相信,即便是来自"旁门左道"的革命性理论——比如说达尔文基于自然选择的演化理论或者爱因斯坦的狭义相对论——也是可以很轻易地从现有的权威科学中产生的。这就引出了将历史学家的历史意识与科学家的历史意识相区分的双重真理思维。相反,就那种对运动视角下的知识做出界定的必要张力而言,它表明,不同利益集团所具有的迥然不同的历史源流实际上是可以汇聚到一个共同的事业之中的。一方面,对于一个已经存在的共同体而言,将其历史中的那些相互间有着较高程度差别的特征加以均质化,这样做的目标乃是保持该共同体的完好性;另一方面,通过把共同体的不同脉络整合进同一个轨道之中,同时就能够扩大共同体的支持者群体。要想同时满足这两个目标,办法就是把整个社会都接纳进来,从而使得运动内部存在的差异成为外界赖以界定它们的方式。这正是公共知识分子所诉诸的终极伎俩。

在社会经济失位的时期里,当旧有的社会范畴无法捕捉到新兴的政治重组时，此刻，运动在上述两个方面上的表现将会变得格外高效。不论人们对运动本身有着怎样的看法，运动的话语都向人们提供了世上仅有的、能为人们所共享的概念框架。通过该框架，人们能够理解正在发生中的变革的方方面面。这里的一个典型例子便是社会主义的遗产，它的很大一部分内容说的是工厂的所有者开始把自己视为一个"阶级"，在该阶级与由其员工所代表的那个阶级之间存在着系统性的对立。

当然了，当工厂的所有者开始从阶级的角度来思考的时候，这并非意味着他们已经成为坚定的社会主义者。不过，这一由运动派生而来的名称一经被纳入自身之中，这些人也就无意间为自己开启了特定的方式，以此来描述并解释社会中存在的分歧，而这一局面最终使得相关方能够更加容易地为国家干预经济事务做出辩护。19世纪初的人们通常更为一致地认为，财富是工厂所有者个人创造力的产物；而到了该世纪末人们对此的看法则是，财富是某种形式的剥削的产物。这种转变使得新兴国家把对工厂所有者的课税以及对工人的保护看成是两种对等的措施。由此，对工厂所有者来说，他们也就越发地要去扛起这样的使命，即如何去表明他们有资格拥有自己名下所生产的所有财富。简言之，由社会运动创造出来的话语共同体要想在政治上产生影响，只需改变一下其他社会群体相互间赋予对方活动的那些"回馈"，而这反过来也就为新行动——尤其对第三方管理机构而言——开启了新的空间。

科学中的共识形成是库恩最优先的关注点，而如果从这一点来切入的话，那就伍斯诺三大运动所共通的轨迹而言，就有着这么一个引人注目的特征，也就是当这些运动的影响到达顶峰时，此刻，与该状况相对应的是，运动内部的分歧也处在一个高位上。在各个情形中，人们的意见在某个抽象的哲学性问题上出现了分歧，而这些分歧体现在它们各自所带有的明确的暗示上，也就是一种正当的集体行动是如何确立的。新教改革家们的争论所针对的是圣经以及教会神父著作的种种解释。启蒙运动的首脑们所争论的是，人拥有何种程度的自我管理能力。而社会主义者们则争论，工业资本主义以及议会民主制应该算是理想社会的前提条件还是它的障碍。与库恩范式的专门立场颇为不同的是，上述三个运动中的各方并不认为，一致的实践行为有待于上述根本性的问题有了解决的方案。相反，运动越是提升自身的变革能力，也就有越多人发现，自身的利益在何种程度上被卷进了这样一种对立的话语旋涡之中。

此处值得一提的是伍斯诺本人在宗教社会学上的根基:伍斯诺追随马克斯·韦伯,将制度化——形成教义的共识,同时以仪式化的形式对此加以巩固——视为逐渐削弱标识了某个宗教卡里斯玛源头的那种精神气质。[1]在韦伯主义者的端详下,设立起来的教堂就扮演了一种驾驭神秘的超越性宗教体验形式的角色。类似地,那类争议性分歧,它们之所以最终削弱了伍斯诺所研究的那几个运动的影响,正是因为人们在这类分歧上退回到宗派主义,而且这样的后退还时常打着"纯洁"的名义,也就是说,人们要么拒绝与教义上的对手进行论战,要么就拒绝承认任何现存权威所具有的合法性。[2]确实,如果把建立在共识基础之上的常规科学视为对上述意义上的研究精神的一种战略撤退,那么这一说法不至于太过牵强,尤其是当"研究"被理解为波普尔意义上那种持续地挑战现状并同时考虑到对立立场的那些论证的时候。用波普尔本人的话说就是"不断革命",这个措辞多少带有某种与库恩唱反调的怨气。[3]在这一意义上,原先在库恩那里作为集体自我规训的标志的东西——即皇家学会创立者把政治、宗教以及道德因素排除在其视野之外——现在成了一种秩序化了的谨小慎微。这,正是我想要推崇的图景。

在新教改革、启蒙运动,以及社会主义运动各个场合中,最终都是国家处在更强势的位置上。出现这样的情况并不是因为知识分子支持现状(他们常常是不支持的),而是因为他们的争论加深了这么一个观念,也就是存在着一个单一的权威来源,尽管它难以捉摸,但对它的控制可以通过公共层面上那些可竞争的手段来实现。[4]从理论角度来说,这种最终源头可能是真理,但是从实践角度来说,国家最后成了各个运动无情的批判探索的意外受益者。抛开这一结论带来多种解释的教训不谈,国家——而不是社会的私人部分——成了受益者,这个事实为运动带来了一丝希望之光,它能够有助于公共领域重新焕发生机。

在 20 世纪,科学所取得的独特的社会学意义上的成功源自它有能力把那些能够保全自身的有关条件派发给国家。实际上,科学共同体要求国家将其主要理论纳入一种公民宗教,作为回报,它将为国家提供有关人口的组织与动员的可靠

---

[1] 有关近来的这么一个精彩尝试,它将韦伯的视角置于 20 世纪末惧怕衰退的背景之下讨论,参见 Herman 1997,特别是第 128 页。

[2] 有关这一点的当代佐证,参阅 Frey, Dietz and Kalof 1992。

[3] 参见,尤其是 Popper 1975。

[4] 参见 Wuthnow 1989,第 577 页。关于将国家视为真实的储存库的观点,当然,这是黑格尔历史哲学的一个特征。

手段。[1]这一过程的一个不寻常的特征是,宗教通常是被整合进人们的日常生活的,能为人们的实践提供宗教上认可的正当性辩护(比如说通过饮食规律来对食物摄入进行衡量),而对科学来说,它维持对社会的控制主要是通过公共层面上的算法程序——比如说有关人的思维能力以及身体能力的测试——这些东西与人们生活之间的联系依然相对较少,人们一直不是很了解上述程序到底包含了哪些内容。

于是,这就有助于说明当前英语世界中在"科学的公共理解"问题上出现的危机。关于这一危机,如果我们想在宗教环境下寻找其对等物的话,那将是困难的。这样的困难并不是因为人们的宗教信念更为稳固,而是因为比起拒绝科学的人,那些拒绝宗教的人对自己在拒斥什么有着清楚的意识。[2]而就科学而言,在从普罗大众处获得大量草根的支持之前就已经为国家机构所信奉,于是伴随着启蒙运动,关于能够独立思考的"市民科学家"理想正变得越发不可捉摸,科学也就继续以当代社会的一种人工特征的面貌而出现。

4. 科学的高教会世俗化与低教会世俗化

基督教世界的世俗化过程也许是一种能够用以揭示科学前景的有效的参照标准。欧洲国家在世俗化之后,一方面,它们拒绝给予任何宗教垄断政治资源以及经济资源的地位,但另一方面,它们又在境内保障任何宗教都拥有信奉其宗教信条的权利。这一世俗化乃是16世纪以及17世纪欧洲新兴民族国家之间爆发的宗教战争所造成的动荡的后果。在政治合法性脱离宗教归属这一问题上,说它是马基雅维利主义意义上生存本能的产物,与说它是有关言论自由最大化旨趣的产物的说法,两者完全是不相上下的。如果说自然科学在19世纪下半叶所取得的制度上的支配地位常常被视为实现世俗化的一个重要媒介的话,那么到了20世纪末,我们迎来了一个新的局面——鉴于国家资源集中到了科学研究之中——要求科学自身实现世俗化。[3]套用启蒙运动批评家戈特霍尔德·埃夫莱姆·莱辛的话说,科学作为一种知识形式,对它的真正试金石也许是看它能否掌控信众,即使

---

〔1〕 我们在本书第二章第7节审视普朗克战胜马赫所具有的长期影响时讨论了这一过程的由来。

〔2〕 参见 Fuller 1997d,特别是第一章以及第四章。

〔3〕 在主流经济学家中,这一观点——及至20世纪下半叶科学成了"唯物主义社会的世俗宗教"——可以在 Johnson 1965,特别是第141页中最清晰地观察到。

是在国家撤回对它的支持之后。

如果这一有关世俗化的模型是恰当的，那么参照近代基督教史中出现的世俗化浪潮，我们在评论科学和技术的社会维度时就可以借助类似的两波"浪潮"来进行讨论。我分别称这两波浪潮为：低教会，类似于16世纪以及17世纪的新教改革；高教会，类似于18世纪以及19世纪有关圣经的"高等批判"的激进解释学——在本书第一章以及第二章中，我在"批判历史理论"标签底下对它进行了探讨。从之前章节所提到的西方认识论中"必要的张力"的角度来看，低教会派是面向信仰的，而高教会派则是面向辩护的。[1]

在第一波浪潮中，正如路德、加尔文及其同道要求教会从堕落的物质性的牵涉中抽身，回到它那灵性的根源中去，20世纪60年代见证了这么一拨科学家的兴起，他们"出于良知而反对"自己的同行参与到使冷战升级的那种与国家的共谋中。一个世俗化的科学是永远不会为我们带来核军备竞赛的，正如中世纪新教化的基督教是无法动员出发动针对伊斯兰的一系列十字军东征所需要的物质资源以及精神资源的。确实，这些科学的内部批评者更愿意讨论"科学、技术与社会"（Science，Technology，and Society）中的各个项目。对这个"科学、技术与社会"来说，它里面的科学史、科学哲学以及科学社会学课程乃是科学学科总体课程计划的核心部分之一，而不是科学各学科系部之外讲授的纯通识性的课程，更不用说是在一个自治的科学技术论研究生培养计划中讲授的课程了——该培养计划会为这样的研究生授予博士学位，也就是一方面暗中追踪科学家的研究活动，另一

---

〔1〕 我在STS中作出低教会与高教会划分的灵感乃是应胡安·依勒贝格而起。依勒贝格是一位在美国从事研究的西班牙人，他担心这一领域将会让自己成为学术成功的受害者——因为那样的学术成功会增加理论争论的小圈子色彩。这体现在结果上便是低教会派最初的那种关切——对科学与技术在整体社会中所发挥的功能进行改良——正面临彻底丧失的风险。参见Fuller 1992d；同时可见Fuller 1993b，第xiii页。在撰写本书的时候，唯一一本将该领域的源头建立在低教会以运动为指向的关切基础之上的STS教科书是用西班牙语写的：Gonzalez Garcia, Lopez Cerezo and Lujan 1996。为了防止混淆，这里我必须指出的是，就冈萨雷斯·加西亚、洛佩兹·塞雷索以及卢扬所做的"欧洲式"STS与"北美式"STS区分而言，相比于我在之前章节所讨论的研究社会运动的"欧洲式"进路与"北美式"进路，与后者所对应的那种最自然的解读在前者处被颠倒了。这一颠倒是有道理的，只要我们意识到对冈萨雷斯·加西亚、洛佩兹·塞雷索以及卢扬来说他们是在讨论STS研究者的地理位置（欧洲人倾向于高教会派，而北美人倾向于低教会派），而对我来说我指的是社会运动研究者（比如说那些将STS视为一场社会运动来研究的人）的位置。不用说，这样一种发生在研究者与被研究者之间的地理颠倒值得我们进一步研究。

在美国，低教会派成员倾向于加入国家科学、技术和社会协会（NASTS），而高教会派则倾向于加入科学的社会研究学会（4S）。我第一次在公开场合介绍这一区分是在1992年10月哥本哈根召开的STS会议上，当时布鲁诺·拉图尔回应说，他以前没有意识到，STS的一个分支是建立在20世纪60年代社会行动主义的基础之上的（随后他继续这个话题时用郧夷的态度谈论起了60年代，其中的理由反映在了本书第七章第6节中的法国经验中）。

方面又始终没能与这些活动所具有的规范意蕴谈到一块去。[1]在这一意义上,已故的认识论无政府主义者保罗·费耶阿本德扮演了最为纯粹的新教徒角色——他把完全撤销国家对科学的支持视为最佳的方式,以此来复活批判性研究的精神,摆脱大科学约束性的财务安排与制度安排。对新教类比的拓展将会涉及,把近来针对科学不端行为的种种指控包括进来,这些指控可以在教会官员的个人堕落中找到先例——对普通的虔诚基督徒来说,正是这一个个的案例把那些改革的号召变成最生动的实践。

当启蒙运动把学院神学的知识定位从原先针对牧师的专业训练转变为独立于宗教当局而展开的批判性研究时,世俗化的第二波浪潮发生了。这批神学家的最后一代同时也是最有成就的一代构成了青年黑格尔派,而学生时代的卡尔·马克思就是拜倒在这个学派的魔力之下的。大卫·弗里德里希·施特劳斯的《耶稣传》以及路德维希·费尔巴哈的《基督教的本质》是该时期(19 世纪 30 年代)影响力最为持久的著作。类似后来的强纲领科学社会学家把实验室置于民族志方法之下进行考察的风格,这些神学家运用文献考古学以及自然主义社会理论这样一些最新的技术对圣经进行去神秘化。上述做法绝非在渎神,因为他们相信,他们对早期基督教历史的去神秘化解读将会把真正的精神从迷信以及偶像崇拜中解放出来——后两者在那些负责精神引导的牧师处一直是用来管束信众的最主要的手段。然而,这些作者的讽刺文风使得他们与政治当局以及宗教当局爆发了激烈的冲突,这导致他们中的许多人失去了教职,同时也阻碍了其他人——比如马克思本人——一直去从事学术职业。

青年卡尔·马克思写下了《德意志意识形态》,作为一系列带有教训性质的反思。对青年黑格尔主义者来说,尽管他们关注了基督教的物质条件,但他们对自己时代的物质条件是毫无意识的,以至于被那些指控他们渎神的人打了个措手不及。[2]也许一本类似性质的书在现在业已就绪,鉴于 STS 实践者们面对科学共同体对其工作的反响表现出惊讶之情,同时上述反应最终在近来的科学战争中达到顶峰,正如本书第七章第 5 节所叙述的。情况似乎是,那些试图将科学世俗化的

---

〔1〕 有关 STS 历史的这一阶段,参见 Cutcliffe 1989。这样的科学批评家有:英国的脑科学家史蒂芬与社会学家希拉里·罗斯这一对夫妻组合,以及美国的材料科学家鲁斯图姆·罗伊、海洋生物学家蕾切尔·卡逊以及植物学家巴里·康芒纳。这些新教改革者的后辈们与科学技术论部门的建立几乎没有什么关系。

〔2〕 Marx 1970。有关将《德意志意识形态》视为这么一个尝试,也就是把青年黑格尔派在解释学上的分歧推入政治语境之中,参见 Meister 1991,特别是第 86 页以降。

人,当他们威胁到科学的先验性修辞时,低估了自己对科学本身造成威胁的程度。

至此,从政治效果的角度看,高教会派比起低教会派是矮了一头。然而,事后来看,部分低教会派成员对科学体制的攻击可能同样受误导而走错了方向,至少在这方面是这样的,也就是这些人把问题更多地归咎于对科学知识的单纯占有所带来的力量,而不是归诸那些能使科学产生重大后果的社会条件。这一情绪的最极端化表现便是科学版的卢德主义(Luddism),它主张,如果原子物理学没发展起来的话会更好,因为该学科对后来原子武器的开发起到了关键性的作用。[1]面对这些极端情绪,高教会派表现出的把科学还原为一种语言游戏的倾向还是有用的。该方法让人们注意到这样的事实,当涉及科学的社会配置时,这里重要的并不是那些与科学的认知维度联系在一起的语句的集合或者方程式的集合,而是这些科学语言游戏中的记号是不是由"玻璃珠"(正如赫尔曼·黑塞的同名小说)、金钱或者人来构成。简言之,高教会派与低教会派最终相互弥补了各自的不足。

5. 通过对发现语境与辩护语境的重新发现来重塑大学

低教会派的倾向是把科学知识的命题内容与赋予这些知识在日常生活层面中的力量的社会条件融合起来,在这一意义上,根据运动而不是范式来刻画科学史的特征所具有的一大优势在于,它提请人们关注语词(words)与行动(deeds)之间的联盟——如果是艾尔文·古德纳的话,他会说是"意识形态"与"科技"——这个联盟的作用在于,它决定了科学确切的社会形态:是一种与物质世界相隔绝的柏拉图主义式的学术团体,还是那种技术化科学(technoscientific)的基础性架构,对它来说物质世界正是发生于其上? 一直以来,大学都是在历史上人们解决这一张力时发挥了重大作用的场所。

直到最近,关于大学的常识本体论(folk ontology)一直把大学视为一个相对古板而且稳定的机构,这反映出了大学所具有的双重角色,一方面是对知识探索的前沿阵地予以拓展,另一方面在教育中实现社会秩序的再生产。[2]在本书第五章第3节中,我们已经看到,在20世纪60年代中期,《科学革命的结构》一书为上

---

[1] 这一视角绝不仅限于低教会派。不妨看一下本书第二章第152页脚注1描述的牛津形而上学家迈克尔·达米特所持有的立场。

[2] Fuller 1999b,第二部分详细阐述了这一论点。

述双重过程提供了支撑，也就是在面对闹事学生时，《科学革命的结构》一方面对学术性学科（academic disciplines）的处境进行合法化，另一方面在合法化这些学科时，自身被定位为在大学系部式结构中所制度化了的东西。但是，正如同样在本书第二章第7节中所表明的，研究与教学间的二元对立——尤其是这两种活动是在范式驱动的科学底下开展的时候——两者之间的张力随着20世纪的到来而越发紧张了起来。事实上，实事求是地说，稳定性作为大学生活的标志这样的情况是罕见的。在历史上形形色色的时间段中，尤其是在13世纪晚期的巴黎以及德国的19世纪早期，大学相当鲜明地扮演了一种熔炉的角色，而社会变革正是在这里得到锻造——大学更像是运动而不是范式的发源地。上述时期都伴随有不同程度的严重的社会经济失位以及政治动荡，这样的情形也就迫使人们去寻找新的范畴来理解自身的生活境况。作为社会再生产过程的守护人，教员们凭着所占据的极佳位置而影响到变革的特征。在当时，大学控制了"分析的手段"。到了今天，控制这些手段的是一个个专家智囊团。

阿拉斯代尔·麦金泰尔认为，学术界集体的公共影响的巅峰出现在是13世纪的巴黎。[1]他讲述了，当早期大学正沦落为培养法学、医学以及神学从业者的训练中心时，巴黎的博士们是这样表达自己的忧虑的：一方面，毕业生们将成为精心谋划的推理形式方面的专家，另一方面，他们在运用一般性的理性来批判自己的实践并开展非自利性质的探索活动时又是笨手笨脚的。对此的解决方案是，将所有这些系、科纳入一个单一的"论辩宇宙"（universe of discourse）——这是一个基督教化了的亚里士多德主义术语——之中，在里面批评（古典课堂中的"辩证"）将受到明确的鼓励。对一位博士来说，光凭他第一次面向这一讨论投稿，而且投稿这个行为本身就足以证明他的信仰。他在行文中所主张的任何内容——不论最后得到的是何种极端的结论甚至是怀疑论的结论——都会被视为真诚的探索。在麦金泰尔看来，启蒙运动犯了一个严重的错误，也就是把教会控制下的大学指控为自由探索的敌人。于是便造就了（此亦为麦金泰尔的观点）我们今天所拥有的碎片化的、在社会层面上缺乏活力的机构：许多自治性的系、部都礼貌地相互忽略对方，并且从集体层面上看，它们对社会整体几乎没什么影响。

麦金泰尔无疑是沉醉在了修正主义的历史之中，尤其是当他主张，启蒙运动

---

〔1〕 MacIntyre 1990。

一方面对基督教太过敌视,另一方面对自治又太过友好,从而摧毁而不是促进了公共领域。不论如何,他的论述提醒我们,在历史上,大学扮演了能够发起各种普遍性社会变革的涡轮这么一个重要的角色。[1]伊曼努尔·康德,这位以学者身份终其一生的启蒙哲学家,在他最后的一本书《院系之争》(*The Conflict of the Faculties*,1798)中收复了在麦金泰尔那里失落了的图景。该书促成了作为一种政治力量的学术研究的复兴,后者也正是德国唯心论者黑格尔,以及黑格尔的追随者,尤其是马克思的特征。

然而,大学近150年来的历史,就绝大多数时间来说是一部从"学术自由"转变为被小心翼翼地保护起来的行会权力的历史。对学者们来说,他们一直在做的事是,设法阻止他们中的一些人热心公益的姿态以及行为,而不是为公共层面的辩论提供榜样。这一做法的好处是它能保护大学免遭直接的政治干预;代价则是使得大学无法发挥任何意义上的政治能力,尤其是它自己主动获得的那一种政治能力。由此,今天大学结构变革的驱动力绝大部分乃是来自外界,通常是那些赞助机构。对这些机构来说,它们甚至希望模糊掉基础科学与应用科学之间的神圣区分,更不用说学术训练与职业训练间的区分了。

如果说外部的社会经济变革可视为大学控制社会变革力量的机会,那么就自由派学者以及保守派学者双方而言,他们都没有选择去把握这些变革;相反,他们频繁地在挑战面前退缩,完全将它当作对大学完整性的威胁——再一次地,将稳定性看成是该机构的预设,而这正是大学在过去处于最佳状态时就一直缺乏的东西。女性主义是上述倾向的一个值得注意的例外。比起自洪堡最初在19世纪初普鲁士时期所发出的号召——把启蒙运动奉为大学的使命——以来的所有思想学派,可以说,女性主义为西方大学结构的活力化——让管理者以及全体教职人员更多地运用与社会运动联系在一起的思维方式——做了诸多的贡献。

尤其是,女性主义唤起了这样一类系统性的关注,也就是当学科划分把那些复杂问题以及可替代的生活方式一并遮蔽掉的时候,它是通过哪些方式做到这一点的。在20世纪里,马克思主义试图在大学中实现一个类似的解放性使命。然

---

〔1〕 该情景还有着这么一个我们无法在这里探讨的特征,也就是13世纪的大学对于17世纪科学革命的基础的构建所起到的作用。这是皮埃尔·迪昂所青睐的一个观点。即便是那些拒绝把伽利略的发现追溯到巴黎以及牛津的那些中世纪经院学者的推测之上的人,总体上也都承认大学在革命性思想的孕育中所扮演的独特的角色。近来对这一论点的一个有见解的辩护乃是 Huff 1993。同时参见 Fuller 1997d,第四章;Fuller 1999b,第三章。

而,女性主义的独特性在于,它底下的运动理论家真正地身体力行了自己的理论。比起那些中上阶层的白人男性只是在课堂上奢谈革命,女教授们实际上以革命的方式生活着。这就为将社会中那些更具差异性的元素引入大学生活开启了大门。这些元素通常被视为在文化多元主义这一标签下发展出来的产物,它们中有相当一部分对残留的精英主义要素发起了挑战,而那些残余要素对于马克思主义以及西方女性主义思考方式来说也难以幸免。[1]

待到墨水干了之后再去传福音。这一箴言乃是来自学科化进程的一个熟悉比喻,而且事实上它一直以来都是区分纯粹的学术领域与自由职业的有效的方法。[2] 纯学术派相信实践行动——不论它是政策建议还是政治行动主义——的品质归根到底就是它的知识基础的品质。对那个知识基础来说,如果存在着怀疑的空间,这也许就足以使得行为的害处大于益处。不过,上述高教会派的信条只不过是一种迷信,它们预设了一类认识论的基础主义,而这一类基础主义正是STS研究者基于建构主义的种种考量所要强烈拒斥的东西。如果STS研究在实践上的见解可以被化简成两条箴言,它们将会是以下这两条:其一,你并不需要成为一名专家才能理解专业知识;其二,专家自身可能没有达到他们自己的标准。由此,我们可能会犯错或者我们可能会改变我们的想法,这样一种可能性也就不再单纯地被视为发生着的事实,它同时更是不可避免的。于是,我们所需要的便是一种从上述可错主义认识论发展而来的,关乎我们决定作出种种知识主张的责任伦理。该伦理也就意味着,它是在制度上让人们更容易承认错误,更容易在公开场合改变想法,同时也更容易补偿那些因着我们所采取的行动而受到不公对待的人。[3] 就总的结果而言,当政治活动无法在纯粹的认识论基础上得到辩护的时候,就会营造出一种心态,使得人们普遍地对参与这类活动感到迟疑。

总的来看,包含在高教会派STS与低教会派STS中的那些可供借鉴的革新性

---

〔1〕 有关女性主义与文化多元主义在当代学术界的发展,参见 Fuller 1999b,第四章。桑德拉·哈丁也许是发展出这一观点的最著名的女性主义者。参见 Harding 1991,1993。然而,有迹象表明,即便是女性主义也患上了范式病(paradigmitis)——不可否认是最特别的一种。这里的典型例子是 Nicholson 1994。该书是以下4位当代女性主义的主要理论家的讨论集:塞拉·本哈比、朱迪斯·巴特勒、德鲁西拉·康奈尔以及南希·弗雷泽。正如弗雷泽本人指出的(第158页),她们无意识地再生产了相应由于尔根·哈贝马斯、米歇尔·福柯、雅克·德里达以及理查德·罗蒂所标示出的那些地位。

〔2〕 基于上述视角的一个成熟的学科理论,参见 Abbott 1988。同时作为治疗实践以及研究实践的"心理学",它所处的长期困境也许是这一类边界性工作的典型案例。

〔3〕 对保留这样一种我称之为"犯错的权利"的辩护,参见 Fuller 1999b,尤其是第一章、第八章。这一权利同时在现代的发生于德国的那些围绕"公共领域"的最初争论中起到了重要作用。参见 Broman 1998。

思路为我们反转西方知识生活中遮蔽的状况提供了核心概念。遮蔽,正如我们在第一章第 6 节中所见到的,它是在 19 世纪 30 年代随着威廉·惠威尔创造"科学家"一词来作为一项职业的名称而进入大学的。[1]与这一新词紧密联系在一起的是科学研究中发现的语境与辩护的语境的区分。在第一章第 7 节中,我们见证了库恩以及其他历史主义科学哲学家开了解构这一区分的先河。随后,到了 20 世纪 80 年代,科学社会学家完成了对它的最后一击。就历史主义者与社会学家而言,他们在这一观点上是一致的,也就是认为一个研究传统通过夸耀在自己的荫佑下出现有力发现的数量,从而为自己的存续提供正当性辩护。事实上,一个研究传统对其生产的知识主张是享有知识产权的。由此,打个比方,如果牛顿主义或者达尔文主义研究传统底下的一项科学工作恰好取得了重大发现,那么该发现就被视为推进该传统的一个理由,并且很快地这么一个印象被塑造了出来——尤其是在教科书中——该发现只能够由那些在该传统底下工作的人获得。换句话说,时间上的在先性很快成了必然性的理由。

上述观点为科学研究预设了一个高度竞争的模型,它使得任何给定的领域都将趋向于形成一个受单一范式支配的状态。该观点并不考虑这样的情形,也就是来自某个研究传统的知识主张已经经过改编而顺应他人的目标以及需要。之所以不考虑的一个重要理由乃是,就历史主义者以及社会学家来说,他们最终相信,那些作为其他选项的研究传统只不过是当人们在追求研究的某些共同目标——比如说解释性的真理或者预测的可靠性——时,将人们的劳动分割开来的种种方式。由此,这两拨人认定下述过程具有某种意味上的必然性,也就是在某个研究传统中,当一个发现所获得的事实已经发生的时候,这个事实(将必然地)成为所

---

[1] 本节的余下内容可以追溯到 Fuller 1999b,第六章第三节中所包括的内容。彼处与此处在内容上的关键不同离不开彼处为共和主义所指派角色与此处为社会运动所指派角色间的对比。(有关共和主义的起源,参见本书第一章第 2 节。)无疑,两者间是有区别的,但与此同时它们又有着一个共同的针对知识所处的物质条件的关切,也就是知识正是在这些物质条件底下能够强化那些主张知识的人的能力。在共和社会中,那些参与到公共辩论中的人并不需要担心他们的知识主张对自己的福祉所可能带来的影响:拿思想去赌与拿生活去赌是两码事。在这一意义上,一个人能够在犯下错误的同时又免于惩罚。基于这样的理由,财产所有权常常被视为政治参与的必要条件。

　　社会运动毋宁说是采取了一个相反的策略但是最后却达到了类似的效果:比起归派给个人的定义明确的"不可剥夺的"(财产)权利,运动对其成员进行了"去个体化",也就是说,因着集体成员乃是一起朝着实现运动的理想目标而奋斗,因此对其中的个体而言,不论他遇到了什么难题,他都能够诉诸集体中的其他成员来获得补救。如果科学研究能被概念化为上述意义上的运动,那么就某一发现最初来自某个特定研究纲领这一事实而言,它就不会被视为一项为强化该科学纲领提供合法性的成就,而是被视为对难题的一种补救,这样一种补救仅能通过这样的方式来实现,也就是让该发现变得为尽可能多的其他研究纲领所接触到。

有研究传统的一个"总是已经"(always already)的前提,只是触及这一片被认为是公共区域的人首先需要改变自己的初衷。

来看看在美国公立学校课程中,当达尔文进化论与神创论作为相互排斥的选项时,人们是如何对待这两者的。在相信进化论的美国人中,尽管有三分之二同时相信进化论反映了神圣智慧体的存在,但是这样的相容性迄今为止一直被视为在哲学上具有一定价值的选项,因此人们不认为它在法律的层面上有什么问题。[1]那么,当教师试图将生物学发现与其手下的绝大多数学生的神创论承诺做相容处理的时候,这样的做法到底是哪儿不对了呢? 一个常见的回答是,预设神圣智慧体的存在或者目的论在过去阻碍了生物学研究的开展,而且自达尔文最初的关于演化理论的系统阐释以来,上述预设一直都没有对演化理论有所贡献。不过,与此相反的预设——机械论还原(mechanistic reduction)以及随机遗传变异同样很可能带来错误。[2]

这里就引出了科学教育工作者的社会责任问题,不论他们是职业科学家,还是科学哲学家,抑或是科学社会学家:学生应该被强制在库恩范式的意义上接受当前科学的总体原则——也就是说,作为一种完全的意识形态,上述总体原则是否会否定学生进入课堂时所持有的其他任何的整体信念系统的合法性呢?或者,学生是否应该学习如何将科学整合进自己的信念系统之中,去意识到这中间相容点在哪,冲突点在哪,以及个人与集体知识增长的可能发展方向在哪?如果我们更偏爱基于运动视角的后者而不是基于范式视角的前者,那么我们就需要创立一个新版本的发现与辩护的区分。从老版本的角度来看,通过一项得到理想辩护的发现,当他们拥有同样背景知识与证据的时候,人们能够相信会取得同样的发现。由此,辩护的角色便是通过一个共同的"科学推理的逻辑",对科学事业加以集中乃至同化。然而,实际来看,相比人们得出同样结论时所实际需要的东西,"同样的背景知识与证据"是一个对此不充分的叙述,因为具体说来,前者还牵涉进一个

---

[1] Carter 1993,第 156—182 页。

[2] 有关由支持这一论证的特立独行的生物学家所组成的广教派(broad church)的更多信息,参见 Horgan 1996,第 114—142 页中对布莱尔·古德温、林恩·马古利斯、斯图尔特·卡夫曼,以及斯蒂芬·杰·古尔德的访谈。这些生物学家不同程度地受整体论(holistic)、先成论(preformationism)甚至准目的论对进化的描述所吸引。通常,这些人通过拓展证据以及推理的范围——被视为在对地球上的生命发展做一个全面解释时是相关的——从而为自己对达尔文主义总体原则的修正做出辩护。此处值得一提的是新达尔文主义综合论的奠基者之一乃是一位俄罗斯东正教教徒,他做了一个勇敢的尝试来调和他自己的遗传学研究与当代存在主义神学:Dobzhansky 1967。

特定的研究传统之中了。

　　相对地，我所建议的新区分是这么来对科学的辩护进行概念化的，也就是比起老区分的追求来，科学的辩护将在更深层的意义上去除科学发现所具有的特殊性特征——不单单包括某发现首先是由特定的个人在特定的实验中达成的这一类事实，而且还包括该发现是在特定文化的特定研究传统中达到的这一类事实。换句话说，科学辩护的目标将会是清除特定研究传统或者特定文化，凭借优先取得的发现而获利。它的总体意义是，在去除与"科学进步"联系在一起的那些引发争议的、排他的特征的同时，并不抹杀那些在该标签底下取得的无可争辩的洞见。

　　上述工程将会保护科学研究不会沦落成这样一种形式的专业知识，比如说，一个人在生物学上发表任何的可靠观点之前，他要先成为一名正式的达尔文主义者。同时，该工程还会带来与老区分相反的结果，也就是新区分的目标是使得某个发现与尽可能多的不同的背景假设相兼容，从而使得这样的发现能够尽可能多地授权给各种类型的人群。这样一类活动的典型，我们可以同时在自然科学以及社会科学中找到。在自然科学中，它有"封闭理论"（比如说牛顿力学），有"死科学"（比如说化学），这些东西学习起来就好比是学习自给自足的技术，学习者不需要事先作出形而上学上的、价值论上的，或者甚至是学科方向上的承诺。就此处重新做出的发现与辩护的区分而言，历史上有关其运作的最为有趣的范例当数种种杂合式的研究形式，它们最初是作为对西方殖民扩张的一种防御性反应而出现于19世纪，后来到了20世纪晚期，当非西方学者抵制科学论（science studies）的"后现代"进路时，上述研究形式又开始崭露头角。[1]

　　在社会科学中，来自某个传统的概念创新以及技术创新通常都会被其他传统吸收与改造，这就使得人们能把总体意义上的历史表达为多重的、部分交叉的轨迹。确实，正是上述异质性的交流历史性地赋予了社会科学这样的面貌，也就是

---

〔1〕　在Fuller 1997d，第六章中，我仔细考察了现代伊斯兰以及现代日本的情况。彼处，人们既不否认自然科学拥有工具权力（instrumental power），也没有对此作出强烈谴责，相反人们对它做了系统化的重新诠释，从而使得这些科学能够成为实现这两个地区各自文化的规范潜力（normative potentials）的媒介。顺着这一路线，我们就能够得到一些针对关于科学的历史主义视角的有力批评。大致说来，伊斯兰批评西方没有预计到它的"为科学而科学"的思维所带来的破坏性的、使精神意义丧失的种种影响，而日本则反过来提出了指控，也就是西方迷信地把它自身历史所经历的阶段奉为科学发展的全球性蓝图。在Fuller 1999e中，我更新了这个故事来使它切合当前的情况，正如我在由我组织的1998年2月召开的有关"公众理解科学"的第一次全球网络会议中所报告的那样。此处，来自非西方的参与者们对后现代的一方面把科学与技术归并为"技性科学"，另一方面又将文化视为自治实体的倾向提出了质疑。与这一倾向相反，这些对话者主张西方与非西方的平衡将会得到恢复，仅当技术从意识形态意义上的"科学"概念中剥离出来，因为对那样一种科学概念来说，它预设了人们在充分利用相应技术之前就已经预先采纳了一个特定的文化视角或者理论视角。

它成了一个充满着意识形态分歧的领域,而且这些分歧是无法调解的。然而,从我所提倡的有关知识生产的社会运动进路来看,这是一件好事。[1]它意味着"科学"所代表的普遍价值开始类似于"民主"所代表的普遍价值,两者能在不同的社会背景之下蓬勃发展。但与此同时,人们又必须积极地对它们进行维护和更新,因为理想能够轻易地走向堕落,尤其像特定的科学或者特定的民主形式成了自身成功的受害者,比如说,政府因其深受大众欢迎而走向威权政治,同样,科学中的一致同意使之走向教条化。

在表 16 中,我从两种互不相容的、针对发现与辩护这一区分的阐述方案出发,将我所构想的运动驱使下的"民间科学"与范式驱使下的"专业科学"做了对照。发现与对这些发现的科学辩护之间的关系在传统上被看作支流汇聚而成江河。依然拿河流作为隐喻,我这边的隐喻是,一条江河冲刷出三角洲——在这里,形形色色的传统都能利用仅仅出自其中某个传统的知识体系。这两种情形下的共同危险是,知识都能轻易地被用作权力的一种工具。[2]

表 16　对发现的语境与辩护的语境这一区分的重新划分

知识生产单位	范式(封闭社会)	运动(开放社会)
为区分提供参照的隐喻	汇聚:支流汇成江河	分岔:江河冲刷出三角洲
发现的初始状况	不利(因为出乎意料)	有利(因为在意料之中)
辩护的基本角色	通过逻辑上的同化而浓缩知识	通过地方对知识的顺应而分发知识
背景假设	发现将挑战支配性范式,除非它们被同化	发现将强化支配性范式,除非顺应了地方性语境
差异所在	将知识转化为权力(放大积累优势)	剥夺知识的权力(消除积累优势)
"当代科学"的定义	现在与将来是连续的——过去是死的,它最好留给历史学家	当前与过去是连续的——将来对于曾经失落的选项的复活是开放的
典型科学家	马克斯·普朗克	恩斯特·马赫

---

〔1〕 在这一意义上,我并不持有那些间或表达在 Deutsch, Markovits and Platt 1986 中的忧虑。就该书而言,它记录了创新在社会科学中所表现出来的传统跳跃(tradition-jumping)倾向。

〔2〕 表中谈到了"同化"(assimilation)与"顺应"(accommodation)。这两个术语同样可以在库恩处找到,而且它们最初乃是来自让·皮亚杰。此处我使用它们是要区分知识生产共同体在面对根本性变革时所表现出来的相对开放程度(这两个词分别对应低和高)。

6. 最后的关键性评论

在第七章第 4 节中,我对 STS 未来的"认识论的鸡"之争做了简要的评论。当时我指出,论战的两方是从同一个过去外推出两种截然相反的未来,而这两种未来都将妨碍该领域在政治上以及知识上的动能。现在,依据本章第 4 节所发展的关于探索的运动模型,我们可以为上述评论加入一些介于两者之间的重要而又微妙的差别。一方面,哈里·柯林斯呼吁 STS 以既有的方式奋力向前,在拓展 STS 实证研究的宽度的同时无须对其理论深度进行充分的探究。这正是人们所预计的当欧洲式运动思维走向堕落后将会出现的一类本位主义。另一方面,布鲁诺·拉图尔呼吁的是,STS 把科学家所持有的民间本体论吸收进 STS 自身的叙事框架之中。这一呼吁带有笼络的意味,它正是美国式运动思维堕落的一个实例。

我们可以把柯林斯与拉图尔之间的僵局比作 STS 大吹特吹的案例研究方法所具有的雅努斯神式的一体双面特性。一方面,案例研究为 STS 实践者创造了种种由知识所赋予的权利,这些权利把"研究者共同体"的范围有效地限定为仅仅包括那些拥有同样训练以及经历的人;另一方面,鉴于对具体案例研究的评估通常是单纯根据其描述的充分性("它讲了一个好故事吗?"),而不是某些更加全面的规范性语境,于是这些案例研究也就能够潜在地为更大范围的使用者所使用,其中最突出的将是那些并不持有与 STS 人士相同的个人以及职业承诺的人。不论是哪种情形,探索的动力性气质都将失落。[1]

无论如何,在我的关于"认识论的鸡"之争的悲观诊断之后,接下来有着一个更加乐观的,关于这类争论能如何被转化为运动的催化剂的预测。表面看来,柯林斯与拉图尔似乎是在争论一个名为"科学技术论"的专门化研究领域的未来,但实际上他们的姿态折射出了一个根本性的分歧,也就是两人对自己的知识生产场所——大学——有着不同的展望。柯林斯小心地避开了与国家以及产业的合作,而拉图尔则栖身于这么一个机构之中,它为了维系自身的研究纲领而不得不发展

---

[1] 案例研究在把"宏大叙事"驱逐出科学论(science studies)这一问题上所取得的成功——具体说来,就是本书导言中所悼念的那种哲学历史——很像某个国家在战争期间通过保持中立而享有的成功。让今天的科学史家、科学哲学家以及科学社会学家感到自豪的是,在未曾把资本主义、进步甚至科学具象化的情况下,这三者背后的力量持续不断地在世界中运作。当某个学者群体自愿地退出争论,世界才会发生变化。

与国家以及产业间的网状联系。就这一不同点来说，它并没有什么特别神秘的地方。从与两人各自国家相对应的学术语境出发，很大程度上能够解释这一点。不过，这一不同点同时也反映出了一个新兴学术圈中的分歧，而鉴于 STS 的专业兴趣正是知识的社会条件，可以说，它是站在一个绝佳位置上来考察这一分歧的。

上述分歧存在于被那些时髦的科学政策理论家称为知识生产理念的"模式 1"与"模式 2"之间。[1]柯林斯代表的是模式 1 的知识生产理念，也就是在被保护起来的大学底下所开展的由范式驱动的研究。而拉图尔代表的则是模式 2 的理念，它乐于将大学设定成可为外部关切所渗透的。一旦分歧以上述方式被放大，就把许多利害关系给牵扯了进来：在探索活动所处的这样一种捉摸不定的环境中，所谓"政治的"，又或者所谓"公共的"（public）是什么意思？探索活动的普遍抱负是如何与专业的以及客户驱动的压力相协调的？在一个越发受惠于受众数量所带来的安全感的知识世界中，等待着批判式微的将是一种什么样的命运？通过《科学革命的结构》所承接的前人的思想，以及该书为上述问题所提供的一系列答案，相关的内容我已经在本书中一一做了介绍和驳斥。[2]

就围绕知识生产理念的模式 1 与模式 2 之间的论战而言，它最为令人不安的特征也许当数用消极的框架来模式化大学，它尤其暗示，模式 1 就是学术性与学科专门化的组合，而模式 2 就是非学术性探索与跨学科研究的组合。正如我们在本书第五章第 3 节中所看到的，这样的刻板定位正是库恩留给高等教育的遗产之一。科学的自然发展包含着这么一个过程，即学科潜在地、无止息地分化为种种互不相交的研究领域。任何脱离上述规划的情形一定源自整体社会，同时作为跨学科研究特征的那种兴奋感及其问题的适切性，它们的最终源头也正是整体社会。不过，跨学科研究的"以问题为中心"的本质意味着，一旦某个这样的研究小组完成了工作，其成员将会回到自己的老本行继续从事常规科学研究。于是对跨学科研究我们也就几乎没什么好指望的，而且事实上也没有制度层面上的激励使其转化为能够挑战现有专业的知识形式。确实，正如它常常被比作生物学上的杂交，跨学科研究是无后的。我在工作中花了相当多的精力来质疑这一针对跨学科的观点。[3]

---

〔1〕 上述术语来自 Gibbons et al. 1994。针对该工作带有的历史敏锐性的批判，参见本书第 2 章第 113 页脚注 1。

〔2〕 近来又一种解决上述问题的尝试乃是 Brown 1998。

〔3〕 参见 Fuller 1993b，特别是第 2 章。

尽管上述库恩式的方法论的说服力已经得到证实,但在冷战开始之前,学科专门化并没有在科学探索或者学术生活中大面积流行开来。确实,随着冷战结束以及针对高等教育的资金投入的普遍收缩,人们以惨痛的方式领悟到了其中的利害。不过,这只是一个经济上的教训或者是一个同等重要程度的历史教训。从学术角度来说,摆在我们面前的任务是要反转由模式理论家投射给大学的那幅图景,从而使得大学成为重大社会变革的起始地,而不是只能在外界的迫使下进行变革的一个机构。[1]

当然,这是一个很离谱的要求,不过 STS 的历史为我们提供了一个明确的方式来把它做到底。这一方法要求我们的领域通过恢复其制度根基的运作来教育科学家以及工程师,从而克服它在理解新事物时所带有的健忘性,以及在理解自治时所带有的无活动性(参见本书第七章第 3 节)。对这一论点的一个更具吸引力的表达也许是,比起其他任何领域来,STS 处在了一个更有利的位置之上来重塑博雅教育(liberal arts)。这种教育最初的目标乃是给精英们配备这样的能力,使之在一系列他们的意见能起作用的广泛话题上进行独立思考。[2] 今天,教育的费用已经能为大众所承受,同时就学生而言,与其说他们对技术知识一无所知,不如说他们受到了这样的技术知识的妨碍——这些知识的短处比起长处来远不为人所知。在我们所处的模式 2 世界中,这一事实正变得越发明显,也就是比起大学官僚制度(university bureaucracy),私人企业能提供更有效率的专业化训练,而对大学来说,它会去要求学生参加一些与他们预期的未来职业生涯几乎没有关联的课程。然而,发达资本主义底下就业市场所具有的不确定性,以及民主制度对全能公民的需要都指向了一种以特定方式建立在大学基础之上的教育

〔1〕 尽管此处无法在论证上加以深究,但我会选择做出这样的主张,鉴于目前学术资历高过实际所需的人(比如说那些在大学以外工作的拥有博士学位的人)在数量上的过剩,随着学术规范被注入以不加批判的方式来追求短期目标,从而变得过于适应的国家文化以及商业文化中,反转模式 2 的知识生产所带来影响的那种潜在可能性已经存在。上述注入的一个实例便是企业中出现的"首席知识官"(CKO)一职,任职人通常持有"高级管理博士"(executive Ph. D)的头衔。他们将科学文献视为经济中的采集性产业的一部分,比如说,其对象是一种能够加以栽培以及勘探的自然资源,而科学共同体由于自身习惯化了的常规科学行为模式,致使它没能把握到相应的栽培以及勘探的方法。(在这一语境下,科学共同体的角色就相当于坐拥丰富矿产资源的土著。)这一发展的有趣特征在于,商业将会允许相关的训练、实践以及经费延伸到这样的程度,也就是根据学术考虑来组织这几个因素的结构,从而有助于稳定自身所处的不断变化着的环境。此处要特别注明的是,斯德哥尔摩商学院与查尔莫斯理工大学之间开展的名为"菲尼克斯"(Fenix)的新动议,这样的动议现在已经为瑞典的绝大多数跨国公司所支持。感谢托马斯·赫尔斯特罗姆与梅尔·雅各布向我引介了这一模式 2 的背景。

〔2〕 我得感谢比尔·凯斯,他对我关于基于范式的知识生产与更一般的基于大学的知识生产的区分及其意蕴所作的洞察感兴趣。

所具有的独特价值。

讽刺的是,STS大谈特谈"创制中的科学"(science in the making)的重要性,却很少涉及"创制中的科学家"。这在结果上表现为,STS通常把科学家——不论是实验室中的研究对象还是科学战争中的对手——视为完全完成了的、具有极强复原力的产物。相对地,把STS嵌入大众层面的科学教育之中便能够消去该领域表现出来的疏离性。确实,随着人们把预料到重要STS发现的功劳归给那些过去受到尊敬的科学家,最终STS思维将会重新出现在科学传统的自我理解之中。[1]

在本书的前面部分我曾评论说,库恩之所以把奥威尔式历史归为科学家的特征,乃是因为多少受到了阿尔弗雷德·诺尔司·怀特海那句名言的启发,"一门不愿忘记其创始人的科学是没有希望的"。[2]在本书行将结束之前,请允许我引用一个内容与其相反的句子,它出自20世纪早期哈佛的另一位智者乔治·桑塔亚那之口:"不能记住过去的人注定要重复过去。"[3]库恩之后,人们开始普遍认为,科学如果要取得进步,那它就必须把历史抛诸脑后。不过,情况也可能是这样的,库恩尤其是他的追随者把对历史的抛却看成是科学共同体在知识方面所表达的决心。但是,桑塔亚那其实想表明的意思是,要么共同体尚处在婴幼儿阶段,要么——更可能是如此——已经垂垂老矣。不论何种情形,桑塔亚那的警句指向了这样一种关于过去的理念,也就是过去是一个活生生的资源库,不论今天的异端还是明天的正统,都可能从它那里铸炼而来。[4]雷蒙德·阿隆以他特有的简洁点出了要点:"过去从不会以确定的方式固定下来,除非它没有将来。"[5]至于我这本

---

〔1〕 对我来说,这一策略最初是由于格雷姆·古戴才变得生动起来。1994年12月,我在达勒姆大学组织了一次题为"科学的社会地位"的会议,他正是在会上发的言。那次会议是在科学战争沸沸扬扬之前各方代表的第一次正式的会议。古戴给底下的科学家听众留下了深刻的影响,他提醒像托马斯·亨利·赫胥黎这样的实验科学标志性的人物对实验室培训的程序化持反对态度——其理由是,这会扼制那些初出茅庐的研究者的创新能力。相应地,同时可参见本书第二章第118页脚注2,在彼处这些评论被放置了马赫有关科学教育进路的语境之中。我关于STS教育进路的理论基础主要在Fuller 1993b中得到表述,对此Collier 1997持赞同的观点,它在应用这些理论的同时对之做了扩展。

〔2〕 参见第六章第313页脚注1。

〔3〕 Santayana 1905,第284页。我第一次接触到这句话是在我最早针对历史意识的本质进行探究的时候。这句话是关于下述两个事件之关系的思考,一方面是吉本在论述亚历山大图书馆于公元641年被焚毁时所持有的矛盾态度,另一方面是吉本的同代人大卫·休谟呼吁,要烧掉每一本不包含逻辑或者经验证据的书。参见Fuller and Gorman 1987。

〔4〕 比较Santayana 1936,第94页。这一观点某种程度上标志着一种转变,也就是我在之前曾主张的,在重建知识生产的条件的时候,历史(包括那些更一般的人文学科)只会扮演一个批判性的角色。参见Fuller 1993a,第xiii—xiv页。

〔5〕 Aron 1957,第150页。

书,它可以被视为在探究与阿隆互补的一个观点:将来从不会以确定的方式固定下来,除非它没有过去。尽管有点讽刺,但是对于任何研究领域中持进步观的思想家而言,让未来保持一直开放的最佳策略便是去直截了当地尝试,让过去与当下同时发生。如果说《科学革命的结构》中间隐藏有什么颠覆性信息的话,那就是它了。

参考文献

Abbott, Andrew. 1988. *The System of Professions*. Chicago: University of Chicago.

Adams, Hazard, ed. 1971. *Critical Theory since Plato*. New York: Harcourt Brace Jovanovich.

Adorno, Theodor, ed. 1976. *The Positivist Dispute in German Sociology*. London: Heinemann.

Agassi, Joseph. 1988. *The Gentle Art of Philosophical Polemics*. La Salle, Ⅲ.: Open Court Press.

Ahmad, Aijaz. 1992. *In Theory: Classes, Nations, Literatures*. London: Verso.

Ainslie, George. 1992. *Picoeconomics*. Cambridge: Cambridge University Press.

Albisetti, James. 1983. *Secondary School Reform in Imperial Germany*. Princeton: Princeton University Press.

——. 1987. "The Debate on Secondary School Reform in France and Germany." In Mueller, Ringer, and Simon 1987, 17-96.

Albrow, Martin. 1993. "The Changing British Role in European Sociology." In *Sociology in Europe*, ed. B. Nedelmann and P. Sztompka. Berlin: Walter de Gruyter.

Albury, W. Randall. 1983. *The Politics of Objectivity*. Victoria, Australia: Deakin University Press.

Anderson, Perry. 1992. *A Zone of Engagement*. London: Verso.

——. 1998. *The Origins of Postmodernity*. London: Verso.

Apel, Karl-Otto. 1984. *Understanding and Explanation*. Cambridge: MIT Press.

Appleby, Joyce, Lynn Hunt, and Margaret Jacob. 1995. *Telling the Truth about History*. New Ybik: Norton.

Arditi, Jorge. 1994. "Geertz, Kuhn, and the Idea of a Cultural Paradigm." *Sociological Review* 45: 597-617.

Areen, Judith, Patricia King, Steven Goldberg, and Alexander Capron. 1990. *Law, Science, and Medicine*. 3d ed. Mineola, N. Y.: Foundation Press. 1st ed. 1984.

Arnold, Thurman. 1966. "A Philosophy for Politicians." In *New Deal Thought*, ed. H. Zinn, 35-43. Indianapolis: Bobbs-Merrill. First published in 1935.

Aron, Raymond. 1957. *The Opium of the Intellectuals*. Garden City, N. Y.: Doubleday.

——. 1966. *Peace and War: A Theory of International Relations*. Garden City, N. Y.: Doubleday. First published in 1961.

——. 1970. *Main Currents in Sociological Thought*. Garden City, N. Y.: Doubledaw First published in 1967.

Aronowitz, Stanley. 1988. *Science as Power*. Minneapolis: University of Minnesota Press.

Ash, Mitchell. 1991. "Gestalt Psvchologv in Weimar Culture." *History of the Human Sciences* 4: 395-416.

Ashmore, Malcolm. 1989. *The Reflexive Thesis: Wrighting Sociology of Scientific Knowledge*. Chicago: University of Chicago Press.

Ashmore, Malcolm, and Stella Harding, eds. 1994. "Humans and Others: The Concept of Agency and Its Attribution." Special number of *American Behavioral Scientist* 37: 731-856.

Ashmore, Malcolm, and Evelleen Richards, eds. 1996. "The Politics of SSK: Neutrality, Commitment, and Beyond." Special number of *Social Studies of Science* 26: 219-418.

Axtell, Guy. 1993. "In the Tracks of the Historical Movement: A Reassessment of the Kuhn-Carnap Connection." *Studies in the History and Philosophy of Science* 24: 119-46.

Ayer, A. J. 1936. *Language, Truth, and Logic*. London: Victor Gollancz.

Baars, Bernard. 1986. *The Cogntive Revolution in Psychology*. New York: Guilford

Press.

Baigrie, Brian. 1995. "Fuller's Civic Republicanism and the Question of Scientific Expertise."*Philosophy of the Social Sciences* 25 : 502-11.

Baker, John. 1961. "The Controversy on Freedom in Science in the 19th Century. " In *The* Logic *of Personal Knowledge*, ed J Baker, 89-96. London: Routledge & Kegan Paul.

Banner, Michael. 1990. *The Justification of Science and the Rationality of Religious Belief*. Oxford: Clarendon Press.

Barber, Benjamin. 1995. *Jihad vs*. *McWorld*. New York: Ballantine Books.

Barber, Bernard. 1952. *Science and the Social Order*. New York: Macmillan.

——, ed. 1970. L. J. *Henderson on the Social System*. Chicago: University of Chicago Press.

Barnes, Barry. 1969. "Paradigms, Scientific and Social."*Man*(March): 94-102.

——. 1975. *Scientific Knowledge* and *Sociological Theory*. London: Routledge & Kegan Paul.

——. 1982. T,S. *Kuhn and Social Science*. London: Macmillan.

——. 1990. *The Nature of Power*. Cambridge: Polity.

——. 1994. "Cultural Change —The Thought-Styles of Mannheim and Kuhn. " *Common Knowledge* 3, no. 2: 65-78.

Barnes, Barry, and David Bloor. 1982. "Relativism, Rationalism, and the Sociology of Knowledge."In Hollis and Lukes 1982,21-47.

Barnes, Barry, David Bloor, and John Henry. 1996. *Scientific Knowledge: A Sociological Analysis*. Chicago: University of Chicago Press.

Barnes, Barry; and David Edge, eds. 1982. *Science in Context*. Milton Keynes, U. K. : Open University Press.

Bartley, W. W. , III. 1974. "Theory of Language and Philosophy of Science as Instruments of Educational Reform: Wittgenstein and Popper as Austrian Schoolteachers. " In *Boston Studies in the Philosophy of Science*, vol. 14, ed. R. Cohen and M. Wartofsky,307-37. Dordrecht: Reidel.

——. 1984. *The Retreat to Commitment*. 2d ed. La Salle, Ⅲ. : Open Court. 1st ed. 1962.

Baudrillard, Jean. 1983. *Simulations*. New York: Semiotexte.

Bauman, Zygmunt. 1987. *Legislators and Interpreters*. Cambridge: Polity Press.

——. 1993. *Postmodern Ethics*. Oxford: Blackwell.

Bazerman, Charles. 1988. *Shaping Written Knowledge*. Madison: University of Wisconsin Press.

Beck, Ulrich. 1992. *The Risk Society*. London: Sage. First published in 1986.

Becker, Howard. 1967. "Whose Side Are We On?" *Social Problems* 14: 239-47.

Beiser, Frederick. 1987. *The Fate of Reason*. Cambridge: Harvard University Press.

——. 1992. *Enlightenment, Revolution, and Romanticism*. Cambridge: Harvard University Press.

Bell, Daniel, 1960. *The End of Ideology*. New York: Free Press.

——. 1966. *Reforming of General Education: The Columbia College Experience in It's National Experience*. Garden City, N. Y.: Doubleday.

——. 1973. *The Coming of Post-industrial Society*. New York: Basic Books.

Bell, Daniel, and Irving Kristol, eds. 1969. *Confrontation*. New York: Basic Books.

Ben-David Joseph. 1972. "Scientific Growth: Reflections on Ben-David's 'Scientist's Role'." *Minerva* 10: 166-78.

——. 1984. *The Scientist's Role in Society*. 2d ed. Chicago: University of Chicago Press. 1st ed. 1971.

——. 1991. *Scientific Growth: Essays on the Social Organization and Ethos of Science*. Berkeley and Los Angeles: University of California Press.

Bender, John, and David Wellbery, eds. 1991. *Chronotypes: Construction of Time*. Palo Alto: Stanford University Press.

Bentley, Eric. 1946. *The Playwright as Thinker*. New York: Reynal & Hitchcock.

Berger, Peter. 1967. *Sacred Canopy*. New York: Doubleday.

Berger, Peter, Brigitte Berger, and Hansfried Kellner. 1973. *The Homeless Mind*. New York: Random House.

Berger, Peter, and Thomas Luckmann. 1967. *The Social Construction of Reality*. Garden City, N. Y.: Doubleday.

Bergson, Henri. 1935. *The Two Sources of Morality and Religion*. London: Macmillan. First published in 1932.

Berkson, William, and John Wetterstein. 1984. *Learning from Error : Karl Poppers Psychology of Error*. La Salle, Hl. : Open Court Press.

Berle, Adolf, and Gardner Means. 1932. *The Modern Corporation and Private Property*. New York: Harcourt Brace and World.

Berlin, Isaiah. 1969. "Historical Inevitability." In *Four Essays on Liberty*, 41-117. Oxford: Oxford University Press. First published in 1954.

Bernal, John Desmond. 1935. "If Industry Gave Science a Chance: The Boundless Possibilities Ahead of Us."*Harpers*, February, 258-59.

——. 1939. *The Social Function of Science*. London: Macmillan.

——. 1971. *Science in History*. 4 vols. Cambridge: MIT Press.

Bernal, Martin. 1987. *Black Athena : The Afroasiatic Roots of Greek Thought*. New Brunswick: Rutgers University Press.

Bernstein, Barton. 1993. "Seizing the Contested Terrain of Early Nuclear History: Stimson, Conanl, and Their Allies Explain the Decision to Use the Atomic Bomb."*Diplomatic History* 17: 35-72.

Bernstein, Basil. 1971. *Class, Codes, and Control*. Vol. 1. London: Routledge & Kegan Paul.

Bernstein, Howard. 1981. "Marxist Historiography and the Methodology of Research Programs." *History and Theory* 20: 424—49.

Bernstein, Richard. 1976. *The Restructuring of Social and Political Theory*. Oxford: Blackwell.

——. 1983. *Beyond Objectivism and Relativism*. Philadelphia: University of Pennsylvania Press.

Biagioli, Mario. 1990. "The Anthropology of Incommensurability." *Studies in History and Philosophy of Science* 21 : 183-209.

——. 1993. *Galileo , Courtier*. Chicago: University of Chicago Press.

——. 1996. "From Relativism to Contingentism." In Galison and Stump 1996, 189-206.

Bijker, Wiebe, Thomas Hughes, and Trevor Pinch, eds. 1987. *The Social Construction of Technological Systems*. Cambridge: MIT Press.

Bijker, Wiebe, and John Law, eds. 1992. *Shaping Technology/Building Society :*

Studies in Socio-technical Change. Cambridge: MIT Press.

Blackmore, John. 1973. *Ernst Mach*. Berkeley and Los Angeles: University of California Press.

——,ed. 1992. *Ernst Mach : A Deeper Look*. Dordrecht: Kluwer.

Bloom, Allan. 1987. *The Closing of the American Mind*. New York: Simon and Schuster.

——. 1990. *Giants and Dwarfs*. New York: Simon and Schuster.

Bloor, David. 1973. "Wittgenstein and Mannheim on the Sociology of Mathematics." *Studies in History and Philosophy of Science* 4: 173-91.

——. 1975. "A Philosophical Approach to Science." *Social Studies of Science* 5: 507-17.

——. 1976. *Knowledge and Social Imagery*. London: Routledge & Kegan Paul.

——. 1983. *Wittgenstein and the Social Theory of Knowledge*. Oxford: Blackwell.

——. 1992. "Left and Right Wittgensteinians." In Pickering 1992, 266-82.

Bok, Derek. 1982. *Beyond the Ivory Tower : The Social Responsibility of the Modern University*. Cambridge: Harvard University Press.

Boring, Edwin. 1950. *A History of Experimental Psychology*. 2d ed. New York: Appleton Century Crofts. 1st ed. 1929.

Boudon, Raymond. 1981. *The Logic of Social Action*. London: Routledge & Kegan Paul. First published in 1979.

Bourdieu, Pierre. 1975. "The Specificity of the Scientific Field and the Social Conditions of the Progress of Reason." *Social Science Information* 14, no. 6: 19-47.

——. 1977. *Outline of a Theory of Practice*. Cambridge: Cambridge University Press. First published in 1972.

——. 1988. *Homo Acadcmicus*. Cambridge: Polity Press. First published in 1984.

——. 1996. *The State Nobility*. Cambridge: Polity Press. First published in 1989. Bowker, Geof, and Bruno Latour. 1987. "A Booming Discipline Short of Discipline: Social Studies of Science in France." *Social Studies of Science* 17: 715-47.

Bradlev; F. H. 1927. *Ethical Studies*. 2d ed. Oxford: Oxford University Press. 1st ed. 1876.

——. 1968. *The Presuppositions of Critical History*. New York: Quadrangle. First published in 1874.

Brannigan, Augustine. 1981. *TM Social Basis of Scientific Discoveries*. Cambridge: Cambridge University Press.

Braverman, Harry. 1974. *Labor and Monopoly Capitalism: The Degradation of Work in the Twentieth Century*. New York: Monthly Review.

Brennan, Teresa. 1993. *History after Lucan*. London: Routledge.

Bricmont, Jean. 1997. "Science of Chaos or Chaos in Science." In Gross, Levitt, and Lewis 1997,131-76.

Brinton, Crane. 1950. *The Shaping of the Modern Mind*. New York: New American Library.

——. 1952. *The Anatomy of Revolution*. New York: Random House.

Broman, Thomas. 1998. "The Habermasian Public Sphere and Science in the Enlightenment." *History of Science* 36: 124-49.

Brooke, John Hedley. 1991. *Science and Religion*. Cambridge: Cambridge University Press.

Brown, Harold. 1977. *Perception, Theory, and Commitment: The New Philosophy of Science*. Chicago: University of Chicago Press.

Brown, James Robert, ed. 1984. *Rationality Debates: The Sociological Turn*. Dordrecht: Reidel.

Brown, Richard Harvey. 1998. "Modem Science and Its Critics: Toward a Postpositivist Legitimization of Science." *New Literary History* 29: 521-50.

Bruner, Jerome. 1983. *In Search of Mind*. New York: Harper & Row.

Brush, Stephen. 1975. "Should History of Science Be Rated X?" *Science* 183: 1164-83.

——. 1995. "Scientists as Historians." *Osiris* 10: 215-32.

Buchdahl, Gerd. 1969. *Metaphysics and the Philosophy of Science: The Classical Origins from Descartes to Kant*. Cambridge: MIT Press.

Buchwald, Jed. 1993. "Design for Experimenting." In Horwich 1993,169-206.

——. 1995. "Conclusion." In *Scientific Practice: Theories and Stories of Doing Physics*, 345-51. Chicago: University of Chicago Press.

——. 1996. "Memories of Tom Kuhn." *History* of *Science Society Newsletter* 25, no. 4: 4.

Buchwald Jed, and George Smith. 1997. "Thomas Kuhn. 1922—1996." *Philosophy of Science* 64: 361-76.

Buck, Peter, and Barbara Rosenkrantz. 1981. "The Worm in the Core: Science and General Education." In *Transformation and Tradition: Essays in Honor of I. Bernard Cohen*, ed. E. Mendelsohn, 371-95. Cambridge: Cambridge University Press.

Bukharin, Nikolai, ed. 1971. *Science at the Crossroads: Papers Presented to the International* Congress *of the History of Science and Technology held in London from June 29th to July 3rd 1931 by the Delegates of the Soviet Union*. Reprinted with new foreword by Joseph Needham and new introduction by Garv Werskey. London: Cass. First published in 1931.

Burke, Kenneth. 1969. *A Grammar of Motives*. Berkeley and Los Angeles: University of California Press. First published in 1945.

Burnham, James. 1941. *The Managerial Revolution*. New York: Day.

Burnham, John. 1987. *How Superstition Won and Science Lost: Popularizing Science and Health in the United States*. New Brunswick: Rutgers University Press.

Burtt, Edward. 1954. *The Metaphysical Foundations of Modern Physical Science*. New York: Doubleday. First published in 1924.

Butterfield, Herbert. 1931. *On the Whig Interpretation of History*. Cambridge: Cambridge University Press.

——. 1955. *Man on His Past: The Study of the History of Historical Scholarship*. Cambridge: Cambridge University Press.

Buxton, William, and Stephen Turner. 1992. "From Education to Expertise: Sociology as a Profession." In *Sociology and Its Publics*, ed. Terence Halliday and Morris Janowitz, 373-408. Chicago: University of Chicago Press.

Callebaut, Werner. 1993. *Taking the Naturalistic Turn*, or *How Real Philosophy of Science Is Done*. Chicago: University of Chicago Press.

——. 1996. "Thomas Kuhn as an Evolutionary Naturalist." *Evolution and Cognition* 2: 127-38.

Callon, Michel. 1986. "Some Elements of a Sociology of Translation: Domestication of the Scallops and the Fishermen."In *Power, Action and Belief : A New Sociology of Knowledge?* ed. John Law. 196-229. London: Routledge & Kegan Paul.

——. 1987. "Society in the Making: The Study of Technology as a Tool for Sociological Analysis." In Bijker, Hughes, and Pinch 1987, 83-106.

Callon, Michel, and Bruno Latour. 1981. "Unscrewing the Big Leviathan: How Actors Macro-structure Reality and How Sociologists Help Them to Do So."In *Advances in Social Theory and Methodology*, ed. K. Knorr-Cetina and A. Cicourel, 277-303. London: Routledge & Kegan Paul.

Callon, Michel, John Law, and Arie Rip. 1986. *Mapping the Dynamics of Science and Technology*. London: Macmillan.

Campbell, Donald. 1969. "Ethnocentrism of Disciplines and the Fishscale Model of Omniscience." In *Interdisciplinary Relationships in the Social Sciences*, ed. M. Sherif and C. W. Sherif, 328-48. Chicago: Aldine.

——. 1984. "Can We Be Scientific in Applied Social Science?" In *Evaluation Studies Review Annual*, vol. 9, ed. R. Connor, D. Attman, and C. Jackson, 26-48. London: Sage.

——. 1988. *Methodology and Epistemology for Social Science*. Chicago: University of Chicago Press.

Cantor, Norman. 1991. *The Inventing of the* Middle Ages. New York: William Morrow.

Cao, Tian Yu. 1993. "The Kuhnian Revolution and the Postmodern Turn in the History of Science."*Physis* 30: 476-504.

Cardwell, D. S. L. 1972. *The Organisation of Science in England*. 2d ed. London: Heinemann. 1st ed. 1957.

Carnap, Rudolf. 1942. *Introduction to Semantics*. CamLridge: Harvard University Press.

——. 1958. *Meaning and Necessity*. 2d ed. Chicago: University of Chicago Press. 1st ed. 1950.

——. 1963. "Replies and Systematic Expositions." In *The Philosophy of Rudolf Carnap*, ed. P. Schilpp, 859-1016. La Salle, Ⅲ.: Open Court Press.

——. 1966. *An Introduction to the Philosophy of Science*. New York: Harper & Row.

——. 1967. *The Logical Structure of the World*. Trans. R. George. Berkeley and Los Angeles: University of California Press. First published in 1928.

Carter, Stephen. 1993. *The Culture of Disbelief*. New York: Doubleday.

Cartwright, Nancy, Jordi Cat, Lola Fleck, and Thomas Uebel. 1996. *Otto Neurath : Philosophy between Science and Politics*. Cambridge: Cambridge University Press.

Cassirer, Ernst. 1923. *Substance and Function*. La Salle, Ⅲ.: Open Court Press. First published in 1910.

——. 1960. *The Logic of the Humanities*. New Haven: Yale University Press.

——. 1963. *Individual and Cosmos in Renaissance Philosophy*. Oxford: Basil Blackwell. First published in 1927.

Castells, Manuel. 1996-98. *The Information Age : Economy, Society, and Culture*. 3 vols. Oxford: Blackwell.

Cavell, Stanley. 1976. *Must We Mean What We Say?* Cambridge: Cambridge University Press.

——. 1979. *The Claim of Reason*. Oxford: Oxford University Press.

Ceccarelli, Leah. 1995. "A Rhetoric of Interdisciplinary Scientific Discourse: Textual Criticism of Dobzhansky's *Genetics and Origins of Species*." *Social Epistemology* 9: 91-112.

Chisholm, Roderick. 1974. *Theory of Knowledge*. Englewood Cliffs, N. J.: Prentice Hall.

Chomsky, Noam, Ira Katznelson, Richard Lewontin, David Montgomery, Laura Nader, Richard Ohmann, Ray Sieves Immanuel Wallerstein, and Howard Zinn. 1997. *The Cold War and the University*. New York: New Press.

Chubin, Daryl, and Edward Hackett. 1990. *Peerless Science*. Albany: SUNY Press.

Clegg, Stewart. 1989. *Frameworks of Power*. London: Sage.

Cohen, H. Floris. 1994. *The Scientific Revolution : An Historiographical Inquiry*. Chicago: University of Chicago Press.

Cohen, I. Bernard. 1984. "A Harvard Education." *Isis* 75: 13-21.

——. 1985. *Revolution in Science*. Cambridge：Harvard University Press.

——. 1995. *Science and the Founding Fathers*. New York：W. W. Norton.

Cohen, 1. Bernard, and F. G. Watson, eds. 1952. *General Education in Science*. Cambridge：Harvard University Press.

Cohen, Jean. 1985. "Strategy or Identity：New Theoretical Paradigms and Contemporary Social Movements." *Social Research* 52：663-716.

Cohen, L. Jonathan. 1986. *The Dialogue of Reason*. Oxford：Clarendon Press.

Cohen. Morris, and Ernest Nagel. 1934. *An Introduction to Logic and the Scientific Method*. London：Routledge & Kegan Paul.

Coleman, Janies. 1978. "Sociological Analysis and Social Policy." In *A History* of *Sociological Analysis*, ed. T. Bottomore and R. Nisbet, 677-703. New York：Basic Books.

——. 1990. *The Foundations of Social Theory*. Cambridge：Harvard University Press.

Collier, James, ed. 1997. *Scientific and Technical Communication：Theory，Practice and Policy*. Thousand Oaks, Calif.：Sage.

Collingwood, Robin. 1972. *An Essay on Metaphysics*. Chicago：Henry Regnery Company. First published in 1940.

Collini, Stefan, Donald Winch, and J. W. Burrow. 1983. *That Noble Science of Politics*. Cambridge：Cambridge University Press.

Collins, Harry. 1981. "What Is TRASP? The Radical Programme as a Methodological Imperative." *Philosophy of the Social Sciences* 11：215-24.

——. 1985. *Changing Order：Replication and Induction in Scientific Practice*. London：Sage.

——. 1987. "Certainty and the Public Understanding of Science：Science on Television." *Social Studies of Science* 17：689-713.

——. 1996. "Theory Dopes：A Critique of Murphy." *Sociology* 30：367-74.

Collins, Harry and Trevor Pinch. 1982. *Frames of Meaning*. London：Routledge & Kegan Paul.

——. 1993. *Golem：What Everyone Needs to Know about Science*. Cambridge：Cambridge University Press.

Collins, Harry, and Steven Yearley. 1992. "Epistemological Chicken." In Pickering 1992, 301-27.

Collins, Randall. 1975. *Conflict Sociology*. New York: Academic Press.

——. 1998. *Sociology of Philosophies: A Global Theory of Intellectual Change*. Cambridge: Harvard University Press.

Commoner, Barry. 1971. *The Closing Circle: Nature, Man, and Technology*. New York: Alfred Knopf.

Conant, James Bryant. 1947. *Understanding Science*. New Haven: Yale University Press.

——. 1950. *The Overthrow of the Phlogiston Theory: The Chemical Revolution of 1775—1789*. Harvard Case Histories in Experimental Science, case 2. Cambridge: Harvard University Press.

——. 1952a. Foreword to Cohen and Watson 1952.

——. 1952b. *Modem Science and Modern Man*. New York: Columbia University Press.

——. 1959. *The American High School Today: A First Report to Interested Citizens*. New York: McGraw Hill.

——. 1961. *Science and Common Sense*. New Haven: Yale University Press.

——. 1970. My *Several Lives: Memoirs of a Social Inventor*. New York: Harper & Row.

Conant Presidential Papers. 1948-50. Harvard University Archives.

Conley, Thomas. 1990. *Rhetoric in the European Tradition*. Chicago: University of Chicago Press.

Constant, Edward. 1973. "A Model of Technological Change Applied to the Turbojet Revolution." *Technology and Culture* 14: 553-72.

Cook, Terrence. 1991. *The Great Alternatives of Social Thought*. Lanham, Md.: Rowman & Littlefield.

Cooley, Mike. 1980. *Architect or Bee?: The Human/Technology Relationship*. Slough, UK: Langley Technical Services.

Crawford, T. Hugh. 1993. "An Interview with Bruno Latour." *Configurations* 2: 247-69.

Creath, Richard. 1990. *Dear Carnap, Dear Van.* Berkeley and Los Angeles: University of California Press.

Crombie, Alaistair, ed. 1963. *Scientific Change.* Oxford: Oxford University Press.

——. 1984. "Beginnings at Oxford." *Isis* 75: 25-28.

Crothers, Charles. 1987. *Robert K. Merton.* Chichester, UK: Tavistock.

Crowther, J. G. 1968. *Science in Modern Society.* New York: Schocken Books.

Culler, Jonathan. 1982. *On Deconstruction.* Ithaca: Cornell University Press.

Curtius, Ernst Robert. 1989. "Max Weber on Science as a Vocation." In *Max Weber's "Science as a Vocation,"* ed. P. Lassman and I. Velody, 70-75. London: Unwin Hyman.

Cutcliffe, Stephen. 1989. "The Emergence of STS as an Academic Field." In *Research in Philosophy of Technology*, ed. P. Durbin. Greenwich, Conn.: JAI Press.

Dahl, Robert. 1963. *Modem Political Analysis.* Englewood Cliffs, N. J.: Prentice-Hall.

——. 1989. *Democracy and Its Critics.* New Haven: Yale University Press.

Dallmayr, Fred, and Thomas McCarthy, eds. 1977. *Understanding and Social Inquiry.* South Bend: University of Notre Dame Press.

D'Amico, Robert. 1989. *Historicism and Knowledge.* London: Routledge.

Daniel, Hans-Dietrich. 1994. *Guardians of Science: Fairness and Reliability of Peer Review.* Weinheim, Germany: VCH.

Danziger, Kurt. 1990. *Constructing the Subject: Historical Origins of Psychological Research.* Cambridge: Cambridge University Press.

Daston, Lorraine. 1987. *Classical Probability in the Enlightenment.* Princeton: Princeton University Press.

Davidson, Donald. 1982. "On the Very Idea of a Conceptual Scheme." In *Relativism: Cognitive and Moral*, ed. M. Krausz and J. Meiland, 60-80. South Bend: University of Notre Dame Press. First published in 1973.

De Mey, Marc. 1982. *The Cognitive Paradigm.* Dordrecht: Kluwer

Dennett, Daniel. 1995. *Darwin's Dangerous Idea.* London: Faber & Faber.

Dennis, Michael. 1987. "Accounting for Research: New Histories of Corporate Laboratories and the Social History of American Science?" *Social Studies of*

Science 17: 479-518.

Derrida, Jacques. 1973. *Speech and Phenomena*. Trans. D. Allison. Evanston: Northwestern University Press.

——. 1976. *On Grammatology*. Trans. G. Spivak. Baltimore: Johns Hopkins University Press.

Descombes, Vincent. 1980. *Modern French Philosophy*. Cambridge: Cambridge University Press.

Deutsch, Karl, Andrei Markovits, and John Platt, eds. 1986. *Advances in the Social Sciences*. 1900—1980. Lanham, Md. : University Press of America.

Deutsch, Karl, John Platt, and D. Senghaas. 1971. "Conditions Favoring Major Advances in Social Science. " *Science* 171: 450-59.

Dewey John. 1920. *Reconstruction in Philosophy*. Boston: Henry Holt and Company.

——. 1938. *Logic: A Theory of Inquiry*. New York: Henry Ho)t.

Dinneen, Francis. 1967. *An Introduction to General Linguistics*. Boston: Holt, Rinehart & Winston.

Dobzhanskv; Theodosius. 1967. *The* Biology *of Ultimate Concern*. New York: Doubleday.

Doel, Ronald. 1997. "Scientists as Policymakers, Advisors, and Intelligence Agents: Linking Contemporary Diplomatic History and with the History of Contemporary Science. " In Soederqvist 1997, 215-44.

Doppelt, Gerald. 1978. "Kuhn's Epistemological Relativism: An Interpretation and a Defense. " *Inquiry* 21: 33-86.

Douglas, Mary. 1970a. *Implicit Meanings*. London: Routledge & Kegan Paul.

——. 1970b. *Natural Symxplorations in Cosmology*. London: Barrie and Rockliff.

——. 1980. *Edward Evans-Pritchard*. Harmondsworth, U. K. : Penguin.

——. 1986. *How Institutions Think*. Syracuse: Syracuse University Press.

Dretske, Fred. 1981. *Knowledge and the Flow of Information*. Cambridge: MIT Press.

Drucker, Peter. 1993. *Post-capitalist Society*. New York: Harper Business.

Drury, Shadia. 1988. *The Political Ideas of Leo Strauss*. New York: St. Martins Press.

——. 1994. *Alexandre Kojeve : The Roots of Postmodern Politics*. London: Macmillan.

Dublin, Max. 1989. *Futurehype*. New York: Dell.

Ducrot, Oswald, and Tzvetan Tbdorov. 1979. *Encyclopedic Dictionary of the Sciences of Language*. Baltimore: Johns Hopkins University Press. First published in 1972.

Duhern, Pierre. 1954. *The Aim and Structure of Physical Theory*. Princeton: Princeton University Press. First published in 1914.

——. 1969. *To Save the Appearances : An Essay on the Idea of Physical Theory from Plato to Galileo*. Chicago: University of Chicago Press. First published in 1908.

——. 1991. *German Science*. La Salle, Ill. : Open Court Press. First published in 1915.

Dummett, Michael. 1981. "Ought Research to Be Unrestricted?" *Grazer Philosophische Studien* 12/13: 281-98.

Dupre, John. 1993. Disorder of Things: *The Metaphysical Foundations of the Disunification of Science*. Cambridge: Harvard University Press.

Dusek, VaL 1998. "Brecht and Lukacs as Teachers of Feyerabend and Lakatos." *History of the Human Sciences* n : 25-44.

Dvorak, Johann. 1991. "Otto Neurath and Adult Education: Unity of Science, Materialism, and Comprehensive Enlightenment." In *Rediscovering the Forgotten Vienna Circle*, ed. T. Uebel, 265-74. Dordrecht: Kluwer.

Easton, David. 1991. "Political Science in the United States: Past and Present. " In *Divided Knowledge : Across Disciplines , Across Cultures*, ed. D. Easton and C. Schelling, 37-58. London: Sage.

Eder, Klaus. 1996. *The Social Construction of Nature*. London: Sage. First published in 1988.

Edge, David. 1970. "Career Choices by Science Studies Students. " *Nature* 225: 506-7.

——. 1975a. "On the Purity of Science. " In *The Sciences , the Humanities , and the Technological Threat*, ed. W. R. Niblett, 42-64. London: University of London Press.

——. 1975b. "The Science Studies Unit, Edinburgh University. " In Group for Research and Innovation in Higher Education, *Case-Studies in Interdisciplinarity*. Vol. 2,

Science, *Technology*, *and Society*. London: Nuffield Foundation.

———. 1995. "Reinventing the Wheel." In Jasanoff et al. 1995, 3-24.

———. 1996. "Stop Knocking Social Sciences."*Nature* 384 (14 November): 106.

Edgerton, David. 1996. *Science*, *Technology*, *and British Industrial "Decline*," *1870—1930*. Cambridge: Cambridge University Press.

Edwards, Paul N. 1996. *The Closed World : Computers and Politics of Discourse in Cold War America*. Cambridge: MIT Press.

Elkana, Yehuda. 1980. "Of Cunning Reason." *Transactions of the New York Academy of Sciences : Science and Social Structure*, ed. T. Gieryn, 32-42. New York: New York Academy of Sciences.

———. 1987. "Alexandre Koyre: Between the History of Ideas and Sociology of Knowledge."*History and Technology* 4 : 111-44.

Elster, Jon. 1979. *Ulysses and the Sirens*. Cambridge: Cambridge University Press.

———. 1983. *Sour Grapes : Studies in the Subversion of Rationality*. Cambridge: Cambridge University Press.

Elzinga, Aant. 1988. "Bernalism, Comintern, and the Science of Science: Critical Science Movements Then and Now." In *From Research Policy to Social Intelligence*, ed. J. Annerstedt and A. Jamison, 92-113. London: Macmillan.

———. 1996. "UNESCO and the Politics of Scientific Internationalism." In *Internationalism and Science*, ed. A. Elzinga and C. Landstroem, 89-131. London: Taylor Graham.

Ericsson, K. Anders, and Herbert Simon. 1984. *Protocol Analysis : Verbal Reports as Data*. Cambridge: MIT Press.

Etzkowitz, Henry, Andrew Webster, and Peter Healey, eds. 1998. *Capitalizing Knowledge*. Albany: SUNY Press.

Evans-Pritchard, Edward. 1964. *Social Anthropology and Other Essays*. New York: Free Press.

Eyerman, Ron, and Andrew Jamison. 1991. *Social Movements : A Cognitive Approach*. Cambridge: Polity Press.

Ezrahi, Yaron. 1990. *Descent of Icarus*. Cambridge: Harvard University Press.

Fallows, James. 1993. "Farewell to Laissez-Faire! Clinton Pulls a Reagan on Free-

Market Republicans. " *Washington Post*, 28 February; p. C1.

Ferretti, Silvia. 1989. *Cassirer, Panofsky, and Warburg: Symbol, Art, and History*. New Haven: Yale University Press.

Festinger, Leon. 1957. *A Theory of Cognitive Dissonance*. Palo Alto: Stanford University Press.

Feuer, Lewis. 1969. *The Conflict of Generations*. London: Heinemann.

Feverabend, Paul. 1962. "Explanation, Reduction, and Empiricism." In *Minnesota Studies in the Philosophy of Science*, vol. 3, ed. H. Feigl and G. Maxwell, 28-97. Minneapolis: University of Minnesota Press.

——. 1970. "Consolations for the Specialist." In Lakatos and Musgrave 1970, 197-229.

——. 1975, *Against Method*. London: New Left Books.

——. 1979. *Science in a Free Society*. London: Verso.

——. 1991. *Three Dialogues on Knowledge*. Oxford: Blackwell.

Fine, Arthur. 1984. "The Natural Ontological Attitude." In Leplin 1984, 83-106.

Fisch, Menachem. 1991. *William Whewell, Philosopher of Science*. Oxford: Oxford University Press.

Fisch, Menachem, and Simon Schaffer, eds. 1991. *William Whewell: A Composite Portrait*. Oxford: Oxford University Press.

Fischer, Frank. 1992. "Participatory Expertise: Toward the Democratization of Science Policy." In *Advances in Policy Studies since* 1950, ed. W. Dunn and R. M. Kelley, 351-76. New Brunswick: Transaction Books.

Fleck, Ludwik. 1979. *Genesis and Development of a Scientific Fact*, Trans. F. Bradley and T. Trenn. Chicago: University of Chicago Press. First published in 1935.

Forman, Paul. 1971. "Weimar Culture, Causality, and Quantum Theory: 1918—1927." *Historical Studies in the Physical Sciences* 3: 1-115.

——. 1991. "Independence, not Transcendence, for the Historian of Science." *Isis* 82: 71-86.

Foucault, Michel. 1967. Madness *and Civilization*. London: Tavistock.

——. 1970. *The Order of Things*, New York: Random House.

Fox, Robin. 1997. "State of the Art/Science in Anthropology. " In Gross, Levitt, and

Lewis 1997, 327-45.

Fox Keller, Evelyn. 1983. *A Feeling for the Organism*. New York: Freeman.

Frank, Phillip. 1950. *Modern Science and Its Philosophy*. Cambridge: Harvard University Press.

Fraser, Mariam. 1998. "The Face-off between Will and Fate: Artistic Identity and Neurological Style in de Kooning's Late Works." *Body and Society* 4, no. 4: 1-22.

Freeland, Richard. 1992. *Academias Golden Age: Universities in Massachusetts, 1945—1970*. Oxford: Oxford University Press.

Freeman, Christopher. 1992. *The Economics of Hope*. London: Pinter.

Frey, Scott, Thomas Dietz, and Linda Kalof. 1992. "Characteristics of Successful American Protest Groups." *American Journal of Sociology* 98: 386-87.

Friedman, Michael. 1998. "On the Sociology of Scientific Knowledge and Its Philosophical Agenda." *Studies in History and Philosophy of Science* 29: 239-72.

Friedrichs, Robert. 1970. *A Sociology of Sociology*. New York: Free Press.

Frisby, David. 1992. *The Alienated Mind: The Sociology of Knowledge in Germany 1918—1933*. London: Routledge.

Fruton, Joseph. 1990. *Contrasts in Scientific Style: Research Groups in Chemical and Biochemical Sciences*. Philadelphia: American Philosophical Society.

Frye, Northrop. 1957. *Anatomy of Criticism*. Princeton: Princeton University Press.

Fuchs, Stephan. 1992. *The Professional Quest for Truth*. Albany: SUNY Press.

Fuhrman, Ellsworth. 1980. *The Sociology of Knowledge in America: 1883—1915*. Charlottesville: University of Virginia Press.

Fujimura, Joan. 1998. "Authorizing Knowledge in Science and Anthropology." *American Anthropologist* 100: 347-60.

Fukuyama, Francis. 1992. *The End of History and the Last Man*. New York: Free Press.

Fuller, Steve. 1983. "A French Science (With English Subtitles)." *Philosophy and Literature* 7: 1-14.

——. 1988. *Social Epistemology*. Bloomington: Indiana University Press.

——. 1990. "They Shoot Dead Horses, Don't They? Philosophical Fear and

Sociological Loathing in St. Louis." *Social Studies of Science* 20: 664-81.

——. 1991. "Is History and Philosophy of Science Withering on the Vine?" *Philosophy of the Social Sciences* 21: 149-74.

——. 1992a. "Being There with Thomas Kuhn: A Parable for Postmodern Times." *History and Theory* 31: 241-75.

——. 1992b. "Epistemology Radically Naturalized: Recovering the Normative, the Experimental, and the Social." In Giere 1992, 427-59.

——. 1992c. "Social Epistemology and the Research Agenda of Science Studies." In Pickering 1992, 390-428.

——. 1992d. "STS as Social Movement: On the Purpose of Graduate Programs." *Science, Technology, and Society*, no. 91 (September): 1-5.

——. 1993a. *Philosophy of Science and Its Discontents*. New York: Guilford Press. First published in 1989.

——. 1993b. *Philosophy, Rhetoric, and the End of Knowledge: The Coming of Science and Technology Studies*. Madison: University of Wisconsin Press.

——. 1994a. "The Constitutively Social Character of Expertise." *International Journal of Expert Systems* 7: 51-64.

——. 1994b. "Making Agency Count." *American Behavioral Scientist* 37: 741-53.

——. 1994c. "The Reflexive Politics of Constructivism." *History of the Human Sciences* 7: 87-94.

——. 1994d. "Rethinking the University from a Social Constructivist Standpoint." *Science Studies* 7, no. 1: 4-16.

——. 1994e. "The Social Psychology of Scientific Knowledge: Another Strong Programme." In *The Social Psychology of Science*, ed. W. Shadish and S. Fuller, 162-80. New York: Guilford Press.

——. 1994f. "The Sphere of Critical Thinking in a Post-epistemic World." *Informal Logic* (winter): 39-54.

——. 1994g. "Towards a Philosophy of Science Accounting: A Critical Rendering of Instrumental Rationality." *Science Context* 7: 591-621.

——. 1994h. "Underlaborers for Science." *Science* 264: 982-83.

——. 1994i. "Why Post-industrial Society Never Came: What a False Prophecy Can

Teach Us about the Impact of Technology on Academia."*Academe* 80, no. 6 (November): 22-28.

———. 1995a. "The Strong Programme in the Rhetoric of Science."In *Science, Reason, and Rhetoric*, eel. H. Krips, J. McGuire, and T. Melia, 95-118. Pittsburgh: University of Pittsburgh Press.

———. 1995b. "The Voices of Rhetoric and Politics in Social Epistemology: For a Critical-Rationalist Multiculturalism." *Philosophy* of *the Social Sciences* 25: 512-22.

———. 1996a. "Does Science Put an End to History, or History to Science? Or, Why Being Pro-science Is Harder than You Think." In Ross 1996, 29-60.

———. 1996b. "Enlightened Hybrids or Transcendental Mongrels? The Place of Science Studies in the Human Studies."*History of the Human Sciences* 9: 122—31.

———. 1996c. "Recent Work in Social Epistemology."*American Philosophical Quarterly* 33: 149-66.

———. 1996d. "Social Epistemology and Psychology?" In *Philosophy of Psychology*, ed. W. O'Donohue and R. Kitchener, 33-49. London: Sage.

———. 1996e. "Social Epistemology and the Recovery of the Normative in the Post-epistemic Era."*Journal of Mind and Behavior* 17, no. 2: 83-98.

———. 1996f. "Talking Metaphysical Turkey about Epistemological Chicken, and the Poop on Pidgins."In Galison and Stump 1996,170-88, 468-71.

———. 1997a. "Kuhn as Trojan Horse."*Radical Philosophy* 82 (March/April): 5-7.

———. 1997b. "Putting People Back into the Business of Science: Constituting a National Forum for Setting the Research Agenda."In Collier 1997, 233-66.

———. 1997c. Review essay of *Android Epistemology* and *Knowing Machines*. *In formation Society* 13: 289-93.

———. 1997d. *Science*. Milton Keynes, U. K.: Open University Press; Minneapolis: University of Minnesota Press.

———. 1997e. "The Secularization of Science and a New Deal for Science Policy." *Futures* 29: 483-504.

———. 1998a. "Divining the Future of Social Theory: From Theology to Rhetoric via Social Epistemology." *European Journal of Social Theory* 1: 107-26.

——. 1998b. "From Content to Context: A Social Epistemology of the Structure-Agency Craze." In *What Is Social Theory?: The Philosophical Debates*, ed. A. Sica, 92-117. Oxford: Blackwell.

——. 1998c. "An Intelligent Persons Guide to Intelligent Design Theory." *Rhetoric and Public Affairs* 1: 603-10.

——. 1998d. "Making Science an Experimenting Society." In *The Experimenting Society: Policy Essays in Honor of Donald T. Campbell*, ed. W. Dunn, 69-102. New Brunswick, NJ.: Transaction Books.

——. 1998e. "Society's Shifting Human-Computer Interface: A Sociology of Knowledge for the Information Age."*Information, Communication, and Society* 1: 182-98.

——. 1998f. "What Does the Sokal Hoax Sav about the Prospects for Positivism?" In *Positivismes*, ed. A. Despy-Mcyer D. Devries, 265-84. Brussels: Brepols.

——. 1999a. "Authorizing Science Studies, or Why We Have Never Had Paradigms." *American Anthropologist* 101: 379-81.

——. 1999b. *The Governance of Science: Ideology and the Future of the Open Society*. Milton Keynes, UK: Open University Press.

——. 1999c. "Making the University Fit for Critical Intellectuals: Recovering from the Ravages of the Postmodern Condition."*British Education Research Journal* 25: 583-95.

——. 1999d. Review of Castells 1996-98. *Science, Technology, and Human Values* 24: 159-66.

——. 1999e. "Social Epistemology as a Critical Philosophy of Multiculturalism." In *Multicultural Curriculum*, ed. C. McCarthy and R. Mahalingam. London: Routledge.

Fuller, Steve, and David Gorman. 1987. "Burning Libraries and the Problem of Historical Consciousness." *Annals of Scholarship* 4, no. 3: 105-22.

Gadamer, Hans-Georg. 1975. *Truth and Method*. New York: Seabury Press. First published in i960.

Gaddis, John Lewis. 1993. "Presidential Address: The Tragedy of Cold War History."*Diplomatic History* 17: 1-16.

Galbraith, John Kenneth. 1952. *American Capitalism: The Concept of Countervailing*

Power. Boston: Houghton Mifflin.

Gale, Richard. 1967. "Indexical Signs, Egocentric Particulars, and Token-Reflexive Words."In *Encyclopedia of Philosophy*, ed. P. Edwards, 4: 151-55. New York: Macmillan.

Galison, Peter. 1987. *How Experiments End*. Chicago: University of Chicago Press.

———. 1990. "Aufbau/Bauhaus: Logical Positivism and Architectural Modernism." *Critical Inquiry* 16: 709-52.

———. 1998. "The Americanization of Unity."*Daedalus* 127, no. 1: 45-72.

Galison, Peter, and David Stump, eds. 1996. *The Disunity of Science : Boundaries, Contexts, and Power*. Palo Alto: Stanford University Press.

Garber, Daniel. 1992. *Descartes' Metaphysical Physics*. Chicago: University of Chicago Press.

Gardner, Howard. 1987. *The Minds New Science*. 2d ed. New York: Basic Books. 1st ed. 1985.

Gellner, Ernest. 1959. *Words and Things*. London: Victor Gollancz.

———. 1968. "The New Idealism —Cause and Meaning in the Social Sciences." In *Problems* in *the Philosophy of Science*, ed. I. Lakatos and A. Musgrave, 377-406. Amsterdam: North-Holland.

———. 1989. *Plough, Sword, and Book*. Chicago: University of Chicago Press.

Georgescu-Roegen, Nicholas. 1971. *The Entropy Law and the Economic Process*. Cambridge: Harvard University Press.

Geyer, Michael. 1993. "Multiculturalism and the Politics of General Education." *Critical Inquiry* 19: 499-533.

Gibbons, Michael, Camille Limoges, Helga Nowotny, Simon Schwartzman, Peter Scott, and Martin Trow. 1994. *The New Production of Knowledge*. London: Sage.

Giddens, Anthony. 1990. *The Consequences of Modernity*.Cambridge: Polity Press.

Giere, Ronald, ed. 1992. *Cognitive Models of Science*. Minneapolis: University of Minnesota Press.

———. 1995. "Viewing Science."In PSA 1994, vol 2., ed. D. Hull, M. Forbes, and R. Burian, 3-16. East Lansing: Philosophy of Science Association.

Giervn, Thomas. 1995. "Boundaries of Science." In Jasanoff et al. 1995, 393-443.

Gilbert, G. Nigel, and Michael Mulkay. 1984. *Opening Pandoras Box*. Cambridge: Cambridge University Press.

Gildea, Robert. 1996. *France since* 1945. Oxford: Oxford University Press.

Gilliatt, Stephen. 1995. "Disliking Politics: Philosophical Foundations for a Sociology of the Apolitical." *International Sociology* 10: 283-98.

Ginzburg, Carlo. 1989. *Clues, Myths, and the Historical Method*. Baltimore: Johns Hopkins University Press.

Gjertsen, Derek. 1984. *The Classics* of *Science: Twelve Enduring Scientific Works*. New York: Lilian Barber Press.

——. 1989. *Science and Philosophy: Past and Present*. Harmondsworth, UK: Penguin.

Glaser, Barney, and Anselm Strauss. 1967. *The Discovery of Grounded Theory: Strategies for Qualitative Research Practice*. Chicago: Aldine.

Godelier, Maurice. 1986. *The Mental and the Material*. London: Verso. First published in 1984.

Goldman, Alvin. 1986. *Epistemology and Cognition*. Cambridge: Harvard University Press.

Golinski, Jan. 1998. *Making Natural Knowledge: Constructivism and the History of Science*. Cambridge: Cambridge University Press.

Gombrich, Ernst. 1979. *The Sense* of *Order: A Study in the Psychology of Decorative Art*. London: Phaidon Press.

Gonzalez Garcia, M. I., J. A. Lopez Curezo, and J. L. Lujan. 1996. *Ciencia, tecnologia y sociedad: Una introduccion al estudio social de la ciencia y la tecnologia*. Madrid: Tecnos.

Gooday, Graeme. 1990. "Precision Measurement and the Genesis of Physics Teaching Laboratories." *British Journal for the History* of *Science* 23: 25-52.

Goodman, Nelson. 1954. *Fact, Fiction, and Forecast*. Cambridge: Harvard University Press.

Goodson, Ivor. 1988. *The Making of Curriculum*. London: Falmer Press.

Goodwin, Craufurd. 1991. "National Security and Classical Political Economy ." In

Economics and National Security: A History of their Interaction, ed. C. Goodwin, 23-35. Durham: Duke University Press.

Goody, Jack. 1995. *The Expaiisive Moment: Anthropology in Britain and Africa*, 1918—1970. Cambridge: Cambridge University Press.

GOTZ, Andre. 1988. *Critique of Economic Reason*. London: New Left Books.

Gouldner, Alvin. 1965. *Enter Plato: Classical Greece and the Origins of Social Theory*. London: Routledge & Kegan Paul.

——. 1968. "The Sociologist as Partisan: Sociology and the Welfare State." *American Sociologist* 3: 103-16.

——. 1970a. "Anti-Minotaur: The Myth of a Value-Free Sociology." In *The Relevance of Sociology*, ed. J. Douglas, 64-84. New York: Appleton-Century-Crofts.

——. 1970b. *The Coming Crisis in Western Sociology*. New York: Basic Books.

——. 1979. *The Future of Intellectuals and the Rise of the New Class*. London: Macmillan.

Graham, Gordon. 1996. *The Shape of the Past*. Oxford: Oxford University Press.

Graham, Loren. 1981. *Between Science and Values*. New York Columbia University Press.

——. 1985. "The Socio-political Roots of Boris Hessen: Soviet Marxism and the History of Science." *Social Studies of Science* 15 : 705-22.

Granovetter, Mark. 1973. "The Strength of Weak Ties." *American Journal of Sociology* 78: 1360-80.

Greenberg, Daniel. 1967. *The Politics of Pure Science*. New York: New American Library.

Gregory, Frederick. 1992. "Theologians, Science, and Theories of Truth in the Nineteenth Century." In *The Invention of Physical Science*, ed. M. J. Nye et aL, 81-96. Dordrecht: Kluwer.

Grint, Keith, and Steve Woolgar. 1995. "On Some Failures of Nerve in Constructivist and Feminist Analyses of Technology." *Science, Technology, and Human Values* 20: 286-310.

Gross, Paul. 1997. "Characterizing Scientific Knowledge." *Science* 275: 142.

Gross, Paul, and Norman Levitt. 1994. *Higher Superstition: The Academic Left and*

Its Quarrels with Science. Baltimore: Johns Hopkins University Press.

Gross, Paul, Norman Levitt, and Martin Lewis, eds. 1997. *The Flight from Science and Reason*. Baltimore: Johns Hopkins University Press.

Gunnell, John. 1986. *Between Philosophy and Politics: The Alienation of Political Theory*. Amherst: University of Massachusetts Press.

Gutting, Gary, ed. 1979. *Paradigms and Revolutions*. South Bend: University of Notre Dame Press.

Habermas, Jurgen. 1989. *The New Conservatism: Cultural Criticism and the Historians' Debate*. Cambridge: MIT Press.

Hacking, Ian. 1975. *The Emergence of Probability*. Cambridge: Cambridge University Press.

——. 1979a. "Lakatoss Philosophy of Science." *British Journal for the Philosophy of Science* 30 : 381-410.

——. 1979b. "Review of *The Essential Tension*." *History and Theory* 18: 223-36.

——. 1982. "Language, Truth, and Reason." In Hollis and Lukes 1982, 48-66.

——. 1983. *Representing and Intervening*. Cambridge: Cambridge University Press.

——. 1984a. "Five Parables." In *Philosophy in History*, ed. R. Rorty; J. B. Schneewind, and Quentin Skinner, 103-24. Cambridge: Cambridge University Press.

——. 1984b. "Wittgenstein Rules." *Social Studies of Science* 14: 469-76.

——. 1992. "Style' for Historians and Philosophers." *Studies History and Philosophy of Science* 23: 1-20.

——. 1993. "Working in a New World." In Horwich 1993, 275-310.

Hagstrom, Warren. 1965. *The Scientific Community*. New York: Basic Books.

Hakfoort, Caspar. 1992. "Science Deified: Wilhelm Oshvald's Energeticist World-View and the History of Scientism." *Annals of Science* 49 : 525-44.

Hall, A. Rupert. 1963. "Merton Revisited." *British Journal for the History of Science* 2: 1-16.

——. 1984. "Beginnings in Cambridge." *Isis* 75: 22-25.

Hamblin, C. L. 1970. *Fallacies*. London: Methuen.

Hanson, Nonvood Russell. 1958. *Patterns of Discovery*. Cambridge: Cambridge University Press

——. 1962. "Scientists and Logicians: A Confrontation. "*Science* 138 : 1311-14.

——. 1965. "A Note on Kuhn's Method. "*Dialogue* 4: 371-75.

——. 1971. *What I Do Not Believe and Other Essays*. Ed. S. Toulmin and H. Woolf. Dordrecht: ReideL

Hanson, Robin. 1995. "Comparing Peer Review to Information Prizes—A Possible Economics Experiment. "*Social Epistemology* 9: 49-55.

Haraway, Donna. 1991. *Simians, Cyborgs, and Women*. London: Free Association Books.

——1997. *Modest _ Witness @ Second _ Millenium. FemaleMan _ Meets _ OncoMouse*. London: Routledge.

Harding, Sandra. 1986. *The Science Question in Feminism*. Ithaca: Cornell University Press.

——. 1991. *Whose Science? Whose Knowledge?* Ithaca: Cornell University Press.

——, ed. 1993. *The Racial Economy of Science*. Bloomington: Indiana University Press.

Harre, Rom. 1970. *The Principles of Scientific Thinking*. Chicago: University of Chicago Press.

——. 1986. *Varieties of Realism*. Oxford: Blackwell.

Harre, Rom, and Paul Secord. 1972. *The Explanation of Social Behaviour*. Oxford: Blackwell.

Harris, Roy. 1987. *Reading Saussure*. La Salle, IH. : Open Court Press.

Harrisville, Roy, and Walter Sundberg. 1995. *The Bible in Modern Culture : Theology and Historical-Critical Method from Spinoza to Kaesemann*. Grand Rapids: William Eerdmans.

Hart, Joan. 1993. " Erwin Panofsky and Karl Mannheim: A Dialogue on Interpretation. "*Critical Inquiry* 19: 534-66.

Harvey, Lee. 1990. *Critical Social Research*. London: Unwin Hyman.

Harwood, Jonathan. 1994. "Institutional Innovation in *Fin de Siecle* Germany. " *British Journal for the History* of *Science* 27: 197-211.

Hatfield, Gary. 1990a. "Metaphysics and the New Science. " In *Reappraisals of the Scientific Revolution*, ed. D. Lindberg and R. Westman, 93-166. Cambridge:

Cambridge University Press.

——. 1990b. *The Natural and the Normative*. Cambridge: MIT Press.

Hayakawa, S. I. 1939. *Language, Thought, and Action*. New York: Harcourt, Brace and Jovanovich.

Hayek, Friedrich von. 1945. "The Use of Knowledge in Society."*American Economic Review* 35: 519-30;

——. 1952. *The Counter-revolution Science*. Chicago: University of Chicago Press.

——. 1960. *Constitution of Liberty*. Chicago: University of Chicago Press.

——. 1978. *New Studies in Philosophy Politics, and Economics*. London: Routledge & Kegan Paul.

Heelan, Patrick. 1983. *Space-Perception and the Philosophy of Science*. Berkeley and Los Angeles: University of California Press.

Heidegger, Martin. 1996. *Being and Time*. Trans. Joan Stambaugh. Albany: SUNY Press. First published in 1927.

Heilbron, John. 1986. *Dilemmas of an Upright Man : Max Planck as Spokesman for German Science*. Berkeley and Los Angeles: University of California Press.

Heims, Steve. 1991. *Constructing a Social Science for Postwar America : The Cybernetics Group*, 1946—1953. Cambridge: MIT Press.

Held, David. 1987. *Models of Democracy*. Cambridge: Polity Press.

Hempel, Carl G. 1942. "The Function of General Laws in History." *Journal of Philosophy* 39: 35-48.

——. 1965. *Aspects of Scientific Explanation*. New York: Free Press.

Herf, Jeffrey. 1984. *Reactionary Modernism : Technology, Culture, and Politics in Weimar and the Third Reich*. Cambridge: Cambridge University Press.

Herman, Arthur. 1997. *The Idea of Decline in Western History*. New York: Free Press.

Hershberg, James. 1993. *James B. Conant : Harvard to Hiroshima and the Making of the Nuclear Age*. New York: Alfred Knopf.

Hess, David. 1993. *Science in the New Age : The Paranormal, Its Defenders, and Debunkers*. Madison: University of Wisconsin Press.

——. 1997. *Science Studies : An Advanced Introduction*. New York: New York

University.

Hesse, Mary. 1970a. "Duhem, Quine, and a New Empiricism."In Royal Institute of Philosophy, *Knowledge and Necessity*, 191-209. London: Macmillan.

——. 1970b. "Hermeticism and Historiography: An Apology for the Internal History of Science." In *Historical and Philosophical Perspectives on Science*, ed. Stuewer 1970,134-60.

——. 1980. *Revolutions and Reconstructions in the Philosophy of Science*. Brighton, U.K.: Harvester.

Heyl, Barbara. 1968. "The Harvard Pareto Circle." *Journal of the History of the Behavioral Sciences* 4: 316-34.

Hiebert, Erwin. 1990. "The Transformation of Physics." In *Fin de Siecle and Its Legacy*, ed. M. Teichand R. Porter, 235-53. Cambridge: Cambridge University Press.

Hirsch, Fred. 1976. The *Social Limits to Growth*. Cambridge: Cambridge University Press.

Hirschmann, Albert. 1977. *The Passions and the Interests*. Princeton: Princeton University Press.

Hjelmslev, Louis. 1961. *Prolegomenon to a Theory of Language*. Madison: University of Wisconsin Press.

Hodge, M. J. S. 1991. "The History of the Earth, Life, and Man: Whewell and Palaetiological Science."In Fisch and Schaffer 1991, 253-88.

Hofstadter, Richard, and Walter Metzger. 1955. *The Development of Academic Freedom in the United States*. New York: Columbia University Press.

Hollinger, David. 1990. "Free Enterprise and Free Inquiry: The Emergence of Laissez-Faire Communitarianism in the Ideology of Science in the United States." *New Literary History* 21 : 897-919.

——. 1995, "Science as a Weapon in the Kulturkaempfe in the United States and After World War II."*Isis* 86: 440-54.

Hollis, Martin, and Steven Lukes, eds. 1982. *Rationality and Relativism*. Cambridge: MIT Press.

Holmes, Frederic L. 1997. "Writing about Scientists of the Near Past."In Soederqvist

1997,165-78.

Holton, Gerald. 1978. *Scientific Imagination*. Cambridge: Cambridge University Press.

——. 1993. *Science* and *Anti-science*. Cambridge: Harvard University Press.

——, ed. 1967. *Science and Culture*. Boston: Beacon Press.

Holub, Robert. 1991. *Juergen Habermas: Critic in the Public Sphere*. London: Routledge.

Hooks, Gregory. 1991. *Forging the Military-Industrial Complex*. Urbana: University of Illinois Press.

Horgan, John. 1991. "Profile: Reluctant Revolutionary—Thomas S. Kuhn Unleashed 'Paradigm' on the World."*Scientific American*, May, 40, 49.

——. 1996. The End of *Science: Facing the Limits of Knowledge in the Twilight of the Scientific Age*. Reading, Mass. : Addison Wesley.

Horowitz, Irving Louis. 1968. *Radicalism and the Revolt against Reason*. Carbondale: Southern Illinois University Press. First published in 1961.

Horwich, P, ed. 1993. *World Changes: Thomas Kuhn and the Nature of Science*. Cambridge: MIT Press.

Hovland, Carl, A. Lumsdaine, and F. Sheffield. 1949. *Experiments on Mass Communication: Studies* in *Social Psychology in World War II*. Vol. 3. Princeton: Princeton University Press.

Hoyningen-Huene, Paul. 1993. *Reconstructing Scientific Revolutions* Chicago: University of Chicago Press.

——. 1995. "Two Letters of Paul Feyerabend to Thomas Kuhn on a Draft of *The Structure* of *Scientific Revolutions*." *Studies in History and Philosophy of Science* 26: 353-88.

Huff, Toby. 1993. *The Rise of Early Modem Science: Islam, China, and the West*. Cambridge: Cambridge University Press.

Hughes, Thomas. 1987. "The Evolution of Large Technological Systems." In Bijker, Hughes, and Pinch 1987, 51-82.

Hull, David. 1988. *Science as a Process*. Chicago: University of Chicago Press.

Hull, David, Peter Tessner, and Arthur Diamond. 1978. "Planck's Principle." *Science*

202: 717-23.

Hultberg, Jon. 1991. *A Tale of Two Cultures : The Image of Science in C. P. Snow*. Report 165. Gothenburg: Department of Theory of Science, Gothenburg University.

Humphrey, George. 1951. *Thinking: An Introduction to Its Experimental Psychology*. London: Methuen.

Husserl, Edmund. 1970. *The Crisis of European Sciences and Transcendental Phenomenology*. Trans. D. Carr. Evanston: Northwestern University Press. First published in 1936.

Inkster, Jan. 1991. *Science and Technology in History: An Approach to Industrial Development*. London: Macmillan.

Irzik, Guerol, and Theo Gruenberg. 1995. "Carnap and Kuhn: Arch Enemies or Close Allies?" *British Journal for the Philosophy of Science* 46: 285-307.

James, William. 1948. "Pragmatism's Conception of Truth." In *Essays in Pragmatism*. New York: Hafner Publishing Co. First published in 1907.

———. 1956. *The Will to Believe and Other* Essays *in Popular Philosophy*. New York: Dover. First published in 1897.

Janik, Allan, and Stephen Tbulmin. 1973. *Wittgenstein's Vienna*. New York: Simon and Schuster.

Janis, Irving. 1982. *Groupthink*. 2d ed. Boston: Houghton Mifflin. 1st ed. 1972.

Jarvie, Ian. 1988. "Explanation, Reduction, and the Sociological Turn in the Philosophy of Science: or Kuhn as Ideologue for Merton's Theory of Science." In *Centripetal Reason*, ed. G. Radnitzky, 299-320. New York: Paragon House.

Jasanoff, Sheila, Gerald Markle, James Petersen, and Trevor Pinch, eds. 1995. *Handbook of Science and Technology Studies*. Thousand Oaks, Calif. : Sage.

Jervis, Robert. 1976. *Perception and Misperception in International Politics*. Princeton: Princeton University Press.

Johnson, Conrad. 1985. "The Authority of the Moral Agent." *Journal of Philosophy* 82: 391-413.

Johnson, Harry. 1965. *The World Economy at the Crossroads*. Oxford: Clarendon Press.

Johnson, Jeffrey, 1990. *Kaisers Chemists: Science and Modernization in Imperial Germany*. Chapel Hill: University of North Carolina Press.

Jones, Caroline, and Peter Galison, eds. 1998. *Picturing Science, Producing Art*. London: Routledge.

Jones, Greta. 1988. *Science, Politics, and the Cold War*. London: Routledge & Kegan Paul.

Jones, Robert Alun. 1994. "The Positive Science of Ethics in France: German Influences on *De la division du travail social*."*Sociological Forum* 9: 37-57.

Jonsen, Albert, and Stephen Toulmin. 1988. *The Abuse of Casuistry*. Berkeley and Los Angeles: University of California Press.

Journet, Debra. 1995. "Synthesizing Disciplinary Narratives: George Gaylord Simpson's *Tempo and Mode in Evolution.* " *Social Epistemology* 9: 113-50.

Kaldor, Mary. 1982. *The Baroque Arsenal*. London: Deutsch.

Katznelson, Ira. 1997. "The Subtle Politics of Developing Emergency: Political Science as Liberal Guardianship. " In Chomsky et al. 1997, 233-59.

Keegan, John. 1993. *A History of Warfare*. New York: Alfred Knopf.

Keith, William, and Kenneth Zagacki. 1992. "Rhetoric and Paradox in Scientific Revolutions."*Southern Communication Journal* 57: 165-77.

Kelley, Donald. 1970. *Foundations of Modern Historical Scholarship: Language. Law, and History in the French Renaissance*. New York: Columbia University Press.

———. 1984. *Historians and the Law in Post-revolutionary France*. Princeton: Princeton University Press.

———. 1990. *The Human Measure: Social Thought in the Western Legal Tradition*. Cambridge: Harvard University Press.

Kevles, Daniel. 1977. "The National Science Foundation and the Debate over Postwar Research Policy: 1942—1945."*Isis* 68: 5-26.

———. 1995. *Physicists: The History of a Scientific Community in Modern America*. Cambridge: Harvard University Press. First published in 1971.

Kim, Kyung-Man. 1996. "Hierarchy of Scientific Consensus and the Flow of Dissensus over Time."*Philosophy* of *Social Sciences* 26: 3-25.

Kinneavy James. 1986. "*Kairos*: A Neglected Concept in Classical Rhetoric." In *Rhetoric and Practice*, ed. J. Moss, 79-105. Washington: Catholic University Press.

King, M. D. 1971. "Reason, Tradition, and the Progressiveness of Science." *History and Theory* 10 : 3-32.

Kitcher, Philip. 1982. *Abusing Science : Case against Creationism*. Cambridge: MIT Press.

——. 1985. *Vaulting Ambition*. Cambridge: MIT Press.

——. 1993. *The Advancement of Science*. Oxford: Oxford University Press.

Klein, Martin, Abner Shimony, and Trevor Pinch. 1979. "Paradigm Lost?" *Isis* 70: 429-40.

Kleinman, Daniel. 1995. *Politics on the Endless Frontier : Postwar Research Policy in the United States*. Durham: Duke University Press.

Knight, David. 1994. *Ideas in Chemistry : A History of the Science*. London: Athlone.

Knorr-Cetina, Karin. 1981. *The Manufacture of Knowledge*. Oxford: Pergamon.

——. 1999. *Epistemic Cultures*. Cambridge: Harvard University Press.

Koehler, Wolfgang. 1971. *Selected Papers*. Ed. Mary Henle. New York: Liveright.

Koffka, Kurt. 1935. *Principles of Gestalt Psychology*. New York: Harcourt Brace & World.

Kohler, Robert. 1982. *From Medical Chemistry to Biochemistry*. Cambridge: Cambridge University Press.

——. 1991. *Partners in Science : Foundations and Natural Scientists* , 1900—1945. Chicago: University of Chicago Press.

Kolakowski, Leszek. 1972. *Positivist Philosophy : From Hume to the Vienna Circle*. Harmondsworth, U. K. : Penguin.

Koyre, Alexandre. 1945. *Discovering Plato*. New York: Columbia University Press.

——. 1957. *From the Closed World to the Infinite Universe*. Baltimore: Johns Hopkins University Press.

——. 1963. "Commentary of Henry Guerlac's 'Some Historical Assumptions of the History of Science'." In Crombie 1963, 847-57.

——. 1965. *Newtonian Studies*. London：Chapman and Hall.

——. 1978. *Galileo Studies*. Trans. J. Mepham. Atlantic Highlands, N. J.：Humanities Press. First published in 1939.

Kragh, Helge. 1987. *An Introduction to the Historiography of Science*. Cambridge：Cambridge University Press.

Krause, Elliott. 1996. *Death of Guilds：Professions, States, and the Advance of Capitalism*, 1930 *to the Present*. New Haven：Yale University Press.

Krohn, Wolfgang, and Wolf Schaefer. 1976. "The Origins and Structure of Agricultural Chemistry." In *Perspectives on the Emergence of Scientific Disciplines*, ed. G. Lemaine et al. Chicago：Aldine.

Krueger, Lorenz, Lorraine Daston, and Michael Heidelberger, eds. 1987. *The Probabilistic Revolution*. 2 vols. Cambridge：Cambridge University Press.

Kuhn, Thomas S. 1957. *Copernican Revolution*. Cambridge：Harvard University Press.

——. 1963. "The Function of Dogma in Scientific Research." In Crombie 1963, 347-69.

——. 1968. "The History of Science." In *International Encyclopedia of the Social Sciences*, 14：74-83. New York：Collier Macmillan.

——. 1970a. "Reflections on My Critics." In Lakatos and Musgrave 1970, 23-78.

——. 1970b. *The Structure of Scientific Revolutions*. 2d ed. Chicago：University of Chicago Press. 1st ed. 1962.

——. 1971. "The Relations between History and History of Science." *Daedalus* 100：271-304.

——. 1976. Foreword to Ludwik Fleck, *Genesis and Development of a Scientific Fact*. Chicago：University of Chicago Press.

——. 1977a. *The Essential Tension*. Chicago：University of Chicago Press.

——. 1977b. "Second Thoughts on Paradigms." In Suppe 1977,459-82.

——. 1978. *Black-Body Radiation and the Quantum Discontinuity*, 1894—1912. Oxford：Oxford University Press.

——. 1983. "Rationality and Theory Choice." *Journal of Philosophy* 80：563-70.

——. 1989. "Possible Worlds in History of Science." In *Humanities, Arts, and Sciences*, ed. S. Allen, 9-32. Berlin：Walter de Gruyter.

——. 1992. *The Trouble with the Historical Philosophy of Science: Rothschild Distinguished Lecture*. Cambridge: Department of History of Science, Harvard University.

——. 1993. "Afterwords." In Horwich 1993, 311-42.

Kuhn, Thomas; and Aristides Baltas, Kostas Gavroglu, and Vasso Kindi. 1997. "A Discussion with Thomas S. Kuhn." *Neusis* 6: 143-98.

Kuhn, Thomas, John Heilbron, Paul Forman, and Lini Allen. 1967. *Sources for the History of Quantum Physics*. Philadelphia: American Philosophical Society.

Kuznick, Peter. 1987. *Beyond the Laboratory: Scientists as Political Activists in 1930s America*. Chicago: University of Chicago Press.

Labinger, Jay. 1995. "Out of the Petri Dish Endlessly Rocking." *Social Studies of Science* 25 : 341-48.

Lacan, Jacques. 1972. "The Insistence of the Letter in the Unconscious." In *The Structuralists from Marx to Levi-Strauss*, ed. R. and F. De George, 287-324. Garden City, N. Y. : Doubleday. First published in 1966.

LaFollette, Marcel. 1990. *Making Science Our Own: Public Images of Science* 1910—1955. Chicago: University of Chicago Press.

Lagemann, Ellen. 1989. *The Politics of Knowledge: The Carnegie Corporation. Philanthropy, and Public Policy*. Chicago: University of Chicago Press.

Lakatos, Imre. 1970. "Falsification and the Methodology of Scientific Research Programmes." In Lakatos and Musgrave 1970, 91-196.

——. 1981. "History of Science and Its Rational Reconstructions." In *Scientific Revolutions*, ed. 1. Hacking, 107-27. Oxford: Oxford University Press.

Lakatos, Imre, and Alan Musgrave, eds. 1970. *Criticism and the Growth of Knowledge*. Cambridge: Cambridge University Press.

La Lumia, Joseph. 1966. *The Ways of Reason: A Critical Study of the Work of Emile Meyerson*. New York: Humanities Press.

Lambropoulos, Vassilis. 1993. *The Rise of Eurocentrism*. Princeton: Princeton University Press.

Larvor, Brendan. 1998. *Lakatos*. London: Routledge.

Lasch, Christopher. 1991. *The True and Only Heaven: Progress and Its Critics*. New

York: Norton.

Latour, Bruno. 1987. *Science in Action*. Milton Keynes, U. K. : Open University Press.

——. 1988a. *The Pasteurization of France*. Cambridge: Harvard University Press.

——. 1988b. "The Politics of Explanation. " In Woolgar 1988,155-76.

——. 1993. *We Have Never Been Modern*. Cambridge: Harvard University Press.

——. 1994. "Pragmatogonies: A Mythical Account of How Humans and Nonhumans Share Properties. "*American Behavioral Science* 37: 791—808.

——. 1996. *Aramis, or the Love of Technology*. Cambridge: Harvard University Press.

——. 1997. "A Few Steps toward an Anthropology of the Iconoclastic Gesture. " *Science in Context* 10: 63-83.

Latour, Bruno, and Michel Callon. "Don't Throw the Baby Out with the Bath School! Reply to Collins and Yearley?"In Pickering 1992, 343-68.

Latour, Bruno, and Steve Woolgar. 1979. *Laboratory Life: Social Construction of Scientific Facts*. London: Sage.

Laudan, Larry. 1977. *Progress and Its Problems*. Berkeley and Los Angeles: University of California Press.

——. 1981. *Science and Hypothesis*. Dordrecht: Reidel.

——. 1982. "Science at the Bar: Causes for Concern. "*Science, Technology and Human Values* 7: 16-19.

Laudan, Rachel. 1993. "Histories of Science and Their Uses: A Review to 1913. " *History of Science* 31: 1-34.

Lave, Jean, and Edward Wenger. 1991. *Situated Learning*. Cambridge: Cambridge University Press.

Leavis, F. R. 1963. *Two Cultures? The Significance of C. P. Snow*. London: Chatto and Windus.

Lecourt, Dominique. 1975. *Marxism and Epistemology: Bachelard, Canguilhem, Foucault*. London: Verso.

——. 1992. "The Scientist and the Citizen: A Critique of Technoscience. "*Philosophical Forum* 23: 174-78.

Leplin, Jarrett, ed. 1984. *Scientific Realism*. Berkeley and Los Angeles: University of California Press.

——. 1997. *A Novel Defense of Scientific Realism*. Oxford: Oxford University Press.

Leslie, Stuart. 1993. *The Cold War and American Science : The Military-Industrial Academic Complex at MIT and Stanford*. New York: Columbia University Press.

Levin, Harry. 1969. "Two *Romanisten* in America." In *The Intellectual Migration : Europe and America*, 1930—1960, ed. D. Fleming and B. Bailyn, 467-83. Cambridge: Harvard University Press.

Levine, John. 1989. "Reaction to Opinion Deviance in Small Groups." In *The Psychology of Group Influence*, ed. P. Paulus, 187-233. 2d ed. Hillsdale, NJ. : Lawrence Erlbaum Associates. 1st ed. 1980.

Levins, Richard, and Richard Lewontin. 1985. *The Dialectical Biologist*. Cambridge: Harvard University Press.

Lévi-Strauss, Claude. 1966. *The Savage Mind*. Chicago: University of Chicago Press. First published in 1962.

Lewis, C. I. 1929. *Mind and World-Order*. New York: Scribners.

——. 1970. "The Pragmatic Element in Knowledge(1926)." In *The Collected Papers of C. I. Lewis*, ed. J. D. Goheen and J. L. Mothershead, 240-57. Palo Alto: Stanford University Press.

Lewontin, Richard. 1997. "The Cold War and the Transformation of the Academy." In Chomsky et al. 1997,1-34.

List, Friedrich. 1904. *The National System of Political Economy*. Trans. S. S. Lloyd. London: Longmans. First published in 1845.

Locke, John. 1959. "Epistle to the Reader." In *An Essay Concerning Human Understanding*, 1: 3-16. New York: Dover. First published in 1690.

Longino, Helen. 1990. *Science as Social Knowledge*. Princeton: Princeton University Press.

Luhmann, Niklas. 1983. *The Differentiation of Society*. New York: Columbia University Press.

Lynch, Michael. 1993. *Scientific Practice and Ordinary Action : Ethnomethodology and Social Studies of Science*. Cambridge: Cambridge University Press.

Lyotard, Jean-Frangois. 1983. *The Postmodern Condition*. Trans. G. Bennington. Minneapolis: University of Minnesota Press. First published in 1979.

MacCannell, Dean. 1984. "Baltimore in the Morning... After: On the Forms of Post-nuclear Leadership."*Diacritics*, summer, 33-45.

Mach, Ernst, i960. *The Science of Mechanics : A Critical and Historical Account of Its Development*. 6th U. S. ed. , based on 9th German ed. (1933). La Salle, Ⅲ. : Open Court Press. 1st ed. 1883.

Machamer, Peter. 1975. "Understanding Scientific Change."*Studies in History and Philosophy of Science* 5: 373-81.

MacIntyre, Alasdair. 1970. "Is Understanding Religion Compatible with Believing?"In Wilson 1970, 62-77.

——. 1984. *After Virtue*. 2d ed. South Bend: University of Notre Dame Press. 1st ed. 1981.

——. 1990. *Three Rival Versions of Moral Inquiry*. London: Duckworth.

MacKenzie, Donald. 1995. *Knowing Machines*. Cambridge: MIT Press.

MacLeod, Roy. 1971a. "Of Medals and Men: A Reward System in Victorian Science 1826—1914."*Notes and Records of the Royal Society of London* 26: 81-105.

——. 1971b. " The Roval Society and the Government Grant: Notes on the Administration of Scientific Research, 1849—1914." *Historical Journal* 14: 323-58.

Mandelbaum, Maurice. 1971. *History*, Man, *and Reason : A Study in the Nineteenth Century*. Baltimore: Johns Hopkins University Press.

Manicas, Peter. 1966. "On Toulmin's Contribution to Logic and Argumentation. " *Journal of American Forensic Association* 3: 83-94.

——. 1986. *A History and Philosophy* of *the Social Sciences*. Oxford: Blackwell.

Mannheim, Karl. 1936. *Ideology and Utopia*. Trans. L. Wirth and E. Shils. New York: Harcourt, Brace & World. First published in 1929.

——. 1940. *Man and Society in an Age of Reconstruction*. London: Routledge & Kegan Paul.

Marcus, George, and Michael Fischer. 1986. *Anthropology as Cultural Critique*. Chicago: University of Chicago Press.

Margolis, Howard. 1987. *Patterns, Thinking, and Cognition*. Chicago: University of Chicago Press.

Marx, Karl. 1970. *The German Ideology*. New York: International Publishers. First published in 1845.

Massey, Marilyn Chapin. 1983. *Christ Unmasked: The Meaning of "The Life of Jesus" for German Politics*. Chapel Hill: University of North Carolina Press.

Matthews, J. Rosser. 1995. *Quantification and the Quest for Medical Certainty*. Princeton: Princeton University Press.

Matthews, Michael. 1994. *Science Education: The Role of the History and Philosophy of Science*. London: Routledge.

Mayr, Ernst. 1994. "The Advance of Science and Scientific Revolutions." *Journal of History of the Behavioral Sciences* 30 : 328-34.

McGuire, W., and D. Papageorgis. 1961. "The Relative Efficacy of Various Prior Belief-Defense in Producing Immunity against Persuasion." *Journal of Abnormal and Social Psychology* 62: 327-37.

McMullin, Eman. 1997. "Galileo on Science and Scripture." In *The Cambridge Companion to Galileo*, ed. P. Machamer, 271-347. Cambridge: Cambridge University Press.

Medawar, Peter. 1969. *The Art of the Soluble*. Harmondsworth, U.K. : Penguin.

Medhurst, Martin. 1994. "Reconceptualizing Rhetorical History: Eisenhowers Farewell Address." *Quarterly Journal of Speech* 80: 195-218.

Meister, Robert. 1991. *Political Identity: Thinking through Marx*. Oxfoid: Blackwell.

Melucci, Alberto. 1996. *Challenging Codes: Collective Action in the Information Age*. Cambridge: Cambridge University Press.

Mendelsohn, Everett. 1989. "Robert K. Merton: The Celebration and Defense of Science." *Science in Context* 3: 269-99.

Merton, Robert. 1942. "Science and Technology in a Democratic Social Order." *Journal of Legal and Political Sociology* 1: 115-26.

——. 1970. *Science，Technology，and Society in Seventeenth Century England*. 2d ed. New York：Harper & Row. 1st ed. 1938.

——. 1973. *The Sociology of Science*. Chicago：University of Chicago Press.

——. 1977. The *Sociology* of *Science：An Episodic Memoir*. Carbondale：Southern Illinois University Press.

Merz，John T. 1965. *A History of European Thought in the 19th Century*. 4 vols. New York：Dover. First published in 1896-2914.

Midgley，Mary. 1992. *Science as Salvation*. London：Routledge & Kegan Paul.

Miller，David. 1972. "Back to Aristotle?" *British Journal for the Philosophy of Science* 23：69-78.

Miller，J. Hillis. 1990. "Narrative." In *Critical Terms for Literary Study*，ed. F. Lentricchia and T. McLaughlin，66 -79. Chicago：University of Chicago Press.

Miller，Jonathan. 1984. *States of Mind*. New York：Pantheon.

Mills，Clarence. 1948. "Distribution of American Research Funds." *Science* 107：127-36.

Mills，C. Wright 1956. *The Power Elite*. Oxford：Oxford University Press.

——. 1958. *The Causes of World War Three*. New York：Ballantine.

——. 1959. *The Sociological Imagination*. Oxford：Oxford University Press.

Minutes of the Committee on *General Education*. 1946-58. Harvard University Archives.

Mirowski，Philip. 1989. *More Heat than Light*. Cambridge：Cambridge University Press.

——. 1996. "A Visible Hand in the Marketplace of Ideas：Precision Measurement as Arbitrage." In *Accounting and Science*，ed. M. Power，219-46. Cambridge：Cambridge University Press.

Montgomery，Scott. 1994. *Minds for the Making：The Role of Science in American Education*，1750—1990. New York：Guilford Press.

——. 1995. *The Scientific Voice*. New York：Guilford Press.

Morris，Aldon，and Carol Mueller，eds. 1992. *Frontiers in Social Movement Theory*. New Haven：Yale University Press.

Mueller，Detlef. 1987. "The Process of Systematizaton：The Character of German

Secondary Education. " In Mueller, Ringer, and Simon 1987,15-52.

Mueller, Detlef, Fritz Ringer, and Brian Simon, eds. 1987. *The Rise of the Modem Educational System : Structural Change and Social Reproduction*, 1870—1920. Cambridge: Cambridge University Press.

Mulkay, Michael. 19793. "Knowledge and Utility: Implications for the Sociology of Knowledge. "*Social Studies of Science* 9: 69-74.

——. 1979b. *Science and the Sociology of Knowledge*. London: George Alien & Unwin.

Munevar, Gonzalo, ed. 1991. *Beyond Reason : Essays on the Philosophy of Paul K. Feyerabend*. Dordrecht: Reidel.

Naess, Arne. 1965. *Four Modern Philosophers*. Chicago: University of Chicago Press.

——. 1991. "Paul Feyerabend—A Green Hero?"In Munevar 1991,403-16.

Nash, Leonard. 1952. "The Use of Historical Cases in Science leaching. "In Cohen and Watson 1952,110-21.

Nelson, John. 1974. " Once More on Kuhn. " *Political Methodology* 1 (spring): 73-104.

Nelson, Rodney. 1995. "Pragmatic Validity: Mannheim and Dewey . "*History of the Human* Sconces 8: 25-46.

Nicholson, Linda, ed. 1994. *Feminist Contentions*. London: Routledge.

Nickles, Thomas. 1980a. " Can Scientific Constraints Be Rationally Violated?" In Nickles 1980 b, 1: 285-315.

——,ed. 1980b. *Scientific Discovery*. 2 vols. Dordrecht: D. Reidel.

Noble, Douglas. 1991. *The Classroom Arsenal*. London: Falmer Press.

Notturno, Mark. 1999. *Science and the Open Society*: Budapest: Central European University Press.

Novick, Peter. 1988. The *Noble Dream : The "Objectivity Question "and the American Historical Profession*. Cambridge: Cambridge University Press.

Oakley, Francis. 1992. *Community of Learning*. Oxford: Oxford University Press.

Ober,Josiah. 1989. *Mass and in Democratic Athens*. Princeton: Princeton University Press.

O'Connor, James R. 1973. *The Fiscal Crisis of the State*. New York: St. Martins.

O'Donohue, William. 1993. "The Spell of Kuhn on Psychology: An Exegetical Elixir." *Philosophical Psychology* 6: 267-87.

Office of Technology Assessment. 1991. *Federally Funded Research: Decisions for a Decade*. Washington: U. S. Government Printing Office.

Olby, R. C., G. N. Cantor, J. Christie, and MJ S. Hodge, eds. 1990. *Companion to the History of Modern Science*. London: Routledge.

Olesko, Kathryn. 1993. "Tacit Knowledge and School Formation." *Osiris*, n. s., 8: 16-29.

Olson, Keith. 1974. *The G. I. Bill, the Veterans, and the Colleges*. Lexington: University of Kentucky Press.

Olson, Mancur. 1965. *The Logic of Collective Action: Public Goods and the Theory of Groups*. Cambridge: Harvard University Press.

Ophir, Adi, and Steven Shapin. 1991. "The Place of Knowledge: A Methodological Survey." *Science in Context* 4: 3-21.

Ostwald, Wilhelm. 1910. *Elements of Natural Philosophy*. New York: Henry Holt.

Owens, Larry. 1990. "Vannevar Bush." In *Dictionary of Scientific Biography*, ed. F. L. Holmes, 17: 134-39. New York: Charles Scribner's Sons.

Parayil, Govindan. 1992. "Review of Yearley." *Social Epistemology* 6: 57-64.

Parens, Joshua. 1995. *Metaphysics as Rhetoric: Alfarabi's "Summary of Plato's Laws"*. Albany: SUNY Press.

Parsons, Talcott. 1937. *The Structure of Social Action*. New York: Harper & Row.

———. 1951. *The Social System*. New York: Free Press.

Passmore, John. 1966. *A Hundred Years of Philosophy*. 2d ed. Harmondsworth, UK: Penguin.

Paul, Harry. 1985. *From Knowledge to Power: The Rise of the Science Empire in France*, 1860—1939. Cambridge: Cambridge University Press.

Pavitt, Keith. 1991. "What Makes Basic Research Economically Useful?" *Research Policy* 20: 109-19.

Pettit, Philip. 1997. *Republicanism*. Oxford: Oxford University Press.

Pfetsch, Frank. 1979. "The 'Tinalization' Debate in Germany: Some Comments and

Explanations."*Social Studies of Science* 9: 115-24.

Piaget, Jean. 1952. *The Origins of Intelligence in Children*. New York: International Universities Press.

——. 1970. *Structuralism*. New York: Basic Books.

Pickering, Andrew, ed. 1992. *Science as Practice and Culture*. Chicago: University of Chicago Press.

——. 1995. *The Mangle of Practice*. Chicago: University of Chicago Press.

Pigou, Arthur. 1921. *The Political Economy of the War*. London: Macmillan.

Pinch, Trevor. 1988. "Reservations about Reflexivity and New Literary Forms, or Why Let the Devil Have All the Good Tunes?" In Woolgar 1988,178-97.

Pine, Martin. 1973. "Double Truth."In *Dictionary of the History of Ideas*, ed. P. Wiener, 2: 31-37. New York: Charles Scribners.

Pocock, John. 1973. *Politics, Language, and Time*. New York: Atheneum.

——. 1985. *Virtue, Commerce, and History*. Cambridge: Cambridge University Press.

Polanyi, Karl. 1944. *Great Transformation*. Boston: Beacon Press.

Polanyi, Michael. 1958. *Personal Knowledge*. Chicago: University of Chicago Press.

——. 1962. "The Republic of Science: Its Political and Economic Theory."*Minerva* 1: 54-73.

——. 1963. "Comment on Kuhn."In Crombie 1963, 377-82.

——. 1967. "The Growth of Science in Society."*Minerva* 5: 533-45.

——. 1969. "The Social Determinants of Action." In *Roads to Freedom : Essays in Honor of E. A. von Hayek*, ed. E. Streissler, 165-79. New York: Augustus Kelley.

——. 1974. "On the Modern Mind."In *Scientific Thought and Social Reality*, 131-49. New York: International University Press.

Pollner, Melvin. 1987. *Mundane Reason*. Cambridge: Cambridge University Press.

Popper, Karl. 1945. *The Open Society and Enemies*. 2 vols. New York: Harper & Row.

——. 1957. *The Poverty of Historicism*. London: Routledge & Kegan Paul.

——. 1959. *The Logic of Scientific Discovery*. New York: Harper & Row.

——. 1963. *Conjectures* and *Refutations*. New York: Harper &. Row.

——. 1970. "Normal Science and Its Dangers."In Lakatos and Musgrave 1970, 51-58.

——. 1972. *Objective Knowledge: An Evolutionary Approach*. Oxford: Oxford University Press.

——. 1974. "Kuhn on the Normality of Normal Science."In *The Philosophy* of *Karl Popper: The Library of Living Philosophers*, ed. P. A. Schilpp, 1144-48. La Salle, Ⅲ.: Open Court Press.

——. 1975. "The Rationality of Scientific Revolutions."In *Problems of Scientific Revolution*, ed. R. Harre, 72-101. Oxford: Oxford University Press.

——. 1994. *The Myth of the Framework*. London: Routledge. First published in 1965.

Porter, Theodore. 1986. *The Rise of Statistical Thinking*, 1820—1900. Princeton: Princeton University Press.

——. 1995. *Trust in Numbers*. Princeton: Princeton University Press.

Post, Heinz. 1971. "Correspondence, Invariance, and Heuristics."*Studies in History and Philosophy of Science* 2: 213-55.

Postman, Neil, and Charles Weingartner. 1969. *Teaching as a Subversive Activity*. New York: Dell.

Prendergast, Christopher. 1986. "Alfred Schutz and the Austrian School of Economics."*American Journal of Sociology* 92: 1-26.

Price, Colin. 1993. *Time, Discounting, and Value*. Oxford: Blackwell.

Price, Derek de Solla. 1978. "Toward a Model for Science Indicators."In *Toward a Metric of Science*, ed. Y. Elkana et al., 69-96. New York: Wiley-Interscience.

——. 1986. *Big Science, Little Science, and Beyond*. New York: Columbia University Press. First published in 1963.

Price, Don K. 1965. *The Scientific Estate*. Cambridge: Harvard University Press.

Prigogine, Ilya, and Isabelle Stengers. 1984. *Order out of Chaos*. New York: Bantam Books.

Proctor, Robert. 1991. *Value-Free Science? Purity and Power in Modern Knowledge*. Cambridge: Harvard University Press.

——. 1999. *The Nazi War on Cancer*. Princeton: Princeton University Press.

Purcell, Edward. 1973. *The Crisis of Democratic Theory: Scientific Naturalism and the Problem of Value*. Lexington, Ky.: University of Kentucky Press.

Putnam, Hilary. 1984. "What Is Realism?"In Leplin 1984,140-53.

Pyenson, Lewis. 1990. "Science and Imperialism. " In Olby et al. 1990, 920-33.

——. 1993. "Prerogatives of European Intellect: History of Science and the Promotion of Western Civilization. "*History of Science* 31: 289-315.

Quine, W. V 1953. *From a Logical Point of View*. New York: Harper & Row.

——. 1960. *Word and Object*. Cambridge: MIT Press.

——. 1985. *The Time of My Life*. Cambridge: MIT Press.

Quine, W. V, and Joseph Ullian. 1978. *The Web of Belief*. 2d ed. New York: Random House. 1st ed. 1970.

Rabinbach, Anson. 1990. *The Human Motor: Energy, Fatigue, and the Origins of the Modernity*. New York: Basic Books.

Radder, Hans. 1992. "Normative Reflections on Constructivist Approaches to Science and Technology. "*Social Studies of Science* 22: 141-73.

——. 1996. *In and about the World*. Albany: SUNY Press.

——. 1998. "The Politics of STS. " *Social Studies of Science* 28: 325-32.

Raj, Kapil. 1988. "Images of Knowledge, Social Organization, and Attitudes in an Indian Physics Department. "*Science in Context* 2: 317—89.

Ralston, David. 1990. *Importing the European Army: The Introduction of the European Military Techniques and Institutions into the Extra-European World*, 1600— 1914. Chicago: University of Chicago Press.

Rapaport, Anatol. 1989. *The Origins of Violence*. New York: Paragon House.

Ravetz, Jerome. 1971. *Scientific Knowledge and Its Social Problems*. Oxford: Oxford University Press.

——. 1987. "Usable Knowledge, Usable Ignorance: Incomplete Science with Policy Implications. "*Knowledge* 9: 87-116.

——. 1990a. *The Merger of Knowledge with Power: Essays in Critical Science*. London: Mansell.

——. 1990b. "Orthodoxies, Critiques, and Alternatives." In Olby et al. 1990, 898- 908.

——. 1991. "Ideological Commitments in the Philosophy of Science."In Munevar 1991,
355-78.

Rawls, John. 1955. "Two Concepts of Rules."*Philosophical Review* 64: 3-32.

Redner, Harry. 1987. *The Ends of Science*. Boulder: Westview Press.

Rehg, William. 1999. "Argumentation and the Philosophy of Science since Kuhn."
Inquiry 42 : 229-58.

Reich, Robert. 1990. *The Work of Nations*. New York: Alfred Knopf.

Reichenbach, Hans. 1938. *Experience and Prediction*. Chicago: University of
Chicago Press.

Reingold, Nathan. 1991. *Science American Style*. New Brunswick: Rutgers
University Press.

——. 1994. "Science and Government in the United States since 1945."*History of
Science* 32: 361-86.

Reisch, George. 1991. "Did Kuhn Kill Logical Empiricism?"*Philosophy of Science* 58:
264-77.

Rescher, Nicholas. 1984. *The Limits of Science*. Berkeley and Los Angeles:
University of California Press.

Restivo, Sal. 1983. "The Myth of the Kuhnian Revolution." In *Sociological Theory*,
ed. R. Collins, 293-305. San Francisco: W. H. Freeman.

——. 1985. *The Social Relations of Physics, Mysticism, and Mathematics*.
Dordrecht: Kluwer.

Restivo, Sal, and Julia Loughlin. 1987. "Critical Sociology of Science and Scientific
Validity."*Knowledge* 8: 486-508.

Richards, I. A. 1936. *The Philosophy of Rhetoric*. Oxford: Oxford University Press.

Ringer, Fritz. 1979. *Education and Society in Modern Europe*. Bloomington: Indiana
University Press.

Ritzer, George. 1975. *Sociology: A Multiple Paradigm Science*. Boston: Allyn &
Bacon.

Rocke, Alan. 1993. "Group Research in German Chemistry?"*Osiris* 8: 53-79.

Rorty, Richard. 1972. "The World Well Lost."*Journal of Philosophy* 69: 649-65.

——. 1979. *Philosophy and the Mirror of Nature*. Princeton: Princeton University

Press.

——. 1995. "The End of Leninism and History as Comic Frame. " In *History and the Idea of Progress*, ed. A. Meltzer, J. Weinberger, and M. Zinman, 211-26. Ithaca: Cornell University Press.

Rose, Hilary, and Steven Rose. 1970. *Science and Society*. Harmondsworth, U. K. : Penguin.

Rosen, Edward. 1970. "Was Copernicus a Hermetist?"In Stuewer 1970,163-71.

Rosenbaum, E. , and A. J. Sherman. 1979. *M. M. Warburg* & Co. 1798—1938: *Merchant Bankers of Hamburg*. London: C. Hurst & Co.

Rosenthal, Joel. 1991. *Righteous Realists: Political Realism, Responsible Power, and American Culture in the Nuclear Age*. Baton Rouge: Louisiana State University Press.

Ross, Andrew, ed. 1996. *Science Wars*. Durham: Duke University Press.

Ross, Dorothy. 1991. *The Origins of American Social Science*. Cambridge: Cambridge University Press.

Ross, Stephen David. 1989. *Metaphysical Aporia and Philosophical Heresy*. Albany, N. Y. : SUNY Press.

Rossiter, Margaret. 1984. "The History and Philosophy of Science Program at the National Science Foundation. "*Isis* 75: 95-104.

Rostow,Walt. 1960. *The Stages of Economic Growth: A Non-communist Manifesto*. Cambridge: Cambridge University Press.

Roszak, Theodore, ed. 1967. *The Dissenting Academy*. New York: Random House.

——. 1969. *The Making of a Counter Culture: Reflections on the Technocratic Society and Its Youthful Opposition*. Garden City, N. Y: Doubleday.

——. 1972. *Where the Wasteland Ends: Politics and Transformation in Postindustrial Society*. Garden City, N. Y. : Doubleday.

Roth, Paul. 1987. *Meaning and Method in the Social Sciences*. Ithaca: Cornell University Press.

Rouse, Joseph. 1987. *Knowledge and Power*. Ithaca: Cornell University Press.

——. 1991. "The Politics of Postmodern Philosophy of Science. "*Philosophy of Science* 58: 607-27.

——. 1996. *Engaging Science*. Ithaca: Cornell University Press.

Rubin, Joan Shelley. 1992. *The Making of Middle Brow Culture*. Chapel Hill: University of North Carolina Press.

Rueschemeyer, Dietrich, and Theda Skocpol, eds. 1996. *States, Social Knowledge, and the Origins of Modern Social Policies*. Princeton: Princeton University Press.

Ruse, Michael. 1979. *The Darwinian Revolution: Science Red in Tooth and Claw*. Chicago: University of Chicago Press.

Said, Edward. 1978. *Orientalism*. New York: Random House.

Santayana, George. 1905. *The Life of Reason. Vol.* 1. *Reason* and Commonsense. New York: Scribners.

——. 1936. *Obiter Scripta*. New York: Scribners.

Sardar, Ziauddin. 1997. "The Return of the Repressed." *Nature* 389: 451-52.

Sarton, George. 1948. *The life of Science: Essays in the History of Civilization*. New York: Henry Schuman.

Sassower, Raphael. 1985. *Philosophy of Economics: A Critique of Demarcation*. Lanham, Md.: University Press of America.

Schaefer, Wolf, ed. 1984. *Finalization in Science*. Dordrecht: Reidel.

Schaffer, Simon. 1991. "The History and Geography of the Intellectual World: Whewell's Politics of Language?" In Fisch and Schaffer 1991, 201-32.

——. 1996. "Contextualizing the Canon." In Galison and Stump 1996, 207-50.

Schaffner, Kenneth. 1967. "Approaches to Reduction." *Philosophy* of *Science* 34: 137-47.

Schapiro, Meyer. 1953. "Style." In *Anthropology Today*, ed. Alfred Kroeber, 278- 303. Chicago: University of Chicago Press.

Scheffler, Israel. 1963. *The Anatomy of Inquiry*. Indianapolis: Hackett.

——. 1967. *Science and Subjectivity*. Indianapolis: Bobbs-Merrill.

Schilpp, Paul, ed. 1968. *The Philosophy* of *C. L Lewis. Vol.* 13 of *The Library* of *Living Philosophers*. La Salle, Ill.: Open Court Press.

Schlick, Moritz. 1974. *The General Theory of Knowledge*. Berlin: Springer-Verlag. First published in 1925.

Schmitt, Carl. 1996. *The Concept of the Political*. Trans. G. Schwab. Chicago: University of Chicago Press. First published in 1932.

Schmitt, Frederick, ed. 1994. *Socializing Epistemology*. Lanham, Md.: Rowman & Littlefield.

Schnaedelbach, Herbert. 1984. *Philosophy in Germany*, 1831—1933. Cambridge: Cambridge University Press.

Schroeder-Gudehus, Brigitte. 1990. "Nationalism and Internationalism." In Olby et al. 1990, 909-19.

Schumpeter, Joseph. 1950. *Capitalism, Socialism, and Democracy*. 2d ed. New York: Harper & Row. 1st ed. 1945.

Schutz, Alfred. 1964. *Collected Papers. Vol.* 2. The Hague: Martinus Nijhoff.

Scott, Robert, and Arnold Shore. 1979. *Why Sociology Does Not Apply: A Study of the Use of Sociology in Public Policy*. New York: Elsevier.

Searle, John. 1983. "The World Turned Upside Down." *New York Review of Books* 30, no. 16: 74-79.

Senghaas, Dieter. 1991. "Friedrich List and the Basic Problems of Modern Development." *Review* 14: 451-67.

Serres, Michel. 1980. *Le parasite*. Paris: Grasset.

Serres, Michel, and Bruno Latour. 1995. *Conversations on Science, Culture, and Time*. Ann Arbor: University of Michigan Press.

Servos, John. 1993. "Research Schools and Their Histories." *Osiris*, n. s., 8: 3-15.

Shapere, Dudley, 1960. "Mathematical Ideals and Metaphysical Concepts." *Philosophical Review* 69: 376-85.

——. 1963. "Space, Time, and Language." In *Philosophy of Science: The Delaware Seminar*, ed. B. Baumrin, 139-70. New York: Interscience Publishers.

——. 1964. "The Structure of Scientific Revolutions." *Philosophical Review* 73: 383-94.

——. 1966. "Meaning and Scientific Change." In *Mind and Cosmos*, ed. R.

Colodny, 41-85. Pittsburgh: University of Pittsburgh Press.

Shapin, Steven. 1992a. "Discipline and Bounding: The History and Sociology of Science as Seen through the Externalism-Internalism Debate." *History of Science* 30: 333-69.

——. 1992b. "A Magician's Cloak Cast Off for Clarity." *The Times Higher Education Supplement* (London, 14 February), 15.

——. 1992c. "Why the Public Ought to Understand Science-in-the-Making." *Public Understanding of Science* 1: 27-3。.

——. 1994. *A Social History of Truth*. Chicago: University of Chicago Press.

——. 1996. *The Scientific Revolution*. Chicago: University of Chicago Press.

Shapin, Steven, and Simon Schaffer. 1985. *Leviathan and the Air-Pump*. Princeton: Princeton University Press.

Shapley, Deborah. 1993. *Promise and Power: The Life and Times of Robert Mac-Namara*. Boston: Little, Brown.

Shils, Edward, ed. 1968. *Criteria for Scientific Development*. Cambridge: MIT Press.

——. 1997. *Portraits: A Gallery of Intellectuals*. Chicago: University of Chicago Press.

Siebers, Tobin. 1993. *Cold War Criticism and the Politics of Skepticism*. Oxford: Oxford University Press.

Siegel, Harvey. 1991. *Educating Reason*. London: Routledge.

Sigurdsson, Skuli. 1990. "The Nature of Scientific Knowledge: An Interview with Thomas Kuhn." *Harvard Science Review*, winter. 18-25.

——. 1992. "Einsteinian Fixations." *Annals of Science* 49: 577-83.

Simon, Brian. 1987. "Systematization and Segmentation in Education: The Case of England." In Mueller, Ringer, and Simon 1987, 88-110.

Simon, Herbert 1991. *Models of My Life*. New York: Basic Books.

Singer, Peter. 1975. *Animal Liberation*. New York: Random House.

Skinner, Quentin. 1998. *Liberty before Liberalism*. Cambridge: Cambridge University Press.

Smith, Michael Joseph. 1986. *Realist Thought from Weber to Kissinger*. Baton Rouge: Louisiana State University Press.

Smith, Wilfred Cantrell. 1977. *Belief and History*. Charlottesville: University of Virginia Press.

Smith, Woodruff. 1991. *Politics and the Sciences of Culture in Germany*, 1840—1920. Oxford: Oxford University Press.

Smocovitis, V. Betty. 1995. "Contextualizing Science: From Science Studies to Cultural Studies."In *PSA* 1994, ed. D. Hull, M. Forbes, and R. Burian, 2: 402-12. East Lansing: Philosophy of Science Association.

Snow, C. P. 1959. *The Two Cultures and the Scientific Revolution*. Cambridge: Cambridge University Press.

Soederqvist, Thomas, ed. 1997. *The Historiography of Contemporary Science and Technology*. Amsterdam: Harwood Academic Publishers.

Sokal, Alan. 1996. "Transgressing the Boundaries: Towards a Transformative Hermeneutics of Quantum Gravity."*Social Text* 46/47: 217-52.

Sokal, Alan, and Jean Bricmont. 1998. *Intellectual Impostures*. London: Phaidon.

Sorell Tom. 1992. *Scientism*. London: Routledge.

Soros, George. 1998. *The Crisis of Global Capitalism: Open Society Endangered*. London: Little, Brown.

Sowell, Thomas. 1980. *Knowledge and Decisions*. New York: Harper & Row.

Sperber, Dan. 1982. "Apparently Irrational Beliefs."In Hollis and Lukes 1982, 149-80.

——. 1996. *Explaining Culture*. Oxford: Blackwell.

Spiegel-Roesing, Ina, and Derek de Solla Price, eds. 1977. *Science, Technology, and Society: A Cross-Disciplinary Perspective*. London: Sage.

Stalker, Douglas, ed. 1994. *Grue*! *: The New Riddle of Induction*. La Salle, IJL: Open Court Press.

Star, Susan Leigh, ed. 1995. *Ecologies of Knowledge: Work and Politics in Science and Technology*. Albany: SUNY Press.

Stehr, Nico. 1994. *Knowledge Societies*. London: Sage.

Stinchcombe, Arthur. 1990. *Information and Organizations*. Berkeley and Los Angeles: University of California Press.

Stocking, George. 1968. *Race, Culture, and Evolution*. Chicago: University of Chicago Press.

Stove, David. 1982. *Popper and After*. Oxford: Pergamon Press.

Strauss, Leo. 1952. *Persecution and the Art of Writing*. New York: Free Press.

Stuewei; R. , ed. 1970. *Historical and Philosophical Perspectives on Science*. Minneapolis: University of Minnesota Press.

Sulloway, Frank. 1996. *Born to Rebel*. New York: Pantheon Books.

Suppe, Fred, eel. 1977. *The Structure* of *Scientific Theories*. 2d ed. Urbana: University of Illinois Press. 1st ed. 1973.

Taylor, Charles. 1982. "Rationality."In Hollis and Lukes 1982, 87-105.

——. 1996. *Defining Science*. Madison: University of Wisconsin Press.

Thackray, Arnold, and Robert Merton. 1975. "George Sarton."In *Dictionary of Scientific Biography*, ed. C. Gillispie, 12: 107-14. New York: Charles Scribners.

Thayer, H. S. 1968. *Meaning and Action: A Critical History of Pragmatism*. Indianapolis: Bobbs-Merrill.

Thompson, Michael, Richard Ellis, and Aaron Wildavsky. 1990. *Cultural Theory*. Boulder, Colo. : Westview Press.

Tibbetts, Paul. 1975. "On a Proposed Paradigm Shift in the Social Sciences. " *Philosophy of the Social Sciences* 5: 289-96.

Time. 1973. "Reaching beyond the Rational."23 April, 83-86.

Tompkins, Jane. 1980. "The Reader in History: The Changing Shape of Literary Response. " In *Reader-Response Criticism*, ed. J. Tompkins, 201-32. Baltimore: Johns Hopkins University Press.

Tbulmin, Stephen. 1951. *Philosophy of Science: An Introduction*. London: Hutchinson.

——. 1958. *The Uses of Argument*. Cambridge: Cambridge University Press.

——. 1959. "Concerning the Philosophy Which Holds That the Conclusions of Science Are Never Final. "*Scientific American*, May, 189-96.

——. 1961. *Foresight and Understanding*. Bloomington: Indiana University Press.

——. 1964. "The Complexity of Scientific Choice: A Stocktaking. "*Minerva* 2: 343-59.

——. 1966. "The Complexity of Scientific Choice: Culture, Overheads, or Tertiary Industry?" *Minerva* 4: 155-69.

——. 1972. *Human Understanding*. Princeton: Princeton University Press.

——. 1977. "From Form to Function: Philosophy and History of Science in the 1950s and Now. "*Daedalus* 106, no. 3: 143-62.

——. 1986. *The Place of Reason in Ethics*. 2d ed. Chicago: University of Chicago Press. 1st ed. 1950.

——. 1990. *Cosmopolis: The Hidden Agenda of Modernity*. New York: Free Press.

Tully, James, ed. 1988. *Meaning and Context: Quentin Skinner and His Critics*. Princeton: Princeton University Press.

Turner, Stephen. 1994. *The Social Theory of Practices*. Chicago: University of Chicago Press.

Turner, Stephen, and Jonathan Turner. 1990. *The Impossible Science: An Institutional Analysis of American Sociology*. Newbury Park, Calif: Sage.

Turney, Jon, ed. 1984. *Sci-Tech Report: Everything You Need to Know about Science and Technology in the 80s*. New York: Pantheon.

Uebel, Thomas. 1996. "Anti-foundationalism and the Vienna Circles Revolution in Philosophy. "*British Journal for the Philosophy of Science* 47: 415-40.

Urry John. 1995. *Consuming Places*. London: Routledge.

van Eemeren, E, R. Grootendorst, and T. Kruiger, eds. 1987. *Handbook of Argumentation Theory*. Amsterdam: Floris.

Van Vleck, John. 1962. *The So-Called Age of Science*. Cherwell Simon Memorial Lecture. London: Oliver & Boyd.

Wagner, Peter, Bjorn Wittrock, and Richard Whitley, eds. 1991. *Discourses on*

Society: Shaping of the Social Science Disciplines. Dordrecht: Kluwer.

Wainwright, Hilary, and Dave Elliott. 1982. *The Lucas Plan: A New Trade Unionism in the Making?* London: Allison and Busby.

Wallace, William. 1983. " Aristotelian Influences on Galileos Thought. " In *Aristotelismo veneto e scienza moderna*, ed. Luigi Oliveri, 349-403. Padua, Italy: Atenore.

Wallerstein, Immanuel. 1996. *Open the Social Sciences.* Palo Alto: Stanford University Press.

Waxman, Chaim, ed. 1968. *The End of Ideology Debate.* New York: Funk and Wagnalls.

Weatherford, Jack. 1993. "Early Andean Experimental Agriculture. "In *The Racial Economy of Science*, ed. S. Harding, 64-85. Bloomington: Indiana University Press.

Weber, Max. 1958. "Science as a Vocation. "In *From Max Weber*, ed. H. Gerth and C. W. Milk, 129-58. Oxford: Oxford University Press. First published 1918.

——. 1964. *The Sociology of Religion.* Boston: Beacon Press.

Weinberg, Steven. 1992. *Dreams of a Final Theory.* New York: Pantheon.

——. 1996. "Sokals Hoax. "*New York Review of Books*, 8 August, 11-15.

Weingart, Peter. 1986. " T S. Kuhn: Revolutionary or Agent Provocateur?" In Deutsch, Markovits, and Platt 1986, 265-77.

Werskey, Gary. 1988. *The Visible College.* 2d ed. London: Free Association Books. 1st ed. 1978.

Westman, Robert. 1994. "Two Cultures or One? A Second Look at Kuhn's *The Copernican Revolution.* "*Isis* 85: 79-115.

White, Hayden. 1973. *Metahistory: The Historical Imagination in Nineteenth Century Europe.* Baltimore: Johns Hopkins University Press.

White, Morton. 1956. *Toward Reunion in Philosophy.* Cambridge: Harvard University Press.

——. 1957. *Social Thought in America: The Revolt against Formalism.* Boston: Beacon Press.

White, Theodore. 1992. *Theodore H. White at Large: The Best of His Magazine Writing*, 1939—1986. Ed. E. T. Thompson. New York: Pantheon.

Whitehead, Alfred North. 1926. *Science and the Modern World*. Cambridge: Cambridge University Press.

——. 1949. *The Aims of Education*. New York: Mentor Books. First published in 1929.

Whitley, Richard. 1984. *The Intellectual and Social Organization of the Sciences*. Oxford: Clarendon Press.

Will, Frederick. 1988. *Beyond Deduction: Ampliative Aspects of Philosophical Reflection*. London: Routledge.

Willard, Charles Arthur. 1983. *Argumentation and the Social Grounds of Knowledge*. Tuscaloosa: University of Alabama Press.

Williams, Bernard. 1981. *Moral Luck*. Cambridge: Cambridge University Press.

Williams, Howard, David Sullivan, and Gwynn Matthews. 1997. *Francis Fukuyama and End of History*. Cardiff: University of Wales Press.

Williams, Raymond. 1961. *The Long Revolution*. London: Chatto and Windus.

Wilson, Bryan, ed. 1970. *Rationality*. Oxford: Blackwell.

Winch, Peter. 1958. *The Idea of a Social Science*. London: Routledge & Kegan Paul.

Wise, Norton. 1983. "On the Relation of Physical Science to History in Late 19th Century Germany." In *Functions and Uses of Disciplinary Histories*, ed. L. Graham, W. Lepenies, and P. Weingart, 7: 3-34. Dordrecht: D. Reidel.

Wittgenstein, Ludwig. 1922. *Tractatus Logico-Philosophicus*. Trans. D. Pears and B. McGuinness. London: Routledge & Kegan Paul.

——. 1953. *Philosophical Investigations*. Trans. E. Anscombe. London: Macmillan.

Woellflin, Heinrich. 1932. *Principles of Art History*. New York: Dover. First published in 1915.

Woldring, Henk. 1986. *Karl Mannheim: The Development of His Thought*. New York: St. Martins Press.

Wolin, Sheldon. 1968. "Paradigms and Political Theories." In *Politics and Experience*, ed. P. King and B. Parekh, 125-52. Cambridge: Cambridge University Press.

——. 1986. "History and Theory: Methodism Redivivus." In *Tradition, Interpretation, and Science: Political Theory in the American Academy*, ed. J. Nelson, 43-67. Albany: SUNY Press.

Woodmansee, Martha. 1984. "The Genius and the Copyright." *Eighteenth Century Studies* 17: 425-48.

Woolgar, Steve, ed. 1988. *Knowledge and Reflexivity*. London: Sage.

Wrong, Dennis. 1961. "The Oversocialized Conception of Man." *American Sociological Review* 26: 184-93.

Wuthnow, Robert. 1989. *Communities of Discourse*. Cambridge: Harvard University Press.

Yates, Frances. 1964. *Giordano Bruno and the Hermetic Tradition*. London: Routledge & Kegan Paul.

——. 1966. *The Art of Memory*. London: Routledge & Kegan Paul.

——. 1975. *Shakespeare's Last Plays*. London: Routledge & Kegan Paul.

Yearley, Steven. 1988. *Science, Technology, and Social Change*. London: Unwin Hyman.

Yeo, Richard. 1993. *Defining Science: William Whewell, Natural Knowledge, and Public Debate in Early Victorian Britain*. Cambridge: Cambridge University Press.

Young, Michael, ed. 1971. *Knowledge and Control*. London: Collier Macmillan.

Young, Robert Maxwell. 1975. "The Historiographic and Ideological Contexts of the Nineteenth-Century Debate on Mans Place in Nature." In *Changing Perspectives in the History of Science: Essays in Honour of Joseph Needham*, ed. M. Teich and R. Young, 344-438. London: Heinemann.

——. 1985. *Darwin's Metaphor*. Cambridge: Cambridge University Press.

Zagacki, Kenneth, and William Keith. 1992. "Rhetoric, *Topoi* and Scientific Revolution." *Philosophy and Rhetoric* 25: 59-78.

图书在版编目（CIP）数据

托马斯·库恩：我们时代的哲学家／（英）史蒂夫
·福勒（Steve Fuller）著；盛晓明，陈永浩译.

杭州：浙江大学出版社，2025.1. -- ISBN 978-7-308-
25672-8

Ⅰ. B712.59；N02

中国国家版本馆 CIP 数据核字第 2024W4Z049 号

浙江省版本局著作权合同登记图字:11-2025-015

托马斯·库恩:我们时代的哲学家

（英）史蒂夫·福勒（Steve Fuller）　著

盛晓明　陈永浩　译

责任编辑	陈佩钰(yukin_chen@zju.edu.cn)
责任校对	许艺涛
封面设计	雷建军
出版发行	浙江大学出版社
	（杭州市天目山路 148 号　邮政编码 310007）
	（网址：http://www.zjupress.com）
排　　版	浙江大千时代文化传媒有限公司
印　　刷	杭州宏雅印刷有限公司
开　　本	710mm×1000mm　1/16
印　　张	32
字　　数	500 千
版印次	2025 年 1 月第 1 版　2025 年 1 月第 1 次印刷
书　　号	ISBN 978-7-308-25672-8
定　　价	138.00 元